U0646390

编委会

主编简介

彭江，教授（三级）、硕导、教育学博士，国家留学基金管理委员会公派赴美国密西根大学访问学者，入选重庆市高校优秀人才支持计划，任四川外国语大学教育发展研究院院长、重庆国际战略研究院秘书长、教育部出国留学培训与研究中心执行主任、重庆市国际教育发展研究中心执行主任。

陈功，教授（三级）、法学博士，国家留学基金管理委员会公派赴美博士后出站，任四川外国语大学教育发展研究院副院长、重庆国际战略研究院副秘书长、教育部出国留学培训与研究中心副主任、重庆市国际教育发展研究中心副主任。

“一带一路”沿线国家贸易投资法

彭江　陈功◎主编

厦门大学出版社 XIAMEN UNIVERSITY PRESS
国家一级出版社
全国百佳图书出版单位

图书在版编目(CIP)数据

“一带一路”沿线国家贸易投资法/彭江，陈功主编.—厦门:厦门大学出版社，2018.12
ISBN 978-7-5615-7104-0

Ⅰ.①一…　Ⅱ.①彭…②陈…　Ⅲ.①外国投资法—汇编　Ⅳ.①D996.4

中国版本图书馆 CIP 数据核字(2018)第 220258 号

出 版 人　郑文礼
责任编辑　李　宁
封面设计　李嘉彬
技术编辑　许克华

出版发行　厦门大学出版社
社　　址　厦门市软件园二期望海路 39 号
邮政编码　361008
总 编 办　0592-2182177　0592-2181406(传真)
营销中心　0592-2184458　0592-2181365
网　　址　http://www.xmupress.com
邮　　箱　xmup@xmupress.com
印　　刷　厦门集大印刷厂

开本　787mm×1092mm　1/16
印张　31.25
插页　2
字数　722 千字
版次　2018 年 12 月第 1 版
印次　2018 年 12 月第 1 次印刷
定价　96.00 元

厦门大学出版社
微信二维码

厦门大学出版社
微博二维码

编者按

本书由四川外国语大学与重庆市商务委员会共同成立的重庆国际战略研究院组织中国政法大学、西南政法大学及四川外国语大学法学和多语种学者联合书就。该书涉及“一带一路”沿线的俄罗斯、白俄罗斯、意大利、泰国、越南、韩国、日本、阿根廷、巴西、马里、科特迪瓦、几内亚、塞内加尔、哈萨克斯坦、沙特阿拉伯王国、阿拉伯联合酋长国等十六国的最新版贸易投资法，可为我国政府决策和企业“走出去”对外贸易与投资等提供参考，为高等院校、科研院所等开展学术研究提供借鉴。

目 录

阿联酋商业公司法*

（2015 年第 2 号法案）

第一卷　公司总则

一、公司实质

第 1 条　定义

在实施此法律条款时，除前文另有要求，以下术语均为下述含义：

国家：阿拉伯联合酋长国。

联邦政府：阿拉伯联合酋长国政府。

地方政府：任一联邦成员酋长国政府。

部：经济部。

部长：经济部长。

中央银行：阿拉伯联合酋长国中央银行。

管理局：证券及商品管理局。

相关机构：与相关酋长国公司事务有关的机构。

公司：商业公司。

紧缺人才：具有丰富经验并严格履行工作义务的人。

治理：依照国际准则，充分考虑股东及受益人的权利，通过确定公司董事会成员及公司执行委员会成员的责任及义务，为实现公司管理制度规范化而设定的规章、准则及措施。

工作日：部委、政府机构及当地组织的官方工作日。

特殊决议：在股份公司大会上，由股权超过四分之三的大部分股东颁布的决议。

注册人：部长任命的公司注册人，其通过部长管理公司履行职能。

市场：国家工作管理局授权的证券及商品市场。

证券：——股份公司发行的股份；

——经管理局批准的衍生品及投资单位；

* 系重庆国际战略研究院国别投资法律项目："阿拉伯联合酋长国商业公司法节选"。项目负责人：曾欣，四川外国语大学讲师。

——国家公共机关或组织、联邦政府或当地政府所颁布的文件、文书及许可；

——根据中央银行或管理局的制度，公司所颁布的文件、文书及债券；

——中央银行或管理局所接受的任何其他当地或外国证券。

公开认购：任何自然人、法人或群体申请购买任一证券。

确定证券价格：根据有关机构颁布的决议条款，确定证券发行时或售卖时价格的过程。

战略伙伴：对公司做出贡献，提供为公司带来利益的技术、经营及营销支持的合伙人。

有关方面：公司董事长、公司董事会成员、公司高级执行委员会成员及相关工作人员。股份不少于 30％的公司、隶属公司及姐妹公司。

股份注册：记录股份公司股份中的股东所有权及由此所产生的权利。

股份注册秘书处：组织股份公司股份注册的相关机构所授权的部门。

董事会成员：包含公司董事长在内的公司董事会的任何成员。

第 2 条　法律目的

此法案旨在顺应与调整公司治理规范，保护投资者及合作伙伴权益，促进外国投资，增强企业社会责任感相关的国际变化，通过管理各企业改善商业环境、提高国家能力及经济地位。

第 3 条　遵循此法案条例的公司

该法案之条例决议及规章制度适用于在本国创立的商业公司，该法案中与外国企业有关之规章制度及条例决议适用于将本国作为其商业活动中心及在本国设立分公司或代表处的外国企业。

第 4 条　此法案条例例外公司

1.内阁决议中规定例外的公司。根据内阁颁布的条例，其另有特殊的创立规程及基本制度。

2.阿拉伯联合酋长国政府或地方政府全资公司或上述公司名下全资公司，另有特殊的创立规程及基本制度。

3.由阿拉伯联合酋长国政府、地方政府或组织机构投资的企业及其子公司，上述政府或组织机构直接或间接（持股不少于 25％）控股的企业，从事石油勘探、开采、提炼、制造、销售或运输的企业，从事能源相关领域、电力及天然气生产、海水淡化及其运输与分配的企业，另有特殊的创立规程及基本制度。

4.在阿联酋商业公司法（1984 年第 8 号法案）条例中规定其例外的公司。

5.阿拉伯联合酋长国特殊法律规定例外的公司。

第 1 款、第 2 款、第 3 款、第 4 款所列企业若在首次公开募股时出售或削减其股份或将其股份并入阿拉伯联合酋长国任一资本市场，则须依据本法案条款就其法律地位做出相应调整。

第 5 条　自由贸易区企业

1.根据自由贸易区相关法律法规，于阿拉伯联合酋长国自由贸易区内设立之企业（除相关法律法规允许其在阿拉伯联合酋长国自由贸易区之外开展活动的企业之外）不受本法案条款约束。

2.鉴于本条第 1 款，内阁颁布决议规定必要条件以限制及记录欲在阿拉伯联合酋长国国土之外或自由贸易区以外开展活动的自由贸易区企业。

第6条 公司管理

1.除银行、财务公司、金融投资公司及货币与外汇公司之外，股东数量超过75人的私有股份公司的总体管理组织框架由大臣颁布决议统一设定。国有股份公司的管理框架由其董事会自行设定。

2.公司董事会或其负责人具有统计情况和保障管理规范实施的责任。

第7条 违反管理规定

本法案第6条第1款所述管理决议包含由各部所规定之罚款。该罚款针对违反上述管理规定的企业、公司董事会成员、公司经理及公司审计，总额不超过一千万迪尔汗。

第8条 公司概念

1.公司创立基于两个或两个以上合伙人以获得利润为目的，以提供资金或进行劳动的方式共同参与一项经济活动，并分摊由此经济活动所产生的利润或带来的损失。

2.本条第1款所述经济活动包含商业活动、金融业活动、工业活动、农业活动、房地产业活动等一切经济活动。

3.除本条第1款所述情况外，根据该法案条款，公司也可由一人控股。

第9条 公司形式

1.公司应为以下形式之一：

①普通合伙公司

②有限合伙公司

③责任有限公司

④国有股份公司

⑤私有股份公司

2.除上述各种形式的公司外，其余公司均被视为无效力的不合法的。以个人名义缔结合同者为个人负责人，对此合同所规定的义务负责。

3.在阿拉伯联合酋长国国内创立的公司均享有但不强制拥有阿拉伯联合酋长国国籍，享有阿拉伯联合酋长国公民之部分权利。

二、公司创立及管理

第10条 国有股份比例

1.普通合伙公司及有限合伙公司之合伙人可为任一国公民。除此之外，在阿拉伯联合酋长国国内创立的公司必须有一名或一名以上国籍为阿拉伯联合酋长国的合伙人占有不低于51%的公司股份。

2.内阁应根据大臣协议同有关各方协调，颁布决议规定仅能由阿拉伯联合酋长国公民所从事的活动种类。

3.鉴于本条第1款、第2款所述，合伙人一切违反规定的股权转让均被视为无效。

第11条 开展活动

1.公司在阿拉伯联合酋长国内开展活动前，应获得开展该活动所需的一切许可及认证。

2.在阿拉伯联合酋长国内所创立公司的主要活动应集中在阿拉伯联合酋长国内，在符合其创立合同规定的情况下，可在阿拉伯联合酋长国境外开展活动。

3.内阁根据伊斯兰教法条款，颁布决议规定内部合法监督委员会成员及法律监察的构成与资格，并确定此委员会的运行机制，以监督在阿拉伯联合酋长国境内创立之公司开展活动。公司创立后应在开展活动前获得内部合法监督委员会的同意。

4.其他国有股份公司不得从事银行及保险业务。所有股份公司均不得将他人资金用以投资。

第 12 条　公司名称

1.公司的商业名称应不违反国家制度，遵从公司法律形式。任一公司不得以已经在阿拉伯联合酋长国内注册过的名称或容易混淆的相似名称注册。

2.根据大会特别决议，在有关各方准许以及注册者本人接受的前提下，公司有权更名。更名不会损害公司的权利、义务及其所采用的法律程序。该公司已经采用或即将开始采用的法律程序维持不变。

第 13 条　公司通信地址

1.所有公司均应有一个在阿拉伯联合酋长国境内接收通知及信件的注册地址。

2.公司所发出的一切合同、账目、信件、申请范例均应注明公司名称、法律形式、注册编号及通信地址。若公司增加资本额，则应注明实际资本额。

3.若公司处于清算解体阶段，则应在其所发布的文件中注明。

第 14 条　书写合同

1.公司的创立合同及其修订均应使用阿拉伯语书写并进行公证，否则，将被视为无效。若合同使用阿拉伯语及另一种外语书写，则阿拉伯语版且经阿拉伯联合酋长国批准的版本具有法律效力。

2.公司合伙人可坚持由其他合伙人未书写合同、合同修订或未进行公证所导致的合同无效，但不可向对他人抗议。

3.若根据某一公司合伙人的要求公司被判无效，由此所产生的影响只限于判决生效后。

第 15 条　相关部门对公司合同的限制

1.公司合同限制及其修订应于相关部门进行商业登记，以使合同生效。

2.若合同未如本条第一点所述进行登记，则该合同对他人无效。若只是对合同其中一条或多条本应进行登记的声明无限制，则只是这一条或多条声明对他人无效。

3.在与公司名称、公司地址、公司资本、公司合伙人数量及公司法律形式等有关的受限制声明发生修改或变动后，公司应在 15 个工作日内通知相关部门及登记机构。

4.公司经理及董事会成员根据具体情况，共同赔偿由于公司合同限制及其修订未在相关部门进行商业登记对公司、公司合伙人及他人所造成的损失。

第 16 条　他人确认公司合同

1.他人可以以各种方式确认公司合同及合同的修订，也可在合伙人面前坚持认为公司存在或无效。

2.若根据某人要求公司被判无效，对其而言公司不存在。那么以公司名义同其签署合同之人则单方面承担由此合同所产生的义务。

3.在公司被判无效的一切情况下，公司解体及合伙人权益清算均应遵照合同条款。借款方不得以逃避债务为目的先于公司而请求判定该公司无效。

第 17 条　合伙人份额性质

1.公司资本由现金股及已预估价值的实物股或以上两者之一构成。

2.除非合伙人具有连带关系，否则合伙人不得以其劳作，或所享有的声誉、具有的影响占股。

第 18 条　提供公司份额的规则

1.如果合伙人份额是由其转移给公司的所有权或其他物权，在损失、到期、出现缺陷的情况下，合伙人根据买卖合同中适用规则对转移所有权及保障股份负责，除非另有规定。

2.如果份额仅用于使用现金，本条第 1 款所述事宜的租赁规则同样适用，除非另有规定。

3.如果合伙人的份额包含他人欠债或其他抽象权利，则必须先于公司以索要债款的方式清除债务。若在债务到期时未能索回，将被要求赔偿公司因此所遭受的损失。

4.依据著作权法、领接权法及专利税收工业模式产权管理保护法的规定，如果合伙人的份额是其劳作并且由此劳作所产生的利润不涉及其专利，那么该利润属于公司所有。若非双方一致同意，否则不得违反。

第 19 条　拒不提供公司份额

1.若合伙人承诺提供一定金额的公司股份，却未照此金额提供或所提供份额为他人尚未还清之债务，合伙人对由此股份所产生的一切义务负责。

2.合伙人有责任处理其对公司实际贡献的份额或金额与其根据本法案条款规定在进行合伙人登记时所显示的份额或金额之间的差异。

第 20 条　实现份额替换

1.公司任一合伙人的债权人不得要求债务人以公司资本股份偿还债务，只可要求债务人以其利润偿还债务。若公司倒闭，债权人的权利转化为公司清算结束后债务人所获得的份额。

2.若公司合伙人份额为股份，那么债权人除享有本条第 1 款所列权利外，还可向有关法院提起诉讼，要求销售股份以获得销售收入。

第 21 条　公司法人

1.根据本法案条款及有关决议，公司自于有关部门进行商业注册起即应任命法人。

2.依据公司顺利成立的需要，公司创立期间可自由决定是否任命法人。在此期间，根据本法案条款，公司对创立人与公司创立程序及要求有关的一切行为负责。

3.依据清算工作顺利进行的需要，公司清算期间可自由决定是否任命法人。应在公司名称后清楚地注明“清算中”字样。

4.控股公司下属企业拥有法人及独立财产报告。

第 22 条　公司管理专员的义务

公司管理专员应履行义务，注重人文关怀。一切行为应符合公司宗旨及其受公司委托而被赋予的职权。

第 23 条　公司就专员工作应负的责任

公司对其管理专员在日常管理过程中的一切工作及行为负责,同样,公司也对其职员及代理在代表公司同他人交往中的一切行为负责。

第 24 条　责任豁免

根据本法案条款,公司任一合同条例或基本制度若允许本公司或其下属公司批准任何现在或曾经担任负责人的个人免除个人责任,则该条例或制度被视为无效。

第 25 条　保护公司合作者

1.只要本法案或公司制度的要求对于在与本公司从事类似工作的公司中处于相似处境的人而言是平常的合理的,那么,公司不得以其管理机构未要求其为由,拒不履行其对公司合作者的义务。

2.为保护公司合作者,公司在已经了解或可能了解他们与公司的关系后,应在与合作者的交往中对其友善,

第 26 条　会计记录

1.公司应保存每笔交易的会计记录以便随时了解公司财务状况,同时方便合伙人及股东能依据本法案条款确定公司会计记录的实行情况。

2.公司在每个财政年度结束后的至少 5 年内,均应保留其会计记录。

3.根据大臣颁发之标准,公司应保留其提交或存档的任一文件文档的电子版本。

第 27 条　公司账户

1.任一股份公司或责任有限公司均应有一名以上审计,每年负责审查公司账户。同样,根据本法案条款,其他公司也可任命审计审查其账户。

2.公司负责准备年度财务账目,该账目应包含预算、利润项及损失项。

3.公司在准备阶段账户及年度账户时,应按照国际账目标准及基础,以便清楚细致地呈现公司利润及损失。

4.任一公司的股东及合伙人可根据其向公司提交的书面申请免费获得最新审计账户及最新的审计账户决议。若公司为控股公司,还可获得一份集团账户报告。公司应在股东及合伙人提交申请后 10 日内答复其要求。

第 28 条　财政年度

1.任一公司均应在其基本制度中规定其财政年度。公司财政年度不得多于 18 个月或少于 6 个月。财政年度自公司至有关部门进行商业注册之日起开始计算。

2.下一个财政年度依次后推,每一个财政年度为上一财政年度结束后的 12 个月。

第 29 条　利润及损失分配

1.若公司合同中未规定合伙人分配利润及损失的确定比例,则按照其占公司资本的份额确定该比例。若公司合同仅规定了合伙人分配利润的确定比例,则其按照相同比例分配损失,反之亦然。

2.若合伙人份额仅为其劳作,则公司合同应规定其分配利润及损失的比例。若合伙人除参加劳作外还提供现金或实物份额,那么,在其分配利润及损失时应同时考虑其劳作份额所占比例及其现金或实物份额所占比例。

3.若公司合同批准剥夺任一合伙人的利润,免除任一合伙人的损失或允许其根据在公司所占股份获得固定的利益,那么,该合同被视为无效。

4.若合伙人仅进行劳作,并未因此劳作获得报酬,则其可免遭损失。

第 30 条 利润分配

1.若公司董事会或其替代者对公司股东、合伙人或债权人负责,则不可向合伙人或股东分发形式上的虚构的利润。

2.若公司分发任何违反本法案条款或决议规定的利润,合伙人及股东应归还其所收到的违反条例的那部分,公司债权人也有权要求公司合伙人或股东归还其所收利润。

3.若公司在下一年遭受损失,其不得剥夺合伙人或股东之前所获得的利润。

第 31 条 发布有价证券

根据本法案第 4 条,除股份公司外,其他公司不得发布债券或流通票据。

第 32 条 发布公开认购有价证券

除国有股份公司外,其余公司不得发布公开认购有价证券。任何情况下,任何公司、机构、自然人、法人,无论在阿拉伯联合酋长国境内境外还是在自由贸易区,在相关机构批准前均不得发布任何包含公开认购有价证券邀请的公告。

三、公司注册

第 33 条 安排注册工作

大臣在与相关部门协调后发布注册工作安排章程。

第 34 条 监督商业名称登记

1.注册处除完成大臣所指派的工作外,还应管理监督阿拉伯联合酋长国境内各种注册公司的商业名称登记以避免重复。

2.相关部门应向注册处提供获得其批准的所有公司名及商业名称,同时也应该检查注册处的工作以在颁发许可证前避免名称重复。

第 35 条 商业名称重复时注册处的作用

1.若注册处清楚阿拉伯联合酋长国境内两个或更多的注册公司名存在易导致混淆的相似,则应颁布决议要求相关方面采取必要措施更改易导致混淆的名称。以上一切应在决议颁布后的 30 个工作日内完成。30 个工作日后,注册处应颁布更名决议。

2.在注册处已经注册过的公司有权要求注册处强制那些与其具有相同或相似名称的公司更名。注册处应颁布决议要求该公司在决议颁布后的 30 个工作日内采取必要措施更改名称。30 个工作日后,注册处应颁布更改公司商业名称的决议。

3.在决议颁布后的 15 个工作日内,可向大臣就注册处的决议提出上诉。若申诉后的 15 个工作日内申诉被驳回或尚未决定,相关人员可视情况在其后 30 日内向有关法院申诉。

第 36 条 注册处保存公司文档

大臣颁布决议规定如下事项:

1.注册处应保存公司文档的时限,在那之后可销毁文档。

2.组织通过电子或其他通信手段向注册处提供文档。决议中应包含条款保障注册处保留的记录与相关部门保留的记录之间的有效联系。

第 37 条 对注册处保存记录的管理

根据本法案条款,相关人员可要求注册处提供如下文件:

1.注册处所保存的记录说明。

2.注册处或相关部门包含记录说明的证明。

第 38 条 应向经济部和管理局支付的税收

内阁遵循部长建议,在与财政部协调后,颁布公司应支付税收的决议。此税收用于经济部及管理局在此法令条款实施过程中所做的工作。

第二卷 合伙公司

第一章 普通合伙公司

第 39 条 公司定义

普通合伙公司由两名合伙人或更多的自然人个人负责,共同承担有关公司义务的所有开支。

第 40 条 合伙人性质

合伙人为商人,以公司名义从事商业活动。若普通合伙公司破产,则法律强制要求所有合伙人破产。

第 41 条 公司名称

1.普通合伙公司之名称可由一个或多个合伙人名称加上"合伙人"或类似含义的字样构成,且以"普通合伙公司"结束。除此之外,公司还应拥有一个与其注册名称匹配的专门的商业名称。

2.如果普通合伙公司的名称中有提到除合伙人之外其他人的名称,则其应善意地与公司共同承担面对交往者的责任。

第 42 条 公司合同

建立普通合伙公司的合同中应包含如下信息:

1.各合伙人的全名、国籍、生日及居住地。

2.公司名称、地址、商业名称(若存在)及建立目的。

3.公司总部及分部(若存在)。

4.公司资本、各合伙人份额、预估价值及到期日。

5.公司启动及结束(若存在)。

6.公司管理方法,说明有权代表公司签立合同的人物名称及其有效期。

7.财政年度的开始及结束。

8.股利及损失的分配比例。

9.转让股份的条件(若存在)。

10.若公司的创立合同包含一名或多名管理者的名字,应说明全名、国籍、居住地及有效期。

第 43 条　建立程序

普通合伙公司的建立及注册应遵循:

1.有关当局确定公司建立的必要文书,并依据法律条款制定建立申请样本。

2.将建立申请同许可及注册程序所要求的必要文件一起递交有关当局。

3.有关当局任命申请者完善其认为必要的文书,修改公司合同使其与所颁布的法律及决议相符。

4.有关当局于递交申请或完善文书及修改合同后的 5 个工作日内颁布建立公司申请的决议。若拒绝申请,应提供充分理由。

5.若有关当局拒绝申请或时长超过第 4 条所述时间,申请人可在 15 个工作日内向有关当局总干事或其代表申诉。若申诉被拒或超过递交申请的 15 个工作日,申请者可在得到被拒通知后的 30 个工作日内向有关法庭上诉。

6.若建立公司的申请获得批准,有关当局通过颁发商业许可限制商业注册。

7.公司在颁布商业许可的 5 个工作日内,向注册处提供公司商业许可复本及公司建立合同,以便根据部长所制定的相关法条进行传播。

第 44 条　应保存的文件及文书

普通合伙公司在其公司总部应保存:

1.包含合伙人姓名及地址的记录。

2.公司建立合伙及其修订版复本。

3.各合伙人提供的现金额及任何资产的性质与价值以及其贡献日期。

4.执行的法律或决议所要求的所有文件、文书。

第 45 条　公司管理

1.公司由所有合伙人共同管理,每一合伙人均被视为公司及其他合伙人公司事务的代理,除非根据公司建立合同或独立合同委托一个或多个合伙人或非合伙人。

2.除经理外的合伙人不得干涉管理事务。可以考察公司事务,检查账单及文件。

3.所有合伙人共同发布与公司事务相关的决议,除非公司合同中另有规定。

第 46 条　公司活动的竞争业务

1.在没有经过合伙人书面同意的情况下,联合责任公司中任一方不得从事与本公司相竞争的业务或与其他公司进行合作。

2.如果联合责任公司任一方在没有征得合伙人同意的情况下,从事与本公司相似或竞争的业务,那么应将所得利润全部上缴。

第 47 条　解雇经理

1.如果公司章程中明确规定:经理属于一方合作伙伴,那么除非征得其他合伙人的一致同意或者得到主管法庭的裁决,否则,不允许解雇经理。

2.如果在公司章程以外的其他文件中规定:经理属于一方合作伙伴;或者经理不属于任一方合作伙伴,无论其任用文件是否为公司章程,一旦合伙人中半数以上表态或者主管法庭予以裁决，都可以解雇经理。

3.在上述两项条款规定的事件中，解雇经理不得导致公司解散，除非公司章程中另有规定。

第 48 条　经理辞职

无论经理是否属于一方合作伙伴，他有权向管理层请辞，前提是在其辞职生效前 60 日内，以书面形式通知其他合伙人，除非其合同中另有规定，否则，经理需履行赔偿责任；同样，经理辞职不得导致公司解散，除非公司章程中另有规定。

第 49 条　经理的受限行为

经理不得从事常规管理业务以外的任何业务，除非征得所有合伙人的同意或公司章程中明确允许此项业务。以下行为将受到限制，应尤为注意：

1.捐款，商业惯例中的常规小额捐款除外。

2.出售公司房产，除非公司经营业务为房地产。

3.抵押公司房产、资产，即便公司章程授予经理出售公司房产的权利。

4.确保第三方义务。

5.出售、抵押、租赁公司商铺。

第 50 条　经理自行签约

1.经理签约时，不得自行签约或由二级亲属代表签约，除非征得所有合伙人的书面同意。

2.经理不得举行与本公司相似的活动，除非征得所有合伙人的书面同意。

第 51 条　经理职责

经理需为因其个人原因给公司、合伙人或者第三方带来的损害负责，比如：违反公司章程、违反其任用合同、行使职权疏忽或错误、个人精力投入不足，其他原因不予追究。

第 52 条　多名经理职责

1.如果任用多名经理，且确定每名经理的专管版块，那么每名经理只需对其管辖范围内的业务负责，无须为合伙人问责。如果规定多名经理共同管理，那么其决定不具有权威性，除非如公司章程所规定的：得到多数或者全部合伙人的支持；但章程中同样也规定：各经理可以独自处理可能为公司带来巨大损失或利益亏损的应急业务。

2.如果任用多名经理，且公司章程中没有为各经理划定管理板块，也没有规定其一同管理，那么各经理都可以单独处理公司业务，前提是其他人在其完成之前有权反对，以上是多数经理持一致意见的情况，但如果各经理意见对等，那么应将事项交予合伙人裁决，其结果为最终决定。

3.每名经理都应对其工作予以高度关注，尽职尽责。

第 53 条　公司职责

如果一方合作伙伴在征得合伙人同意后或在公司常规业务中，因其行为不当给第三方造成损失，联合责任公司应为此负责，承担赔偿。

第 54 条　加盟者

合作伙伴加入公司时，他与其他合伙人一同对其所有资产进行管理，并承担公司此前所有的责任与义务，且公司会提前知会；同样，他将与其他合伙人一同对其所有资产进行管理,并承担此后公司所有的责任与义务。合伙人之间所有与上述内容相悖的协议都不能作为反抗第三方的凭证。

第 55 条　退伙人

1.除非公司章程另有规定,否则,合作伙伴经过与其他合伙人书面协商之后,是可以退出联合责任公司的。在协商无果的情况下,该合作伙伴可以向主管法院提起诉讼,以取得退伙判决,但须在退伙生效前至少 60 日内通过挂号邮件通知其他合伙人。在必要情况下,公司有权向退伙人索赔。

2.退伙人应与其他合伙人共同承担公司的债务以及其退伙前所分担的义务,并以其个人资产与其他合伙人共同为公司担保。

3.合作伙伴在退伙之后,依旧承担公司义务,除非其退伙协议被记录于商业登记册中,并在两份当地日报中刊登,且其中一份必须是在最后一个程序完成之日起 30 日后以阿拉伯语发行的。

4.如果公司由两名合伙人组成,其中一名退出,那么另一名合伙人可以在其退伙协议被记录于商业登记册之后的 6 个月之内,邀请一名或多名新的合作伙伴加入其中,以弥补退伙人的空缺,否则该公司将被视为合法解散。

第 56 条　股份转让

1.联合责任公司的股份不得随意转让,除非征得所有合伙人的同意或考虑到公司章程中的限制,而且受让人不得成为公司合伙人,除非其受让结果已于主管部门登记,且已告知登记员。

2.任何有关股份可以无限制转让的协议均为无效,但合伙人可以向第三方转让其股份的附带权利,而且此项协议除缔约双方外不会造成任何影响。

第 57 条　已故伙伴的权利

已故伙伴所持股份的金额偿还是其他合伙人的一笔应付债务,其偿还期限应以联合公司解散之日或伙伴去世之日中较早者为始。除非合伙人之间另有约定。

第 58 条　公司任期届满或达成目标后的处理方案

1.如果公司在任期届满或达成既定目标后,继续连任,那么联合责任公司内合伙人的责任和义务依旧往常。

2.在公司章程变更或取消的情况下,如果第三方依旧意愿与该公司合伙人合作,并承认该公司依旧存在,那么该合伙人应在公司章程变更或取消之前对第三方负责。在公司解散或公司章程变更之前,将此消息于两份当地日报中刊登,其中一份为阿拉伯语版本,此举可作为对联合责任公司员工的通知。

第 59 条　公司与股东的相互责任

在不影响公司章程前提下,公司应考虑以下事项:

1.股东为了公司能够开展其日常业务或维持其资产的活动所耗费的金额,公司要支付它。

2.股东在未获得公司批准,使用与公司名称、商标有关的物品获得的利益,股东必须进行赔偿。

第 60 条　对股东财产的执行

除非公司在获得了执行公文，并且通知股东后，才可以对股东资产进行执行，并禁止股东使用其股东权利。执行公文是公司对股东进行执行时的证据。

第 61 条　损益

1.在公司财政年度结束后，通过资产负债表和损益表，确定损益和股东的分红。

2.一旦确定了股东股份份额，每位股东凭借着股权，都视为公司的债务人。除非有其他规定，下一年的盈利来弥补资本赤字。除此之外，除非股东本人同意，否则，股东不能补偿公司资本赤字。

第 62 条　合股公司定义

一个简单的合股公司是一家由一个或一个以上的出名营业人承担连带责任，共同承担公司责任和贸易责任。除非股份份额占公司份额巨大，否则隐名合伙人不承担公司责任和实际的经济活动。

第 63 条　合伙人特点

任何一个自然人或代表人都可以成为合股公司的合伙人。

第 64 条　公司名称

1.合股公司的名称是由一个或多个出名营业人的名字组成，并且要包括对公司法定形式的补充说明。除此之外，合股公司的名称也可以是一个特别的商业用名。

2.隐名合伙人的姓名不能出现在公司名称中，如果在隐名合伙人同意下，添加了他的名字，隐名合伙人将被视为第三方的联合合伙人。

第 65 条　公司章程

1.合股公司要遵守有限责任公司的公司章程规则，必须遵守本节与隐名合伙人有关的规章。

2.公司章程必须包含公司出名营业人和隐名合伙人的公告。如果公司章程未包含，那么视本公司为有限责任公司，所有的合伙人均视为有限责任公司的股东。

3.隐名合伙人的不参加实际的经济活动。

第 66 条　公司管理

公司仅由出名合伙人管理，若公司合同中未注明采取多数原则，则必须由所有出名合伙人共同采取决议。不得在未经所有出名合伙人同意的情况下，更改公司工作性质、修改公司建立合同。

第 67 条　公司借贷

1.合股公司的出名合伙人与普通合伙公司的合伙人享有同样的权利及利益，也应遵循普通合伙公司合伙人所承担的一切义务、限制及条件。

2.出名合伙人以公司名义或为付清公司货款所承担的一切贷款和义务视为公司的贷款和义务。

第 68 条　隐名合伙人的权利

1.隐名合伙人与出名合伙人一样享有如下权利：

①经得所有出名合伙人同意后，处理公司借贷及交易。

②在公司工作时间内，检查或取得公司任何时间的注册及账本复本。

③获得公司事务完整的、详细的信息及官方公告。

④在不会对公司造成损害的情况下，个人通过其他合伙人或其他人从事本条①中所述的事务。

2.实施本条条款时，隐名合伙人不被视为是公司管理及内部组织工作的参与者，也不对因他人恶意所导致的公司债务负责。

第 69 条 管理事务

1.隐名合伙人可以要求获得利润、亏损及预算账单。但不得干涉与他人相关的管理事务。在不给公司造成损害的情况下，也可亲自或请其他合伙人代理查看公司账本及资料。

2.若隐名合伙人违反第 1 款的规定，则其应对开展工作所产生的一切费用负责。

3.若隐名合伙人在进行行政工作时使他人相信自己为出名合伙人，则其应对公司义务所致的一切费用负责。此时，针对出名合伙人的条款同样适用于隐名合伙人。

4.若隐名合伙人经出名合伙人明示或暗示从事被禁止的行政工作，则出名合伙人和隐名合伙人一同承担由此工作所产生的义务。

第 70 条 股份转让

未经所有合伙人同意，隐名合伙人不得违反公司合同规定将公司股份全部或部分转让给他人。在有关当局审核转让并通知注册处后，被转让人方可成为公司合伙人。

第三卷 责任有限公司

第一章 建立责任有限公司

第 71 条 公司定义

1.责任有限公司的合伙人数量不得少于 2 人，不得多于 50 人，且各合伙人只能获得资本份额。

2.自然人公民或法人公民可建立及占有责任有限公司。公司资本所有人仅对建立合同中规定资本额所产生的义务负责，本法令与责任有限公司相关条款对其适用。

第 72 条 公司名称

1.责任有限公司的名称源于其目的或源于一个或多个合伙人的名称，以“有限责任公司”结尾。若为一人公司，则公司名称应与所有人名称关联，且以“一人责任有限公司”结尾。

2.若一名或多名管理者违背第 1 款，则他们应共同承担相关经费、公司义务及必要时的赔偿金。

第 73 条 公司合同及建立程序

责任有限公司的建立及注册程序见本法令第 42 条、第 43 条。

第 74 条　公司合伙人注册

1.公司应在总部拟备合伙人专用记录，包含如下信息：

①各合伙人全名、国籍、出生日期、居住地以及法人公司总部地址。

②所进行的股权交易及其日期。

2.公司管理者对此记录及数据的准确性负责，相关利益方有权查看记录。

3.公司每年一月向有关当局及注册处提交合伙人记录数据及上一财年所发生的变化信息。

第 75 条　评估实物出资的份额

1.有限责任公司的股东以实物投资来代替他们在公司的份额。

2.实物出资评估的花费应由出资人承担，并且应由有关当局选择一个或多个经认证的财务顾问进行评估，否则视为虚假评估。

3.有关当局应对评估报告进行讨论，否则该报告不予通过。如有需要，则由出资人出资选择另一位评估人。

4.除了规定的条款以外，通过该条款，股东有权制定实物投资份额的总额。在这种情况下，有关当局应批准该总额。它的出资者应首先对总额评估的正确性负责。所以，如果已评估过的实物出资额高于实际总额，它的出资者应为公司补足差额。

第 76 条　让与或抵押公司股票份额

1.任一股东都可以将他的公司份额抵押或让与给其他的股东或其他人。让与或抵押应按照公司章程或根据该法律规章的正式报告，在公司或其他人前，在主管机关记录商业注册日期起，让与或抵押才可被视为合法。

2.除非让与及抵押违反公司章程或该法律规章，否则，公司不能拒绝已登记的让与或抵押。

第 77 条　实行让与公司份额的手续

1.如果某位股东想将他的份额有偿或无偿让与非公司股东的人，他应该通过董事告知其他股东。买家或让受人的身份或通过何种方式进行交易的(让与或是售卖)，董事也应通知其他股东。

2.所有的股东都能要求归还来源于条款的份额。通过本款，应该在 30 日前通知董事商定好的金额。如若对金额有异议，根据追偿的人要求，选择一个或多个有工作经验或财务经验的专家进行审议。

3.如果有超过一位的股东使用追偿权，在该法律第 76 条规定下，对已售出的股份或未售出的股份进行分割。

4.根据条款，如果截至规定的时间，仍未有人使用追偿权，则该股东可自由支配股票。

第 78 条　索取合伙人在公司中的份额

如果一个股东的债权人索取股东的股份，他应该就卖的方式和条件与债务人(股东)和公司进行商讨。根据主管法院的要求，股票的售卖应公开拍卖，一位或多位股东也可以根据同一条件收回已售出的股票。该规章在股东破产时实施。

第 79 条　合伙人与公司利润相关的责任

有限责任公司的股东都可以以受托人的身份接受公司的询问，询问内容包括关于他获得的任何公司财产或通过公司业务或公司活动或通过使用公司财产、公司商标、商业关系获得的利益。

第二章 公司管理

第 80 条 公司董事

1.有限责任公司的董事会根据公司全体股东制定的公司章程在公司股东或非股东中任命一名或多名公司董事。如果在公司章程或独立协议上没有任命董事的内容而在公司股东大会上任命了董事,或如果董事人数过多,那么股东们就可以在公司章程中确定公司董事会,授予董事会权力和职能。

2.除非在任命公司董事协议或公司章程或公司内部规章没有记载公司董事的权限,那么,他们在公司管理上直接授予全部的权力。他们的行为对公司至关重要,他们的行为必须符合准则。

第 81 条 公司董事的责任

1.有限责任公司的所有董事都要接受公司或股东或其他人的询问,询问内容包含他们所进行的业务。同样,也应该对因错误使用权限,违背任何现行的法律规章、公司章程或任命协议而造成的损失进行赔偿。

2.根据本法律的有限责任公司的规章,来源于本法律的股份公司对董事会成员的特别规定必须适用于有限责任公司的董事。

第 82 条 公司董事的任免

1.除非本公司章程或协议规定,否则公司股东大会决定公司董事的离职。不论董事是股东还是非股东,如果主管法院有合适解除董事职位的理由,那么他可以根据一位或多位股东要求,开除董事。

2.董事应在公司股东大会上,将辞呈交给有关方面。股东大会应在收到辞呈后,进行 30 日公示。否则,该辞呈在公示日期结束后,仍被视为无效,公司章程或委托协议另有规定除外。

3.公司应在结束服务日期 30 日后通知主管机关,该名董事结束职务。同样,公司应在这段时间内任命其他人代替原董事。

第 83 条 公司董事从事有竞争的工作

未经公司董事会批准,董事不得在其他竞争公司或具有相似特点的公司任职,或本人以及其他人在竞争贸易或其他相似贸易中核算。如违反此规定,该名董事将被辞退以及补偿相应的损失。

第 84 条 准备报表的责任

公司董事应该在财政年度结束前的 3 个月,准备年预算和损益计算,同样,也应该准备公司活动年报告和公司财务报告,并提出颁发红利的个人意见。

第 85 条 任命监事会

1.如果股东的数量超过 7 人,他们就应该成立监事会。监事会由至少 3 名股东组成。在一段时间结束后,股东大会任命他们或是任命非股东成员。同样,他们也可以凭借合理的理由随时离职。

2.公司董事在选举监事会成员时,没有投票权。

第 86 条　监事会权限

监事会应该检查公司账本、文件,也可以随时要求董事递交关于他们管理行为的报告。监事会应该检查年预算、年报告和分发的红利。并至少在股东大会召开前的 5 日,将检查报告提交给股东大会。

第 87 条　监事会成员的责任

除非监事会成员发现了他们呈给股东大会的报告中的错误,否则他们不能询问董事工作。

第 88 条　非董事的股东的权利

如果一个有限责任公司没有监事会,则该公司非董事的股东拥有所有的监督其他股东的权利,这些权利来源于本法律,所有的协议包括公司章程。否则,被视为无效。

第三章　股东大会

第 89 条　股东大会的构成及召开

1.有限责任公司应该有股东大会,该股东大会包含所有的股东,根据董事或董事会的要求,股东大会每年至少召开一次,并且须在财政年度终结的 4 个月内召开。会议的邀请函上标有具体的时间和地点。

2.如果有拥有不少于四分之一资本的一名或多名股东要求召开股东大会,那么董事或授予董事权利的人应该批准。

第 90 条　宣布召开股东大会

根据本法律规定,除股东大会因故而延迟召开外,股东大会的召开邀请应该以书面方式记载,或是公司章程规定的其他任何方式。这应该在股东大会召开前的至少 15 日或者所有股东批准的最短时间内完成。

第 91 条　股东大会的年权限

有限责任公司的股东大会在年会上须审查、决议以下问题:

1.过去一年的公司董事对公司活动的财政报告和财政重心、审计报告和监事会报告。

2.总预算和损益计算以及他们的批准报告。

3.股东的红利。

4.任命董事并确定他们的报酬。

5.(如果存在董事会)确定董事会成员。

6.(如果存在监事会)确定监事会成员。

7.如果公司根据伊斯兰法律规章进行经济活动,那么建立内部伊斯兰监督委员会并且任命伊斯兰监督员。

8.任命一名或多名的审计人员,并确定他们的报酬。

9.根据本法律规章或公司章程,其他的涉及股东大会权限的问题。

第 92 条　出席股东大会

无论每位股东拥有的股份有多少,他们都有权出席股东大会。在特别授权下,非董事的另一位股东或者公司章程批准过的相关方面也可以在股东大会上代替他。每位股东有多少股份就有多少投票权。

第 93 条 举办股东大会和投票的法定人数

1.只有在参加股东大会的股东拥有的公司资本不少于 75%时,股东大会才能举办。

2.如果参加股东大会的股东拥有的公司资本少于第 1 款规定的,那么股东就应该在第一次大会举办后的 14 日内举办第二次股东大会,参加人数拥有的公司资本应不少于 50%。

3.如果参加股东大会的股东拥有的公司资本明显少于第 1 款、第 2 款规定的,那么股东就应该在第二次大会结束后的 30 日内举办第三次股东大会,谁出席都可以。

4.除非参与出席的大多数股东提出公司章程中没有涉及的内容,否则该决议不认为是正确的。

第 94 条 在股东大会工作表中增添条款

除非发生了重大事件,要求讨论该事件,否则,不能在股东大会上讨论工作议程以外的问题。如果一位股东在会议初将特定的问题加入工作议程,那么董事就应该答复他,否则,该股东就有权将该问题提交到股东大会上。

第 95 条 讨论股东大会的工作议程

每一位股东都有权讨论涉及股东大会的工作议程中的问题。董事在不公开公司利益的情况下应该回答股东的问题。如果任何一位股东对回答不满意,就可以将其提交到股东大会上,并实施股东大会对该问题的决议。

第 96 条 对免除董事职责的投票

董事无权对豁免其管理职责的特别决议进行投票。

第 97 条 股东大会的记载

参与者要充分的总结股东大会的讨论内容。在特别登记本上记载他的会议内容与决议,并将该登记本存放在公司。每一位股东都可以浏览它,同样,也可以浏览总预算、损益计算、年度报告。

第 98 条 修改公司章程、增加或减少公司资本

除非在股东大会上四分之三的股东都同意修改公司章程、增加或减少公司资本,否则,公司不能对其进行修改。增加或减少的比例要根据公司股东的股份,除非另有约定。只有所有股东都同意,否则不能增加股东义务。

第 99 条 公司账务审计

有限责任公司有一名或多名审计员,股东大会每年任命他们,本法律除外,股份公司的特别制度同样适用于有限责任公司的审计人员。主管机关取代法律中出现的管理局的地位。

第 100 条 法定盈余公积金

有限责任公司应该拿出净利润的 10%当作法定盈余公积金。入股公积金达到资本的一半,那么股东可以考虑停止拨款。

第 101 条 股份公司规章的运行

除非本法律另有具体规定,股份公司的特别制度同样适用于有限责任公司的审计人

员。主管机关取代法律中出现的管理局的地位。

第四卷　股份有限公司

第一章　股份有限公司的介绍及建立

第 102 条　公司的介绍

股份有限公司是将公司资本平均分为金额相等的股份,并且股份可以进行周转。发行人认购一部分的股票,剩下的股份由大众认购。只有持股人的股票包含在公司资本时,才可以询问情况。

第 103 条　公司名字

只有在公司使用以自然人名字登记的专利权或公司拥有商业用名或已获得了他的使用权时,公司的商业用名才可能是自然人的名字。在多种情况下,应该将股份公司这四个字加入公司的名字中。

第 104 条　成立人的数量

1.5 人及 5 人以上才可以成立股份公司。

2.联邦政府、当地政府或由这两者一起建立股份公司,同样他们也可以成为合伙人,成立人的数量可以少于第 1 款的规定。

3.除了第 1 款规定的最低数量,任何一家公司都可以转变为股份公司。

第 105 条　公司成立期限

公司有确定的公司成立期限和基本准则。公司如有需要,可以延长或缩短该期限。

第 106 条　成立人

1.成立人是在公司成立时所有签署公司章程、拥有公司资本、提供实物股票的人,他们必须遵守本法律。

2.由于违背原则或成立手续致使公司遭受损失或其他,成立人应该负责。在成立初期,如果没有写明负责的人或授权表无效时,那么授权的人个人负全责。

第 107 条　公司章程和基本规章

1.成立人自己确定公司章程和基本规章,包括以下条款:

①公司名字和公司的主营业务。

②公司成立的目的。

③每位成立人的全名、国籍、出生日期、国家、地址。

④公司资本、由资本均分的股票数量、每位股东的股票总额、每位股东应支付的费用。

⑤公司成立人保证尽全力成立公司。

⑥成立公司的大概费用、租金的报表。

⑦实物投资的报表、实物投资人的姓名、他的初始投资、实物投资的特别条件、抵押

权、益友(如果存在)的实物投资的特权。

2.所有的公司章程和基本规章都应该符合现行的法律和决议,应该包括规章、董事会和股东大会的权限。有关方面发布公司章程和基本规章的样本,所有公司都应该遵循该样本。

第 108 条 股东遵守的基本规章

1.在本法律的所有规章的规定下,当公司在主管机关进行商业注册后,公司的基本规章对所有的股东都适用。

2.根据公司的基本规章,任何一位股东的欠款都视为公司的欠款。

第 109 条 创始人委员会

1.在参与成立公司的人中选择不少于 3 位人员作为创始人委员会的成员,他们要完成公司成立的手续、在相关部门完成注册。创始人委员会中的所有成员、顾问、参与公司成立的各个方面的人员都要对上交给相关部门的条款、研究及报告的正确性、完整性、精确性负全责。

2.创始人委员会可以授权给他们一位成员或其他人员,在按照部门的规章下,在该部门或组织中,关注和完成公司成立的程序。

第 110 条 在主管机关的成立手续

1.创始人委员会向主管机关提交成立申请,并随之附上公司章程,公司基本章程协议、公司将进行活动的经济可行性报告、其实施开放的时间表和其他任何部门要求的文件。

2.主管机关审查成立申请时,要颁发初步批准或不予批准的命令。在递交申请后或在主管机关得到报表和文件的 10 日内,通知结果。若主管机关在此期间未通知,则视为主管机关不予批准。

3.如果主管机关拒绝了公司成立申请,或根据本条第 2 款中相关时间内,没有任何答复。创始人委员会可以在 10 个工作日内,向主管机关的负责人提起申诉。如果申诉被拒,或自申诉日期起 15 个工作日内,没有任何答复,在收到答复后的 20 日内或未收到答复后的合适时间内,创始人委员会可以向主管法院就申请被拒再次申诉。

第 111 条 在管理局的成立手续

1.创始人委员会在管理局办理手续时,根据管理局现行的要求,将成立申请、主管机关的初步同意书、公司章程、公司的基本章程、公司将进行活动的经济可行性报告、招股说明书、公司开始建立的工作时间表及主管机关要求的任何其他的文件交给管理局。

2.管理局对成立申请进行审查,管理局应该在收到全部的申请文件后的 10 个工作日内对申请进行评价。创始人委员会应在接到通知后的 15 个工作日内完善改正管理局发现的缺点,来使成立申请更加完善。否则,管理局可以认为该委员会放弃申请。

3.在审查结束后的 10 个工作日之内,管理局将纸质申请书和其他文件交给主管机关。然后,在寄出文件后的 10 个工作日内,管理局与主管机关开会。如果主管机关有任何意见,管理局将此意见转达给创始人委员会。委员会在收到意见的 10 个工作日内进行修改。否则,该管理局可认为委员会放弃申请。管理局在收到改正的申请文件后,将其上交给主管机关。

第 112 条　协会备忘录的认证

创始人委员会应当按照公司章程大纲的规定进行认证，并向管理局提供公司章程的副本及主管机关关于初步批准许可证和授权书的决定。创始人委员会应完善公司章程。在管理局统一招股说明书之前，委员会应确认创始人的应付金额。

第 113 条　公司申请的更正

在将申请递交给主管部门后，在成立的任何时期，都不允许对申请的任何条款进行更正，不论是公司资本、公司成立宗旨、创始人姓名还是要求的其他条款。如果公司进行更改，主管部门会采取相应的对策。

第 114 条　创始人的股票占公司资本的比例

1.创始人认购的公司股票不得少于 30%，也不能超过 70%，这是在向公众公开发行股票之前。

2.股东不得认购向公众发行的股票。

第 115 条　实物捐赠的评估

1.创始人可以提供实物捐赠来获得股票。

2.实物捐赠的评估通过由管理局或有劳动、财务经验的机构挑选的一个或多个财务顾问进行的，该费用由捐赠人承担。否则，捐赠视为无效。

3.评估人员有权浏览任何他认为重要的信息或文件来完成必要的评估，并准备评估报告。创始人委员会和董事会应该竭尽所能，在最短的时间内将所有的文件、报表、信息准备好。

4.评估人、创始人委员会、董事会（如果存在）应对评估报告中的条款，信息的准确性、精确性负全责。

5.管理局应对评估报告进行讨论。如果必要的话，也可以任命另一位评估人，花费由公司承担。

6.公众提供的实物份额可以是对一部分公共资金的专营权和使用权。

第 116 条　对实物捐赠的后续评估

在公司成立期间的实物捐赠的后续评估应该符合本法律的评估规章。

第 117 条　实物捐赠评估的夸大

1.如果管理局确认评估员在评估时存在任何的夸大或忽视，那么他可以采取以下措施：

①禁止该评估员在管理局从事评估活动，时间不少于两年。

②如果该评估员多次违背，那么终身禁止该评估员从事评估活动。

2.评估员在接到通知的 15 日内，可以向管理局负责人提起申诉。如果负责人在接受申请后的 15 个工作日内拒绝申请或未答复，该评估员就可以在接到拒绝消息的 30 日内，或未接到消息的合适时间内，向主管法院提起申诉。

第 118 条　公开认购的邀请

1.创始人委员会、顾问、参与公司成立程序的有关方面，他们的代表人签署股份招标书。他们应该对招标书中的条款的正确性做担保。

2.在开始公开认购股票前的至少 5 日内，总招标书的申请应在当地报刊上刊登，其中一份应以阿拉伯语书写。

3.认购股票应该按照管理局确定的公告要求进行，招标书中应特别标有公司名字、公司成立宗旨、公司资本、认购条件、认购者姓名、住址、职业、国籍、他认购的股票数量、同意接受公司章程和基本制度的说明。

第 119 条　认购方

1.创始人委员会在管理局或者在可以从事认购的有关方面中进行认购。同样，在符合管理局确定的要求下，认购也可以在网上进行。

2.管理局或已完成认购的管理局保管认购人认购多花费的费用以及招股带来的收入来计算初创期公司的费用。除非管理局已经颁发公司成立许可证并且已经在主管部门进行商业登记，才允许将钱交给董事会。

第 120 条　承销商

1.在不影响本法第 10 条规定的前提下，创立期间的公司或在增加公司资本时期的公司是可以由承销商或多位来自管理局的代理人来卖出剩下的股票。根据管理局的规章、条件、措施，他可以重新进行股票认购。

2.管理局的董事会可以提出有关本国承销商规章的意见。

第 121 条　认购期限

1.认购股票时间不得少于 10 个工作日、多于 30 个工作日。

2.在没有承销商的情况下，如果在规定的时间内，股票没有全部认购完成，创始人委员会可以向管理局提出延长认购时间的盛情，延长时间不得超过 10 个工作日。

3.如果延长时间结束，公开发行的股票仍没有全部认购完成，如果发行人已经认购了本法律第 117 条规定的认购数量，那么他们可以再次认购超过原规定一定比例的股票份额。否则，管理局批准成立的决议视为无效。

第 122 条　向认购者分发股票

如果入股认购股票的数量超过了公开发行的股票数量，那么，按照认购人的认购比例或者按照招股公告，以规定的形式发给认购者。

第 123 条　剩余股票的分配

可以在认购结束后，继续认购股票：

1.在认购股票结束后的 5 个工作日内，分配已经认购的股票。

2.在认购股票结束后的 5 个工作日内，如果分配股票仍未完成，就归还认购者的股票花费金额和收入。

第 124 条　阿联酋投资管理局的认购

在通知管理局后，阿联酋投资管理局有权认购本国的任何一家向公众发行股票的股份有限公司，但是其认购的数量不能超过公开向公众认购数量的 5%，而且必须在发行结束前支付总金额。

第 125 条　宣布不成立公司

如果未完成建立公司，本国的管理局应向公众宣布此消息，公布的消息必须包含以下内容：

1.在发布消息后的 10 个工作日内，归还投资者花费的费用和获得的收入，在必要时，除了赔偿外,发行方还要对此负全责。

2.创始人要承担此次创立公司的费用,他们还要对此次发行产生的影响和行为负责。

第 126 条　证券大厦

在本法第 117 条的规定,管理局可以在证券大厦的基础上发布建立认购机制的决议。管理局要遵循相关的手续和规章的方式。

第 127 条　成立所需费用

公司要承担因成立公司、发行股票的创始人委员会花费的所有费用。并且将详细的花费清单在股东大会上提交,并对此清单进行讨论和批准。

第 128 条　股东大会的组成会议

1.创始人委员会应在认购结束后的 15 日内,向所有股东发出邀请来举行公司股东大会的组成会议。

2.如果本条第 1 款中规定的日期已过,创始人仍未举行公司股东大会的组成会议,那么管理局来举办此次大会,花费由公司承担。

3.除非公司确定了基本规章,参加股东大会组成会议的股东拥有的公司资本不得少于 50%,如果参与人数没有达到法定人数,延迟此次大会,延迟时间不得少于 5 日,但不得在第一次举办大会的 15 日之后。延迟后的大会人数多少都可以。

4.股东大会组成会议的主持人在股东之间选举产生。

5.在股东大会组成会议产生的决议由拥有不少于公司资本四分之三的股东产生。

第 129 条　股东大会组成会议的权限

股东大会的组成会议有审查和决议的权利,它审查以下问题:

1.在发行股票结束后的 15 日内,创始人委员会应邀请股东来举行公司股东大会的组成会议。

2.如果在本条第 1 款中规定的日期结束后,委员会仍未邀请,那么管理局举办股东大会的组成会议由管理局负责,花费由公司承担。

3.除非公司的基本规章没有确定,那么参加股东大会组成会议的股东应拥有公司资本 50%以上。如果没有达到法定人数,那么延迟召开大会。在第二次召开大会的日期应在第一次召开后的 5 日之后,但不超过 15 日。第二次大会的参加人数多少都可以。

4.该会议的主持人在股东之间选举产生。

5.只有拥有不少于公司资本四分之三的股东投票通过,该决议才被认为通过。

第 130 条　申请颁发公司注册证书

公司董事会在举办股东大会组成会议的 10 日内向颁发公司注册证书的管理局上交申请,并随之附上以下文件:

1.审查机构的报告。

2.创始人委员会对募捐资本的许可证明、认购人的总花费、含有认购人的姓名、国籍、认购股数的报告。

3.确定公司资本存入银行金额的银行证书。

4.含有公司董事会成员姓名的声明,确认他们成员资格没有违背该法律规章的声明。

5.股东大会组成会议的会议内容。

6.管理局要求的其他文件。

第 131 条 公司注册证书的颁发

管理局在公司上交了第 133 条中提到的所有文件后，应在公司提交申请后的 5 个工作日内，向该公司颁发公司注册证书。

第 132 条 公司在主管部门的注册

1.公司董事会应在管理局颁发公司注册证书的 10 个工作日内，在主管部门进行登记。

2.在收到文件和注册费用后，主管部门应该在商业注册表中注册该公司，并且向该公司颁发商业许可证，并将其副本交给管理局。

第 133 条 通知注册处

在主管部门颁发了商业许可证后的 5 个工作日内，公司董事会主席应根据规章通知注册处注册公司的成立证书、公司章程、商业许可证登记公布。所有的费用由公司承担。

第 134 条 上市的公司股票

1.想要将公司股票上市的公司，应在主管机关进行注册后的 15 个工作日内，根据管理局和金融市场的上市规则和规章，将股票在本国任何已被批准的金融市场进行上市。

2.公司应根据金融市场现行规章制度及法律法规，在本国任何金融市场进行上市。

第 135 条 创始人的行为

在向主管部门进行商业登记时，在登记前由创始人行为而产生的财产可以转移给公司，该项举动产生的费用由公司承担。

第 136 条 对公司章程和基本规章的更改

在本法律的规定下，在管理局和主管部门的同意下，公司可以对公司章程和基本规章进行更改。

第 137 条 浏览条款和信息

1.公司在公司官网上提供公司章程、基本规章和任何其他管理局确定的文件信息副本。

2.任何一位股东要求浏览公司章程、基本规章的副本，公司应将该副本交给股东浏览。

第 138 条 股东名册和公司记录

如果公司在股东大会上未批准第一财政年的账目之前，就购买了其他公司及企业资本，并且总价超过了公司资本的 20%，公司应就此事通知管理局，并根据本法，对公司资产和其他的公司企业进行评估。

第 139 条 董事会的构成

1.公司董事会处理公司的管理事务，确定公司的基本规章、成立方式、董事会成员的人数和董事会成员有效资格的期限。董事会成员应不少于 3 位，但应不多于 11 位。成员资格应不超过自任命时间和竞选时间起 3 年。

2.董事会成员通过秘密投票从成员中选出主席、副主席、常务董事。但是常务董事不能成为执行董事或另一家公司的董事长。

3.董事会应该就选举董事会主席、副主席、常务董事一事通知管理局。如果该公司由银行授权,同样也应该获得中央银行的批准。

4.管理局的董事会颁发决议,其中规定了公司在组建董事会、选举成员时应该遵守的条件和规章。如果该公司由银行授权,中央银行也应颁发了相关重要的决议。

第140条 董事会成员的选举

1.在本法律第143条规定下,股东大会通过累积不记名方式选举董事会成员。除此之外,创始人可以根据基本规章确定第一届董事会的成员。通过累积不记名方式,每一位股东可以拥有与其股票数等同的投票权,所有股东即可用所有的投票权集中投票选举1人,也可分散投票选举数人。

2.根据基本规章,董事会可以任命有在董事会工作经验的非股东,但是他们的数量不得超过3名。

3.每个公司都应该在总部保留股东名册和董事会报告的副本,该名册的重要内容由管理局规定。

4.任何股东在工作时间,都可以无偿浏览本条第3款中提到的股东名册和董事会报告的副本。但是公司可以根据基本规章对其进行合理的限制。

第141条 董事会成员职位的免除

本法律第143条规定,如果董事会空缺了一个位置,那么,董事会可以另选另一位成员。条件是董事会必须在股东大会的第一次会议上上交该任命,由股东大会批准该任命或另选他人。

第142条 董事会成员的行为

公司受到董事会成员对善意第三方行为的约束,即使其后发现选举或委任议员的程序无效或这种选举或任命的条件不充分的情况。

第143条 对公司利益有害的行为

1.如果持有公司至少5%股份的一个或多个股东认为该公司事项已经损害所有或任何股东的利益,或公司打算做出可能对股东造成损害的行为或对其不作为,该股东有权向当局提出申请,并自行决定附带相关决定证明文件。

2.如果当局拒绝该申请,或者在30个工作日内不考虑申请,股东可以从拒绝申请或期满期限的10日内向主管法院提起诉讼(视属何情况而定)。

3.如果当局认为公司事务已经或有可能损害所有股东或个别股东的利益或对任何可能对股东造成损害的行为不作为,当局可以诉诸主管法院。

4.主管法院应当听取股东或监督机构作为紧急事项提起的诉讼。在本条第2款和第3款规定的两个事件中,法院可以任命一名或多名专家。

提供关于一个或多个管理交易的报告。法院可以做出判决,停止该案存在的主要问题行为、不作为或继续采取任何省略的行为。

第144条 公司诉讼

公司可以根据大会发布的决定对于可能对所有股东造成损害的错误向董事会提出法律责任诉讼,由当局指定公司代表以公司名义发起诉讼。

第145条 股东诉讼

公司每个股东可以单独对没有提交诉讼给公司的董事会提出责任诉讼,前提是该错误可能对他造成私人损害,该股东应通知公司有意提起诉讼。反之,公司章程中的每项条款无效。

第 146 条 责任驳回

不得阻止大会通过任何因董事会履行职责时发生错误而对董事会提出责任诉讼并由此解除董事会的决定。如果引起责任的行为已经提交给大会并经大会批准,责任诉讼将在会议之日起一年届满时被没收。但是,如果属于董事会成员的行为属犯罪行为,诉讼不得在公开案件被没收之前被没收。

第 147 条 解散董事会成员

1.大会可以解散董事会全体或任何成员,即使公司章程另有规定。在这种情况下,大会应选举新成员,而不是根据本法第 143 条和第 144 条的规定解散。此选举应告知当局和主管机关。

2.如果董事会成员被解职,则自发布解雇决定之日起 3 年之内,不得重新提名成员。

第 148 条 董事会成员的报酬

1.公司章程应当规定董事会成员的报酬计算方法,但前提是扣除全部贬值和储备后,不超过 10%期末财政年度净利润。

2.针对公司董事会在公司财务年度结束违规的处罚是从董事会扣除薪酬。如果发现这种处罚不是由于董事会的遗漏或错误,大会可以决定取消这种处罚。

第 149 条 无效决定

1.在不损害善意第三方权利的情况下,任何违反本法规定、公司组织章程大纲或公司章程的决定或对某一类股东或关联方或其他方提供特别利益而不考虑公司利益的决定,均视为无效。

2.由公司上下裁定无效决定以示对所有股东的尊重。

3.董事会应当在两份当地报纸上公布无效判决书,其中一份应以阿拉伯语发行。

4.无效诉讼应自发布有争议的决定之日起 60 日后予以禁止。提起诉讼不得阻止执行该决定,除非主管法院另有命令。

第二章 公共股份公司大会

第 150 条 大会召开

1.大会应由董事会在每年至少在财政年度结束后四个月内的邀请股东,由公司章程确定时间和地点。董事会可以大会认为合适的方式召集大会。

2.如果董事会省略召开大会邀请,审核员应派出该邀请。在这种情况下,审核员应该制定和公布议程。

第 151 条 通知大会会议

除按照本法第 188 条规定大会法定人数不符合规定的情况外,由主管机关同意,召开大会邀请书应送交全体股东。并在当地的两家报纸上通知,其中一份须以阿拉伯语并按照管理局在这方面的挂号信函或者通知方式发行,至少在安排日期前 15 日召开大会。邀请函的通知应包括议程。邀请文件的副本应送交管理局和主管机关。

第 152 条　通知股东的有效邀请

如果召开大会的邀请通知期比在本法第 172 条规定的会议召开日期前 15 日短，召开大会的邀请应覆盖 95%公司股东。

第 153 条　大会邀请股东要求

1.公司董事会应邀请大会召集一名或多名持股至少 20%的股东，除非公司章程规定的比例较低，前提是大会邀请在申请之日起 5 日内提出。大会至少在 15 日内召开，但不得超过邀请日期 30 日。

2.本条第 1 款规定的申请，保存在公司总部，并说明会议的目的和将要讨论的问题。会议申请人应提供公司股票上市的金融市场证明书，并满足在大会召开之前不将将申请人持有的股份出售的要求。

第 154 条　大会邀请审核员要求

董事会应邀请大会根据要求由审核员召集。如果董事会在申请之日起 5 日内未能发出邀请，审核员应当发送邀请。大会应在邀请之日起至少 15 日内召开，但不得超过 30 日。

第 155 条　大会邀请管理局要求

1.管理局可以要求公司主席或其代表发出邀请，邀请大会参加以下任何事件：

①自本法第 171 条确定之日起 30 日期满大会召集未发出邀请；

②如果董事人数少于会议法定人数的最低限额；

③如果管理局随时发现任何违反法律或公司章程或公司管理层的错误；

④如果一名或多名股东持有本公司董事会至少 20%的股份，公司未按照本法第 144 条的规定做出回应。

2.如公司主席或其代表未能邀请大会召集任何上述事件，自需求之日起 5 日内管理局应以由公司付费向会议发出邀请。

第 156 条　年度大会管理

公司年度大会应考虑以下问题并做出决定：

1.如果公司按照伊斯兰教法规定进行活动，董事会就本年度公司的活动和财务状况、审计报告和内部伊斯兰教管理委员会的报告准备报告。

2.公司资产负债表和损益表。

3.必要时选举董事会成员。

4.如果公司按照伊斯兰教法的规定进行活动，则任命内部伊斯兰教管理委员会成员。

5.任命审计人员并确定其薪酬。

6.董事会关于利润分配的建议，无论是现金还是红利股份。

7.董事会关于会员薪酬和确定报酬的议案。

8.解雇董事会成员，并对其提出诉讼(视情况而定)。

9.解雇审核员，并对其提出责任诉讼(视情况而定)。

第 157 条　参加大会的权利

1.股东有权出席大会，票数等于其股份数。任何有权出席大会的股东，可以委托任何(董事会成员除外)书面委托人。若干股东的代理人不得超过公司资本的 5%以上。未成年人或被禁止的股东应由其法定代表人代表。

2.公司人员可以根据董事会或任何类似决定,委托任何其中一名代表或负责管理的代理人代表参加大会。被授权人具有根据授权决定确定的权力。

第 158 条 大会会议管控

1.管理局和主管机关可以派一名或多名代表他们的控权人出席公司大会的会议,无权投票。这些代表的出席情况应在大会会议记录中说明。

2.中央银行或保险业监督可以派一名或多名控股人出席中央银行和保险业监督许可的公司大会会议,无权投票。这些代表的出席情况应在大会会议记录中说明。

第 159 条 大会的权力

1.根据本法规定,本公司发布的决议和公司章程,大会有权考虑与本公司有关的所有问题。大会不得考虑除了议程上列出的其他问题。

2.尽管有本条第 1 款的规定,大会可以讨论之前会议期间发生的严重事件或管理局或持有至少公司资本的 10%股东的数量或在大会议程上列出议程中的某些问题,董事会应对此类要求做回应,否则大会有权决议讨论此类问题。管理局可以做出确定适用条件的决定,列出大会议程上的新问题。

第 160 条 大会会议记录

股东应在召开大会前在公司总部,在为此而专门编制的记录中输入姓名。该记录应提供股东姓名、其所代表的股份数量,该等股份持有人的姓名、代理人的文件。股东应佩戴有说明该股东亲自或代理人持有的票数的证件出席会议。

第 161 条 大会主席

在主席或副主席其中任一缺席或者都缺席的情况下,由其他股东以大会决定的表决方式选举股东。大会还应任命一名会议秘书。如果大会审议与会议主席有关的任何问题,无论他是谁,大会在讨论这个问题时,应从股东人数中选出会议主席。

第 162 条 大会会议法定人数

除公司章程规定的比例较高外,出席会议的股东或代表持股至少有 50%。如果第一次会议不存在法定人数,大会将在第一次会议之日起至少 5 日但不得超过 15 日的时间内休会。出席会议的法定人数不论现任股东数目多少,均可出席。

第 163 条 退出大会会议

如果任何股东或其代表在法定人数居留的情况下退出大会会议,则撤销不得影响大会有效性,无论退出的数量如何影响大会的有效性,决定条件是由本法适用的多数通过。

第 164 条 大会议程的讨论

1.出席大会的每个股东有权讨论大会议程上列明的事项,并向董事会成员和审计师提出问题。该董事会成员和审核员应对问题做出答复,但不得损害公司利益。

2.如果股东认为对问题的答复不足,股东可以向大会上诉。大会的决定是可执行的。与之相抵触的公司条款中的每项规定相关协议无效。

第 165 条 大会决议的表决

1.按照本法第 146 条的规定,对大会决议的表决,按公司章程规定的方式进行。但是,如果与董事的选举、解聘或问责有关,投票是秘密的。

2.在不违反本法第178条规定的情况下,董事会成员不得参加大会决定从事其管理责任或与董事会成员的特别利益、利益冲突或其与公司之间的争议的相关事件,并且在公司人员在场的情况下,该公司人员的份额将被排除在外。

第166条 大会会议记录

1.大会纪要应包括亲自出席的股东名单、代表股东名称、持有人股份、代表人、投票数、通过的决定、对这种决定的投票数量或反对的数量,并对会议的讨论进行了充分的总结。

2.大会会议记录应每次会议后定期记录在特别登记册内,按照管理局确定的条件保存。会议纪要由主席、会议秘书和审核员签字。签署会议记录的人员对其内容的真实性负责。

第167条 大会决定

1.大会决定由本次会议通过的大多数股份,由本公司章程确定的较高数额予以通过。

2.根据本法规定和公司章程通过的大会决定对所有股东具有约束力,无论其是否在场、是否同意这样的决定。

第168条 大会决定的执行

公司主席应当根据管理局提出的条件执行大会的决定,并将其副本提交管理局、上市的金融市场和主管机关。

第169条 大会纪要检查

1.股东会议记录应保存在公司总部。任何股东可以在适用的工作时间内免费检查此类会议记录。

2.如果公司拒绝或不遵守本条的规定,管理局可以命令查看有关大会讨论会议记录的内容。管理局也可向公司发出命令,将所需的副本交付给需要副本的人员。

第170条 大会决定的暂停执行

1.按照公司持股比例至少5%股东的要求,管理局可以出具决定暂停执行公司通过的决定,或者在请求理由严重的情况下,向董事会成员或其他人员提供特别利益。

2.自决定之日起3个工作日内,暂停执行大会决议的请求不得接受。

3.有关各方应当向主管法院提起诉讼,将决定撤销,并自决定中止决定之日起5日内通知管理局,复核决定暂停执行大会决议,否则暂停无效。

4.法院应考虑诉讼撤销大会的决定,并可以紧急命令,由对方根据要求暂停执行决定,直至诉讼结束。

第171条 不选举董事会或者任命审计师

1.在符合本法第143条规定的情况下,如果公司大会没有就连续两届会议的选举做出决定,虽然出席法定人数,但管理局应将向主席提交问题,经主管机关监督公司在国家开展活动的实体协商后,任命本公司临时董事会不超过一个财政年度。

临时董事会应邀请公司大会选举董事会成员。如果大会没有选举董事会成员,管理局应将问题提交给其主席,经主管机关监督公司在国家开展的活动的实体协商后,采取适当决定,包括解散公司。

2.如果公司大会根据本法规定,在其年度会议上没有就其聘任审计师做出决定,尽管出席法定人数,管理局可委任公司审计师一个财政年度,并厘定其费用。

第三章 公共股份公司的资本

第 172 条 公司发行及授权资本

1.公开股份公司已发行股本的最低限额为三千万迪尔汗。根据内阁主席根据管理局主席提出的建议做出的决定,可以增加这一限度。

2.公司章程可以按照管理局在相关方面提出的条款和条件确定授权资本,金额不超过已发行资本的两倍。

第 173 条 公司增资

1.公司的资本可以在已发行资本充足时增加。

2.经大会同意,经大会发布的特别决定,可以增加授权资本。

3.董事会可以按照管理局在这方面规定的条款,在大会事先批准的授权资本的限额内增加公司的已发行资本。

4.增加发行资本的决定应说明发行新增股份的数量和新股的价格。

5.如果公司资本增加涉及实物投资,应根据规定对实物投资进行估值。

6.如果没有授权资本,增加已发行资本的决定可以提交至公司董事会决定执行增资的日期,但该日期自发布之日起不超过一年,否则该决定从头开始视为无效。

第 174 条 公司增加资本方式

公司资本可以通过以下方式增加:

1.发行新股。

2.资本化储备金。

3.将公司发行的债券或伊斯兰债券转换为股份。

第 175 条 发行保费

1.公司资本增加所得股份,按照原股票的面值发行。但是,如果管理局许可,公司可能会做出特别决定为股份的面值增加溢价,并确定该保费的金额。该保费应加入法定准备金,即使储备金超过其资本的一半。

2.管理局董事会应当发布确定保费计算方法的决议。

第 176 条 优先权

1.按照本法规定,股东优先认购新股。任何与之抵触的公司章程或增加资本的决定均视为无效。

2.股东可以将优先权出售给另一股东或第三方。当局董事会应当出具关于出售优先权的条件和程序的决议。

第 177 条 新股认购

1.认购新股应受原股份认购之规则约束。

2.董事会应当刊登两份由管理局认可的优先购买权问题摘要于本地日报上,其中一份应以阿拉伯语出版,以通知股东优先购买新股份的权利。

第 178 条 新股的分配

1.根据其持有的股份数量,如果不超过每个股份的要求,则向申请股份的股东分配新股。

2.根据规定,股份应分配给提供股份超过其持有股份数量的股份的股东。此后任何余额份额应按照管理局确定的条件提供公开认购。

第 179 条　储备资本化

根据特殊决议,储备金可以通过创造红利股份,按比例分配给股东,按照每个股东持有的股份,或按资本急剧增加股份的比例,合并在公司的资本中。股东不承担任何财务责任。

沙特外国投资法*

伊历1421年

奉至仁至慈的真主之名

国王令:M/1号　日期:伊历1421年1月5日

在真主的指引下

我,沙特阿拉伯王国国王法赫德·本·阿布杜阿齐兹·沙特

根据伊历1412年8月27日A/90号国王令颁布的基本法第70条。

根据伊历1414年3月3日A/13号国王令颁布的内阁法第20条。

根据伊历1412年8月27日A/91号国王令颁布的协商法第17条、第18条。

经核伊历1420年5月17日A/111号国王令颁布的最高经济委员会章程。

经核伊历1399年2月2日M/4号国王令颁布的外资法。

经核伊历1420年11月14日最高经济委员会第1号决议。

经核伊历1420年12月22日协商会议第(64/60)号决议。

经核伊历1421年1月5日内阁第1号决议。

兹决定:

一、批准下附之外国投资法;

二、责成内阁副首相及相关内阁大臣实施该法案。

法赫德·本·阿布杜阿齐兹·沙特

第1条　行文中出现的下列词语和表达所指如下,行文中另有释义的除外:

1.委员会:最高经济委员会。

2.管理委员会:投资总局管理委员会。

3.总局:投资总局。

4.局长:投资总局局长和管理委员会主席。

5.外国投资者:非沙特阿拉伯国籍的自然人或所有合作伙伴均为非沙特阿拉伯国籍的法人。

6.外国投资:根据本法律将外国资本用于被允许的活动。

7.外国资本:本法律中所指的外国资本是外国投资者拥有的下列资金和权利(比方说,而非限定)。

---

* 系重庆国际战略研究院国别投资法律项目:“沙特阿拉伯王国投资贸易法译丛”。项目负责人:吴昊,四川外国语大学副教授。

现金、证券和商业票据。

用于增加资本或扩建现有项目或增建新项目的外国投资的利润。

机器、设备、仪表、零件、运输工具和与投资相关的生产用品。

精神权利,如许可证、知识产权、技术知识、管理技能和生产方法。

8.产品设施:生产工业和农业(植物和动物)产品的项目。

9.服务设施:服务和承包项目。

10.法律:外国投资法。

11.条例:外国投资法实施条例。

第2条 在不违背相关法律和协议的情况下,投资总局为在沙特阿拉伯王国进行任何长期或短期投资活动的外国资本颁发许可证。投资总局应当在收到实施条例所要求的申请文件的30日内对是否批准投资申请做出决定。如果投资总局在上述规定期限内未对投资要求做出决定的,则应给投资者发放所申请的许可证。如果投资总局在上述规定期限内否决了投资申请,投资申请人可依照法律程序提出申诉。

第3条 最高经济委员会负责发布禁止外资进入的项目种类清单。

第4条 考虑到第2条的规定,外国投资者在不同的投资活动中可以取得不止一个许可证,实施条例对此做出相应的规定。

第5条 根据本法律规定获得许可的外国投资可以采取下列两种方式中的一种:

1.由本国投资者和外国投资者共有的企业。

2.完全由外国投资者所有的企业。

根据法律和指令确定企业的法律形式。

第6条 根据本法律批准的项目,按照法律和指令,享受与本国项目同样的优惠、鼓励和保障。

第7条 外国投资者有权将因其出售股份或获得的企业盈余和利润汇往沙特境外,或用其他任何合法手段使用。外国投资者有权汇出必要的款项用于履行同项目有关的任何合同义务。

第8条 根据本法律获准建立的外国企业,在从事获批准的活动所需要的范围内,或为了安置该企业全体或部分员工的住宿,可以依据非沙特人拥有房地产的规定购置必要的房产。

第9条 外国投资者和非沙特籍员工由获批准的企业担保。

第10条 投资总局为有投资意向者提供所有必要的资料、说明和统计,并为其提供一切服务和措施,为完成与投资相关的手续提供便利。

第11条 除非根据司法判决,不得全部或部分没收外国投资者的投资;不得全部或部分取消其产权,除非出于公共利益,并根据法律和指令给予公正的补偿。

第12条 1.发生违反本法律和实施条例规定的行为时,投资总局将书面通知外国投资者在投资总局规定的时限内予以纠正。

2.为避免更严重的后果,外国投资者在未纠正违法违规行为的,将受到以下处罚:

取消全部或部分给予外国投资者的鼓励和优惠。

处以不超过50万里亚尔的罚款。

吊销外国投资者的投资许可证。

3.根据投资总局管理委员会的决定实施上述第2款的处罚。

4.投资者对处罚决定不服的,可以通过诉讼程序向法院提出申诉。

第13条 沙特阿拉伯王国作为协议一方时,在不违背协议内容的情况下:

1.尽可能通过友好的方式解决沙特政府和外国投资者在有关根据投资法获准的投资问题上发生的分歧,如无法通过友好方式解决,则按法律规定解决。

2.尽可能通过友好的方式解决外国投资者同其沙特伙伴在有关根据投资法获准的投资问题上发生的分歧,如无法通过友好方式解决,则按法律规定解决。

第14条 根据本法律获准的所有外国投资均按沙特阿拉伯王国现行税收法及修正案对待。

第15条 外国投资者应严格遵守沙特阿拉伯王国现行的法律、条例和指令及沙特作为一方签订的国际协议。

第16条 实施本投资法不应妨害原有外国投资在实施本法前正常获得的权益,但这些项目在从事活动和增加资本时要服从本投资法的规定。

第17条 投资总局发布实施条例,并在官方报纸上刊登,自刊登之日起实行。

第18条 本投资法在官方报纸上刊登,自发表之日30日后实行。废止伊历1399年2月2日第4号国王法令颁布的外资法,与新投资法相矛盾的规定也一并废止。

沙特外国投资法实施条例*

第一章　定义

第1条　为实施本条例,行文中出现的下列词语和表达所指如下,行文中另有释义的除外:

主席:最高经济委员会主席。

委员会:最高经济委员会。

管理委员会:投资总局管理委员会。

管理委员会主席:投资总局管理委员会主席。

局长:投资总局局长。

总局:投资总局。

外国投资者:非沙特阿拉伯国籍的自然人或所有合作伙伴均为非沙特阿拉伯国籍的法人。

外国投资:根据本法律和实施条例将外国资本用于被允许的活动。

外国资本:本法律和实施条例中所指的外国资本是外国投资者拥有的下列资金和权力(比方说,而非限定)。

1.现金、证券和商业票据。

2.用于增加资本或扩建现有项目或增建新项目的外国投资的利润。

3.机器、设备、仪表、零件、运输工具和与投资相关的生产用品。

4.精神权利,如许可证、知识产权、技术知识、管理技能和生产方法。

产品设施:生产工业和农业(植物和动物)产品的项目。

服务设施:服务和承包项目。

法律:外国投资法。

条例:外国投资法实施条例。

中心:投资总局组织法第9条中规定的全面服务中心。

第二章　投资领域

第2条　投资总局为在沙特阿拉伯王国进行任何长期或短期投资活动的外国资本颁

---

* 系重庆国际战略研究院国别投资法律项目:"沙特阿拉伯王国投资贸易法译丛"。项目负责人:吴昊,四川外国语大学副教授。

发许可证，但本投资法第3条规定禁止的投资活动除外。

第3条　管理委员会定期审查禁止外国投资的活动清单，以实现对其缩减的目的，并提交最高经济委员会批准。

第4条　根据本法律和实施条例的规定，获得许可的外国投资可以采取下列两种方式中的一种：

1.由本国投资者和外国投资者共有的企业。

2.完全由外国投资者所有的企业。

第三章　优惠、鼓励和保障

第5条　外国投资企业享受与沙特本国企业同样的优惠、鼓励和保障：

1.伊历1381年12月23日第50号国王令颁布的《保护和促进国家工业法》中规定的鼓励。

2.根据伊历1421年4月17日第15号国王令颁布的非沙特人拥有房地产的法律规定，外国投资企业可以拥有必需的房产以从事获准的投资活动和为职工提供住房。

3.沙特阿拉伯王国签订的避免双重征税协定和鼓励、保护投资协定中规定的优惠。

4.未经司法判决不得全部或部分没收投资；不得全部或部分取消产权，除非出于公共利益并获得公正的补偿。

5.外国投资者有权将因其出售股份或获得的企业盈余和利润汇往沙特境外，或用其他任何合法手段使用。外国投资者有权汇出必要的款项用于履行同项目有关的任何合同义务。

6.股份可以在投资者和其他人之间自由转换。

7.外国投资者和非沙特籍员工由获批准的企业担保。

8.企业可以根据沙特工业发展基金规则的规定获得工业贷款。

9.企业亏损可以顺延至下一年度，在所顺延年度，可以折抵税收。

第四章　办理许可证的条件和规定

第6条　投资总局给外国投资者颁发许可证的条件包括：

1.申请许可的投资活动不在禁止外国投资的活动清单之列。

2.产品的规格和生产的方式符合沙特的法规，在没有相应法规时，要符合欧盟或者美国的法规。

3.农业项目投资金额不得少于二千五百万里亚尔；工业项目投资金额不得少于五百万里亚尔；根据管理委员会制定的细则，其他项目不得少于二百万里亚尔。

4.外国投资者不能是因为对本投资法条款有实质性违法行为而收到最终裁决者。

5.外国投资者不能是因为金融、贸易违规而在沙特或其他国家受过审判者。

6.许可证的发放不与沙特签订的国际和地区协议相违背。

第7条　根据下列规定，外国投资者可以在不同活动中取得一个以上的许可证。

1.适合于本实施条例中第6条的规定。

2.许可证的申请是由法人或自然人提出的对于现有项目的扩建。

3.管理委员会对规定进行定期审查,或认为有需要时对其审查。

第8条 外国投资者可以购买当地或外国投资的企业或企业的股份,但必须符合本实施条款的第6条、第7条的规定。

第五章 申请许可证手续

第9条 投资总局备有投资指南,包括取得长期和临时许可证的程序及其修正样本,取得许可证前必备的文件,投资者需要的信息,外国投资者享有的鼓励、优惠和保障,此外还包含以下信息:

1.外国投资法及其实施条例和补充决定。

2.投资总局组织章程及实施条例。

3.非沙特人拥有房地产及投资法。

4.保护和促进国家工业法。

5.劳工法、社会保险法。

6.施舍、税收、海关法。

7.诉讼法。

8.刑事诉讼法。

9.律师法。

10.公司法(贸易注册、商业欺诈、银行监管)。

11.保护知识产权法(商标法、著作权法、专利法)。

12.居住法。

指南还包括有关沙特社会习惯的说明。指南定期更新。

第10条 外国投资的许可证申请呈交给服务中心申请接待处,需按投资指南规定样本带齐所有文件,并由许可证申请人或其代理人签字,呈交文件之后,中心将给申请人一个纸质或电子收据,包括申请登记号和日期。

第11条 投资总局可以接受许可申请和通过邮政、电子邮件、传真方式送达的文件,在必要的情况下,只有在得到文件的原件之后才能发放许可证决定。

第12条 根据本法律及其实施条例、管理委员会发布的各项决定对申请要求做出裁决。从收到文件之日起30日内(法定节假日除外)发布由管理总局局长或其授权的他人签字的许可决定。

第13条 中心负责把就申请要求做出的最后决定通知投资者,可以直接通知,也可以挂号邮件、电子邮件,或是其他可以达到告知目的的方式。

第14条 如果投资总局拒绝或修改许可申请,应当说明理由,外国投资者可以在收到拒绝通知30日内向管理委员会申诉。

第15条 管理委员会应在收到申诉之日起30日内进行审查并做出裁决,如果决定仍为拒绝,投资者可以在收到决定通知之日起60日内向申诉法庭提出申诉。

第六章　外国投资者的义务

第 16 条　取得许可的投资者应按照其在申请许可时向投资总局提交的时间表立即开始执行项目所必需的步骤和措施。如果投资者提出不能按时间表采取项目执行措施的合理理由，投资总局应延长时间表的期限，但总共不得超过 1 年。除非投资总局管理委员会做出决定，期限的延长才能超过 1 年。

第 17 条　在投资总局不同意对时间表延期和给予延期但投资者在延长期限未认真对待的情况下，管理委员会可以最终吊销许可证，被吊销许可证的投资者应承担吊销产生的后果。

第 18 条　获得许可的企业应遵守许可证中规定的条件和基本目标，未经投资总局同意，不得擅自更改。

第 19 条　获得许可的企业业主应遵守会计制度，通过会计师事务所进行企业的预决算，并向投资总局提交所要求的企业统计和报表。

第七章　违章

第 20 条　总局局长或其授权的人书面委派的总局职员有权关注投资法及其实施条例的贯彻情况，比如有权了解企业活动的账本、票证、证券，稽查违规，准备记录，向总局局长提交必要的报告。被委托进行这项任务的总局职员要保证其所看到的文件和材料不被泄密。

第 21 条　管理委员会发布与投资法及其实施条例，许可证条件有关的违反行为的违章和罚金条例。

第 22 条　外国投资者在违反投资法及其实施条例、违反颁发许可证的条件时，投资总局书面告知投资者，并限适当期限纠正。如果没有纠正，将受到本投资法实施条例规定的处罚和罚金。

第 23 条　管理委员会组成由至少三名成员参加的委员会，其中一人为法律顾问，制定其工作的原则和程序。该委员会的任务是研究违反投资法及其实施条例、许可证条件的行为，听取违章者的说辞，核实他们的辩护，建议适当的处分。管理委员会发布处分决定。

第 24 条　根据第 23 条，外国投资者在接到处罚通知之日起 30 日内可以向管理委员会提出申诉。

第 25 条　管理委员会应在收到申诉之日起 30 日内进行审查并做出裁决，如果仍维持原处罚决定，投资者可以在收到决定通知之日起 60 日内向申诉法庭提出申诉。

第八章　争端解决委员会

第 26 条　管理委员会根据《投资法》第 13 条第 2 款，成立一个至少由一名主席、两名成员构成的委员会，即投资争端解决委员会，审查外国投资者和其沙特伙伴之间因本投资法许可的投资产生的争端，致力于友好解决争端，如无法友好协商，则根据伊历 1403 年 7 月 12 日 46 号国王令颁布的仲裁法及其实施条例，裁决为调解的最终结果。该委员会负责审查仲裁法中规定由其审查的争端。

沙特外商投资禁止目录

一、工业领域

1.石油资源的勘探和生产(不包括国际分类码 883、5115 项下与冶金相关的服务)。

2.军用机械设备及服装生产。

3.民用爆炸物生产。

二、服务领域

1.军事餐饮保障服务。

2.调查和安全领域。

3.保险服务，在有特殊法律规定的情况下外国投资者可以进入保险服务。

4.麦加和麦地那的不动产投资。

5.与朝觐和副朝相关的导游服务。

6.劳务服务，包括开设劳务办公室。

7.不动产中介服务。

8.与印刷和传播法相关的服务，以下领域除外：

(1)国际分类码 88442 项下印刷之前的编辑服务；

(2)国际分类码 88442 项下的印刷厂；

(3)国际分类码 87501 项下的绘画和书法；

(4)国际分类码 875 项下的摄影；

(5)国际分类码 96114 项下的摄像和广播；

(6)国际分类码 962 项下的涉外媒体通讯社及其记者；

(7)国际分类码 871 项下的宣传和广告；

(8)国际分类码 86506 项下的公共关系；

(9)国际分类码 88442 项下的出版；

(10)国际分类码 88442 项下的报业服务；

(11)国际分类码 88 项下的计算机软件的生产、销售和租赁；

(12)国际分类码 853 项下的媒体研究和传媒咨询；

(13)国际分类码 87507，87904 项下的打字和复印。

9.批发和零售服务，包括国际分类码 6121、6113、6111、632、631 项下的如特殊医疗器械的医疗用品零售贸易；有偿代理，国际分类码 8929 项下的特许经营权除外。

10.音像服务。

11.通信服务，以下领域除外：

(1)国际分类码 7523 项下的电传服务；

(2)国际分类码 7522 项下的电报服务；

(3)国际分类码 7523 项下的电子数据交换；

(4)国际分类码 7523 项下的增强传真服务，包括存储，存储转发和检索；

(5)国际分类码 75291 项下的 VSAT 服务；

(6)国际分类码 7529、7521 项下的传真服务；

(7)国际分类码 75299 项下的全球个人卫星移动通信服务；

(8)国际分类码 75299 项下的互联网服务供应；

(9)国际分类码 7523 项下的电子邮件；

(10)国际分类码 7523 项下的在线信息提供和数据库检索；

(11)国际分类码 843 项下的信息获取和在线检索。

12.陆路和航空运输。

13.航天服务。

14.护理服务、医疗服务，国际分类码 93191 项下的医疗护理及半医疗服务。

15.鲜活水产捕捞。

16.毒剂中心、血液银行以及卫生检疫机构。

沙特阿拉伯公司法*

（伊历 1437 年，公元 2015 年）

第一章 总则

第 1 条 在本法律任何地方出现的以下短语和术语均表示下述含义，除非文义另有所指。

部：商业和工业部。

部长：商业和工业部部长。

局：资本市场管理局。

管理局委员会：资本市场管理局委员会。

主席：资本市场管理局委员会主席。

主管部门：商业和工业部，但与在资本市场上市的股份公司相关的事宜，主管部门为资本市场管理局。

法律：公司法。

第 2 条 公司是指由两个及两个以上的人，以营利为目的，以资金或劳务或二者皆有的形式出资，共负盈亏。

第 3 条 1.在沙特阿拉伯王国成立的公司应采取以下形式：

(1)合伙公司；

(2)有限合伙公司；

(3)合营公司；

(4)股份公司；

(5)有限责任公司。

2.根据本条第 3 款的规定，不采取第 1 款所规定形式的公司视为无效，以公司名义签订合同的人视为负责人并共同承担合同产生的责任。

3.本法条款不适用伊斯兰法律下的公司，即无须采用本条第 1 款所规定的公司形式。

第 4 条 除合营公司外，根据本法律条款成立的公司视为沙特国籍，公司办公住所应在沙特，沙特国籍并不意味着公司一定能享受沙特人专有的权益。

第 5 条 1.允许以货币、实物或劳务作为公司出资，但不得以个人名誉和影响力出资。

---

* 系重庆国际战略研究院国别投资法律项目："沙特阿拉伯王国投资贸易法译丛"。项目负责人：吴昊，四川外国语大学副教授。

2.货币份额与实物份额可单独作为公司资本，只有在依照本法律条款和不违背公司成立的合同条件和基本制度的情况下才允许调整资本。

第6条 1.如合伙份额为知识产权、收益权或其他物权，根据买卖合同条款，合伙人应确保在上述权益受损、到期、出现问题或减少的情况下补足出资。如果合伙份额仅是以个人权利所得之现金，那么租赁合同条款适用于上述事宜。

2.如合伙份额是以对他人的债权出资，出资义务只有在公司最终收取了该债权利益后才解除。

3.如合伙份额为劳务，则应履行所承诺的相应劳务，其劳动成果和收益应全部归公司所有，不得以此劳务谋取私利。除非另有协议，投资者劳务产生的专利权仍归投资者所有。

第7条 每个合伙人都被视作所缴公司份额的贷方，如逾期缴纳份额则有责任补偿由此产生的损失。

第8条 1.合伙人的个人债权人不得以公司资本中合伙人的股份或合伙份额作为要求进行起诉，但他可以在取得主管司法部门的判决后起诉要求获得债务合伙人在公司的净利润分成，具体数额以公司财务报表为准。如果公司通过，则在偿清债务后，债权人对债务人的权利转移到盈余份额上。

2.除本条第1款提到的权利外，股东的个人债权人可以要求司法主管部门出售债务人股东的股份，出售所得用于偿还债务；且非上市公司的股东可优先购买。

第9条 1.在不违背本条第2款的原则下，全体合伙人共同承担盈亏。如有剥夺任何股东盈利或豁免任何股东亏损的条款则将被视为无效，该情况适用于本法第11条。

2.以劳务形式参股的股东可豁免损失。

第10条 1.只有可分配的利润才能被分配给合伙人。

2.如分配虚构利润给合伙人，即便出于善意，公司债权人可要求所有合伙人返还所得。

3.公司如在来年遭受亏损，合伙人不必返还所得实际利润。

第11条 1.合伙人的盈亏幅度根据其对公司资本的参股比例计算，但在公司成立合同中可依法规定参股比例有所差异。

2.如合伙形式仅限劳动并且在公司成立合同中未规定其在盈亏中的比例，则他的比例按成立公司时投入的份额比例计算。如有多个劳动形式的合伙人且未明确份额，则应将其份额视为平等，除非另有规定。如合伙人除劳动外还投入了金钱或实物，则在负担盈亏时除劳动份额之外还应承担金钱或实物相应的份额。

第12条 1.除合营公司外，公司成立合同和与之相关的修订合同都应以书面形式在公证处登记，否则，合同或修改合同无效。

2.导致公司成立合同或相关修订合同未能如本条第1款规定备案的，由公司合伙人、经理或董事会成员（视情况而定）负责，共同承担公司、合伙人或其他人因此遭受的损失。

第13条 1.合伙人、公司经理或董事会成员（视情况而定）应将公司成立合同、股份公司基本章程和与之相关的修订合同在商业和工业部网站上进行公告，商业和工业部对上述文件的公告与批准成立公司提供有偿服务。商业和工业部应在批准后向公司提供一份或多份有助于进行公告的公司成立合同和公司基本章程。

2.他人可在商业和工业部网站上了解到本条第1款所述文件，商业和工业部网站的摘录、批示以及资料等将作为面对第三方的依据。

3.如合伙人、公司经理或董事会成员中任何人导致本条第1款所规定文件未能进行公告，将共同承担公司、合伙人或其他人由此遭受的损失。

4.本条所述规定不适用于合营公司。

第14条 1.除合营公司外，公司在进行工商注册后取得法人资格。公司在进行成立期间，具备成立的必要条件，完成成立流程则在已完成成立流程获得法人资格。

2.只有在进行工商注册后才能凭借公司成立合同和已公告的公司基本章程根据本法条款抗议他人，如果资料未进行公告，则对他人无效。

第15条 1.公司名称、性质、办公住所及工商注册号应写入公司的所有合同、发文及其他文件当中。

2.非合伙公司和有限合伙公司中，本条第1款所述资料应包含公司资本数额和实缴资本数额。

3.公司在清算期间应在其名称后加上(清算中)字样。

4.本条款不适用于合营公司。

第16条 除了不同公司形式特有的解散情形外，一般公司在下列情形发生时解散：

(1)公司存续期限届满，未按法律规定办理延期。

(2)公司已实现其成立目的，或者已经不可能实现其成立目的。

(3)所有合伙份额或股份转移到某一个合伙人或股东名下，合伙人或股东不愿意再继续依法经营。

(4)存续期限届满前全体合伙人一致同意解散公司。

(5)公司被另一家公司合并。

(6)法院在某一合伙人或利益相关人员的要求下最终判决公司解散或无效，任何剥夺这一权力的条款将被视为无效。

第二章　合伙公司

第17条 合伙公司是指其合伙人为自然人，合伙人以其全部资本共同承担公司的一切责任的企业形式。合伙人对合伙企业的负债承担无限责任。

第18条 1.合伙公司名称由所有合伙人名字组成，或由其中一人或多人名字再加上“他的合伙人们”的字样，或其他能表示这个意思的名称。公司名称应能体现合伙的性质。

2.如果公司名称中包含了非合伙人的名字，并且在其本人知情的情况下，以其全部资金对公司债务与义务承担个人责任。公司名称中可以保留已撤资或已去世的合伙人的名字，但须征得撤资人或逝者继承人的同意。

第19条 1.合伙份额不能为可流通票据。

2.只有在全体合伙人同意或在符合公司成立合同的规定情况下，合伙人才可以放弃合伙份额。放弃份额须按照本法第13条规定进行公告，任何允许无限制放弃份额的条款将被视为无效。但允许合伙人向第三方转移份额的相关权利，该转让只在转让双方中生效。

第 20 条 1.合伙人一旦加入公司，将与其他合伙人一起以全部资金对在其加入之前和之后的公司的债务负责。但允许根据本法律第 13 条通过公告协定以豁免其对公司前债务的责任。

2.如果合伙人根据主管法律部门的最终裁定从公司撤出或被开除，根据本法律第 13 条宣告其撤出或开除后不再对债务和义务负责。

3.如有人转让合伙份额，则无须对公司债权人的债务负责，除非在公司通报转让的 30 日内有人提出反对，则受让方与出让方共同对债务负责。

第 21 条 不得强迫合伙人以其个人资产抵偿合伙企业债务，除非该债务已经被合伙企业管理机构确认或者政府机关确认，并且事先要求合伙企业清偿而未获满足。

第 22 条 在对公司成立合同进行认证的 30 日内，公司经理或合伙人应根据本法律相关条款对合同进行公证，对公司进行工商注册，公司成立合同中的任何修订条款同样生效。

第 23 条 公司全体合伙人应共同签署公司成立合同，合同包含以下信息：

1.公司名称、营业、办公场所、分公司(如果存在)。

2.合伙人姓名、住址、职业、国籍、生日。

3.公司资本、关于每个合伙人所承诺的合伙份额及兑现时间的完整介绍。

4.公司经理名称(如果存在)、谁具有代表公司的签字权，以上不可违背本法律第 25 条的相关条款。

5.公司成立时间及期限。

6.财年的起止时间。

第 24 条 在未征得其他合伙人同意的情况下，任何合伙人不得用个人或他人的账目进行公司活动，合伙人、经理或董事会成员不能成为公司竞争对手或同类公司的持股人、合伙人。如有任何合伙人违反此规定，公司有权要求有关司法部门认定将个人账目并入公司账目的行为，并向该合伙人索赔。

第 25 条 无论是在公司成立合同或独立合同里，应在合伙人或其他人中至少任命一名经理。如有多名经理，并且未就职权进行划分或未明文规定任何人能单独行使管理权，那么每一个人都能在任何工作上单独行使管理权，其他人应在其完成前提出反对，在这种情况下，应采纳多数经理的意见，如意见双方人数相等则应向全体合伙人呈报以便根据本法律第 27 条做出决定。

第 26 条 非经理合伙人不得干涉公司管理，但可以在公司总部处理其他事物，检查公司票据和文件，从中提取关于公司财政状况的数据，向经理提出建议，任何否认上述权利的协议将被视为无效。

第 27 条 公司合伙人将采用多数人意见做出决议，除非该决议涉及修订公司成立合同，则应全体一致通过，公司成立合同中无明文规定的无须如此。

第 28 条 如果合伙人未规定公司的管理方式，则每个人都可以单独行使管理权，其他合伙人应在完成前提出反对，多数合伙人有权拒绝反对。

第 29 条 除非在合伙协议中对经理人的权限有明确规定,否则经理人有权实施符合经营目标的一切行为,在司法和仲裁机构面前代表公司。在任何情况下,公司遵循经理人以其名义,在符合经营目标范围内进行的一切活动,除非经理人出于恶意。

第 30 条 经理不得开展超出公司经营目标范围的业务,除非根据合伙人决议或公司成立合同中的相关规定。该禁令尤其适用于以下情形:

1.超出常规小额捐款的捐款。

2.为他人做公司担保。

3.诉诸仲裁。

4.以公司的权利和解。

5.出售或抵押公司不动产,除非符合公司宗旨。

6.出售或抵押公司商铺。

第 31 条 在取得合伙人许可前,经理不得注销其在公司的专门账户,也不得从事任何公司活动,不得担任竞争公司的合伙人、经理或董事会成员,不得持有从事同类经营活动公司的股份或其他公司大额份额,除非上述行为获得全体合伙人同意。如经理违反此规定,则公司可对其索赔。

第 32 条 在工作中,因违反、忽视或简化公司成立合同中条款所造成的公司损失、合伙人损失或其他人损失应由经理承担。任何违反上述的协议将被视作无效。

第 33 条 1.如果经理是公司成立合同中所规定的合伙人,只有根据法律主管部门应多数股东要求的决议才能对其解雇。任何违反上述的协议将被视作无效。上述情况中的解雇会导致公司解散,公司成立合同中未明文规定的不适用。

2.如果经理是独立合同中所规定的合伙人或非合伙人(无论是在公司成立合同中规定的还是在独立合同中固定的),可以根据合伙人决议对其解雇,此解雇不会导致公司解散。

第 34 条 1.在公司成立合同中所规定的合伙人经理在有正当理由的情况下才能解雇董事会,否则将承担赔偿责任,此解雇会导致公司解散,公司成立合同中未明文规定的不适用此条款。

2.公司成立合同中规定的非合伙人经理可以解雇董事会,但应在合适的时间,并且在解雇前的合理时间段内通知所有合伙人,否则将承担赔偿责任,此解雇不会导致公司解散,公司成立合同中未明文规定的不适用此条款。

3.独立合同中规定的经理,无论其是否为合伙人,都可以解雇董事会,但应在合适的时间,并且在解雇前的合理时间段内通知所有合伙人,否则将承担赔偿责任,此解雇不会导致公司解散。

第 35 条 1.应根据财务报表和审计来限定公司每个财年的收益、亏损或每个股东的份额,财务报表须按照通用会计标准所编制,审计须由外部持证审计师根据通用审计标准完成。

2.每个合伙人因其在公司利润中的规定份额而被视为公司债权人。

3.在补足因公司在来年遭受利润损失而减少的资金时,在未经同意的情况下不得强制合伙人以个人份额的资金来补充公司因损失而减少的资金。

第 36 条 1.合伙人在有主管司法部门认可的合法原因的条件下才能在公司存续期从公司撤资。如公司不在存续期,合伙人的撤资应是善意的,并在合适时间告知其余合伙人,否则主管法律部门除了可以判决其继续留在公司外还可在必要时判其赔偿。

2.多数合伙人可以合法理由要求主管司法部门开除一名或多名合伙人。在这种情况下,主管司法部门可以决议在开除一名或多名合伙人后公司继续营业。但须满足在其开除后,公司还能继续正常开展业务并实现公司或余下合伙人的盈利并保留他人的权利。如果主管司法部门调查后发现开除会导致公司不能再继续营业,那么可以决议解散公司。

第 37 条 1.任何合伙人死亡、丧失行为能力、宣布破产或撤出都将导致合伙公司解散。但公司成立合同中允许规定,在某合伙人死亡的情况下只要死者继承人愿意则合伙公司继续存续,哪怕死亡合伙人的继承人被法律限制或禁止从事商业活动,在公司继续营业的情况下,被法律限制或禁止从事商业活动的继承人只对其继承的份额所占公司资本对公司债务负责。在这种情况下应在不超过被继承人死亡后一年的时间内将公司转变为内含法律上限制或禁止从事商业活动者的有限合伙公司,否则公司将依法解散。在此期间,被限制者未能成年将导致其不能从事商业活动。

2.公司成立合同中可以规定如某一合伙人死亡、丧失行为能力、宣布破产或撤出,其余合伙人可以继续经营公司。在此情况下,这位合伙人或其继承人只有公司的资金份额。除非公司成立合同或合伙人通过其他决议的方式达成的协议中有规定,该份额的公允价值将由持证成员在合伙人定的任意时间内评估的每一位合伙人在公司的资金份额而定。合伙人或其继承人在此之后不再享有新增权利,除非这些权利来源于之前所发生的活动。

第三章　有限合伙公司

第 38 条 1.有限合伙公司是由两类合伙人构成的,其中一类合伙人至少包含一位普通合伙人并以其所有资产对公司债务和相应的义务承担无限责任;另一类合伙人至少包含一位有限责任合伙人,以其出资额对公司债务和相应义务承担有限责任。普通合伙人不具备商人性质。

2.有限合伙公司中的普通合伙人须遵守适用于普通合伙公司中合伙人的条款。

3.普通合伙公司的条款中不与本章特殊规定相违背的,都适用于有限合伙公司。

第 39 条 1.有限合伙公司的名称应包括所有普通合伙人的名字,或者其中一人或多人的名字再加上“与他的合伙人们”的字样,或者能体现出此含义的其他名字。公司名称应体现有限合伙公司的内涵。

2.如果公司名称中包含了有限合伙人或非合伙人的名字(即使工作于此公司),则在面对以善意和公司交往的第三方时视其为合伙人。

第 40 条 有限合伙人不得干涉或代理公司对外管理事务。如有干涉,则应以其所有资产对由他造成的公司债务和相应义务承担责任。如果他所做的事让第三方确信是普通合伙人所为,则对第三方而言其应被视作须以全部资产对公司所有债务承担责任。但允许有限合伙人根据公司成立合同中的相关规定参与公司内部管理事务,此类参与不是义务。

第 41 条 允许有限合伙人将其份额转让给公司任一合伙人。也可以在征得所有普通合伙人和掌握公司多数资金的有限合伙人的同意之后将份额转让给其他人。公司成立合同中没有明文规定的不适用。

第 42 条 不得因某一有限合伙人的死亡、资产冻结、破产或撤资而导致有限合伙公司解散,公司成立合同中没有明文规定的不适用。

第四章 合营企业

第 43 条 合营公司不同于其他类型,不具备法人资格,不用履行申报手续,不需要进行工商注册。

第 44 条 合营公司的确立可以通过多种途径。

第 45 条 公司合同中约定其经营宗旨、合伙人权利与义务、管理方式、分红与损失在合伙人中的分配方式和其他条件。

第 46 条 新合伙人只有在全体合伙人同意后才能加入公司,公司合同未明文规定的不适用。

第 47 条 合营公司不得发行可流通票据。

第 48 条 与合营中任一方合营人交易的第三方只能对该合营人追索。但是,如果合营方的行为向该第三方披露了该合营的存在,则对于该第三方而言,该合营将被视为事实上的普通合伙企业。上述条款不得妨碍合伙人之间的公司合同条款生效。

第 49 条 1.合营公司合伙人在公司持有份额,公司合伙人未约定的不适用。

2.如果合伙份额为某种实物,获得它的合伙人宣布破产,其拥有者在履行完份额内的公司损失后有权将其收回。

3.如果合伙份额为货币或同类事物,其拥有者只能以债权人的身份参与公司破产,并且其份额将会根据公司的损失程度来折算。

第 50 条 任一合伙人的死亡、资产冻结、宣布破产或撤资将导致公司解散,公司合同中无明文规定的可凭余下的合伙人继续营业。

第 51 条 合营公司适用与普通合伙公司相关的第 24 条、第 27 条和第 35 条。

第五章 股份公司

第一节 总则

第 52 条 股份公司是指公司资本被分成价值相等并且可以流通的股份的公司。公司独立承担由其经营活动引起的债务及义务。

第 53 条 所有股份公司的名称应体现其宗旨,不可包含自然人的名字,除非公司宗旨为投资以该人名注册的专利,或者公司拥有的商业机构以此命名,或者此名是公司转为股份制公司之前的名字且此名中包含了自然人的名字。如果公司为某人独有,则公司名称应体现其为独资公司。

第二节　股份公司的成立

第 56 条　签署公司成立合同，或申请成立许可，或于成立时入股，或实际参与公司成立，意欲以创始人身份进入公司的，都视为创始人，入股人应负责核算股份。

第 57 条　提交股份公司创始人签字的公司成立申请、公司成立合同和股份公司章程至商业和工业部。

第 58 条　如果创始人不能认购所有股票，应根据资本市场规定抛售未认购的股票。

第 59 条　认购股票的股额以公司名义存储于获得批准的沙特任一银行，股份公司宣布成立后董事会方可兑换股额。

第 60 条　1.商业和工业部决定股份公司成立执照的发放，其中包括股份公司的成立和参与为国家和公法人。如果股份公司获得成立许可之前的经营活动需要主管司法部门的法律同意或许可，股份公司成立许可报告需获得法律同意或许可证方可公布。

2.股份公司完成成立手续并获得商业和工业部的最终许可后方可进行经营活动。

3.股份公司的成立和参与为国家和公法人的，其公司许可申请，包括一切法律条款的例外，则成立和例外许可的申请应提交至内阁审查。

第 61 条　1.如果股份公司有实物股份，提交公司成立申请应附上专家和可靠的评估人估算该份额公允价值的评估报告。

2.创始人应该在成立大会召开至少 15 日前将实物股份评估报告副本在公司主要办公场所公示，与此有关的所有人都有权了解。

3.实物股份评估报告于成立大会公布，如果成立大会决定减少实物股份份额，实物股东应在成立大会上同意此项决定。如果实物股东拒绝减少份额，股份公司成立合同不再是对于所有各方的。

第 62 条　1.自商业和工业部发布批准股份公司公司成立的 45 日内，股份公司创始人根据公司章程募集认股人参与成立大会认购股本，从发出邀约到开始认股的时间，私募股份公司不得少于 3 日，公募股份公司不得少于 10 日。

2.认购人不管认购多少股票都有权出席成立大会，且出席成立大会的认购人认购股票股额至少占资本的一半；如果认购人人数不够，应至少 15 日后重新召开大会。第一次会议结束 1 小时后可召开二次会议，一次会议的邀请函中包括召开二次会议的可能。总之，不管认购人人数多少，二次会议应具备合法性。

3.成立大会选举主席、秘书和计票员，公布大多数股东通过的决议。主席、秘书和计票员在会议纪要上签字，将副本送至商业和工业部，如果是公募股份公司则送至资本市场管理局。

第 63 条　成立大会行使下列职权：

1.认购公司每一股股本，履行最低限度的资本，根据法律条款评估股本所值。

2.传阅实物股份评估报告。

3.通过公司章程最终决议，所有认购人同意后方可增加修改条款。

4.董事会董事委任的董事长任期不得超过 5 年，如果公司成立合同或公司基本章程尚未确立则董事长继续任职。

5.传阅创始人发布的股份公司成立所需劳动力和资金的报告并公告。商业和工业部,或负责公募股份公司的资本市场管理局应派遣一名或以上监事出席成立大会以确保法律条款的实行。

第64条 创始人自成立大会结束15日内提交公司成立申请至商业和工业部以宣布公司成立,并附上以下文件:

1.股份公司所有股本认购和认购人认购股本的支付报告。

2.成立大会会议报告和决议。

3.成立大会通过的公司章程。

第65条 1.商业和工业部在审查所有股份公司根据规定提交的申请的完整性后发布公司成立的公告,并公布在商业和工业部网站上。

2.公司董事会董事应在本条第1款所述公告发布之日起15日之内提交工商注册申请,包括以下方面:

(1)股份公司名字、宗旨、主要中心和期限;

(2)创始人姓名、住址、职业和国籍;

(3)股份种类、价值、数量和资本总额;

(4)工业和商业部关于公司成立的许可决议及日期;

(5)工业和商业部关于公司成立的公告决议及日期。

第66条 1.商业和工业部颁布公司成立决定及工商注册的1个月后,股份公司正式成立。任何违反总则、成立大会和公司章程的行为都会被提起公司无效的诉讼。

2.股份公司宣布公司成立和工商注册的一个月内,创始人将所有费用转给担保人,公司承担创始人用于公司成立的费用。

第67条 如果公司违规成立,认购人有权收回股本,认购股本的银行须尽快归还股本于认购人,创始人应为此负责并赔偿,承担公司成立所需全部费用,并对公司成立期间的行为对第三方负责。

第三节 股份公司的管理

第1分节 公司董事会

第68条 1.股份公司管理由董事会承担。公司章程应当确定董事会成员人数,但成员人数不得少于3人,不得超过11人。

2.所有股东有权根据股份比例推举自己或他人为董事。

3.股东大会根据公司章程规定选举董事会成员,任期不超过3年,如果公司章程无相关规定则重新选举。公司章程规定由董事会提出申请取消董事成员资格。无论何时股东大会可根据公司章程规定撤销董事会所有董事或部分董事成员资格,且如果撤职无适当理由和合适时间,董事有权获得公司的赔偿。董事成员资格必须在合适的时间取消,否则股份公司应对董事因此所受损失负责。

第69条 如果股份公司董事会主席和成员辞职,或当股东大会不能通过选举组成董事会,则商业和工业部或资本市场管理局可介入并成立一个有适当经验、有专业知识以及一定数量的人员组成的临时委员会来监管公司。临时委员会成立的3个月之内召开股东大会并选举新的公司董事会。股份公司根据商业和工业部或资本市场管理局按照实际情况做出的决定承担临时委员会主席及其委员的薪酬。

第70条 1.根据公司章程规定，如果公司董事会董事空缺，董事会有权根据选举结果任命德才兼备的委员暂代董事，并告知商业和工业部，如果股份公司已经上市，则告知资本市场管理局。任命董事的5个工作日内，经股东大会公示委任书并委任新的董事。

2.如果董事会由于董事人数未达到公司法和公司章程规定而不具备召开会议的条件，其余董事应在60日内重新召开大会选举新的董事。

第71条 1.每年股份公司董事会董事应按照股东大会的规定获得公司的直接收益、劳动力或现金。董事应将所收利益上报资本市场管理局并在大会上确定数额。同样这些董事不能参与董事会发布的相关决议的投票，董事长应将此在大会上公开，并附上公司财务参考报告。

2.如果董事违反本条第1款规定，股份公司或者有关法律部门将终止合同或取消董事与此相关的分红资格。

第72条 董事会成员未经股东大会同意不得参与与公司或行业竞争的任何业务，否则公司可向司法主管部门申请赔偿。

第73条 1.股份公司不得向董事会成员、股东或其他人提供贷款。

2.除了本条第1款规定外，银行或者保险公司在条件允许的情况下可以贷款给董事或股东并提供帮助和签订借贷合同。

3.除了本条第1款规定外，公司根据鼓励员工计划签订的贷款合同应符合公司章程和股东大会的规定。

4.违反本条规定的所有合同无效，且股份公司有权向司法部门申请赔偿所受损失。

第74条 董事不得在股东大会结束前泄露公司机密，不得以其身份为其自己或其家人或第三者谋利，否则将被撤职并赔偿损失。

第75条 1.除了股东大会行使职权外，董事会为实现公司目标有最大的权利管理公司，除了公司法和公司章程规定的工作外，董事会可干涉股东大会的事项。董事会可以委任一名及以上的董事负责相关工作。

2.董事会可变卖或抵押公司或商铺的财产，将公司的债务人从其义务中解除，公司章程未包括或股东大会未公布的不能限制董事会在此事上的权益。

第76条 1.公司章程应当确立董事薪酬，此项薪酬或为薪金或代表出席会议或为实物优惠或为净利润的特定百分点。

2.如果薪酬是公司利润的百分点，将不超过纯利润的10%，由股东大会根据公司法和公司章程决定，股东的分红不少于公司资本的5%，薪酬与出席大会的次数相符。违背此项规定的决议无效。

3.总之，根据金融市场机构的规定，董事每年所得利润总额不超过50万沙特里亚尔。

4.董事会在股东大会上的报告包含董事在一财年获得的薪酬、花费及其他，董事作为员工、管理层掌握的信息以及艺术品和投资，还包括董事会会议记录和股东大会召开前董事出席的所有大会。

5.股东大会根据董事会的建议取消连续3次无正当理由缺席会议的董事资格。

第 77 条 股份公司遵照董事会行事，即使超过董事会的职权范围，只要获益人不是出于恶意，并告知此项行动不在董事会的职权内。

第 78 条 1.董事会董事负责赔偿公司、股东和其他成员因董事管理不当、违反公司法或公司章程造成的损失。如果决定错误，则由所有董事一并承担。如果决定是由多数人意见决定的，在会议纪要中注明持反对意见的董事可以豁免，在会议纪要中注明的不知此事缺席的董事，或在其得知此事却无法反对的董事可以豁免。

2.对股东大会的投诉并不妨碍董事会董事行使其权力。

3.伤害行为审判 3 年后不得提起诉讼，欺诈和伪造两种情况除外，任何情况下，伤害行为发生的财年结束 5 年后或董事会相关董事任职期满 3 年后不得提起诉讼，两者以时间更晚者为限。

第 79 条 股份公司应当就董事会董事因错误造成的股东损失提起诉讼。股东大会通过此项诉讼并委任公司代表执行。如果股份公司被判宣布破产，以上诉讼则为破产代表的特权，如果公司解散，清算方获得股东大会通过后为诉讼的执行者。

第 80 条 因董事会成员的错误，对股东造成直接的利益损害，股东有权提起诉讼。只有公司起诉权利仍然保留时，股东才可提起该诉讼。股东应向公司告知提起诉讼决议，并向董事会成员进行索赔。

第 81 条 1.按公司章程的规定，董事会应在其成员中任命一位董事长和一位副董事长，并任命总经理，但董事长不可兼任公司其他行政职位。公司章程规定了董事长、总经理的职权范围以及相应的薪酬，此外还规定了董事会成员的薪酬。

2.若公司基本制度未规定本条第 1 款，则由公司董事会指定职权范围，确定相关薪酬。

3.董事会从其成员或其他人之间选用秘书，若公司章程未对此做出规定，则由董事会确定秘书的职权范围和薪酬。

4.董事长、副董事长、总经理、秘书的任期不超过董事会每位成员的任期，若公司章程没有另行规定，可以连任。若这些人因不合法的原因或在不适当的时间卸任，董事会在任何时间可解聘他们，且无须赔偿。

第 82 条 1.董事长在法院、司法和其他机构面前代表的是公司。董事长可以以书面形式授权给董事会其他成员或者其他人直接开展相关工作。

2.副董事长在董事长离任后可以代替董事长的职位。

第 83 条 1.按照公司章程的成文规定，董事长一年至少召开两次董事会。不管公司的章程中的违背条款，当有两名董事会成员提出此要求，董事长则应召开会议。

2.除非有半数以上的成员出席，否则董事会议无效。如果公司章程没有明确规定出席比例或最大数目，那么出席的成员数目应不少于 3 人。

3.董事会成员不可委任他人出席会议。若公司章程有明文规定，董事会成员也可委任他人。

4.董事会根据出席的董事会成员或代表中多数人的意见做出决议，当意见持平，而公司章程也没有另行规定时，则侧重董事长投票这方的意见。

第 84 条 董事会可以对一些紧急事件做出决议，以书面形式呈递给其他成员。若没有任何成员要求召开会议进行商讨，那么，这些决议则在接下来召开的董事会中提交。

第85条 董事会议上讨论和决议的落实需要董事长、出席会议的董事成员、秘书的签字。会议需记在专门的议事录上，并由董事长和秘书签字。

第2分节 股东大会

第86条 1.全体股东大会由董事长主持，董事长不能履行职务的，由副董事长主持；副董事长不能履行职务的，则由董事会共同推举一名董事主持。

2.所有股东都有权出席全体股东大会，若公司章程对此有明文规定，股东还可委托非董事会成员或公司职工代表出席全体大会。

3.全体股东大会的召开使股东可以按商业和工业部制定的法规，通过现代技术手段，对公司的各项决议进行审议和投票。

4.商业和工业部和证监会可以委派一个或多个代表到上市公司，以监察员的身份列席公司股东大会，以确保公司法规的落实。

第87条 除了与特定事务相关的特殊股东大会外，股东大会则是所有与公司有关的事务，股东大会每年至少召开一次，应当于上一财政年结束后的6个月内举行，如有需要，可再次召开。

第88条 1.特殊股东大会与变更公司章程相关，以下事务除外：

(1)剥夺或修改股东作为公司合作者享有的固有权利，特别是以下权利：

第一，获取规定的红利，无论是现金分配，还是给非公司员工和子公司派送红股。

第二，获取公司清算后的资产份额。

第三，出席股东大会和特殊股东大会，参与公司审议和投票决议。

第四，依照制度规定处置其股份。

第五，要求查阅公司章程、资料和监事会会议决议，起诉董事会负责人，质疑普通和特殊股东大会决议的有效性。

第六，若公司法未另行规定，公司发行以现金认购的新股票，公司现有股东在同等条件下对发行的股票有优先认购权。

(2)章程调整增加了股东的经济负担，而未经全体股东同意。

(3)公司总部迁至国外。

(4)公司性质变更。

2.特殊股东大会除了规定的职权范围外，可以对普通股东大会职权范围内的内部事务做出决议，但必须与普通股东大会规定的条件和条款相同。

第89条 如果普通股东大会的决议事关修改股东特定的权利，根据特殊股东大会的规定，上述决议无效，除非在特别大会上具有投票权的股东一致通过。

第90条 1.按公司章程规定，普通股东大会和特殊股东大会都由董事会召开。董事会应根据审计委员会或代表5%以上股份的股东的要求召集股东大会。若董事会未能在需召开股东大会之日起30日内召集大会，审计师有权要求召开大会。

2.根据有关方面的决议，在下列情况下可以召开普通股东大会：

(1)在本法第87条所规定的时间内未召开大会。

(2)按本法第69条规定，董事会成员少于召开大会的法定数目。

(3)当发现公司管理异常，违反公司法规定或公司章程。

(4)若董事会未能在审计师、审计会或代表5%以上股份的股东需召开股东大会之日起15日内召集大会。

3.若符合本条第2款规定的任一情况,代表20%以上股份的股东可向商业和工业部提出召开股东大会。商业和工业部应在股东需召开大会之日起30日内召集大会。该召集应包含大会日程表以及需要股东批准的条款。

第91条 召开股东大会的申请,至少需在大会召开10日前,在公司总部所在地区的日报上刊登公告。此外,在上述的期限内,可通过挂号信的方式向所有股东发出书面邀请,并将邀请函和会议议程发给商业和工业部。若公司在金融市场上市,还需在公告刊登的期限内,发给市场监管局。

第92条 若公司章程没有另行规定地点或方式,想要参加普通或特殊股东大会的股东需在大会召开的规定时间内,在总公司登记他们的名字。

第93条 1.若公司章程未规定更高比例,只要不超过一半。那么,代表四分之一以上股份的股东列席全体股东大会,股东大会即生效。

2.根据本条第1款的规定,如果召开全体股东大会的必要份额不足,可以按公司法第91条,在上述会议召开的30日内,以书面形式申请召开第二次会议。此外,在公司章程允许的情况下,第一次会议召开结束后的一个小时可以召开第二次会议。并且申请召开的第一次会议包括会议召开可能带来的益处说明。总之,无论参加第二次会议的股东人数多少,都有效。

3.若公司章程未规定更高比例,则股东大会根据出席大会的绝大多数股东意见做出决议。

第94条 1.若公司章程未规定更高比例,只要不超过三分之二。只要代表二分之一以上股份的股东列席特殊股东大会即有效。

2.根据本条第1款的规定,若召开临时大会的必要股份不足,可以按公司法第91条的明文规定,在同等条件下,申请召开第二次会议。此外,第一次会议召开结束后一个小时可以召开第二次会议。但申请召开的第一次会议必须包括会议召开可能带来的益处说明。总之,只要四分之一以上股份的股东出席,则第二次会议有效。

3.如果召开第二次特殊股东大会的股份仍然不足,根据公司法第91条的明文规定,在同等情况下,可申请召开第三次会议。经商业和工业部批准后,无论出席第三次大会股东人数多少,都有效。

4.特殊股东大会根据出席大会三分之二股东的意见做出决议。若决议是关于增减资本、延长经营期限或在公司章程规定的期限内提前解散、和其他公司合并,那么做出决议的持股人数需达到四分之三以上才有效。

5.若涉及更改公司章程,董事会应根据本法第65条规定公布特殊股东大会的决议。

第95条 1.公司章程规定了股东大会的投票方式,董事会选举时应采用累计投票制。所以,每股只有一次投票权。

2.若会议与公司管理的问责或董事会直接和间接利益相关,董事会成员则不可参与投票。

第96条 每个股东都有讨论大会议程议题的权利,可向董事会和监事会成员提出议题相关问题。若公司章程的所有条文都剥夺了股东的这项权利，则无效。董事会和监事会应回答股东的问题，但不可损害公司的利益。若股东认为其回答不具说服力，可向大会申诉，股东的这一决议是有效的。

第97条 股东大会会议记录包括出席股东或代表人数以及他们所持有的股份数、既定的投票和决议数量、同意或反对的票数、会议纪要。每次会议结束，都应规范的记录在专门的册子上，并由大会主席或秘书和票数汇总人员签字。

第98条 股票的招募和持有有利于股东接受公司章程，无论股东是否出席大会，是否同意，都应服从股东大会依据公司章程和本法规定所做出的决议。

第99条 尽管没有损害他人权益，但一旦违反了公司章程和本法条例，股东大会做出的所有决议均无效。每个股东可以在做出这些决议的大会上反对违规的决议或以要求撤销决议为由不出席股东大会。导致裁决取消决定，应视同为不是针对全体股东；自决议公布一年后，要求取消的诉讼失效。

第100条 1.若公司董事会或审计委员会成员的行为引起怀疑，代表百分之五以上股份的股东应要求司法当局下令对公司进行检查。

2.司法当局应下令对投诉者费用进行检查，并在专门会议上听取了董事会和审计委员会成员的报告后，有必要时要求投诉者提供担保。

3.如果司法当局证实投诉成立，可以责令采取临时措施，要求股东大会做出必要决议。也可以免去董事会和审计委员会成员职务，任命临时经理，并确定其权限和工作期限。

第四节　审计委员会

第101条 股份公司的股东大会决议组建的审计委员会是由非执行董事会成员组成，无论是否为公司股东。委员会的人数为3人到5人，并且应在该决议中确定委员会的职责、工作章程和成员薪酬。

第102条 审计委员会会议生效，需绝大多数成员出席，并根据出席委员的大多票数做出决议，若票数相等，主席应再投决定性的一票。

第103条 审计委员会负责监督公司工作，因此，它有权查阅公司各项记录和文件，并要求董事会成员或执行董事进行澄清或说明。若董事会阻碍了它的工作或公司遭受了巨大损失，审计委员会可要求董事会召开公司股东大会。

第104条 审计委员会应核查审计员提供的公司财务报表、报告和信息，如发现问题，立即指出。审计委员会还应准备关于公司内部控制制度完善程度，以及公司所涉及的与审计相关的其他工作的意见报告。董事会至少应在股东大会召开10日前将该报告交由总公司保管，以便给每位需要的股东提供一份复件，并在股东大会上陈述该报告。

第五节　股份公司发行的证券

第1分节　股票

第105条 1.股份公司发行的股票如果是记名股票，就公司而言，不接受私自转让。所以，若多人共持一只股票，他们应选择其中一人代表他们行使相关权利，这些人也对股权产生的义务承担连带责任。

2.记名股票的面值是10里亚尔，与董事长达成一致后，商业和工业部长可调整面值。

3.股票发行价不能低于股票面值，若公司章程对此有明文规定或股东大会一致同意，可高于股票面值。在此情况下，面值差额被放在确保股东权益的独立项目中，不允许将差额作为收益发放给股东。

4.上述规定对股票发行前交给股东的临时凭证有效。

第106条 1.公司股票可通过现金或实物购买。

2.以现金购买的股票，价格不应低于票面金额的四分之一。股票上显示股数应支付的金额。总而言之，自股票发行之日起5年内必须支付剩余金额。

3.在缴清全部股款后，实物股才可发行，并且只有将全部股权移交公司后，才可交给持股人。

第107条 1.只有在公布了两个财经年的财务账单后，公司创办人所认购的股票才可进行交易，并且自公司创办之日起，每一个财经年都不能少于12个月。这些股票签证注有股票种类、公司成立日期以及限制交易的期限。

2.根据本法规定，在限制期内，公司的一个创办人可将股权转卖给其他创办人；或者在公司的一个创办人去世时，可将股权遗赠他人；或者在公司一个创办人财务困难和濒临破产的情况下，那些股票的第一持有者应是其他创办人。

3.该条规定适用于企业创办人在限制日期结束前为增加资本进行的股票认购。

4.资本市场管理局可延长或缩减本条第1款所规定的限制日期。那主要是针对想要上市的公司而言的。

第108条 公司章程可以对股票流通做出限制，但这并不能成为绝对限制。

第109条 1.未上市公司在金融市场的股票交易记录在股东名册上，该名册自公司成立之初就进行了登记和公证，包括股东姓名、国籍、居住地、职业、股票号、已购股数，并且在此记录中对股票进行了公证。在上述登记日期后，公司或第三方才可转让股权。

2.上市公司在金融市场的股票交易按金融市场制度规定进行。

第110条 股票既被赋予权利，也有同样的义务，股东与股票有关的所有权利都已规定，特别是获取公司分配规定的净利润分红的权利，剩余资产索取权、出席股东大会权利、参与决策权、投票表决权、处置股份权、要求查阅公司章程和文件的权利、监督董事会工作的权利、对董事会负责人提起诉讼的权利、撤销董事会决议的权利，这一切条款和规定源自本法或公司章程。

第111条 1.公司章程可对公司运转期间的股票收购做出规定。如果是逐步收购或履行临时权利的项目，只有获益和有可配置储备才可进行股票收购。通过每年投票或任何其他能在股东之间实现平等的方式持续收购。

2.收购即公司购买自己的股票，前提是购买的价格要低于面值或持平，公司以此方式来处置所获得的股票。

3.根据本条第1款规定，每一个收购股票者即持股人。未收购的股票每年净利润的百分比应高于持股人所获利润，那是根据公司章程所作出的规定。

4.在公司到期的情况下，未收购的持股人可优先获得相当于它们股票面值的资产。

第 112 条 1.根据商业和工业部制定的规章，公司可购买或质押其股票。但是公司所购买的股票在股东大会上没有投票权。

2.根据商业和工业部制定的规章，允许股票质押，质押债权人可以获取利润并行使与股票相关的权益，除非质押合同另有规定。但是质押债权人不可参加全体股东大会或者投票。

第 113 条 1.根据公司章程规定，股东在普通或特殊大会上可行使表决权，每位股东在股东大会上有一票表决权。

2.公司章程可规定委托他人进行投票的最高数目。

第 114 条 公司非普通股东大会可以根据公司章程或商业和工业部规定发行优先股或决定购买本公司股票或将普通股转换为绩优股或将优先股转换为普通股。优先股在股东大会上没有表决权。在除去公司固定储备金后，优先股股东可获得比普通股股东更高比例的净收益。

第 115 条 若已有优先股，公司就不可再发行高于优先股的新股票。若公司章程未对此做出另行规定，那么根据本法第 89 条规定，除非经过影响这次发行的优先股股东组成的特殊股东大会以及有各层面股东组成的普通股东大会同意后方可发行。这项规定亦适用于修改优先股所享有的优先权或者取消该权利。

第 116 条 1.根据本法第 104 条规定，如果对任何财政年度的利润未进行分配，只有在向优先股股东支付了这一年的既定股利后才可分配下年的利润。

2.根据本法第 104 条规定，如果公司连续三年未能支付既定股利，按本法第 109 条规定，可以召开针对这些优先股股东的特殊股东大会，决定是否让他们出席公司全体股东大会或参与投票或在董事会中指定与他们股票价值相当的董事代表们，以便公司可以支付优先股股东前几年的这些股利。

第 117 条 1.股东必须在规定期限内支付股票价格，如未按期付款，根据商业和工业部规定，针对此情况，董事会按公司章程既定办法公布或以挂号信的方式告知股东后，可在证券市场公开拍卖股票。

2.公司的销售收益付清应付款项，并将剩余资金分给股东。如果销售收益不足以付清这些款项，剩余的部分可用所有股东资金支付。

3.延迟支付股金到股票发售之日的股东，除了支付应付的金额外，还要支付公司在此事情上的花费。

4.根据本条规定，公司可以收购股票，并给买家含有回购股票号的新股票，并在股票登记时注明股票所卖给新的持有者的名字。

第 118 条 若公司章程未另行规定，则公司不可要求股东支付高于股票发行时所规定的金额。股东也不可从公司撤资。公司不可通过要求股东支付剩余股金的方式免除股东债务，这种义务和股东对于公司的权利不存在抵消。

第 119 条 若股票证书丢失或损坏，持股人可要求公司发行新的证书代替丢失或损坏的证书，并在日报上刊登丢失或损坏的股票证书号。自刊登之日起 30 日内，如果公司没有收到书面抗议，则应发行取代丢失或损坏证书的新证书。此证书赋予其持有人与丢失或损坏证书相关的所有权利和随之产生的所有义务。

第120条 1.反对颁发新证书取代丢失或损坏的旧证书的人应自提出反对之日起15日内,向主管司法机关提起紧急诉讼,否则抗议无效。

2.本条第1款规定的期限一结束,且未有人提出诉讼或最后司法宣判反对无效,公司应立即将代替丢失或损坏的证书交给其股权人。

第2分节 债券融资工具

第121条 公司债券的发行和流通,应遵守债券的法律规定。

第122条 1.根据金融市场制度,股份公司应发行可流通的债券融资工具。

2.公司不可发行能转换为股票的债券融资工具。除非,在特殊股东大会做出决议后,该决议规定了兑换债券融资工具所发行的最高股数,无论是同时发行,还是连续发行,或是按计划发行,或是多次发行债券融资工具都一样。那些债券融资活动确定的兑换要求期一结束,董事会即可发行新股票,取代债权人所持的债券融资工具,无须再经特殊股东大会同意,且董事会须调整事关股数和资本的公司章程。

3.董事会应按本法所确定的方式,在每次增资手续完成后,在特殊股东大会上予以公布。

第123条 根据本法第122条规定,公司可按金融市场规定,将债券融资工具转换为股票。总体而言,这些债券都可转换为股票,下列情况除外:

1.发行债券融资工具条件不包括可以将这些债券转换为股票,来增加公司资本。

2.债券融资工具持有者不同意这种转换。

第124条 任何利害关系人都可要求主管司法当局,作废违反了本法第122条和第123条规定的交易。此外,债券融资工具持有者应赔偿由此带来的损失。

第125条 股东大会决议对债券融资工具持有者有效。尽管如此,按本法第89条规定,只有在专门为债券融资工具持有者所召开的股东大会上,经这些持有者同意后,上述的股东大会才可调整已定权利。

第六节 股份公司发行的证券

第1分节 公司财务

第126条 1.公司财政年度为12个月,这是由公司章程规定的。此外,公司章程还规定,第一个财政年度,从商业登记之日起,应不少于6个月,不超过18个月。

2.公司每个财政年度终了,董事会应准备公司财务报表和过去这一年度公司财务状况的报告,该报告包括利润分配方案。董事会应按公司章程规定的期限,至少在召开全体股东大会45日之前将财务会计报告提交审计。

3.公司董事长、执行董事、财务经理应在本条第2款中提及的文件资料上签字。总公司应依照公司章程规定的期限,至少在召开全体股东大会10日之前将财务会计报告送交各股东。

4.董事长应向各股东提供公司财务报表、董事会报告和审计报告,并且这应在总公司所在地的日报刊登这些资料前。董事长也应将这些资料的副本送至商业和工业部。如果公司在金融市场上市,董事长还应至少在全体股东大会召开15日之前将其送至金融市场机构。

第127条 每年的财务报表分类要遵循上一年的分类方式。在不影响通行的会计准则的基础上，可以调整原本的固定资产和负债。

第128条 在股东大会通过财务报表、董事会决议、审计报告和审计委员会报告之日起30日内，董事会应将上述资料的副本送至商业和工业部，如果公司在资本市场上市，还应送至资本市场管理局。

第129条 1.考虑到其他有关法规的规定，公司每年纯利润的10%应作为公司的法定储备金。当上述储备金达到实缴资本的30%，股东大会可以决定取消这种制约。公司章程可以对需要作为规定储备金的净利润做出明文规定，这些储备金专用于上述法规规定的目的。

2.当确定了净利润的权益份额，为了实现公司利润，也为了尽可能地确保股东固定的利润分配，股东大会应决定成立其他储备金，上述大会还应从净利润中扣除一定金额，来为公司员工建立社会企业或辅助这些企业。

第130条 1.储备金用于弥补公司的亏损或者增资。如果储备金超过了实缴资本的30%，股东大会可以决定增加对公司没有实现净利润来给股东分配公司章程规定的红利的年度的股东分红。

2.只有经非普通股东大会同意后，才可使用协议储备金。如果这种储备不是用于指定目的，股东大会可以按照董事会决议，将此储备用来为公司或股东获利。

3.股东大会可使用留存收益和可分配的协议储备金来偿还剩余的股票价值或部分，前提是对各股东平等对待。

第131条 1.排除法定储备金和其他储备金，公司章程明确了给各股东分红的比例。

2.股东大会决议确定了每位股东的利润分配。该决议还规定了应付日期和分配日期。股东名册中记名股东的利润资格，在应付的规定期限结束内兑现。商业和工业部规定了董事会应执行股东大会关于股东分红决议的最长期限。

第2分节　审计

第132条 股东依据本法和公司章程的明文规定对公司审计进行监督。

第133条 1.一个公司应有一个（或更多）股东大会指定的获得行业许可的审计师，并且规定审计师的酬金和工作期限，还可以连任，但其总任职期限不可为连续的5年。工作到期的审计师，可以自任职结束之日起两年后重新任职。如果在不当的时间或由于不合法的原因发生改变，股东大会也可在不会违约赔偿的任何时间更换审计师。

2.审计师不可参与公司建设，兼任董事会成员，从事公司技术管理工作，为公司投资等部门工作。同时，审计师不能是某个公司创始人或董事会成员的合伙人，不能为董事会工作，或为第四级亲属。如有违背，那审计师的所有工作将无效，并冻结他上交财政部的所有资料。

第134条 在任何时候，审计师都有权查阅公司文件、记录和其他资料。为了核查公司资产、负债和其他一些涉及他工作范围的事务，他在必要时，可要求公司进行解释和说明。董事会应该履行其职责，如果审计师在此问题上遇到困难，可向董事会提交报告。如果董事会不利于审计工作，审计师应该要求董事会召开股东大会探讨此事。

第 135 条　审计师应按公认审计准则，向年度股东大会提交审计报告。公司管理层确保审计师可以获得他所需要的报告、说明和已证实的违反本法和公司法规定的，以及审计师对公司财务报表的公允性意见。审计师需在股东大会上宣读报告。如果大会未听取审计师报告，就决定批准董事会报告和财务报表，那么该决议无效。

第 136 条　1.由于审计师所从事的工作，不允许审计师在股东大会之外，向股东或他人泄露公司机密。否则除了要求其赔偿外，还要停职。

2.因审计师工作失误，给公司、股东或他人造成损失，审计师需负责赔偿。如果有多个审计师共同所犯错误，则集体承担责任。

第七节　公司资产变更

第 1 分节　增资

第 137 条　1.特殊股东大会有权决定增加公司资产，前提是资本已缴清。如果未缴清的部分是以债券或融资工具的形式发行的股票，且没有在规定的期限转换为股票，那么资本不必全部缴清。

2.特殊股东大会在任何时候都应该指定增资发行的股票，或向员工、子公司和其他部分发行的股票。当公司专门向员工发行股票时，股东不可行使优先权。

第 138 条　可以通过下列任何一种方式增资：

1.发行新股替换现金或实物股票。

2.发行新股替换公司的某种定量债券，发行量应由特殊股东大会决定，这必须在听取了专家或经过认证的鉴定师的意见，股东大会、审计师对这种债券来源及数量进行核算，董事会成员、审计师在这份说明上签字，并对此真实性负责后，方可发行。

3.将特殊股东大会决定发行的新股数纳入资本储备。这些股票必须以同样的形式和股票流通模式发行。那些分发给股东的股票不能以他所持有的比例换取原始股。

4.发行新股替换债券或融资工具。

第 139 条　在股东大会批准增资时，持股股东可优先认购兑换现金股的新股票。如果有新股，需告知他们优先认购的权利，并刊登在日报上或通过挂号信的方式通知他们增资决议、认购条件、期限、开始和结束时间。

第 140 条　在特殊股东大会发现将优先权给予其他股东更符合公司利益的情况下，如果公司章程对此有明文规定，则有权中止一些股东优先认购增资股代替现金股的权利。

第 141 条　根据商业和工业部法规规定，在大会批准增资到与此权利相关的新股认购结束期内，股东有权出售优先权或放弃该权利。

第 142 条　根据本法第 140 条规定，新股需按股东所持优先权占增资总优先权的比例来对他们要求认购的优先权进行分配，但是他们所获得的新股不能超过他们所要求的，剩下的新股再按股东所持优先权占增资总优先权的比例，分配给那些要求更多份额的优先权股东，但是他们所获得的新股也不能超过他们所要求的，剩下的股份可抛售给他人，除非特殊股东大会或金融市场制度另有规定。

第 143 条　公司建立时的资产评估对发行股票换取实物股进行增资具有效力，并且股东大会在此方面取代公司成立大会的地位。

第2分节　公司减资

第144条　如果公司资本过剩或亏损严重，特殊股东大会有权决定减资。后一种情况中允许的减资，必须是在本法第54条明文规定的范围内。在宣读了专门的报告，即审计师核算的减资原因、公司债务和减资对这些债务的影响之后，才可发布减资决议。

第145条　如果减资是由于资产过剩，公司应当自总公司所在地发行的日报上刊登减资决议之日起60日内，请债权人对此提出反对意见。如果一个债权人反对，并在上述规定的期限内向公司提交了证明文件，公司应立即清偿债务，如果延期则应向债权人提供相应的担保。

第146条　可以通过下列任何一种方式减资：

1.注销一些股份，与要求减资的数量持平。

2.公司回购一些股份，与要求减资的数量持平，然后再注销股份。

第147条　若是通过注销一些股份数来减资，公司应考虑到各股东之间的平等。股东应在规定期限内，向公司上缴决议注销的股份，否则直接注销。

第148条　1.若减资是通过购买一些公司股份数来进行注销，那么公司应请各股东提供要出售的股份。这种请求可以通过挂号信的方式告知股东，或在总公司所在地发行的日报上刊登公司想要收购股份的公告。

2.若出售的股数超过了公司决定购买的数量，应根据增加的比例，降低售卖要求。

3.非上市公司股份的购买价格应公正。至于上市公司的股份，则按金融市场制度规定出售。

第八节　股份公司解散

第149条　若股份公司的所有股份移至一个股东，而该股东不符合本法第55条的规定条件，该公司仍对公司债务和义务全权负责。尽管如此，该股东应按本章规定与公司协调，或在一年内将股份从个人移交有限责任公司，否则将依照本法强制解散。

第150条　1.若股份公司亏损达到了实缴金额的一半，在财政年度的任何时间，公司的任何负责人或审计师应立即将其告知董事长，董事长应立即告知董事会成员。董事会应自告知之日起15日以内，自告知损失之日起45日内，召开特殊股东大会，并按本法规定决定增资还是减资，以此降低亏损比例，不超过实缴资本的一半，或按公司章程规定在限定日期前解散公司。

2.若公司未在本条第1款规定的期限内召开特殊股东大会；或已召开临时大会，但不能对此做出决议；又或者公司按本条规定决定增资，并且自大会做出决议之日起90日内，未完成增资认购，公司将按本法强行解散。

第六章　有限责任公司

第一节　总则

第151条　1.有限责任公司的股东人数不得超过50人。每个股东以其所认缴的出资额对公司承担有限责任，公司法人对公司债务承担全部责任。持股人和合作伙伴对这些债务不承担责任。

2.若股东数量超过了本条第1款所限定的数量，公司应在一年内转为股份公司。若未在规定期限内完成转换，则依本法强行解散，继承或遗嘱也不可增加。

第152条 1.有限责任公司的名称应来源于其目的或创新点，名称中不可包含有自然人的姓名，除非该公司的目的是将专利注册以此人的名义投资；或者，该公司将所拥有的某种商业设施之名命为公司名；或者，这个名称曾是某公司的名称，其名称包含一个自然人的名字，这家公司后来变更为有限责任公司。若公司属个人所有，该名称中必须体现其为一人有限责任公司。如若遗漏，则牵涉到本条第2款的适用。

2.当有限责任陈述未建立或资本数额与公司的名字一起没有被声明时，公司经理层亲自负责并为公司的债务承担连带责任。

第153条 1.有限责任公司不得以为他人的账户执行银行、金融、储蓄、保险或资金投资为目的。

2.有限责任公司不得以公开承销方式形成或增加其资本，或获得贷款，也不能签发流通票据。

第154条 1.除本法第2条有关规定，有限责任公司可由一人独资建立的，或者所有人将份额移交给一个人。在这种情况下，此人的责任限于其分配给公司资本的资金，具有本条所规定的公司董事、董事会和合伙人大会的职能及权限。他可委任一名（或以上）经理，作为他在法院、审裁处及其他人面前的代表，并负责在公司份额合伙人的管理。

2.无论如何，任何自然人都不得建立或拥有一个以上的一人有限责任公司，一人有限责任公司（自然人或法人）不得建立或收购另一家一人有限责任公司。

第155条 在下列情况下，有限责任公司的所有者应使用专有资金承担公司的义务，以面对以公司名义与其打交道的第三人：

（1）如果其出于恶意清算公司，或在公司存续期到期之前、实现其成立目的之前中止活动。

（2）如果公司的业务和其私人业务不分。

（3）如果其在公司获得法人资格之前以公司账目做生意。

第二节 成立

第156条 有限责任公司的成立合同必须由所有合伙人签字，合同应包括以下数据：

1.公司的类型、名称、目的和总部。

2.合伙人姓名、住所、职业和国籍。

3.监督委员会成员的姓名（如有）。

4.资本数额、货币资本和实物资本份额、对实物资本份额价值和出资者的详细说明。

5.合伙人分配所有股本，并实现这些份额全部价值的决定。

6.损益分配方法。

7.公司成立和到期日期。

8.公司可直接向合伙人传达的信函形式。

第 157 条 1.考虑到本法第 14 条有关规定,只有在所有的货币和实物份额分配给所有合伙人的情况下,有限责任公司才得以成立。货币份额存入持牌银行,只有公司进行商业登记册并完成公告手续之后,银行才能支付它。

2.实物份额评估应按照股份公司的估算规定。提供实物份额的合伙人在第三方面前共同以其所有资金对实物份额估算负责。依据本法第 158 条,在本公司在商业登记册上的登记并进行公告之日起 5 年后,不得提出责任诉讼。

第 158 条 在公司成立后 30 日内,公司董事必须自费在商业和工业部网站上公告公司成立合同。经理们也必须按时进行商业登记。上述条款适用于公司成立合同的任何修改。

第 159 条 以违反本法第 153 条、第 154 条、第 156 条和第 157 条有关规定而建立的有限责任公司,其所有利益被判定为无效,但合伙人不得就此向第三人提出抗议。如果确认无效,责任合伙人共同负责对其他合伙人和第三人弥补损失。

第三节 资本和份额

第 160 条 公司的资本必须足以实现其目的,其数额由合伙人在公司成立合同上加以确认,并分成等额份额,份额不得被分割和交易。如果份额由多人所有,公司可中止份额所有人使用相关的权利,从份额所有者中选择一人,处理公司相关问题。公司还可为这种选择设定日期,否则,在有关期限届满后,该公司有权向其业主出售份额。根据本法律第 161 条有关规定,在此情况下,除非公司注册合同另有规定,否则将向其他合伙人赔偿相应份额。

第 161 条 1.合伙人可根据公司的成立合同条款将其份额转让给其中一位合伙人或其他人。但是,如果合伙人要转让其份额给一非合伙人作为赔偿的话,应通过公司经理告知其他合伙人转让条款。在此情况下,除非公司的成立合同规定了其他划分方式或其他限期,每个合伙人均可要求按照其公允价值,在通知之日起 30 日内收回份额。如由一个以上的合伙人使用此归还权,这一份额或一部分份额将按照收回申请人各自份额在资本中的比例被划分。本条规定的归还权不适用于继承或遗产的所有权转让,也不适用于主管司法当局判决的所有权转让。

2.如果在规定的限期内,没有任何合作伙伴行使该归还权,则股份所有人有权将其转移给其他人。

第 162 条 公司应备有合伙人名单、每位合伙人所持有的份额,以及各份额的变化情况登记簿。公司或其他方面的所有权转让,仅依据上述登记簿执行。且公司应通知商业和工业部以证明公司登记簿中的所有权转移。

第 163 条 除非公司的成立合同另有规定,各份额应在净利润和剩余清算中享有平等权利。

第四节 管理

第 164 条 1.公司由一个董事或是多个合伙人或是其余人来管理,合伙人在公司的成立合同中或有指定期限或无指定期限的独立合同中指定一个或是多个董事。如果董事由人数增多,根据合伙人的决定,可成立董事会。

2.由公司成立合同或合伙人决议确定董事会工作方式和制定决议时需得到压倒性多数投票。公司遵守董事对于涉及公司宗旨所执行的业务。

第 165 条 1.如果因非法原因或时间不当的原因,合伙人可在不损害其补偿权的情况下解雇这名董事或多名董事,哪怕他们是在公司的成立合同或独立合同中被任命的。

2.董事们对公司、合伙人或其他方面由于违反该公司法条款、公司成立合同,或由于他们在工作表现上的错误所遭受的损失负责,每项条款都建立在此条款之上方能成立。

3.合伙人不提出责任诉讼,同意解除董事的责任不被排除。

4.除欺诈和伪造的情况之外,在该损害行为发生的财政年度结束 5 年后,或公司有关董事终止工作 3 年后,两者以较迟者为准,该责任诉讼不予受理。

第 166 条 有限责任公司应当按照出资公司规定的条件,设立一个或多个审计师。

第 167 条 1.有限责任公司有一个由所有合伙人组成的大会。

2.此大会应根据公司成立合同所规定的条件,应一名或多名董事的邀请召开,每年在公司财政年度结束后的 4 个月以内至少举行一次。

3.大会可随时应董事、监督委员会、审计员或代表至少半数资本的合伙人的要求召开。

4.起草一份大会讨论总结纪要,此纪要及大会决议或是合伙人的决议应记入公司为此目的而准备的特别登记簿中。

第 168 条 1.在此大会中,合伙人发表其总决议。但在一个不超过 20 个合伙人的公司,合伙人可以单独发表意见。在这种情况下,该公司的董事向每个合伙人发送一封记录在案的建议决议案,供合伙人以书面方式投票。

2.在所有情况下,除非公司成立合同规定了更大的多数,否则决定只有在资本占至少一半的合伙人批准时才有效。

3.如果在第一次磋商或协商中不具备本条第 2 款所规定的多数,除非合同中另有规定,否则应通过挂号信函邀请合伙人开会。

4.在本条第 3 款所述会议上做出的决定,除非公司成立合同另有规定,应在其所代表的多数股份的批准下做出,无论其代表资本的比例如何。

5.公司成立合同可以指定任何其他邀请召开会议或通知决议的方式。

第 169 条 合伙人大会在其年会上的议程应包含下列项目:

1.听取公司董事关于本财政年度公司活动及财务状况的报告、审计师的报告及监事会的报告(如有)。

2.讨论并核实财务报表。

3.确定分配给合伙人的利润比率。

4.任命公司董事或监事会成员(如有),并确定其薪酬。

5.任命审计师,并确定其薪酬。

6.根据本公司法或该公司成立合同,大会职权范围内的其他事项。

第 170 条 1.除非会议期间有需要审议的事实,否则,合伙人大会不得审议议程以外的事项。

2.如果某合伙人要求将某个特定问题纳入议程中，则公司的董事必须回应该请求，否则该合伙人有权提交大会。

第 171 条　每位合伙人都有权讨论合伙人大会议程上的议题，公司的董事们也有义务回答合伙人的问题。如果其中某位合伙人认为董事对他的问题的答复不够充分，可提交大会。

第 172 条　1.如果合伙人数量超过 20 人，在公司成立合同中，应规定在特定时期内任命一个由至少三位合伙人组成的监事会。如果在公司成立后，合伙人数量超过 20 人，合伙人大会应尽快做出这一任命。

2.大会可在任期届满后再次委任此监事会成员，或任命其他合伙人。同时，也可在任何时候为一个可接受的理由罢免他们。无论如何，公司董事不得在选举或罢免监事会成员时投票。

3.监事会应监督公司的业务，同时须就该公司某位董事或某些董事向其发出通知的事项，以及就其须取得监事会事先授权的行为发表意见。

4.监事会必须在每个财政年度结束时向合伙人大会提交一份关于公司业务监测结果的报告。

5.监事会成员不应被问及关于某位董事或某些董事的工作或结果，除非他们知道这些错误，并忽略向大会通报其合伙人。

第 173 条　1.每位合伙人都有权参加磋商和投票，并享有与其拥有的股份数相等的若干票数。不允许另行同意。

2.除非公司成立合同中另有规定，否则每位合伙人都可以以书面形式委任其余一位合伙人参加合伙人会议并进行投票。

3.在一个没有监事会的公司里，作为一位非董事的合伙人理应向董事们提供谏言，在年度结算提交给合伙人的日期之前的 15 日内，他或他的代表可要求查阅公司的业务状况和审查其账簿和文件，任何违反此条令的条件都被视为无效。

4.根据本条获得任何资料的人，均有义务保持其机密性，不得用于任何可能损害公司或其合伙人的目的，并须补偿因未能如此做而引致的任何损害。

第 174 条　1.在所有合伙人的同意下，公司可变更其国籍，或者通过提高合伙人股份的名义价值或发行新的股份来增加其资本，所有合伙人都有义务在各自的份额内支付股本增加的数额。

2.除本条第 1 款规定的事项外，公司成立合同可以在代表至少四分之三资本的过半数合伙人同意的情况下进行修改，除非合同另有规定。

第 175 条　1.每年在财政年度结束后 3 个月内，公司董事对公司的财务报表进行盘点，并就公司的活动、财务状况和利润分配的建议提出报告。

2.公司董事应将本条第 1 款所述文件的副本和监事会报告的副本（如有），以及审计师报告的副本，送交商业和工业部和每位合伙人，并在编写上述文件之日起 1 个月内提交。每位合伙人可要求董事召开一次合伙人大会会议，审议本条所述文件。

第 176 条　有限责任公司每年至少要产出 10% 的净利润，以形成一个固定的储备金。一旦储备达到公司资本的30%，合伙人可决定停止这种固定储备金。

第177条 如果公司增加了需求或遭受了未达半数资本的损失，合伙人大会可决定削减公司资本，如下所示：

1.公司的债权人必须在发布削减决定之日起60日内，在该公司中心区域发行的日报上表示他们反对此削减决定。如果任何一位债权人反对执行此削减决定，须在上述限期内提交其文件。如果存在，公司必须履行其债务；如果延迟，公司必须提供足够的保证以满足它。

2.合伙人向商业和工业部提交的公司成立合同修改案中涉及的削减资本，应经过公司审计的详细审查，应附有详细清单，清单包含债权人、削减资本反对者、已清偿债务者、能对履行期限内债务提供保证者的姓名和地址，及合伙人对清单中未出现的债务应负共同责任的决定。

3.如果公司没有债务，合伙人依照审计师的核证，可以向商业和工业部提交对未产生的债务他们应负共同责任的决定。在这种情况下，他们免除邀请债权人和削减程序补充。

第178条 1.在不损害他人正当权益的情况下，合伙人大会任何违反该公司法有关规定和公司成立合同的决定均属无效。但是，只有在对该决定提出书面反对或未能在其获悉之后提出异议的合伙人才可提出无效，而无效的决定则意味着不应考虑对所有成员。

2.自本条第1款所述的决定之日起1年后，无效诉讼不予审理。

第五节 解散

第179条 除非公司成立合同另有规定，有限责任公司不得因任何一位合伙人的死亡、资产冻结、宣布破产、丧失行为能力或撤资而解散。

第180条 1.除非公司成立合同另有规定，公司在解散限期前可再延长一段时间，由大会里持有代表资本半数股份任何数目的合伙人或多数合伙人做出决定。

2.如果不做出延长公司期限的决定，公司继续履行其业务，合同应按照公司成立合同所提出的条件做出相应的延期。

3.不希望继续成为公司合伙人的可以撤资，其股份应根据本公司法第161条所述的有关规定估价，除非该撤资的合伙人与其余合伙人达成一致，在该合伙人的股份被出售给其余合伙人或其他人并执行其价值后，视情况而定，方可延期。

4.对不延长期限有兴趣的第三方可以反对并主张其条约生效。

第181条 1.如果公司的损失仅限于其资本的一半，公司董事必须在商业登记簿中记录这一事实，并邀请合伙人从知悉该数额损失之日起，在不超过90日的期限内，举行会议考虑公司的继续或解散。

2.合伙人的决定，无论是继续公司还是解散，必须按照本公司法第158条所规定的方式进行。

3.如果公司的董事忽视邀请合伙人或合伙人不能对继续或解散公司做出决定，公司则要按照本法律强制解散。

第七章　控股公司

第 182 条　1.控股公司是一个股份或有限责任公司，旨在通过拥有半数以上的其他的公司资本或控制其董事会的形成，来控制其他股份或有限责任公司，并称其为子公司。

2.采用的公司名称必须与“控股”一词相关联。

第 183 条　控股公司的宗旨包括：

1.管理其子公司，或参与其他参股公司的管理，并为其提供必要的支持。

2.把其资产投资在股票和其他证券上。

3.拥有直接经营所需的不动产和动产。

4.为其子公司提供贷款、担保和资金。

5.拥有专利权、商标权、工业产权和特许权等无形权利，开发并将其租赁给其子公司或是其他公司。

6.与本公司性质相符的任何其他合法目的。

第 184 条　子公司不得持有控股公司的份额或股份。任何将控股公司份额或股份的所有权转让给子公司的行为都是无效的。

第 185 条　控股公司应按照公认的会计准则，在每年年底编制包括其子公司的合并财务清单。

第 186 条　根据其所采取的公司类型，控股公司须遵守本章所列的条文，并不抵触本公司法所定的规则。

第八章　公司转型与合并

第一节　公司转型

第 187 条　1.公司可以根据规定的条件变更公司成立合同或者其基本章程，将其转化为另一种类型的公司，但须符合该公司所转让的类型的既定商业登记册内的注册条款、公告及限制。在转型为股份制公司的情况下，公司股东适用本公司法第 107 条有关规定，禁令的期限将始于批准公司转型决定的日期。但是，如果公司的转型是伴随着资本通过公开上市而增加的，那么对以这种方式认购的股份的禁令将不予适用。

2.反对转型决定的合伙人或者股东可以请求退出公司。

3.在不损害股份制公司成立、公告及注册条款的条件下，如果拥有超过半数以上资本的合伙人提出要求，除非创始合同中规定了更小的百分比，合伙公司、有限合伙公司和有限责任公司可转型成股份公司。要求转型的公司的所有份额均由其亲属所有，哪怕是第四级亲属。违反本节规定的任何条件，均属无效。

第 188 条　公司的转型并不导致新的法人的产生，该公司仍保留其对上述转型的优先权利和义务。

第 189 条　合伙公司或有限合伙公司的转型并不意味着使公司合伙人免除其对前公

司债务的责任,除非自其挂号信发出之日起 30 日内,债权人明确接受,或者没有人反对其转型决定。

第二节　公司合并

第 190 条　在符合有关条例的规定下,公司即使在清盘,亦可与另一同类或其他类型的公司合并。

第 191 条　1.通过将一个或多个公司合并到另一个现有的公司,或通过混合两个或更多的公司来建立一个新的公司。合并合同中应当注明其条款,说明合并后的公司的估值方法,以及其在合并公司或新公司的资本中所属的份额或股份的数量。

2.如果合并后的公司相应或部分的份额或股份是合并后公司的份额或股份,则该合并仅在合并和被合并公司的净资产理顺后才有效。

3.在任何情况下,合并决定必须由每个公司缔约方按照为修改该公司成立合同或是基本规定而制定的条件发出。

4.只有在合并公司和被合并公司中拥有份额或股份的合伙人才有权对该决定进行表决。

第 192 条　在完成合并手续和公司注册后,按照本公司法的相关规定,被合并公司的所有权利及其义务转交给合并公司或新公司。除非合并合同另有规定,合并后的公司或新公司应在其资产范围内继承被合并公司。

第 193 条　1.合并决定应在公告日起 30 日后生效。

2.在上述时间内,该被合并公司的债权人可向该公司提交挂号信以反对合并。在这种情况下,合并应暂停,直至债权人放弃其反对意见,或公司已清偿债务。

第九章　外资公司

第 194 条　在不损害国家与一些外资公司间缔结的特别协议的情况下,除有关设立公司的规定外,本条例的规定适用于下列外国公司:

1.在王国内活动和经营的公司,无论是分公司、办公室、代理处或任何其他形式。

2.以王国为总部作为代表其工作外部事务或指导、协调其外部事务的公司。

第 195 条　除非投资总局和管理监督外国公司在王国内所从事的活动或工作的主管当局已颁发许可证,否则外国公司不得在王国境内设立分部、代理处或办事处。同时,除符合金融市场制度外,不得在王国内发行、提供证券以认购或出售。

第 196 条　投资总局应当向商业和工业部提供所发许可证的副本、公司成立合同和公司基本规章的核证副本。

第 197 条　持证外资公司只有在商业登记册上注册后,才可开始其活动和经营。

第 198 条　外资公司的每个分部、代理处或办事处必须用阿拉伯语印刷王国的所有文件、卷宗和出版物,此外还应包含公司的全称、地址、董事长以及代理人的姓名。

第 199 条　外国公司的分部、代理处或办事处必须按照既定的会计准则和外聘审计员的报告编制其在王国境内活动的财务报表,并在该分部、代理处或办事处的活动的财政年度结束后 6 个月内,将这些文件交存商业和工业部。

第 200 条 该外国公司在王国内的分支机构、代理处或办事处是其在王国内的活动和业务所在地，适用所有通行的条例。

第 201 条 如外国公司在完成其许可证和商业登记手续之前已从事其业务、开展活动，或其业务超出许可范围，则该公司及从事上述活动的人员共同对其负责。

第 202 条 在王国境内，如有外资公司未在规定的期限内进行具体的工作，依照本公司法有关规定和其他适用的规定，其在商业登记簿上的登记和记录应为临时性的，并在完成和执行此类工程后停止，且应在清算其权利和义务后予以注销。

第十章 公司清算

第 203 条 1.公司在破产后立即进入清算角色，并在必要时保留法人资格以清偿。

2.该公司董事的权力虽已到期，但他们仍留在公司的管理层，至于其他人士，则须在清算人获委任前，为清盘者做好准备。

3.公司的协会在清算期间仍然存在，其作用仅限于行使其职能，而不违背清算人的权力。

4.在清算期间，合伙人有权查阅公司在本公司法、公司成立合同或公司基本规章中的既定文件。

第 204 条 除非公司成立合同或其基本规章规定，或合伙人就公司将在到期时如何清算的问题达成协议，否则清算应按照本公司法规定的条款执行。

第 205 条 1.公司清算由一个或多个合伙人或其他人执行。

2.司法清算决定应由主管司法当局做出决定，如果合伙人不同意本条第 3 款中所述任何规定，自愿清算决定将由合伙人或合伙人大会做出，由司法当局执行。

3.清算决定，无论是可选的还是司法的，应包括委任清算人，确定其权力及费用、对其权力施加的限制和清盘所需的时间。清算人必须公布计划修改公司成立合同或其基本规章的公告。

4.除非司法命令，否则自愿清算期和清算延期都不得超过 5 年。

第 206 条 如果有多个清算人，则必须一起工作，他们的行动只有全体一致才有效，除非有当局做出委任决定或授权其私下行事。他们应负责赔偿公司、合伙人或其他人因超出其权力范围或在其业务表现中所犯错误而遭受的损失。

第 207 条 1.根据上述清算决定的限制，清盘人在司法机构前代表公司，并负责完成清盘所要求的所有工作，特别是将公司的资产转移至现金，包括以拍卖方式出售动产及不动产，或以任何其他方式，以确保获得最高价格。

2.清盘人不得出售公司的所有资金，不得用此资金收买另一家公司的股份，除非委任方授权他这么做。

3.除非绝对能够完成以前的工作，否则清盘人不得发起新的业务。

4.公司在其权力范围内受清算人的工作约束。

5.清盘人的权力须在清盘期届满时届满，除非按照本法有关规例予以延展。

第 208 条 1.如果是优先的情况，清算人必须偿还公司的债务；如果是被推迟或有争议的情况，则应留出必要的偿还款项。

2.清算产生的债务优先于其他债务。

3.清偿债务后，清算人应当按照公司成立合同的规定，向合伙人偿付其资本份额的价值，然后分配盈余。如果合同中没有这方面的规定，盈余应按其资本份额分配给合伙人。

4.如果公司的净资产不足以满足合伙人的份额，损失将根据损失分配的百分比分摊。

第 209 条 1.清盘人须在其开始业务后的 3 个月内，连同该公司的审计师(如有)，对该公司的所有资产及负债的清单进行清算。不过，委任清盘人的人士如有需要，可延长该期限。

2.公司董事或董事会成员应向清算人提交公司的账簿、记录、文件、说明和所需数据。

3.在每一个财政年度结束时，清盘人拟备财务报表及有关清盘工作的报告，该报告应包含对清盘工作的说明及保留意见，以及导致妨碍或延迟清盘工作的原因(如有)，以及有关延长清盘期的建议。清盘人必须向商业和工业部提供这些文件的副本，并按照公司成立合同或其基本规章中的条款提交给合伙人或合伙人大会批准。

4.清算工作完成后，清盘人应就其所做的工作提交详细的财务报告。清盘以委任人批准清盘人的报告为结束。

5.清盘人根据该公司成立合同或基本规章修订规定的公告方式宣布清盘终止。

第 210 条 根据本法第 209 条有关规定，在清算月届满后 5 年，除欺诈和伪造的情况外，不得就清算业务向清算人提起诉讼，不得就公司事务向合伙人提起诉讼，不得就其职权内事务向公司董事、董事会成员、审计师提起诉讼。或在清盘人工作结束后 3 年，根据商业登记法注销该公司在商业登记册上的注册。以较迟者为准。

第十一章 处罚

第 211 条 在不损害其他制度规定的任何较重处罚的情况下，须判处最高 5 年监禁及不超过 500 万里亚尔的罚款，或其中任何一项刑罚：

1.任何经理、负责人、董事会成员、审计师或个人，如在财务清单或合伙人、合伙人大会编写的报告中做出虚假或误导性陈述，或遗漏将此类清单或报告作为材料事实列入，以对合伙人或其他方面隐瞒公司的财务状况的。

2.任何经理、负责人或董事会成员，如违反公司利益利用公司资金，以达到个人目的、偏袒公司或个人，或从有直接或间接利益的项目或交易中受益的。

3.任何经理、负责人或董事会成员，如违反公司利益，以该身份行使其职权或投票权，以达到个人目的、偏袒公司或个人，或从有直接或间接利益的项目或交易中受益的。

4.任何经理、负责人、董事会成员或审计师，如未按照本法第 150 条、第 181 条有关规定，在知悉公司达到估计的损失限额时，向公司合伙人大会或合伙人提出邀请，或采取必要行动的；或未按照本法第 180 条有关规定，宣布这一事件的。

5.任何使用其资金、资本或行使其权利负责公司清算的个人，如违反公司利益或故意给合伙人或债权人造成损害，以达到个人目的、偏袒公司或个人，或从有直接或间接利益的项目或交易中受益的；或对公司资金采取行动，以有利于债权人在无正当理由的情况下行使其权利的。

第 212 条　在不损害其他制度所规定的任何较重处罚的情况下，须判处最高一年监禁及不超过 100 万里亚尔的罚款，或其中任何一项刑罚：

1.任何审计师，如未通过该公司的有关负责人和机构，报告在其工作过程中发现的违规行为，或疑似刑事犯罪的违规行为的。

2.任何公职人员向非主管当局披露其他因其职务而被告知的公司机密的。

3.任何公司调查中涉及的有关人员，故意证实虚假事实报告，或故意省略提及会影响检查结果的实质性事实的。

4.任何人如以任何方式和理由宣布、发表或声明，拟取得尚未完成注册程序的公司的注册的。

5.任何人如传播不实信息，使他人认为与该公司有联系或将会以任何方式产生联系，以吸引股票认购或达到配额的。

6.任何如在公司成立合同、基本规章或其他文件中，或在申请设立该公司、申请成立时所附的文件中做伪证的人；虚假的或违背本法的声明，以及所有签署或发表这些文件的人。

7.任何人，无论是在公司成立时，还是在资本增加或合伙人之间的股份分配被修改时，如就有关实物配额预估、合伙人间配额分配或充分履行其价值，向合伙人或其他人做虚假陈述的。

8.任何人，通过其自身或他人，冒充股东或合伙人，或影响股东或合伙人大会投票的。

9.任何人，如以未获得许可的目的使用该公司的。

第 213 条　在不损害其他制度所规定的任何较重处罚的情况下，须处以不超过 50 万里亚尔的罚金：

1.任何违反本法有关规定、公司成立合同或基本规章，以恶意方式决定、分发或获取利益或好处的，每位审计师均已证实违规情况的。

2.任何蓄意造成董事会成员中断大会邀请或召开的人。

3.任何违反本法所定有关规定，接受成为股份公司的董事会成员，或作为其管理机构的成员，或留有会员资格的；以及任何公司董事会成员，在知悉这一规章的情况下，发生违规行为的。

4.任何公司董事会成员，在违反本法规定的情况下，从公司取得担保或贷款的；以及任何董事长，在知悉这一规章的情况下，发生违规行为的。

5.根据本法有关规定，在知悉有阻碍其执行审计任务的原因的情况下，任何接受执行审计任务或仍继续执行的。

6.任何违反本法有关规定，有意阻止股东或合伙人参与股东或合伙人大会，或阻止其享有与股份或配额有关的表决权的。

7.任何谋利、保证或允诺利益以换取某一特定方的投票或不参加投票的，以及给予、保证或许诺这些利益的任何人。

8.按照本法有关规定，任何不履行职责，邀请股东或合伙人按照本法有关规定在规定的期限内召开会议的。

9.任何未按照本法有关规定,违反其职责公布公司财务报表的。

10.任何未按照本法有关规定,向股东或者合伙人提供必要文件的。

11.任何不履行向商业和工业部提供本法所规定文件的职责的。

12.任何未按照本法有关规定编写和编纂会议记录的。

13.任何有意妨碍有权查阅公司文件、文案、账目和文件的人的工作,或间接导致,或妨碍他人执行公务的。

14.任何未按照本法规定,不履行其在商业登记簿内注册公司,或登记该公司注册公告的职责的;任何未按照本法规定,在公司成立合同、基本规章或商业登记簿中调整其修改公告的。

15.任何为按照本法所载规定履行清盘公告的职责或终止清盘的。

16.任何在履行其职责时都忽略本法第 15 条所载规定的任何数据的。

17.任何违反本法条例的审计师。

18.任何负责人、合伙人,未考虑与公司的工作和活动有关的条例和决定的使用的;未给予合理理由,不遵守主管当局发出的指示、通告或管制的。

第 214 条　在累犯案件中,对本法第 211 条、第 212 条和第 213 条所述罪行和违法的处罚应加倍。任何人犯下该罪行,或获终审判决的,可在其判刑之日起 3 年内,依法向上级法院申诉,要求重审。

第 215 条　调查委员会和检察机关有权调查和指控本法第 211 条和第 212 条所涉及的罪行。

第 216 条　主管机关对违反本法第 213 条规定的行为进行处罚,对被判处死刑的人向主管司法机关提出上诉。

第 217 条　如不能就违反本法第 211 条和第 212 条所涉刑事罪行的肇事者提起诉讼,调查委员会和检察机关应当对该公司提出控告,要求处以规定的罚款。

第 218 条　本章所列刑罚的适用,不得损害任何因犯下本章所述的任何罪行及违法行为,而对他造成损害的人补偿的权利。

第十二章　最终条款

第 219 条　根据有关条例的规定,在不损害本法规定,和沙特阿拉伯货币局有关规定的职权的情况下,尤其是银行的监督制度、合作保险公司的监督制度和金融公司的监督制度的要求下,资本市场管理局应有权监督和控制在沙特金融市场上市的股份公司,颁布关于其运作的规则,包括如果其中一方是沙特证券市场中的公司,则对兼并进行管制。

第 220 条　考虑到第 219 条所提内容,资本市场管理局有权控制公司在适用本法、公司成立合同或其基本制度中规定的条款方面的权利,包括有权对公司进行检查和审查其账目,并要求该公司的董事会或董事提供数据,其中由一名代表或多名雇员或其选择的专家作为中间人进行调解。

第 221 条　如某持股公司是在金融市场上市或计划上市,公司的所有负责人应通知商业和工业部的代表以及资本市场管理局,提供关于第 220 条所规定的工作中所要求的公司的所有账簿、记录及文件，并向他们提供所有相关资料及解释。

第 222 条 依照主管当局决定，违反本法规定的罪行时，工作人员应受刑事约束，同时，应保留认为其与犯罪有关的文件和记录。

第 223 条 主管司法当局应审议因为适用本法的规定和对违反其规定而实施制裁而产生的一切民事和刑事诉讼程序和争端。

第 224 条 当本法生效时，现有公司须在不超过本法实行之日起 1 年内，根据其规定调整其状态，除此以外，商业和工业部和管理局应在其各自的事项中限定这些公司在该期间所受的规定。

第 225 条 1.根据商业和工业部部长的决定，每类公司成立合同和基本章程准则应在本法颁布之日起 120 日内发布，并在商业和工业部网站上公布，并自实行本法之日起实行。

2.理事会部长和金融市场理事会应为执行其各自的公司法条例提出必要的规定。

第 226 条 本法取代所有公司法，回历 1385 年 3 月 22 日第 6 号王室法令发布的公司法取消，与新公司法相矛盾的规定也一并取消。

第 227 条 本法自其在官方公报发表之日起 150 日后开始施行。

越南社会主义共和国贸易法*

越南社会主义共和国主席令第 10/2005/L-CTN 号

本法的制定根据 1992 年《越南社会主义共和国宪法》第 103 条和第 106 条,2001 年 12 月 25 日越南社会主义共和国第十届国会第十次会议修订案,根据国会组织法第 91 条,根据法律规范文本法第 50 条。

2005 年 6 月 14 日,《越南社会主义共和国贸易法》由越南社会主义共和国第十一届国会第七次会议修订通过,现将修订后的《越南社会主义共和国贸易法》予以公布。

越南社会主义共和国主席　陈德良

二〇〇五年六月二十七日

越南社会主义共和国国会第 36/2005-QH11 号决议

根据 1992 年《越南社会主义共和国宪法》,2001 年 12 月 25 日第十届国会第十次会议第 51/2001－QH 号决议修订,2005 年 6 月 14 日越南社会主义共和国第十一届国会第七次会议(2005 年 5 月 5 日至 6 月 14 日)修订通过《越南社会主义共和国贸易法》。

本法是对在越南境内从事商业贸易活动的规定。

第一章　总则

第一节　调整范围和适用对象

第 1 条　调整范围

(一)在越南社会主义共和国领土上进行的商业贸易活动。

(二)在越南社会主义共和国领土外进行的商业贸易活动,双方可协商选用本法或外国法律,或者选用越南作为成员国的国际条约。

(三)与经营者在越南社会主义共和国领土上进行商业交易中的一方不以营利为目的商业贸易活动可使用本法。

第 2 条　适用对象

* 系重庆国际战略研究院国别投资法律项目:“越南贸易法”。项目负责人:罗文青,四川外国语大学越南语专业教授,翻译第 1 条至第 116 条并统稿。项目成员:韦宏丹,四川外国语大学讲师,翻译第 117 条至第 240 条;钟雪映,四川外国语大学讲师,翻译第 241 条至第 324 条;温融,四川外国语大学国际商学院副教授,中国—东盟法律研究中心研究员,参与本书审定。

(一)从事商业贸易活动的经营者按本法第1条执行。

(二)与商业贸易相关的其他组织或个人。

(三)根据本法原则,政府有权对独立进行商业贸易活动的个人做出不需办理经营手续的特殊规定。

第3条 词语解释

本法相关词语解释如下:

(一)商业贸易,是指以获得利润为目的从事商品买卖、服务供应、投资、贸易促进等活动的行为。

(二)商品包含:

1.所有动产,包括将来可能变成动产的物品。

2.与土地有关的不动产。

(三)商业惯例是在特定的地域、行业、群体范围内为一般人在商业活动中反复实践而被广为知悉的使用规则。

(四)商业习惯是在特定的地域、行业、群体范围内为一般人反复实践而被广为知悉的经常性做法。

(五)商业资讯是通过电子手段对传递、接收和存储商业信息进行汇总的资料。

(六)驻越外商商务代表处,指得到越南政府许可并依照越南法律在越南境内为考察和发展商业活动而设立的在越常驻代表机构。

(七)驻越外商投资分公司,是指外国公司依照越南有关法律或国际条例在越南境内设立的分支机构。

(八)商品买卖,指依据买卖双方协商规定卖方负有交货、运货、结算的义务,买方负有结算、接货义务的商贸活动。

(九)供应服务,指服务供应商有义务给客户提供服务并进行结算,客户有义务给供应商结算并按约定接受服务。

(十)商贸促进,指为促进买卖和寻找商贸机会并提供服务的行为,包括商业促销、商业广告、商品展示、产品介绍、商贸会、展销会等。

(十一)商贸中介服务,指经营者为实施商品交易进行的活动,包括商业代表、商贸中介和商业代理。

(十二)合同违约,指一方不按双方已协商签订的合同执行和落实的行为。

(十三)合同根本违约,是指一方当事人因违反合同约定使另一方当事人蒙受损害,剥夺了其根据合同约定所能获得的预期利益。

(十四)商品原产地,指生产制造商品的国家、地区,包括负责商品制造的某段工序参与的国家和地区。

(十五)有价值的文本,包括电报、传真、来函及其他法律规定的形式。

第4条 适用《贸易法》和相关法律

(一)商业贸易活动要遵守《贸易法》和相关法律。

(二)其他法律规定的特殊商业贸易活动按该法执行。

(三)《贸易法》未规定的商业贸易活动按民事法执行。

第5条 适用国际条约、外国法律和国际惯例

(一)越南作为成员国加入的国际条约对使用外国法律、国际商贸惯例或其他本法有特殊规定的,按国际条约执行。

(二)涉外商贸交易约定适用外国法律、国际惯例的,在与越南法律无冲突情况下适用。

第6条 经营者

(一)本法所称经营者,是指依法办理工商登记或者其他营业手续,依照本法和其他有关法律、行政法规的规定从事贸易经营活动的法人、自然人或其他组织。

(二)经营者有权在法律许可的行业、场地、形式从事贸易经营活动。

(三)经营者的正当贸易经营活动权益受越南法律保护。

(四)属于法律规定的特殊商品和服务,在保证国家利益的情况下可对场地和时间做特殊规定。

第7条 经营者登记经营的义务

经营者有义务按法律规定办理经营登记,未办理经营登记的经营者将承担本法规定的责任以及法律法规规定的其他责任。

第8条 贸易活动的国家管理机关

(一)政府实行统一的贸易经营活动管理制度。

(二)贸易部负责执行本法规定的具体商业贸易活动和商品买卖管理制度。

(三)同级的各部委在自身权限、任务范围内有责任对分工领域的商业贸易活动进行管理。

(四)各级人民委员会对地方商业贸易活动进行分级管理。

第9条 商业贸易协会

(一)商业贸易协会成立旨在保护经营者的合法权益,鼓励经营者参与发展商业,宣传、普及商业贸易法规。

(二)商业贸易协会根据协会的规章制度组织活动。

第二节 贸易活动的基本原则

第10条 贸易活动中经营者在法律面前平等的原则

从事贸易活动的经营者在法律面前人人平等。

第11条 贸易活动中自由、自愿协商原则

(一)各方有权就与法律、习俗、社会道德无冲突的事项进行自由协商,以确立各方在贸易活动的权利义务。国家尊重和保护该权利。

(二)在贸易活动中,采取各方完全自愿原则,任何一方不许强迫、胁迫、阻拦另一方。

第12条 采用贸易活动中各方共同制定的商业习惯的原则

除有其他协商情况,各方应采用贸易活动中各方共同制定的交易习惯。

第13条 采用贸易活动中商业惯例的原则

在法律未做规定、双方未有协商、各方未制定有交易习惯的情况下,采用贸易活动中的商业惯例,但不能违背本法和民事法的原则,不能与其规定相冲突。

第14条 保护消费者正当合法权益的原则

(一)从事贸易活动的经营者有义务给消费者提供完整、真实的商品信息以及提供良

好的服务,有义务保证商品信息的准确性。

(二)从事贸易活动的经营者对所经营商品的质量、合法性以及所提供的服务负责。

第 15 条 承认贸易活动中信息资料的法律价值的原则

在贸易活动中,有关执行法律规定的条件和标准的信息资料,必须承认其应有的法律价值。

第三节 外商在越南从事贸易活动

第 16 条 外商在越南从事贸易活动

(一)外商是指根据外国法律或者公认的外国法律规定在境外办理经营登记的法人或自然人。

(二)外商可在越南设立商务代表处和分支机构,在越投资额由越南法律规定。

(三)在越外商商务代表处和分支机构有义务遵守越南法律,外商对驻越代表处和分支机构的全部活动负责。

(四)根据越南法律或者越南缔结或加入的国际条约,利用外资成立的企业视为越南经营者。

第 17 条 商务代表处的权利

(一)贸易活动需按代表处成立的有关规定的目的、范围、时限进行。

(二)可租赁或购置代表处进行贸易活动所需的住所、交通工具、家具设备。

(三)可依照越南法律招聘越南人或外国人作为代表处的工作人员。

(四)可在越南银行开设外币账户、越南盾账户,此账户只允许供代表处使用。

(五)可按越南法律规定使用代表处的印章。

(六)法律规定的其他权利。

第 18 条 商务代表处的义务

(一)不得在越南从事直接产生利润的商业活动。

(二)只能在本法允许范围内从事商贸促进活动。

(三)不得交结、修改、补充已签订的外商合同,但代表处代表持有外商合法委托书,或是本法第 2 条、第 3 条和第 17 条规定的情况除外。

(四)按越南法律缴纳各种税费、例费以及其他款项。

(五)按越南法律规定报告代表处活动情况。

(六)法律规定的其他义务。

第 19 条 分支机构的权利

(一)可租赁或购置分支机构商务活动所需的住所、交通工具、家具设备等物品。

(二)可按越南法律招聘越南人或外国人在分支机构工作。

(三)在越南签订合同符合分支机构成立条文的规定以及本法的规定。

(四)可在拥有相关资质的银行开设越南盾账户和外币账户。

(五)可按越南规定将分支机构盈余移转到国外。

(六)可按越南法律规定制作分支机构名称的印章。

(七)可按越南法律规定和越南是成员国的国际条例规定的公司成立条文进行商品贸易和商贸活动。

(八)法律规定的其他条款。

第 20 条　分支机构的义务

(一)执行越南法律规定的审计制度。要采用其他通用审计制度要取得越南财政部的许可。

(二)按越南法律报告分支机构的活动情况。

(三)法律规定的其他义务。

第 21 条　外商的权利和义务

在越外商的义务和权利按照越南法律及越南缔结或参与的国际条约之规定确定。

第 22 条　外商在越南从事贸易活动的审批机关

(一)政府对外商在越南从事贸易活动进行统一管理。

(二)计划投资部作为政府授权部门,负责根据越南法律给在越投资的外商颁发经营许可证。

(三)贸易部作为政府代表,负责颁发外商在越南成立商务代表处、分支机构、联合经营或100%外资公司的经营许可证,允许从事越南法律和越南作为成员国加入的国际条约规定的贸易活动或相关活动。

(四)其他部级机关对外商在越南从事商贸活动需要进行审批、管理和颁发经营许可证有特殊规定的,按特殊规定执行。

第 23 条　外商在越南从事贸易活动的终止

(一)以下情况将终止外商在越南的贸易活动:

1.许可期限届满。

2.经经营者申请并获得国家管理机构的认可。

3.违反法律和章程规定,并经由具有审议权的国家管理机构决定。

4.经营者宣布破产的。

5.外商根据外国法律规定终止商务办事处、分支机构以及与越方合作的一切活动。

6.法律规定的其他情况。

(二)外商终止在越南的贸易活动前,有义务与越南的相关机关、组织或个人清算全部债权债务。

第二章　货物买卖

第一节　货物买卖总则

第 24 条　货物买卖的合同形式

(一)货物买卖合同应以口头形式、书面形式或具体的行为订立。

(二)法律规定货物合同买卖要以书面形式体现并遵守本规定。

第 25 条　禁止经营、限制经营和限制经营条件的货物种类

(一)根据不同时期的社会经济条件,以及缔结或参与的国际条约,越南政府制定禁止经营货物目录、限制经营货物目录和有条件经营的货物目录。

（二）对限制经营的货物、有条件经营的货物，买卖双方须符合法律规定方可进行经营。

第 26 条 对国内流通货物采取的紧急措施

（一）国内合法流通的货物，有以下情况的，可单独或并列采取收回、禁止流通、暂停流通、有条件流通或持流通许可证等措施：

1.货物属于病疫传染的源头或工具。

2.发生紧急情况。

（二）有关国内流通货物紧急措施使用的具体条件、程序、手续和审批，按法律规定执行。

第 27 条 国际货物买卖

（一）国际货物买卖可以出口、进口、暂进、再出、暂出、再进或转口贸易的形式进行。

（二）国际货物买卖须签订书面合同或有相当法律效力的其他形式。

第 28 条 货物进出口

（一）货物出口是指货物被送离越南境内或送到属于越南境内的特殊区域，即法律规定的特殊海关区域。

（二）货物进口是指货物从国外运到越南境内，或运送至法律规定的属于越南境内的特殊海关区域内。

（三）根据不同时期的社会经济条件，以及缔结或参与的国际条约，越南政府有权制定禁止进出口的货物目录。

第 29 条 货物暂进口、再出口和暂出口、再进口

（一）货物暂进口、再出口是指货物从国外或从越南境内的特殊海关区域运送到越南境内后，再出口至国外，办理暂时进口手续和再出口手续。

（二）货物暂出口、再进口是指货物暂时运往国外或越南境内的特殊海关区域，再进口至越南，办理暂时出口手续和再进口手续。

（三）政府制定有关货物暂进口、再出口、暂出口、再进口的具体规定。

第 30 条 转口货物

（一）货物转口贸易是指将一个国家或单独关税区的货物卖到越南以外的其他国家或单独关税区，不办理越南进出口手续的贸易行为。

（二）以下情形属于货物转口贸易：

1.货物从出口国运送到进口国不经过越南口岸。

2.货物从出口国运送到进口国经过越南口岸，但不办理越南进出口手续。

3.货物从出口国运送到进口国经过越南口岸并运达越南港口的关外和货物中转区，但不办理越南进出口手续。

（三）政府制定有关货物转口贸易的具体规定。

第 31 条 对国际货物买卖采取的紧急措施

在紧急情况下，依照越南法律以及越南缔结或参与的国际条约，为保护国家安全和其他国家的利益，越南政府有权对国际货物贸易活动使用紧急措施。

第 32 条 国内流通货物、进出口货物的商标

(一)货物商标指直接张贴、印刷、订制、铸造、刻印在货物及包装上的文字、文本、照片等,或是其他刻印在货物或包装上的文字和图片。

(二)除法律另有规定外,国内流通货物和进出口货物必须张贴商标。

(三)政府制定有关货物包装上商标内容和商标刻印的具体规定。

第 33 条 货物原产地证明和货物原产地规定

(一)以下情况要求进出口货物要有原产地证明:

1.货物有减税优惠或其他优惠。

2.依据越南法律、越南缔结或参与的国际条约。

(二)政府规定有关进出口货物原产地的具体规定。

第二节 货物买卖合同中各方的权利和义务

第 34 条 交货和货物相关单据

(一)卖方要按合同约定的数量、质量、包装、保管以及其他约定事项交付货物和单据。

(二)在没有具体约定的情况下,卖方应当按本法交付货物并提供相关单据。

第 35 条 交货地点

(一)卖方应当按协议指定的地点交货。

(二)协议未指定交货地点的情况下按以下方式处理:

1.与不动产相关的合同,卖方要在此货物的所在地交货。

2.合同约定货物运输的,卖方应当交货给第一承运人。

3.合同未约定货物运输的,如果在签订合同时,双方知道储货的地点、装货的地点或者是生产的地点,卖方应当在该地交货。

4.除法律另有规定外,卖方应当在其经营地交货,如果没有经营地则按已签订合同的卖方住址交货。

第 36 条 涉及承运人的交货责任

(一)货交给承运人时,如货物的标记、运输单据或其他标注不明确,卖方应告知买方货物已交承运人,并确定运输货物的名称和识别方法。

(二)卖方有义务安排货物运输事宜的,卖方应当签订相关合同,保证以符合要求的方式运输货物,并能按时运送至目的地。

(三)卖方无义务为运输途中的货物购买保险,如买方要求购买保险,卖方需提供货物及货物运输的相关信息以便买方购买。

第 37 条 交货期限

(一)卖方应当按照合同约定的地点交货。

(二)合同只明确交货期限而未确定具体交货地点的,卖方有权在交货期限内的任何地点进行交货,但要提前通知买方。

(三)合同未明确交货期限的,卖方应在签订合同后确定合理交货的期限。

第 38 条 在协议期限前交货

卖方在约定期限前交货的,如果双方没有其他约定,买方有权接收或不接收货物。

第 39 条 货物与合同不符

(一)如果合同未有其他约定，下列情况下视为交付的货物与合同不符：

1.不符合同类货物的一般使用目的。

2.不符合买方已告知卖方，或卖方在签订合同期限时的目的。

3.不能保证货物与卖方提供给买方的样品质量相同。

4.货物的保管、包装未按此类货物的通用方式，或没有按常用保管方式保管货物。

(二)如货物不符合本条第 1 款的规定，买方有权拒绝收货。

第 40 条 货物与合同不符的责任

在货物与合同不符的情况下，如双方没有其他约定，各自责任划分如下：

(一)如果在签订的合同期限内，买方对货物的缺陷已知情或应当知情的，卖方对货物的缺陷不负责任。

(二)除本条第 1 款，在本法规定的上诉期限内，卖方负责货物在向买方转移风险之前的所有缺陷，包括规避风险的期限之后发现的货物缺陷。

(三)如果由于卖方违反合同导致在规避风险之后才发现货物缺陷，卖方要负责货物缺陷造成的损失。

第 41 条 交货时货物数量不足或货物与合同约定不符的解决方式

(一)除非有其他约定，如果合同只约定了交货期限，没有确定具体交货地点，卖方在合同期限之前交货，且货物数量不足或货物与合同不符，卖方可以补交不足的货物，或者对不符合合同约定的货物进行换货，或者在剩下期限内对不符合合同约定的货物予以整改。

(二)如卖方在执行本条第 1 款规定的补救措施时，给买方造成损失，或者其他不合理的经济损失，买方有权要求卖方予以承担。

第 42 条 交付与货物相关的单据

(一)如有合同约定，卖方应把货物的相关单据在期限内按约定的地点和方式交给买方。

(二)如没有合同约定，卖方应把相关单据在合理的时限和地点交给买方，以便买方接受货物。

(三)卖方在约定期限前已把货物相关单据交给买方的，卖方仍可以在剩余期限内完善相关材料。

(四)如卖方在执行本条第 3 款规定的补救措施时给买方造成不利影响，或给买方带来不合理的经济损失，买方有权要求卖方补救或予以损失。

第 43 条 多交付货物

(一)卖方多交付货物的，卖方有权选择拒收或接收多交付的货物。

(二)如果买方同意接收卖方多交付的货物，在没有其他约定的情况下，买方需按合同约定的价格进行清算。

第 44 条 交货前的货物检查

(一)如有合同约定，买方或买方代表需在交货前进行验货，卖方要为其验货提供条件和保证。

(二)除非另有约定，买方或买方代表应在本条第 1 款规定的最短时间内进行验货；合同涉及货物运输的，验货可以延缓到货物运达目的地之时。

（三）买方或买方代表在约定交货期限之前不进行验货的，卖方有权按合同交货。

（四）买方或买方代表已知或应当知道货物存在缺陷，但在验货后的合理期限内未通知卖方的，卖方对此造成的损失不承担责任。

（五）如果买方或买方代表已经验货，但货物的缺陷在通常情况下无法发现且卖方已知或应知道这些缺陷而未告知买方的，卖方应对此承担责任。

第45条 货物所有权担保义务

卖方承担以下货物所有权担保义务：

（一）第三方对卖出的货物不能提出任何权利主张或者要求。

（二）货物的合法性。

（三）转交货物的合法性。

第46条 货物知识产权担保义务

（一）卖方不得出售违反知识产权的货物。对卖出货物引发的知识产权争议，卖方承担一切法律责任。

（二）如因按照买方提供的技术图、设计图、公式或具体数据，导致卖方侵犯他人知识产权，买方应对此承担法律责任。

第47条 通知要求

（一）如卖方已知第三方投诉货物或应知情而未及时通知买方，卖方将失去本法第46条第2款规定的权限，除非买方对第三方投诉已知或应知情。

（二）如买方已知第三方投诉货物或应知情而未及时通知卖方，买方将失去本法第45条第1款规定的权限，除非卖方对第三方投诉已知或应知情。

第48条 货物为民事诉讼保全的对象时卖方的义务

出售的货物为民事诉讼保全的对象时，卖方要告知买方相关的保全措施，并须经保全人同意后方可出售该货物。

第49条 货物品质担保义务

（一）合同对货物品质有约定的，卖方应按约定的内容和期限对货物品质进行担保。

（二）卖方应在实际环境准许的最短时间内确保货物品质。

（三）卖方应承担确保货物品质产生的一切费用，另有约定除外。

第50条 结算

（一）买方应当根据合同约定，进行货物结算和货物接收。

（二）买方应遵照合同和法律规定的结算程序和结算手续进行货物结算。

（三）当货物已由卖方交付买方，而货物遭遇失窃或损坏的，买方仍需进行货物结算，除非失窃或损坏是由卖方造成的。

第51条 暂停结算购货款

除有其他约定外，在以下情况下应暂停结算购货款：

（一）买方持有证据表明卖方造假的，可暂停结算购货款。

（二）买方持有证据表明该货物正处于经济纠纷的，可暂停结算购货款直至纠纷解决。

（三）买方持有证据表明卖方出售货物与合同约定不符的，有权暂停结算购货款，直至卖方解决货物缺陷。

(四)按本条第 2 款、第 3 款关于暂停购货款的规定,如果买方提供证据不足导致卖方受损的,买方应承担所有损失,并按本法规定接受其他制裁。

第 52 条 价格的确定

合同上没有约定货物价格,没有约定确定价格的方法,也没有对确定价格提供任何指导意见的,货物价格将按同类货物在交货方式、买卖时间、交易条件、结算方式以及其他影响价格条件的因素来确定。

第 53 条 按重量确定价格

除非有其他约定,货物按重量来确定价格。重量即净重。

第 54 条 结算地点

合同上未约定货物结算地点的,买方可在以下地点与卖方进行结算:

(一)合同上约定的卖方营业地,如没有营业地的,在卖方居住地。

(二)若在交付货物和交付单据的同时进行结算,在货物交付地或单据交付地。

第 55 条 结算时间

如无其他约定,结算时间规定如下:

(一)买方应在卖方交付货物或交付单据的期限内结清货款。

(二)买方在按本法第 44 条的规定验完货之后承担结算义务。

第 56 条 接收货物

买方有义务按合同约定接收货物,并为卖方能够顺利交货提供合理协助。

第 57 条 有明确交货地点的风险转移

如无其他约定,卖方在指定地点交货给买方,买方或买方委托人也在合同约定的地点接收货物(包括委托卖方保留货物知识产权的证据),货物被窃或遭损坏的风险转移到买方。

第 58 条 无明确交货地点的风险转移

除非另有约定,如卖方没有义务在指定地点交货,那么当货物交给第一承运人后,货物被盗或被损坏的风险转移到买方。

第 59 条 交货给收货人而不是承运人的风险转移

若无其他约定,如收货人不是承运人,在以下情况下,货物失窃和损坏的风险将转移到买方:

(一)买方收到货物所有权的证明。

(二)收货人转移了买方的货物所有权。

第 60 条 货物在运输过程中的风险转移

如无其他约定,若合同的标的物是运输途中的货物,那么货物失窃或损坏风险从签订合同的时间开始计算。

第 61 条 其他情形的风险转移

如无其他约定,其他情况的风险转移规定如下:

(一)对本法第 57 条、第 58 条、第 59 条和第 60 条未做规定的情况,当货物所有权应转移至买方但买方违反合同不接受货物,从不接受货物的时间开始,买方承担货物失窃或损坏的风险。

（二）如果卖方不能通过标记、运输证明来确定货物，或者没有通知买方，或者没有使用其他方式来确定货物，买方不承担货物失窃或损坏的风险。

第62条 货物所有权转移的时间点

如无其他法律规定或其他约定，货物的所有权在交货时便由卖方转移给买方。

第三节 通过商品交易所买卖货物

第63条 通过商品交易所买卖货物

（一）在商品交易所进行货物买卖属于商业活动，双方按照商品交易所规定的标准对货物买卖的数量、价格、交货时间地点等进行协商并签订合同。

（二）政府对在商品交易所进行的货物买卖制定相关细则。

第64条 通过商品交易所签订买卖合同

（一）通过商品交易所签订的买卖合同，包括期货合同和期权合同。

（二）期货合同指买卖方双方约定在指定时间和地点进行交货和收货。

（三）期权合同指买卖双方经过协商，买方有权依照之前协商的价格买卖某种货物（称为交易价格），并要支付一定货款购买这个买权（称为买权款）。买权方有权选择执行或不执行买卖此货物的权利。

第65条 期货合同中各方的权利和义务

（一）卖方按合同交货，买方有义务收货和结算。

（二）双方商定买方可用钱结算但不收货，买方应当向卖方支付一定款项，按照合同协议价和商品交易所公布的市场价之间的差价，在合同指定地点结算。

第66条 期权合同中各方的权利和义务

（一）买权方可以选择买或持有买权，卖权方可以选择卖或持有卖权。支付的买权款由双方协商。

（二）持有选买权的一方有权买，但没有义务要购买已签订合同中的货物。持有选买权一方决定执行合同，卖方有义务要把货物卖给持有选买权人。如果卖方没有货物可交货，应当支付持有选买权一方结算合同协议价和商品交易所在合同执行期间公布的市场价之间的差价。

（三）持有选卖权一方有权卖，但没有义务要出售已签订合同中的货物。持有选卖权一方决定执行合同，买方有义务要买进持有选卖权方的货物。如果买方不购买货物，应当支付持有选卖权一方结算合同协议价和商品交易所在合同执行期间公布的市场价之间的差价。

（四）如持有选买权方何持有选卖权方在合同有效期间不都决定按合同执行，那么合同效力将自动失效。

第67条 商品交易所

（一）商品交易所具有以下职能：

1.为货物交易和货物买卖提供必要的物质技术条件。

2.调整货物交易活动。

3.负责公布每个时段交易市场形成的具体物价水平。

(二)由政府规定成立商品交易所的具体条件、权限和责任,以及负责商品交易所活动条例的审批。

第 68 条 商品交易所的交易货物

在商品交易所进行交易的货物名单由贸易部部长规定。

第 69 条 代理商通过商品交易所买卖货物

(一)如代理商符合法律规定条件,需要通过商品交易所进行货物买卖的,只能在商品交易所进行。由政府制定有关代理商在商品交易所进行货物买卖的具体细则。

(二)代理商通过商品交易所进行买卖货物,只能通过商品交易所的中介机构进行,不允许买卖双方绕开商品交易所单独进行。

(三)代理商通过商品交易所进行货物买卖,有义务向商品交易所缴纳登记费,以保证货物买卖中介活动安全进行。登记费由商品交易所规定。

第 70 条 代理商通过商品交易所代理商品时的禁止行为

(一)通过许诺全额赔偿或部分赔偿,或保证客户利润等方式承诺诱使客户签订合同。

(二)与客户未签订合同而进行推销或中介活动。

(三)使用假价格或其他欺诈手段向客户推销商品。

(四)以不合理方式拒绝或延期执行与客户约定的中介合同条款。

(五)本法第 71 条第 2 款规定的其他禁止行为。

第 71 条 通过商品交易所买卖货物时的禁止行为

(一)商品交易所的工作人员不得通过交易所从事中介或买卖货物行为。

(二)在商品交易所进行货物买卖活动的相关人员不得从事以下行为:

1.在期货合同或期权合同中,存在数量或价格欺诈行为。

2.向客户提供错误的交易、市场或货物价格信息。

3.利用不合法手段扰乱商品交易所市场。

4.法律规定的其他禁止行为。

第 72 条 紧急情况下采取的管理措施

(一)紧急情况是指发生扰乱商品市场的突发情况,使商品交易所无法准确反映供求关系。

(二)在出现紧急情况下,贸易部部长有权做出以下措施:

1.暂停商品交易所的活动。

2.限制部分货物价格和交易次数。

3.更改交易流程。

4.更改商品交易所的活动条例。

5.根据政府规定执行其他必要的措施。

第 73 条 通过外国商品交易所进行货物买卖的权利

根据政府规定,越南商人有权在国外商品交易所从事货物买卖活动。

第三章 提供服务

第一节 提供服务经营总则

第 74 条 服务合同的形式

(一)服务合同应以口头形式、书面形式或具体的行为订立。

(二)法律规定服务合同要以书面形式体现的,必须遵守本规定。

第 75 条 经营者提供和使用服务的权利

(一)除非越南国内法律和越南缔结或参与的国际条约有其他规定,经营者享有以下提供服务的权利:

1.在越南领土上为居住在越南的居民提供服务。

2.在越南领土上为未居住在越南的居民提供服务。

3.在外国领土上为居住在越南的居民提供服务。

4.在外国领土上为未居住在越南的居民提供服务。

(二)除非越南国内法律和越南缔结或参与的国际条约有其他规定,经营者有以下使用服务的权利:

1.在越南领土上为居住在越南的居民提供使用服务。

2.在越南领土上为未居住在越南的居民提供使用服务。

3.在外国领土上为居住在越南的居民提供使用服务。

4.在外国领土上为未居住在越南的居民提供使用服务。

(三)由政府规定具体的居住者和不居住者对象,以便对各种服务形式实行税务政策和进出口管理政策。

第 76 条 禁止经营、限制经营和限制经营条件的服务

(一)根据不同时期的社会经济条件,以及缔结或参与的国际条约,越南政府制定禁止经营、限制经营和限制经营的服务名单,以及允许服务经营的条件。

(二)对限制经营和限制经营条件的服务,服务提供者和服务需求者双方须符合法律规定方可进行经营。

第 77 条 对提供或使用服务采取的紧急措施

在必要情况下,为保证国家安全和其他国家利益,并遵守越南法律和越南缔结或参与的国际条约,政府总理有权决定对提供或使用服务采取紧急措施,包括暂时对某项服务、部分服务实行紧急措施,或者暂时对某项或具体市场采取紧急措施。

第二节 服务合同中各方的权利和义务

第 78 条 服务提供方的义务

除非另有约定,服务提供方有以下义务:

(一)根据所签订合同以及本法规定提供各项服务,并完整执行相关服务。

(二)工作完成后,保管好材料并交还工具给客户,以便更好提供服务。

（三）在信息、材料不足，以及工具无法正常使用的情况下，立刻通知客户以便顺利提供服务。

（四）如果合同和法律要求，应对提供服务过程获知的消息进行保密。

第 79 条　按工作结果提供服务方的义务

除非另有约定，若服务合同约定服务提供者要达到相应标准，那么服务提供者应提供与服务结果相符合的合同条款及标准要求。若合同未约定服务提供者应当达到的标准，服务提供者应提供符合此项服务通常标准的服务。

第 80 条　按最高努力和能力提供服务方的义务

除非另有约定，若服务标准是根据需求方要求提出的，服务提供者应当以最大努力争取最好的结果，发挥最大能力履行服务提供义务。

第 81 条　提供服务各方之间的合作

按照合同或者实际情况，由多方服务提供者共同提供的服务，或者配合其他服务提供者的，每个服务提供者均应承担以下义务：

（一）对工作进度、对服务提供的相关工作要求进行相互通报和沟通，同时按约定时间和约定方式提供服务，不给服务提供制造障碍。

（二）对其他服务提供者进行任何必要的合作。

第 82 条　完成服务的期限

（一）服务提供者应按合同要求按时完成服务。

（二）合同上未确定服务完成时间的，服务提供者应在合理期限内完成服务。该期限是在服务提供者签订合同时知晓的条件基础上形成的，包括客户对服务完成时间的任何具体要求。

（三）若一项服务必须以客户或其他服务提供者满足了一定条件才能完成，服务提供者有义务持续提供服务，直到那些条件得到满足。

第 83 条　提供服务过程中客户要求变更

（一）在服务提供过程中，服务提供者应尊重客户对更换服务的合理要求。

（二）除非另有约定，客户应该承担服务提供过程中要求更换服务所产生的费用。

第 84 条　提供服务期限结束后继续提供服务

当服务期限已到但服务尚未完成，若客户未提出异议，服务提供者应当继续按合同提供服务，并赔偿由此带来的损失。

第 85 条　客户的义务

除非另有约定，客户应承担以下义务：

（一）按合同规定结算服务提供费。

（二）及时提供计划、说明和其他要求，以便服务提供得以顺利进行。

（三）提供其他一切必要协助，以便服务提供者提供适当服务。

（四）同一项服务由多方共同提供或与其他服务提供者共同完成的，客户有义务协调各服务提供者，并不得给任一服务提供者造成阻碍。

第 86 条　服务价格

合同未对服务价格做出约定，也未说明服务价格确定方法，也没有其他任何指导性意见，则服务价格按照供应方式、供应时间、结算方式，以及其他影响服务价格的相似条件进行确定。

第 87 条 结算期限

若合同未明确约定结算方式，各方之间也没有任何惯例，则结算期限以完成服务提供的时间为准。

第四章 贸易促进

第一节 促销

第 88 条 促销

(一)促销是营销者以让利给消费者、提供优质服务等手段以促进货物买卖的活动。

(二)进行促销活动的经营者属于以下情况：

1.经营者直接推销自己经营的货物并提供服务；

2.根据和其他商家签订的合同，经营者为其他商家推销货物并提供服务。

第 89 条 经营促销业务

经营促销业务是一种商业活动，因此经营者在已签订合同基础上，为其他商家推销货物并提供服务。

第 90 条 促销业务合同

促销业务合同须以书面形式或其他有相当法律效力的形式确立。

第 91 条 经营者的促销权

(一)越南经营者，越南经营者的分支机构，外国经营者在越南的分支机构，有权组织促销或租用其他经销商为自己公司的商品促销。

(二)经营者公司代表处不得组织促销活动，不得租用其他经营者在越南推销自己代表的经营者的商品。

第 92 条 促销的形式

(一)给客户提供免费货物样品和客户试用服务。

(二)免费给客户提供赠品和服务。

(三)商品促销的价格和商品促销的服务价格低于销售价格，按照已登载的广告价格，在促销时间内执行。属于国家管理的商品价格，该商品的促销形式按政府规定实行。

(四)销售和提供服务过程中赠送的购物券和服务消费券，可让消费者得到实惠以及商家做出的让利。

(五)销售和提供服务过程中，为客户提供抽奖活动，按一定规则进行抽奖，并公布中奖人名单。

(六)在销售和提供服务过程中，为客户提供中奖机会，购买相关商品或服务便可参与抽奖活动，并按一定比例抽取中奖者。

(七)经常组织客户活动，根据客户购买商品的数量或价值赠送礼品，客户以会员卡的方式加入这一活动，会员卡将记录购买相关商品、服务或其他形式的消费活动。

（八）组织客户参加各种文化艺术和休闲活动，以及其他以促销为目的的活动。

（九）其他得到国家管理机构认可的促销活动。

第 93 条 促销的货物和服务

（一）促销的货物和服务是经营者使用各种促销手段，以促进相关商品或服务的购买为目的。

（二）促销的货物和服务必须是合法经营的货物和服务。

第 94 条 用于促销的商品和服务以及促销减价的限度

（一）用于促销的商品和服务，是免费赠送给客户的商品和服务。

（二）用于促销的商品和服务，可以是经营者正在经销的商品和服务，或者是其他的商品和服务。

（三）用于促销的商品和服务，必须是合法经营的商品和服务。

（四）政府规定用于促销的商品和服务的最低限价，以及促销活动中商品和服务的最低减价额度。

第 95 条 促销时的经营者权利

（一）有权选择促销的形式、时间和地点，以及涉及的货物和服务。

（二）依据本法第 94 条第 4 款，确定客户享受的具体利益。

（三）有权雇用他人为自己的货物进行促销活动。

（四）有权根据本法第 92 条组织各种促销活动。

第 96 条 促销时的经营者义务

（一）完善促销活动需要办理的手续和资料。

（二）按本法第 97 条规定，向消费者公开通报关于商品促销的相关信息。

（三）按发布的广告进行促销活动并保证实现对消费者的承诺。

（四）依据本法第 92 条第 6 款关于部分商品促销形式的规定，在无人中奖的情况下，经营者应把 50％的中奖金额交给国家银行。

由贸易部部长对赌博性大的促销活动进行规定，并要按此规定执行促销活动。

（五）若从事促销活动的经营者同时又帮助他人开展促销活动，则应当遵守促销服务合同中的各项条款。

第 97 条 信息须公开通报

（一）关于本法第 92 条规定的促销形式，开展促销活动的经营者应公开通报以下信息：

1.促销活动名称。

2.促销商品价格，促销服务价格和相关促销费用。

3.开展促销活动的经营者名称、地址和电话。

4.促销的时间（含起始时间）和促销活动地点。

5.参加促销活动的附加条件，应在促销活动通知上明确载明，并告知条件的具体内容。

（二）除本条第 1 款的信息，开展促销活动的经营者还应公开通报与促销活动相关的以下信息：

1.按本法第 92 条第 2 款规定的促销形式，赠送给消费者的商品价格、服务价格。

2.按本法第 92 条第 3 款规定的促销形式，商品价格的绝对价值或最低折扣，促销前的正常服务价格。

3.按本法第 92 条第 4 款规定的促销形式，消费者能享受的购物券、服务的实际价值或者具体利益；消费者拿到的购物券、优惠券可以使用的商店地点、服务网点。

4.按本法第 92 条第 5 款、第 6 款规定的促销形式，中奖类型和各种中奖类型的价值；促销活动的参加形式，选择中奖的方式。

5.如进行本法第 92 条第 7 款、第 8 款规定的促销形式，则由客户自己承担相关费用。

第 98 条　通报形式

（一）本法第 97 条规定的商品促销通报以下列形式之一执行：

1.销售商品的地点和陈列商品的地点。

2.在商品上或商品包装上。

3.其他任何形式，如商品一经销售则须有提示。

（二）本法第 97 条规定的商品促销服务以下列形式执行：

1.在服务提供地。

2.如涉及服务提供时附加的其他服务，则可以采取其他形式。

第 99 条　对有关促销活动和促销内容的信息保密

促销方案须经有审核权的国家机构审核，审核机构要对商家提供的促销计划、促销内容保守秘密，直至促销计划得到审核机构的批准。

第 100 条　促销经营中的禁止行为

（一）为禁止经营的商品和服务做促销；为限制经营的商品和服务做促销；为未经允许流通的商品做促销。

（二）进行促销的商品和服务属于禁止经营的商品和服务，或限制经营的商品的服务，或未经允许流通的商品和未经允许流通的商品。

（三）向十八周岁以下未成年人提供酒或啤酒做促销。

（四）使用香烟或酒精含量三十度以上的酒做促销。

（五）不诚信或故意误导消费者，欺骗消费者。

（六）以质量差的商品做销售，危害环境，人体健康，损坏公共利益。

（七）在学校、医院、国家机关办事处、政治组织办事处、社会政治组织办事处，以及人民武装机关等地方进行促销。

（八）承诺有奖赏但不兑现或不能完全兑现。

（九）不正当竞争的促销。

（十）按本法第 94 条第 4 款规定，使用超过保质期限的商品或服务，或者对过期商品和服务进行降价销售的促销。

第 101 条　促销经营登记和向国家贸易管理部门通报促销结果

（一）在开展促销活动之前经营者应进行登记，促销活动结束后经营者要向负责商业贸易活动的国家管理机构汇报结果。

（二）经营者应按政府规定进行促销经营登记并向负责商业贸易活动的国家贸易管理部门通报促销结果。

第二节　商业广告

第 102 条　商业广告

商业广告是指商品经营者或服务提供者承担费用，通过一定的媒介和形式直接或间接的介绍所推销的商品或提供的服务的广告。

第 103 条　商业广告权

(一)在越南依法从事贸易活动的越南经营者、越南经营者的分支机构、外国经营者的分支机构，有权直接或聘请他人推销自己的商品或服务的广告。

(二)贸易经营者的办事处不能直接从事商业广告活动。在经营者委托下，公司办事处有权与商业广告服务商签订委托合同，为自己代表的公司进行商业广告。

(三)外国经营者要对自己在越南的商品或提供的服务做商业广告，必须聘请越南商业广告服务商进行。

第 104 条　经营商业广告业务

经营商业广告业务是经营者为了经营其他经营者的商业广告而进行的商业活动。

第 105 条　商业广告产品

商业广告产品包括通过商业广告内容的形态、行动、音乐、语言、文字、特征、颜色来体现。

第 106 条　商业广告方式

(一)商业广告方式是用于介绍商业广告产品的工具。

(二)商业广告方式包含：

1.大众传媒方式。

2.传达信息方式。

3.各种印刷品。

4.各种匾牌、横幅、标语、固定物、交通工具或其他移动物体。

5.其他商业广告体。

第 107 条　商业广告方式的使用

(一)本法第 106 条对商业广告方式规定要遵守有审核权的国家管理机构之规定。

(二)商业广告方式的使用要满足以下条件：

1.遵守有关报刊、出版、信息、文化体育活动、会展、展销会的法律规定；

2.遵守有关广告地点不破坏景观、不破坏环境、交通安全、社会安全的规定；

3.所有类别的大众传媒方式须符合法律规定的程度、尺寸和地点。

第 108 条　商业广告产品的知识产权保护

货物经营者有权根据法律规定申请对商业广告产品的知识产权保护登记。

第 109 条　禁止的商业广告

(一)泄露国家机密，破坏国家独立、国家主权和国家安全，以及社会安全秩序。

(二)使用的产品与越南历史传统道德文化背道而驰或与法律规定相悖。

(三)宣传国家禁止经营的、限制经营的货物和服务，或者是禁止广告的货物和服务。

(四)宣传越南市场尚未批准流通的货物、产品和服务，以及宣传香烟、含酒精三十度以上的烈性酒。

(五)利用商业广告对国家、组织或个人利益造成损失。

(六)使用将自己的生产活动、经营的商品和提供的服务与其他同类商品经营者的生产活动、经营的商品和提供的服务相比较的方法。

(七)对广告的商品和提供服务,在数量、质量、价格、手段、样式、厂家、种类、包装、服务、保修时间等进行错误的宣传。

(八)使用侵犯知识产权的商品为自己的经营宣传,使用未经同意的组织或个人形象为经营宣传。

(九)根据法律规定广告的目的属于不健康竞争的。

第 110 条 商业广告业务合同

商业广告业务合同需以书面形式或其他有相当法律效力的形式确立。

第 111 条 商业广告委托方的权利

如无其他约定,商业广告委托方享有以下权利:

(一)选择商业广告发行人、广告形式、广告内容、广告手段、广告范围和广告时间。

(二)检查、监督贸易广告服务的执行。

第 112 条 商业广告委托方的义务

如无其他约定,商业广告委托方承担以下义务:

(一)为商业广告商提供广告商品真实、准确的信息,对提供的信息承担责任。

(二)支付商业广告服务费用以及其他合理费用。

第 113 条 商业广告业务提供方的权利

如无其他约定,商业广告业务提供方享有以下权利:

(一)要求商业广告提供方按合同提供有关商品的真实、准确信息。

(二)接受商业广告服务费用以及其他合理费用。

第 114 条 商业广告业务提供方的义务

如无其他约定,商业广告提供方承担以下义务:

(一)执行广告提供方选择的商业广告发行人、广告形式、广告内容、广告手段、广告范围和广告时间。

(二)组织实施广告提供方提供的有关广告商品的真实、准确信息。

(三)履行商业广告服务合同协商的其他义务。

第 115 条 商业广告发行人

商业广告发行人是商业广告产品的直接发行人。

第 116 条 商业广告发行人的义务

商业广告发行人承担以下义务:

(一)遵守本法第 107 条规定的商业广告方式。

(二)按照与商业广告提供方签订的广告发行合同进行实施。

(三)履行法律规定的其他义务。

第三节　陈列、介绍商品和服务

第 117 条　陈列、介绍商品和服务

陈列、介绍商品和服务活动是指经营者用商品、服务及商品、服务的相关材料向客户介绍其商品和服务的促销活动。

第 118 条　陈列、介绍商品和服务的权利

（一）越南经营者、越南经营者分支机构、外国经营者在越南的分支机构享有陈列、介绍商品和服务的权利；有权选择适合的陈列、介绍形式；有权自己组织或聘请提供陈列、介绍商品和服务业务的经营者组织陈列、介绍其商品和服务的活动。

（二）经营者代表处不能直接陈列、介绍其所代表经营者的商品和服务，在其代表办事处陈列、介绍商品的情况除外。获得经营者的授权后，代表处有权同提供陈列、介绍商品和服务业务的经营者签订合同，为其所代表的经营者陈列、介绍商品和服务。

（三）未获准在越南经营的外国经营者在越南陈列、介绍其商品和服务须聘请提供陈列、介绍商品和服务业务的越南经营者实施陈列、介绍活动。

第 119 条　陈列、介绍商品和服务的业务经营

经营陈列、介绍商品和服务的业务是一种商业行为，是指一个经营者向另外的经营者提供陈列、介绍商品和服务的业务。

第 120 条　陈列、介绍商品和服务的形式

（一）设展间以陈列、介绍商品和服务。

（二）在贸易中心或在娱乐、体育、文化、艺术活动中陈列、介绍商品和服务。

（三）组织含有陈列、介绍商品和服务活动的会议、研讨会。

（四）依法在网络上或以其他形式陈列、介绍商品和服务。

第 121 条　陈列、介绍商品和服务的条件

（一）陈列、介绍的商品和服务须是在市场上依法经营的商品和服务。

（二）陈列、介绍的商品和服务须符合法律关于商品质量和商品商标登记的规定。

第 122 条　从国外进口到越南用于陈列、介绍的商品条件

除要符合本法令第 121 条的规定外，从国外进口到越南用于陈列、介绍的商品还应满足以下条件：1.须是越南许可进口的商品。2.以陈列、介绍为目的暂时进口越南的商品，须自暂时进口之日起至陈列、介绍活动结束后 6 个月内出口；若超过规定期限则须到暂时进口地海关部门办理延期手续。3.如以陈列、介绍为目的从国外进口到越南的商品，需在越南销售，则应遵守越南关于进口商品的相关法律规定。

第 123 条　禁止陈列、介绍商品和服务的情形

（一）组织陈列、介绍商品和服务活动或陈列、介绍商品和服务所采用的形式、使用的工具损害国家安全、社会秩序、安全、景观、环境、人身健康的。

（二）组织陈列、介绍商品和服务活动或陈列、介绍商品和服务活动所采用的形式、使用的工具有悖于越南历史传统、道德文化、民间习俗的。

（三）泄露国家机密的陈列、介绍商品和服务活动。

（四）以比较为目的的陈列、介绍其他经营者的商品，用以比较的商品属假货或侵犯知识

产权的除外。

(五)以欺骗顾客为目的,所陈列、介绍的商品样品与实际经销商品在质量、价格、功能、款式、种类、包装、保修时间及其他方面与商品质量相关指标不相符的。

第 124 条 陈列、介绍商品和服务的业务合同

陈列、介绍商品和服务的业务合同须以书面形式或其他有相当法律效力的形式确立。

第 125 条 陈列、介绍商品和服务委托方的权利

除非另有约定,陈列、介绍商品和服务委托方享有以下权利:

(一)要求陈列、介绍商品和服务受托方履行合同条款。

(二)检查、监督陈列、介绍商品和服务委托合同的履行情况。

第 126 条 陈列、介绍商品和服务委托方的义务

除非另有约定,陈列、介绍商品和服务委托方承担以下义务:

(一)根据合同规定向陈列、介绍商品和服务受托方提供需要的陈列、介绍的商品和服务或工具。

(二)提供陈列、介绍的商品和服务的相关信息,并对此信息负责。

(三)支付佣金及其他合理费用。

第 127 条 陈列、介绍商品和服务受托方的权利

除非另有约定,陈列、介绍商品和服务受托方享有以下权利:

(一)要求委托方在合同规定的时间内提供陈列、介绍的商品和服务。

(二)要求委托方根据合同约定提供陈列、介绍的商品和服务的相关信息及其他必要工具。

(三)收取佣金及其他合理费用。

第 128 条 陈列、介绍商品和服务受托方的义务

除非另有约定,陈列、介绍商品和服务受托方承担以下义务:

(一)根据合同约定展开陈列、介绍商品和服务活动。

(二)在合同履行期间保管委托方交予的物资材料、施工工具;结束陈列、介绍商品和服务活动后如数归还委托方交予的用于陈列、介绍的商品、物资材料、施工工具。

(三)根据合同约定提供陈列、介绍商品和服务业务。

第四节　商业会展

第 129 条 商业会展

商业会展是一项在某一特定时间、地点内集中供经营者陈列、介绍商品和服务以便其寻找商业合作机会的促进活动。

第 130 条 经营商业会展业务

(一)经营商业会展业务是一项商业活动,经营该项业务的经营者通过为其他经营者提供举办或参加商业会展的服务来获取收益。

(二)提供举办、参加商业会展服务的业务合同须以书面形式或其他有相当法律效力的形式确立。

第 131 条 举办和参加商业会展的权利

(一)越南经营者、越南经营者的分支机构、外国经营者在越南的分支机构有权利直接

举办、参加其经营商品、服务的相关商业会展或者聘请提供商业会展服务业务的经营者实施该项活动。

（二）经营者代表处不得直接举办、参加商业会展。经经营者授权，经营者代表办事处有权利同商业会展服务业务经营者签订合同以为其所代表的经营者提供举办、参加商业会展的服务。

（三）外国经营者有权利直接参加或者聘请越南的商业会展服务业务经营者代表其参加越南的商业会展。若外国经营者在越南举办商业会展，须聘请越南的商业会展服务业务经营者代为实施。

第 132 条　在越南举办商业会展

（一）在越南举办商业会展须进行登记，并经商业会展举办地所在的省、直辖市的贸易管理部门批准确认。

（二）按政府规定的登记程序、手续、内容及本法条第 1 款规定的关于对在越南举办商业会展事宜要求，予以批准确认。

第 133 条　到国外举办和参加商业会展

（一）不具备商业会展服务业务经营资格的经营者直接举办国外商业会展或参加在国外举办的关于其所经营商品和服务的商业会展时须遵守商品出口的相关规定。

（二）经营商业会展服务业务的经营者组织其他经营者参加商业会展时须向商务部进行登记。

（三）不具备商业会展服务业务经营资格的经营者不得组织其他经营者参加国外的商业会展。

（四）由政府制定本法条第 1 款、第 2 款中有关在国外举办、参加商业会展的具体程序、手续、登记内容。

第 134 条　在越南商业会展上陈列、介绍商品和服务

（一）禁止参加商业会展的商品和服务包括：

1.禁止限制经营的、未经批准流通的商品和服务。

2.由国外经营者提供的属禁止进口的商品和服务。

3.假货、侵犯知识产权的商品，用以比较以区分真货而陈列的该类商品除外。

（二）除遵守本法关于商业会展的相关规定外，属专业管理范围的商品和服务还须遵守对该商品和服务的专业管理规定。

（三）以参加越南商业会展为目的而暂时进口的商品须在自商业会展结束之日起 30 日内出口。

（四）暂时进口及再出口用以参加越南商业会展的商品须遵守海关规定及其他相关法律规定。

第 135 条　参加国外商业会展的商品和服务

（一）除禁止出口的商品和服务外其他所有商品和服务均可参加在国外举办的商业会展。

（二）禁止出口的商品和服务须经政府总理签字批准后方可参加国外举办的商业会展。

（三）为参加国外商业会展而暂时出口的商品，其出口期限为自商品出口之日起一年；超出规定期限仍未再进口则该商品须承担越南法律规定的税费及其他相关财政费用。

（四）暂时出口及再进口用以参加国外商业会展的商品时须遵守海关法律规定及其他相关法律规定。

第 136 条　在越南商业会展上销售、赠送商品和提供服务

（一）在越南商业会展上陈列、介绍的商品和服务允许在会展上销售、赠送及提供；进口商品须向海关进行登记，本法条第 2 款规定的情况除外。

（二）属须持政府管理部门许可证方可进口的商品，在获得政府管理部门书面批准后方可销售、赠送。

（三）在商业会展上销售、赠送本法条第 2 款中规定的商品时，须遵守关于该商品的进口管理规定。

（四）在越南商业会展上销售、赠送商品或供应服务须承担法律规定的税费及其他相关财政费用。

第 137 条　越南在国外参加商业会展的商品销售、赠送及服务供应

（一）参加国外商业会展的越南商品或服务可在商业会展上销售、赠送或供应，本法条第 2 款、第 3 款规定的情况除外。

（二）属于禁止出口的，但因参加国外商业会展需要而暂时出口的商品和服务须经政府总理签字批准后方可销售、赠送或供应。

（三）属于须持政府管理部门许可证方可出口的商品，应在持有政府管理部门的书面批准后方可销售、赠送。

（四）在国外商业会展上销售、赠与或供应越南商品和服务须承担法律规定的税费及其他相关财政费用。

第 138 条　参加越南会展的组织和个人的权利与义务

（一）履行与举办商业会展的经营者缔结的合同。

（二）依法销售、赠送或供应商业会展上陈列、介绍的商品和服务。

（三）允许暂时进口、再出口用以参加商业会展的商品及其相关材料和服务材料。

（四）遵守关于在越南举办、参加商业会展的各项规定。

第 139 条　经营者在国外举办、参加商业会展的权利和义务

（一）允许暂时出口、再进口用以参加国外商业会展的商品及其相关材料和服务材料。

（二）须遵守关于在国外举办或参加国外商业会展的各项规定。

（三）可销售、赠送在国外贸会展会上陈列、介绍的商品；须依照越南法律缴纳税费和承担其他相关财政费用。

第 140 条　商业会展经营者的权利和义务

（一）须在商业会展开幕之前在商业会展举办地公布商业会展的主题、举办时间。

（二）要求委托方根据合同约定时间，提供参加商业会展的商品。

（三）要求委托方根据合同约定，提供参加商业会展的商品和服务的相关信息、资料及其他必要的工具。

（四）获取业务佣金及其他合理费用。

（五）根据合同约定实施组织商业会展工作。

第五章　商业中介

第一节　经营者代表

第 141 条　经营者代表

(一)经营者代表是指由一个经营者(称为代表方)接受另一个经营者(称为委托方)的委托以委托方名义,根据其指导、说明实施贸易活动并获取代表佣金的商业活动。

(二)经营者派自己的员工为其代表的情况则适用民事法的规定。

第 142 条　经营者代表合同

经营者代表合同须以书面形式或其他有相当法律效力的形式确立。

第 143 条　经营者代表范围

各方可就部分代表或者全权代表委托方的商业活动事宜进行协商。

第 144 条　经营者代表期限

(一)经营者代表期限由各方协商确定。

(二)在没有约定的情况下,当委托方告知受托方终止代表合同或代表人告知委托方终止代表合同时代表时间结束。

(三)除另有约定外,若委托方单方面通知终止代表合同,根据本法条第 2 款规定,代表人有权要求委托方支付其因委托方与由代表人联系促成合作的客户缔结合同而应得的佣金及其他应得的酬劳。

(四)根据本法条第 2 款规定,由代表人提出要求终止代表时间的,若双方无其他约定,则代表人无权享有因经其代表达成交易的所得佣金。

第 145 条　代表人的义务

除另有约定外,代表人有以下义务:

(一)以委托方的名义为其利益展开商业活动。

(二)向委托方通报其代表的商业活动机会及情况、结果。

(三)遵从委托方的合法指导。

(四)在代表范围内不得以自己的名义或第三方的名义进行商业活动。

(五)在代表期限内及自代表时间终止之日起两年内不得向他人透露或提供与委托方商业活动相关的机密信息。

(六)保管好用于实施代表商业活动的资金、物资材料。

第 146 条　委托方的义务

除另有约定外,委托方应承担以下义务:

(一)委托方及时向代表人通报由代表人联系促成合作的客户缔结合同的情况、代表人与客户缔结的合同的履行情况、是否接受代表人在其代表范围以外的代表活动行为。

(二)向代表人提供必要的资金、物资材料及信息便其展开代表活动。

(三)向代表人支付佣金及其他合理费用。

(四)及时向代表人通报关于在代表范围内不能缔结、不能履行合同的可能性。

第147条 享有代表佣金的权利

(一)代表人有权享有其代表范围内因缔结贸易合同所得的佣金。享有佣金的权利自各方在合同中约定之日起生效。

(二)除另有约定外,代表人的佣金按照本法第86条规定支付。

第148条 费用的结算

除另有约定外,代表人有权要求结算在其实施代表活动过程中所产生的合理费用。

第149条 扣留权

除另有约定外,代表人有权利扣留、抵押委托方交予的资金、物资材料,以保证委托方支付其已到期的佣金及各项合理费用。

第二节 商业中介

第150条 商业中介

商业中介是一项商业活动,由一个经营者(称为中介方)为商品交易、服务交易的各方(称为委托方)提供联络谈判、促成买卖双方达成交易的中介服务并根据中介业务合同获取佣金。

第151条 中介方的义务

除另有约定外,商业中介方有以下义务:

(一)保管好委托方给予的用于商业中介活动的商品样品、物资材料并在商业中介活动结束后归还委托方。

(二)不得泄露或向他人提供损害委托方利益的信息。

(三)对委托方的法律资格负责,但不对其结算资格的负责。

(四)不得参与实施各委托方之间缔结的合同,获得委托方授权的情况除外。

第152条 委托方的义务

除另有约定外,委托方应承担以下义务:

(一)提供与货物、服务相关必要信息、物资材料、施工工具。

(二)向中介方支付佣金及其他各项合理费用。

第153条 享有中介佣金的权利

(一)除另有约定外,享有中介佣金的权利自各委托方缔结合同时起生效。

(二)没有缔结合同的,则中介佣金的金额根据本法第86条规定确定。

第154条 结算与中介活动相关的费用

除另有约定外,委托方须结算与中介活动相关的合理费用,包括中介方未能促成交易所产生的合理费用。

第三节 货物买卖委托

第155条 货物买卖委托

货物买卖委托是一项商业活动,受托方根据与委托方缔结的合同,以自己的名义买卖货物并享有佣金。

第 156 条　受托方

货物买卖受托方须是经营其受托买卖的货物种类的经营者，并根据与委托方的协议实施货物买卖行为。

第 157 条　委托方

货物买卖委托方是受托方根据其要求实施货物买卖行为并支付佣金的经营者或非经营者。

第 158 条　委托的货物

所有合法流通的货物均可委托买卖。

第 159 条　委托合同

货物买卖委托合同须以书面形式或其他有相当法律效力的形式确立。

第 160 条　委托给第三方

受托方不得转委托第三方履行其缔结的货物委托买卖合同，经委托方书面同意的情况除外。

第 161 条　接受多方委托

受托方可接受多个不同委托方的货物买卖委托。

第 162 条　委托方的权利

除另有约定外，委托方享有以下权利：

(一)要求受托方通报关于委托合同的履行情况。

(二)受托方有违法行为时委托方无须承担责任，本法第 163 条第 4 款规定的情况除外。

第 163 条　委托方的义务

除另有约定外，委托方应承担以下义务：

(一)为履行委托合同提供必要的信息、物资材料及施工工具。

(二)向受托方支付佣金及其他各项合理费用。

(三)按照合同约定交款、交货。

(四)受托方因委托方原因而造成的违法行为或者因双方故意犯法的违法行为，委托方须承担连带责任。

第 164 条　受托方的权利

除另有约定外，受托方享有以下权利：

(一)要求委托方为履行委托合同提供必要的信息、物资材料。

(二)获取佣金权及要求支付产生的其他合理费用。

(三)对按照委托合同约定且已经移交给委托方的货物不承担责任。

第 165 条　受托方的义务

除另有约定外，受托方承担以下义务：

(一)按照合同约定实施货物买卖行为。

(二)向委托方通报委托合同的相关履行情况。

(三)实施符合合同约定的委托行为。

(四)保管好用以履行委托合同的相关财产、物资材料。

(五)保密与履行委托合同事宜相关的信息。

（六）按照合同约定交款、交货。

（七）若委托方有违法行为且其部分原因是受托方造成的，则须承担受托方违法行为的连带责任。

第四节　贸易代理

第 166 条　贸易代理

贸易代理是一项商业活动，委托方与代理方协商由代理方以其名义为委托方买卖商品或向客户提供委托方服务以获取佣金。

第 167 条　委托方和代理方

（一）委托方是指向代理方提供商品，让其代理销售商品或者交款给代理方让其代理购买商品的经营者，或者是授权代理方代为提供其服务的经营者。

（二）代理方是指接受商品做代理销售、接受酬劳做代理购买或者是接受授权代理供应服务的经营者。

第 168 条　代理合同

代理合同须以书面形式或其他有相当法律效力的形式确立。

第 169 条　代理形式

（一）包销代理是指代理方为委托方代理全部商品买卖交易活动或代为提供完整、齐全的服务的代理形式。

（二）独家代理是在特定区域内委托方只授权一个代理商买卖一种或若干种商品，或者提供一项或若干项服务的代理形式。

（三）商品买卖、服务总代理是指经委托方同意由代理方发展下层代理来为其实施商品买卖、提供服务代理活动的代理形式。

总代理代表其下层代理，下层代理行使代理权限内的权利，并接受总代理的管理。

（四）双方协商约定的其他代理形式。

第 170 条　贸易代理中的所有权

委托方为交予代理方的商品或财物的所有者。

第 171 条　代理佣金

（一）除另有约定外，给代理方的代理佣金以分红或者差价的形式支付。

（二）委托方规定了商品购买价、商品销售价或者服务价格，代理方可享有分红，分红按商品购买价、商品销售价或者服务价格的比例双方约定计算。

（三）委托方未规定商品购买价、商品销售价或者服务价格，而只规定了委托代理价格的，则代理方可享有差价收益。差价收益额度的认定为其给客户的购买价、销售价、服务价格与委托方给代理方规定的价格之间的差价。

（四）未明确约定代理佣金的，代理佣金金额按照以下方式计算：

1.各方此前已经获支付的实际佣金金额。

2.不适用本条第 1 款规定的，则代理佣金金额为委托方支付给其同一商品、服务的其他代理方的佣金的平均额。

3.不适用本条第 1 款、第 2 款规定的，则代理佣金额为同一商品、服务的代理佣金市场价。

第 172 条　委托方的权利

除另有约定外,委托方享有以下权利:

(一)向客户确定代理商品购买价、代理商品销售价、代理服务价格。

(二)确定委托代理价。

(三)要求代理方按照法律规定提供担保。

(四)要求代理方按照合同约定进行货款结算或商品交接。

(五)检查、监督代理方代理合同的履行情况。

第 173 条　委托方的义务

除另有约定外,委托方应承担以下义务:

(一)为代理方提供信息,创造条件,指导代理方履行代理合同。

(二)对商品买卖代理方的商品质量、服务代理方的服务质量负责任。

(三)向代理方支付佣金及其他支出的合理费用。

(四)代理活动结束后向代理方归还其用以提供担保的财产。

(五)若代理方有违法行为且该行为系委托方原因导致的,则委托方须承担代理方违法行为的连带责任。

第 174 条　代理方的权利

除另有约定外,代理方享有以下权利:

(一)可与一个或多个委托方缔结代理合同,本法第 175 条第 7 款规定的情况除外。

(二)要求委托方按照合同约定交接商品或者钱款;当代理活动结束时可收回用以提供担保的财产。

(三)要求委托方提供指导、提供信息及其他相关条件以履行代理合同。

(四)对于包销代理形式,可决定提供给客户的商品销售价、服务价格。

(五)享有佣金及由代理活动带来的其他合法的权益。

第 175 条　代理方的义务

除另有约定外,代理方承担以下义务:

(一)依照委托方确定的商品价格、服务价格向客户购买、销售商品,提供服务。

(二)依照合同约定与委托方进行商品或钱款交接。

(三)依照法律规定履行担保义务。

(四)与委托方进行代理销售货款结算;交接代理购买的商品;代理服务款结算。

(五)保管好所代理销售或购买的商品,由于代理方的原因造成代理销售或购买商品、代理服务的质量问题,须承担连带责任。

(六)接受委托方的检查、监督,向委托方通报代理合同的履行情况。

(七)其他法律具体规定了代理方只能与一个委托方就一种商品或一项服务缔结代理合同的情况时,则须遵守该规定。

第 176 条　代理结算

除另有约定外,代理商品货款、代理服务款及代理佣金应在每个代理业务完成后立即结算。

第 177 条 代理期限

(一)除另有约定外,在自合同一当事方书面通知对方终止代理合同之日起的合理时间内,不少于 60 日,则代理时间才终止。

(二)除另有约定外,若委托方按照本法条第 1 款规定向代理方通报终止代理合同,则代理方有权要求委托方就已为其代理的时间给予赔偿。

赔偿金额为一个月的月平均佣金金额,按代理方 12 个月所得代理佣金计算。代理时间未满一年的,赔偿金额也为一个月的月平均佣金金额,但按代理方的实际代理时间计算。

(三)如代理方提出终止代理合同要求的,则代理方无权要求委托方对其已为委托方进行代理的时间进行赔偿。

第六章 其他贸易活动

第一节 加工贸易

第 178 条 加工贸易

加工贸易是一项商业活动,受托加工方使用委托加工方的部分或全部原料,根据委托加工方的要求进行一项或多项加工以获取佣金。

第 179 条 加工合同

加工合同须以书面形式或其他有相当法律效力的形式确立。

第 180 条 加工的货物

(一)所有货物种类均可加工,法律禁止经营的货物除外。

(二)属于禁止经营、禁止进出口货物范畴的货物若是为国外经营者加工并且该货物在国外销售,经政府管理部门批准后可进行加工。

第 181 条 委托加工方的权利和义务

(一)依照合同约定提供部分或全部原料或依照合同上所约定购买原料的数量、质量及价格交予受托加工方相应的货款。

(二)在履行完成加工合同后有权收回全部加工产品、出租或借出的机器、设备,原料、辅料、物资、废料,双方除双方特别约定的情况。

(三)依照合同约定及法律规定,可在产品加工地销售、销毁、赠与、出租或借出的机器、设备,剩余的原料、辅料、物资,废品及废料。

(四)依照加工合同约定可派代表前往产品加工地检查、监督加工工作,派专家做生产技术指导及检查加工产品的质量。

(五)对交予受托加工方用于加工的货物、原料、材料、机器、设备的知识产权的合法性负责。

第 182 条 受托加工方的权利和义务

(一)按照与委托加工方缔结的合同中关于加工产品数量、质量、技术标准及价格的约定,提供部分或全部原料、材料并进行产品加工。

(二)获取加工佣金及其他各项合理费用。

(三)为国外组织、个人提供加工业务的,受托加工方可按照委托加工方的授权在产品加工地出口其出租或出借的机器、设备,剩余的原料、辅料、物资,废品及废料。

(四)为国外组织、个人提供加工业务的情况,根据税法相关规定加工方可免交因履行加工合同而暂进口的、定额的机器、设备、原料、辅料、物资的进口关税。

(五)加工货物属禁止经营、禁止进出口货物范畴的情况,则须对货物加工行为合法性承担责任。

第 183 条　加工佣金

(一)受托加工方可以获取货币或接受加工产品,用以加工的机器、设备作为加工佣金。

(二)为国外组织、个人加工货物的情况,若受托加工方接受加工产品、用以加工的机器、设备作为加工佣金的,须遵守进口该产品、机器、设备的相关规定。

第 184 条　为外国组织或个人加工时的技术转让

如向国外组织、个人提供货物加工涉及技术转让,须依照加工合同规定,同时须遵守越南法律有关技术转让规定。

第二节　货物竞价

第 185 条　货物竞价

(一)货物竞价是一项商业活动,由货物出售方自己或聘请竞价组织者公开出售货物以选择出价最高的买方。

(二)货物竞价有以下两种方式:

1.增价竞价是一种竞价方式,与起售价相比给出最高价的竞价参与方获得购买权;

2.降价竞价是一种竞价方式,第一个接受起售价或者比起售价低的价格的竞价参与方获得购买权。

第 186 条　竞价组织者和出售方

(一)竞价组织者须是已进行竞价业务经营登记的经营者,或者是在货物出售方自己组织的竞价活动中的货物所有人。

(二)货物出售方是指货物的所有人或货物所有人授权出售货物的人,或者是根据法律规定具有出售他人货物权利的人。

第 187 条　竞价参与方和竞价管理方

(一)竞价参与方为登记参加竞价活动的组织、个人。

(二)竞价管理方是竞价组织者或者受竞价组织者授权主持竞价活动的人。

第 188 条　竞价原则

货物竞价活动须遵照公开、忠实、保证参与竞价方的合法权利、利益的原则进行。

第 189 条　竞价组织者的权利

除另有约定外,竞价组织者享有以下权利:

(一)要求货物出售方及时地提供与货物相关的、完整的、准确的信息,为竞价组织者、竞价参与方检查货物提供条件,在竞价组织者非货物出售方本人情况时向客户提供货物。

（二）当竞价组织者为货物出售方或是获货物出售方授权的人时，由其确定竞价起售价。

（三）组织竞价活动。

（四）要求货物购买人实施结算。

（五）依照本法第211条规定获取货物出售方支付的竞价服务佣金。

第190条 竞价组织者的义务

（一）依照法律规定的原则、手续及与货物出售方协商的竞价形式组织竞价活动。

（二）公开、完整、准确地公布货物相关必要信息。

（三）保管好货物出售方交予的货物。

（四）向竞价参与方展示货物、样品或者货物的说明材料，供其查看。

（五）拟定竞价货物出售文件并寄送给货物出售方、购买人及本法第203条规定的相关各方。

（六）依照组织竞价活动业务合同约定将货物交付给购买人。

（七）办理好须依法进行所有权登记的货物的所有权转让手续，除双方特别约定的情况。

（八）依照合同约定，与货物出售方进行已售货物货款结算，包括本法第204条第3款中规定的悔价差价赔偿金额及归还货物出售方未竞价出售的货物。在没有特别约定的情况下，在收到购买人的货款后最迟3个工作日内与货物出售方结算，或在竞价活动结束后在合理的时间内归还其货物。

第191条 竞价活动中的货物出售方权利

除另有约定外，货物出售方享有以下权利：

（一）收回已竞价货物的所得货款及本法第204条第3款中规定的情况下所获得的差价赔偿金额、未竞价出售的货物。

（二）监督拍卖工作。

第192条 竞价活动中的货物出售方义务

除另有约定外，货物出售方承担以下义务：

（一）将货物交给竞价组织者，为竞价组织者、竞价参与方检查商品提供条件，并及时提供与所竞价货物相关的、完整的、准确的资料。

（二）依照本法第211条规定支付竞价服务佣金。

第193条 组织竞价货物的业务合同

（一）组织竞价货物的业务合同须以书面形式或其他有相当法律效力的形式确立。

（二）当竞价货物为抵押物时，则组织竞价货物的业务合同须获得抵押权人的同意，并且货物出售方须向竞价参与方说明抵押货物的情况。

（三）当抵押合同中就竞价货物事宜做了规定且抵押人无正当理由缺席或拒绝签订组织竞价货物的业务合同时，组织竞价货物业务合同由抵押权人与竞价组织者签订。

第194条 确定起售价

（一）货物出售方确定起售价。若竞价组织者获得货物出售方授权确定起售价，竞价组织者须在公布起售价前通知货物出售方。

(二)当竞价的货物为抵押物时,则抵押权人须同抵押人协商后确定竞价起售价。

(三)当抵押合同中就竞价货物事宜做出规定且抵押人无正当理由缺席或拒绝签订组织竞价货物业务合同时,则由抵押权人确定竞价的起售价。

第 195 条 竞价货物为典当或抵押物品时,应当通知货物的权利人和义务人

竞价货物为抵押物时,则在公布竞价活动的同时,竞价组织者须在根据本法第 197 条规定对该抵押物进行竞价前最迟 7 个工作日之内,通知与抵押物有相关权利和义务的人员。

第 196 条 通知和公告竞价货物的时限

(一)最迟在竞价活动进行之前 7 个工作日,竞价组织者须根据本法第 197 条规定在竞价地点、货物展示地点及竞价组织者的办事处对竞价活动进行公告。

(二)若竞价组织者为货物出售方本人则竞价货物活动的时间由货物出售方本人自行决定。

第 197 条 通知和公告竞价货物的内容

通知、公告竞价活动须包含以下内容:

(一)竞价的时间、地点。

(二)竞价组织者的名称、地址。

(三)货物出售方的名称、地址。

(四)货物目录、数量、质量。

(五)起售价。

(六)货物相关必要信息。

(七)货物展示地点、时间。

(八)了解货物情况的时间、地点。

(九)登记购买货物的地点、时间。

第 198 条 限制参加竞价的人

(一)根据民事法规定的无民事行为能力的人、失去民事行为能力的人、被限制了民事行为能力的人或在竞价过程中不能认识自己的行为、不能为自己的行为做决定的人。

(二)在竞价组织里工作的人员及其父母、配偶、子女。

(三)直接鉴定竞价物品的人员及其父母、配偶、子女。

(四)根据法律规定没有权利购买竞价货物的人。

第 199 条 登记参与竞价

(一)竞价组织者可要求竞价参与方在竞价进行前登记。

(二)竞价组织者可要求竞价参与方交纳一笔定金,但定金额度不得超过所竞价货物起售价的 2%。

(三)若竞价参与方购买了竞价的货物则定金充入购买价,若未购买货物则该笔定金在竞价活动结束后当即归还。

(四)若进行了登记的竞价在交纳了定金后未出席竞价活动,则竞价参与方组织者有权收取该笔定金。

第 200 条 竞价货物的展示

货物、货物样品、货物的说明资料及货物相关的其他必要信息须自公布竞价信息时起在所公布的展示地点进行展示。

第 201 条　竞价的程序

竞价活动按照以下程序进行：

(一)竞价主持人核实已登记的竞价参与方。

(二)竞价主持人逐一介绍竞价的货物，强调起售价，回答竞价参与方的问题，要求竞价参与方还价。

(三)在以增价方式竞价时，在一个竞价参与方给出比上一个竞价参与方更高价格的时候，主持人须清楚、准确地提醒至少三次，每次提醒时间间隔至少是 30 秒。倘在三次价格提醒后没有其他人给出更高价则主持人宣布货物的购买人。

(四)在以减价方式竞价时，竞价参与方式竞价的情况，主持人须清楚、准确地提醒每一次比起售价降低的报价，至少提醒三次，每次提醒时间间隔至少是 30 秒。当出现第一个表示接受起售价或比起售价低的价格的竞价参与方时，竞价主持人须当场宣布其为货物购买人。

(五)若在增价竞价过程中出现多个竞价参与方同时给出最后价格的，或者在降价竞价过程中出现多个竞价参与方同时接受起售价的情况，则竞价主持人须组织这些竞价参与方进行抽签，并宣布中签者为货物的购买人。

(六)竞价主持人须在竞价会上当场拟定货物竞价出售文件，包括货物未竞价成功的情况。货物竞价出售文件须清楚记录竞价结果，要有竞价主持人、购买人、竞价参与方中的两个见证人的签字；对于根据法律规定须获得国家公证的货物，该货物及其货物竞价出售文件也须经过公证。

第 202 条　竞价未成功

在以下情况中，竞价被视为未成功：

(一)没有人参加竞价、还价。

(二)在增价竞价过程中竞价的最高价比起售价低。

第 203 条　货物竞价出售文件

(一)货物竞价出售文件是确认买卖交易的文件，货物竞价出售文件须包含以下内容：

1.竞价组织者的名称、地址。

2.竞价主持人的名字、地址。

3.货物出售方的名称、地址。

4.货物购买人的名字、地址。

5.竞价时间、地址。

6.竞价的商品。

7.出售价。

8.两个见证人的姓名、地址。

(二)货物竞价出售文件须寄给货物出售方、购买人及相关各方。

(三)若竞价未成功，则在货物竞价出售文件中须写明竞价未成功这一结果，且写明本条第 1 款中规定第 1、2、3、6、8 项的内容。

第 204 条 收回已还价

(一)在以增价竞价方式进行的竞价活动中,若给出最高价的竞价参与方在喊出价格后马上又收回该报价则仍按照其前一个竞价参与方喊出的价格继续进行竞价活动。在以降价竞价方式进行的竞价活动中,若第一个表示接受所给价格的竞价参与方在其表示接受后又马上收回接受意见的,则竞价活动仍按照其前一个竞价参与方所接受的价格继续进行竞价活动。

(二)在竞价活动中收回已还价或收回接受价格意见的竞价参与方不得继续参与该竞价活动。

(三)在以增价竞价方式或以降价方式进行的竞价活动中,若货物最后出售价格低于悔价竞价参与方的悔价价格时,则由悔价竞价参与方向竞价组织者支付赔偿由此产生的差价。倘货物最后出售价格高于其悔价价格,则悔价竞价参与方无权享有由此产生的差价。

(四)若竞价未成功,则悔价竞价参与方须承担竞价活动的费用开支,定金不予返还。

第 205 条 拒绝购买

(一)除另有约定外,在宣布结束竞价后,货物购买人负有支付货款的责任,倘购买人拒绝购买货物则须获得货物出售方同意,但仍须承担组织竞价活动相关的一切费用。

(二)若货物购买人已经交纳了定金且拒绝购买,则该笔定金归货物出售方所有,不予退回。

第 206 条 登记所有权

(一)货物竞价出售文件被视为对依法要求进行所有权登记的货物进行所有权转让的凭据。

(二)根据货物竞价出售文件及其他合法证件,职权部门有责任依法为货物购买人办理所有权登记。

(三)货物出售方和竞价组织者有义务为货物购买人办理所有权转让手续。办理所有权转让手续的费用计入货物货款中,除双方特别约定的情况。

第 207 条 结算购货款的时间

购货款的结算时间由竞价组织者与货物购买人共同约定;若没有约定,则购货款的结算时间依照本法第 55 条规定的时间。

第 208 条 结算购货款的地点

购货款的结算地点由竞价组织者与货物购买人共同约定;若没有约定,则购货款的结算地点为竞价组织者的办事处。

第 209 条 竞价货物的交货期限

除非竞价组织者与货物购买人之间另有约定,交付货物的时间如下:

(一)对于无须进行所有权登记的货物则竞价组织者须在拟定好货物竞价出售文件后当场向货物购买人交付货物。

(二)对于须进行所有权登记的货物则竞价组织者须立刻办理所有权转让手续并在办理好所有权转让手续后交付货物购买人。

第 210 条 竞价货物的交货地点

(一)若货物是与土地相关的货物则交付地点为货物所在地。

(二)若货物是动产货物则交付地点为竞价地点,竞价组织者和货物购买人,双方特别约定交付点除外。

第 211 条 货物竞价的服务佣金

若对竞价服务佣金金额没有约定的,则服务佣金金额依照以下方式计提:

(一)若竞价成功,则服务佣金金额为本法第 86 条规定的金额。

(二)若竞价未成功,则货物出售方须依照本条第 1 款规定的金额的 50%支付佣金。

第 212 条 货物竞价的相关费用

除货物出售方与竞价组织者之间另有约定外,与竞价相关费用安排如下:

(一)货物出售方须承担将货物运输至协商地点的运费,若未将货物交与竞价组织者保管的,则货物保管费由出售方自行承担。

(二)竞价组织者承担货物出售方已交与其的货物的保管费用,因公布、通知、组织竞拍活动所产生的费用及其他相关费。

第 213 条 竞价货物与通知公告不符时的责任

(一)在本法第 318 条规定的时间内,若货物与竞价信息上所示不相符,则货物购买人有权向竞价组织者退回货物并要求赔偿损失。

(二)倘本条第 1 款中规定的竞价组织者非货物出售方本人,且货物与竞价通知信息不相符的原因是由出售方造成的,则竞价组织者有权退回货物并要求赔偿损失。

第三节 货物和服务招投标

第 214 条 货物和服务招投标

(一)货物、服务招投标是一项贸易活动,货物、服务购买方(称为招标方)通过招标,在多个参加投标的经营者(称为投标方)中挑选最符合条件的经营者(称为中标方)以签订合作协议。

(二)本法令中关于投标的规定不适用于公共采购投标。

第 215 条 招投标形式

(一)货物、服务招投标活动依照以下两种形式之一进行:

1.公开招标是指招标方不限制投标方数量的一种投标形式。

2.有限招标是指招标方只邀请一定的投标方参与投标的一种投标形式。

(二)采用公开招标还是有限招标由招标方决定。

第 216 条 招投标方式

(一)投标方式包括单标书投标和双标书投标,招标方有权利选择招投标方式,并在招标开始前通知各投标方。

(二)若投标方式为单标书投标则投标方向招标方提交根据招标方要求准备的、装在同一个标书材料袋的包含技术意见、价格意见两部分内容的投标材料,并且只进行一次开标。

(三)若投标方式为双标书投标则投标方向招标方同时提交根据招标方要求准备的、关于技术意见、价格意见内容的且分别单独装在两个标书材料袋里的投标材料,并且进行两次开标，技术意见标书首先开标。

第 217 条 招投标初选

为挑选出能满足招标条件的投标方，招标方有权组织招投标初选。

第 218 条 招投标材料

（一）招标材料包括：

1.招标公告。

2.招标货物、服务的相关要求。

3.评价、比较、排名、挑选投标方的办法。

4.与投标相关的其他说明。

（二）关于向投标方提供招投标材料的费用由招标方规定。

第 219 条 招投标通知

（一）招投标通知包含以下信息：

1.招标方的名称、地址。

2.投标内容概要。

3.接受投标材料的时间、地点及手续。

4.提交投标材料的时间、地点及手续。

5.了解招标材料的说明书。

（二）若以公开招标的形式进行招标，则招标方有责任在大众媒体上发布招标通知，若以有限招标形式招标则向符合招标条件的投标方寄送投标登记通知。

第 220 条 指导招投标

招标方有责任向投标方说明竞标的条件、投标手续及解答投标方的疑问。

第 221 条 管理招投标材料

招标方有责任保管好投标材料。

第 222 条 参投保证

（一）投标保证以交定金、交押保证金、担保的形式实现。

（二）提交投标材料时，招标方可以要求投标方交定金、保证金或投标担保。投标定金、保证金金额由招标方规定，但不超过投标货物、服务预售总额的 30%。

（三）招标方规定投标保证金、押金、担保的形式及条件，倘投标方未中标，则须在公布投标结果之日起 7 个工作日内将保证金、押金归还投标方。

（四）若投标方在提交投标材料时间截止后再退出投标的、在中标后拒绝签订合同的或拒绝履行合同的，则其所交的保证金、押金不予与退回。

（五）投标方担保人有义务为受担保人提供与保证金、押金价值相当的担保，保障受担保人的投标。

第 223 条 招投标信息保密

（一）招标方须对投标书保密。

（二）与组织投标、审核、选标工作相关的组织、个人须对投标相关信息保密。

第 224 条 开标

（一）开标是指在预先约定的时间对投标材料开启，若没有预先定下开标时间，则开标在关标(结束提交投标材料)后开始。

(二)按时提交的投标材料须由招标方公开开标,各投标方有权参加开标。

(三)未按时提交的投标材料不得接受,并在未密封状态下归还投标方。

第 225 条 开标时审查投标材料

(一)招标方审核投标材料是否符合规定。

(二)招标方可要求各投标方解释投标材料中不清楚的内容。解释投标材料的要求及解答须以书面形式。

第 226 条 开标材料

(一)开标时,招标方及出席开标的投标方须记录到开标记录中。

(二)开标记录须含以下内容:

1.投标货物、服务的名称。

2.开标日期、时间及地点。

3.招标方、投标方的名称、地址。

4.各投标方的投标价。

5.修改、补充的内容或其他相关内容。

第 227 条 评标和比较投标材料

(一)对投标材料的评价、比较须按照评价标准逐一对比以进行全面评价。评价投标材料的标准由招标方规定。

(二)本条第 1 款规定的评价标准以评分方法进行评价或开标前定好的其他形式的评价方法进行评价。

第 228 条 修改补充投标材料

(一)开标后各投标方不得修改投标材料。

(二)在评价、比较投标材料过程中,招标方可要求投标方阐明与投标材料相关的问题。招标方的要求及投标方的解答意见须以书面形式。

(三)若招标方需修改招标文件的内容,则须在提交投标材料的截止日期至少 10 日前将修改内容以书面形式寄送给所有投标方以便其完善投标材料。

第 229 条 排名和评选中标方

(一)根据投标材料的评价和比较结果,招标方须按照既定的方法对所有投标方进行排名及选择。

(二)若出现多个投标方评分结果相同,并列达到中标标准的情况,则招标方有权选择投标方。

第 230 条 公布中标结果和签订合同

(一)在出投标结果后,招标方有责任立即通知投标方投标结果。

(二)招标方在以下基础上完善合同并与中标方签订合同:

1.投标结果。

2.招标文件中提出的各项要求。

3.投标材料中的内容。

第 231 条 保证履行合同

(一)各方可协商规定中标方须交定金、保证金或受担保以保证合同的履行。定金、保证金金额由招标方规定,但不超过合同价值的10%。

(二)保证履行合同的办法有效期至中标方结束履行合同义务之时止。

(三)在结束履行合同后,除双方特别约定,中标方有权拿回定金、保证金。

(四)在交了保证履行合同的定金、保证金后,中标方可拿回投标定金、保证金。

第232条 重新招投标

若有以下情形之一,则重新进行投标

(一)存在违反投标相关规定的行为。

(二)各竞标方均未达投标要求。

第四节 物流业务

第233条 物流业务

物流业务是承运人根据与托运人缔结的运输合同而实施的一项或多项商业活动,其中包括:接货、运输、储存、仓储、办理报关手续以及其他证件手续,提供客户咨询、包装、登记编码、交货或者与货物相关的其他业务。"物流业务"在越南语中的拼写是"lô－gi－stíc"。

第234条 物流业务的经营条件

(一)经营物流业务的承运人须符合法律关于经营物流业务规定条件。

(二)政府制定有关承运人经营条件的具体细则。

第235条 承运人的权利和义务

(一)除另有约定外,物流业务承运人具有以下权利和义务:

1.享有业务佣金及其他合理费用开支。

2.在履行合同的过程中,若是为了维护托运人的利益,承运人可以实施与托运人要求不相符的行为,但须立即通知托运人。

3.当出现有可能导致不能满足托运人的部分或全部要求的情况时须立即向托运人询问新的意见指示。

4.在未与托运人就履行义务的具体期限进行约定的情况下,须在合理的时间内履行自己的义务。

(二)在货物运输中,承运人必须遵守法律和运输习惯的规定。

第236条 托运人的权利与义务

除另有约定外,托运人具有以下权利与义务:

(一)指导、检查和监督合同的履行情况。

(二)为承运人提供充分的指导。

(三)详细、完整、准确、及时地向承运人提供货物相关信息。

(四)除另有合同协议要求承运人承担该项工作外,根据买卖合同包装货物、登记货物编码。

(五)若物流业务承运人按照托运人要求履行合同或因托运人的原因给承运人造成损失的,则须向承运人支付赔偿金、各项合理开支费用。

（六）须在结算期限以前向承运人支付所有款项。

第 237 条 物流业务承运人的免责情况

（一）除本法第 294 条规定的承运人免责情况外，承运人对以下情况造成的货物损失不承担责任：

1.损失是因托运人本身或受托运人授权的人的过失所致。

2.损失是因承运人根据托运人或受托运人授权的人的指示履行合同所致的。

3.货物本身的缺陷所致。

4.损失是发生在承运人实施运输活动过程中且根据法律和运输习惯规定免责的情况。

5.承运人在自托运人接货之日起 14 日内未收到投诉的。

6.承运人接到投诉后，自交货之日起 9 个月内未收到仲裁处或法院的被告通知。

（二）承运人对非自己的原因而弄错运输地点或误期从而给托运人带来损失的情况不承担责任。

第 238 条 责任界限

（一）除另有约定外，承运人的全部责任不超过货物全部损失的责任限定。

（二）政府对符合法律规定及国际习惯的承运人的责任限定具体规定。

（三）若在相关权利和利益人能够证明货物的遗失、损坏或交货期被延误是由于承运人故意为之或故意不作为所导致的，或者明知不可避免会造成货物的遗失、损坏或延误交货期而采取冒险的行为或不作为的情况下，则承运人不享有赔偿责任限定权。

第 239 条 承运人扣留和处置货物的权利

（一）承运人有权为追讨托运人到期债务而扣留下一定数量的货物及其相关凭证，但须立即以书面形式通知托运人。

（二）自以书面形式通知托运人关于扣留货物或相关凭证之日起的 45 日之内，倘托运人不支付债务则承运人有权根据法律规定处置货物或相关凭证；对于货物出现了损坏迹象的，无论有任何一笔该托运人到期的债务，承运人有权立即处置货物。

（三）承运人在处置货物之前必须立即通知托运人知晓处置该货物的情况。

（四）因扣留、处置货物所产生的一切费用由托运人支付。

（五）承运人可以使用处置货物所得款项以抵充托运人所欠其债务及相关费用；若处置货物的收益超过了其债务的价值，超出部分须返还给托运人。自此，承运人对其所处置货物或相关凭证概不负责。

第 240 条 承运人扣留货物期间的义务

当未执行本法令第 239 条规定的关于货物处置权时，承运人在执行货物扣留权时承担以下义务：

（一）保管、保护货物。

（二）未经货物被扣留方同意不得使用货物。

（三）在本法第 239 条规定的关于扣留、处置货物的条件不存在时需退换货物。

（四）倘造成货物遗失、损坏，承运人须向货物被扣留方赔偿。

第五节　通过越南境内的过境货物和过境货物业务

第241条　过境货物

过境货物是指属于外国组织或个人的货物通过越南境内，包括中转、换装运输工具、储存、分零、改变承运人或其他在过境期间进行的作业。

第242条　过境货物的权利

（一）所有属外国组织或个人的货物均允许通过越南境内且只需按照法律规定在出境和入境口岸办理海关手续，以下情况除外：

1.货物为各种武器、弹药、爆炸物及其他高危货物，获得政府总理批准的情形除外。

2.货物属禁止经营、禁止出口、禁止进口的，只有在获得贸易部部长批准的情况下才能通过越南境内。

（二）过境货物出口时，运载过境货物的运输工具出境离开越南时，所运输的货物应为已经全部进口的货物，运输工具已入境越南境内。

（三）外国组织或个人如需将货物过境越南，须委托越南过境货物业务经营者办理，本条第4款规定的情形除外。

（四）外国组织或个人自行办理货物过境越南境内的，委托外国商家办理货物过境越南境内的，按照越南缔结或加入的国际条约执行，同时须遵守越南关于出入境和交通承运方面的法律规定。

第243条　过境路线

（一）货物只能通过各国际口岸过境，且在越南境内按照一定路线行进。

（二）交通运输部部长根据越南缔结或加入的国际条约，规定过境货物运输的具体路线。

（三）过境期间，变更运输过境货物的路线，须获得交通运输部部长的批准。

第244条　通过航空路线过境

通过航空路线过境，根据越南缔结或加入的国际条约中有关航空的规定执行。

第245条　货物监管

过境越南境内的货物，在过境期间受越南海关部门的监管。

第246条　过境期限

（一）通过越南境内的最长期限为30日，自在入境口岸完成海关手续之日起算，货物获批准在越南储存或过境期间货物受损，灭失的情形除外。

（二）对于货物储存在越南或过境期间货物受损、灭失，须增加储存时间，克服损失的情形，则设计和布置可增加必要的过境期间以开展该项工作且须取得办理过境手续地海关的同意；持贸易部批文过境货物的，须取得贸易部部长的同意。

（三）本条第2款规定的储存期限和克服损失，灭失的期限内，货物和运载过境货物的运输工具仍要受越南海关部门的监管。

第247条　过境货物在越南销售

（一）属本法第242条第1款第1、2项规定的过境货物不允许在越南销售。

（二）除本条第1款规定的情形外，在获得贸易部部长的书面批准的情况下，允许过境货物在越南销售。

（三）在越南销售过境货物须遵守越南有关进口货物税费及其他财政义务的法律规定。

第 248 条 过境时被禁止的行为

（一）以过境货物结算过境报酬。

（二）非法销售过境货物和运载过境货物的运输工具。

第 249 条 过境货物业务

过境货物业务是贸易活动，因此经营者通过为外国组织、个人办理货物过境业务以获得报酬。

第 250 条 经营过境业务的条件

过境业务经营者须按照本法第 234 条规定进行登记。

第 251 条 过境业务合同

过境业务合同须以书面形式或其他有相当法律效力的形式确立。

第 252 条 过境业务委托方的权利和义务

（一）除另有约定外，过境业务委托方享有以下权利：

1.要求过境业务受托方按照协议时间在入境口岸接收货物。

2.要求过境业务受托方及时通报过境货物通过越南境内期间的情况。

3.要求过境业务受托方执行所有必要的手续以减少货物通过越南境内期间的损失。

（二）除另有约定外，过境业务委托方承担以下义务：

1.按照协议时间将货物运送至越南的入境口岸。

2.向过境业务受托方提供完备必要的货物信息。

3.提供完备和必要的单据以便过境业务受托方办理进口手续、越南境内运输手续及办理出口手续。

4.向过境业务受托方支付劳务报酬和其他合理费用。

第 253 条 过境业务受托方的权利和义务

（一）除另有约定外，过境业务受托方享有以下权利：

1.要求过境业务委托方按照协议商定的时间将货物运送至越南入境口岸。

2.要求过境业务委托方提供完备必要的货物信息。

3.要求过境业务委托方提供完备和必要的单据以办理进口手续，在越南境内的运输手续及办理出口手续。

4.取得过境业务劳务报酬和其他合理的费用。

（二）除另有约定外，过境业务受托方承担以下义务：

1.按照协议时间在入境口岸接收货物。

2.办理进口手续和过境货物离境越南的出口手续。

3.对过境越南期间的过境货物负责。

4.实施必要的措施以减少过境货物通过越南境内期间受损、灭失。

5.缴纳规费和按照越南法律规定履行过境货物的各种财政义务。

6.有责任配合越南国家审查机关处理与过境货物相关的各种问题。

第六节　鉴定业务

第 254 条　鉴定业务

鉴定业务是商业活动，经营者据此从事必要的工作以确定货物的实际状况、服务结果和客户要求的其他内容。

第 255 条　鉴定内容

鉴定内容包括一个或多个与数量、质量、包装、货物价值、货物产地、损失、安全性、卫生标准、防疫、服务结果、服务提供方式等相关的内容以及客户要求的其他内容。

第 256 条　鉴定机构

只有符合法律规定，取得贸易鉴定业务资质并登记注册的经营者才能从事鉴定业务和签发鉴定证书。

第 257 条　鉴定机构的条件

经营鉴定业务须满足以下条件：

(一)为按照法律规定成立的企业。

(二)有符合本法第 259 条规定的资格的鉴定员。

(三)有能力按照法律规定、国际标准或已获得各国普遍使用的用于鉴定货物相关业务的程序、方式实施鉴定货物和服务的程序和方法。

第 258 条　鉴定业务的经营范围

鉴定机构只有在满足本法第 257 条第 2 款和第 3 款规定的条件下才能提供各领域的鉴定业务。

第 259 条　鉴定员的资质

(一)鉴定员需满足以下各项资格：

1.具有符合鉴定领域要求的大学或大专学历。

2.法律规定要求具有专业证书的情况下，需具有鉴定领域的专业证书。

3.从事货物服务鉴定工作至少 3 年。

(二)根据本条第 1 款规定的各项标准，鉴定企业负责人对鉴定员进行资格认证并在法律上对自己的认证负责。

第 260 条　鉴定证书

(一)鉴定证书是根据客户要求的鉴定内容做出的确定货物和服务实际状况的书面文本。

(二)鉴定证书须有鉴定机构授权的代表人签字、鉴定员的签字和姓名且盖有经审批机关登记的业务章。

(三)鉴定证书只对所鉴定的内容有效。

(四)鉴定机构对鉴定证书上的结果和结论的准确性负责。

第 261 条　鉴定证书对委托鉴定方的法律效力

委托鉴定方没有证据证明鉴定结果不客观，不忠实或鉴定技术、业务有误的，则鉴定证书对委托鉴定方具有法律效力。

第 262 条　鉴定证书对合同各方的法律效力

(一)各方对使用某个鉴定机构的鉴定证书已有约定的情形下,没有证据证明鉴定结果不客观,不真实或在鉴定技术、业务上存在错误的,则该鉴定证书对全部各方具有法律效力。

(二)在各方对使用某个鉴定机构的鉴定证书没有约定的情形下,则根据本法第261条规定,鉴定证书只对委托鉴定方具有法律效力。

(三)当鉴定证书的结果与首次鉴定证书的结果不符时,按如下规定处理:

1.在首次签发鉴定证书的鉴定机构承认二次鉴定证书的结果的情况下,则二次鉴定证书的结果对全部各方具有法律效力。

2.在首次签发鉴定证书的鉴定机构不承认二次鉴定证书的结果的情况下,则各方协商选择另一个鉴定机构重新鉴定第二次,重新鉴定第二次的结果对全部各方具有法效力。

第 263 条 鉴定机构的权利和义务

(一)鉴定机构享有以下权利:

1.要求客户完备、准确、及时地提供办理鉴定业务所需的各种材料。

2.取得鉴定服务报酬和其他合理的费用。

(二)鉴定机构承担以下义务:

1.执行与鉴定业务相关法律规定的各项标准和规定。

2.鉴定真实、客观、独立、及时,符合鉴定程序,方法。

3.签发鉴定证书。

4.根据本法第 266 条规定支付违约罚金,赔偿损失。

第 264 条 委托鉴定人的权利

除已有约定外,委托鉴定人享有以下权利:

(一)要求鉴定机构对已协商的内容进行鉴定。

(二)如有正当理由认为鉴定业务经营者未按照委托要求鉴定,或鉴定缺乏客观、真实或鉴定技术、业务有误,可以要求重新鉴定。

(三)要求根据本法第 266 条规定获得违约罚金,赔偿损失。

第 265 条 委托鉴定人的义务

除已有约定外,委托鉴定人承担以下义务:

(一)在有需要时,完整、准确、及时地向鉴定机构提供必要的资料。

(二)支付鉴定费用和其他合理费用。

第 266 条 鉴定结果错误情形下的处罚、损失赔偿

(一)鉴定机构因过失签发了与实际情况不符的鉴定证书,则须向委托鉴定人支付赔偿金。赔偿金额由各方协商确定,但不超过鉴定业务报酬的十倍。

(二)鉴定机构故意签发了与实际情况不符的鉴定证书,则须向委托鉴定人赔偿因此产生的损失。

(三)委托鉴定人有义务证明鉴定结果与实际情况不符和鉴定机构的过失。

第 267 条 委托鉴定

未获在越经营许可的外国鉴定机构受雇办理在越鉴定事宜的,该鉴定机构应委托已获准在越南从事鉴定业务许可的鉴定机构办理鉴定业务,但仍需对鉴定结果承担

责任。

第 268 条 根据国家机关要求进行鉴定

(一)如鉴定机构有符合鉴定要求的资质,则有义务按照国家机关的要求进行鉴定。

(二)要求鉴定的国家机关有义务向鉴定机构支付双方在市场价格基础上协商的鉴定报酬。

第七节 货物租赁

第 269 条 货物租赁

货物租赁是指,在一定时间内,一方(称为出租方)将货物使用权转给另一方(承租方)以获取租金作为对价的商业活动。

第 270 条 出租方的权利和义务

除已有约定外,出租方具有以下权利和义务:

(一)按照租赁合同将租赁货物交付承租方。

(二)保证租赁货物的所有权、使用权在租赁期间不因有关第三方而产生争议。

(三)按照协议保证租赁货物符合承租方的使用目的。

(四)在合理的时间内对租赁货物进行保养和维修。维修和保养租赁货物对承租方使用货物造成影响的,出租方有责任降低租赁价格或延长与保养和维修时间相对应的租赁期限。

(五)依照法律规定或协议约定收取租金。

(六)租赁期限结束时收回租赁货物。

第 271 条 承租方的权利和义务

除已有约定外,承租方具有以下权利和义务:

(一)根据法律规定和租赁合同占有和使用租赁货物。若没有特殊约定,则租赁货物要按照与该货物性质相符的方式来使用。

(二)在租赁期间内应妥善保护和保管租赁货物,租赁期限结束时归还该货物给出租方。

(三)要求出租方对货物进行保养和维修;如出租方在合理时间内不执行该项义务,则承租方可以自行对货物进行保养和维修,出租方须承担保养和维修的合理费用。

(四)依照法律规定或协议约定支付租金。

(五)不能出售、转租租赁货物。

第 272 条 变更租赁货物的原始状态

(一)未获得出租方许可,承租方不能变更租赁货物的初始状态。

(二)承租方因进行维修,改变了租赁货物的初始状态但未得到出租方许可的情况下,出租方有权要求承租方恢复原状或赔偿损失。

第 273 条 租赁期间损失的责任

(一)除已有约定外,出租方应承担租赁期间租赁货物的损失责任若承租方对该损失无过错。

(二)本条第 1 款规定的情形下,出租方有责任在合理时间内对租赁货物进行维修以保证承租方的使用。

第 274 条　租赁货物的风险转移

风险转移协议未确定转移时间的,风险转移的时间确定如下:

(一)租赁合同与货物运输相关的情形:

1.如合同未要求在一个具体地点交付租赁货物,则当租赁货物被交付给首个运输者时,风险转移给承租方。

2.如合同要求在一个具体地点交付租赁货物,则风险将在交货时转移给承租方或受承租方委托在该地点取货的人。

(二)租赁货物由收货方接收用以交货而不是由运输者接收的情形,则当收货方确认承租方的租赁货物占有权时,风险转移给承租方。

(三)除本条第 1 款、第 2 款规定的情形外,当承租方收到租赁货物时,风险转移给承租方。

第 275 条　租赁货物与合同不符

无其他约定的,当货物有下列情形之一时,视为与合同不符:

(一)与同种类货物的常见使用目的不符。

(二)与承租方向出租方告知的或签订合同时出租方应当知道的具体目的不符。

(三)不能保证质量与出租方交给承租方的样品质量一致。

第 276 条　拒绝收货

(一)收到货物后,出租方须给承租方一个合理的时间段以便查验。

(二)以下情形,承租方有权拒绝接受货物:

1.出租方未给承租方合理的条件和时间以检验货物。

2.检验货物时,承租方发现货物与合同不符。

第 277 条　补救、更换与合同不符的租赁货物

(一)承租方拒绝接受与合同不符的租赁货物的情况下,如尚处在交货期限内,则出租方可立即通知承租方,在剩余时间内采取补救措施或更换货物。

(二)出租方因采取本条第 1 款规定的补救措施而给承租方带来不利或使承租方产生不合理的费用,则承租方有权要求出租方补救不利或承担因此产生的费用。

第 278 条　接受租赁货物

(一)承租方有合理的机会检验租赁货物,属下列行为之一的,视为承租方已经签收租赁货物:

1.未拒绝租赁货物。

2.确认租赁货物符合合同协议。

3.确认将接受该货物,即使与合同协议不相符。

(二)承租方接受货物后发现货物与合同不符,而该不符可以在接受货物时通过合理的检查能确定的情况下,则承租方不能以此为由退还货物。

第 279 条　接受退回

(一)如果租赁货物与合同约定不一致使承租方不能达到履行合同的目的且有下列情形之一的,承租方可以对部分或全部租赁货物退回:

1.出租方未按本法第277条的规定采取合理的补救措施。

2.承租方因出租方的担保未发现货物不符。

（二）接受退回应在合理的时间内，从承租方接受货物起不超过3个月。

第280条 租赁货物缺陷的责任

除另有约定外，有关租赁货物缺陷的责任分配如下：

（一）除本条第2款、第3款规定的情形外，租赁期限内，出租方将货物交给承租方时就已存在的任何缺陷所可能产生的责任，由出租方承担。

（二）出租方对合同结算前就存在，承租方已经知道或应当知道的任何缺陷不承担责任。

（三）承租方接受租赁货物后发现缺陷，而该缺陷能在接受该货物前对货物进行合理检验时可以被承租方发现，则出租方不承担责任。

（四）若缺陷为出租方违反自身承诺的义务而产生的，出租方对风险转移后产生的全部损失负责。

第281条 转租

（一）承租方在征得出租方同意的情况下才能转租货物。承租方对转租的租赁货物负责，与出租方另有约定的情形除外。

（二）承租方转租货物但未得到出租方同意的情况下，出租方有权撤销租赁合同，转租人有责任立即返还货物给出租方。

第282条 租赁期间产生的收益

除已有其他约定外，租赁期间租赁货物产生的一切收益为承租房所有。

第283条 租赁期间内所有权的变更

租赁货物所有权的一切变更均不影响租赁合同的效力。

第八节 商业特许经营

第284条 商业特许经营

商业特许经营是指特许人允许和要求被特许人按照以下条件进行商品买卖和提供服务：

（一）按照特许人规定的经营方式进行商品买卖和提供服务，允许使用特许人的商品商标、招牌、商业秘密、经营口号、经营图像、广告。

（二）特许人有权监督和帮助被特许人运营。

第285条 特许经营合同

特许经营合同须以书面形式或其他有相当法律效力的形式确立。

第286条 特许人的权利

除另有约定外，特许人享有以下权利：

（一）收取特许使用费。

（二）对特许经营系统和网络进行广告宣传。

（三）特许人定期或不定期检查被特许人的经营活动，以保证特许经营系统的统一和商品的质量、服务的稳定。

第 287 条 特许人的义务

除另有约定外，特许人承担以下义务：

(一)向被特许人提供特许经营系统的指导资料。

(二)进行初始培训和经常性地为特许经营提供技术支持以完全按照特许经营系统进行运营。

(三)为被特许人设计和布置商品买卖、提供服务的场地，被特许人承担相应费用。

(四)保护特许经营合同中注明的知识产权对象。

(五)与特许经营系统中的其他被特许人平等相处。

第 288 条 被特许人的权利

除另有约定外，被特许人享有以下权利：

(一)要求特许人提供完整的与特许经营相关的技术支持。

(二)要求特许人平等对待特许经营系统中的其他被特许人。

第 289 条 被特许人的义务

除另有约定外，被特许人享有以下义务：

(一)支付特许使用费和按照特许经营合同规定结算的其他款项。

(二)投资足够的场地、资金和人员以接收特许人转交的各项权利和商业秘密。

(三)接受特许人的检查，监督和指导，遵守特许人关于设计和布置商品买卖、提供服务的场地的要求，保守已获特许的商业秘密，包括在特许经营合同终止或中止后。

第 290 条 向第三方转让特许经营权

(一)在征得特许人同意的情况下，被特许人有权向第三方转让特许经营权(称为第三方被特许人)。

(二)第三方被特许人享有本法第 288 条和第 289 条规定的被特许人的所有权利和义务。

第 291 条 特许经营登记

(一)在进行特许经营之前，特许人须向贸易部登记。

(二)政府根据特许经营方式制定经营条件细节，制定特许经营登记程序和手续。

第七章　违约救济和合同争议的解决

第一节　违约救济

第 292 条 各类违约救济

(一)强制履行合同。

(二)罚款。

(三)强制赔偿损失。

(四)合同中止履行。

(五)合同终止履行。

(六)撤销合同。

（七）由各方协商，不违反越南法律及越南缔结或加入的国际条约和国际惯例的其他措施。

第 293 条 对非根本违约采取的救济措施

除非另有约定，对于非根本违约，被违约方不能采取合同中止履行，合同终止履行或撤销合同的手段。

第 294 条 对违约行为免除责任的情形

（一）以下情形，违反合同一方可以免于承担责任：

1.发生各方已协商免责的情形时。

2.发生不可抗力情况。

3.一方的违约行为完全是由于另一方的过错而产生的。

4.一方的违约行为是由于执行国家管理机关的规定，而双方在执行合同时不可预见的。

（二）违反合同一方有义务证明各类免除责任的情形。

第 295 条 通知和确认免责情形

（一）违约方须立即以书面形式通知另一方关于免责的情形和可能产生的后果。

（二）当免责情形终止时，违反合同一方须立即通知另一方，如违反方不通知或不及时通知另一方则违反方须赔偿损失。

（三）违约方有义务向守约方证明自己的免责情形。

第 296 条 不可抗力情况下延长期限和拒绝履行合同

（一）不可抗力情况下，各方可以协商延长执行合同义务的期限；如各方无协商或协商不成，则执行合同义务的期限应当增加发生不可抗力的时间和克服后果的合理时间，但延长时间不能超过以下期限：

1.对于货物的交货期限和提供服务的期限为从签订合同之日起不超过 12 个月的，延长期限为 5 个月。

2.对于货物的交货期限和提供服务的期限为从签订合同之日起 12 个月以上的，延长期限为 8 个月。

（二）延长期限超过本条第 1 款规定的期限的，各方有权拒绝履行合同，任何一方不能要求另一方赔偿损失。

（三）拒绝履行合同的，拒绝履行方须从本条第 1 款规定的期限结束算起 10 日内，另一方开始执行合同义务前通知另一方。

（四）本条第 1 款规定的执行合同义务的延长期限不适用对交货、完成服务有固定期限要求的货物买卖合同和服务供应合同。

第 297 条 强制履行合同

（一）强制履行合同指当事人要求违约方按照合同履行或采取其他措施以履行合同且违反方须承担由此产生的费用。

（二）违约方少交货或提供的服务与合同不符时，违反方须交付齐全货物并按合同约定提供服务。违反方交付的货物和提供的服务质量不合格，则须排除货物或者服务的缺陷或以其他货物代替，按照合同提供服务。在未征得对方当事人同意的情况下，违约方不得以货币或其他种类货物、其他类型的服务来代替。

（三）违约方不按本条第 2 款规定履行时，当事人有权购买其他人的货物，接受其他方提供的服务以代替合同中的同类货物和服务，违约方须承担可能由此产生的差价和其他相关费用；当事人有权自行维修货物的缺陷，完善服务的缺陷且违约方须由此承担实际产生的合理费用。

（四）如违反方已经完整履行本条第 2 款规定的义务，则被违反方须接受货物和服务及结算货款、服务酬劳。

（五）违反方为购买方时，卖方有权要求买方支付货款，接受货物或执行本法和合同中约定的买方其他义务。

第 298 条　延长执行合同义务的期限

强制履行合同时，被违反方可延长一个合理的时间以让违反方执行合同义务。

第 299 条　强制履行合同与其他救济的关系

（一）除已有其他约定外，在采取强制履行合同的同时，当事人有权要求赔偿损失和惩罚违约，但不能采取其他措施。

（二）在当事人规定的时间内，违约方不执行强制履行措施，当事人可以采取其他措施以保护自身的正当权益。

第 300 条　违约金

违约金是指在合同中约定违约方因为违反合同而应支付的一定数额金钱。第 294 条规定的免责情形除外。

第 301 条　违约金金额

对于违反合同约定的违约金金额或各方在合同中约定的多项违约的总违约金金额，不得超过合同义务价值的 8%。本法第 266 条规定的除外。

第 302 条　赔偿损失

（一）赔偿损失是指违约方赔偿因为违反合同给对方造成的损失。

（二）赔偿损失的价值包括由违约方导致的须当事人承担的实际、直接损失价值以及如果没有违约行为，当事人理应获得的直接收益。

第 303 条　赔偿损失的责任认定

除本法第 294 条规定的免责情形外，当符合下列所有条件时，应承担赔偿损失责任。

（一）有违反合同的行为。

（二）有实际的损失。

（三）违反合同的行为是导致损失的直接原因。

第 304 条　证明损失的义务

要求赔偿损失的一方对违约行为导致的损失和损失程度以及如果没有违约行为应获得的直接收益承担举证责任。

第 305 条　控制损失的义务

要求赔偿损失一方应采取合理的措施减少损失，包括因违反合同导致的理应获得收益的损失；如果要求赔偿损失一方未采取相关措施，则违反合同一方有权要求减少赔偿以及理应可以控制的损失。

第 306 条　要求支付因逾期结算产生的利息的权利

因一方违反合同方逾期结算货款或逾期结算服务酬劳及其他合理费用，另一方有权要求违约方按照逾期结算期间市场上的平均逾期贷款利息标准支付逾期结算款项的利息。有其他协议或法律有规定的除外。

第 307 条 违约金救济与赔偿损失救济的关系

(一)各方无违约金协议时，被违反方只拥有要求赔偿损失的权利，除本法另有规定的情形外。

(二)各方有违约金协议时，则被违反方有权采取违约金救济和要求赔偿损失的救济，本法另有规定的除外。

第 308 条 合同中止履行

除本法第 294 条规定的免责情形外，合同中止履行指合同一方暂时不执行以下情形之一的合同义务：

(一)发生各方约定的合同中止履行的行为。

(二)一方违反合同的基本义务。

第 309 条 合同中止履行的法律后果

(一)当合同被暂停执行时，合同仍有效力。

(二)当事人有权按本法规定要求赔偿损失。

第 310 条 合同终止履行

除本法第 294 条规定的免责情形外，合同终止履行是指因以下情形之一，一方停止履行合同义务：

(一)发生各方约定的合同终止履行情形。

(二)一方违反合同的基本义务。

第 311 条 合同终止履行的法律后果

(一)当合同被停止执行时，从合同相对方收到停止通知之时起，合同停止。各方无须继续履行合同义务，已执行义务的一方有权要求另一方结算或执行同等的合同义务。

(二)当事人有权按本法规定要求赔偿损失。

第 312 条 撤销合同

(一)撤销合同包括撤销全部合同和撤销部分合同。

(二)撤销全部合同指撤销执行全部合同的全部义务。

(三)撤销部分合同指取消部分合同义务，合同其余部分仍然有效。

(四)除本法第 294 条规定的免责情形外，撤销合同措施可在以下情形使用：

1.发生各方约定的撤销合同的行为。

2.一方违反合同的基本义务。

第 313 条 分批交货和提供服务情形下的撤销合同

(一)有分批交货和提供服务协议的情形，如一方在交货和提供服务时不履行自己的义务且该行为构成了对本批次交货和提供服务的违约，则另一方有权宣布撤销该批次交货和提供服务的合同。

(二)一方不履行该批次交货和提供服务的义务是另一方认定往后各批次交货和提供服务将发生根本违约的依据。当事人有权宣布撤销往后各批次交货和提供服务的合同，前提是另一方须在合理的时间内使用该项权利。

（三）如果各批次交货之间具有关联性，导致已交付货物和已提供的服务不能按各方订立合同时所预见的目的使用，则一方在已宣布撤销一个批次交货和提供服务合同的时候仍然有权撤销之前已执行或将执行的合同。

第 314 条　撤销合同的法律后果

（一）除本法第 313 条规定的情形外，合同被撤销后，视为从订立时起无效，各方无须继续履行合同规定义务，与撤销合同后的权利义务和撤销合同后的争议解决有关的协议除外。

（二）各方有权要求因已按合同履行自身义务而获得的收益，如各方均有偿还义务，则各方的义务须同时履行；不能用已获得的收益偿还的，则义务方须以货币的形式偿还。

（三）被违反方有权按本法规定要求赔偿损失。

第 315 条　合同中止履行、合同终止履行或撤销合同的通知

合同中止履行、合同终止履行或撤销合同一方应及时通知另一方有关合同中止履行、合同终止履行或撤销合同的决定，因未及时通知导致另一方损失的情形，合同中止履行、合同终止履行或撤销合同一方须赔偿损失。

第 316 条　当已采取其他救济措施时，要求赔偿损失的权利

采取其他救济措施后，对于由违反合同一方造成的损失，另一方不失去要求赔偿的权利。

第二节　合同争议的解决

第 317 条　解决争议的方式

（一）各方协商。

（二）由各方约定调解机关，组织或个人作为中间人进行调解。

（三）提请仲裁机构或法院解决。

提请仲裁机构、法院解决合同争议的程序按照法律规定的仲裁、法院诉讼规定执行。

第 318 条　特殊诉讼时效

除本法第 237 条第 1 款第 4 项规定的情形外，诉讼时效由各方协商，如各方未协商，则诉讼时效规定如下：

（一）货物数量纠纷从交货之日起 3 个月。

（二）货物质量纠纷从交货之日起 6 个月；货物有保质期的情形，从保质期结束之日起 3 个月。

（三）其他纠纷，从违反方应按合同履行义务之日算起 9 个月。对于有保质期的，则从保质期结束之日算起。

第 319 条　诉讼时效

合同争议诉讼时效为两年，从合法权益受到侵害时算起，本法第 237 条第 1 款第 5 项规定的情形除外。

第八章　贸易违法处理

第 320 条　贸易违法行为

(一)贸易违法行为包括：

1.违反关于经营登记、经营者的经营许可、代表处的成立和经营、越南经营者或外国经营者的分支机构的规定。

2.违反关于货物、国内经营业务、进出口货物、进出口业务；暂进口、再出口，暂出口、再进口、转口、过境的规定。

3.违反税务、发票、单据、账本和会计报告等制度。

4.违反货物和服务价格规定。

5.违反国内流通货物商标标识和货物进口、出口的规定。

6.走私、经营走私货物、买卖假货或向假货生产者销售原料，违法经营。

7.违反关于货物质量、国内经营业务、出口和进口货物、出口和进口服务的规定。

8.买卖货物和提供服务时欺诈、欺骗客户。

9.违反消费者权益保护相关规定。

10.违反关于进出口、国内经营的货物和业务的知识产权保护规定。

11.违反关于货物产地的规定。

12.法律规定贸易活动中的其他违法行为。

(二)政府制定本条第 1 款中有关贸易违法行为的具体规定。

第 321 条　贸易违法行为的处理方式

(一)根据违法的性质、程度和后果，按以下方式处理违法的组织或个人：

1.按照行政处罚的法律规定处罚。

2.违法行为构成犯罪的，依法追究刑事责任。

(二)违法行为损害国家利益，组织或个人的合法权益的，依法赔偿损失。

第 322 条　贸易活动中的行政处罚

越南政府对贸易活动中的行政处罚做出具体规定。

第九章　实施条款

第 323 条　实施效力

本法自 2006 年 1 月 1 日起生效。

本法取代 1997 年 5 月 10 日的《贸易法》。

第 324 条　实施细则和实施指导

政府制定实施细则和指导实施本法。

本法于 2005 年 6 月 14 日由越南社会主义共和国第十一届国会第七次会议通过。

国会主席　阮文安

越南社会主义共和国投资法*

国家主席 越南社会主义共和国
第 27/2014/L-CTN 号 独立—自由—幸福
2014 年 12 月 8 日于河内

关于颁布法律的主席令

越南社会主义共和国主席

根据越南社会主义共和国宪法第 88 条和第 91 条规定；
根据国会成立法第 91 条；
根据法律规范文本颁布法第 57 条。

现颁布

投资法
经 2014 年 11 月 26 日越南社会主义共和国第十三届国会第八次会议通过。

越南社会主义共和国主席
张晋创

国会 越南社会主义共和国
67/2014/QH13 号法 独立—自由—幸福

投资法
根据越南社会主义共和国宪法；
国会颁布投资法。

* 系重庆国际战略研究院国别投资法律项目："越南投资法"。项目负责人：罗文青，四川外国语大学越南语专业教授。项目成员：罗超，四川外国语大学讲师，翻译第 1 条至第 35 条与附录一、附录二并统稿；黄秋莲，四川外国语大学讲师，翻译第 36 条至第 76 条；张睿，四川外国语大学成都学院助教，翻译附录三、附录四；温融，四川外国语大学国际商学院副教授，中国—东盟法律研究中心研究员，参与本书审定。

第一章 总则

第1条 调整范围

本法律对在越南进行投资经营活动,以及越南对外进行的投资经营活动做出规定。

第2条 适用对象

本法律适用于与投资经营活动相关的投资者、组织和个人。

第3条 词语解释

下列词语在本法中的解释如下:

1."投资登记机关"是指对投资登记确认书的颁发、变更及吊销具有审批权的职能部门。

2."投资项目"是指为在具体的地区、确定的时间段内开展投资经营活动进行中长期资金投入的提案总和。

3."扩大投资项目"是指通过扩大规模、提供生产效率、革新技术、降低污染或改善环境的方式对正在进行的投资项目进行再投资发展的项目。

4."新投资项目"是指首次实施的项目,或独立于正在实施的投资经营活动项目之外的项目。

5."投资经营"是指投资者出资通过成立经济组织,投入资金、购买经济组织的股份、入股出资额,以合同或实施投资项目的形式进行投资。

6."投资登记确认书"指记录投资者关于投资项目登记信息的纸质和电子文本。

7."国家信息系统"是用于跟踪、评价、分析全国范围内投资情况的专业信息系统,其目的在于服务国家管理工作和帮助投资者实施投资经营活动。

8."公私合作模式投资合同"(以下称为PPP合同)是指国家职能部门与投资者、项目企业之间,为依照本法第27条之规定实施投资项目而签订的合同。

9."合作经营合同"(以下称为BCC)指投资者之间以合作经营、利润分成、产品分成为目的所签订的不设法人的投资方式。

10."出口加工区"是指专门生产出口商品、为出口商品的生产和出口活动提供服务的工业区。

11."工业区"是指具有明确的地理界限,专门生产工业产品和为工业生产提供服务的区域。

12."经济区"是具有明确地理界限,包含多项功能,为实现吸引投资、发展社会经济、维护国防和安全的目标而设立的区域。

13."投资者"是指从事投资经营活动的组织、个人,包括国内投资者、外国投资者和外资经济组织。

14."外国投资者"是指在越南从事投资经营活动的具有外国国籍的个人、依照外国法律成立的组织。

15."国内投资者"是指具有越南国籍的个人、无外国投资者作为成员或股东的经济组织。

16."经济组织"是指根据越南法律的规定而成立及开展活动的组织,包括企业、合作社、合作社联合会以及从事投资经营活动的其他各种组织。

17."合资经济组织"是指有外国投资者作为成员或股东的经济组织。

18."投资资金"是指从事投资经营活动的资金和其他财产。

第4条 投资法、相关法律和国际条约的适用

1.在越南境内的投资经营活动必须遵守本法及其他相关法律之规定。

2.在禁止投资经营的领域和行业,及在规定的条件、程序、手续下方可投资经营的领域和行业方面,本法与其他法律有不同规定的,依照本法的规定办理,《证券法》《信用机构法》《保险经营法》《石油天然气法》中另有规定的投资经营程序、手续除外。

3.越南社会主义共和国作为成员的国际公约与本法如有不同规定的,依照该国际公约的规定办理。

4.对于参与者中至少一方为外国投资者或是本法第23条第1款所规定的经济组织的合同,在协商内容不违反越南法律规定的情况下,各方可在合同中协商一致采用外国投资法或国际投资惯例。

第5条 投资经营政策

1.投资者可就本法没有禁止的领域和行业从事投资经营活动。

2.投资者可依据本法及相关法律之规定自主决定投资经营活动;可依据法律规定获取、使用信贷资金和扶持基金,以及使用土地和其他资源。

3.国家承认并保护投资者的财产所有权、投资资金、收入及其他合法权益。

4.国家平等对待一切投资者;制定鼓励政策,为投资者开展投资活动、为行业经济稳定发展创造条件。

5.国家尊重并履行越南社会主义共和国作为成员的与投资经营相关的国际条约。

第6条 禁止投资经营的领域和行业

1.禁止从事以下投资经营活动:

(1)本法附录一所列各类麻醉药品的贸易。

(2)本法附录二所列各类化学品、矿物的贸易。

(3)受《濒危野生动植物种国际贸易条约》所管制的附录一中所列各类野生动植物标本、本法附录三所列第一组中天然生长的濒危、珍稀野生动植物标本的贸易。

(4)卖淫活动。

(5)人口、人体组织、器官贩卖。

(6)与人类无性繁殖有关的经营活动。

2.因分析、检验、科研、医疗、制药、犯罪调查、维护国防和安全的用途而对本条第1款第1、2、3项所列产品进行的生产和使用,依照政府规定实施。

第7条 有条件准入投资经营的领域和行业

1.有条件准入投资经营的领域和行业是指由于国防、国家安全、社会秩序、治安和道德、公共安全的原因,必须满足一定条件方可从事投资经营活动的领域和行业。

2.有条件投资经营的领域和行业目录已列入本法附录四。

3.本条第2款规定的领域和行业投资经营条件已列入有关法律、法令、议定和越南社

会主义共和国作为成员的国际条约中。各部委、部级单位、各级人民议会和人民委员会、其他机关、组织、个人,不得颁布关于投资准入经营条件的规定。

4.投资准入经营条件的制定须符合本条第1款规定的目标,须保证公开、透明、客观,节省投资者的时间和行政手续费用开支。

5.有条件准入投资经营的领域和行业目录及其投资经营准入条件须在国家企业信息登记门户网站上发布。

6.政府具体规定、发布和审核投资准入条件。

第8条 修改、补充禁止投资经营的领域和行业,及有条件准入投资经营的领域和行业目录

根据不同时期社会经济条件和国家管理的要求,政府检查禁止投资经营的领域和行业,以及有条件准入投资经营的领域和行业目录,并以精简手续的原则呈报国会修改、补充本法第6条、第7条。

第二章 投资保障

第9条 财产所有权保障

1.投资者的合法财产不被国有化,不以行政手段没收。

2.如出于国防、安全或国家利益、紧急情况、防御自然灾害的理由,确有必要由国家征购、征用投资者的财产,投资者可依照关于征购、征用财产的法律及其他相关法律规定获得赔付或补偿。

第10条 投资经营活动保障

1.国家不强迫投资者履行下列要求:

(1)优先购买、使用国内商品和服务,或必须购买、使用国内生产商、服务供应商的商品和服务。

(2)商品或服务出口必须达到一定比例;限制出口商品和服务,或限制在国内生产商品、提供服务的种类、数量、和价值。

(3)商品进口的数量和价值与商品出口的数量和价值相当,或必须在出口方面自行平衡进口所需的外汇。

(4)商品生产要达到一定的国产化比例。

(5)国内研究和开发要达到一定的水平或具有一定的价值。

(6)在国内或国外的具体地点提供商品及服务。

(7)在国家职能部门所要求的地点设立总部。

2.根据不同时期的社会经济发展定向、外汇管理政策和外汇平衡能力,越南政府总理决定对属于国会、政府总理职权范围内的投资项目和其他重要基础设施发展投资项目的外汇需求予以保障。

第11条 外国投资者向国外转汇资产的保障

在依法对越南国家财政充分履行了义务之后,外国投资者可将以下资产转汇往国外:

1.投资资金、投资结算款项。

2.投资经营活动取得的收入。

3.投资者的合法金钱和其他财产。

第12条 越南政府对于部分重要项目的担保

1.政府总理决定参与实施属于国会、政府总理权限决定投资计划的项目和其他重要基础设施发展投资项目的国家职能管理部门或国有企业执行合同的义务。

2.政府对本条之细则做出规定。

第13条 法律变更时的投资经营保障

1.如新颁行法律规定的投资优惠高于投资者已享有的优惠时，投资者可在项目实施的剩余时间内享受新法律规定的投资优惠。

2.如新颁行法律规定的投资优惠低于投资者已享有的优惠时，投资者可在项目实施的剩余时间内享受原法律规定的投资优惠。

3.本条第2款不适用于因国防、国家安全、社会秩序、治安和道德、公共健康及环境保护的原因而变更法律条文规定的情况。

4.投资者因本条第3款之规定而不能继续享受投资优惠的，参照以下某项或某些措施予以解决：

(1)在投资者的应税收入中扣除实际损失。

(2)调整投资项目的活动目标。

(3)协助投资者挽回损失。

5.对于本条第4款规定的投资保障措施，投资者须在新法律生效之日起3日内提出书面申请。

第14条 投资经营活动中纠纷的解决

1.涉及在越南境内投资经营活动的相关纠纷，可通过协商、调解解决。协商、调解无法解决的，依照本条第2款、第3款、第4款之规定通过仲裁或法院解决。

2.国内投资者与合资经济组织之间，或国内投资者、合资经济组织与国家职能部门之间发生的、与越南境内投资经营活动相关的纠纷，可通过越南仲裁或越南法院解决，本条第3款规定的情况除外。

3.出现纠纷的投资者中至少一方是本法第23条第1款中规定的外国投资者或外国经济组织的，可通过下列一个或多个机关单位、组织解决：

(1)越南法院。

(2)越南仲裁。

(3)国外仲裁。

(4)国际仲裁。

(5)由纠纷各方协商成立的仲裁团。

4.外国投资者与国家职能部门之间发生的、与越南境内投资经营活动相关的纠纷，可通过越南仲裁或越南法院解决。如合同中已做出其他规定的，或依照越南社会主义共和国为其成员的国际条约中另有规定的情况除外。

第三章 投资优惠和投资扶持

第一节 投资优惠

第15条 投资优惠的适用形式和对象

1.投资优惠适用形式：

(1)在投资项目实施的部分或全部期间，企业所得税税率水平低于普通税率水平；减免企业所得税。

(2)对作为固定资产的进口商品，以及为实施投资项目而进口的原料、物资、零件免征进口关税。

(3)减免土地租用费、土地使用费和土地使用税。

2.享受投资优惠的对象：

(1)本法第16条第1款规定的属于优先投资优惠领域和行业的投资项目。

(2)本法第16条第2款规定的属于优先投资地区的投资项目。

(3)投资规模6万亿越南盾以上的，自获得投资登记确认书或投资计划决定之日起3年内到位资金不少于6万亿越南盾的投资项目。

(4)位于农村地区且使用五百名以上劳动力的投资项目。

(5)高技术企业、科技企业、科技组织。

3.投资优惠适用于新投资项目和扩大投资项目。各类投资优惠的具体优惠幅度依照税法和土地法的相关规定实施。

4.本条第2款第2、3、4项中规定的投资优惠对象不适用于矿产开采的投资项目；不适用于特别消费税法规定的属于须缴纳特别消费税对象商品、服务的生产和经营行业，汽车生产行业除外。

第16条 享受投资优惠的领域、行业和地区

1.享受投资优惠的领域和行业：

(1)高技术生产活动、高技术辅助工业产品；研究和发展活动。

(2)生产新材料、新能源、清洁能源、再生能源；生产附加价值30%以上的产品；生产节能产品。

(3)生产电子产品、重点机械产品、农业机械、汽车和汽车零配件，以及造船。

(4)生产纺织、皮鞋制造业的辅助工业产品，以及本款第3项规定的各类产品。

(5)生产科学通信、软件、数据内容产品。

(6)种植、养殖、加工农林水产品；种植和保护森林；制盐；捕捞海产品及渔业后勤服务；生产植物种子、动物种苗、生物科技产品。

(7)回收、处理、再制或再利用废弃物。

(8)投资发展和运行、管理基础设施工程；发展城市旅客公共运输。

(9)幼儿教育；中学教育；职业教育。

(10)诊疗；生产药品、制药原料、主要药品、关键药品、社会病防治药、疫苗、医疗生物、

原料药、中药;科学研究炮制技术、生物技术以生产各类新药。

(11)投资残疾人或专业运动员使用的训练基地、体育场馆;保护和发挥文化遗产价值。

(12)投资老年病中心、精神病中心、橙色落叶剂感染者救治中心;老年人、残疾人、孤儿、流浪儿童救助中心。

(13)民间信贷基金;微观金融组织。

2.投资优惠地区:

(1)社会经济条件困难地区、社会经济条件特别困难地区。

(2)工业区、加工出口区、高科技区、经济区。

3.根据本条第1款和第2款中关于享受投资优惠行业、地区的规定,越南政府颁布、修改、补充享受投资优惠的领域和行业目录,以及优惠投资地区目录。

第17条 享受投资优惠的手续

1.对于已获得投资登记确认书的项目,投资登记机关在投资登记确认书上注明投资优惠内容、依据和投资优惠的条件。

2.对不属核发投资登记确认书项目的情况,投资者如满足享受投资优惠政策的条件无须办理投资登记确认书手续也可享受优惠。此情况下,投资者可依据本法第15条和第16条中享受投资优惠政策条件之规定,以及其他相关法律有关规定,自行确定所享受的投资优惠并在税务、财政和海关部门办理相应的投资优惠手续。

第18条 扩大投资优惠

如需要鼓励发展某个特别重要行业或特别行政经济单位,越南政府呈国会决定适用的投资优惠有别于本法和其他法律规定的投资优惠。

第二节 投资扶持

第19条 扶持投资的形式

1.扶持投资的形式:

(1)扶持发展在项目围墙内外的技术基础设施、社会基础设施系统。

(2)扶持培训、发展人力资源。

(3)扶持贷款。

(4)扶持生产、经营场地的设立;扶持生产基地向市区外迁移。

(5)扶持科学、技术及技术转移。

(6)扶持发展市场,提供信息。

(7)扶持研究和发展。

2.越南政府对本条第1款中规定的关于中小企业、高科技企业、科技型企业、科技组织、投资农业和农村的企业、投资教育和普法的企业,以及其他符合各时期社会经济发展定向的对象可享受的投资扶持形式作出具体规定。

第20条 扶持发展工业区、加工出口区、高科技工业区、经济区的基础设施系统

1.根据已批准的工业区、加工出口区、高科技工业区、经济区的总体发展规划,各部委、部级机关、省和直辖市人民委员会(以下简称"省级人民委员会")制订投资发展规划,

并组织建设在工业区、加工出口区、高科技工业区、具备经济区功能的工业区围墙之外的技术基础设施、社会基础设施系统。

2.国家从财政、优惠信贷资金中提供部分投资发展扶持资金用于发展社会经济困难地区或社会经济特别困难地区工业区围墙内外的技术基础设施、社会基础设施系统。

3.国家从财政、优惠信用贷款资金里提供部分投资发展扶持资金和采取各种其他融资方式用于建设经济区、高科技工业区内的技术基础设施、社会基础设施系统。

第21条 为工业区、高科技工业区、经济区内劳动者建设住宅和公共服务、便利设施

1.根据已获得各级职能部门批准的工业区、高科技工业区、经济区的总体发展规划，省级人民委员会制订规划和划拨土地用于为在工业区、高科技工业区、经济区内工作的劳动者建设住房和公共服务、便利设施。

2.如地方政府为在工业区、高科技工业区、经济区内工作的劳动者建设住房和公共便利、服务设施划拨土地时确有困难，由国家职能部门调整工业区规划以划拨部分土地用于建设住房、公共服务和便利设施。

第四章 在越南开展投资活动

第一节 投资方式

第22条 投资成立经济组织

1.投资者可按法律规定成立经济组织。成立经济组织之前，外国投资者必须有投资项目，按本法第37条的规定办理投资登记确认书且须满足以下条件：

(1)本条第3款中规定的持有注册资金的比例。

(2)投资方式、活动范围、参与开展投资活动的越南合作方以及越南作为成员的国际条约中规定的其他条件。

2.外国投资者通过依照本条第1款之规定成立的经济组织实施投资项目，以实际出资、购买股份、入股出资额或依照合同进行投资的情况除外。

3.外国投资者在经济组织里持有的注册资金不受限制，以下情况除外：

(1)外国投资者在上市公司、普通公司、证券经营机构和证券投资基金中持有的资金比例按证券相关法律规定实施。

(2)外国投资者在以股份化或其他形式变更所有权的国有企业中持有的资金比例，按国有企业股份化和变更的相关法律规定实施。

(3)外国投资者持有资金比例不属于本款第1、2项规定范围内的，则按有关法律和越南作为成员的国际条约的其他规定实施。

第23条 合资经济组织开展投资活动

1.根据外国投资者在成立经济组织之时的有关规定，经济组织必须满足投资条件和办理投资手续。出资、购买股份和入股出资额，按BCC合同投资并属于以下某一情况的：

(1)外国投资者投入注册资本比例在51%以上或多数合名成员是外国人的经济组织

是合名公司。

(2)本款第1项中规定的经济组织投入注册资本在51%以上的。

(3)本款第1项中规定的外国投资者和经济组织投入注册资本比例在51%以上的。

2.不属于第1款第1、2、3项之规定的合资经济组织在投资成立经济组织,以出资、购买经济组织的股份和入股出资额,以及以BCC合同方式投资时按国内投资者的有关规定适用投资条件和手续。

3.已在越南成立的合资经济组织如有新投资项目,允许办理该项目的手续而不一定要成立新的经济组织。

4.越南政府对外国投资者、合资经济组织为实施投资项目而成立经济组织的程序、手续做出具体规定。

第24条 以出资、购买经济组织的股份、入股出资额的方式进行投资

1.投资者有权利出资、购买经济组织的股份、入股出资额。

2.外国投资者以出资、购买经济组织的股份和入股出资额的形式进行投资的,按本法第25条、第26条规定执行。

第25条 以出资、购买经济组织的股份、入股出资额的方式和条件

1.外国投资者对经济组织出资按以下方式执行:

(1)购买股份公司的原始股或增发股票。

(2)出资参与责任有限公司、合名公司。

(3)出资参与不属于本款第1、2项规定的经济组织。

2.外国投资者按以下方式购买经济组织的股份、入股出资额:

(1)从公司或股东处购买股份公司的股份。

(2)为成为有限责任公司成员购买有限责任公司的入股出资额。

(3)为成为合名公司的出资成员购买合名公司中出资成员的入股出资额。

(4)购买不属于本款第1、2、3项规定的其他经济组织成员的入股出资额。

3.外国投资者按本条第1款、第2款规定的方式出资、购买股份和入股出资额必须满足本法第22条第1款第1、2项规定的条件。

第26条 以出资、购买股份和入股出资额方式投资的手续

1.投资者在以下情况下办理出资、购买经济组织股份和入股出资额的登记手续:

(1)外国投资者出资、购买对于外国投资者而言为有条件投资行业、领域经济组织的股份和入股出资额。

(2)出资、购买股份和入股出资额令本法第23条第1款规定的外国投资者、外国经济组织持有注册资金比例超过51%的。

2.出资、购买股份和入股出资额的登记材料

(1)出资、购买股份和入股出资额的文件包括以下内容:外国投资者计划出资、购买股份和入股出资额的经济组织信息;外国投资者在出资、购买股份和入股出资额后持有注册资金的比例。

(2)投资者为个人时,须提供身份证、身份卡或护照复印件;投资者为组织时,须提供成立证书或其他具有同等法律效力的材料。

3.出资、购买股份和入股出资额的登记手续

(1)投资者向经济组织总部所在地的计划投资厅提供本条第 2 款规定的材料。

(2)外国投资者出资、购买股份和入股出资额满足本法律第 22 条第 1 款第 1、2 项规定的条件时,计划投资厅从接收全部材料之日起 15 日内以书面形式告知,以便投资者按法律规定办理股东、成员变更手续。对于不满足条件的情况,计划投资厅以书面形式告知投资者并说明理由。

4.不属于本条第 1 款规定的投资者按出资、购买经济组织股份和入股出资额时的法律规定办理股东、成员变更手续。如有办理出资、购买经济组织股份和入股出资额登记手续的需求,投资者按本条第 3 款的规定办理。

第 27 条 以 PPP 合同方式投资

1.投资者、项目企业为实施新建投资项目或改造、升级、扩大、管理和运行基础设施工程或提供公共服务与国家职能部门签署 PPP 合同。

2.越南政府对以 PPP 合同方式实施投资项目的领域、条件、手续做出具体规定。

第 28 条 以 BCC 合同方式投资

1.国内投资者之间签署的 BCC 合同按民事法律的规定实施。

2.国内投资者与外国投资者之间或外国投资者之间签署的 BCC 合同按本法第 37 条的规定办理投资登记确认书手续。

3.为履行 BCC 合同,签署 BCC 合同的各方成立协调委员会。协调委员会的职能、任务、权限由各方协商。

第 29 条 BCC 合同的内容

1.BCC 合同包括以下主要内容:

(1)签署合同各方授权代表的姓名、住址;交易地址或实施项目的地址。

(2)投资经营活动的目标和范围。

(3)签署合同各方的出资比例和各方分配投资经营利润的比例。

(4)履行合同的进度和期限。

(5)签署合同各方的权利、义务。

(6)合同的修改、转让、终止。

(7)违反合同的责任、解决纠纷的方式。

2.在履行 BCC 合同过程中,签署合同各方可协商使用合作经营中形成的财产按企业方面法律的规定成立企业。

3.签署 BCC 合同的各方可在不违反法律规定的前提下协商其他内容。

第二节 决定投资计划的手续

第 30 条 国会决定投资计划的权限

除属于国会根据公共投资相关法律行使权限决定投资计划的项目之外,国会决定以下投资项目的投资计划:

1.对环境影响大或对环境有潜在的严重影响的项目,包括:

(1)核电厂。

(2)变更土地用途：国家公园、自然保护区、景观保护区、研究与科学实验林区 50 公顷以上；水源地防护林区 50 公顷以上；防风、定砂、防海浪、保护环境的防护林区 500 公顷以上；林业生产区 1000 公顷以上。

2.占用稻田在两造以上且规模在 500 公顷以上。

3.山区地区安置移民超过 2 万人，其他地区超过 5 万人。

4.须国会决定采取特别机制、政策的项目。

第 31 条 政府总理决定投资计划的权限

除属于政府总理按公共投资相关法律行使权限决定投资计划的项目和本法第 30 条中规定的项目之外，政府总理决定以下投资项目的投资计划：

1.属于以下情况之一的不区分资金来源的项目：

(1)山区地区安置居民超过 1 万人，其他地区超过 2 万人。

(2)建设和经营空港；航空运输。

(3)建设和经营国家海港。

(4)勘探、开采、加工油气。

(5)经营押注、抵押、赌场。

(6)生产烟草。

(7)发展工业区、加工出口区、经济区内功能区的基础设施。

(8)建设和经营高尔夫球场。

2.不属于本条第 1 款规定情况的项目且投资资金规模在 5 万亿越南盾以上的。

3.外国投资者投资经营海上运输、网络基础设施通信服务、造林、出版、新闻、成立科技组织、成立外国独资科技企业的项目。

4.根据法律规定属于政府总理投资计划权限或投资决定的其他项目。

第 32 条 省级人民委员会决定投资计划的权限

1.除属于省级人民委员会按公共投资相关法律行使权限决定投资计划的项目和本法第 30 条、第 31 条中规定的项目之外，省级人民委员会决定以下投资项目的投资计划：

(1)国家允许以不通过竞价、投标方式移交土地、租赁土地或接受转让的项目；需变更土地用途的项目。

(2)使用按技术转移相关法律规定而被列入限制转移目录技术的项目。

2.本条第 1 款第 1 项中规定的，在工业区、加工出口区、高科技园区、经济区实施且符合已获职能部门批准的规划的投资项目，无须报省级人民委员会决定投资计划。

第 33 条 省级人民委员会决定投资计划的材料、程序、手续

1.投资项目材料包括：

(1)实施投资项目的申请书。

(2)投资者为个人时，须提供身份证、身份卡或者护照的复印件；投资者为组织时，须提供成立证书或具有其他同等法律效力的材料。

(3)投资项目方案的内容包括：投资者实施项目、投资目标、投资规模、投资资金和融资方案、地点、时间、投资进度、劳动力需求、要求享受优惠的申请、评估项目对经济和社会的影响和效益。

(4)以下材料的复印件各一份:投资者最近两年的财务报告、总公司的财务支持承诺、金融组织的财务支持承诺、投资者的财务能力担保、投资者财务能力情况说明材料。

(5)用地需求申请;无须向国家申请移交土地、租赁土地或申请变更土地用途的项目则提交土地租赁合同复印件或其他可确认投资者有权使用该地点实施投资项目的证明材料。

(6)本法第 32 条第 1 款第 2 项中规定的项目的技术使用说明,内容包括:技术名称、技术来源、技术操作规程示意图、主要技术参数、使用机械设备和主要技术生产线的情况。

(7)以 BCC 合同方式投资项目的 BCC 合同。

2.投资者向投资登记机关递交本条第 1 款中规定的材料。

自接收投资项目登记材料之日起 35 日内,投资登记机关须向投资者通报审批结果。

3.自接收投资项目全部材料之日起 3 个工作日内,投资登记机关向国家有关职能部门报送材料,征求与本条第 6 款中规定内容有关的审核意见。

4.自接收投资项目材料之日起 15 日内,被征求意见的部门就自身国家管理职能权限范围内的内容做出意见并转交投资登记机关。

5.按本条之规定,自接收投资登记机关要求之日起 5 日内,土地管理部门负责提供地图摘录,规划管理部门提供规划信息,用作审批的基础。

6.投资登记机关自接收投资项目材料之日起 15 日内做出审批意见并报省级人民委员会。审批报告内容如下:

(1)项目信息包括:投资者、目标、规模、地点、项目实施进度的信息。

(2)就外国投资者(若有)投资条件的满足情况做出评估。

(3)对投资项目是否符合经济和社会总体发展规划、行业发展规划和土地使用规划做出评估;对项目的经济和社会影响、效益做出评估。

(4)对投资优惠和享受投资优惠的条件(若有)做出评估。

(5)对投资者投资地点使用权做出法律评估。若有申请移交、租赁土地、申请变更土地用途的情况,则按土地相关法律规定对用地需求、土地移交、租赁和变更土地用途条件进行审批。

(6)对本法第 32 条第 1 款第 2 项中规定的项目进行投资的项目所使用的技术做出评估。

7.省级人民委员会自接收材料和审核报告之日起 7 个工作日内决定投资计划,如否决必须以书面形式通报并告知理由。

8.省级人民委员会决定投资计划的内容包括:

(1)实施项目的投资者。

(2)项目的名称、目标、规模、投资资金,实施项目的期限。

(3)实施投资项目的地点。

(4)投资项目的实施进度:增资进度和融资进度;基本建设进度和工程运行时间(若有);多阶段投资项目的各阶段实施进度。

(5)采用的技术。

(6)投资优惠、扶持和适用条件(若有)。

(7)投资计划决定书的有效期限。

9.越南政府对省级人民委员会决定投资计划的投资项目的具体材料、审批手续做出具体规定。

第 34 条　政府总理决定投资计划的材料、程序、手续

1.投资者向实施投资项目所在地的投资登记机关递交材料。

材料包括：

(1)本法律第 33 条第 1 款中规定材料。

(2)征地、拆迁、移民、安置的方案(若有)。

(3)初步环保评估报告、保护环境的措施。

(4)投资项目的经济和社会影响、效益评估。

2.投资登记机关在接收本条第 1 款中规定的投资项目全部材料之日起 3 个工作日内,将材料上报计划投资部,并向本法第 33 条第 6 款规定的国家有关职能部门报送材料和征求意见。

3.自接收征求意见材料之日起 15 日内,被征求意见部门就国家管理权限范围内的内容做出意见并通知投资登记机关和计划投资部。

4.自接收投资项目材料之日起 25 日内,投资登记机关报省级人民委员会对投资项目材料进行评估,做出审批意见并通知计划投资部。

5.自接收本条第 4 款规定的文件之日起 15 日内,计划投资部组织审核投资项目材料和撰写包括本法第 33 条第 6 款规定内容的审核报告,并呈政府总理决定投资计划。

6.政府总理评估、决定包括本法第 33 条第 8 款中规定内容的投资计划。

7.越南政府对由政府总理决定投资计划的投资项目的具体材料、程序、审批手续做出具体规定。

第 35 条　国会决定投资计划的材料、程序、手续

1.投资者向实施投资项目所在地的投资登记机关递交材料。材料包括:

(1)本法第 33 条第 1 款中规定的材料。

(2)征地、拆迁、移民、安置的方案(若有)。

(3)初步环保评估报告、保护环境的措施。

(4)投资项目对经济和社会影响、效益评估。

(5)提出特殊机制、政策的建议(若有)。

2.自接收投资项目全部材料之日起 3 个工作日内,投资登记机关将投资项目材料报计划投资部,以报告政府总理成立国家审核委员会。

3.自成立之日起 90 日内,国家审核委员会对投资项目材料进行审核并撰写包括本法第 33 条第 6 款中规定内容的审核报告,并撰写审核报告呈报政府。

4.国会定期会议召开前 60 日内,政府将投资计划决定材料移交至国会主持审核工作的部门。

5.决定投资计划的材料包括:

(1)政府的意见书。

(2)本条第 1 款中规定的投资项目材料。

(3)国家审核委员会的审核报告。

(4)其他相关材料。

6.审核内容：

(1)属于国会决定投资计划职能范围内的项目指标达标情况。

(2)实施项目的必要性。

(3)项目是否符合经济和社会总体发展战略、规划，是否符合行业、领域发展规划，是否符合土地、其他资源使用规划。

(4)项目的目标、规模、地点、期限、实施进度；用地需求；征地拆迁、移民、安置方案；主要技术选择方案；保护环境的措施。

(5)投资资金、融资方案。

(6)经济和社会影响、效益。

(7)特殊机制、政策；投资优惠、扶持及适用条件(若有)。

7.越南政府及有关部门、组织、个人有责任为审核工作提供充足的信息、材料；在国会主持审核的有关部门有要求时，须对属于项目内容的问题进行说明。

8.国会评估、通过关于投资立项的决定包括以下内容：

(1)实施项目的投资者。

(2)项目的名称、目标、规模、投资资金；出资和融资进度；实施项目期限。

(3)投资项目实施地点。

(4)投资项目实施进度：基本建设进度和运行日期(若有)；项目的活动目标、主要工程的实施进度；分阶段实施的项目，应规定各阶段的目标、期限、运行内容。

(5)采用的技术。

(6)特殊机制、政策；投资优惠、扶持和适用条件(若有)。

(7)关于投资计划决议的有效期限。

9.越南政府对国家审核委员会审核投资项目的具体材料、程序、手续做出规定。

第三节　颁发、变更和吊销投资登记确认书的手续

第36条　投资登记确认书办理手续

1.必须办理投资登记确认书的情况：

(1)外国投资者的投资项目。

(2)本法第23条第1款中规定的经济组织的投资项目。

2.无须办理投资登记确认书的情况：

(1)国内投资者的投资项目。

(2)本法第23条第2款中规定的经济组织的投资项目。

(3)以出资、购买经济组织的股份和入股出资额方式进行的投资。

3.对于本法第30条、第31条、第32条中规定的投资项目，本法第23条第2款中规定的国内投资者、经济组织在投资计划获批后实施投资项目。

4.对于本条第2款第2项中规定的投资项目需要办理投资登记确认书的情况，投资者按本法第37条中的规定办理投资登记确认书。

第 37 条　投资登记确认书颁发手续

1.凡属本法第 30 条、第 31 条、第 32 条规定的投资审核项目，投资登记机关应在收到项目书面申请材料之日起 5 个工作日内给予颁发投资登记确认书。

2.对不属于本法第 30 条、第 31 条、第 32 条规定的投资审核项目，投资登记确认书申办手续如下：

(1)投资者向投资登记机关提交本法第 33 条第 1 款规定的全部申请材料。

(2)投资登记机关自接收全部材料之日起 15 日内给予颁发投资登记确认书，如不予颁发请以书面形式向投资者告知原由。

第 38 条　投资登记确认书的颁发、变更与吊销

1.工业区、加工出口区、高科技园区、经济区管委会负责受理、颁发、变更及吊销这些区域的投资登记确认书。

2.计划与投资厅负责工业区、出口加工区、高科技园区、经济区以外的投资登记确认书的受理、颁发、变更及吊销，以下第 3 款情况除外。

3.投资项目符合以下条件之一，则由投资者设立办事处或运行处的当地计划与投资厅负责投资登记确认书的受理、颁发、变更及吊销。

(1)投资项目在多个省、直辖市实施。

(2)投资项目在工业区、出口加工区、高科技园区及经济区之内和之外实施。

第 39 条　投资登记确认书的内容

1.投资项目编号。

2.投资者姓名、联系地址。

3.项目名称。

4.项目用地、用地面积。

5.投资目标、投资规模。

6.投资资金(包括投资者出资与融资金额)，出资与融资进度。

7.项目实施期限。

8.投资项目进度：项目基本建设进度及项目运行情况(若有)；项目主要目标实施进度、如项目按阶段施工，需规定各阶段实施的目标、期限及内容。

9.投资优惠或扶持政策及适用条件(若有)。

10.投资者实施项目的条件(若有)。

第 40 条　变更投资登记确认书

1.如需变更投资登记确认书内容，投资者必须办理投资登记确认书变更手续。

2.申请变更投资登记确认书所需材料。

(1)关于变更投资登记确认书的申请书。

(2)截至申请变更阶段的投资项目开展情况报告。

(3)投资者关于投资项目变更的决定。

(4)本法第 33 条第 1 款中第 2、3、4、5、6、7 项中规定的与变更内容相关的材料。

3.投资登记机关应在接收第 2 款规定的全部材料之日起 10 个工作日内给予变更投资登记确认书，如不予变更则须书面告知投资者原由。

4.对于投资审核项目,当变更内容涉及项目目标、投资地点、主要工艺、增减10%以上投资总额、实施期限、变更投资者或投资者条件(若有)时,投资登记机关先行对项目投资计划进行审核后再行变更投资登记确认书内容。

5.当投资者申请变更投资登记确认书内容造成投资项目需重新核准,投资登记机关先行对投资项目进行审核,再行变更投资登记确认书。

第41条 吊销投资登记确认书

1.当投资项目依照本法第48条第1款的规定终止投资活动时,投资登记机关将吊销该项目投资登记确认书。

2.政府对吊销投资登记确认书的具体流程及手续做出规定。

第四节 实施投资项目

第42条 投资项目实施保障

1.投资者须缴纳保证金,以确保项目获得国家移交土地、租赁土地或授权变更土地用途。

2.保证金金额为项目投资总额的1%～3%,根据项目规模、性质和实施进度等具体情况而定。

3.项目保证金根据项目实施进展情况返还投资者,不得返还的情况除外。

4.政府对本条款做出具体规定。

第43条 投资项目实施期限

1.经济区的投资项目实施期限不超过70年。

2.经济区以外的投资项目实施期限不超过50年,对于投资地在经济落后区、特困区或是投资金额大而资金回收慢的投资项目可适当延长期限,但不可超过70年。

3.对于已获得国家移交和租赁土地的投资项目,如因国家土地移交推迟,则迟交土地时间不计入项目实施期限。

第44条 机械设备及工艺生产线检验

1.投资者必须保证机械设备及工艺生产线的质量,确保按照国家法律实施投资项目。

2.为保证国家对科技管理的特殊需要或提供税收依据,国家管理部门有权对机械设备、生产线的质量和价值进行独立检验。

第45条 转让投资项目

1.投资者有权向满足以下条件的其他投资者转让全部或部分投资项目:

(1)不属于本法第48条第1款中规定的被终止的投资项目。

(2)当投资者受让项目属于外国投资者有条件准入的行业、领域时,外国投资者须满足适用条件。

(3)当项目转让关系到使用土地转让时,须遵守与土地和房地产经营相关的法律规定。

(4)投资登记确认书规定的其他条件或其他相关法律规定(若有)。

2.转让项目属于已获得投资登记确认书项目时,投资者须按本法第40条第2款之规定提交材料,并附投资项目转让合同以便变更项目实施者。

第 46 条　间断投资进度

1.对于已获得投资登记确认书或已获颁投资计划决定书的项目，当投资者间断投资资金进度、主要工程建设和运行进度(若有)，以及投资项目各阶段目标的实施进度时，须以书面形式向国家管理投资机关提出申请。

2.进度间断申请的内容包括：

(1)自获得投资登记确认书或项目投资计划决定书之日起至提出间断申请之日止，项目的实施情况以及对国家纳税义务的履行情况。

(2)间断实施项目进度的原由及期限说明。

(3)继续实施项目的计划，包括出资计划、基本建设和项目运行进度。

(4)投资者继续实施项目的承诺。

3.间断投资进度的总期限不得超过 24 个月。如遇不可抗因素，则消除不可抗因素影响的时间不计入间断期限。

4.自接收间断申请之日起 15 日内，投资登记机关以书面形式对投资进度间断申请给予答复。

第 47 条　暂停、终止投资项目

1.投资者暂停投资项目必须以书面形式向投资登记机关提出申请，如遇不可抗因素而暂停投资活动则在消除不可抗因素影响期间可免除土地租赁金。

2.对以下情况，国家投资管理职能部门可决定终止投资项目的全部或部分活动：

(1)依照文化遗产法的规定，以保护国家遗址、遗物、古董、珍贵物品。

(2)遵照国家环保部门的意见执行，以消除环境污染的后果。

(3)遵照国家劳动力管理部门的意见，以执行保障劳动力安全的措施。

(4)依照法院、仲裁庭的决定、判决。

(5)投资者不按投资登记确认书内容实施项目，被判行政违规但仍继续实施违规行为。

3.如投资项目有可能影响到国家安全，则政府总理将遵照计划与投资部的意见决定停止部分或全部投资项目活动。

第 48 条　终止投资项目活动

1.投资项目出现以下情形之一时将被终止：

(1)投资者决定终止投资项目的活动。

(2)合同、企业章程中规定的终止活动的条件。

(3)投资项目实施期限结束。

(4)投资项目因本法第 47 条第 2 款、第 3 款中规定的任一情况而被暂停，但投资者无法解决问题。

(5)投资者被国家收回实施项目用地或不被允许继续使用投资地点之日起，6 个月内未申请办理变更投资地点相关手续。

(6)自项目活动停止之日起，投资项目已终止活动且超过 12 个月的期限，投资登记机关无法联系到投资者或是法定代理人。

(7)不属于本法第 46 条规定的间断进度投资项目，且投资者超过 12 个月不实施或无法依照向投资登记机关提交的实施进度实施项目。

(8)依据法院或仲裁庭的判决、决定。

2.投资登记机关有权决定终止本条第1款第3、4、5、6、7项中规定的投资项目。

(1)当项目被终止,投资者依据财产清算相关法律自行清算项目。

(2)自投资项目被国家收回土地之日起,投资者在12个月内不自行清算与土地相关资产的,做出收回土地决定的部门对与土地相关的资产进行清算。

第49条 成立BCC合同中外国投资者执行办公室

1.BCC合同中的外国投资者允许在越南成立执行办公室以履行合同,依照合同选择执行办公室地点。

2.BCC合同中外国投资者的执行办公室可持有公章、开设银行账户、聘用员工、签署合同,以及在BCC合同和执行办公室成立许可证中规定的权利和义务范围内开展活动。

3.BCC合同中的外国投资者向所在地投资登记机关提交成立执行办公室所需的材料。

4.成立执行办公室所需档案材料。

(1)成立执行办公室申请表,包含BCC投资者驻越代理处名称和地址(若有),执行办公室名称和地址;执行办公室日常工作、活动期限及范围;执行办公室负责人姓名、住址、身份证、身份卡或护照。

(2)BCC合同中外国投资者关于成立执行办公室的决定。

(3)执行办公室负责人聘任决议复印件。

(4)BCC合同复印件。

(5)自接收本条第4款所规定的全部档案材料之日起15日内,投资登记机关给予颁发执行办公室成立许可证。

第50条 终止BCC合同投资者执行办公室的活动

1.自决定终止执行办公室活动之日起7个工作日内,外国投资者应向当地投资登记机关提交关于终止执行办公室活动的通报材料。

2.关于终止执行办公室活动的通报材料包括:

(1)在执行办公室活动期限内终止,则提交关于终止执行办公室的决定书。

(2)债权人名单以及已结算债务金额。

(3)雇佣劳动者名单以及对劳动者合法权利的保障情况。

(4)税务机关关于纳税义务履行情况的认定。

(5)社保机构关于完成社保义务的认定。

(6)公关部关于销毁公章的认定。

(7)执行办公室成立许可证。

(8)投资登记确认书复印件。

(9)BCC合同复印件。

3.自接收全部材料之日起15日内投资登记机关注销执行办公室许可证。

第五章　对外投资活动

第一节　总则

第 51 条　对外投资原则

1.国家支持鼓励投资者进行对外投资，以开拓、发展市场，增强商品、服务出口和创汇能力，学习先进技术、提高管理能力并进一步为国家经济和社会发展增加动力。

2.投资者进行对外投资需要遵守本法以及其他相关法律法规，本国和投资对象国家和地区（以下简称为投资对象国）的法律法规以及越南社会主义共和国为其成员的国际条约；自负对外投资盈亏。

第 52 条　对外投资方式

1.投资者对外投资方式如下：

（1）依照投资对象国法律规定成立经济组织。

（2）在国外履行 BCC 合同。

（3）购买国外经济组织部分或全部注册资本，以参与国外投资经营活动的管理与运行。

（4）通过国外证券市场、金融中介机构或是股票基金会购买或出售股票、有价证券或从事其他投资行为。

（5）投资对象国法律规定的其他投资方式。

2.政府对本条第 1 款第 4 项中关于在投资对象国从事投资的具体办法做出规定。

第 53 条　对外投资资金来源

1.投资者自行承担对外投资资金的出资和融资，如涉及外汇借贷、外汇汇款须遵照关于银行、信贷机构、外汇管理相关法律规定办理手续。

2.根据不同阶段的货币政策及外汇管理目标，越南国家银行依照本条第 1 款之规定对信贷机构、驻越外资银行分支机构向投资者提供外汇借贷以进行对外投资的具体事宜做出规定。

第二节　对外投资计划决定书申请手续

第 54 条　对外投资计划决定书的审批

1.须经国会审批的对外投资项目如下：

（1）对外投资项目金额达 20 万亿越南盾以上。

（2）须国会决定的，要求采取特殊机制、政策的项目。

2.除本条第 1 款规定的情况外，政府总理决定以下投资项目的对外投资计划：

（1）属于银行、保险、证券、报刊、广播电视及通信领域的投资项目且资金为 4 千亿越南盾以上。

（2）不属于本款第 1 项规定的情况，且对外投资金额达 8 千亿越南盾以上的投资项目。

第 55 条　政府总理决定对外投资计划的材料、程序及手续

1.投资者向计划投资部提交以下材料：

(1)对外投资登记表。

(2)投资者为个人的,提供身份证、身份卡或护照复印件;投资者为组织的,提供机构成立证书或其他具有同等法律效力的认定材料复印件。

(3)投资项目申请内容包括:项目目标、规模、投资方式、地点、初步投资金额、融资方案及资金构成、项目实施进度、阶段性投资进度(若有)、项目效益初步评估。

(4)以下可证明投资者财务能力的材料之一的复印件:投资者最近两年的财务报告;总公司的财务担保;信贷机构的财务担保;投资者财务能力自我担保书或其他可证明投资者财务能力的材料。

(5)投资者外汇平衡能力自我承诺书或是有外汇经营权的信贷机构出具的担保书。

(6)本法第 57 条第 1 款、第 2 款中规定的对外投资决定书。

(7)对于银行、证券、保险、科学技术领域的对外投资项目,投资者须提交由国家权力机关颁发的关于项目是否符合信贷机构、证券、科学技术及保险相关法律规定条件的认证书。

2.自接收投资项目材料之日起 3 个工作日内,计划投资部向其他有关部门转递材料并征求审批意见。

3.自接收投资项目材料之日起 15 日内,被征求意见部门就自身管辖权范围内的事项做出审批意见。

4.自接收项目材料之日起 30 日内,计划投资部组织审批并撰写审批报告呈报政府总理,报告包括以下内容:

(1)本法第 58 条规定的颁发对外投资登记确认书的条件。

(2)投资者的法律资格。

(3)开展对外投资项目的必要性。

(4)项目是否符合本法第 51 条第 1 款的规定。

(5)项目的基本内容:规模、投资形式、地点、实施期限与进度、投资资金、资金来源。

(6)投资对象国风险评估。

5.政府总理审核、决定对外投资计划,内容包括:

(1)实施项目的投资者。

(2)投资目标、地点。

(3)对外投资资金、资金来源、出资和融资进度、投资项目实施进度。

(4)对外投资优惠或扶持政策(若有)。

第 56 条 国会做出对外投资项目计划审批决定的材料、程序、手续

1.投资者依照本法第 55 条第 1 款之规定向计划投资部提交项目材料。

2.自接收投资项目材料之日起 5 个工作日内,计划投资部向政府总理提交申请成立项目审核委员会。

3.自项目审核委员会成立之日起 90 日内,委员会开展审核工作并按照本法第 55 条第 4 款规定的内容撰写审核报告。

4.在国会定期会议召开前 60 日内,政府向国会主持审核的有关部门提交对外投资计划决定材料,材料包括:

(1)政府的建议书。

(2)本法第 55 条第 1 款规定的投资项目材料。

(3)国家审核委员会的审核报告。

(4)其他相关材料。

5.国会审核、通过包括本法第 55 条第 5 款规定内容的对外投资计划之决议。

第三节 对外投资登记确认书的颁发、变更及吊销

第 57 条 对外投资决定权限

1.投资者为国家企业的对外投资决定权限，依照国家资金在企业生产经营中的管理和使用规定执行。

2.对外投资不属于本条第 1 款规定的情况则由投资主体依照本法、企业法或是其他相关法律法规自行决定。

3.本条第 1 款和第 2 款中的投资者及其法定代理机关对对外投资项目决定负责。

第 58 条 对外投资登记确认书颁发条件

1.对外投资活动符合本法第 51 条规定的各项原则。

2.对外投资领域不属于本法第 6 条规定禁止的投资经营行业、领域。

3.投资者承诺自行筹集外汇或获得有外汇经营权的信贷机构担保以实施对外投资项目。对外汇款金额达 200 亿越南盾以上且不属于本法第 54 条规定的项目，则由计划投资部以书面形式向越南国家银行征求意见。

4.本法第 57 条第 1 款、第 2 款规定的对外投资决定书。

5.税务机关对投资者截至投资项目材料提交之日以来履行纳税义务情况的认定文件。

第 59 条 对外投资登记确认书颁发手续

1.对于必须进行对外投资计划审批的项目，计划投资部在接收项目书面申请材料之日起 5 个工作日内向投资者颁发对外投资登记确认书。

2.对于不属于本条第 1 款规定的投资项目，投资者可向计划投资部申请发放投资登记确认书，需提交材料包括：

(1)对外投资登记表。

(2)投资者为个人的，提供身份证、身份卡或护照复印件；投资者为组织的，提交成立确认书或其他可证明其为法定代理机构的证明材料复印件。

(3)本法第 57 条第 1 款、第 2 款规定的对外投资决定书。

(4)本法第 58 条第 3 款规定的外汇平衡自我担保承诺书或有外汇经营权的信贷机构出具的担保书。

(5)对于银行、证券、保险、科学技术领域的对外投资项目，投资者须依照《信贷机构法》《证券法》《科学技术法》《保险经营法》的规定向国家职能部门提交关于满足对外投资条件的同意批文。

3.自接收本条第 2 款规定的材料之日起 15 日内，计划投资部颁发对外投资登记确认书。如不同意颁发，须以书面形式告知投资者缘由。

4.政府制定对外投资项目审批手续，以及对外投资登记确认书的颁发、变更及吊销的具体办法。

第 60 条 对外投资登记确认书内容

1.投资项目编号。

2.投资者姓名、地址。

3.投资项目名称。

4.投资目标、地点。

5.境外投资资金、资金来源、筹资进度及投资项目实施进度。

6.投资者的权利与义务。

7.投资优惠和扶持政策(若有)。

第 61 条 变更对外投资登记确认书

1.当需要变更对外投资的内容涉及实施项目的投资者、投资地点、目标、规模、投资资金、资金来源、投资进度、投资优惠、使用利润再次进行对外投资时,投资者应向计划投资部提交变更对外投资登记确认书的申请材料。

2.变更对外投资登记确认书所需材料:

(1)变更对外投资登记确认书申请。

(2)投资者为个人的,提交身份证、身份卡或护照复印件,投资者为组织的,提交成立确认书或其他可证明其为法定代理机构的证明材料复印件。

(3)截至提交变更对外投资登记确认书申请材料以来投资项目的运行情报报告。

(4)根据本法第 57 条第 1 款、第 2 款规定的机关、组织和个人变更对外投资项目的决定书。

(5)对外投资登记确认书复印件。

(6)税务机关出具的截至提交对外投资增资申请材料以来投资者履行纳税义务情况的认定文件。

3.计划投资部自接收材料之日起 15 日内给予变更对外投资登记确认书。

(1)如对外投资项目计划需要做出审批决定,则在变更本款第 1 条规定的内容之前,计划投资部先办理对外投资计划审批决定手续,再变更对外投资登记确认书内容。

(2)当变更对外投资登记确认书内容会导致对外投资项目需重新审批,则计划与投资部须先完成对外投资项目审批手续,再行变更对外投资登记确认书内容。

第 62 条 终止对外投资项目

1.对外投资项目出现下列情形之一时应当被终止:

(1)投资者决定终止投资活动。

(2)投资项目实施期限已满。

(3)满足合同、企业章程所规定的终止投资活动的条件。

(4)投资者将全部投资资金转让给外国投资者。

(5)自对外投资登记确认书颁发之日起超过 12 个月未能通过投资对象国同意开展实施项目,或自获得投资对象国有关职能部门批准起超过 12 个月未能开展项目实施活动。

(6)自接收投资登记确认书起超过 12 个月未开展投资项目,或无力按向国家职能部门登记的进度实施项目且未办理投资进度变更手续。

(7)在收到投资对象国关于税务结算报告或是具有同等法律效力的相关文件后超过

12个月，投资者未提交关于项目投资活动进展报告。

(8)根据投资对象国法律法规，对外投资经济组织被解体或是破产。

(9)依照法院、仲裁院的有关判决、决定。

2.计划投资部有权吊销符合本款第1条之规定的对外投资登记确认书。

第四节　实施对外投资

第63条　开设对外投资资金账户

凡与对外投资活动相关的银行转账，包括从越南转到国外或是从国外转入越南，需要通过被授权的越南信用机构开办账户，且依据外汇管理法有关规定到越南国家银行办理注册登记。

第64条　向国外汇出投资资金

1.投资者为实施项目向国外汇出投资资金需要满足以下条件：

(1)已取得对外投资登记确认书，本条第3款规定的情况除外。

(2)投资活动已取得投资对象国有关职能部门认可或批准，如投资对象国对此类投资活动没有相关审批规定，则投资者需提供有权在对象国实施投资的相关证明材料。

(3)开设本法第63条规定的对外投资资金账户。

2.向国外汇出投资资金应遵守外汇管理、出口、技术转移的法律法规以及其他相关的法律规定。

3.按照政府相关规定，投资者为考察、研究、试探国外市场或者开展其他与投资相关的准备活动，可以向国外转出外汇或商品、机械和设备。

第65条　向国内汇入利润

1.除本法第66条规定的使用项目利润再次进行对外投资的情况外，自接收由投资对象国出具的税务决算报告或其他同等效力法律文件之日起6个月内，投资者须将项目所得全部利润及其他收入转汇回越南。

2.在本条第1款规定的期限内，未能将所得合法利润或是其他境外合法收入转回越南的，投资者须向越南计划投资部和越南国家银行提交书面报告。汇款回国的延期次数不得超过两次，每次延期不超过6个月，且需要具有计划投资部的同意批文。

第66条　利用所得利润再次进行对外投资

1.投资者利用对外投资所得利润增加对外投资额或是扩大投资时，需要办理对外投资登记确认书变更手续，并向越南国家银行报备。

2.使用对外投资所得利润实施其他对外投资项目时，则须另外办理该投资项目的对外投资登记确认书手续，并向越南国家银行报备项目资金银行账户、投资资金现金汇款进度。

第六章　国家投资管理

第67条　国家投资管理内容

1.颁布、普及和组织实施关于投资的法律法规。

2.制定并组织实施关于在越投资及越南对外投资的战略、规划及政策。

3.综合分析投资形势,评估投资活动对宏观经济的影响及效益。

4.建立、管理及运行国家投资活动信息系统。

5.依照本法之规定颁发、变更及吊销投资登记确认书、对外投资登记确认书、投资计划决定、对外投资计划决定。

6.对工业区、加工出口区、高科技园区和经济区实行国家管理。

7.组织实施投资促进活动。

8.检查、监察、监督投资活动;管理和配合管理投资活动。

9.指导、帮助和解决投资者在实施投资项目过程中的问题和要求,解决投资活动中的投诉、纠纷,负责投资活动的奖励工作,并处罚投资活动中的违法违规行为。

10.投资活动相关国际条约的谈判及签订。

第68条 国家投资管理责任

1.越南政府对在越投资活动及越南对外投资活动进行统一管理。

2.计划投资部协助政府对在越投资活动以及越南对外投资活动进行统一管理。

3.计划投资部的责任与权限:

(1)向政府、政府总理呈报在越投资活动及越南对外投资活动的战略规划、计划和政策。

(2)颁布或呈报有关职能部门以颁布关于在越投资及越南对外投资的法律法规。

(3)发布在越投资及越南对外投资申办表模板。

(4)对关于投资的法律法规执行工作进行指导、普及、组织实施、跟踪、检查、评估。

(5)综合分析评估在越投资及越南对外投资形势。

(6)建立、管理及运行国家投资信息系统。

(7)主持、配合有关部门监督、评估、清查在越投资及越南对外投资活动。

(8)呈报具有审批权限的职能部门做出终止已获批投资项目的决定,对违反权限、违反投资相关法律规定的投资项目进行变更。

(9)对工业区、加工出口区及经济区实施国家管理。

(10)对促进投资、在越投资及越南对外投资促进活动实施国家管理。

(11)投资活动相关国际条约的谈判及签订。

(12)根据政府、政府总理分工要求,在权限范围内管理投资活动。

4.各部委及部级机关责任和权限:

(1)配合计划投资部、各部委及部级机关制定与投资活动相关的法律法规及政策。

(2)主持、配合各部委及部级机关制定和颁布法律、政策、标准、技术基准并对执行工作进行指导。

(3)按职能权限呈报越南政府颁布本法第7条规定的行业、领域的投资条件。

(4)主持、配合计划投资部制定行业的规划、实施计划及吸引投资的项目目录,推动、促进行业投资。

(5)按本法之规定参与投资项目计划决定的审批工作。

(6)在职权范围内对投资项目的投资条件和管理工作进行监察、评估和清查。

(7)在实施国家管理过程中主持、配合省级人民委员会、各部委及部级机关解决投资项目在实施过程中的困难、障碍;指导分级、授权工业区、加工出口区、高科技园区及经济区的管委会执行在各区域中的国家管理任务。

(8)定期对国家管理范围内投资项目的经济和社会效益进行评估,并报送计划投资部。

(9)负责对分管领域内的投资管理信息系统进行维护、更新,并与国家投资信息系统实现对接。

5.省级人民委员会、计划投资厅、各工业区、加工出口区、高科技园区及经济区管理委员会的责任与权限:

(1)配合各部委、部级机关制定和颁布地方招商引资项目目录。

(2)主持办理投资登记确认书的颁发、变更及吊销。

(3)对管辖权范围内的投资项目实施国家管理。

(4)在管辖权范围内或报具管辖权的上级解决投资者的困难、障碍。

(5)定期对地方投资活动的经济和社会效益进行评估并报送计划投资部。

(6)负责对分管领域内的投资管理信息系统进行维护、更新。

(7)对投资报告制度的组织实施、监察和评估工作进行指导。

(8)越南驻外机构有责任跟踪、协助投资者在投资对象国的投资活动,并保护其合法权益。

第69条 对投资活动的监督与评估

1.对投资活动的监督与评估包括:

(1)对投资项目进行监督、评估。

(2)对总体投资情况的监督与评估。

2.监督、评估投资的责任:

(1)国会、各级人民议会依法对投资活动实行监督。

(2)国家投资管理部门、国家行业管理部门负责对投资活动进行整体监督与评估,对分管范围内的投资项目进行监督与评估。

(3)投资登记机关监督、评估属于投资登记确认书核发范围内的投资项目。

(4)各级越南祖国阵线在职权范围内负责公共投资项目的监察。

3.投资项目监察与评估内容包括:

(1)对使用国家资金进行投资经营的投资项目,国家投资管理部门、国家行业管理部门根据已获批的投资决定中的内容和指标对项目进行监察与评估。

(2)对于使用其他来源资金的投资项目,国家投资管理部门、行业管理部门依法监督与评估项目目标、是否符合已获批的项目规划和实施计划、投资进度、环保要求的执行情况、土地和其他资源的使用情况。

(3)投资登记机关负责监察与评估投资登记确认书内容、投资计划决定书内容。

4.整体投资的监察评估内容:

(1)颁布相关法律规范制定关于投资方面的实施细则与指导,指导实施投资法的各项规定。

(2)投资项目的执行情况。

(3)逐级评估全国、各部委及部级机关、各地方的各项投资项目的投资效益。

(4)向同级国家管理部门、上级国家投资管理部门报告投资评估结果,并对投资中的困难和违法行为提出处理建议。

(5)评估机关、组织可以自行评估,或是聘请有资质和能力的专家、咨询机构进行评估。

第70条 国家投资信息系统

1.国家投资信息系统包括:

(1)国内投资国家信息系统。

(2)外国对越投资和越南对外投资国家信息系统。

2.计划投资部主持、配合有关部门建立和运行国家投资信息系统,对中央和地方国家投资管理部门的信息系统运行进行评估。

(1)国家投资管理部门及投资者负责及时更新完善国家投资信息系统各项信息的准确录入。

(2)储存在国家投资信息系统中的关于投资项目信息具有法律效力,是投资项目的原始信息。

第71条 在越投资活动报告制度

1.实施报告制度对象:

(1)各部委、部级机关及省级人民委员会。

(2)投资登记部门。

(3)本法规定的实施投资项目的投资者、经济组织。

2.定期报告制度:

(1)投资者、经济组织每月、每季度、每年就投资项目实施情况向当地投资登记机关或统计机关做报告,具体内容包括:到位投资资金、投资经营效益、劳务信息、对国家财政的贡献情况、研发资金投入、环境保护措施以及活动领域中的行业指标。

(2)投资登记机关每月、每季度、每年向计划投资部、省级人民委员会报告投资登记确认书的申请、颁发、变更及吊销情况,以及在分管范围内投资项目的实施情况。

(3)省级人民委员会每月、每季度、每年就收集的当地投资情况信息向计划投资部报告。

(4)各部委、部级机关每季度、每年将管辖权范围内的投资登记确认书及其他同等法律效力文件(若有)的颁发、变更、吊销情况,以及与分管行业相关的投资活动情况报告呈送计划投资部,以便计划投资部向政府总理作综合情况报告。

(5)计划投资部每季度、每年就全国范围内的投资情况向政府总理做汇报,并评估本条第1款中规定的各部门执行投资报告制度的情况。

3.各部门、投资者和经济组织以书面形式并通过国家投资信息系统提交报告。

(1)本条第1款规定的部门、投资者及经济组织依照有关职能部门的要求,需要进行突发情况报告。

(2)对于不属于核发投资证书的项目,投资者在实施投资项目之前须向投资登记机关报告。

第72条 对外投资活动报告

1.执行报告制度的对象:

(1)各部委、部级机关、省级人民委员会。

(2)对外投资登记机关。

(3)本法规定的投资项目投资者。

2.各部委、部级机关及各省人民委员会报告制度:

(1)各部委、部级机关和省级人民委员会每 6 个月、每年定期就各自职责范围内的对外投资活动管理情况做报告并报送计划投资部,由计划投资部汇总报告政府总理。

(2)计划投资部每 6 个月、每年定期就全国范围内投资形势向政府总理做报告,并对本条第 1 款中规定的各单位、组织和个人的对外投资活动管理情况汇报制度的执行情况进行评测。

3.投资者报告制度:

(1)自投资项目获得投资对象国依法同意或批准之日起 60 日内,投资者须以书面形式向计划投资部、越南国家银行、越南驻投资对象国的代表机构报告境外投资活动实施情况,并附上投资对象国出具的投资项目同意批文或其他能够证明投资者具备投资资格的材料复印件。

(2)投资者每季度、每年定期向计划投资部、越南国家银行、越南驻投资对象国代表机构以书面形式报告投资项目实施情况。

(3)自收到投资对象国的税务清算报告或依照投资对象国法律规定的具有同等法律效力的文件之日起 6 个月内,投资者向计划投资部、越南国家银行、财政部、越南驻投资对象国代表机构,以及按照本法或其他相关法律规定的国家职能部门提交投资项目实施情况报告,并附财务报表、税务决算报告或依照投资对象国法律规定的其他具有同等法律效力的文件。

(4)对于使用国家资金的对外投资项目,除执行本条第 1 款、第 2 款、第 3 款规定的报告制度外,投资者还须依照关于管理和使用国家资金进行企业生产经营活动的法律法规所规定的投资报告制度提交报告。

4.本条第 2 款、第 3 款所规定的报告均以书面形式通过国家投资信息系统提交。

5.本条第 1 款规定的各单位、组织及投资者,在国家管理工作有需要或投资项目出现问题时,须按照国家职能部门的要求提交突发情况报告。

第七章　组织实施

第 73 条　违法行为的处罚

1.违反本法相关规定的组织或个人,视其违法行为的性质、危害程度追究责任,包括纪律处分、行政处罚或追究刑事责任;造成损失的,按本法之规定给予赔偿。

2.凡利用职务、权限之便阻碍投资经营活动,对投资者进行勒索、故意刁难、不依法履行公务者,视违法行为的性质、情节轻重判处纪律处分或追究刑事责任。

第 74 条　过渡条款

1.在本法生效前,投资者已获得投资许可证或投资确认书的可按照原证照获批内容实施项目。如投资者特别要求,投资登记机关可为其更换为投资登记确认书。

2.在本法生效前已实施的项目,如按本法之规定属于须办理投资登记确认书或申请投资计划决定书的,投资者无须再办理投资登记确认书、投资计划决定书的相关手续。如有办理投资登记确认书的需求,则投资者依照本法之规定办理各项手续。

3.在本法生效之前已颁布和执行的关于投资经营条件的法律规范如与本法第 7 条第 3 款规定不一致的,则原规定自 2016 年 7 月 1 日起自动失效。

4.政府对本条第 1 款、第 2 款的具体内容做出规定。

第 75 条 关于国会第 21/2008/QH12 号《高科技法》中第 18 条第 1 款的修改、补充

关于《高科技法》第 18 条第 1 款的修改、补充如下:

1.高科技企业须符合以下条件:

(1)生产属于本法第 6 条规定的国家支持鼓励发展的《高科技产品目录》中的高科技产品。

(2)生产方式环保节能,生产和产品质量管理符合越南质量标准、技术基准;如越南尚无相关越南质量标准、技术基准的,则采用国际行业组织标准。

2.政府总理规定的其他指标。

第 76 条 实施生效

1.本法自 2015 年 7 月 1 日起生效。

2.国会颁布的第 59/2005/QH11 号《投资法》及《关于呈国会决定投资计划的国家重要项目、工程的第 49/2010/QH12 号决议》自本法生效之日起自动失效。

3.越南政府、国家职能部门对本法中各项条款的细则做出规定。

本法律经 2014 年 11 月 26 日召开的越南社会主义共和国第十三届国会第八次会议通过。

国会主席 阮生雄

附 录*

附录一 禁止投资经营的麻醉药品品种名录

序号	物质名称	科学名称	CAS 编号
1	醋托啡	3-*O*-acetyltetrahydro-7-a-(1-hydroxyl-1-methylbutyl)-6,14-*endo* etheo-oripavine	25333-77-1
2	乙酰阿法甲基芬太尼	*N*-[1-(a-methylphenethyl)-4-piperidyl] acetanilide	101860-00-8
3	阿醋美沙多	á-3-acetoxy-6-dimethylamino-4,4-diphenylheptane	17199-58-5
4	阿法甲基芬太尼	*N*-[1-(a-methylphenethyl)-4-piperidyl] propionanilide	79704-88-4

* 译者:赵银川,四川外国语大学讲师;译审:王鑫,原《中国经济和信息化》杂志社编辑。

续表

序号	物质名称	科学名称	CAS 编号
5	倍他羟基芬太尼	*N*-[1-(b-hydroxyphenethyl)-4-piperidyl] propionanilide	78995-10-5
6	倍他羟基-3-甲基芬太尼	*N*-[1-(b-hydroxyphenethyl)-3-methyl-4-piperidyl] propinonardlide	78995-14-9
7	布苯丙胺	2,5-dimethoxy-4-bromoamphetamine	64638-07-9
8	大麻和大麻树脂		8063-14-7
9	卡西酮	(—)-*á*-aminopropiophenone	71031-15-7
10	地索吗啡	Dihydrodeoxymorphine	427-00-9
11	二乙基色胺	*N*,*N*-diethyltryptamine	7558-72-7
12	屈大麻酚	(6*aR*,10*aR*)-6*a*,7,8,10*a*-tetrahydro-6,6,9-trimethyl-3-pentyl-6*H*-dibenzo [*b*,*d*] pyran -1-ol	1972-08-3
13	二甲氧基安非他明	(±)-2,5-dimethoxy-*á*-methylphenylethylamine	2801-68-5
14	(1,2-二甲基庚基)羟基四氢甲基二苯吡喃	3-(1, 2-dimethylheptyl)-1-hydroxy-7, 8, 9, 10-tetrahydro-6,6,9-trimethyl-6H-dibenzo [*b*,*d*] pyran	32904-22-6
15	二甲基色胺	*N*,*N*-dimethyltryptamine	61-50-7
16	二甲氧基乙基安非他明	(±)-4-ethyl-2,5-dimethoxy-*á*-phenethylamine	22004-32-6
17	乙环利定	*N*-ethyl -1-phenylcylohexylamine	2201-15-2
18	埃托啡	Tetrahydro-7a-(1-hydroxy-1-methylbutyl)-6, 14-*endo*etheno-oripavine	14521-96-1
19	乙色胺	3-(2-aminobuty)indole	2235-90-7
20	海洛因	Diacetylmorphine	561-27-3
21	凯托米酮	4-*meta*-hydroxyphenyl-1-methyl-4-propionylpiperidine	469-79-4
22	二亚甲基双氧安非他明	(±)-*N*-a-dimethyl-3, 4-(methylenedioxy) phenethylamine	42542-10-9
23	麦司卡林	3,4,5-trimethoxyphenethylamine	54-04-6
24	甲卡西酮	2-(methylamino)-1-phenylpropan-1-one	5650-44—2
25	甲米雷司	(±)-*cis*-2-amino-4-methyl-5-phenyl-2-oxazoline	3568-94-3
26	3-甲基芬太尼	*N*-(3-methyl-1-phenethyl-4-piperidyl) propionanilide	42045-86-3
27	3-甲基硫代芬太尼	*N*-[3-methyl-1 [2-(2-thienyl) ethyl]-4-piperidyl] propionanilide	86052-04-2
28	甲羟芬胺	(±)-5-methoxy-3,4-methylenedioxy-a-methylphenylethylamine	13674-05-0

续表

序号	物质名称	科学名称	CAS 编号
29	吗啡甲溴化物，包括其他五价氮吗啡衍生物	(5a,6a)-17 -Methyl-7,8-didehydro-4,5-epoxymorphinan-3,6-diol-bromomethane(1:1)	125-23-5
30	1-甲基-4-苯基-4-哌啶丙酸酯	1-methyl-4-phenyl-4-piperidinolpropionate(ester)	13147-09-6
31	麦角二乙胺	9,10-didehydro -N, N-diethyl-6-methylergoline-8b carboxamide	50-37-3
32	羟芬胺	(±)-*N*-hydroxy-[a-methyl-3, 4-(methylenedyoxy) phenethyl] hydroxylamine	74698-47-8
33	乙芬胺	(±) *N*-ethyl-methyl-3, 4-methylenedioxy) phenethylamine	82801-81-8
34	对氟芬太尼	4′-fluoro-N-(1-phenethyl-4-piperidyl) propionanilide	90736-23-5
35	六氢大麻酚	3-hexyl-7,8,9,10-tetrahydro-6,6,9-trimethyl-6*H*-dibenzo [*b*,*d*] pyran-1-ol	117-51-1
36	1-苯乙基-4-苯基-4-哌啶乙酸酯	1-phenethyl-4-phenyl-4-piperidinol acetate	64-52-8
37	副甲氧基安非他明	*p*-methoxy-a-methylphenethylamme	64-13-1
38	赛洛新	3-[2-(dimetylamino)ethyl] indol-4-ol	520-53-6
39	赛洛西宾	3-[2-dimetylaminoethyl] indol-4-yl dihydrogen-phosphate	520-52-5
40	咯环利定	1-(1-phenylcyclohexy)pyrrolidine	2201-39-0
41	二甲氧基甲苯异丙胺	2,5-dimethoxy-4,a-dimethylphenethylamine	15588-95-1
42	替苯丙胺	a-methyl-3,4-(methylendioxy)phenethylamine	4764-17-4
43	替诺环定	1-[1-(2-thienyl)cyclohexyl] piperidine	21500-98-1
44	硫代芬太尼	*N*-(1 [2-(2-thienyl) ethyl]-4-piperidyl]-4-propionanilide	1165-22-6
45	三甲氧基安非他明	(+)-3,4,5-trimethoxy-a-methylphenylethylamine	1082-88-8

上述品种包括其可能存在的盐、单方制剂和异构体。

附录二　化学品、矿物品种名录

序号	化学名	CAS 号	HS 编码
A	**有毒化学品**		
1	O-Alkyl 合成物(≤C10,包括 cycloalkyl)alkyl(Me,Et,n-Pr 或者 i-Pr)-phosphonofluoridate 如： 沙林:甲基氟膦酸异丙酯 沙门:烯丙基苯硫化物	 107-44-8 96-64-0	2931.00 2931.00 2931.00

续表

序号	化学名	CAS号	HS编码
2	O-Alkyl合成物(≤C10,包括cycloalkyl)N,N-dialkyl(Me,Et,n-Pr或者i-Pr)-phosphoramidocyanidate 如: 太奔:二甲胺氰磷酸乙酯	 77-81-6	2931.00 2931.00
3	O-Alkyl合成物(H or ≤C10,包括cycloalkyl)S-2-dialkyl(Me,Et,n-Pr或者i-Pr)-aminoethyl alkyl(Me,Et,n-Pr或者i-Pr)phosphonothiolate及相应的烷基化盐或质子化盐 例如: O-乙基-S-[2-(二异丙氨基)乙基]甲基硫代磷酸酯	 50782-69-9	2930.90 2930.90
4	硫芥子气(Sufur mustards):		
	2-氯乙基氯甲基硫醚	2625-76-5	2930.90
	二氯二乙硫醚	505-60-2	2930.90
	二(2-氯乙硫基)甲烷	63869-13-6	2930.90
	1,2-二乙烷;2-氯乙硫基乙烷	3563-36-8	2930.90
	1,3-二(2-氯乙硫基)-正丙烷	63905-10-2	2930.90
	1,4-二(2-氯乙硫基)-正丁烷	142868-93-7	2930.90
	1,5-二(2-氯乙硫基)-正戊烷	142868-94-8	2930.90
	二(2-氯乙硫基甲基)醚	63918-90-1	2930.90
	二(2-氯乙硫基乙基)醚	63918-89-8	2930.90
5	路易氏剂:2-氯乙烯基二氯胂	541-25-3	2931.00
	二(2-氯乙烯基)氯胂	40334-69-8	2931.00
	三(2-氯乙烯基)胂	40334-70-1	2931.00
6	氮芥剂:二(2-氯乙基)乙基胺	538-07-8	2921.19
	双(2-氯乙基)甲胺	51-75-2	2921.19
	三(2-氯乙基)胺	555-77-1	2921.19
7	二乙酸贝毒素	35523-89-8	3002.90
8	蓖麻毒素	9009-86-3	3002.90
B	**易制毒化学品**		
1	Alkyl化合物(Me,Et,n-Pr or i-Pr)phosphonyldifluoride 如:DF:甲基膦酰二氟	 676-99-3	 2931.00
2	O-Alkyl化合物(H or ≤C10,包括cycloalkyl)O-2-dialkyl(Me,Et,n-Pr hoặc i-Pr)-aminoethyl alkyl(Me,Et,n-Pr hoặc i-Pr)phosphonite及相应的烷基化盐或质子化盐 如: O-乙基-2-二异丙氨基乙基甲基硫代膦酸脂	57856-11-8	2931.00 2931.00

续表

序号	化学名	CAS号	HS编码
3	氯沙林:甲基氯膦酸异丙酯	1445-76-7	2931.00
4	氯梭曼:O-比哪基甲基氯磷酸酯	7040-57-5	2931.00
C	**矿物**		
1	角闪石类石棉		

附录三　珍稀濒危野生物种名录

第一组:禁止用于开发及投资经营的珍稀濒危野生物种

一、植物

序号	越文学名(中文学名)	学　名
	NGÀNH THÔNG(松柏门)	PINOPHYTA
	LỚP THÔNG(松柏纲)	PINOSIDA
	HỌ Hoàng đàn(柏科)	Cupressaceae
1	Bách Đài Loan(台湾杉)	*Taiwania cryptomerioides*
2	Bách vàng(越南黄金柏)	*Xanthocyparisvietnamensis*
3	Hoàng đàn(西藏柏木)	Cupressus torulosa
4	Sa mộc dầu(蛮大杉)	*Cunninghamia konishii*
5	Thông nước(水杉)	*Glyptostrobus pensilis*
	HỌ Thông(松科)	Pinaceae
6	Du sam đá vôi(铁坚油杉)	*Keteleeria davidiana*
7	Vân sam Fan si pang(越南冷杉)	Abies delavayi var.nukiangensis
	NGÀNH MỘC LAN(木兰植物门)	MAGNOLIOPHYTA
	LỚP MỘC LAN(木兰纲)	MAGNOLIOPSIDA
	HỌ dầu(龙脑香科)	Dipterocarpaceae
8	Chai lá cong(重婆罗双)	*Shorea falcata*
9	Kiền kiền Phú Quốc	Hopea pierrei
10	Sao hình tim	*Hopea cordata*
11	Sao mạng Cà Ná(无翼坡垒)	*Hopea reticulata*
	HỌ Hoàng liên gai(小檗科)	Berberidaceae
12	Hoàng liên gai(小檗)	*Berberis julianae*
	HỌ Mao lương(毛茛科)	Ranunculaceae
13	Hoàng liên chân gà(五裂黄连)	*Coptis quinquesecta*
14	Hoàng liên Trung Quốc(中国黄连)	*Coptis chinensis*

续表

序号	越文学名(中文学名)	学　名
	HỌ Ngũ gia bì(五加科)	Araliaceae
15	Sâm vũ diệp(Vũ diệp tam thất)(羽叶三七)	*Panax bipinnatifidus*
16	Sâm Ngọc Linh(越南人参)	*Panax vietnamensis*
17	Tam thất hoang(屏边三七)	*Panax stipuleanatus*
	LỚP HÀNH(百合纲)	LILIOPSIDA
	HỌ lan(兰科)	Orchidaceae
18	Các loài Lan kim tuyến(各类金线兰)	*Anoectochilus spp.*
19	Các loài Lan hài(各类兜兰)	*Paphiopedilum spp.*

二、动物

序号	越文学名(中文学名)	学　名
	LỚP THÚ(哺乳纲)	MAMMALIA
	BỘ CÁNH DA(皮翼目)	DERMOPTERA
	HỌ Chồn do'i(鼯猴科)	Cynocephaliadae
1	Chồn bay(Cầy bay)(斑鼯猴)	*Cynocephalus variegatus*
	BỘ LINH TRU'O'NG(灵长类)	PRIMATES
	Họ Cu li(蜂猴属)	*Loricedea*
2	Cu li ló'n(蜂猴)	*Nycticebus bengalensis*
3	Cu li nh　(倭蜂猴)	*Nycticebus pygmaeus*
	Họ Kh　(猴科)	Cercopithecidae
4	Voọc bạc Đông Du'o'ng(银叶猴)	Trachypithecus villosus
5	Voọc Cát Bà(Voọc đen đầu vàng)(金头黑叶猴)	*Trachypithecus poliocephalus*
6	Voọc chà vá chân đen(黑腿白臀叶猴)	*Pygathrix nigripes*
7	Voọc chà vá chân đo(Voọc chà vá chân nâu)(红腿白臀叶猴)	*Pygathrix nemaeus*
8	Voọc chà vá chân xám(灰腿白臀叶猴)	*Pygathrix cinerea*
9	Voọc đen Hà Tĩnh(Voọc gáy trăng)(河静黑叶猴)	*Trachypithecus hatinhensis*
10	Voọc đen má trắng(黑叶猴)	Trachypithecus francoisi
11	Voọc mông trắng(德拉库尔乌叶猴)	Trachypithecus delacouri
12	Voọc mũi hếch(越南金丝猴)	*Rhinopithecus avunculus*
13	Voọc xám(缅甸乌叶猴)	*Trachypithecus barbei*

续表

序号	越文学名(中文学名)	学　名
	Họ Vu'o'n(长臂猿科)	Hylobatidae
14	Vu'ọ'n đen má hung(红颊长臂猿)	*Nomascus(Hylobates)gabriellae*
15	Vu'ọ'n đen má trắng(白颊长臂猿)	*Nomascus(Hylobates)leucogenys*
16	Vu'ọ'n đen tuyền Đông Bắc(Vu'ọ'n Cao Vít)(东黑冠长臂猿)	*Nomascus(Hylobates)nasutus*
17	Vu'ọ'n đen tuyền Tây Bắc(黑冠长臂猿)	*Nomascus(Hylobates)concolor*
	BỘ THÚ ĂN THỊT(食肉目)	CARNIVORA
	Họ Chó(犬科)	Canidae
18	Sói đo(Chó sói lu'a)(豺狗)	*Cuon alpinus*
	Họ Gấu(熊科)	Ursidea
19	Gấu chó(马来熊)	*Ursus(Helarctos)malaycmus*
20	Gấu ngự'a(亚洲黑熊)	*Ursus(Selenarctos)thibetanus*
	Họ Chồn(鼬科)	Mustelidea
21	Rái cá lông mũi(毛鼻水獭)	*Lutra sumatrana*
22	Rái cá lông mu' ọ't(江獭)	*Lutrogale perspicillata*
23	Rái cá thu'ò'ng(欧亚水獭)	*Lutra lutra*
24	Rái cá vuốt bé(亚洲小爪水獭)	*Aonyx cinereus*
	Họ Cầy(灵猫科)	Viverridae
25	Cầy mụ'c(Cầy đen)(熊狸)	*Arctictis binturong*
	Họ Mèo(猫科)	Felidae
26	Báo gấm(云豹)	*Neofelis nebulosa*
27	Báo hoa mai(金钱豹)	*Panthera pardus*
28	Beo lu'a(Beo vàng)(金猫)	*Catopuma temminckii*
29	Hổ(虎)	*Panthera tigris*
30	Mèo cá(钓鱼猫)	*Prionailurus viverrinus*
31	Mèo gấm(云猫)	*Pardofelis marmorata*
	BỘ CÓ VÒI(长鼻目)	PROBOSCIDEA
32	Voi(亚洲象)	*Elephas maximus*
	BỘ MÓNG GUỐC LẺ(奇蹄目)	PERISSODACTYLA
33	Tê giác một sừ'ng(爪哇犀牛)	*Rhinoceros sondaicus*
	BỘ MÓNG GUỐCNGÓN CH ẴN(偶蹄目)	ARTIODACTYLA

续表

序号	越文学名(中文学名)	学　名
	Họ Hu'o'u nai(鹿科)	Cervidae
34	Hu'o'u vàng(豚鹿)	*Axis porcinus*
35	Hu'o'u xạ(林麝)	*Moschus berezovskii*
36	Mang ló'n(越南大麂)	*Megamuntiacus vuquangensis*
37	Mang Tru'ò'ng So'n(长山麂)	*Muntiacus truongsonensis*
38	Nai cà tong(坡鹿)	*Rucervus eldii*
	Họ Trâu bò(牛科)	Bovidae
39	Bò rù'ng(爪哇野牛)	*Bos javanicus*
40	Bò tót(印度野牛)	*Bos gaurus*
41	Bò xám(柬埔寨野牛)	*Bos sauveli*
42	Sao la(中南大羚)	*Pseudoryx nghetinhensis*
43	So'n du'o'ng[苏门答腊鬣羚(鬣羚)]	*Naemorhedus sumatraensis*
44	Trâu rù'ng(水牛)	*Bubalus arnee*
	BỘ TÊ TÊ(鳞甲目)	PHOLIDOTA
45	Têtê java(马来穿山甲)	*Manis javanica*
46	Tê tê vàng(中华穿山甲)	*Manis pentadactyla*
	BỘ THO RÙ'NG(兔形目)	LAGOMORPHA
	Họ Tho rù'ng(兔科)	Leporidae
47	Tho vằn(斑纹兔)	*Nesolagus timminsi*
	BỘ CÁ VOI(鲸目)	CETACEA
	Họ Cá heo(海豚科)	Delphinidae
48	Cá Heo trắng Trung Hoa(中华白海豚)	*Sousa chinensis*
	BỘ HAI NGU'U(海牛目)	SIRENIA
49	Bò biên(儒艮)	*Dugong dugon*
	LÓ'P CHIM(鸟纲)	AVES
	BỘ BỐ NÔNG(鹈形目)	PELECANIFORMES
	Họ Bồ nông(鹈鹕科)	Pelecanidae
50	Bồ nông chân xám(斑嘴鹈鹕)	*Pelecanus philippensis*
	Họ Cô rắn(蛇鹈科)	Anhingidea
51	Cô rắn(Điêng điêng)(黑腹蛇鹈)	*Anhinga melanogaster*
	Họ Diêc(鹭科)	Ardeidea

续表

序号	越文学名(中文学名)	学　名
52	Cò trắng Trung Quốc(黄嘴白鹭)	*Egretta eulophotes*
53	Vạc hoa(海南鳽)	*Gorsachius magnificus*
	Họ Hạc(鹳科)	Ciconiidea
54	Già đ ẫy nho(秃鹳)	*Leptoptilos javanicus*
55	Hạc cô trắng(白颈鹳)	*Ciconia episcopus*
	Họ Cò quắm(鹮科)	Threskiomithidae
56	Còthìa(黑脸琵鹭)	*Platalea minor*
57	Quắm cánh xanh(Cò quắm cánh xanh)(白肩黑鹮)	*Pseudibis davisoni*
58	Quắm ló'n(Cò quắm ló'n)(大鹮)	*Thaumatibis gigantea*
	BỘ NGỖNG(雁形目)	ANSERIFORMES
	Họ Vị t(鸭科)	Anatidae
59	Ngan cánh trắng(白翅栖鸭)	*Cairina scutulata*
	BỘ GÀ(鸡形目)	GALLIFORMES
	Họ TrĨ(雉科)	Phasianidae
60	Gà so cô hung(橙颈山鹧鸪)	*Arborophila davidi*
61	Gà lôi lam mào trắng(爱德华氏鹇)	*Lophura edwardsi*
62	Gà lôi tía(红腹角雉)	*Tragopan temminckii*
63	Gà tiền mặt đo(眼斑孔雀雉)	*Polyplectron germaini*
64	Gà tiền mặt vàng(灰孔雀雉)	*Polyplectron bicalcaratum*
	BỘ SẾU(鹤形目)	GRUIFORMES
	Họ Séu(鹤科)	Gruidae
65	Séu đầu đo(Séu cô trụi)(赤颈鹤)	*Grus antigone*
	Họ Ô tác(鸨科)	Otidae
66	Ô tác(孟加拉鸨)	*Houbaropsis bengalensis*
	BỘ SA(佛法僧目)	CORACIIFORMES
	Họ Hông hoàng(犀鸟科)	Bucerotidae
67	Niệc nâu(白喉犀鸟)	*Ptilolaemus tickelli*
68	Niệc cô hung(棕颈犀鸟)	*Aceros nipalensis*
69	Niệc mo vằn(花冠皱盔犀鸟)	*Aceros undulatus*
70	Hồng hoàng(双角犀鸟)	*Buceros bicornis*
	BỘ SE(雀形目)	PASSERRIFORMES

续表

序号	越文学名(中文学名)	学 名
	Họ Khu'ó'u(画眉科)	Timaliidae
71	Khu'ó'u Ngọc Linh(金翅噪鹛)	*Garrulax Ngoclinhensis*
	Ló'P BÒ SÁT(爬行纲)	REPTILIA
	BỘ CÓ VAY(有鳞目)	SQUAMATA
	Họ Kỳ đà(巨蜥科)	Varanidae
72	Kỳ đà hoa(巨蜥)	*Varanus salvator*
73	Kỳ đà vân(Kỳ đà núi)(孟加拉巨蜥)	*Varanus bengalensis*
	Họ Rắn hô(眼镜蛇科)	Elapidae
74	Rắn hô chúa(眼镜王蛇)	*Ophiophagus hannah*
	BỘ RÙA(龟鳖目)	TESTUDINES
	Họ Rùa da(棱皮龟科)	Dermochelyidae
75	Rùa da(棱皮龟)	*Dermochelys coriacea*
	Họ Vích(海龟科)	Cheloniidae
76	Đồi mồi(玳瑁)	*Eretmochelys imbricata*
77	Đồi mồi dú'a(太平洋丽龟)	*Lepidochelys olivacea*
78	Quan đồng(蠵龟)	*Caretta caretta*
79	Vích(绿海龟)	*Chelonia mydas*
	Họ Rùa đầm(海龟科)	Cheloniidae
80	Rùa hộp ba vạch(Rùa vàng)(三线闭壳龟)	*Cuora trifasciata*
81	Rùa hộp trán vàng miền Bắc(黄额闭壳龟)	*Cuora galbinifrons*
82	Rùa trung bộ(安南龟)	*Mauremys annamensis*
83	Rùa đầu to(平胸龟)	*Platysternon megacephalum*
	Họ Ba ba(鳖科)	Trionychidae
84	Giai không lồ(鼋)	*Pelochelys cantorii*
85	Giai Sin-hoe(Giai Thu' ọ'ng Hai)(斑鳖)	*Rafetus swinhoei*
	LÓ'P CÁ(鱼纲)	
	BỘ CÁ CHÉP(鲤形目)	CYPRINIFORMES
	Họ Cá Chép(鲤科)	Cyprinidae
86	Cá lọ' thân thấp(三角鲤)	*Cyprinus multitaeniata*
87	Cá chép gốc(乌原鲤)	*Procypris merus*
88	Cámè Huế(越南鲌)	*Chanodichthys flavpinnis*

续表

序号	越文学名(中文学名)	学　名
	BỘ CÁ CHÌNH(鳗鲡目)	ANGUILLIFORMES
	Họ cá chình(鳗鲡科)	Aneuillidae
89	Cá chình nhật(日本鳗)	*Anguilla japonica*
	BỘ CÁ ĐAO(锯鳐目)	PRISTIFORMES
	Họ cá đao(锯鳐科)	Pristidae
90	Cáđao nu'ó'c ngọt(小齿锯鳐)	*Pristis microdon*

附录四　有条件准入投资经营行业和领域目录

序号	行　业
1	印章生产
2	经营辅助工具(含修理)业务
3	经销各类爆竹
4	经营典当行业
5	经营按摩服务行业
6	经营具有优先权限车辆的信号发射设备业务
7	经营安保服务的企业
8	经营彩弹
9	从事律师行业
10	从事公证行业
11	从事金融、银行、建筑、古董、遗物、作者版权领域的司法鉴定工作
12	财产拍卖行业
13	贸易仲裁组织的服务活动
14	从事司法警察行业
15	从事陪审员行业
16	会计行业
17	审计行业
18	办理税务手续服务行业
19	办理海关手续服务行业
20	经营免税商品
21	经营保税区仓储业务
22	国内零售商品采购行业

续表

序号	行　业
23	口岸内外物流集结、海关检查服务行业
24	证券行业
25	证券存管中心或股份证券交易所及其他各类证券的注册、存管、抵销以及结算行业
26	保险行业
27	再保险业务
28	保险中介
29	保险代理
30	保险代理培训服务工作
31	价格评估服务
32	企业股份化改制资产价值咨询评估服务
33	彩票行业
34	面向外国人的有奖电子游戏行业
35	讨债服务
36	债务买卖行业
37	信用评级服务行业
38	经营赌场
39	投注行业
40	自愿养老金管理服务行业
41	成品油经营行业
42	天然气经营行业
43	商业评估行业
44	经营工业爆破材料(包括销毁)
45	经营爆炸物原料
46	使用工业炸药或炸药原料的行业
47	爆破行业
48	除联合国公约禁止发展、生产、储存、使用和销毁化学武器的化学品之外的化学品经营行业
49	经营无机化肥
50	经营酒类业务
51	生产烟草、烟草原料、烟草行业专业设备的行业
52	商品交易所行业
53	发电、输电、配电,批发、零售、进出口电,电力行业咨询业务

续表

序号	行　业
54	工商部管理范围内的食品行业
55	大米出口
56	经营须缴纳特别消费税的暂进再出商品业务
57	经营暂进再出冰冻食品业务
58	经营《旧货商品目录》中商品的暂进再出业务
59	连锁加盟
60	煤炭行业
61	物流行业
62	矿产行业
63	工业原料
64	商品交易活动和与外国投资者的商品交易活动有直接关系的一切活动
65	电子商务
66	油气行业
67	对压力设备、起重机械、化工品和工业爆破材料以及矿产、石油和天然气开采设备等专用设备的评估业务，海上勘探和开发的设施设备除外。
68	职业培训
69	与外国职业培训机构、外资职业培训机构联合进行中专、大专职业教育的行业
70	消防行业
71	职业技能考核行业
72	对在越南的外国职业培训机构和与外资职业培训机构联合进行的中专、大专职业教育质量水平进行考核评定的行业
73	对在生产安全方面有严格要求的机器、设备进行检测的行业
74	安全生产、卫生生产培训行业
75	劳务中介
76	海外劳务输出
77	自愿戒毒业务
78	合规认证和公布行业
79	劳务外包行业
80	陆路运输
81	汽车保养、维修
82	机动车检测
83	汽车驾驶员培训

续表

序号	行　业
84	交通安全督察员培训
85	驾驶员考核
86	交通安全监察
87	水路运输
88	内河船舶的制造、改装、修理、复原
89	内河船员及驾驶员的培训
90	海上运载、船只代理服务
91	多级直销方式
92	海上船舶牵引业务
93	二手海上船舶的进口、拆除
94	海上船只的制造、改装、修理
95	海港开发
96	航空运输
97	在越南设计、制造、保养或试飞水上飞机、水上飞机发动机、螺旋桨及其设备、装置业务
98	经营航空港、机场
99	经营航空港、机场的航空服务
100	飞行保障业务
101	专业航空工作人员的培训、训练行业
102	铁路运输
103	铁路基建
104	城市铁路
105	多式联运
106	陆路、水路危险品运输
107	管道运输
108	海上运输保障
109	房地产
110	房地产中介、房地产估价、房地产交易所运行管理的培训
111	公寓物业管理业务知识培训
112	建筑工程项目管理的专业培训
113	项目管理咨询服务
114	建筑考察服务

续表

序号	行　业
115	建筑设计的设计和审查业务
116	建筑工程咨询和监理
117	建筑工程施工
118	建筑投资项目的立项与审查
119	外商的建筑活动
120	建筑投资费用的管理
121	建筑项目的质量检测、认证
122	照明、绿化系统的运行管理
123	公共基础设施系统对运行、管理
124	制订建筑规划设计的业务
125	制订由外国组织和个人实施的城市规划业务
126	经营蛇纹石类的白石棉制品
127	邮政服务
128	电信通信
129	无线电信号收发设备进口业务
130	电子签名公证业务
131	出版社的设立、经营
132	印刷业务
133	出版物物发行
134	社交网络
135	网络游戏
136	付费广播、电视业务
137	建设综合电子信息网站
138	为国外贸易伙伴加工、再利用、维修、翻新《禁止进口的二手通信技术产品目录》中的产品
139	电视点播
140	移动电信网络、互联网信息技术、通信内容业务
141	经营移动通信干扰设备业务
142	经营信息安全产品和服务业务
143	大学教育机构业务
144	外商投资的教育机构、外国教育机构的驻越南办事处，外资教育机构分校
145	经营继续教育机构

续表

序号	行　业
146	经营大学生国防安全教育机构
147	经营中学教育机构
148	中级职业教育业务
149	经营特殊学校
150	学龄前教育机构
151	经营国外联合培训机构
152	课外辅导培训机构
153	水产品开发
154	渔具和捕鱼设备经营企业
155	经销水产品
156	经销水产饲料
157	经销水产养殖所需的生物、微生物、化学制品以及水质清理和改造制品
158	水产种苗检验服务
159	水产饲料检验服务
160	育种、饲养、人工繁殖《华盛顿公约(CITES)附录》中规定的各类野生动植物
161	育种、饲养、人工繁殖不在《华盛顿公约(CITES)附录》中的各类珍贵、稀有、濒临灭绝的野生动植物
162	培养、繁殖普通野生动植物
163	出口、进口、再出口、过境和从海上引进《华盛顿公约(CITES)附录》中规定的自然标本
164	出口、进口、再出口由人工繁育、种植的《华盛顿公约(CITES)附录》中规定的标本
165	经销植保产品
166	经营植物检疫范围内物品处理的业务
167	植物保护药品检验服务
168	植物保护服务
169	兽医用药、生物制品、疫苗、微生物和化学品经营
170	兽医技术服务
171	动物化验、手术服务
172	动物预防针、诊断、开处方、治疗、保健服务
173	兽药测试、检测服务(包括兽药、水产动物用药、疫苗、和兽医、水产动物兽医用的生物制品、微生物和化学品)
174	集中养殖、繁育动物种苗;屠宰动物;动物、动物制品检疫隔离;生产动物源性的动物饲料;粗加工、精加工、保鲜动物和动物制品;经销动物制品;粗加工、精加工、包装、保鲜动物制品

续表

序号	行　业
175	经销在农业农村发展部管理范围内的食品
176	有机肥销售、检验
177	经销动植物种苗
178	饲料生产
179	饲料进口
180	出口、进口《华盛顿公约(CITES)附录》中规定需管制的珍稀、濒危野生动植物
181	经营以营利为目的有条件开采、使用野生动植物的业务
182	经营国内天然林移植盆景、林荫道用树、古树业务
183	经销取自国内天然林的木材和木炭
184	经销精子、胚胎、卵子和幼虫
185	经销水产养殖所需的生物、微生物、化学制品以及水质清理和改造制品
186	水产养殖所需的生物、微生物、化学制品以及水质清理和改造制品的试验、检验服务
187	转基因产品经营
188	竞标业务知识培训服务
189	竞标代理服务
190	投资项目咨询评估服务
191	经营投资项目评估培训业务
192	经营疾病诊治业务
193	经营 HIV 病毒检验业务
194	经营人体组织银行业务
195	经营辅助生殖、存储精子、存储胚胎业务
196	经营药品
197	经营药品检验业务
198	化妆品生产
199	经营传染性微生物检验业务
200	经营预防接种业务
201	经营家用医疗领域内的杀虫、杀菌用化学品、制品业务
202	经营使用阿片类药物替代品进行戒毒治疗的业务
203	经营属于卫生部管理范围内的保健品业务
204	经营美容整形手术业务
205	经营代孕技术实施业务

续表

序号	行　　业
206	经营生物利用度及生物等效性评估业务
207	经营药物临床试验业务
208	经营医疗设备
209	医疗设备分类机构的运营
210	经营医疗设备测评业务
211	经营工业资产评估业务
212	经营开展放射性工作业务
213	经营原子能的应用支持业务
214	进、出口及运输放射性物资
215	经营科学技术领域标准符合性评估业务
216	经营测量工具、测量标准的检定、校准、试验业务
217	经销摩托车安全帽
218	经营技术评估、定价及鉴定业务
219	经营知识产权代理业务
220	电影制作
221	经营古董鉴定业务
222	经营制订保存、修缮和复原历史遗迹项目规划或组织施工、监理施工的业务
223	经营卡拉 OK、舞厅业务
224	经营旅行社业务
225	经营体育活动业务
226	经营艺术表演、时装表演、举办选美、模特比赛业务
227	经销歌舞表演、戏剧的录音和录像制品
228	经营节庆典礼承办服务业务
229	经销美术、摄影作品
230	经营酒店住宿业务
231	经营广告业务
232	买卖文物、古董、国家保护文物
233	经营博物馆业务
234	经营电子游戏业务(经营面向外国人的有奖电子游戏或经营线上有奖电子游戏除外)
235	出口不属于国家、政治组织、政治社会组织所有的文物、古董;进口属于文化、体育和旅游部管理的文化产品
236	经营著作权以其有关权利鉴定服务的业务
237	经营土地调查咨询、评估业务

续表

序号	行　业
238	经营土地使用规划制定服务业务
239	经营通信科技基础设施建设、土地信息系统软件建设业务
240	经营土地信息基础数据库建设业务
241	经营土地价值评估业务
242	经营土地使用权拍卖业务
243	经营测绘业务
244	经营钻探地下水业务
245	经营地下水勘查业务
246	经营水的开发、处理与供应业务
247	经营排水业务
248	经营矿产勘查业务
249	矿产开采行业
250	经营危险废弃物管理业务
251	经营废料进口业务
252	经营环境监测业务
253	经营战略环境评估报告、环境影响评估报告、具体环保方案的制定业务
254	经营生物制品业务
255	经营废弃品的回收、运输、处理业务
256	商业银行的经营业务
257	非银行信贷机构的经营业务
258	合作社银行，人民信贷资金，小额信贷机构的经营活动
259	提供结算中介服务
260	提供信用信息服务
261	外汇业务
262	买卖金条业务
263	生产金条、出口黄金原料以及进口用于生产金条的黄金原料
264	生产黄金装饰品、工艺品
265	经营属于国家银行(金库)管理范围内的商品进出口业务
266	印刷及造币行业
267	经营武装力量专用的军装、军需品，军用武器、军警专用设备、技术、器械和交通工具，以及零配件、物资、特种设备及制造上述物品的专业技术业务

泰国外国人经营法*

普密蓬·阿杜德国王于一九九九年十一月二十四日签发

(曼谷王朝九世王在位第五十四年)

普密蓬·阿杜德国王下诏修订《外国人经营法》。

依据《泰王国宪法》第29条、第35条、第50条的规定,本法制定对个人权利和自由限制的条款。

根据国会提案并经其同意,国王颁发诏令制定本法。

第1条 本法名称为《一九九九年外国人经营法》。

第2条 本法自颁布之日起90日后生效。

第3条 废除:

(一)《一九七二年十一月二十四日革命团第281号公告》。

(二)《一九七二年十一月二十四日革命团第281号公告一九七八年修订版》。

(三)《一九七二年十一月二十四日革命团第281号公告一九八四年第二次修订版》。

第4条 本法中“外国人”的定义为:

(一)非泰国国籍的自然人。

(二)未在泰国境内注册的法人。

(三)在泰国境内注册且具备以下条件的法人:

(甲)满足第1项或第2项,其持股占公司股份的50%以上;或者满足第1项或第2项,其投资额占公司资产50%以上。

(乙)有限合伙企业或由第1项规定的担任总经理的普通合伙企业。

(四)满足第1项、第2项或第3项,其持股占公司股份的50%以上;或者满足第1项、第2项或第3项,其投资额占公司总资产的50%以上。

为了保证以上定义的法律效力,有限公司发行给外籍股东的股票视为外国人的股份,但部级条例另有规定的除外。

“资本”是指有限责任公司的注册资金,股份有限公司已缴纳的资金,股东、公司成员或法人在股份公司的出资额。

“最低资本限额”是指在泰国境内注册的外国法人、未在泰国境内注册的外国法人或自然人,用于在泰国投资经营业务的启动资金(外币)。

---

* 系重庆国际战略研究院国别投资法律项目:“泰国投资贸易法译丛”。项目负责人:赵银川,四川外国语大学讲师。

“业务”是指从事农业、工业、手工业、贸易、服务业或其他行业经营的商业活动。

“许可证”是指经营许可证。

“许可证获得者”是指获得许可证的外国人。

“执照”是指营业执照。

“执照获得者”是指获得执照的外国人。

“委员会”是指外国人经商营业委员会。

“工作人员”是指部长任命的依照本法执行工作的人员。

“注册员”是指部长任命的为外国人经商营业办理注册的人员。

“厅长”是指商务注册厅厅长。

“部长”是指依照本法执行工作的部长。

第5条 依照本法批准外国人从事经商营业，应当考虑到以下几个方面的利弊：国家的稳定和安全、国家社会和经济发展、人民的安定、道德、风俗习惯、文化艺术、捍卫国家资源、能源、保护环境、保护消费者、经营规模、雇佣劳工、传播技术、研究与发展等方面。

第6条 下列外国人禁止在泰国境内经商营业：

（一）依法被驱逐出境或待驱逐出境的外国人。

（二）未按《入境法》或其他法律规定入境的外国人。

第7条 下列外国人应获得厅长签发的许可证且经内阁批准后，才能在部长规定的地方经营。上述规定需在政府公报中公布，部长可视情况规定限制条件。

（一）在泰国出生，但未按《国籍法》或其他法规取得泰国国籍的人。

（二）依照《国籍法》或其他法规被撤销泰国国籍的人。

许可证的申领、颁发和有效期限依照部级条例的规定和办法执行。

本条第1款规定的外国人从事经营，厅长不予批准的，可向部长申诉，并依照第20条第1款、第3款的规定进行处理。

第8条 在第6条、第7条、第10条和第12条规定的条件下执行：

（一）禁止外国人从事本法附录一中的因特殊理由而不允许经营的行业。

（二）禁止外国人从事本法附录二中的对国家安全和稳定、文化艺术、风俗习惯、地方手工艺或对自然资源、环境有影响的行业，但部长根据内阁的决议予以批准的除外。

（三）禁止外国人从事本法附录三中的、泰国人尚无法与外国人竞争的行业，但厅长根据委员会的决议予以批准的除外。

第9条 调整或修改行业类别，应制定法规公布；调整或修改附录一或附录二的第一类的，应制定条例公布。

自本法生效之日起，委员会应当每年对本法的行业类别重审至少一次，并向部长提出建议。

依照本条第1款的规定，外国人要继续经营在本法行业类别调整或修改之后新增需经批准的行业，则应当按第11条的规定和办法向厅长申报以申请执照。

外国人在依照本条第3款的规定办理手续而尚未获得许可证的期间，视作获批准的经营者。

第10条 外国人获得泰国政府特批而从事经营的行业，则不受第5条、第8条、第15条、第17条和第18条的限制。

对于本法禁止外国人经营的行业，外国人所属国家与泰国签订友好条约的，应遵从友好条约的规定，不受本条第1款的限制。条约可能涉及给予泰国人或泰国企业在条约国经营的权利，以达到互惠互利。

第11条　符合第10条规定的外国人申请经营本法禁止外国人准入的行业，应当依照部级条例的规定和程序向厅长申领执照，厅长应当在接到申报之日起30日内签发执照，但申请不符合条例的除外。不符合第10条规定的，厅长应当在接到申报之日起30日内告知外国人。

执照需载明政府或条约规定的条件。

第12条　外国人经营的业务符合《投资促进法》而获得投资优惠证，或符合《泰国工业园区法》及其他法律而获得从事工业经营许可或出口许可的，且业务属于本法规定的业务范围的，可以向厅长申请执照。厅长或获得授权的工作人员核查属实的，应当在接到申请之日起30日内签发执照。上述获得投资优惠证书或获准从事工业、出口业务许可证的外国人可不受本法(第21条、第22条、第29条、第40条、第42条除外)约束。

按照本条第1款的规定，执照的颁发依照厅长规定的准则和程序进行。

第13条　有其他法律对外国人持股、合伙或投资，准许或禁止外国人经营的行业及对外国人经营的行业有规定的，应当依照上述法律执行。对于其他法律做了专门规定的，本法不再适用。

第14条　外国人在泰国启动经营的最低资本额不得少于部级条例规定的限额，即最低不少于200万铢。

外国人经营本条第1款规定的、属于本法附录中需要获得批准的行业，按部级条例的规定，其最低资本额不得少于300万铢。

依照本条款颁布的部级条例，可对最低资本汇进泰国的期限做出规定。

本条款对于外国人在泰国经营的业务中所获得的收入或财产用于经营其他业务、投资或在其他公司入股等不具约束力。

第15条　外国人从事本法附录二中行业的，泰国人或本法规定的非外籍法人持股不得低于40%。有正当理由的，部长经内阁批准后可放宽上述持股比例，但是不得低于25%，且由泰国人担任董事的比例不得低于40%。

第16条　外国人申请经营许可证，需满足以下条件：

(一)年龄不得低于20周岁。

(二)在泰国有固定住所或依《入境法》在泰国短期居留者。

(三)不属于无民事行为能力人或限制民事行为能力人。

(四)非破产人员。

(五)无犯罪记录者，或未曾因违反本法、《一九七二年十一月二十四日革命团第281号公告》而受罚者，但在申请之日前服刑期满超过5年者除外。

(六)未曾因诈骗，欺骗债主，私吞公款，违反《刑法》的商业犯罪，违反《借贷法》的诈骗罪，或违反《入境法》等罪名被判刑，但在申请之日前服刑期满超过5年者除外。

(七)依本法或《一九七二年十一月二十四日革命团第281号公告》，在申请之日起5年内未被撤销许可证者。

法人申请许可证的，担任公司管理工作的董事、经理或负责人为外国人的必须满足上述条件。

第 17 条 申请许可证，外国人依照部级条例的准则和程序向部长或厅长递交申请书。属本法附录二的行业的，由内阁审批；属本法附录三的行业的，由厅长审批。自申请递交之日起 60 日之内完成审批，内阁因故无法在上述期限内完成的，可根据实际情况延长审批期限，但延期不得超过 60 日。

本条第 1 款的申请自内阁或厅长批准后，部长或厅长须在 15 日内颁发许可证。

在审批方面，对于本法附录二的行业，部长可根据内阁的规定或部级条例（依据第 18 条颁布）来限定条件；对于本法附录三的行业，厅长可根据部级条例（依据第 18 条颁布）来限定条件。

属于本法附录二的行业，内阁不批准外国人经营的，由部长在 30 日内以书面通知申请人，并明确说明不予批准的理由。

属于本法附录三的行业，厅长不批准外国人经营的，由厅长在 15 日内以书面通知申请人，并明确说明不予批准的理由。未获批的申请人有权向部长申诉，并按第 20 条执行。

第 18 条 部长有权根据委员会的决定颁布部级条例，对获批许可证的外国人可做如下条件约束：

（一）用于经营获批项目的资金与贷款比例。

（二）在泰国境内拥有固定住所的外籍董事人数。

（三）在泰国的最低资本额及期限。

（四）技术或资产。

（五）其他必要的条件。

第 19 条 当发现许可证或执照获得者有以下行为：

（一）违反部长根据第 7 条第 1 款规定的条件。

（二）不按第 11 条第 2 款或第 17 条第 3 款的规定执行。

（三）违反第 15 条。

（四）不符合第 16 条的规定。

（五）触犯第 35 条。

第 1 项、第 2 项和第 3 项情况，由厅长书面通知许可证或执照获得者在规定的期限内依照第 7 条第 1 款、第 11 条第 2 款、第 17 条第 3 款或第 15 条予以整改。无正当理由不按书面通知执行的，厅长有权下令中止许可证或暂停经营，期限由厅长视情况而定，但从下令之日起不得超过 60 日。上述期限届满后，外国经营者仍未完全整改，厅长可撤销其许可证或上报部长撤销其许可证，具体视情况而定。

第 4 项和第 5 项情况，厅长可撤销其许可证或上报部长撤销其许可证，具体视情况而定。

第 20 条 厅长依照第 19 条第 2 款下令中止许可证、暂停经营或吊销许可证的，持证者有权自接到上述通报之日起 30 日内以书面形式向部长申诉。

申诉期间仍按照厅长的命令执行，除非部长根据委员会的建议予以放宽。

部长须在申诉者递交申诉书之日起 30 日内受理完毕。

第 21 条 依照第 7 条、第 19 条和第 21 条的规定，许可证的有效期至项目终止经营为止。执照的有效期等同于泰王国政府批准经营项目的期限、条约规定的期限、获得投资奖励的期限或获批从事工业、贸易出口的期限，具体视情况而定。经营者在执照到期前终止经营项目的，视为项目的执照到期。

许可证或执照获得者须将经营许可证或执照在其经营场所公开展示。

许可证或执照破损、丢失的，须在得知破损或丢失之日起 15 日内向注册员递交申请，办理许可证或执照替代证。

许可证或执照替代证的申请或出具依照部长规定的办法执行，但办理替代证的期限自接到申请之日起不得超过 30 日。在未获得新的许可证或执照之前，替代证与许可证或执照具有同等效力。

第 22 条 获得许可证或执照的经营者终止经营项目或搬迁办公、经营场地的，应依照部级条例的规定，自终止或搬迁之日起 15 日内向注册员报备。

第 23 条 委员会应由商务部常务次长任主席，由部长任命 5 名资深委员，注册厅厅长任委员及秘书，并由以下部门的代表任委员：国家经济和社会发展委员会办公厅、投资促进委员会办公厅、国防部、财政部、外交部、农业与合作社部、交通部、内务部、劳工部、科学技术与环境部、工业部、教育部、卫生部、消费者权益委员会办公厅、国家警察总署、泰国商会、泰国工业总会、银行协会。

上述资深委员必须为精通经济、法律、商业、科学技术、环境、贸易、投资、工商管理及工业等方面知识的专家，且不能担任政党顾问或政府职务。

本条第 1 款规定的代表，来自政府机关的，其级别不得低于厅长或与厅长同级；来自泰国商会、泰国工业总会或银行协会的，其级别不得低于所在机构的理事。

第 24 条 资深委员的任期为两年一届。

委员在任期届满之前离任的，或在原委员任期内部长增派新委员的，新聘或增派的委员，其任期为原委员的剩余任期。

资深委员离任的可以再次被聘任，但其任期不得连续超过两届。

第 25 条 资深委员除了依照第 24 条的规定离任外，出现以下情况亦被视为离任：

（一）死亡。

（二）辞职。

（三）因腐化堕落、贪污受贿、失职或工作能力减退而被部长开除。

（四）破产。

（五）无民事行为能力人或限制民事能力人。

（六）被法院宣判入狱服刑，但属过失罪或轻微罪[①]的除外。

（七）不具备第 23 条第 2 款规定的条件。

第 26 条 委员会除了具有本法赋予的权利之外，还应当履行以下义务：

（一）就以下情况向部长提供咨询、建议或意见：依照本法制定法令或部级条例，依照第 7 条规定外国人所经营业务的类别和场所，以及依照第 8 条第 2 项向内阁提出申请等。

---

① 轻微罪：指被判刑不超过 1 个月或被判罚款不超过 1000 铢的行为。

（二）就外国人在泰国境内的经营，包括其所带来的影响和合理性进行研究、整理，最后形成书面报告，分阶段向部长汇报，一年不得少于一次。

（三）就部长分配的其他事项向部长提供咨询、建议和意见。

第 27 条　委员会会议须有半数以上的委员出席方为有效会议。委员会主席无法出席或不能行使主席职责的，由出席会议的全体委员选出一名委员作为会议主席。

会议决议采用多数票通过原则。一名委员享有一票。赞成票数与反对票数相同的，则由会议主席投第二票以作裁决。

第 28 条　由委员会任命组成的小组委员会研究并执行委员会分配的事务，小组委员会会议程序依照第 27 条的规定执行。

第 29 条　商务部注册厅作为委员会的秘书处，履行下列职责：

（一）执行委员会的决议或分配的其他任务。

（二）就外国人在泰国境内的经营进行分析并向委员会提供建议，以便研究、整理材料并形成书面报告提交部长。

（三）执行委员会的日常事务。

第 30 条　注册员和工作人员有以下职权：

（一）发出《询问通知书》或传唤有关人员，以及要求递交与调查有关的资料或证据。

（二）可在工作时间内进入外国人的经营场所询问，但需要征得厅长的书面同意，有紧急情况的除外。执行公务时，有权对上述场所的人员进行询问，或要求其递交与调查有关的资料或证据。

（三）在执行第 2 项的公务时，业主或场地所有人应为注册员或工作人员提供便利。注册员或工作人员不得威胁业主或场地所有人，不得依照刑事案件对其进行搜查，且在执行公务前至少 3 个工作日向业主或场地所有人发出书面通知，有紧急情况的除外。公务执行完毕后，应尽快以书面形式向部长汇报结果。

第 31 条　需检查、复印资料（注册员复印并认证）或注册员出具资料保管证明的，注册员应尽快予以办理。除非依照《政府文件资料管理法》或其他法律，上述资料被禁止公开的除外。依照部级条例，办理上述事宜，申请人需缴纳手续费。

第 32 条　依照部级条例的规定，在执行公务时，工作人员应向相关人员出示工作证。

第 33 条　根据《刑法》，委员、厅长、注册员和工作人员是执法人员，依照本法执行公务。

第 34 条　获得许可证或执照的外国人依法被中止或吊销许可证，或被勒令停业而无权申诉，或被部长最终裁决中止、吊销许可证或勒令停业，但仍旧继续经营的，将被处以 3 年以下有期徒刑或 10 万～100 万铢的罚款，或两者兼罚。违法期间将另处以每天 1 万铢的罚款。

第 35 条　获得经营许可证的外国人与其他未获得经营许可证的外国人合伙经营，或为使未获得经营许可证的外国人逃避法律的规定而充当其业主的，将被处以 3 年以下有期徒刑或 10 万～100 万铢的罚款，或两者并罚，并由法院勒令停止合伙经营。继续违法经营的，则处以每天 1 万～5 万铢的罚款。

第 36 条　泰籍人或非外籍的法人为外国人经营业务提供帮助、支持，或与未获得经营许可证的外国人合伙经营本法规定的业务；与外国人合伙经营但冒充业主、公司持股人或法人，以使外国人免于本法制裁的；经外国人同意愿意为其做上述违法行为的，将被处以 3 年以内有期徒刑或 10 万～100 万铢的罚款，或两者兼罚，并由法院视情况勒令其停止对上述外国人的帮助、支持或终止合伙经营、持股。继续违法经营的，则处以每天 1 万～5 万铢的罚款。

泰籍人或非外籍的法人为外国人经营本法附录中的行业提供帮助，或与未获得许可证的外国人合伙经营；或参与外国人经营的业务、持股，充当其业主、持股人或法人，以使外国人免于本法制裁的；经外国人同意愿意为其做上述违法行为的，将被处以不超过 3 年的徒刑或处以 10 万～100 万铢的罚款，或两者兼罚，并由法院视情况勒令其停止对上述外国人的帮助、终止合伙经营或持股。继续违法经营的，则处以每天 1 万～5 万铢的罚款。

第 37 条　从事经营的外国人违反第 6 条、第 7 条或第 8 条规定的，应处以 3 年以内有期徒刑或 10 万～100 万铢的罚款，或两者兼罚，并由法院视情况勒令其停业或终止持股。继续违法经营的，则处以每天 1 万～5 万铢的罚款。

第 38 条　从事经营的外国人违反第 14 条或第 18 条第 3 项规定的，将处以 10 万～100 万铢的罚款。继续违法经营的，则处以每天 1 万～5 万铢的罚款。

第 39 条　获得许可证或执照的外国人违反第 21 条第 2 款、第 3 款或第 22 条的规定的，将处以 5000 铢以下的罚款。

第 40 条　不按注册员、工作人员发出的《询问通知书》或传唤证执行的，拒绝向注册员、工作人员说明情况、不提交有关调查的资料或证据的，无故不配合注册员、工作人员按照第 30 条执行工作的，将处以 5000 铢以下的罚款。

第 41 条　凡法人公司违反第 34 条、第 35 条、第 36 条或第 37 条的规定，而董事、股东或代理法人纵容违反的，或未采取措施以致违法犯罪的，将处以 3 年以内的徒刑或 10 万～100 万铢的罚款，或两者兼罚。

第 42 条　违反第 39 条或第 40 条的，厅长或厅长代理人有权对其处以罚款。自接到判决之日起 30 日内缴纳罚金的，将不予追究责任。

第 43 条　法令、部级条例、公告、命令先于本法颁布的，且上述法律不与本法冲突，可继续使用直到依本法颁布的法令、部级条例、公告、命令生效时。

第 44 条　在本法生效之日前，依照《一九七二年十一月二十四日革命团第 281 号公告》获得许可证或经营权的，可按原许可证规定的条件和期限继续经营。

第 45 条　在本法生效之日前，外国人所经营的行业属于本法限制经营的行业，但依照《一九七二年十一月二十四日革命团第 281 号公告》则属于允许经营的行业，外国人应自本法生效之日起一年内依第 11 条规定的准则和程序向厅长提交执照申请书。在申请执照期间，外国人的经营不应被视作违法。

第 46 条　商务部长应负责监督本法的执行，并有权任命注册员、工作人员，依照本法颁布关于收缴手续费、免缴手续费以及其他事项的部级条例。

上述部级条例在政府公报公布后方可生效。

奉谕人：内阁总理　川・立派

手续费标准

1.许可证申请
(1)依第 7 条办理许可证申请　　1000 铢
(2)依第 17 条办理许可证申请　　2000 铢
(3)依第 11 条、第 12 条办理执照申请　　2000 铢
2.许可证
(1)依第 7 条办理的许可证　　5000 铢
(2)第二类行业的许可证
①自然人　　40000 铢
②法人　　注册资本的 1%
(注册资本在 40000 铢～500000 铢,手续费 1000 铢有余的按 1000 铢算)
(3)第三类行业的许可证
①自然人　　20000 铢
②法人　　注册资本的 0.5%
(注册资本在 20000 铢～250000 铢,手续费 1000 铢有余的按 1000 铢算)
3.执照　　20000 铢
4.许可证或执照替代证　　5000 铢
5.上诉
(1)依第 7 条规定未获批准而提起上诉　　1000 铢
(2)依第 17 条规定未获批准而提起上诉　　2000 铢
(3)依第 20 条被中止或撤销许可证或执照而提起上诉
　　2000 铢
6.办理办公或经营场地变更或关闭　　1000 铢
7.修改许可证或执照登记信息　　1000 铢
8.核查或复印资料　　200 铢/项
9.复印及复印件认证签字　　100 铢/页
10.登记信息证明　　100 铢/件

一九九九年外国人经营法行业附录*

附录一

因特殊原因禁止外国人经营的行业:
(1)报业、广播电视业;

* 译者:赵银川,四川外国语大学讲师;译审:王鑫,原《中国经济和信息化》杂志社编辑。

(2)水田种植业、旱地种植业和园林业;

(3)畜牧业;

(4)林业、原始森林木材加工业;

(5)在泰国领海及专属经济区从事渔业或水产捕捞;

(6)泰国草药提炼;

(7)经营或拍卖泰国古董或文物;

(8)塑铸佛像、制造僧侣盂钵;

(9)土地交易。

附录二

关系到国家安全和稳定,对文化艺术、风俗习惯、地方手工业以及自然资源、环境造成冲击的行业。

第一类 关系到国家安全和稳定的行业

1.生产、出售及维修:

(1)枪支、子弹、火药和爆炸物;

(2)枪支、子弹、火药和爆炸物的配件;

(3)武器装备、船只、飞机和军用交通工具;

(4)一切战争设备及配件。

2.泰国境内陆运、海运及空运(含国内航线业务)。

第二类 对文化艺术、风俗习惯、地方手工业造成冲击的行业

1.古董或艺术品(指泰国的艺术品、手工艺品)的交易。

2.木雕、木刻。

3.养蚕、泰丝生产、织造及泰丝花纹印染。

4.泰国乐器制造。

5.泰国金器、银器、乌银器、铜器、漆器生产。

6.与泰国文化艺术相关的杯、碗等陶瓷业的制作。

第三类 对自然资源和环境造成影响的行业

1.甘蔗制糖。

2.盐田,包括岩盐制盐。

3.矿盐。

4.采矿业,包括爆石和碎石。

5.用于家具和器具生产的木材加工。

附录三

泰国人尚不具备能力与外国人竞争的行业:

1.碾米,糯米粉、面粉等的加工。

2.水产养殖。

3.种植林木加工。

4.夹板、胶合板、硬纸板及纸板生产。

5.石灰生产。

6.会计服务。

7.法律服务。

8.建筑服务。

9.工程服务。

10.建筑业,但不包括:

(1)需要使用特殊工具、机器设备、技术或建筑专门知识为民众提供基础设施或交通设施的建筑工程,且外国人在上述项目中的最低投资额为5亿铢以上。

(2)部级条例规定的其他建筑类别。

11.中介或代理行业,但不包括:

(1)从事证券交易代理、农产品期货交易或其他有价证券交易的代理;

(2)为集团内部公司进行贸易、采购产品或提供为生产所需服务的中介或代理;

(3)从事贸易、采购或分销、开拓国内外市场、销售国内产品或者进口产品的中介或代理,且外国人在上述项目中的最低投资额在1亿铢以上。

(4)从事部级条例规定的其他类别的代理或经纪。

12.拍卖业,但不包括:

(1)按照国际投标惯例拍卖,但拍卖物不能为古董、历史文物等泰国艺术品、手工艺品或者有历史价值的物品;

(2)部级条例规定的其他类别的拍卖。

13.尚未有法律限制的地方农产品的国内贸易。

14.最低资本额低于1亿铢的各类商品的零售业,或单店最低资本额低于2000万铢的零售业。

15.单店最低资本额低于1亿铢的各类商品的批发业。

16.广告业。

17.酒店业,但不包括酒店管理服务。

18.导游。

19.餐饮。

20.植物品种的栽培与改良。

21.其他服务行业,但不包括部级条例所规定的服务业。

泰国投资促进法*

本法经《一九九一年投资促进法(第二版)》、《二〇〇一年投资促进法(第三版)》修订。

普密蓬·阿杜德国王于一九七七年四月二十九日签发

(曼谷王朝九世王在位第三十二年)

普密蓬·阿杜德国王谕旨:

为完善投资促进的法律,根据国家行政改革委员会建议并经其同意,修订《一九七七年投资促进法》。

第1条 本法名称为《一九七七年投资促进法》。

第2条 本法自在《政府公报》发布之日起的次日生效。

第3条 废除:

(一)《一九五八年十一月九日革命团第31号公告》。

(二)《一九七二年十月十八日革命团第227号公告》。

之前颁布的其他法律、法规和规章,本法已有规定的或与本法相违背的,以本法为准。

第4条 本法中专有词汇的定义为:

“投资优惠申请人”是指依照本法提交投资优惠的申请者。

“投资优惠获得人”是指依照本法获得投资优惠证书者。

“机械设备”是指获得投资优惠证的企业生产所需的机械设备和建造工厂所需的机械设备,包括配件、设备、工具、器具及用于建造工厂的厂房结构预制件。

“委员会”是指投资促进委员会。

“委员”是指投资促进委员会委员,包括委员会主席和副主席。

“顾问”是指为投资促进委员会提供咨询的顾问。

“秘书长”是指投资促进委员会秘书长。

“办公厅”是指投资促进委员会办公厅。

“工作人员”是指经内阁总理任免并执行本法的工作人员。

第5条 内阁总理负责本法的实施,并有权任免执行本法的工作人员。

第一章 委员会、顾问和工作人员

第6条 成立投资促进委员会。委员会主席由内阁总理兼任,副主席由工业部部长

---

* 系重庆国际战略研究院国别投资法律项目:“泰国投资贸易法译丛”。项目负责人:赵银川,四川外国语大学讲师。

兼任，另有不超过 10 名委员，由总理从资深人士中任命。由秘书长任委员兼秘书，负责本法的执行。

总理有权可再任命不超过 5 名资深人士为顾问。

第 7 条　委员或顾问的任期为两年一届。

在委员或顾问任期未满期间，加任或补任新委员或顾问的，任期与其他现任委员剩余的任期相同。

离任的委员或顾问可以再次被任免。

第 8 条　委员或顾问除了依照第 7 条第 2 款的规定离任外，出现以下情况亦被视为离任：

(一)死亡。

(二)辞职。

(三)总理责令其离任。

(四)被宣告破产。

(五)为无民事行为能力人或限制民事行为能力人。

(六)被法院判处监禁，但犯过失罪或轻微罪的除外。

委员或顾问因上述情况离任的，总理可任命他人担任新委员或顾问。

第 9 条　委员会会议由委员会主席召集。

委员会会议需有超过全体半数以上的委员出席，方可达到会议议事的法定人数。

委员会会议应由主席主持。主席未出席或未能出席的，则由副主席主持。副主席未出席或未能出席的，则由与会委员推选一名委员作为会议主持。

会议决议采用多数票通过原则。

会议表决实行一人一票制，赞成票数与反对票数相同的，会议主席可以投第二票以做裁决。

第 10 条　主席不能履行职责的，则由副主席代行；主席和副主席都不能履行职责的，则由秘书长召集委员会会议，选出一名委员代行主席职责。

第 11 条　委员会依照本法行使职权时，可授权办公厅代为执行，或委托小组委员会负责履行其受托的事项，或传唤有关人员前来提供事实、陈述、介绍、发表意见等。

小组委员会的召开，适用第 9 条规定。

办公厅或小组委员会依照本条第 1 款执行的，应提报委员会。

第 12 条　委员、顾问和小组委员会委员的工作报酬按内阁规定的执行。

第 13 条　办公厅设秘书长，负责日常事务及领导有关工作人员，隶属于内阁总理。办公厅可设副秘书长或助理秘书长，辅助秘书长发布命令和处理日常事务。

秘书长、副秘书长和助理秘书长均为普通文职人员。

办公厅行使下列职权：

(一)执行委员会决议或委派的任务。

(二)推广介绍泰国的投资环境，吸引外商对重要项目，及对经济、社会、稳定有利的项目进行投资。

(三)成立投资服务中心，为有意向的投资人提供有关服务，包括在制订投资计划、寻找合作伙伴和实施投资项目等方面提供便利和支持。

(四)对申请投资优惠的项目进行分析、审查和监管,并进行投资评估。

(五)研究和寻找投资途径,撰写投资可行性研究报告,并制订给予投资优惠的计划。

(六)研究和整理泰国境内有关投资的信息资料。

(七)履行符合本法宗旨的其他职责。

第14条 工作人员有权在必要时,可在工作时间内到投资优惠申请人或投资优惠获得人的经营场地就申请投资优惠的项目或获得投资优惠的项目对相关人员进行询问、核查信息等。

工作人员进入上述场地,非紧急情况的,需提前向投资优惠申请人或投资优惠获得人发出书面通知。

第15条 工作人员依照第14条的规定履行职责时,应向有关人员出示工作证。

第二章 投资优惠申请与审批

第16条 委员会批准的投资优惠项目,应有利于国家经济、社会及稳定:出口产品项目,投资高、使用劳工或服务多的项目,或利用农产品或自然资源为原材料,且委员会认为是属于本国缺乏的,或尚不能满足国内需求的,或生产技术水平还较落后的项目。

由委员会公布申请投资优惠项目的种类和规模标准,并可规定享受投资优惠项目应具备的条件,但委员会可根据需要随时修改、补充或废除。

依照本条第2款规定,委员会认为获得投资优惠的项目已不具备享受优惠的条件,则有权公布暂不支持项目,或取消项目的优惠资格。

第17条 投资优惠申请人应按照秘书长规定的准则和程序向办公厅提交申请,并提交拟申请投资优惠项目的计划书。

投资优惠获得人需为依法成立的公司、基金会或合作社。

本条第2款规定的公司、基金会或合作社成立之前提交投资优惠申请的,应按照秘书长规定的准则和程序执行。

第18条 获得委员会批准享有投资优惠的项目,应符合经济和技术原则。委员会应当考虑以下因素:

(一)国内现有生产商的数量和生产能力与将给予鼓励投资或增加投资所预测的需求量和生产规模之间的对比。

(二)为国内有能力或鼓励生产加工的产品扩大销售市场提供机会的情况。

(三)对国内资源,包括资本、原材料、必需材料、劳工和服务等的使用数量及其利用率。

(四)可节约以及流入的外汇数量。

(五)具有合适的生产或组装工艺。

(六)委员会认为必要和合理的其他标准。

第19条 获得委员会批准享有投资优惠的项目,应具备适当的污染防治和环境保护措施,以保障人类生活和自然的可持续性。

第 20 条 委员会批准投资优惠项目，有权在颁给申请人的投资优惠证书中载明下列条件：

(一)投资资金及其来源。

(二)持股人的国籍和持股数量。

(三)项目的规模，包括产品或服务的种类，生产或加工方式及能力等。

(四)对泰国原材料的需求量。

(五)员工、技工和专家的国籍与数量。

(六)生产过程中对员工培训和使用情况。

(七)环境污染防范措施。

(八)启动实施投资优惠项目的期限。

(九)采购机器设备的期限。

(十)引进机器设备的期限。

(十一)将使用完毕的进口设备运出境的期限。

(十二)对第 8 项、第 9 项、第 10 项或第 11 项规定时间的延期。

(十三)开始经营时间。

(十四)提交项目执行情况报告。

(十五)提交外国技术员和专家给泰国人员提供知识与专业培训的进展情况报告。

(十六)依照委员会或国家法规的标准，对生产、加工的产品或出口产品加以规定。

(十七)关于生产、加工的产品或服务的销售。

(十八)关于生产、加工产品的出口。

(十九)向办公厅提供保证金、银行履约保函、泰国政府债券或委员会认为其他合适的担保物，作为履行委员会规定的保证。

(二十)本法规定的为工作人员提供便利，授予、行使或监管权益的其他事项。

第 21 条 委员会批准投资优惠项目的，办公厅应当自接到委员会批准通知之日起 15 日内向获批人发出书面通知，传达获批事宜及限制条件。

投资优惠申请人接受上述条件的，应自接到书面通知之日起 1 个月内书面答复办公厅。

有正当理由未能提交的，秘书长有权延长提交同意书的期限，但延长次数不得超过 3 次，每次期限不得超过 1 个月。

第 22 条 投资优惠申请人按第 21 条规定接受委员会规定条件的，应自书面答复之日起 6 个月内，按照秘书长规定的准则和程序向办公厅提交初步实施投资优惠项目的报告。

有正当理由未能提交的，秘书长可批准延长提交报告的期限，但延长次数不得超过 3 次，每次期限不得超过 4 个月，并需报备委员会。

经秘书长审查，认为获批人有能力实施已批准的投资优惠项目，应尽快颁给其投资优惠证书。

第 23 条 投资优惠证书应按委员会规定的文式制定。

由秘书长在投资优惠证书上签字。

修改投资优惠证书应依照委员会的决议执行,由秘书长在修改过的证书上签字,并尽快颁给投资优惠获得人。

第三章 权益

第24条 依照现行的《入境法》,且本法未做其他规定的,委员会有权批准外国人在合法的居留期对泰国进行投资考察,或进行其他有利于投资的活动。

上述申请事宜,按委员会规定的准则和程序进行。委员会予以批准的,可根据实际情况制定限制条件。

第25条 依照现行《入境法》,且本法未做其他规定的,委员会允许投资优惠获得人的以下人员入境:

(一)技术员。

(二)专家。

(三)配偶和作为上述第1项、第2项下的被赡养人,按委员会审批的人数和期限入境居留。上述人数和居留期限超过《入境法》规定的,应按委员会的批准执行。

第26条 按照现行《外国人劳动法》,且本法未做其他规定的,依第24条规定受批准的外国人和依第25条规定获准入境的技术员或专家,在其居留期只能从事委员会规定的工作。

第27条 投资优惠获得人依照委员会批准的土地数量,拥有用于经营获批项目的土地产权。土地数量超过其他法律规定的,应依照委员会的批准执行。投资优惠获得人属于《土地法》规定下的外国人的,解散其获得投资优惠的项目或将项目转让给他人,应在项目解散或转让之日起一年内转让获批土地的产权,否则土地厅厅长有权依据《土地法》的规定进行拍卖。

第28条 投资优惠获得人可根据委员会的批准,享有获批机械设备的免进口税待遇。但机械设备应不能为泰国有能力生产或加工,其质量与国外同类产品相当且能满足需求量的。

第29条 经委员会研究认为,获得投资优惠的项目或投资人不应享有第28条规定的优惠条件的,则有权对项目或投资人以及后续的获得人实行减免半数或取消免进口税待遇。

第30条 在有正当理由的情况下,委员会可以批准投资优惠获得人享有用于生产、混装或加工的原料或必需材料减免不超过90%的进口税待遇。进口税的减免期限,自委员会批准之日起每次不得超过1年。上述材料应不能为泰国有能力生产的,或原产地在泰国的,其质量与国外同类产品相当且能满足需求量的。

上述事项遵照委员会规定的种类、数量、期限、条件和程序执行。

第31条 投资优惠获得人对所得净利润享有免缴法人所得税待遇。待遇不包含土地费和流动资产的投资审批,期限自有收益之日起不超过8年。

对于委员会公布的国家重点项目,在规定的期限内享有对所得净利润免缴法人所得税待遇,期限自有收益之日起不超过8年。

本条第 1 款或第 2 款用以计算经营所得的净利润，应包括经委员会批准的销售副产品和半成品所得的利润。

在享有免缴本条第 1 款或第 2 款规定的法人所得税期间，项目经营亏损的，委员会可批准投资人将所发生的年亏损金额，抵扣其所获免缴法人所得税的期限届满后 5 年内获得的净利润。可任由其选择在一年或多年所得净利润中抵扣。

关于本条第 1 款规定的投资额的计算，按委员会公告规定的准则和办法执行。

第 32 条 经委员会研究认为，获得投资优惠的项目或投资人不应享有第 31 条规定的优惠条件的，则有权取消项目或投资人以及后续的获得人的优惠条件。

第 33 条 投资优惠获得人依照委员会认可的合同，可享有免缴信誉承诺金、版权费或其他权益，为期 5 年，自所经营项目有收益之日起计算。本事项按委员会规定的准则和办法执行。

第 34 条 依照第 31 条规定享有免缴法人所得税的项目所取得的利润分配，在免缴法人所得税期间，投资优惠获得人享有无须计算缴纳所得税的免税待遇。

第 35 条 为了促进投资，委员会可设立投资优惠区，并在《政府公报》上进行公示。

除其他条款规定的权益外，委员会可规定投资优惠区的投资人享有下列一项或多项特殊权益：

(一)投资人未享有减免法人所得税待遇的，自第 31 条第 1 款或第 2 款规定的期满后，或经营项目有收益之日起减免法人所得税期满后，可按现行税率减半缴纳所得净利润的法人所得税，为期不超过 5 年。

(二)准许投资人在投资奖励资金中加倍扣除运输费、水费和电费以充当项目经营开支，以有利于投资人计算法人所得税，具体按委员会规定的条件、办法和期限执行。

(三)准许投资人依照委员会的规定，在所经营项目的利润中扣除基础设施建设费和设备安装费，但不得超过总投资额的 25%。除了按规定扣除正常的折旧费外，投资人可选择在一年或多年的净利润中扣除上述费用，期限自项目盈利之日起 10 年内。

第 36 条 为鼓励出口，委员会可赋予投资优惠获得人享有下列一项或多项特殊权益：

(一)免征用于生产、混合或加工出口产品的原材料和必需材料的进口关税。

(二)免征用于生产出口产品而进口商品的进口关税。

(三)免征生产或加工产品的出口关税。

(四)准许投资优惠获得人按前一年出口产品收入的 5%，从收益所得中扣除作为法人所得税，但不含出口保险费和运输费。

上述事项，按委员会规定的条件、办法和期限执行。

第 37 条 获得投资优惠或居住地在境外的投资人，在下列情况下可将资金携带出境或汇出境外：

(一)投资人入境携带的投资额及获得的利润或其他收益。

(二)投资人依照委员会批准的合同从国外引入用于经营获批项目的贷款资金及其利息。

(三)投资优惠获得人用于经营所获批项目的资金，受其与国外签订的关于在经营过程中行使各项权利和享有各项服务的合同条款的约束，且合同获得委员会的批准。

当泰国出现国际收支逆差严重，需要适当储备外币的，泰国中央银行可采取短期措施限制资金出境。但不限制将携带入境满 2 年的投资资本的 20%及占投资资本 25%以下的年利润汇往境外。

第四章　机械设备、原材料及必需材料

第 38 条　依本法规定进口可享有进口税减免待遇的机械设备、原材料及必需材料，委员会有权让海关放行符合第 21 条规定的投资优惠获得人，或其所进口的设备、材料等。允许投资优惠获得人出具泰国商业银行保函代替现金，作为进口税的担保。

第 39 条　投资优惠获得人未能履行投资优惠证书关于引进机械设备的相关规定，不能减免进口税。但委员会在必要时可修改上述规定，且有权规定效力溯及引进机械设备之日。引进投资优惠获得人的机械设备不受本法颁布时间的限制，皆可申请减免机械设备进口税。

第 40 条　在委员会规定的 5～10 年内，投资优惠获得人不得有下列行为：

(一)将享有进口税减免的机械设备用于其他未获批项目的生产，或允许他人使用。

(二)将工厂或经营场地搬迁到投资优惠证书规定以外的其他地区。

依第 41 条得到委员会批准的除外。

第 41 条　委员会有权准许投资优惠获得人将符合第 28 条、第 29 条的规定，获得进口税减免的机械设备用作抵押、出售、转让、出租或让他人使用；准许将工厂或经营场地搬迁到其他地区。

上述批准事项的条件和详细内容应以书面形式出具，或在投资优惠证书中列明。

符合本条规定的投资优惠获得人不受《海关法》的约束，委员会另有规定的除外。在这种情况下，应仅适用与委员会的规定不相违背的海关关税条款。

第 42 条　在第 40 条规定的期限内，将投资优惠获得人享有进口税减免的机械设备强制抵押给未获得优惠批准的抵押权人的，抵押权人应受《海关法》的约束，并被视作抵押权人自受让之日起引进了原获减免进口税的货物。

第五章　保证和保护原则

第 43 条　国家不会将投资优惠获得人的项目转化为国有项目。

第 44 条　国家不会经营新项目与投资优惠获得人竞争。

第 45 条　国家不会对与投资优惠获得人生产的同类或相近产品实行垄断。

第 46 条　国家不会对投资优惠获得人生产或加工的产品进行价格控制，但关系到国家经济、社会和安全等因素的除外。有必要规定售价的，应不低于委员会规定的售价。

第 47 条　投资优惠获得人可将获批项目生产或加工的产品出口到国外，但关系到国家经济、社会和安全等因素的除外。

第 48 条　国家不允许政府机关、官方组织或国企零关税进口委员会认为与投资优惠

获得人生产的、相同或相近的、供应充足的产品。

上述规定不适用于国防部依《军用物资管控法》进口的军用物资。

第 49 条 为保护投资优惠获得人的经营项目，委员会有权对与获批项目生产的同类、相近或可替代的进口产品征收特殊手续费，但最高不得超过产品价格与保险费、运输费总和的 50%。

上述规定的手续费，应在《政府公报》上公示。施行期限依照委员会的规定，但每次期限自发布之日的次日起不超过 1 年。

委员会在必要时，有权在《政府公报》上发布关于对本条款的修订或废除。

对进口产品需要缴纳的特殊手续费，由委员会决定。委员会的决定视为最终裁定。

海关有权对符合本条规定的进口产品征收特殊手续费，并受《海关关税法》的约束。海关征收特殊手续费，视为按《海关关税法》征收进口关税。

委员会认为某类产品不应征收特殊手续费，但投资优惠获得人已经缴纳的，海关部门应予以退还。

第 50 条 委员会认为第 49 条规定的关于征收特殊手续费不足以保护投资优惠获得人权益的，由商业部依照《泰国进出口管控法》，对与获批项目生产的同类、相近或可替代的进口产品实行禁止进口规定。

第 51 条 投资优惠获得人在经营过程中遇到困难向委员会求助的，委员会主席有权决定给予适当帮助，或指令政府机关、官方组织或国企及时给予帮助。

第 52 条 税率结构、关税、服务费或手续费、征收办法等阻碍了应给予优惠或已给予优惠项目的经营的，委员会主席可指令相关政府机关、官方组织或国企研究修改。

第 53 条 相关政府机关、官方组织或国企接到委员会主席依第 51 条、第 52 条下发的通知，应按要求执行。不能解决的，应自收到通知之日起 15 日内提报委员会主席，并陈述理由。当收到上述报告，委员会主席研究后做出决定的，视作最终裁决。有关政府机关、官方组织或国企应尽快执行。

第六章　优惠权益的撤销

第 54 条 投资优惠获得人违反或不履行委员会规定的，委员会有权撤销其全部或部分权益，并可规定或不规定撤销的期限。

委员会认为投资优惠获得人非故意违反或不履行委员会规定的，则让办公厅向其给予书面警告，要求在规定的期限内整改。但逾期未予以整改的，且没有正当理由的，由委员会按照上述规定处理。

第 55 条 （一）委员会撤销全部进出口货物关税减免待遇的，应视为投资优惠获得人未曾享有减免关税优惠权益。投资优惠获得人按进出口当日的货物价格和税率计算应缴纳的税费。对于享有降低关税待遇的，应在已缴税费的基础上，再补缴按上述标准计算得出的税费。

委员会撤销部分进出口货物关税减免权益的，应视为投资优惠获得人仍可享有部分减免关税优惠待遇。投资优惠获得人按进出口当日的货物价格和税率计算应补缴被撤待遇部分的税费。

投资优惠获得人应自接到撤销关税减免待遇通知之日起1个月内向海关报备缴税或补缴税费事宜,且税费应在海关办公厅缴纳,并自海关接到报备之日起1个月内结清。投资优惠获得人没有在规定期限内向海关报备,或没有缴纳及补缴税费的,应按超出期限每个月缴纳逾期款1%的滞纳金,且逾期最长不得超过3个月。不履行上述规定的,视为偷税行为,应受到《关税法》的制裁。关于税费时间,1个月有余的按1个月计算。

投资优惠获得人未履行办公厅依第54条第2款的规定对其发出的警告,委员会有权要求其缴纳滞纳金,即按超出期限每个月缴纳逾期款1%的滞纳金,期限自超出第54条第2款规定的日期开始算起,将滞纳金连同本条第3款规定的应缴税费或应补缴税费一同缴纳。但滞纳金不得大于应缴税费或应补缴税费,此滞纳金视为依照《海关法》征收的税金。

为实施诉讼的需要,诉讼的时效应自接到通知之日起1个月后开始计算。

(二)委员会下令撤销投资优惠获得人的法人所得税优惠权益的,应视为其在该会计年度不再享有减免法人所得税待遇,且受《税法典》约束。

委员会决定撤销法人投资优惠获得人的所得税优惠权益的,其行使效力可以回溯到其违反或未履行委员会的规定的整个会计周期。投资优惠获得人应向其总办事处所在税务厅、地方税务机关或府级税务机关申报缴纳之前被减免的税金,并在自接到撤销优惠权益之日起1个月内到上述地点申报,税率的计算按照被减免税金所处的会计周期的标准。不按期申报、缴纳税金或补缴税金的,则按《税法典》的规定缴纳滞纳金。如仍不执行,则按《税法典》的相关规定执行。

上述关于撤销减免法人所得税优惠权益的规定,将不会影响到在命令发布之前,对所获批优惠项目的利润分红。

第56条 投资优惠获得人解散、合并或转让项目的,其投资优惠证书的有效期为自发生解散、合并或转让项目之日起3个月以内。

接受合并或承受转让项目的经营人申请投资优惠条件,可在上述规定期限内提出投资优惠申请。经委员会研究,予以批准在原投资优惠获得人所剩余的优惠期限发给投资优惠证书。不予批准的,应下令撤销所有优惠权益。

第七章 附则

第57条 委员会享有的《一九七二年十月十八日革命团第227号公告》(受《一九七二年十二月十三日革命团第328号公告》约束)赋予的所有职权,自动转赋予本法规定下的委员会。

第58条 在本法生效之日起,已根据《工业投资促进法》依照工业部关于经营种类、规模和条件的规定,或者《工业投资促进委员会公告》获得工业投资优惠证书者,以及按照《一九七二年十月十八日革命团第227号通知》获得投资优惠证书者,属于本法规定下的投资优惠获得人,可享有投资优惠证书中规定的优惠待遇,并有权申请获得本法规定的优惠待遇。

第 59 条　依《一九七二年十月十八日革命团第 227 号通知》获得的投资优惠批准，视为从本法规定下的委员会获得的投资优惠批准。

第 60 条　在本法生效之前提出的投资优惠申请，视为根据本法的规定提出的投资优惠申请。

奉谕人：内阁总理　他宁・盖威迁

白罗斯共和国投资法*

2013 年 7 月 12 日第 53-3 号

2013 年 6 月 26 日由国民会议代表院通过
2013 年 6 月 28 日由共和国部长会议批准

前　章

本法规定在白罗斯共和国境内进行投资活动的法律基础和基本原则，旨在为白罗斯共和国经济发展吸引投资和对投资者提供保障，保障其权利、合法利益及受到平等保护。

第一章　总则

第 1 条　本法律中基本术语及定义

投资：

投资者以获利、取得其他效益为目的，抑或是为了达到其他与个人、家庭等类似情况无关的目标，以本法允许的方式在白罗斯境内投入的个人所有且可支配的任意财产和其他实物，包括：

动产和不动产，包括股票、法定基金中的股份、白罗斯共和国境内成立的商业组织的股份和资金，其中包括借款和贷款；

与投资等价的要求权利；

除不准流通的实物（被取消流通的实物）外，与投资等价的其他实物。

投资者：

长期居住在白罗斯共和国的白俄公民、外国公民和无国籍人士，包括在白罗斯境内投资的个体工商户和白罗斯法人；

在白罗斯共和国投资的长期不居住在白罗斯的外国公民和无国籍人士、长期居住国外的白罗斯公民以及外国和国际法人（非法人组织）（以下称"外国投资者"）。

第 2 条　本法律的适用范围

本法适用于与在白罗斯共和国境内投资相关的所有领域，但不包括：

* 系重庆国际战略研究院国别投资法律项目："投资贸易法译丛"。项目负责人：陈春红，四川外国语大学讲师。

向组织的创办者（参与者）在该组织财产上没有所有权或其他物权的非商业组织投资；

购买除股票以外的有价证券；

白罗斯共和国公民、外国公民和无国籍人士因自己和（或）家庭成员居住需要，购买或修建住宅；

贷款和还款，使用银行存款。

第 3 条　白罗斯的投资立法

白罗斯的投资立法以宪法为依据，由本法和其他白罗斯法令组成。

如白罗斯参加的国际协定中所规定的条文有悖于本法规定，则适用国际协定的条文。

第 4 条　投资途径

在白罗斯共和国境内投资有以下途径：

建立商业组织；

购买、建设，包括修建不动产，但不包括本法第一章第 2 条第 4 款规定的情况；

购买知识产权；

购买股票、法定基金股份、商业组织资产股份，包括商业组织法定基金增加的情况；

获取特许经营权；

其他白罗斯法律允许的方式。

第 5 条　投资的基本原则

投资基于以下原则：

投资者、国家及其机构和公职人员在白罗斯共和国宪法和基于宪法的其他法令规定的范围内进行投资（法治原则）；

投资者在法律面前一律平等，不受任何歧视（投资者一律平等原则）；

投资者正当合理进行投资，不得损害他人、周边环境和历史文化遗产，不得侵犯他人权利和受法律保护的利益，不得以其他形式滥用权力（投资的正当合理原则）；

不得干预私事，但不包括遵照白罗斯法律规定为了保障国家安全（其中包括保护周边环境和历史文化遗产）、社会公共秩序、居民身心健康以及其他人的权利和自由而进行的干预（不得任意干预私事原则）；

运用司法和其他白罗斯共和国法律规定的方式，包括其参与的国际协定，保护投资者权利和合法利益（确保恢复被侵犯权利与合法利益及其司法保护的原则）。

投资优先适用国际法公认的原则。

第 6 条　投资限制规定

在白罗斯共和国反垄断法规定的情况下，未经白罗斯反垄断机构允许不得向在白罗斯商品市场占主导地位的法人产业投资；也不得向白罗斯法律禁止的产业活动投资。为了保障国家安全（其中包括保护周边环境和历史文化遗产）、社会公共秩序、居民身心健康以及其他人的权利和自由，也可以根据白罗斯法律进行投资限制。

第二章　投资领域的国家职能

第 7 条　投资领域的国家调控

白罗斯共和国总统、政府、主管投资的国家行政机关、其他国家行政机关、其他隶属于政府的国家组织、地方执行和办事机构以及负责国家招商引资的国家组织在职权范围内依法对投资领域进行国家调控。

第 8 条　白罗斯总统对投资领域的管控权限

白罗斯共和国总统对投资的管控权限有：

确定统一的国家政策；

确定在投资领域进行调控国家行政机关；

确定与白罗斯签订投资协定的条件；

根据白罗斯宪法、本法律和其他白罗斯法律行使其他权力。

第 9 条　白罗斯政府对投资领域的管控权限

白罗斯共和国政府对投资的管控权限有：

执行统一的国家政策；

确定主要工作方向(经济方面)以实现投资；

确定与白罗斯签订、更改、废除和国家注册投资协定的程序；

行使其他白罗斯宪法和法律及总统法令赋予的权力。

第 10 条　其他国家机关和组织对投资的管控权限

主管投资的国家行政机关、其他国家行政机关、其他隶属于政府的国家组织、地方执行和办事机构在自己的职权范围内确保投资领域国家统一计划的实施。

负责国家招商引资的国家组织保证投资者与白罗斯国家行政机关、其他隶属于政府的国家组织及地方执行和办事机构的互动，根据白罗斯法律行使其他权力。

第三章　投资者权益保障和投资保护

第 11 条　外国投资者的补偿和其他资金的汇兑

外国投资者可在白罗斯境外自由汇兑本法第 12 条第 2 款、第 4 款规定的补偿。

向白罗斯国家和地方财政及国家非预算基金会缴纳法律规定的税款、税费(关税)和其他必要款项之后，外国投资者可在白罗斯境外自由汇兑与在白罗斯投资相关的利润(收入)和其他正当资金收入，以及为了获利和有关投资而支付的款项，其中包括：

外国投资者在白罗斯境内部分或完全终止投资后获得的资金，包含外国投资者转让投资获得的资金、因投资形成的财产和其他实物；

应付给按劳动合同参加劳务活动的外国公民和无国籍人士作为工资的资金；

依照法院决议应付给外国投资者的资金。

只要不与白罗斯承担的国际义务相矛盾，外国投资者可自行选择以白罗斯卢布或外国货币将本法第 12 条第 2 款、第 4 款规定的补偿汇兑至自己指定的国家。

汇兑本条第 2 款规定的资金可能受限于白罗斯法律规定的程序及条件和(或)法院根据白罗斯法律作出的具有法律效力的决议。

第 12 条 避免投资的国有化及征用

用于投资或因投资而形成的资产不得无偿国有化或征用。

国有化只能因社会需要和在对被国有化财产价值及其他因国有化而造成的损失予以及时、全部补偿的情况下进行。

国有化程序和条件,以及对被国有化财产价值及其他因国有化而造成的损失予以补偿的付款日期根据白罗斯宪法通过的有关这一问题的法律确定。

征用只能在以下情况下进行:发生自然灾害、事故、流行病、瘟疫和其他具有非常性质的情况;以有利于社会为目的、遵照国家机关在法律规定的程序和条件下做出的决定;并且已向投资者补偿被征用财产价值。

财产被征用的投资者有权在征用终止时通过司法手段要求归还其持有的财产。

就本法第 12 条第 2 款、第 4 款规定的补偿金额可向法院申诉。

第 13 条 解决投资者与白罗斯之间的争议

若白罗斯法律未做另行规定,开庭审理前均以谈判的方式解决投资过程中投资者与白罗斯之间产生的争议。

自收到解决争议书面倡议之日起 3 个月内,若通过开庭审理前谈判的方式未能解决投资者与白罗斯之间的争议,则依照白罗斯法律通过司法程序解决。

如果白罗斯法院无权审理外国投资者与白罗斯之间产生的争议,且自收到解决争议书面倡议之日起 3 个月内,通过开庭审理前谈判的方式未能解决争议,则投资者还可选择以下方式解决争议:

若争议双方无异议,则通过解决具体争议的仲裁法院、机构按照联合国国际贸易法委员会(UNCITRAL)的仲裁规程进行仲裁;

若外国投资者是 1965 年 3 月 18 日签署的《关于解决国家和其他国家国民投资争端公约》参加国的公民或法人,则通过国际投资争端解决中心(ICSID)解决。

若白罗斯参加的国际协定和(或)投资者与白罗斯签订的合同对解决双方投资过程中产生的矛盾另有规定,则依照此国际协定和(或)合同规定的内容执行。

第四章 投资者的权利和义务

第 14 条 投资者的权利

投资者有权根据白罗斯法律规定出售自己的财产权和非财产权。

承认投资者的专有知识产权。

投资者和(或)按规定程序建立且有投资者参与的商业组织有权按照《白罗斯土地保护与利用法》的规定使用、租赁、购买土地。

第 15 条 建立商业组织的权利

投资者参照本法第 6 条规定的限制条件,有权在白罗斯境内以白罗斯法律允许的权力组织形式建立任意投资规模的商业组织。

在白罗斯建立和注册商业组织应按照白罗斯法律规定的程序进行，无论该组织的参与者是否为外国投资者。

外国投资者有权按白罗斯法律规定的程序在建立商业组织、购买股票、法定基金股份、商业组织资产股份，包括商业组织法定基金增加的情况时，使用外币和（或）白罗斯卢布及其他非货币形式的等价物。

第 16 条 享受优惠和特惠的权利

投资者投资主要产业活动（经济领域）和在其他白罗斯法律和（或）白罗斯须遵守的国际法律规定的情况下，有权依据白罗斯法律和（或）白罗斯须遵守的国际法律享受优惠和特惠。

第 17 条 与白罗斯签订合同的权利

投资者有权按照白罗斯法律规定的程序和条件与白罗斯签订有关投资的合同。

为了给投资创造补充条件，投资者有权与白罗斯签订投资合同。

与白罗斯的投资合同须经白罗斯法律确定的国家机关或其他国家组织许可后才能签订。

与白罗斯签订的合同中应确定：

投资对象、规模、期限和条件；

投资者和白罗斯的权利与义务；

合同双方违反合同条件时应承担的责任；

白罗斯法律规定的其他条件。

第 18 条 关于吸收外国公民以及无国籍人士入白罗斯参加劳务活动的权利

投资者和（或）按规定程序建立且有投资者参与的商业组织有权按照白罗斯法律规定吸收外国公民和无国籍人士，其中包括不具有在白罗斯长期居住许可的人员，使其按照劳动合同在白罗斯参加劳务活动。

第 19 条 投资者的义务

投资者须：

遵守白罗斯共和国宪法和法律；

不进行不正当竞争活动，不从事（或消极对待）禁止、消灭或限制竞争及损害他人权利、自由、合法权益的活动；

履行其他法律规定的义务。

第五章 结论

第 20 条 关于白罗斯投资法规的变更

废除 2001 年 6 月 22 日颁布的白罗斯投资法中的第一章、第二章、第四章和第五章（白罗斯国家法律法规目录表中的 2001 年，62 号，2/780；2004 年，126 号，2/1062，175 号，2/1074；2006 年，122 号，2/1256，2008 年，172 号，2/1469，175 号，2/1494；2009 年，276 号，2/1607）。

第 21 条 过渡性规定

若白罗斯宪法未做其他规定，实施本法规之前暂行不悖于本法的条款。

本法生效前被认定为带有外资的商业组织，有权：

在自己的名称中使用指明有外国投资者参与的词汇，直到最后一名组织参与人员退出；

在本法生效之日未能筹集完成规定数额法定基金的情况下，自生效日起 2 年时间内筹集法定基金到章程（对于按照组织创立时签订的合同运行的商业组织而言即为创立合同）规定的数额；

按照白罗斯法律规定的程序变更章程（对于按照组织创立时签订的合同运行的商业组织而言即为创立合同）规定的法定基金数额，但不得低于法律规定的最小数额。

第 22 条 本法律规定的执行

白罗斯部长会议应在 6 个月期限内：

保证基于本法产生的法规法令得到实施；

采取其他必要方式执行本法规定。

第 23 条 本法律正式生效

本法生效程序如下：

第 1 条至第 21 条于正式颁布本法 6 个月之后生效；

第 22 条于本法正式颁布后立即生效。

白罗斯总统

亚历山大·卢卡申科

白罗斯共和国外贸活动国家调控法*

2004 年 11 月 25 日,编号 347-3

2004 年 10 月 29 日由国民会议代表院通过
2004 年 11 月 10 日由共和国部长会议批准

本法奠定了国家调控外贸活动的法律基础,并确定白罗斯共和国国家机关在外贸活动中,为保障白罗斯共和国在经济领域的国家安全,促进民族经济发展,为保证外贸活动的顺利进行创造良好的条件,所拥有的权利和义务。

第一章　总则

第 1 条　本法中所使用的基本概念

1.本法所使用的基本概念包括:

1.1 白罗斯劳务(工作)订货人——是指预订或接受这些服务的白罗斯常住居民。

1.2 白罗斯劳务提供者——是指提供服务的白罗斯常住居民。

1.3 外贸活动——是指以销售商品和(或)劳务和(或)知识性产品相关的活动。

1.4 信息外贸——是指获得信息直接与传播这些商品相关,或者知识产品交易,如果传播信息是在有偿交易的基础之上,全部或部分转让这些产品的专利权的结果,都是信息性外贸,此外,则为劳务外贸。

1.5 知识贸易——是指在有偿交易的基础上,白罗斯常住居民全部或部分转让知识产品的专利权给非白罗斯常住居民,或者白罗斯常住居民转让给白罗斯常住居民。

1.6 商品外贸——是指商品的进口和(或)出口。

1.7 劳务外贸——按照本法规定的交易方式提供的劳务活动。

1.8 水产资源——符合白罗斯对外经济活动商品品名表中的水产资源商品。

1.9 自由贸易区——是海关区域,根据国际协定,在这一区域中,与一国或几个国家(国际组织)不采取针对全部或大部分商品收取关税和其他限制对外商品贸易的措施,国际协定中规定的必须采取相关限制措施的情形除外。同时,自贸区活动参加者不用履行某种重要的与缴纳关税相关的协同工作,以及与第三方国家进行商品贸易的其他调整措施。

1.10 商品进口——是指将商品输入白罗斯境内,并在白罗斯境内消费或销售这些

---

* 系重庆国际战略研究院国别投资法律项目:"投资贸易法译丛"。项目负责人:陈春红,四川外国语大学讲师。

商品。

1.11 外国服务订货人——预订服务或接受这些服务的非白罗斯常住居民。

1.12 外国劳务提供者——提供服务的非白罗斯常住居民。

1.13 商业存在——任何经白罗斯共和国立法机构、国际法和外国法律允许的企业经营活动组织形式,可以是白罗斯常住居民在共和国境内进行的,也可以是白罗斯常住居民在其他国家境内进行的以提供服务为目的的贸易活动。

1.14 外贸活动许可证制度——由白罗斯国家机关颁发的针对某单一种类商品进行外贸活动的许可证,或许可证副本,对许可证进行修改或补充,延长或暂停许可证的有效期,以及许可证的废除。

1.15 商品(服务)外贸的国家制度——主要在于提供产自外国(国际组织)的商品(服务),对于商品销售(提供服务)实行同样的制度,而用于销售、购买、转运、分配或者在白罗斯国内市场消费的商品所遵守的制度则采用产自白罗斯的类似的或者竞争性商品(服务)所使用的制度。

1.16 非白罗斯居民包括:在白罗斯共和国之外拥有固定住所的自然人,其中包括在白罗斯暂住的自然人;位于白罗斯共和国境外,根据外国法律设立的法人或非法人组织;国际组织。

1.17 非关税性调控——是一种国家调控对外商品贸易方式,通过推行或停止数量限制和其他不同于海关关税调控措施的国家外贸活动调控手段。

1.18 动物食品——即属于白罗斯共和国对外经济活动商品品目表所列举的动物食品。

1.19 外贸制度——国家制度,关税优惠制度,以及其他与国际法律法规相符的制度。

1.20 白罗斯居民:

在白境内拥有固定住所的自然人,其中包括暂居境外的自然人;

位于白罗斯境内的法人和非法人组织,这些组织必须是根据白罗斯共和国法律而设立的。

1.21 农产品——属于世界贸易组织规定的农产品种类。

1.22 关税调控——是一种国家管控对外贸易的一种手段,通过确立、推行、变更和停止对通过白罗斯海关的商品征收关税的行为。

1.23 关税联盟——是一种国家联盟,是在国际协定的基础之上,按照国际协定建立统一的海关区域,其覆盖这些国家的关税区域,在区域内部,针对关税区域成员国之间全部或大部分商品贸易免除相关税收和其他外贸限制措施,或者是针对其他国家与这些关税区域成员国之间进行商品贸易时,全部或大部分商品贸易免除相关税收,国际协定中指明必须采取限制措施的商品贸易除外。与此同时,关税同盟参与国在与第三国发生贸易活动时所实行的税收等限制措施完全一致。

1.24 商品——如果没有其他海关法律另外规定,那么就是指用于销售的财产。

1.25 商品出口——是指从白罗斯海关区域将商品运出境内用于销售的行为。

2."同类产品""著作""劳务"等概念的含义参照本法第 29 条第 2 款和《白罗斯税收总索引》第 30 条。

第 2 条 本法适用范围

1.本法适用于国家对外贸活动的调控,同时包括直接与外贸活动相关的其他事项。

2.本法不适用于国家对劳务外贸活动的调控,比如:

2.1 对于白罗斯国家机关在非商业基础上发挥职能时,以及不与一个或几个白罗斯和(或)外国服务提供商形成相互竞争的条件下所提供的服务。

2.2 在白罗斯国家银行行使国家法律规定的职能而进行的活动时所提供的服务。

2.3 在不与一个或几个服务提供商相竞争的情况下所提供的金融服务,以及由国家担保(白罗斯共和国担保,白罗斯政府担保)的活动,或者需要使用国家金融资源的情况下提供的服务。

3.本法不包括:涉及出口受限的商品外贸活动,以及在对流入白罗斯的资金进行管控时,或者在进行外贸结算时用以提供服务的商品。其他不受本法律约束的领域还包括:本法律法条的变更可以由白罗斯总统根据白罗斯共和国宪法确定,以及对本法律实施变更和补充的其他法律条文,还包括针对白罗斯的国际协定的相关规定和标准。

第 3 条 国际条约规范与本法律间的关系

如果白罗斯共和国国际协定确定了与本法不同的其他规范,且国际法并未做另行规定,那么就实行国际法的相关规范。

第 4 条 国家对外贸易活动调整的基本原则

对于白罗斯共和国境内的外贸活动,国家调控需遵守下列基本原则:

外贸政策的实施是统一的白罗斯共和国对外政策的组成部分。

保障白罗斯共和国的国家安全,其中包括经济领域的安全。

维护俄罗斯海关区域的统一。

经济手段在国家外贸活动调整中的权威性。

在进行外贸活动时,不干涉私人事务,除非这种干涉是建立在为了保障国家利益、保障社会秩序、保证居民健康、保障道德以及其他人的权利和自由的法律规范基础之上。

保障白罗斯共和国在国际协定中所承担的义务的履行,以及国际协定中白罗斯共和国的权利的实施。

在考虑相互性的情况下,采用相应的针对其他国家(或国际组织)的外贸活动调整措施。

在选取国家外贸调控措施时,对其参与者造成的负担,不能超过保障目的有效达成的必要条件。

采用国家外贸调控措施的可靠性和客观性。

在法律保护、自由和外贸活动参加者的合法利益的法律保障。

实施国家外贸活动调整措施时的公开性。

第 5 条 白罗斯的外贸政策

1.白罗斯的外贸活动政策的实施是为了给白罗斯居民建立更加良好的环境,包括外贸活动从业者、生产者、消费者、订货人和劳务提供者等。

2.白罗斯与其他国家的外贸关系建立在白罗斯国家的宪法、现行法律和其他白罗斯的法律基础之上,乃至得到公认的准则和国际法律的规范,其中包括国家主权平等原则、和平解决国际争端、互不干涉内政、认真履行白罗斯承担的国际义务、反对歧视、注重相互性的基础之上。

3.与白罗斯共和国宪法和国际法律规范一致，白罗斯共和国可以在自愿的基础上加入自贸区、关税联盟以及其他国家间组织。

第 6 条 外贸活动从事权

所有白罗斯共和国居民和非白罗斯共和国居民，以白罗斯共和国，秩序正常且满足白罗斯共和国法律国际法和外国法律的白俄行政领土单位均享有从事外贸活动的权利。

第二章 国家调整外贸活动的基本情形

第 7 条 国家对外贸活动的调控方法

国家对外贸活动的调控主要通过以下手段实现：

关税调控；

非关税调控；

禁止和限制服务外贸和知识产权外贸；

本法第七章所规定的促进外贸活动发展的经济和行政手段。

第 8 条 实施国家外贸调控的国家机构

1.国家外贸调控主要实施者有：白罗斯共和国总统、白罗斯共和国国民会议、白罗斯政府，以及其他与本法、其他白俄立法和对白罗斯共和国有效的国际法律规范等相适应的白罗斯全权国家机关。

2.对于与具体的国家（国际组织）的外贸活动，白罗斯总统可以决定采取任意一种国家外贸调控措施。

3.白罗斯总统可以授权政府决定采取什么样的外贸活动调控措施，本法将这些措施确定为总统权限。

4.如果白罗斯共和国总统没有授权其他负责机构，白罗斯负责制定国家外贸活动调控政策的国家机关、外贸活动参加者、涉及白罗斯外贸活动领域的国际协定的签订等事务的协调工作则由白罗斯政府和被授权的国家机关在其权限范围内执行。

第 9 条 制定国家外贸调控政策的公开性

1.制定涉及白罗斯外贸活动实施的秩序的法规草案时，关于公开讨论此类法规草案的决定可能由与法律相适应的规范制定机构（负责人）做出，其中包括负责制定草案的白罗斯国家机关的提议。

2.涉及白罗斯外贸活动实施的秩序的法规应根据相应法律由官方发布。

第 10 条 保密性

白罗斯国家机关及其从事外贸活动国家调控的负责人应该根据相关法律保护国家机密和构成商业秘密及其他法律指定的机密信息的保密性，这些信息只能用于指定用途。使用含有构成国家机密的情报或者为法律所保护的情报的程序，须按照法律规定办理。

第三章　国家对商品外贸领域的外贸活动之调控

第 11 条　外贸商品的海关关税调控

外贸商品调控旨在保护白罗斯共和国内贸市场，其基本方法是海关关税调控。

第 12 条　外贸商品的非税率性调控

外贸商品的非税率性调控措施由白罗斯共和国总统或者受他委托的白罗斯共和国政府制定，即根据白罗斯共和国的经济政策利好（经济政策措施），或者基于非经济原因，对外贸商品进行数量限制和（或者）其他方面的限制。

第 13 条　外贸商品的数量限制

1.对外贸商品没有数量限制，但本法律第三章第 13 条第 2 款以及第 19 条、第 24 条、第 32 条所规定的情形除外。

2.白罗斯共和国总统或者受他委托的白罗斯共和国政府可以决定：

2.1 临时限制或者禁止出口某些商品，以防止或者杜绝白罗斯共和国国内市场的粮食，或者对于白罗斯共和国国内市场至关重要的其他商品出现奇缺现象。此类商品清单由白罗斯共和国总统或者受他委托的白罗斯共和国政府确定。

2.2 限制进口粮食或者运入白罗斯共和国的任何水生物资源，如果必须：

减少白罗斯共和国出产的类似商品的生产或者销售；

减少在白罗斯共和国境内生产的、可以直接用进口商品取而代之的商品的生产或者销售，这是在白罗斯共和国不能大批量生产此类商品的情况下；

让所有者或被授权者把此类多余商品免费或低于市场价格提供给某些白罗斯消费群体，以此清空市场上临时多余的在白罗斯共和国境内生产的此类商品；

让所有者或被授权者把现有多余商品免费或低于市场价格提供给某些白罗斯消费群体，以此清空市场上在白罗斯共和国境内生产的、可以直接用进口商品取而代之的此类多余商品，如果在白罗斯共和国不能大批量生产此类商品的话；

限制依赖于进口到白罗斯共和国的动物产品的生产，如果此类产品在白罗斯共和国的生产量相对较少的话。

3.本条所涉猎的农产品和水类生物资源清单由白罗斯共和国总统或者受他委托的白罗斯共和国政府确定。

第 14 条　非歧视性数量限制

1.在本法律准许对外贸商品进行数量限制的情况下，此类限适用于所有的商品生产国，除非本法律另有规定。

2.在确定对进口商品进行数量限制的情况下，如果对相关国家的进口商品进行配额分配，则需顾及早先这些商品是从哪些国家进口的。

3.本条第 2 款、第 3 款可以不针对那些与白罗斯共和国没有相互责任合同的国家所生产的商品，如果该责任合同能够提供比其他国家（国家群体）更为优惠的条件。

4.根据本法第 19 条，本条款不适用于从事商品对外贸易时白罗斯共和国的经济利益保护措施。

5.根据白罗斯共和国关于边境贸易、海关联盟或者自贸区的现行国际协定,本条第1款、第2款不妨碍遵守相关义务。

第15条 外贸商品定额的分配

在通过关于实行外贸商品定额的决议时,由白罗斯共和国总统或者受他委托的白罗斯共和国政府确定定额分配的办法和程序。实施定额分配所依据的原则是,外贸活动参加者在获取定额以及不歧视所有制形式、注册地点和市场状况方面相互平等。

第16条 个别外贸商品的专有经营权

1.个别外贸商品的经营权可能受到限制,即保留国家对于个别外贸商品的专有经营权,由白罗斯共和国总统授权的国家机构、组织以及白罗斯共和国居民行使保留权。

2.获得专有经营权的个别外贸商品清单由白罗斯共和国总统或者受他委托的白罗斯共和国政府确定。

3.本条第1款中所指涉的人获得个别外贸商品的专有经营权后,以不歧视为原则,从事个别外贸商品交易,并遵循白罗斯共和国的法律和商业利益。

第17条 个别外贸商品的许可事宜

1.根据白罗斯共和国法律规定,个别外贸商品只能凭许可证经营。

2.在下述情况下,对个别外贸商品实行许可证制度:

对个别外贸商品临时实行数量限制;

依据本法律第24条第1款,旨在确立商品出口和(或者)进口的批准程序;

出于白罗斯共和国履行国际义务的目的。

3.需要许可证的商品清单、许可程序以及受委托发放相关许可证的白罗斯共和国国家机构由白罗斯共和国总统或者受他委托的白罗斯共和国政府确定。

第18条 个别商品出口和(或者)进口的自动许可事宜

1.个别商品出口和(或者)进口的自动许可事宜(以下简称自动许可)是指受委托的国家机构对个别商品出口和(或者)进口的数量指标及其变化情况进行监控,即外贸活动参加者必须按照法律规定,向受委托的国家机构通报自己的外贸活动情况。自动许可作为临时措施,不以数量限制或者引入商品出口程序和(或者)进口程序为目的。

2.只有在用其他方法无法检测个别商品的出口和(或者)进口数量指标及其变化的情况下,方可引入自动许可程序。只要引入自动许可的理由尚存,且用其他方法无法达到其目的,自动许可事宜就会一直进行。

3.商品的出口和(或者)进口的自动许可证(以下简称自动许可证)颁发程序依法确定,必须最大限度地简化自动许可证的获取过程,以防限制商品的出口和(或者)进口。

4.自动许可证的获取以外贸活动参加者提交的自动许可证发放申请书为依据。申请书的形式由被授权的国家机构确定。除了参加者提交的自动许可证发放申请书,不允许要求提交其他任何文件,以获取自动许可证。所有提交了自动许可证发放申请书的外贸活动参加者具有获取该许可证的同等权利。

5.在履行海关手续之前,可在任何一个工作日提交自动许可证发放申请书。自动许可证申请书的发放尽可能从速。自收到申请书之日起,自动许可证的发放不应超过3个工作日。符合自动许可证制度的商品的清单,被授权发放自动许可证的国家机构,需由白罗斯共和国总统或者受他委托的白罗斯共和国政府确定。

6.在实施自动许可期内，如果缺少自动许可证，白罗斯共和国海关将以此为由，拒绝商品运入白罗斯共和国海关监管区，或者拒绝商品从白罗斯共和国海关监管区运出。

第 19 条 商品对外贸易中白罗斯共和国的经济利益保护措施

为保护白罗斯共和国的经济利益，在对外商品贸易中，不管本章条款如何，可以根据法律规定，通过采取反倾销的、补偿性的专门保护措施限制商品进口。

第 20 条 外国（国家群体）生产的商品对外贸易中的国家规约

1.根据白罗斯共和国现行的国际协定以及白罗斯共和国法律，为外国（国家群体）生产的商品提供国家规约。提供国家规约并不妨碍使用区分性的支付方式，这些方式与运输相关，且完全取决于运输工具的运务价格，而不取决于出产商品的国家。

2.根据白罗斯共和国法律规定，可以为外国（国家群体）生产的商品提供另一种外贸规约，如果与该国（国家群体）之间没有签订在白罗斯共和国行之有效的国际协定，而该条约规定，应为在白罗斯共和国境内生产的商品提供本条第 1 款规定的国家规约。

3.如果白罗斯共和国总统以及白罗斯共和国现行国际协定法规没有做出另行规定，则本条第 1 款、第 2 款不适用于国家需求的商品供货事宜。

第 21 条 对运入商品的技术、药理学、卫生检疫、动植物防疫及生态要求。对运入商品的质量监督

1.商品只有符合白罗斯共和国现行的国际协定法规文件确定的技术、药理学、卫生检疫、动植物防疫及生态要求，它们方可被运入白罗斯共和国海关监管区。

2.按照法律程序，证明运入商品是否符合上述要求。

3.符合本条第 1 款的标准和要求，以及证明商品符合这些要求，其程序和范围既适用于在外国生产的商品，也适用于在白罗斯共和国境内生产的同类商品。

第 22 条 商品生产国对采取外贸活动非税率性调控措施的影响

如果法律没有另行规定，则外贸商品的数量限制和许可证制度，以及出口商品和（或者）进口商品最低价和最高价的确定既不用于在外国生产的商品的出口，也不用于在白罗斯共和国境内生产的商品的进口。

第 23 条 自由的国际过境运输

1.如果白罗斯共和国总统和白罗斯共和国现行国际法规没有另行规定，则对于国际货运最为适宜的经由铁路、水路、航空线路、公路的国际过境运输自由通行。如果白罗斯共和国总统和白罗斯共和国现行国际法规没有另行规定，则在国际中转时，根据注册地、发生地、进住地、出发地，或者目的地点、发货点，或者属于商品所有制情形基础上的国家调控中不存在差异，可以采取水路或者其他运输方式。

2.与白罗斯共和国海关法相对应，可以确定关于向白罗斯共和国海关区域运输个别种类的商品及其对运输方式的要求，以及通过白罗斯共和国国界线的特定通行点及特定运输路线，从白罗斯共和国海关区域运出个别商品及其运输方式的要求。

3.本法条不适用于国际航空运输，将商品空中运输排除在外。

第 24 条 从国家利益角度出发采取的涉及商品外贸和商品引进的措施

1.独立于本章的规定，根据白罗斯共和国国际法和白罗斯总统出于国家利益的考虑

所颁布的法律法规,可以采取涉及商品外贸的措施,如果这些措施:

1.1 对于社会道德监督和法制是必不可少的。

1.2 对于保障人们的生命和健康及保护环境是必需的。

1.3 涉及黄金或白银的进出口。

1.4 用于保障文化珍品。

1.5 对于预防非可再生自然资源的枯竭,同时运用于国内有限的与非可再生资源利用相关的生产和消费。

1.6 对于购买和销售全国或地方稀缺的商品是必需的。

1.7 对于履行白罗斯共和国的国际义务是必需的。

1.8 对于保障白罗斯共和国的国家安全是必需的。

1.9 为保障不与白罗斯国际法相矛盾的白罗斯规范法律性法令的实施所必须,这些规范法律性法令可能涉及这些领域:

白罗斯共和国海关法的应用;

环境保护;

与白罗斯共和国法律相适应的关于运出或销毁不符合技术、药理学、卫生、兽医学、植物检验和生态等要求的商品的应对方法;

犯罪的预防和侦察,同时预防诉讼程序和犯罪的法庭决议的执行;

知识产权产品的保护;

对于与本法第 16 条相适应的商品的外贸活动可赋予特殊权利。

2.本法条第 1 款中所列举的措施不应被作为随意地或毫无根据地对国家实行不平等待遇,或者是对商品外贸实施隐形限制的手段。

3.本法条第 2 款中的规定,只适用于与白罗斯签订最惠国待遇条约的国家(国际组织)。

第四章　服务和知识产权外贸方面的国家调整

第 25 条　服务外贸

1.服务外贸通过以下方式进行:

1.1 从白罗斯向国外。

1.2 从国外向白罗斯。

1.3 在白罗斯向外国顾客提供服务。

1.4 在国外向白罗斯顾客提供服务。

1.5 在国外不具有商业性质的白罗斯服务人员本身或其名下的驻国外代表提供服务的方式。

1.6 在白罗斯不具有商业性质的外国服务人员本身或其名下的驻白罗斯代表提供服务的方式。

1.7 白罗斯服务人员在国外进行商业服务活动。

1.8 外国服务人员在白罗斯进行商业服务活动。

2.若白罗斯参加的国际协定未另行规定,服务外贸可能在以总统法令和法律为依据提供服务的方式上通过全面或部分禁止和限定服务业的方式受到限制。

第 26 条 服务外贸方面的国家待遇

1.在涉及服务外贸的措施方面,根据白罗斯参加的国际协定条款和白罗斯法律向外国服务人员和以本法第 25 条第 1 款第 1.2 项、第 1.4 项、第 1.6 项和第 1.8 项指出的方式提供的服务提供国家待遇。相较于同样的外国服务人员和以本法第 25 条第 1 款第 1.2 项、第 1.4 项、第 1.6 项和第 1.8 项指出的方式提供的外国服务而言,若这一待遇为有利于白罗斯服务人员或其在白罗斯提供的服务而改变了竞争条件,则该待遇不具有国家级性质。

2.若白罗斯总统、法律和白罗斯参加的国际协定未另行规定,本条第 1 款的规定不适用于为国家需要提供服务。

第 27 条 涉及服务外贸和从国家利益出发采取的措施

1.可以按照白罗斯参加的国际协定、白罗斯法律和总统法令从国家利益出发采取涉及服务外贸的措施,而不取决于本法第 26 条的规定,如果这些措施:

1.1 对于遵守社会公德或法律秩序是必需的。

1.2 对于保护人的生命或健康、周边环境是必需的。

1.3 对于履行白罗斯的国际义务是必需的。

1.4 对于保障白罗斯国家安全是必需的。

1.5 对于保障金融系统完整与稳定、保护投资者权利和合法利益是必需的。

1.6 旨在就外国服务人员和(或)本法第 25 条第 1 款第 1.2 项、第 1.4 项、第 1.6 项和第 1.8 项指出的服务方式保障平等或有效的设立、运用和修改税款、税费(关税)。

1.7 是落实避免重复征税条约规定的措施。

1.8 对于保证遵守不悖于本法规定的白罗斯规范性法令是必需的,这些法令涉及:

预防和调查犯罪,以及关于犯罪的诉讼程序和法院判决执行;

预防不正当行为或不执行服务合同带来的后果;

保护个人私生活不被干预,保守个人、家庭和银行秘密。

2.采取本条第 1 款指出的措施时,不得有随意或毫无根据的国别歧视,或者这些措施不得成为对服务外贸的隐性限制。

3.对于与白罗斯之间没有关于提供不低于提供给他国(国家群体)的优惠待遇相互合同义务国家(国家群体)的服务和服务人员,本条第 2 款的规定不适用。

第 28 条 知识产权外贸

1.国家根据本法对知识产权外贸领域进行调整。

2.若一些措施对于遵守社会公德或法律秩序,保护人的生命或健康、周边环境,履行白罗斯的国际义务,保障白罗斯国家安全以及其他本法规定的情况是必需的,则可以按照白罗斯参加的国际协定、白罗斯法律和总统法令采取这些涉及知识产权外贸的措施。

第五章 货物、服务和知识产权外贸的特殊禁止和限制

第 29 条 白罗斯为参加国际制裁对货物、服务和知识产权外贸进行的禁止和限制

部分货物、服务和知识产权外贸可能受到白罗斯根据联合国宪章为参加国际制裁而

采取的必要措施的禁止或限制，其中包括违背本法第 13 条第 1 款，第 14 条、第 20 条、第 23 条和第 26 条规定的措施。

第 30 条　白罗斯为维持收支平衡对货物、服务和知识产权外贸的限制

1.为保护白罗斯外部财务状况和维持白罗斯收支平衡，总统可决定采取措施限制货物、服务和知识产权外贸，其中包括违背本法第 13 条第 1 款，第 14 条、第 20 条和第 26 条规定的措施。在以下情况下采取或加强这些措施：

1.1 必须制止白罗斯黄金外汇储备严重减少或预防白罗斯黄金外汇储备严重减少的危险。

1.2 黄金外汇储备不多时，必须使白罗斯黄金外汇储备达到合理增速。

2.结合白罗斯国际义务，按对于实现既定目标必需的期限来实行本条第 1 款指出的措施。

3.白罗斯总统指定国家机关负责实行本条第 1 款指出的限制货物、服务和知识产权外贸的措施。

4.白罗斯政府和国家银行联合呈文，并由白罗斯总统决定实行本条第 1 款指出的限制货物、服务和知识产权外贸的措施。

第 31 条　与货币调整或管控措施相关的货物、服务和知识产权外贸限制

一切符合 1994 年 7 月 22 日签署的《国际货币基金协定》、其他对白罗斯有效的国际法和白罗斯法律规定的货币调整或管控措施，可对货物、服务和知识产权外贸进行限制。

第 32 条　货物、服务和知识产权外贸方面的应对措施

1.白罗斯总统或其委托的白罗斯政府可以对货物、服务和知识产权外贸进行限制，如果其他国家或多国组织：

1.1 不向白罗斯履行国际协定规定的义务。

1.2 采取侵犯白罗斯或其侨民经济利益的措施，其中包括无故禁止白罗斯侨民进入外国或多国组织市场，或者无故以其他方式不平等对待白罗斯侨民。

1.3 不对本国或多国组织内白罗斯侨民的合法利益给予平等有效的保护，其中包括保护其免受垄断活动和不正当竞争影响。

1.4 不采取合理行动打击本国居民和(或)组织在白罗斯境内的非法行为。

2.施用于本条第 1 款指出的情况的货物、服务和知识产权外贸限制要在符合白罗斯法律和对白罗斯有效的国家协定规定以及确保白罗斯及其侨民利益得到有效保护的基础上建立起来。

第六章　个别种类外贸活动的国家调控特点

第 33 条　边贸

边贸载有对外商品(服务)贸易中的特别优惠制度，这些商品应在相应的边境区域内生产，并用于满足在该区域有稳定居住地的自然人的需求，以及有稳定所在地的法人的需要，这些法人的存在符合白罗斯和共用边境国家(邻国集团)间签署的国际协定的原则。与此同时，边贸从事者只能是在白罗斯边境拥有稳定逗留地(住所)的白罗斯居民，以及在

相应边境区域拥有稳定逗留地(住所)的非白罗斯居民。

边贸制度不适用于与白罗斯签订国际协定的其他国家(国际组织),这些条约规定制度不比提供给其他国家(国际组织)的制度差。边贸实施程序有白罗斯法律和对白罗斯有效的国际协定共同规定。

第 34 条 自由经济区的国家外贸调控特点

自由经济区的国家外贸调控特点由白罗斯自由经济区法律确定。

第七章 外贸活动发展的促进

第 35 条 外贸活动的信息保障

1.外贸信息的收集、加工、储存和传播体系有助于促进和提高白罗斯境内的外贸活动的效率。

2.外贸信息的收集、加工、储存和传播程序,以及外贸信息系统的经融秩序和来源,如果白罗斯总统没有单独指定,那么就由白罗斯政府根据相关法律来执行。

3.外贸信息包括以下内容:

3.1 外贸活动发展纲要。

3.2 在白罗斯境内从事外贸活动的白罗斯居民和外国居民。

3.3 白罗斯的权利,外贸活动领域内的国际权利和外国的权利。

3.4 根据国家条约由白罗斯承担的涉及外贸活动问题的义务。

3.5 为外贸活动提供信贷和保险的白罗斯银行、保险和其他组织的活动情况。

3.6 白罗斯外贸统计。

3.7 在其他国家(国际组织)市场上基本商品种类的行情。

3.8 关于禁止运入白罗斯境内的商品清单,以及禁止运出白罗斯境内第商品清单。

3.9 外贸活动领域的其他资料。

4.当该信息不含有国家机密或其他受法律保护的情报时,外贸活动参与者有权利获得符合法律的、从事外贸活动所必需的信息。

第 36 条 外贸活动促进措施

白罗斯共和国为保障本国的经济利益,并为白罗斯共和国居民建立便利的通往其他国家的市场的条件,同时履行白罗斯国家法要求的义务,实施外贸促进措施,包括:

制定外贸活动发展大纲;

采取措施保障外贸活动参与者的贷款;

保证与外贸活动相关的担保和保险系统运行畅通;

组织贸易展览会和交易会,专业化的研讨会和大型会议,并参与其中;

组织广告公司和商品、服务及知识产品的外贸发展公司;

建立和保障外贸信息系统和信息咨询服务系统的发展;

管理产品编目的国家体系;

不同形式的外贸活动的刺激和奖励措施的实施。

第 37 条 外贸活动发展促进联合会

1.外贸活动参与者可以在法律允许范围内自愿在白罗斯共和国境内建立行业联合会、地区联合会或者其他形式的联合会。

2.外贸联合会是为保障会员的利益，并代表会员的共同利益，提高商品、服务和知识产品贸易的效率和秩序，避免恶性竞争，为发展和巩固与非白罗斯居民及其联合会的外贸联系。

3.这些联合会不得用于实施内部市场的垄断、分割和限制未加入相关联合会的外贸活动参与者的竞争条件，不允许根据参与联合会的情况而产生的任何形式的歧视白罗斯共和国和非白罗斯共和国居民的行为，不允许利用联合会以限制国内和国外市场的商业习惯，以及由白罗斯共和国法律所规定的其他情况。

第八章　结论性条款

第 38 条　本法的生效

除了本条和第 39 条之外，本法律在其官方发布之后的 6 个月后开始生效，第 38 条和第 39 条是在本法官方发布之后立即生效。

第 39 条　与本法相适应的白罗斯法律的实施

1.白罗斯部长会议自本法律正式颁布之日起 6 个月内需要：

1.1 准备好与本法相适应的白罗斯法律实施的建议，考虑白罗斯加入世贸组织的因素，同时在联盟国框架内规定的各方的责任。

1.2 实施白罗斯政府与本法相适应的决定。

1.3 保证从属于白罗斯共和国部长会议的共和国国家管理机构修订和取消与本法相矛盾的规范法律性条令。

1.4 采取其他措施，以保障本法的顺利实施。

2.如果白罗斯共和国宪法没有另行规定，在与本法相适应的法律实施之前，只有与本法不相矛盾的部分可以被采用。

第 40 条　失效法律认定

自本法生效之日起须认定以下法律失效：自 1990 年 10 月 25 日起生效的白罗斯共和国法律《白罗斯对外经济活动基础》（白罗斯苏维埃社会主义共和国立法会议，1990 年，第 31 号文件，第 600 页）；自 1998 年 12 月 29 日起生效的白罗斯法律《国家外贸调控法》（白罗斯国民会议公报，1999 年，第 4 号法令，第 88 页）。

白罗斯共和国总统签字

白罗斯外贸活动管控条令*

2008 年 3 月 27 日，第 178 号文件

（白罗斯共和国总统令）

更改及补充：

2009 年 1 月 23 日第 52 号白罗斯共和国总统令（2009 年白罗斯共和国国家法律决议清单第 27 文件，1/10431）〈P30900052〉

2009 年 2 月 19 日第 104 号白罗斯共和国总统令（2009 年白罗斯共和国国家法律决议清单第 53 号文件，1/10496）〈P30900104〉

2011 年 8 月 9 日第 347 号白罗斯共和国总统令（2011 年白罗斯共和国国家法律决议清单第 91 号文件，1/12748）〈P31100347〉

2012 年 7 月 23 日第 323 号白罗斯共和国总统令（2012 年 7 月 25 日白罗斯共和国国家法律门户网站，1/13640）〈P31200323〉

2015 年 2 月 17 日第 69 号白罗斯共和国总统令（2015 年 2 月 20 日白罗斯共和国国家法律门户网站，1/15635）〈P31500069〉

2015 年 11 月 23 日第 471 号白罗斯共和国总统令（2015 年 11 月 25 日白罗斯共和国国家法律门户网站，1/16119）〈P31500471〉

为完善外贸经营中法人和个人企业家的外贸活动秩序，特制定本条例：

1.总则

1.1 本法适用的基本概念

外贸合同：为白罗斯居民与非白罗斯居民之间签订，规定有偿货物转移、保护信息传递、智力成果专利权转让、工程实施、提供服务的合同。

外贸手续：同一份外贸合同中的每一份报关单的货物发运（按照由同一海关机构办理的相应的报关单，一天内在外贸合同框架下完成的发货总数）如果海关手续未能通过，则按照货运文件用现金交易或本条下的第 1.7 款中的国际组织办法完成。

外贸合同框架下每一阶段的工作完成、服务提供、受保护信息和智力成果专利权的传递（一天内在同一外贸合同框架下完成的各阶段总和）是由关于工作完成、服务提供、专利权的保护信息传递的交接证书所规定，也可由白罗斯共和国法律或合同当事人所在国（长期居住地）法律所规定的文件所规定。每一阶段用资金流或本法条的第 1.7 款中的国际

* 系重庆国际战略研究院国别投资法律项目：“投资贸易法译丛”。项目负责人：陈春红，四川外国语大学讲师。

组织办法完成。

每一次在同一外贸合同空间内的付款(一个交易日内在外贸合同所规定的银行所完成的累积支付)应通过货物签收(专利权的保护信息传递)、工程实施、服务提供或本法条的第 1.9 款中的国际组织办法完成。

劳务完成期限(包括服务提供、专利权转让和保护信息传递),即各方签署关于劳务完成的(服务提供、专利权转让和保护信息传递)交接证书的期限,也可由白罗斯共和国法律或在外贸交易中确认义务履行的合同当事人所在国(长期居住地)法律所规定的文件所规定(若所签署的文件无期限规定,则由国家银行规定)。该规定同样适用于:国际运输完成时,收货人在货运文件中签署的收货期限;在提供原料加工服务时,则为成品的发货期限。

进口:居民接收商品(自商品经过白罗斯共和国关境),受保护的信息,智力成果,包括对其拥有的特殊权利,完成工程,提供服务并且从非居民处获得报酬。

非居民包括以下几类:

自然人:外国公民和无国籍人士,不包括有白罗斯居住证的外国公民和无国籍人士。

法人:根据外国法律成立的、其所在地在白罗斯共和国境外的法人,包括其在白罗斯境内外的分支机构及代表处;

根据外国法律成立的、其所在地在白罗斯共和国境外的非法人企业和组织,包括其在白罗斯境内外的分支机构及代表处;

外交及其他官方机构,在白罗斯共和国境内外的外国领事馆;

国际组织及其分支和代表处;

国际组织国家及其参与管理白罗斯相关外汇立法的地方行政组织。

交易登记:通过标注单个文件(系列文件)确定外贸合同的签订,交易编号的银行签章及完成交易银行授权代表的签名(在电子文件中要注明交易编号的银行签章及完成交易的银行授权代表的签名)。

周期统计清单:需要出示的电子文件,由进口方(出口方)、发货人或收货人为统计商品进口(出口)在海关注册登记的。进(出)口商品是指数量超过两件,总额高于 1000 欧元,在一个月内同一外贸交易合同中依法不进行海关业务的商品。

注:本条例与其他国家的外贸合同中以欧元为单位计算商品价值,换算时以在外贸合同签署日期的国家银行公布的官方汇率为准。

居民是指:

在白罗斯共和国以个人企业家登记注册的自然人;

根据白罗斯共和国法律建立的在白罗斯共和国有处所的法人,包括其在白罗斯境外的分公司及代表机构;

外交及其他官方机构,在白罗斯共和国境外的外国领事馆;

参与管理白罗斯相关外汇立法的地方行政组织。

统计清单:需要出示的电子文件,由进口方(出口方)、发货人或收货人为统计商品进口(出口)在海关注册登记的。进(出)口商品是指每件的总额等于或高于 1000 欧元,在一个月内同一外贸交易合同中依法不进行海关业务的,在海关的信息使用系统和科技信息系统登记的商品。这是一个外贸合同中的货币监管文件。

统计声明中心:国家海关委员会设立的带有实体建筑物的办公地点,专门为法人和个人企业居民注册登记统计清单或周期统计清单。

出口:以在白罗斯共和国境外的长期配置为目的,根据民法规定的有偿交易为原则,将商品、工程、服务、智力成果,包括对其拥有的特殊权利,输往白罗斯共和国关境以外。自商品经过白罗斯共和国关境、工程完工、获得服务和知识产权(包括对其特殊权利)之时起,出口的事实即被认定。

出口人(进口人):缔结外贸合同的居民,或者据此合同在白罗斯民法框架内,同国际组织居民之间,作为请求权让步(义务转移)而转让权利义务的居民。

商品:可以转移的物品(除钱和有价证券以外),包括动产和相关法律确定的不动产。

商品收入:依法对所收商品进行的会计结账。

1.2 现行法律条令效力在外贸业务中并不延用:

1.2.1 规定:

驻外代表与国内代表依据合同规定的财产租赁、资金借用不取决于租赁人或承租人,同时也不在于财产与资金的所在地;

驻外代表与国内代表属于行政程序范畴;

遵循保险合同、租赁合同与信贷合同;

在海外的公司代表、对外以及国际组织官方代表、白罗斯协商机构;

在白罗斯公司代表、对外以及国际组织官方代表、白罗斯协商机构;

在白罗斯以及海外自然人公司、不符合商业活动的国内公司。(商品保留信息,但被剥夺知识活动与服务。)

1.2.2 根据白罗斯法律规定,符合:

银行业务;

非贸易业务。

1.2.3 结算类型:

通过在海外的拥有大量资金的私人企业家法人;

通过驻外代表(用银行和非银行信贷组织建立了代理银行账户)在白罗斯开办的账户(包括能过反映驻外代表的债务的账户)。

1.2.4 国行规定的国际组织业务。

1.3 在客户按照外贸合同办理出口卢布结算时,应遵循国行规定。

1.4 客户必须按照足量且第 5 条和第 1.5 条中的第 1 款规定保证外贸活动的完成;

出口时,从发货(发送不包含智力活动的保险信息)、送货、售后不晚于 90 个工作日。

进口时,从支付日起不晚于 60 个工作日。

客户必须在合约中规定的期限内保证进口商品运到白罗斯。

合同规定,如果商品没有运到白罗斯时,外贸结算主要由国家银行办理:

针对国家部门分局、白罗斯政府分部由白俄委员部递交申请;

针对国家总统分部、白罗斯科学院分部由这些部门递交申请;

针对地方行政、执法部门以及个人企业家由地方行政委员会递交申请。

如果白罗斯国际合同中规定国际组织期限，那么就此采用这些白罗斯的国际贸易规定。

外贸业务的实现方式：

非驻外企业承认经济上破产。由此，外贸业务完成日期即司法部门判决非驻外企业承认经济上破产的日期。

非驻外企业从国家机构除名。由此，外贸业务完成日期即承认非驻外企业从国家机构除名的日期。

执法部门根据国家有关没收商品的法律通过对非驻外企业没收的决议。由此，外贸业务完成日期即执法部门没收商品的日期。

1.5 白罗斯秘书委员会与国家银行有权根据外贸合同拟定除第 1.4 条第 1 项中规定以外的业务完成日期。

应驻外企业申请，在满足白罗斯秘书委员会与国家银行的特定条件下，业务完成时间可以延长。

发放延长业务完成时间的决议程序由国家银行设定。

1.6 法律规定的期限根据白俄所在的时区计算。开始和经过时间遵循白罗斯国家法典第 192 条、第 194 条、第 195 条规定。由此：

1.6.1 出口中外贸业务完成日期的计算为：

现行条款 1.7 中指出的如下情况：

第 2 项——指资金进账日期。

第 3 项——收到保险或赔偿日期。

第 4 项——收货日期(拿到保险单)，如果和非驻外企业(无法共用一个外贸合同)签订了新的外贸合同，根据之前签署的外贸合同无法发货到白罗斯，则按照新的合同规定的发货日期。

第 5 项——中介汇款日期。

第 6 项——白俄秘书委员会与国家银行规定的时间。

第 7 项——法人、银行、具有外贸支付功能非银行性的信贷组织的汇款日期。

第 2～6 项和第 8 项——都是指汇款时间。

第 8 项——按照条约规定中的汇款到账日期。

第 9 项——国家银行规定时间。

1.6.2 进口中的外贸业务完成时间：

现行第 1.9 条中指出的如下情况：

第 2 项——发货(受到保险单)、完成工作和服务的时间。

第 3 项——发送保险和赔偿日期。

第 4 项和第 5 项——汇款到账日期。

1.6.3 发货日期为国家银行为进行外汇监督所海关联盟海关法令中规定的通过海关发货程序的时间。

根据法律规定，如果没有完成海关程序，发货日期则为完成所有规定的程序时的发货日期，而进货日期是指货物进去进口国仓库日期。

如果进口方有国家银行通过的有关商品进口中没有涉及货到白罗斯的决议，那么到货日期为合同中所规定的到货日期。

如果发货日期不明确，根据本法令第 1.7 条第 4 项规定，发货时间为合同中规定的发货时间。

1.6.4 资金到账、交货、售后时间汇款时间。根据国家规定的非驻外企业的账户，不包含本法令第 1.8 条中的规定。

1.6.5 进口付款日期应从注销进口商的现金账户（包括专门的信用证）的日期开始计算，在第 1.10 条的情况下：

第 2、4、5、6 段——注销银行现金账户，以及第 1.10 条第 6 款的非银行信用金融机构的日期；

第 3 段——注销根据货运合同规定的第三方的现金账户的日期；

第 7 段——国家银行规定的日期。

1.7 外贸出口可以通过以下方式：

货物（包括受保护的信息，智力成果专利权）移交、工程完工、外贸合同规定的服务的完成得到现金收入。

获得由出口商（银行）和保险机构或者非居民和保险机构签订的出口风险保险赔偿，或者出口商获得的国际组织的货物损失（死亡、意外损坏、变质或者盗窃）或者基于司法决议或国际组织的诉讼文件的补偿。

退还由居民之间签订的外贸合同中的运输货物（受保护的信息、智力成果专利权），与非居民（在一个外贸合同中不可能完成的情况下与多个非居民签订的外贸合同）签订新的外贸合同的情况除外，其在后续的销售中继续销售之前的外贸合同中规定的出口货物，如若不然，则退还至白罗斯境内。

根据由出口商和银行（或者非银行的信用金融机构）签订的合同中的资金出让要求（托收信贷）获得现金收入（扣除贴现率，除非此种奖励在合同中早有规定）。

非货币性负债方式由白罗斯共和国国务院和国家银行共同确定。

从法人包括国家银行法人清单、期票账户、非银行信用金融机构或者能够完成外贸合同中的结算功能的期票账户处获得现金收入（扣除贴现期票）。

1.8 根据外贸条约，资金仅汇入出口商账户（含第 1.7 条第 2 款、第 3 款和第 6 款中完成交易的费用），根据白罗斯共和国条约核算、生产资金除外。

白罗斯境外注册出口商向国际物流预支付的运输费用除外；根据出口商与国际物流签订的合同转让要求，出口商向国际组织国际物流支付费用除外。根据第 1.1 条出口商成为新的债权人。

根据外贸合约，出口商所得且不汇入自己账户，直接用于支付银行和境外银行的资金除外（不包含向白罗斯银行、服务出口商所支付的佣金和与银行签订的关于根据自身需求进行的银行活动条约所产生的费用）。

1.9 进口贸易可通过以下方式：

根据外贸合约，接收商品（专利知识产权信息受到保护），完成工作，提供服务。

商品损失情况下（遭到损坏、破坏或盗窃等），按照进口商与保险机构或非白罗斯境内注册商与保险机构签订的企业风险合约，根据法院决议或国际组织诉讼文件，进口商获得保险赔偿或国际组织赔偿。

获得银行担保资金。

提高（不含白罗斯境外银行手续费）上文提及用于支付商品的费用（保护专利知识产权信息），完成工作的费用和提供服务的费用；

1.10 根据条约，商品进口由进口商结算，生产费用除外。

非白罗斯境内商向进口商提供银行贷款服务、贷款业务、贷款人。

根据进口商与境内商签订关于转移债务条约，费用由该境内商支付。根据第 1.1 条进口商为新的债务人。

根据外贸条约，通过银行执行担保义务。

通过银行执行货币兑换业务的义务。

通过银行履行（非银行信贷金融机构）托收信贷义务或根据转让资金要求的融资合同（托收信贷合同），履行进口贸易义务。

1.11 每一个外贸条约规定商品的有偿交易，考虑到附件和补充合同，其总价值为3000欧元以上，出口商（进口商）有义务在发货或支付之前，在向出口商（进口商）提供服务的且由国家银行指定的银行进行注册交易业务。

交易注册由向出口商（进口商）提供服务的银行内受委托的工作人员完成，出口商（进口商）（其银行内受委托工作人员）需出示文件档案，以便进行外贸合约签订，所提交的文件档案需附有银行批注交易注册号和受委托工作人员的签字（若为电子文件传递，需标明交易注册号和受委托人的电子数据签字）。

银行受委托人在以下情况不能完成注册交易注册：

没有向银行提交以上文件档案；

向没有对出口商（进口商）提供服务的银行提交以上文件档案；

不符合外贸条约第 1.16.4 条的要求。

银行不收取注册（重新注册）费用；通过银行执行该外贸合约担保义务。

1.12 删除。

1.13 根据外贸条约，商品通过海关需有交易注册号。

1.14 删除。

1.15 删除。

1.16 根据每一个外贸条约境内注册商需：

1.16.1 在规定期限内：

接收汇款，即出口商发货（保护专利知识产权信息）费用，完成工作费用，服务费用，7日内向银行提供必要文件资料，以便银行执行货币监管职能。

出口商（进口商）发货（收货）时，根据法律该商品不能通过海关，白罗斯部长会议规定，应向统计中心申报，以便注册统计申报或周期性统计申报。

在交易过程中，若收货（保护专利知识产权信息）、完成工作、提供服务的期限或获得以上程序所得资金超出了法定日期，需获取国家银行（其主要机构）关于外贸交易延期证明许可。

境内注册商改组或对外贸合约有义务的进口商(出口商)变更需重新注册。

根据外贸合约(包括延期),若所有交易完成需告知进口商(出口商)所注册的银行,在国家银行规定期限完成交易。

1.16.2 根据法律商品不予通过海关应在海关申报、统计或周期统计申报中指明交易注册编号(若注册交易编号存在)。

1.16.3 根据依法对外贸交易进行监督的国家机构和银行要求,应在期限内出示相关的文件档案。

1.16.4 外贸合约规定:

规定商品价格(在不能根据商品名称表的特征实际定价的情况下,拟定初步价格)。

制定结算条件,结算条件是指一方在另一方按照第 1.6.3 条提出的标准,完成义务前结款,或根据实际执行情况结款。

1.17 国家机关通过共享境内商的外贸交易信息并对其监督管理,共享形式和程序由国家监管委员会、国家银行和国家海关委员会制定。

1.18 银行有义务对境内商的外贸交易进行监管,并向国家银行告知交易信息。

2.撤销。

3.失效:

2000 年 1 月 4 日第 7 号白罗斯共和国总统令《关于完善外贸活动的监管秩序》(白罗斯共和国国家法律登记册,2000 年,第 5 号,1/915);

2001 年 6 月 13 日第 316 号白罗斯共和国总统令《关于修订和补充白罗斯共和国总统在 2000 年 1 月 4 日的第 7 号令》(白罗斯共和国国家法律登记册,2001 年,第 58 号,1/2737);

2001 年 12 月 13 日第 742 号白罗斯共和国总统令《关于修订和补充白罗斯共和国总统在 2000 年 1 月 4 日的第 7 号令》(白罗斯共和国国家法律登记册,2001 年,第 118 号,1/3313);

2003 年 6 月 11 日第 246 号白罗斯共和国总统令第 3 条《关于国家对贵重金属和宝石的管理活动某些措施,补充 2000 年 1 月 4 日第 7 号的白罗斯共和国总统令,同时废除一些白罗斯共和国总统令》(白罗斯共和国国家法律登记册,2003 年,第 67 号,1/4677);

2006 年 9 月 14 日第 577 号白罗斯共和国总统令第 1 条第 1.4 款《关于开放股份公司“白罗斯通用商品交易所” 的某些问题》(白罗斯共和国国家法律登记册,2006 年,第 150 号,1/7934);

2007 年 3 月 1 日第 116 号白罗斯共和国的总统令第 1 条第 1.5 款《关于行政责任的某些问题》(白罗斯共和国国家法律登记册,2007 年,第 83 号,1/8471);

2007 年 11 月 15 日第 579 号白罗斯共和国总统令《关于修订和补充白罗斯共和国总统在 2000 年 1 月 4 日的第 7 号令》(白罗斯共和国国家法律登记册,2007 年,第 277 号,1/9106)。

4.白罗斯共和国国务院和国家银行在 6 个月内根据本令保证相关立法项目的出台,或采取国际组织相应的措施。

5.本条例的监管权归于国家监督委员会,国家银行和国家海关委员会。

5^1.国家银行负责阐述本条例的适用问题。

6.本条例在正式发布的 6 个月内生效,除上述第 4 款之外,本款(第 6 款)在签字之日起生效。

白罗斯共和国总统

俄罗斯联邦外国投资法*

联邦法律(1999 年 7 月 9 日,法律编号:№ 160-**ФЗ**)

1999 年 6 月 25 日国家杜马通过
1999 年 7 月 2 日联邦委员会赞同

(2002 年 3 月 21 日、7 月 25 日,2003 年 12 月 8 日,2005 年 7 月 22 日,2006 年 6 月 3 日,2007 年 6 月 26 日修订,2008 年 4 月 29 日,2011 年 7 月 19 日、11 月 16 日、12 月 6 日,2014 年 2 月 3 日、5 月 5 日修订)

本联邦规范性法律文件规定了外国投资者对其投资和由此所获得的收入和利润的权利,以及外国投资者在俄联邦领土上进行企业经营活动条件的基本保障。

本联邦法旨在吸引和在俄联邦经济中有效地利用外国物资、资金资源、先进技术、工艺及管理经验,保障外国投资者经营条件的稳定性并使外国投资法律制度符合国际法准则及投资合作国际惯例。

第 1 条 本联邦法所调整的关系及其适用范围

1.本联邦法调节有关外国投资者在俄联邦领土上行使投资权的国家保障。

2.本联邦法不调节外国资本对银行和其他信贷组织以及对保险组织进行投资的相关关系,不调节确定外国银行和其他外国信贷组织在俄罗斯联邦境内设立和撤销代表处的程序之关系(本联邦法第 21 条第 8、9 项所规定的调节关系除外),这些关系由相应的俄联邦银行法和银行经营活动法以及俄联邦保险法调节。

本法也不调节外国资本为达到一定的社会公益目的,其中包括教育、慈善、科学或宗教的目的,而对非商业组织进行投资所涉及的关系;这些关系由俄联邦非商业组织法调节。

本联邦法律第 7 条和第 16 条的效力不涉及特区的工业生产、技术推行和旅游休闲方面的活动。

第 2 条 本联邦法所使用的基本概念

为实现本联邦法的目的,使用下列基本概念:

外国投资者——按照其设立国法律确定民事权利能力并根据该国法律有权在俄联邦境内进行投资的外国法人;按照设立国法律确定民事权利能力并根据该国法律有权在俄联邦境内进行投资的外国非法人机构;按照国籍国法律有民事权利能力和行为能力并根

* 系重庆国际战略研究院国别投资法律项目:"俄罗斯投资贸易法译丛"。项目负责人:冯俊,四川外国语大学副教授,负责本文翻译。项目成员:廖红英,西南政法大学讲师。

据该国法律有权在俄联邦境内进行投资的外国公民；按照永久居住地所在国法律确定民事权利能力和行为能力并根据该国法律有权在俄联邦境内进行投资的长期居住在俄联邦境外的无国籍人；根据俄联邦的国际协议有权在俄联邦进行投资的国际组织；按照俄联邦法律规定程序确定的其他国家。

外国的投资——作为企业活动客体外国资本，在俄罗斯境内以外国投资者的民事权利客体形式存在，要求这些客体根据联邦法律在俄联邦未被禁止或限制流通，其中包括货币、有价证券(外币及俄联邦货币)、其他财产、可以用货币估计的财产权，但不包括智力活动成果(知识产权)，以及服务和信息。

外国直接投资——外国投资者根据俄联邦民法在俄联邦境内在以经营团体或者公司形式成立的或重新成立的商业组织中拥有其注册资本(合资)中不少于10%的股份(投资)；对俄联邦境内成立的外国法人分支机构的固定资产投资；外国投资者在俄联邦境内作为出租人实现设备的金融租赁(融资租赁)，此设备为在欧亚经济区框架内关税联盟(以下简称关税联盟)国家对外经济活动商品清单上第十六类和第十七类所列的海关估价不少于100万卢布的设备。

投资方案——经济可行性的论证，外国直接投资实现的规模及期限，包括按照俄联邦法律规定标准制订的预算方案文件。

优先投资方案——被俄联邦政府批准列入项目清单的投资方案，包括其外国投资总额不少于10亿卢布(不少于按本联邦法生效之日俄联邦中央银行当日汇率折算的等值外币金额)的项目，或者外国投资者在商业组织注册(合资)资本中的最低股份(投资)不少于1亿卢布(不少于按本联邦法生效之日俄联邦中央银行当日汇率折算的等值外币金额)的投资项目。

投资项目回收期——从利用外商直接投资的投资项目开始拨款之日起至包括折旧在内的累计纯利润金额与有外国投资的商业组织或外国法人的分支机构或融资租赁合同出租人的投资支出之间的差额出现正数之日的这段期限。

再投资——外国投资者或有外国投资商业组织将外国投资所得收入或利润向俄联邦境内经营活动客体进行投资。

税赋总额——利用外国投资实施投资项目的外国投资者及有外国投资的商业组织在投资项目开始拨款之时所应支付的货币结算总额，其中包括联邦税费(俄联邦境内所产商品的消费税、增值税除外)和国家预算外基金费(俄联邦退休基金费除外)。

第3条　俄联邦境内外国投资的法律调整

1.对俄联邦境内外国投资实施法律调整，适用本联邦法、其他联邦法、俄联邦其他规范性文件，以及俄联邦签署的国际条约。

2.根据本联邦法及其他联邦法律，俄联邦主体有权就其管辖的问题及俄联邦与其主体共同管辖的问题通过对外国投资进行调整的法律和规范性法律文件。

第4条　外国投资者及有外国投资的商业组织活动的法律制度

1.除了联邦法律规定的一些例外，在外国投资者活动法律制度和使用投资所得利润方面所提供的优惠不能少于俄罗斯投资者的活动法律制度和使用投资所得利润的方面。

2.联邦法律可以为外国投资者规定一些限制性例外，其限度只能是维护宪法制度原则、道德,保护他人健康、权利和合法利益,保证国防和国家安全所必需的。

在符合俄联邦社会经济发展的利益的情况下,可以用优惠的形式对外国投资者规定鼓励性例外。优惠的种类及提供方式由俄联邦立法加以规定。

3.设立目的及(或)其活动具有商业性质,承担其在俄联邦境内进行上述活动所尽义务范围内财产责任的外国法人(以下简称外国法人),有权在俄联邦境内通过其分支机构、代表处开展活动,如法律未做其他规定,其开展活动之日从它们认证之日起。外国法人通过其分支机构、代表处自分支机构、代表处认证注册效力停止之日起停止在俄联邦境内活动。

外国法人分支机构、代表处认证注册日,信息变更注册日,认证注册效力终止日是指相应记录被录入作为信息体系的国家登记表(以下简称登记表)之日。

4.外国投资商业机构的子公司及其附属公司在俄联邦境内从事企业活动时,不得享受本联邦法所规定的法律保护、保障及优惠。

5.外国投资者、在俄联邦境内建立的外国投资商业机构[一个或多个外商在此机构中的份额在该注册(合资)资本中不少于10%]进行再投资时,完全享有本联邦法律规定的法律保护、保障及优惠。

6.从外国投资者加入之日起,俄罗斯的商业组织即获得外国投资商业组织地位。从该日起,外国投资商业组织及其外国投资者即享有本联邦法所规定的法律保护、保障及优惠。

外国投资者从商业组织中撤出投资(如有几个外国投资者参加的,则所有外国投资者撤出投资)之日起,该商业组织失去外国投资商业组织地位。从该日起,此商业组织及外国投资者即丧失本联邦法所规定的法律保护、保障及优惠。

第5条 对俄联邦境内活动的外国投资者法律保护的保障

1.对俄联邦境内外国投资者的权益应给予充分的无条件的保护。这种保护是以本联邦法、其他联邦法、其他俄联邦规范性法律文件,以及俄联邦签署的国际条约为保障的。

2.对于因国家机关、地方自治机关或其工作人员的非法行为(不作为)而给外国投资者造成的损失,外国投资者有权根据俄联邦民事立法要求赔偿。

第6条 外国投资者运用各种方式在俄联邦境内进行投资的保障

外国投资者有权在俄联邦境内以俄联邦立法所不禁止的任何方式进行投资。

应根据俄联邦立法对外国投资商业机构注册(合资)资本的投资额进行估价。

对投资额的估价应以俄联邦货币进行。

由外国、国际组织或它们控制的组织实行的交易,和由结果将获得直接或间接支配超过25%的总票数、达到构成俄罗斯商业组织注册资本表决权股份(份额)的交易,或结果将可能冻结该商业组织管理机构决议的交易,需遵循俄联邦法律《外资进入对保障国防及国家安全具有战略意义的商业组织程序法》第9条至第12条所规定之程序。国际金融组织根据有俄罗斯联邦作为参与者签订的合同而参与的交易或与俄罗斯联邦签订国际合同的国际金融组织除外。上述国际金融组织名单由俄罗斯政府予以确认。

第7条 外国投资者权利和义务向他人转让的保障

1.外国投资者根据合同有权转让自己的权利(让渡诉求)和义务(转移责任)。根据法律或法院判决，外国投资者有义务依照俄联邦民事立法向他人转让自己的权利(让渡诉求)和义务(转移责任)。

2.如果外国或有完全权利能力的国家机构根据担保(保险合同)为了外国投资者利益而为其进行了支付，这种支付是给在俄联邦领土上实现的投资关系中的外国投资者的，此项投资的外国投资者的权利(让渡诉求)转让给该国或其完全权利能力国家机构，则在俄联邦这种权利转让(让渡诉求)是合法的。

第8条　外国投资者及有外国投资的商业组织的财产被国有化及征用时的赔偿保障

1.除联邦法律或俄联邦签署的国际条约所规定的特殊情况及理由之外，外国投资者或有外国投资的商业组织的财产不应成为强制的例外，包括被国有化和征用。

2.在被征用的情况下，应向外国投资者或外国投资商业组织支付被征用财产的价款。引起征用的情况终止时，外国投资者或有外国投资的商业组织有权通过司法程序要求追回现存财产。但在此情况下，他们应退回已得到的赔偿金，同时应考虑到因财产价值降低而带来的损失。

在实行国有化的情况下，应向外国投资者或有外国投资的商业组织赔偿被国有化的财产的价值及其他损失。有关损失赔偿的争议应按本联邦法第10条规定的程序解决。

第9条　保障外国投资者和有外国投资的商业组织不因俄联邦法律发生变化而受到不良影响

1.在向优先发展的外国投资项目开始划拨资金的当日，如果出台了关于调整征收联邦税费(俄联邦境内所产商品的消费税、增值税除外)、上缴国家预算外基金费(上缴俄联邦退休基金费除外)幅度的新的俄联邦法律和规范性法律文件，或对现行俄联邦法律规范性法律文件做出修改和补充，使外国投资者和有外国投资的商业组织在执行优先投资项目中的税赋总额加大，或对在俄联邦的外国投资的禁令和限制增多，则这些新的俄联邦法律规范性法律文件，以及对现行俄联邦法律规范性法律文件的修改和补充在本条第2项规定的期限内将不适用于执行优先发展的外国投资项目的外国投资者和有外国投资的商业组织，但前提是上述外国投资者和有外国投资的商业组织运入俄联邦海关境内的货物专用于执行优先投资项目。

本点第一段适用于外商对法定(合股)资本的投资份额超过25%的含外资商业组织以及执行优先投资项目的含外资商业组织，而不管该商业组织中外商对法定(合股)资本的投资份额多少。

2.本法条第1项关于保证外国投资者投资条件和制度稳定性的规定适用于投资项目回收期，但不超过自外商向该项目划拨资金之日起的7年。根据项目种类对投资项目回收期的分类应按俄联邦政府规定的程序进行。

3.在外国投资者和有外国投资的商业组织所执行的优先投资项目涉及生产领域、交通设施建设或其他基础设施建设，且外国投资总额不少于10亿卢布(不少于按本联邦法生效之日俄联邦中央银行当日汇率折算的等值外币金额)、回收期超过7年的特殊情况下，俄联邦政府应决定延长本条第1项规定的对上述外国投资者和有外国投资的商业组织实行稳定投资条件和制度的期限。

4.本法条第1项的规定不适用于为维护宪法制度原则、道德，保护他人健康、权力和合法利益,保证国家防卫和安全而对俄联邦法令进行的修改和补充或实行的俄联邦新法律规范性法律文件。

5.俄联邦政府应确定对在征收联邦税费和上缴国家预算外基金费、对俄联邦境内外国投资的禁令和限制等方面对外国投资者和有外国投资的商业组织发生不利变化的评定标准;确认本法律第 24 条指定的联邦权力执行机构对优先投资项目进行注册的程序;对外国投资者和有外国投资的商业组织在按本法条第 2 项、第 3 项规定执行优先投资项目期间履行应尽义务的情况进行监督。

如果外国投资者和有外国投资的商业组织不履行本点前半部分所规定的义务,则将取消本条所规定的对其实行的优惠。因享受上述优惠而未支付的金额,应按俄联邦法律规定程序予以追回。

第 10 条 保障妥善解决外国投资者在俄联邦境内进行投资和经营活动中发生的纠纷

外国投资者在俄联邦境内进行投资和经营活动中发生的纠纷应根据俄联邦签署的国际条约和俄联邦法律在法院或仲裁法庭或者国际仲裁法庭上予以解决。

第 11 条 保障在俄境内使用和向俄境外汇出收入、利润及其他合法所得款项

外国投资者在遵照俄联邦法律纳税后有权在俄联邦境内自由使用其收入和利润,用于遵照本联邦法律第 4 条第 2 项规定进行的再投资或其他与俄联邦法律不相抵触的目的,有权不受任何限制地向俄联邦境外汇出其投资所得收入、利润及其他合法所得外汇款项,其中包括:

投资所得利润、股息、利息和其他收入;

有外国投资的商业组织或在俄联邦境内设立分支机构的外国法人在执行合同及其他交易中履行义务所得款项;

外国投资者因撤销有外国投资的商业组织或终止外国法人分支机构、代办处业务活动或出让投资财产、财产权和知识产权所得款项;

本法第 8 条规定的补偿金。

第 12 条 保障外国投资者享有将最初作为外国投资带入俄联邦境内的财产和以文件或电子载体记录形式的信息无障碍地带出俄联邦境外的权利

最初将财产和以文件或电子载体记录形式的信息带入俄联邦境内的外国投资者有权无障碍地(不实行配额、许可证和采取其他对外贸易活动的非税率调整措施)将上述财产和信息带出俄联邦境外。

第 13 条 保障外国投资者享有购买有价证券的权利

外国投资者有权根据俄联邦有价证券法购买俄罗斯商业组织的股票及其他有价证券和国家有价证券。

第 14 条 保障外国投资者享有参与私有化的权利

外国投资者有权按照俄联邦有关国有和地方所有财产私有化的法律所规定的条件和程序,以获得国家和地方财产所有权或者在私有化企业法定(合股)资本中获得一定份额(投资)的途径参与国有和地方所有财产的私有化。

第 15 条 保障给予外国投资者土地、其他自然资源、建筑物、设施和其他不动产的

权利

外国投资者应按照俄联邦和俄联邦主体的法律享有获得土地、其他自然资源、建筑物、设施和其他不动产的权利。

如俄联邦法律未做其他规定，有外国投资的商业组织可以在招标（拍卖、竞买）中获得签署租赁土地合同的权利。

第16条 给予外国投资者和有外国投资的商业组织海关税费的优惠

外国投资者和有外国投资的商业组织实施优先投资项目时的海关税费优惠应按照关税联盟海关法、关税联盟国家间条约、俄联邦海关法和俄联邦税法予以提供。

第17条 俄联邦主体和地方自治机关给予外国投资者的优惠和保障

俄联邦主体和地方自治机关在各自管辖范围内可以给予外国投资者优惠和保障，用俄联邦主体预算资金和地方预算资金以及预算外资金对外国投资者实施的投资项目进行拨款并给予其他形式的支持。

第18条 外国投资者必须遵守俄联邦反垄断法和进行善意竞争

外国投资者必须遵守俄联邦反垄断法，不进行恶意竞争及限制性经营活动，包括以生产某种紧俏商品，而在俄联邦境内建立外资商业组织或外国法人的分支机构，而后却自我停产以将本国生产的类似商品推入市场的行为，也包括签署有关价格、划分商品销售市场或参与招标（拍卖、竞买）的恶意协议的行为。

第19条 有外国投资的商业组织和外国法人分支机构、代办处所实施的财产保险

如俄联邦法律未做其他规定，有外国投资的商业组织应自行办理有关财产损失（灭失）、短缺或损坏的风险，民事责任风险和企业经营风险的财产保险，而外国法人分支机构、代办处的上述财产保险则由外国法人自行办理。

第20条 有外国投资的商业组织的设立和撤销

1.有外国投资的商业组织的设立和撤销应按照俄联邦民事法典和其他联邦规范性法律文件定的条件和程序进行，但联邦法律根据本联邦法第4条第2项所做的规定除外。

2.有外国投资的商业组织作为法人应按法人国家注册联邦法所规定程序进行国家注册。

第21条 外国法人在俄联邦境内设立、经营及撤销分支机构、代办处。外国法人分支机构、代办处的认证注册。认证注册的外国法人分支机构、代办处国家登记表。

1.外国法人在俄联邦境内设立、经营及撤销分支机构、代办处应根据外国法人的决定实施。

应通过认证注册的方法对外国法人，包括在民航领域开展业务的外国法人在俄联邦设立、经营及撤销分支机构、代办处实施国家监督。

外国法人分支机构、代办处，包括在民航领域开展业务的外国法人代办处的认证注册由俄联邦政府全权委托进行外国法人分支机构、代表处认证注册工作的联邦执行权力机构（以下简称全权联邦执行权力机构）实施。

在民航领域开展业务的外国法人代办处的认证注册、登记表信息变更、认证注册效力终止、在民航领域开展业务的外国法人代办处外籍员工认证注册，均由在空中运输（民航）领域提供国家服务和国有资产管理功能的联邦执行权力机构按俄联邦航空法规定的程序

做出决定。

外国法人分支机构、代办处，包括在民航领域开展业务的外国法人代办处的认证注册的确认是由全权联邦执行权力机构颁发的相应记录录入登记表文件。

2.有关在俄联邦境内设立、经营外国法人分支机构、代表处的决定通过后12个月内该外国法人（不包括在民航领域开展业务的外国法人）须向全权联邦执行权力机构提供认证注册申请书，其中包括由俄联邦工商会证实的该分支机构、代办处外籍员工数量信息，和用于外国法人分支机构、代办处认证注册的其他文件。

有关在俄联邦境内开设在民航领域开展业务的外国法人代表处的决定通过后12个月内，该法人须向在空中运输（民航）领域提供国家服务和国有资产管理功能的联邦执行权力机构提供认证注册申请书，其中包括该代办处外籍员工数量信息和用于决定该外国法人代办处认证注册的其他文件。

认证注册申请书应由外国法人代表按规定程序签字。

与认证注册、登记表信息变更、认证注册效力终止申请书一起提交给全权联邦执行权力机构的文件清单，文件制作要求，外国法人分支机构、代办处在俄联邦境内认证注册、登记表信息变更、认证注册效力终止程序，用于认证注册、登记表信息变更、认证注册效力终止的申请书和文件的形式与规格，均由上述联邦执行权力机构确认。

在民航领域开展业务的外国法人，与认证注册、登记表信息变更、认证注册效力终止申请书一起向在空中运输（民航）领域提供国家服务和国有资产管理功能的联邦执行权力机构提供的文件清单，在民航领域开展业务的外国法人代办处认证注册、登记表信息变更、认证注册效力终止决定程序和用于做出相应决定的文件形式，均由上述联邦执行权力机构。

3.在下列情况下，分别由全权联邦执行权力机构和在空中运输（民航）领域提供国家服务和国有资产管理功能的联邦执行权力机构实施拒绝认证注册外国法人分支机构、代办处或拒绝对认证注册民航领域开展业务的外国法人代办处做出决定：

未提供注册认证所必需的文件，或未在本法条第2项所规定的期限内提供文件，或文件形式、规格、制作要求不符合规定；

所提供的外国法人成立或其他文件被确认含有不实信息；

外国法人分支机构、代办处设立、经营的目的与俄联邦宪法、俄联邦国际条约和俄联邦法律相抵触；

外国法人分支机构、代办处设立、经营的目的威胁俄联邦主权、政治独立、领土的不可侵犯性和民族利益；

外国法人分支机构、代办处已在登记表认证注册，但因粗暴违反俄联邦宪法、俄联邦国际条约和俄联邦法律，其认证注册被终止。

4.拒绝认证注册或拒绝对认证注册做出决定可以被上诉至法院。

5.外国法人分支机构、代办处（不包括在民航领域开展业务的外国法人代办处）向全权联邦执行权力机构提供认证注册申请书及相应文件之日后25个工作日内应对其实施认证注册。

在民航领域开展业务的外国法人代办处向在空中运输（民航）领域提供国家服务和国

有资产管理功能的联邦执行权力机构提供认证注册申请书及相应文件之日后 25 个工作日内应对其实施认证注册。

6.外国法人分支机构、代办处（不包括在民航领域开展业务的外国法人代办处）变更在登记表中信息（包括由俄联邦工商会证实的外国法人分支机构、代办处外籍员工数量信息），应由全权联邦执行权力机构在该外国法人所提交的申请书和证明该变更的文件基础上，于提供申请书和相应文件之日起 10 个工作日内实施。

在民航领域开展业务的外国法人代办处变更在登记表中信息（包括外国法人代办处外籍员工数量信息），应由全权联邦执行权力机构在收到申请书和证明该变更的文件及在空中运输（民航）领域提供国家服务和国有资产管理功能的联邦执行权力机构所提交关于因变更登记表信息的决定基础上实施。该信息变更应于相应申请书和文件到达之日起 10 个工作日内实施。

外国法人分支机构、代办处或民航领域开展业务的外国法人代办处负责人所签署的登记表信息变更申请书和证明该变更的文件，应在该信息发生变更之日起 15 个日历日之内分别提交给全权联邦执行权力机构和在空中运输（民航）领域提供国家服务和国有资产管理功能的联邦执行权力机构。

7.外国法人分支机构、代办处（不包括在民航领域开展业务的外国法人代办处）因该外国法人做出决定、外国法人终止业务活动或全权联邦执行权力机构做出决定而终止在俄联邦境内业务活动，其认证注册效力终止。

在民航领域开展业务的外国法人代办处因该外国法人做出决定、外国法人终止业务活动或在空中运输（民航）领域提供国家服务和国有资产管理功能的联邦执行权力机构做出决定而终止在俄联邦境内业务活动，其认证注册效力终止。

外国法人分支机构、代办处（不包括在民航领域开展业务的外国法人代办处）根据该外国法人的决定而终止其认证注册效力，终止行为由全权联邦执行权力机构根据外国法人提交的相应决定和申请，在提交后 10 个工作日内实施。

在民航领域开展业务的外国法人代办处，其认证注册效力的终止，应根据该外国法人的决定，由全权联邦执行权力机构基于该外国法人所提交关于终止其代办处认证注册效力的决定和申请书，以及空中运输（民航）领域提供国家服务和国有资产管理功能的联邦执行权力机构所提交关于决定终止在民航领域开展业务的外国法人代办处认证注册效力的通知实施。认证注册效力的终止行为应在递交相应决定和申请书之后 10 个工作日内实施。

外国法人分支机构、代办处或民航领域开展业务的外国法人代办处负责人所签署的关于终止相应分支机构、代办处认证注册效力的申请书和关于终止相应外国法人分支机构、代办处在俄联邦境内业务活动的决定应在该决定通过后 15 个日历日内分别递交给全权联邦执行权力机构和在空中运输（民航）领域提供国家服务和国有资产管理功能的联邦执行权力机构。

在下列情况下，应根据全权联邦执行权力机构的决定，包括基于在空中运输（民航）领域提供国家服务和国有资产管理功能的联邦执行权力机构所做决定而通过的决定，外国法人分支机构、代办处被终止认证注册效力：

外国法人分支机构、代办处在全权联邦执行权力机构通过相应决定之前12个月内未提供俄联邦法律规定的税费申报文件，无法按登记表所注册的在俄联邦境内的办公地址与分支机构、代办处实现联络；外国法人分支机构、代办处在此12个月内，其在具有俄联邦中央银行许可证的银行或信贷组织开设的账户，未实现一次业务办理。

外国法人分支机构、代办处的业务活动与俄联邦宪法、俄联邦国际条约和俄联邦法律相抵触，威胁俄联邦主权、政治独立、领土的不可侵犯性和民族利益。

8.俄联邦中央银行、在空中运输(民航)领域提供国家服务和国有资产管理功能的联邦执行权力机构应通过电子形式(包括统一的政府部门间电子协作系统)分别向全权联邦执行权力机构通报外国信贷组织代办处和民航领域开展业务的外国法人代办处的认证注册、认证注册决定、登记表信息变更、认证效力终止、认证效力终止决定信息，相应代办处外籍员工数量信息及其他需录入登记表的信息，通报应在按全权联邦执行权力机构所确认的格式完成相应操作后5个工作日内实施。

9.全权联邦执行权力机构应将俄联邦中央银行、在空中运输(民航)领域提供国家服务和国有资产管理功能的联邦执行权力机构根据本条第8项所提供的信息，在收到之日起3个工作日内录入登记表。

10.在有关外国法人分支机构、代办处认证注册、登记表信息变更、认证注册效力终止等信息录入登记表后3个工作日内，全权联邦执行权力机构应以电子形式将信息发送至国家预算外基金会用于外国法人分支机构、代办处作为投保人登记或取消登记，并发送至在空中运输(民航)领域提供国家服务和国有资产管理功能的联邦执行权力机构。

相关信息录入登记表后5个工作日内应向认证注册的外国法人分支机构、代办处发放或派送相关录入证明文件。

相关录入证明文件样式由全权联邦执行权力机构规定。

11.外国法人分支机构、代办处为认证注册、变更登记表信息、终止认证注册效力而呈交的文件上的信息构成登记表。创建、使用和管理登记表应按由信息体系使用人——全权联邦权力执行机构所规定的制度实施。

登记表中的信息内容组成由全权联邦执行权力机构确定。

登记表中的信息面向公众公开，但联邦法律禁止公开的信息除外。

登记表中的信息上传至互联网上全权联邦执行权力机构官方网站。上传至互联网上全权联邦执行权力机构官方网站的登记表信息内容组成由全权联邦执行权力机构确定。

访问上传至互联网上全权联邦执行权力机构官方网站的登记表信息内容不予收费。

有关人员有权付费获取以摘要形式体现的有关某具体外国法人分支机构、代办处的登记表信息或被查询信息缺失的证明。全权联邦执行权力机构应在收到相关查询请求后5日期限之内出具上述摘要或证明。出具上述摘要或证明的付费额度由俄联邦政府确定。向有关人员出具上述摘要或证明的形式和程序由全权联邦执行权力机构确定。

第22条 对外国法人分支机构章程的要求，对外国法人代办处章程的要求

1.在外国法人分支机构章程、外国法人代办处章程中应注明外国法人；其分支机构、代办处的名称，外国法人的法律组成形式，其分支机构、代办处在俄联邦境内的所在地址，外国法人在注册国的法定地址，其分支机构、代办处的设立目的及经营项目，外国法人分

支机构、代办处的管理程序。

2.在外国法人分支机构章程、外国法人代办处章程中可以载入反映该分支机构、代办处在俄联邦境内的经营活动特点及与俄联邦法律不相抵触的其他信息。

第23条 制定和实施外国投资领域的国家政策

按照联邦宪法法律《关于俄联邦政府》的规定,俄联邦政府应制定和实施国际投资合作领域的国家政策。

俄联邦政府应当:

确定对俄联邦境内的外国投资实行禁止和限制措施的合理性,制定有关上述禁止和限制措施清单的法律草案;

确定对外国投资者在俄联邦的经营活动进行监督的措施;

批准本联邦法第2条所规定的优先投资项目清单;

制定联邦吸引外国投资的纲要并保证其实施;

吸引国际金融组织及外国的投资性贷款,用以向俄联邦发展预算及联邦一级的投资项目提供资金;

就国际投资合作事宜与俄联邦主体进行协调行动;

对同外国投资者准备并签订关于由其实施大型投资项目的投资协议的全过程进行监督;

对准备并签订俄联邦关于鼓励和相互保护投资的国际条约的全过程进行监督。

第24条 负责协调吸引外国直接投资事务的联邦执行权力机构

俄联邦政府应确定负责协调吸引外国对俄联邦经济直接投资事务的联邦执行权力机构。

第25条 原先已经通过的俄联邦法律文件及其某些条款因本联邦法已被通过而告失效

鉴于本联邦法已被通过,下列法律文件及条款即告失效:

《俄罗斯苏维埃联邦社会主义共和国外国投资法》(俄罗斯苏维埃联邦社会主义共和国人民代表大会及最高苏维埃通报,1991年,第29期,第1008页);

《俄罗斯苏维埃联邦社会主义共和国最高苏维埃关于将俄联邦外国投资法付诸实施的决定》(同上,第1009页);

《由于俄联邦"关于标准化法""关于保证计量统一法""关于产品和服务质量鉴定法"已被通过而对俄联邦法律文件进行修改补充的联邦法》第6条(俄联邦法律汇编,1995年,第26期,第2397页);

《由于"俄联邦仲裁法庭"联邦宪法法律及俄联邦仲裁程序法典已被通过而对俄联邦法律及其他法律文件进行修改补充的联邦法》第1条第4项(俄联邦法律汇编,1997年,第47期,第5341页)。

第26条 将俄联邦法律与本联邦法取得一致

1.建议俄联邦总统及俄联邦政府将其法律文件与本联邦法取得一致。

2.责成俄联邦政府按规定程序向俄联邦联邦会议、国家杜马提交关于因本联邦法而需要对俄联邦法律文件进行相应修改补充的建议。

第 27 条　将俄联邦境内建立的外国法人分支机构章程与本联邦法取得一致

根据 2014 年 5 月 5 日通过的编号为№ 106-ФЗ 的联邦法，第 27 条自 2015 年 1 月 1 日起失效。

第 28 条　本联邦法开始生效日期

本联邦法自正式公布之日起开始生效。

俄联邦总统：鲍·叶利钦

莫斯科，克里姆林宫

1999 年 7 月 9 日

N 160-ФЗ

俄罗斯对外贸易活动国家调节法*

联邦法律(2003 年 12 月 8 日,法律编号:№ 164-ФЗ)

2003 年 11 月 21 日国家杜马通过
2003 年 11 月 26 日联邦委员会批准

(2004 年 8 月 22 日、2005 年 7 月 22 日、2006 年 2 月 2 日、2010 年 11 月 3 日和 12 月 8 日、2011 年 7 月 11 日和 12 月 6 日、2012 年 7 月 28 日、2013 年 11 月 30 日、2015 年 7 月 13 日修订)

第一章　总则

第 1 条　本联邦法律的适用目标和范围

1.为了提供有利的对外贸易活动条件以及保护俄罗斯联邦的经济和政治利益,本联邦法律确定对外贸易活动国家调节的原则、俄罗斯联邦和联邦各主体在对外贸易活动中的权限。

2.本联邦法律适用于对外贸易活动国家调节领域的各类关系,以及与该活动直接相关的其他关系。

3.对俄罗斯联邦军品进出口相关领域包括军品的供货与采购、研发与生产领域的对外贸易活动国家调节的特点,以及与制造大规模杀伤性武器、其运送工具和其他种类武器装备及军用器械可能用到的商品、信息、工作、服务、知识产权有关的对外贸易活动国家调节的特点,由俄罗斯联邦国际条约和《俄罗斯联邦与外国政府军事技术合作法》及《出口监管法》进行规定。

4.本联邦涉及对外服务贸易国家调节的条款,不适用于:

(1)国家权力机关为履行其职能所提供的服务,该服务不基于商业原则以及未与一家或多家服务提供商竞争。

(2)俄罗斯联邦中央银行为履行联邦法律所规定的职能时所提供的服务。

(3)进行不与一家或多家服务提供商竞争为前提的社会保障服务活动,包括国家退休金保障活动及进行俄罗斯联邦政府担保的,以及利用了国家金融资源的活动时所提供的金融服务。

第 2 条　本联邦法律所使用的基本概念

本联邦法律使用以下基本概念:

---

* 系重庆国际战略研究院国别投资法律项目:“俄罗斯投资贸易法译丛”。项目负责人:冯俊,四川外国语大学副教授。项目成员:廖红英,西南政法大学讲师,负责本文翻译。

(1)类似商品:其功能用途、应用、质量和技术参数与另一商品完全相同的商品,或者不完全相同但与另一商品参数接近的商品。

(2)互惠:一个国家(国家集团)向另一国家(国家集团)提供一定的国际贸易待遇以换取后者(国家集团)向前者(国家集团)提供同样待遇。

(3)对外易货交易:对外贸易活动中进行的商品、服务、工作、知识产权交换的交易,以及除上述交换的同时还规定了在交易中使用货币和(或)其他支付手段的交易。

(4)对外贸易活动:在商品、服务、信息和知识产权对外贸易领域交易时进行的活动。

(5)对外知识产权贸易:俄罗斯人向外国人或者外国人向俄罗斯人转让知识产权客体的特许权或者提供知识产权客体的使用权。

(6)对外信息贸易:信息作为商品组成部分的对外商品贸易;信息的转让等同知识产权客体的权力转让时的对外知识产权贸易;其他情形下的对外服务贸易。

(7)对外商品贸易:商品的出口和(或)进口。商品经过外国关境在没有俄联邦陆地连接的俄罗斯联邦境内一个地方和另一个地方之间的移动;商品从俄罗斯联邦法律和国际法规范规定由俄罗斯联邦管辖的人工岛、装置、设施区域到俄罗斯联邦境内的移动;或者俄罗斯联邦法律和国际法规范规定由俄罗斯联邦管辖的人工岛、装置和设施区域之间的商品移动,都不属于商品的对外贸易。

(8)对外服务贸易:提供服务(完成工作),包括采用本联邦法律第33条中规定的方法完成的服务(工作)的生产、分配、销售、运送。

(9)自由贸易区:指的是关境,根据与一个国家或多个国家或国家集团签订的国际条约,针对该关境范围内几乎所有产自本地的商品对外贸易,取消了其关税和其他对外贸易限制措施,本联邦法律第21条、第32条、第38条和第39条规定的情形下可能适用限制措施的情形除外。此外,自由贸易区的参加人不需要就关税的适用和其他对外贸易调节措施与第三国进行协调。

(10)商品进口:商品运入俄罗斯联邦,无返运的义务。

(11)外国人:俄罗斯人以外的自然人、法人或者外国法律规定为非法人的组织。

(12)服务的外国使用者:预订了服务(工作)或使用服务的外国人。

(13)服务的外国提供商:提供服务(工作)的外国人。

(14)商业存在:俄罗斯联邦法律允许的外国人在俄罗斯联邦境内或外国法律允许的俄罗斯人在外国境内为提供服务采用的任意企业经营和其他经济活动组织形式,包括通过设立法人、法人分支机构或代表处或入股法人注册(合伙)资本的方式。如果外国人(多名外国人)在俄罗斯法人的注册(合伙)资本中控股或者根据合伙人之间签订的合同,或者通过其他方式能控制俄罗斯法人做出的决定,通过商业存在方式经营的俄罗斯法人被视作服务的外国提供者。

(15)国际中转:商品、交通工具经过俄罗斯联邦领土的移动,如果该移动只是俄罗斯联邦境外起始路程的一部分。

(16)直接竞争商品:其功能、应用、质量和技术参数,以及其他基本性能与其他商品具有可比性,使得购买者在使用过程中用它或准备用它替代其他商品。

(17)非关税调节:通过推行数量限制和禁止以及经济限制的方式对对外商品贸易进

行国家调节的方法。

(18)发货前检验机构:由俄罗斯联邦政府根据本联邦法律第24条第4款确定的俄罗斯法人或外国法人。

(19)失效。

(20)发货前检验:对俄罗斯联邦进口商品的质量、数量、价格及金融条款和(或)关检条码正确性的检查。

(21)俄罗斯服务使用者:订购了服务(工作)或使用服务的俄罗斯人。

(22)俄罗斯服务提供商:提供服务(完成工作)的俄罗斯人。

(23)俄罗斯人:根据俄罗斯联邦法律设立的法人;在俄罗斯联邦境内拥有居住地或常住地、具有俄罗斯联邦公民身份或拥有在俄联邦境内长期居留权或根据俄罗斯联邦法律登记为个人经营者的自然人。

(24)关税调节:通过征收进口和出口关税的方式对对外商品贸易进行国家调节的方法。

(25)关税同盟:是指根据与一个或多个国家或国家集团签订的国际条约建立的统一关境,用来替代两个或多个关境,对从该统一关境发出的商品,针对几乎所有的商品贸易,取消其关税及其他对外商品贸易限制措施,本联邦法律第21条、第32条、第38条和第39条规定的必须要适用限制措施的情形除外。同时,关税同盟的每个缔约国与第三国的贸易则实行统一的关税税率和外贸调节措施。

(26)商品:作为对外贸易活动客体的动产、属于不动产的飞机、海运船舶,内河船舶和混合(河—海)船舶和宇宙体,以及电能和其他类型的能源。根据国际运输合同所采用的运输工具,不被视为商品。

(27)对外贸易活动参加人:从事对外贸易活动的俄罗斯人和外国人。

(28)商品出口:将商品从俄罗斯联邦运出,没有运回的义务。

第3条 俄罗斯联邦对外贸易法

以俄罗斯联邦宪法为依据,根据本联邦法律、俄罗斯联邦其他联邦性法律及规范性法律文件、公认的国家法准则和规范,以及国际条约实施对外贸易活动国家调节。

第4条 对外贸易活动国家调节的基本原则

对外贸易活动国家调节的基本原则是:

(1)国家保障对外贸易活动参加人的权利和合法利益及俄罗斯商品生产者,以及服务使用者的权利和合法利益。

(2)对外贸易活动参加人平等和不受歧视,联邦法律规定的其他情形除外。

(3)失效。

(4)与另一国家(国家集团)的互惠原则。

(5)保障履行俄罗斯联邦国际条约义务以及行使国际条约所赋予俄罗斯联邦的权利。

(6)选择为达到有效目的而必须采取的,但不加重对外贸易活动参加人负担的外贸活动国家调节措施。

(7)对外贸易活动国家调节措施制定、通过和适用的公开性。

(8)对外贸易活动国家调节措施的合理性和客观性。

(9)防止国家或其国家机关对对外贸易活动的不合理干涉,或给俄罗斯联邦经济以及对外贸易活动参加人造成损失的情况。

(10)保卫国防和国家安全。

(11)保障通过司法途径或法律规定的其他程序对国家机关及其负责人的非法行为(不作为)进行诉讼的权利,以及对损害了外贸活动参加人外贸经营权的俄罗斯联邦规范性法律文件提起争议的权利。

(12)对外贸易活动国家调节体系的统一性。

(13)在整个俄罗斯联邦境内适用国家调节方法的统一性。

第5条 俄罗斯联邦贸易政策

1.俄罗斯联邦贸易政策是俄罗斯联邦经济政策的组成部分。俄罗斯联邦贸易政策的目的在于为俄罗斯商品及服务的出口商、进口商、生产商和消费者创造良好的条件。

2.俄罗斯联邦贸易政策以遵循国际法公认原则和规范以及由俄罗斯联邦国际条约产生的义务为基础。

3.通过采用本联邦法律第12条中规定的对外贸易法律国家调节方法实施俄罗斯联邦的贸易政策。

第二章 联邦国家权力机关、俄罗斯联邦主体国家权力机关和地方自治机关在对外贸易活动领域的权限

第6条 联邦国家权力机关在对外贸易活动领域的权限

联邦国家权力机关在对外贸易活动领域的权限包括:

(1)制定俄罗斯联邦对外贸易联系的构想和发展战略以及贸易政策的基本原则。

(2)捍卫俄罗斯联邦和俄罗斯人的经济利益和经济主权。

(3)对外贸易活动的国家调节,包括联邦法律、俄联邦国际条约、海关同盟委员会决议规定情形下的关税调节和非关税调节,以及俄罗斯联邦商品进出口所涉及的商品强制要求相符认定领域的国家调节。

(4)制定商品进口中整个俄罗斯联邦领土内强制遵守的公民生命或健康、自然人和法人财产、国家或地方财产、环境及动植物生命和健康的安全要求和标准,以及相关的监管条例。

(5)根据俄罗斯联邦国际条约和海关同盟委员会的决议,确定可能对公民生命或健康、动植物生命或健康、环境造成不利影响的下列物质的进出口规则:易裂变(裂变)物质、有害、爆炸、有毒物质、危险废料、烈性药剂、麻醉剂、精神药剂及其前驱物、生物活性物质[输血者的血和(或)其成分,内脏及其他物质]、基因活性物质(菌类作物、细菌、病毒、人和动物精子及其他物质)、濒临灭绝的动植物及其部分和衍生物、其他商品。

(6)根据俄罗斯联邦国际条约和海关同盟委员会决议,确定从非欧亚经济联盟海关同盟成员国的他国进口到俄罗斯以及从俄罗斯联邦出口到这些国家的贵金属和宝石的进出口规则特点。

(7)协调俄罗斯联邦在航天领域的国际合作,以及对俄罗斯联邦国际航天项目的研发和实施工作进行监督。

(8)确定整个俄罗斯联邦领土内须呈报的对外贸易活动统计报表指标。

(9)签订对外经济联系领域的俄罗斯联邦国际条约。

(10)设立、管理和撤销俄罗斯联邦在国外的贸易代表处。

(11)参与国际经济组织的活动并执行其通过的决议。

(12)确定从俄罗斯联邦出口其组成部分为国家秘密信息的商品的出口规则。

(13)对俄罗斯联邦领土内的对外贸易活动提供信息保障。

(14)设立对外贸易活动领域的保险和担保基金。

第6.1条 将联邦权力执行机关在对外贸易活动领域的权限移交给俄罗斯联邦主体的权力执行机关

由俄罗斯联邦政府根据1999年10月6日N 184-ФЗ《俄罗斯联邦主体国家权力执行机关和立法(代表)机关组织的一般原则》规定的程序,将本联邦法律规定的联邦权力执行机关在对外贸易活动领域的权限移交给俄罗斯联邦主体的权力执行机关。

第7条 自2005年1月1日起失效。

第8条 俄罗斯联邦主体国家权力机关在对外贸易领域的权限

俄罗斯联邦主体国家权力机关的对外贸易领域的权限包括:

(1)与其他联邦国家的主体、行政区政府,以及经俄罗斯联邦政府许可与其他国家的国家权力机关进行谈判和签订协议。

(2)经本联邦法律第13条第3款规定的联邦权力执行机关和俄联邦外交部同意,由俄罗斯联邦主体财政拨款,为俄罗斯联邦设在国外的贸易代表处代表提供经费。

(3)为了按照俄罗斯联邦法律的规定实施关于对外经济联系的各协议,在国外设立代表处。

(4)制订和实施对外贸易活动的区域计划。

(5)对俄罗斯联邦主体领域内的对外贸易活动提供信息保障。

(6)在俄罗斯联邦主体领域内设立外贸保险和担保基金。

第8.1条 地方自治机关在对外贸易活动领域的权限

地方自治机关根据俄罗斯联邦法律进行对外贸易活动。

第9条 联邦权力执行机关和俄罗斯联邦主体权力执行机关的协作

1.本法第13条第3款规定的联邦权力执行机关有义务与相关的俄联邦主体权力执行机关就涉及主体利益及属于其管辖范围内的对外贸易活动计划草案和发展规划进行协商。

2.相应计划草案或规划送达后30日内,俄联邦主体的权力执行机关应向本法第13条第3款指定的联邦权力执行机关提交正式结论。

3.如俄罗斯联邦主体权力执行机关未提交正式结论,则视作其同意送达的计划和规划草案。

4.俄联邦主体权力执行机关有义务向本法第13条第3款列出的联邦权力执行机关就俄联邦和俄联邦主体共同管辖的对外贸易活动问题所采取的所有行动进行汇报。

第三章 对外贸易活动参加人

第10条 作为对外贸易活动参加人的俄罗斯人和外国人

任何俄罗斯人和外国人都拥有从事对外贸易活动的权利。俄罗斯联邦国际条约、本联邦法律和其他联邦法律规定的情形下，该权利可受到限制。

第11条 俄联邦、俄联邦主体和地方政府参与对外贸易活动

只有在联邦法律规定的情形下，俄罗斯联邦、俄联邦主体和地方政府可从事对外贸易活动。

第四章 对外贸易活动国家调节的基本条款

第12条 对外贸易活动国家调节的方法

1.根据俄联邦国际条约、本联邦法律、其他联邦法律和俄联邦规范法法律文件的规定，采用下列方式进行对外贸易活动的国家调节

(1)关税调节。

(2)非关税调节。

(3)禁止和限制对外服务贸易和对外知识产权贸易。

(4)本联邦法律规定的能促进对外贸易活动发展的经济和行政措施。

2.禁止其他的对外贸易活动国家调节方法。

第13条 俄联邦国家权力机关在外对贸易活动国家调节领域的权限

1.俄联邦总统根据俄罗斯联邦宪法和联邦性法律，可：

(1)确定俄罗斯联邦贸易政策的主要方向。

(2)根据联邦国际条约和海关同盟委员会的决议，确定非欧亚经济联盟关税同盟成员国向俄罗斯出口或俄罗斯向其出口贵重金属和宝石的特别规定。

(3)确定因俄罗斯联邦参与国际制裁而制定的商品、服务和知识产权对外贸易的禁止和限制措施。

(4)行使其他权限。

2.俄罗斯联邦政府

(1)保障俄罗斯联邦统一贸易政策的执行并对其实施采取措施，做出相应的决定并保证其实施。

(2)实行专门的对外商品贸易保护措施、反倾销措施和补偿措施，以及为保护俄罗斯联邦的经济利益采取的其他措施。

(3)确定关税税率，欧亚经济联盟关税(以下简称：关税同盟)同盟国之间的国际条约有其他规定的除外。

(4)根据俄罗斯联邦国际条约和联邦法律实施商品进出口的数量限制，并根据俄联邦国际条约和关税同盟委员会的决议确定商品进出口数量限制的适用规则。

(5)在俄罗斯联邦国际条约规定的情形下，确定可能对国家安全、公民生命或健康、自

然人和法人财产、国家或地方财产、环境、动植物生命或健康造成不利影响的某些类型商品的进口和(或)出口的许可规则,以及确定适用该规则的商品的清单。

(6)确定联邦已发许可证数据库的构建和管理规则。

(7)失效。

(8)失效。

(9)在所属权限范围内,就俄罗斯联邦国际条约的谈判和签署做出决定。

(10)在本联邦法律规定的情形下,就外国的商品、服务和知识产权外贸限制行为采取对应措施做出决定。

(11)根据俄联邦国际条约和海关同盟委员会的决议确定俄罗斯易裂变(裂变)物质进出口的规则。

(12)确定其组成部分为构成国家机密的信息的商品从俄罗斯联邦出口的规则。

(13)失效。

(14)行使俄罗斯联邦宪法、联邦性法律、俄联邦总统令所赋予的在对外贸易活动国家调节领域及该领域国家监督的权限。

3.由俄罗斯联邦政府在自己权限范围内授予了对外贸易活动国家调节权力的联邦权力执行机关制定:涉及俄联邦贸易政策和对外贸易活动国家调节的建议、签订对外经济联系领域的国际贸易合同及俄联邦其他合同的建议。如果涉及俄联邦主体的利益,则在俄联邦主体相关的权力执行机关参与下制定上述建议。

根据俄联邦国家海关委员会 2004 年 7 月 19 日 N 07-59/26451 公函,在确定具有对外贸易活动国家调节权力的联邦权力执行机关和本联邦法律规定的对外贸易活动非关税调节规范性法律文件通过之前,由俄联邦经济发展部非关税调节司和该部在联邦主体或某些地区的授权机关出具和同意的进出口文件在其有效期限结束前仍然有效,有效期结束后不再延期。

4.本条第 3 款列出的联邦权力执行机关就俄罗斯联邦贸易政策向俄联邦政府提出建议,执行保护俄联邦、俄联邦主体和俄罗斯人经济利益的任务,并采取措施对对外贸易活动进行国家调节。

5.本联邦法律第 24 条规定某些种类商品(液化天然气进出口许可证除外,该许可证由行使燃料—能源领域国家政策制定和实施,以及法律法规调节职能的联邦权力执行机关颁发)的出口和(或)进口许可证,由本条第 3 款指定的联邦权力执行机关颁发。

第 14 条　俄罗斯联邦对外经济联系领域国际外贸合同和其他合同的签署

1.按照 1995 年 7 月 15 日 N 101-ФЗ《俄罗斯联邦国际合同法》规定的程序,关于签署对外经济联系领域国际外贸合同或其他合同的提议,由本联邦法律第 13 条第 3 款中指定的联邦权力执行机关会同俄联邦外交部或经外交部同意后向俄联邦总统或俄联邦政府提交。

2.由其他联邦权力执行机关提交的关于签署涉及对外经济联系问题的俄罗斯联邦国家合同的提议,应与本法第 13 条第 3 款指定的联邦权力执行机关协商。如为了准备该国际合同的草案需要向相关的外国机关或国际组织进行咨询,则需要与本法第 13 条第 3 款指定的联邦权力执行机关协商并按照 1995 年 7 月 15 日 N 101-ФЗ《俄罗斯联邦国际合同法》的规定进行。

第15条 对外贸易活动国家调节措施制定的公开性

1.在制定涉及对外贸易经营权的俄联邦规范性法律文件时，负责其制定的联邦权力执行机关向该法规的通过可能涉及其经济利益的俄联邦主体、俄罗斯组织、个体经营者(相关人士)收集建议，将该问题的相关提议和意见提交到上述机关。

2.本条第1款规定的联邦权力执行机关就咨询方法和形式做出决定，并就将进度信息和咨询结果通知到提出了建议和意见的相关人士的方法和形式做出决定。

3.如俄联邦国际条约有规定，其他国家(国家集团)的主管机关可采用相应国际条约条款规定的方法提出自己的意见。外国组织和企业经营者也可采用相关的俄联邦国际条约条款规定的方法提出自己的建议。

4.本条第1款规定的联邦权力执行机关，可根据本条第1款和第2款的规定，在满足任意一条以下条件时做出不进行咨询的决定：

(1)涉及对外贸易经营权的俄罗斯联邦规范性法律文件草案所规定的措施，不应在法律文件生效之前公开，以及咨询导致或可能导致无法达到该规范性法律文件所预期的目的。

(2)咨询导致涉及对外贸易经营权的俄联邦规范性法律文件延迟通过，由此可能严重伤害到俄罗斯联邦的利益。

5.本条第1款和第2款不适用于本法第27条规定的措施。

6.不进行咨询不能成为认定涉及对外贸易经营权的俄联邦规范性法律文件为无效的依据。

7.本条第4款和第6款的条款不适用于涉及对外贸易经营权的联邦法律草案、关于俄联邦国际贸易合同签署的建议的制定，以及根据本联邦法律第23条规定确定配额的分配方法。

第16条 对外贸易活动领域规范性法律文件的生效

对外贸易活动领域的规范性法律文件，在按照俄联邦法律规定的程序和期限正式颁布后生效。

第17条 信息保护

进行对外贸易活动国家调节的俄联邦国家权力机关及其负责人应保护构成国家、商业机密的信息或其他受法律保护的机密、限制接触的其他信息，并只将信息用于规定的用途。

第18条 对国家或其负责人的决定、行为(不作为)进行诉讼/申诉的权利

1.对外贸易活动的参加人如果认为国家机关或其负责人的决定、行为(不作为)损害了其权利、自由或合法利益，给其合法利益的实现造成了障碍或是非法规定了其义务，则有权对上述决定、行为(不作为)提起诉讼。

2.可就国家机关或其负责人的决定、行为(不作为)向法院、仲裁法院提起诉讼，俄联邦法律规定的情形下，也可向上一级国家机关提起申诉。

第五章　对外商品贸易领域对外贸易活动的国家调节

第19条　关税调节

为了调节对外商品贸易包括为了保护俄联邦国内市场和促进经济的结构性优化，根据与海关同盟成员国的国际条约和(或)俄罗斯联邦的法律确定进出口关税。

第20条　非关税调节

只有在本联邦法律第21条至第24条、第26条和第27条规定的情形下，并遵守上述各条规定的前提下，采用对外商品贸易的非关税调节。

第21条　俄联邦国际条约规定的特殊情形下由俄联邦政府确定的数量限制

1.商品的进出口不设数量限制，本条第2款以及本联邦法律其他条款规定的特殊情形下除外。

2.特殊情形下，俄联邦政府根据俄联邦国际条约的规定，可做出期限不超过6个月的以下规定：

(1)为防止或减少俄联邦国内市场上出现食品或对于国内市场具有重大意义的其他商品的严重不足，临时性限制或禁止出口某些商品。非常重要商品的清单，由俄联邦政府确定。

(2)如果有必要，可限制进口到俄联邦的农业产品或水生生物资源：

1)减少俄罗斯产类似商品的生产或销售。

2)如果在俄罗斯联邦没有类似商品的大规模生产，对于可直接用外国商品替代的俄罗斯产商品，减少其生产或销售。

3)通过免费或低于市场价格出售的方式提供给俄罗斯某些消费群体，从而消除市场上俄罗斯产地类似商品的临时过剩。

4)对于可直接被外国商品替代的俄罗斯产商品，如果在俄罗斯没有大规模的生产，通过免费或低于市场价格出售的方式提供给俄罗斯某些消费群体，从而消除市场上俄罗斯产类似商品的临时过剩。

5)对于其生产依赖于进口商品的动物性食品，如果在俄罗斯联邦没有相对大规模的生产，可限制其生产。

3.适用本条规定的食品和农业商品，由俄罗斯联邦政府确定。

第22条　数量限制的非歧视性适用

1.如果本联邦法律允许对商品的出口和(或)进口做出数量限制，该限制规定的适用不考虑商品的产地国。本联邦法律规定的其他情形除外。

2.如果商品进口数量限制规定中对相关国家之间的商品进口份额进行分配，需要考虑该类型商品上次从这些国家进口的情况。

3.如果俄罗斯联邦之间提供最惠国待遇的互惠合同义务的国家，对于来自该国(国家集团)的商品，不适用本条款第1款和第2款的规定。

4.本条规定不适用于本联邦法律第27条中规定的补偿措施。

5.本条第1款和第2款的规定，不应妨碍遵守俄联邦关于边境贸易、海关同盟或自由贸易区的国际条约所规定的义务。

第 23 条 配额分配

在做出实行配额的决定时，俄罗斯联邦政府确定配额的分配方法，并在相应情形下确定进行招标或拍卖的规则。配额的分配原则：对外贸易活动参加人有平等取得配额的权利，不因为所有制形式、注册地或市场地位受到歧视。

第 24 条 对外商品贸易领域的许可证制度

1.下列情形下，采用对外商品贸易领域许可证制度（以下简称：许可证制度）：

（1）对于某些类型商品实行临时的进口或出口数量限制时；

（2）对于可能给国家安全、公民生命或健康、自然人或法人财产、国家或地方财产、环境、动植物生命或安全造成不利影响的某些类型商品，实行出口和（或）进口许可制度时；

（3）对于某些类型商品提供出口和（或）进口特许权时；

（4）俄罗斯联邦履行国际义务时。

2.本条第 1 款规定情形下某些类型商品的出口和（或）进口的依据是根据本法第 13 条第 5 款颁发的许可证。

未取得许可证，可作为俄罗斯联邦海关拒绝商品放行的理由。

3.本法第 13 条第 3 款规定的联邦权力执行机关建设和管理已发许可证的数据库。已发许可证联邦数据库的建设和管理规则，由俄联邦政府确定。

第 25 条 某些类型商品的出口和（或）进口监督

1.某些类型商品的出口和（或）进口监督是作为对这些商品的动态进行监测的临时措施。

2.根据俄联邦国际条约和海关同盟委员会的决议，通过发放商品许可证的方式对某些类型商品的出口和（或）进口进行监督。

第 26 条 某些类型商品出口和（或）进口的特许权

1.可由海关同盟委员会决定，通过对某些类型商品的出口和（或）进口提供专属权的方式，对外贸经营权进行限制。在俄联邦国际条约规定的情形下，由俄联邦政府做出决定。

2.提供了进出口特许权的商品类型、俄联邦政府对于取得某些类型商品出口和（或）进口特许权的组织的确定规则，由海关同盟委员会的决议做出规定。获得了某些类型商品出口和（或）进口特许权的组织名单，由俄罗斯联邦政府确定。

第 27 条 专门保护措施，反倾销措施和补偿措施

根据俄联邦国际条约、海关同盟委员会决议和联邦法律，可在商品进口时实行专门保护措施、反倾销措施和补偿措施以保护俄罗斯商品生产者的经济利益。

第 28 条 发货前检验

1.为了保护消费者的权益，防止对进口到俄罗斯联邦的商品的信息进行恶意歪曲包括过度压价等行为，俄联邦政府有权实行发货前检验，包括针对进口到俄罗斯联邦的某些商品发放发货前检验证书。对于某些商品，发货前检验的期限不超过 3 年。俄联邦政府对于某些类型商品做出合理延长其发货前检验的期限时，应对实际情况以及该措施的推行结果进行总结和分析。

2.实行发货前检验的商品的清单,由俄罗斯联邦政府批准。

3.实施了发货前检验的商品,其发货前检验的费用由进口商承担。俄联邦政府在做出实行发货前检验决定的同时,降低该商品的海关税率。

4.俄罗斯联邦政府根据发货前检验服务提供商的竞标结果确定发货前检验的机构,该机构根据与俄联邦的协议进行工作。

5.在进行发货前检验机构的选择时,应考虑以下情况:

(1)职业声誉。

(2)足够的生产和职业资源。

(3)在提供发货前检验领域的工作经验。

(4)发货前检验工作的费用。

6.发货前检验条例,由俄联邦政府批准。条例包括检验规程、发货前检验参加人的权利、义务和责任、发货检验机构与商品进口商之间争议的解决规则、对发货前检验机构工作的监督规定。

7.发货前检验需要遵守以下原则:

(1)公开性和开放性。

(2)发货前检验过程中采用的程序和标准对所有商品进口商平等适用。

(3)根据俄联邦法律的要求,检查商品质量和数量。

(4)向商品进口商提供俄联邦对于发货前检验提出的要求的相关信息。

(5)对发货前检验过程中取得的信息保密。

8.由商品进口商提出申请,发货前检验机构根据本条第 6 款规定的条例进行发货前检验,并根据检验结果向商品进口商发放发货前检验证书或做出理由充分的拒发决定。

9.进行发货前检验的期限通常不应超过 3 个工作日。

10.需要进行发货前检验的商品,只有在具备发货前检验证明的条件下方可进口。

第 29 条　外国商品的国民待遇

1.根据税法规定,不得根据商品产地国确定差异化的税率和费率(进口关税除外)。

2.对来源于国外的商品,与俄罗斯产的同类产品适用同样的技术要求、药理要求、卫生要求、兽医、植物保健和生态要求以及强制相符认证要求。

3.向来源于外国或外国国家集团的商品提供在俄罗斯联邦国内市场上销售、推销、采购、运输、分配和使用的条件,不得低于向俄产同类产品或俄产直接竞争产品的条件。该条款不得妨碍与运输相关的、仅仅基于交通工具营运成本而不是商品产地的差别化支付。

4.对于产自外国或国家集团的商品,如与俄联邦未签订关于向俄罗斯产商品提供本条第 2 款和第 3 款规定待遇的国际条约,则根据俄罗斯联邦法律可向其提供其他的调节待遇。

5.本条条款不适用于国家或地方用途商品的供货。

第 30 条　商品的进出口费用

1.由俄联邦规范性法律法规确定的除关税和其他税费以外的进出口费用,不得超过所提供服务的大致价格,不得成为俄联邦产商品的保护措施或国库税收。

2.本条适用于因商品进出口而收取的费用,包括属于以下类型的费用:

(1)数量限制。

(2)许可证费用。

(3)外汇监管。

(4)统计服务。

(5)产品强制要求相符认证。

(6)鉴定和检验。

(7)检疫,卫生部门和熏蒸费用。

第 31 条 国际中转自由

1.国际中转可自由采用适合国际运输的铁路、水路、空运和汽运方式,联邦法律有其他规定的除外。国际中转中不得因轮船旗帜、注册地、产地、入港地、出港地或目的地、发货地或与商品、轮船或其他交通工具所有权相关其他情况不同而区别对待。本联邦法律及其他联邦法律有其他规定的除外。

2.根据海关同盟海关法和(或)俄联邦海关法,可对跨俄联邦国境经过某些通行站进入俄联邦国境的某些类型商品和交通工具的入境、从俄联邦出境的某些类型商品和交通工具的出境,以及商品和交通工具途经的确定路线做出规定。

3.本条规定不适用于飞机的国际中转运输,商品的空运中转除外。

第 32 条 基于国家利益考虑实施的商品对外贸易措施

俄联邦法律规定的禁止或限制经俄联邦关境运输的商品的清单

1.无论本章如何规定,根据俄联邦国际条约和联邦法律,基于国家利益考虑,实行以下不具有经济性质的商品对外贸易措施,如果以下措施:

(1)是遵守公共道德或法律秩序所必需的。

(2)是保护公民生命或健康、环境、动植物生命或健康必需的。

(3)是与黄金和白银进出口相关的。

(4)是保护文物和文化遗产所适用的。

(5)与不可再生自然资源使用相关的国内生产或消费限制措施一起执行的、防止不可再生自然资源耗尽所必需的。

(6)在出现商品整个或局部短缺时,商品购买或分配所必需的。

(7)为履行俄联邦国际义务所必需的。

(8)保障国家安全和国防所必需的。

(9)为保障不违背俄联邦国际条约的俄联邦规范性法律文件的遵守所必需的,包括:

1)海关同盟海关法和(或)俄联邦海关事务法的适用。

2)与报关单一起向俄联邦海关提交的商品强制要求相符证书。

3)环境保护。

4)根据俄联邦法律规定,将不符合技术、药理、卫生、防疫、植物保健和生态要求的商品运走或销毁的义务。

5)预防犯罪和犯罪侦察以及该犯罪相关的诉讼以及法庭判决执行。

6)知识产权保护。

7)根据本联邦法律第 26 条规定,提供特许权。

2.本条第1款列出的措施不应通过或采用无根据的、任意歧视其他国家或造成对外商品贸易隐性限制的方法。

3.如商品进口国或外国国家集团与俄联邦不具有最惠国待遇的相互合同义务,本条第2款的规定可不适用于从该国或国家集团进口的商品。

第六章　对外服务贸易领域的对外贸易活动国家调节

第33条　对外服务贸易

1.通过以下方式进行对外服务贸易:

(1)从俄联邦境内到外国境内。

(2)从外国境内到俄联邦境内。

(3)在俄联邦境内向外国客户提供服务。

(4)在外国境内向俄罗斯人提供服务。

(5)未在外国境内设立商业存在的俄罗斯服务提供商,在外国境内亲自或通过其授权人提供服务。

(6)未在俄联邦境内设立商业存地的外国服务提供商,在俄联邦境内亲自或通过其授权人提供服务。

(7)俄罗斯服务提供通过在国外境内设立商业存在的方式。

(8)外国服务提供商通过在俄联邦境内设立商业存在的方式。

2.可基于联邦法律和其他俄联邦规范性法律文件对所有服务领域或某些领域的服务提供方法实行禁止和限制,从而实施对外贸易服务限制,俄联邦国际条约有其他规定的除外。

第34条　对外服务贸易的国民待遇

1.如果俄联邦国际条约、本联邦法律或其他俄联邦规范性法律文件未规定其他对外服务贸易措施,则向外国服务提供商及采用本法第33条第1款第2项、第4项、第6项和第8项方式所提供的服务给出不低于俄罗斯类似服务提供商及其服务的优惠条件。如果与类似的外国服务提供商或其按照本联邦法律第33条第1款第2项、第4项、第6项和第8项规定的方式所提供的服务相比,该条件如提高了俄罗斯服务提供商及其在俄境内境内所提供服务的竞争优势,则不被视作优惠条件。

2.本条第1款的规定,不适用于为满足国家或地方需求而提供的服务(完成工作)。

第35条　基于国家利益考虑实行的对外贸易服务措施

1.本联邦法律第34条的规定,可根据俄联邦国际条约和联邦法律实行对外服务交易措施,如果这些措施:

(1)为遵守公共道德和法律秩序所必需的。

(2)保护公民生命或健康、环境、动植物生命或健康所必需的。

(3)履行俄联邦国际义务所必需的。

(4)保障国家安全和国防所必需的。

(5)保障金融系统完整和稳定、投资人、储户、保险单持有人、金融服务提供商的权利和合法利益所必需的。

(6)对于外国服务提供商和(或)按本联邦法第 33 条第 1 款第 2 项、第 4 项、第 6 项、第 8 项中规定的服务提供方式,保障定税和征税的平等或有效。

(7)执行关于避免重复征税条约的规定。

(8)保障不与本联邦法律相矛盾的俄联邦规范性法律文件的执行,包括:

1)预防犯罪和犯罪侦查,犯罪诉讼和法庭判决的执行。

2)防止对服务合同的不当执行或不履行后果。

3)防止在个人信息处理中对某些人群私生活的干扰,以及保护个人数据或构成银行秘密或其他受法律保护的隐私和个人账户信息。

2.本条第 1 款列出的措施,不应采用成为随意或无根据歧视他国或者成为对外服务贸易隐性限制的方式。

3.对于与俄罗斯联邦没有最惠国待遇的相互合同义务的国家,对其服务和外国服务提供商不适合本条第 2 款的规定。

第七章　对外知识产权贸易领域的对外贸易活动国家调节

第 36 条　对外知识产权贸易

1.根据本联邦法律进行知识产权对外贸易领域的对外贸易活动国家调节。

2.为了遵守公共道德或法律秩序、保护公民生命或健康、环境、动植物生命或健康、履行俄联邦的国际义务、保障国家安全和国防以及在本联邦法律规定的其他情形下,可根据俄联邦国际条约和联邦法律实施知识产权对外贸易措施。

第八章　商品、服务和知识产权对外贸易特殊类型的限制和禁止

第 37 条　俄罗斯联邦为参与国际制裁而实行的商品、服务和知识产权对外贸易禁止和限制

根据俄联邦总统令,商品、服务和知识产权对外贸易可能受到因联合国章程规定俄罗斯联邦参与国际制裁所必须采取的措施的限制,其中包括与本联邦法律第 21 条第 1 款,第 22 条、第 29 条至第 31 条和第 34 条规定相违背的其他措施。

第 38 条　为保持俄联邦支付平衡而实行的商品、服务和知识产权对外贸易限制

1.为了保护俄联邦的对外金融状况和保持支付平衡,俄联邦政府可做出决定并实行商品、服务、知识产权对外贸易的限制措施,包括与本联邦法律第 21 条第 1 款,第 22 条、第 29 条至第 31 条和第 34 条规定相违背的其他措施。下列情形下,可实行或加强上述措施:

(1)中止俄联邦外汇储备的急剧减少或预防俄联邦外汇储备急剧减少。

(2)以合理的速度增加俄联邦的外汇储备(如果外汇储备非常少)。

2.本条第 1 款规定措施的实施期限为达到设定目的所需的期限,同时要考虑俄罗斯联邦的国际义务。

3.俄联邦在实施本条第1款规定的商品、服务和知识产权对外贸易限制措施时，确定对此负责的联邦权力执行机关。

4.本条第1款规定的商品、服务和知识产权对外贸易限制措施，由俄联邦政府根据俄联邦中央银行的提议做出。

第39条 与外汇调节相关的商品、服务和知识产权对外贸易限制

商品、服务和知识产权对外贸易可受到因国际外汇基金组织协议和俄罗斯联邦法律规定的外汇调节和外汇监管措施的限制。

第40条 对应措施

1.如果外国有以下行为，则俄联邦政府可实行商品、服务和知识产权的限制措施（对应措施）：

（1）未履行已通过的国际条约所规定的俄联邦义务。

（2）采取了损害俄联邦、俄联邦主体、地方或俄罗斯人经济利益或俄联邦政治利益的措施，包括无理地禁止俄罗斯人进入该国市场或其他毫无根据地歧视俄罗斯人的措施。

（3）未向俄罗斯人提供其在该国合法利益的正确有效保护，比如为其他人的反竞争行为提供保护。

（4）未采取合理行为与该国在俄罗斯联邦境内的自然人和法人的违法行为做斗争。

2.本条第1款规定的商品、服务和知识产权限制措施，按照公认的国际法准则和规范、俄联邦国际条约的规定实施，并在有效保护俄罗斯联邦、俄联邦主体、地方组织、俄罗斯人经济利益的范围内实施。

上述措施可能违背本法第21条第1款，第22条、第29条至第31条和第34条的规定。

3.本联邦法律第13条第3款规定的联邦权力机关，收集并汇总本条第1款列出的情形下外国损害俄联邦、俄联邦主体、地方和俄罗斯人权利和合法利益的有关信息。如果该联邦权力执行机关在分析收集到的信息后得出有必要征对本条第1款所列出的损害行为采取对应措施的结论，则将经俄罗斯联邦外交部同意实施对应措施提议的报告提交俄联邦政府。

4.由俄罗斯联邦政府做出实施对应措施的决定。在实施对应措施之前，俄联邦政府可做出与相关外国进行谈判的决定。

第九章 对外贸易活动的特别规定

第41条 边境贸易

1.边境贸易通常是基于俄罗斯联邦国际条约与某个邻国或多个邻国进行的。对于在相应的边境区域范围内生产并仅用于满足该区域内拥有常住地的自然人和拥有所在地的法人本地需求的商品和服务，国际条约规定对这些商品和服务的对外贸易提供特别优惠的条件。同时，对于与俄联邦签订了最惠国待遇国际条约的其他外国或外国国家集团，不适用上述特别优惠条件。

2.在俄联邦边境区域拥有常住地（居住地）的俄罗斯人与在俄联邦与邻国签订的国际

条约确定的相应边境区域拥有常住地(居住地)的外国人之间可进行边境贸易,仅用于满足当地居民对该区域内生产的商品和服务的需求。

3.边境贸易的规则以及确定了贸易活动特别规则的相应边境区域,由俄联邦政府根据俄联邦与邻国签订的国际条约和联邦法律确定。

第 42 条　经济特区

经济特区内从事经营活动包括对外贸易活动的特别规则,由《俄罗斯联邦经济特区法》确定。

第十章　对外易货交易国家调节

第 43 条　对外易货交易的相关措施

1.本联邦法律征对商品、服务和知识产权对外贸易规定了禁止和限制条款的情形下,该禁止和限制条款同样适用于通过对外易货交易进行的商品、服务和知识产权对外贸易。

2.俄联邦政府可根据本联邦法律第 38 条第 1 款的规定,确定商品、服务和知识产权对外贸易中对外易货交易的限制条款。

第 44 条　对外易货交易及其结算监督规则

1.采用了对外易货交易的商品、服务和知识产权对外贸易进行的前提:交换同等价值商品、服务、知识产权,以及如果交易规定了交换不同等价值的商品、服务、工作和知识产权,则相关方有义务补齐差价。

2.对外易货交易及其结算的监督规则,由俄联邦政府确定。如果对外易货交易规定了部分使用货币和(或)支付手段,对该交易及其结算的监督规则,由俄联邦政府以及俄联邦中央银行根据俄联邦法律确定。

第 45 条　对外易货交易的特点

1.失效。

2.签订了或以其名义签订了对外易货交易的俄罗斯人,在该交易条款规定的期限内,有义务保证该交易规定的将同等价值的商品运入俄罗斯境内、向外国人提供同等价值的服务、完成同等价值的工作、转让同等价值的知识产权客体的特许权或提供知识产权客体的使用权,并用相关文件证明以下事实:商品运入、服务提供、工作完成、知识产权客体特许权已转让或已提供知识产权客体的使用权。如果对外易货交易规定了部分使用货币和(或)其他支付手段,则证明已收到支付款项并且相关款项已汇入上述俄罗斯人在授权银行的账户。如果根据对外易货交易的条款外国人的义务不包括将转交作为合同另一方的俄罗斯人的商品运入俄罗斯联邦境内,则俄罗斯人在俄联邦境外收到这些商品后应根据本条第 5 款的要求销售这些商品。

3.失效。

4.失效。

5.在进行对外易货交易时,俄罗斯人在俄联邦境外收到的商品,可由俄罗斯人不将商品运入俄罗斯联邦境内而直接销售:

(1)应通过对外易货交易条款规定的文件证明本条第一段中规定的已实际取得商品。

(2)自本条第一段规定的商品实际取得日期起一年内,俄罗斯人有义务在交易条款规定的商品销售期限内保障商品的销售,保证将所有的销售金额汇入自己在授权银行的账户或收到支付款项。

6.失效。

7.失效。

第十一章　促进对外贸易活动的发展

第 46 条　促进对外贸易活动发展的措施

俄联邦政府和俄联邦主体权力执行机关在自己的权限范围内根据俄联邦国际条约、俄联邦法律实行以下促进对外贸易活动发展的措施:

(1)向对外贸易活动参加人提供贷款。

(2)运行出口信贷保险和保障体系。

(3)组织贸易展会、交易会、专题座谈会和研讨会并参加。

(4)组织将俄罗斯商品、服务、知识产权推向国际市场的推介活动(包括广告)。

第 47 条　对外贸易活动的信息保障

1.为了对外贸易活动的发展和提高其效率,组建对外贸易信息系统,由本法第 13 条第 3 款规定的联邦权力执行机关进行管理。

2.对外贸易信息系统包括以下信息:

(1)在俄罗斯市场从事对外贸易活动的俄罗斯人和外国人的信息。

(2)取得了配额和许可证的俄罗斯人和外国人的信息。

(3)对外经济联系领域的俄罗斯联邦国际贸易条约及其他条约。

(4)俄罗斯及外国在对外贸易活动领域的法律。

(5)俄联邦驻国外贸易代表处的活动。

(6)俄罗斯进出口银行和在对外贸易活动领域提供信贷和保险服务的其他组织的活动。

(7)俄联邦对外贸易的海关统计信息。

(8)对外市场上主要类型商品的行情。

(9)俄联邦在技术调节领域的法律。

(10)对外贸易活动领域的违法行为。

(11)禁止运入俄联邦境内或从俄联邦境内运出的商品的清单。

(12)其他有利于对外贸易活动的信息。

3.本法第 13 条第 3 款指定的联邦权力执行机关,有义务在合理期限内向参与对外贸易活动的俄罗斯人或外国人提供对外贸易活动领域的必要信息,收费不得高于该信息的提供服务费。收取的款项金额上交联邦国库。

4.根据俄联邦国际条约规定的义务,本法第 13 条第 3 款规定的联邦权力执行机关向外国或国际组织提供关于对外贸易活动国家调节措施的信息。

第 48 条 对外贸易统计

1.俄联邦政府会同联邦中央银行保障联邦统计报表、税收系统的建立,并按照国际统计数据实践中采用的统一方法进行系统研发。下列数据属于该数据库:

(1)在国家统计报表和俄联邦对外贸易海关统计表的基础上得到的俄联邦对外贸易数据,包括俄联邦贸易平衡表。

(2)俄联邦支付平衡表,包括商品、服务、知识产权对外贸易统计以及资本流动数据。

2.俄罗斯联邦政府会同联邦中央银行每月、每季度和每年正式公布本条第 1 款第 1 项中列出的统计数据。

第 49 条 为俄罗斯人进入对外市场提供有利条件

俄联邦政府采取措施为俄罗斯人进入外国市场提供有利条件,并为此目的参加双边和多边谈判,签订俄联邦国际条约,以及加入旨在促进俄罗斯联邦对外经济联系发展的国际组织和政府间委员会。

第 50 条 保障俄联邦在国外的对外经济利益

1.由俄联邦外交代表处和领事处以及根据俄联邦国际条约组建的俄联邦贸易代表处为俄联邦在国外的对外经济利益提供保障。

2.由俄联邦政府决定是否在外国设立俄联邦贸易代表处。

第 51 条 外国设在俄联邦的贸易—经济代表处

依据俄联邦与相应国家签订的国际条约,设立外国在俄罗斯联邦的贸易—经济代表处。

第十二章　对外贸易活动监督,违反俄联邦对外贸易活动法的责任

第 52 条 对外贸易活动监督

为了保障对本联邦法律、对外贸易活动领域的其他联邦法律及规范性法律文件条款的执行、保护俄联邦及联邦主体的经济和政治利益,以及保护地方组织和俄罗斯人的经济利益,由相关俄联邦国家权力机关和俄联邦主体国家权力机关在其权力范围内对对外贸易活动进行监督。

第 53 条 对违反了俄联邦对外贸易活动法的责任人的责任追究

违反了俄联邦对外贸易活动法的责任人,根据俄联邦的法律规定追究其民事、行政或刑事责任。

第十三章　结束和过渡条款

第 54 条 本联邦法律的生效

1.本联邦法律自正式颁布之日起 6 个月后生效,本法第 45 条第 4 款的规定除外。

2.失效。

3.自本联邦法律生效之日起,以下法律失效:

1995 年 10 月 13 日 N 157-ФЗ《对外贸易国家调节法》(俄联邦法律汇编,1995,N42,

第3923条)。

1997年7月8日N 96-ФЗ《关于对〈对外贸易国家调节法〉进行修订的联邦法律》(俄联邦法律汇编,1997,N28,第3305条)。

1998年4月14日N 63-ФЗ《关于商品对外贸易活动中俄联邦经济利益的保护措施》第1条第1项和第2项第4段和第5段,第2条第9段和第10段,第五章和第六章。(俄联邦法律汇编,1998,N 16,第1798条)。

1999年2月10日N 32-ФЗ《关于对〈产品分类协议〉衍生的法律文件进行增补的法律》第3条(俄联邦法律汇编,1999,N 7,第879条)。

2002年7月24日N 110-ФЗ《关于对俄联邦税法内第二章和俄联邦其他法律文件进行增补的联邦法律》第13条(俄联邦法律汇编,2002,N 30,第3027条)。

4.俄联邦对外贸易活动领域的规范性法律文件未与本联邦法律统一之前,上述规范性法律文件适用的范围不得与本联邦法律相矛盾。

俄联邦总统:符·普京

莫斯科,克里姆林宫

2003年12月8日

N 164-ФЗ

哈萨克斯坦共和国贸易活动调节法*

（2004年4月12日第544-Ⅱ号颁发）
（2016年7月26日修正和补充后的最新版本）

---

* 系重庆国际战略研究院国别投资法律项目：“哈萨克斯坦共和国投资贸易法译丛”。项目负责人：蒲公英，四川外国语大学副教授。

本法用于调节贸易活动中的各类社会关系,建立起国家调控的原则和组织依据。

第 1 章　总则

第 1 条　本法所使用的基本概念

在本法中使用了以下基本概念:

1.自动化许可证制度(监督),是指一种用于监督个别类型的商品出口和(或)进口动态而采取的临时措施。

1-1)降价商品,是指因自身存在缺陷或由于排除了缺陷而需要降低价格来进行销售的商品。

1-2)进出口数量限制,是指通过设置一定限额来对外贸商品的数量进行限制的一种措施。

2.具有社会价值的食品零售价格阈值,是指为了禁止价格毫无根据的上涨,并将通货膨胀维持在允许范围内,同时保证国内宏观经济稳定而规定的极限容许零售价格水平,在该阈值以下贸易活动的主体有权自行制定具有社会价值的食品零售价格。

3.具有社会价值的食品最高容许零售价格,是指出现超过具有社会价值的食品零售价格阈值的情况时,贸易活动授权管理机关规定的零售价格水平。

4.零售贸易,是指一种向购买者销售个人所用、家庭所用或具有其他与经营活动无关用途的商品经营活动。

4-1)减价销售,是指一种以低价出售正常质量商品的行为。

4-2)进口关税,是指海关对商品进入欧亚经济联盟关境时所强制征收的一种款项。

4-3)出口关税,是指哈萨克斯坦共和国海关对商品从欧亚经济联盟关境离岸时所强制征收的一种款项。

5.关税配额外税率,是指超出规定关税配额的商品进出口关税税率。

6.关税配额内税率,是指未超出规定关税配额的商品进出口关税税率。

7.批发贸易,是指为了后续进一步销售或其他不以向个人、家庭等直接销售产品为目的而销售商品的一种经营活动。

8.社会餐饮,是指与生产、加工、销售和消费食品有关的一种经营活动。

9.许可证,是指相关外贸活动授权管理机关根据外贸合同向对外贸易经营者发放的特别文件,该文件所涉及的对象为商品,是自动授权(监督)的依据。

10.商业广场,是指商业设施的开阔场地,配有专业设备设施,用于陈列、展示商品,为顾客提供服务,在商品销售时与顾客进行现金结算,并供顾客行走。

10-1)交易市场,是指独立的财产性综合体,用于进行贸易活动,集地区经营服务、管理和安保功能为一体,地点固定,在自身区域范围内设有停车场,同时,符合相关卫生防疫要求、消防安全要求、建筑设计要求及其他哈萨克斯坦共和国法律规定的要求。

11.商业网,是指两个及以上、受共同管理、有统一的商标和其他独一性认证标识的商业设施的总称,不包括交易市场。

12.贸易活动,是指自然人和法人为了实现商品买卖而进行的经营活动。

13.贸易活动授权管理机关(以下简称“授权机关”),是指制定贸易政策并对贸易活动进行管理,负责各领域间协调工作的中央执行机关。

14.贸易活动主体,是指按哈萨克斯坦共和国法律规定程序从事贸易活动的自然人或法人。

15.商业设施,是指某个建筑或建筑的一部分、构筑物或构筑物的一部分、交易市场、自动化设备或交通工具,配有专业设备,用于陈列、展示商品,为顾客提供服务并在销售商品时与顾客进行现金结算。

15-1)商铺，是指配有相应设备，用于陈列、展示商品，为顾客提供服务并在销售商品时与顾客进行现金结算的场所。

16.贸易政策，是指国家机关为了实现本法规定的目标和原则而采取的一系列组织、法律、经济、监督及其他措施的总和。

16-1)流动型商业设施，是指没有在地面上固定牢靠、不依赖工程管网的临时构筑物或临时结构，包括自动化设备或交通工具。

16-2)固定型商业设施，是指与地面固定牢靠，且与工程管网连通的建筑或建筑的一部分(内建房屋，附建房屋，既为内建也为附建的房屋)，构筑物或构筑物的一部分(内建房屋，附建房屋，既为内建也为附建的房屋)。

17.外贸(以下称"外贸活动")，是指从哈萨克斯坦共和国出口商品和(或)向哈萨克斯坦共和国进口商品的相关贸易活动。

17-1)对外贸易经营者，是指已经按照哈萨克斯坦共和国相关法律注册为个体经营者，以及按照哈萨克斯坦共和国法律成立的法人。

18.关税配额，是指针对个别商品进入哈萨克斯坦共和国境内，或从哈萨克斯坦共和国出境而采取的一种调节措施，一般在进出口一定数量(以实物或价值来表现)的商品过程中，进出口关税税率相比现行进出口关税较低的一段时间内会采取该项措施。

19.商品，是指任何一种仍处于流通状态、用于销售和交换的劳动产品。

20.个别商品出口和(或)进口特权，是指凭借特殊许可证，针对个别商品而进行相关的外贸活动。

21.商品类别，是指具有相似功能用途的商品总和。

21-1)国际专业展览会，是指同时符合以下条件的展览会：为官方性质的，或得到国际政府间组织按照国际条约对其予以了官方认可的；参展者为两个及以上的国家；展览会持续时间不少于6周，不超过6个月；不属于艺术性展览会和具有商业性质的展览会；展览会开始和结束时间已在法人按照哈萨克斯坦共和国政府决议编制的登记档案文件中做出明确规定，且该登记档案文件已经获得了国际政府间的，负责监督国际专业展览国际条约履约情况的单位和组织的批准。

21-2)国际展览会参展者，是指在国际专业展览会上展出了展品，能在展览会上代表自身国家的自然人或法人，以及在国际条约相关条款框架下，按照国际专业展览会国内标准而选出的国际组织、自然人或法人。

21-3)举行国际专业展览会的展区和占用地段已在法人按照哈萨克斯坦共和国政府决议编制的登记档案文件中做出明确规定，且该登记档案文件已经获得了国际政府间的，负责监督国际专业展览国际条约履约情况的单位和组织的批准。

21-4)国际专业展览项目，是指各类建筑设施、构筑物、工程和交通基础设施，这些设施均应同时满足以下条件：位于国际展览会展区以内，首都区域范围内个别因轻轨交通规划而需要单独划分出来的路线及其附属的交通基础设施除外；这些项目必须由哈萨克斯坦共和国政府决议批准成立、负责在哈萨克斯坦共和国境内组织举行国际专业展览会的法人批文设立。

22.大型商业设施，是指商业面积不小于2000平方米的商业设施。

23.内贸,是指在哈萨克斯坦共和国境内进行的贸易活动。

24.电子商务,是指以信息技术为手段来销售产品的经营活动。

25.电子商务中介,是指为电子商务的组织提供服务的人员或单位。

26.电子商务参与者,是指以顾客、销售人员和(或)中间商的身份参与电子商务的自然人和法人。

第2条 哈萨克斯坦共和国贸易活动调节法立法

1.哈萨克斯坦共和国贸易活动调节法以哈萨克斯坦宪法为依据,由本法及哈萨克斯坦共和国其他标准法律条令组成。

2.如果哈萨克斯坦共和国批准的国际条约与现行法律相悖,则使用国际通用条约。

第3条 贸易活动调节的目标和原则

1.贸易活动调节的目标:

(1)满足居民对商品的需求和促进商业基础设施的建设和发展。

(2)组织贸易服务和社会餐饮业的发展。

(3)促进哈萨克斯坦共和国贸易活动的发展和升级。

(4)为实现哈萨克斯坦共和国世界贸易体系一体化提供条件。

(5)提高国产商品在海外市场的竞争力。

2.贸易活动调节的基本原则:

(1)贸易活动各主体权利平等。

(2)国家机关不干涉贸易活动,哈萨克斯坦共和国法律规定的情况除外。

(3)支持自由经营和诚信经营。

(4)保护本国商品生产者。

(5)提供高质量的贸易服务。

(6)贸易活动主体可自由选择贸易活动类型并保证其可行性。

(7)作为哈萨克斯坦共和国国家经济政策的组成部分,贸易政策应具有一致性。

(8)对消费者、贸易活动主体和国家的权利与合法权益一律给予平等保护。

(9)国家对整个哈萨克斯坦共和国境内的外贸活动进行调节的方法具有一致性。

(10)国家在制定和实施外贸活动调节措施时均应公开、透明。

(11)国家对外贸活动采取调节措施的理由应充分、客观和透明。

第4条 本法适用范围

1.本法在哈萨克斯坦共和国境内有效,适用于所有贸易活动主体。

2.本法不适用于以下范围:

1)个别受哈萨克斯坦共和国其他法律条例调节和管理的商品的流通,不归以上其他法律条例管理的贸易活动由本法对其进行调控和管理。

2)与金融机构和操作金融工具有关的活动。

第2章 国家对贸易活动的宏观调控

第5条 国家对贸易活动实施宏观调控的形式和方法

1.国家对贸易活动实施宏观调控的形式有：

1)制定贸易程序。

2)针对需要通过关税同盟与哈萨克斯坦共和国国界接壤的海关边境的商品制定过关条件。

2-1)制定欧亚经济联盟各成员国之间互相进行商品贸易过程中的商品流通条件。

3)促进贸易活动的发展。

4)对贸易活动进行检查和监督。

5)合格认证。

2.国家对贸易活动实施宏观调控的方法有：

1)对外贸活动采取关税调节措施。

2)对外贸活动采取非关税调节措施。

3)按哈萨克斯坦共和国相关法律规定程序中止和(或)禁止商品销售。

4)采取特殊保护措施、反倾销措施和补偿措施。

5)参与国际经济制裁。

第6条 哈萨克斯坦共和国政府的职权范围

哈萨克斯坦共和国政府：

1)、2)、3)、4)、5)、6)、7)、8)(已废除)

9)与其他国家和贸易国际组织进行合作、互相配合，并在海外设立哈萨克斯坦共和国商务代表处。

10)对贸易活动相关的谈判、政府间协议的签署等事项作出决议。

11)确立授权机关。

12)成立由国家全部参股的法人，主要负责在哈萨克斯坦共和国境内组织和举行国际专业展览会。

13)批准在哈萨克斯坦共和国境内举行的国际专业展览会项目的设计和(或)施工单位清单。

14)做出决议采取应对措施。

15)做出决议实施特殊禁令和限定。

16)行使哈萨克斯坦共和国宪法、本法及哈萨克斯坦共和国其他法律和总统令赋予的职能。

第7条 授权机关的职权范围

授权机关：

1)编制哈萨克斯坦共和国贸易活动调节法完善提案。

1-1)制定国家贸易政策。

1-2)采取措施保护哈萨克斯坦共和国国内市场。

2)采取关税税率措施和非税率措施对外贸活动进行调节。

2-1)批准需要缴纳进口或出口关税的商品清单、税率及其有效期限，必要时，还批准税率的计算程序。

3)编制贸易发展计划提案，并为产品的生产和销售创造有利条件。

4)编制哈萨克斯坦共和国贸易活动标准法律条例。

4-1)批准内贸管理规范。

5)、6)(已废除)

7)编制并批准居民商业面积最低保障标准。

7-1)编制和批准零售市场上食品的自然损耗标准。

8)(已废除)

9)同哈萨克斯坦共和国国家企业家协会一同组织并参与共和国内及国际展览会和交易会。

10)代表哈萨克斯坦共和国政府参与同国际贸易组织举行的谈判活动。

11)负责按哈萨克斯坦共和国相关法律规定为个别商品的出口和(或)进口办理许可证及处理相关事宜。

12)通过对商品原产地证明书授权发放机关每个季度提供的商品原产地证明书相关资料和信息进行分析来实施监督,同时监督商品原产地证明书的发放情况,以便于授权机关(单位)确定关税同盟的商品和外国商品的地位,便于这些商品的内部流通。

13)进行宏观经济分析,以制定具有社会价值的食品零售价格阈值,并确认这些食品的最高容许零售价格的定价是否合理。

14)为具有社会价值的食品制订最高容许零售价格定价方案,并在每年食品零售价格阈值的基础上制订这些商品的零售价格阈值规定方案。

14-1)批准具有社会价值的食品零售价格阈值。

15)制定和批准具有社会价值的食品零售价格阈值和最高容许零售价格的定价程序。

15-1)批准具有社会价值的食品最高容许零售价格。

16)(已废除)

17)行使本法、哈萨克斯坦共和国其他法律、总统令和政府令规定的其他职权。

第 8 条　各个州、共和国级市、首都、地区和州级市的地方执行机关的职权范围

各个州、共和国级市、首都、地区和州级市的地方执行机关:

1)保证贸易政策的实行。

2)在自身职权范围内对贸易活动主体的各类行为和活动进行管理。

3)按相应行政区划单位采取措施为贸易活动的进行创建有利的条件。

4)编制居民商业面积最低保障标准提案。

5)为实现居民商业面积达到最低标准而制定相关措施并付诸实施。

6)组织举办展览和交易会。

7)对具有社会价值的食品最高容许零售价格的执行情况进行国家监督。

8)以地方国家管理局的利益为出发点,行使哈萨克斯坦共和国法律授予地方执行机关的其他职权。

第 9 条　贸易活动中的定价机制

1.商品价格由贸易活动主体自行核定,本条第 2 款规定的情况以及应供应商要求签订食品供货合同,双方在合同中约定了最大交易增加额的情况除外。

签订具有社会价值的食品供货合同时,最大交易增加额应按规定程序确定。任何因

违反本条要求而达成的交易均视为无效。

2.超过各个州、共和国级市和首都区域范围内具有社会价值的食品零售价格阈值时，授权机关有权制定这些商品的最高容许零售价格，授权机关实施该项权利的时限不超过90个日历日。

超过本款第一部分规定的、具有社会价值的食品最高容许零售价格时，贸易活动主体则按哈萨克斯坦共和国相关法律承担相应法律责任。

第3章 内贸

第10条 内贸设施和种类

1.属于内贸设施的有商业设施和社会餐饮设施。

2.固定型商业设施可分为以下几类：

第1类，包括商业面积超过10000平方米，用于销售食品、非食用类商品，在自身所辖区域内设有商铺、综合用房、库房和停车场的商业设施，以及社会餐饮设施和其他设施。

第2类，包括商业面积在2000～10000平方米，主要用于销售食品、非食用类商品，在自身所辖区域内设有商铺、综合用房、库房和停车场的商业设施，以及社会餐饮设施和其他设施。

第3类，包括商业面积在500～2000平方米，设有商铺、辅助用房、综合用房、食品及非食用类商品接收间、保存间和售前加工间的商业设施，以及社会餐饮设施(如果有)和其他设施(如果有)。

第4类，包括商业面积在100～500平方米，设有商铺、辅助用房、综合用房、食品及非食用类商品接收间、保存间和售前加工间的商业设施，以及社会餐饮设施(如果有)和其他设施(如果有)。

第5类，包括商业面积小于100平方米，设有商铺、食品及非食用类商品接收间、保存间和售前加工间的商业设施，以及社会餐饮设施(如果有)和其他设施(如果有)。

2-1 流动型商业设施可分为以下几类：

1)自动售货机——一种用于售卖商品的自动化设备。

2)可抽拉式保鲜柜——一种可移动式的临时构筑物(结构)，是一个设置在固定地点的商铺。

3)流动售货汽车——一种配有交易设备的特殊交通工具。

4)售货摊铺(展厅)——一种搭建比较容易的拆装式建筑结构，为一个或多个商铺配有交易设备，设有货物储备区，摊位设在专门且固定的地点。

5)售货亭——一种临时性可移动式构筑物，配有商业设备，没有展销厅和食品存储间，适用于一个或几个商铺。

通过流动售货汽车售卖商品时，特殊运输工具的技术状态应完好无损。

2-2 按照所售卖的商品，可将交易市场分为以下几类：

1)普通型。

2)专业型。

2-3、2-4(该两条款内容此处省略,因将从 2020 年 1 月 1 日起生效)

2-5 专业型交易市场,是指所售商品 70%以上均为同类型商品的市场。

专业型交易市场为固定型商业设施和(或)流动型商业设施。

2-6 交易市场内部应:

1)按照布置规划图配置相应的商铺、综合用房、库房和公共场所;

2)规划显眼的地方,应布置以下信息:交易市场内各个商铺的平面布置示意图;意外或突发状况紧急逃生示意图;商铺出租(使用)程序和条件的相关信息;商铺空置情况的相关信息;授权负责洽谈商铺出租事宜的人员联系资料[电话号码和(或)电子邮箱];哈萨克斯坦共和国消费者权益保护法规定的相关信息。

2-7 交易市场经营活动组织规范,对交易市场区域维护、设备设施及装备配置的要求均应经哈萨克斯坦共和国政府批准。

3.社会餐饮设施可分为以下几类:

1)酒店——一种公共餐饮及休息设施,可提供各类制作程序复杂的菜肴,包括定制菜肴和招牌菜肴,还可提供酒水类产品,并有服务员为顾客提供服务。

2)咖啡馆——一种公共餐饮及休息设施,可提供各类制作程序复杂的菜肴以及酒水类产品,并有服务员为顾客提供服务。

3)酒吧——一种公共餐饮及休息设施,可为顾客提供各类小吃、点心、糖果制品和酒水类产品。

4)食堂——一种自助型公共餐饮设施。

4.商业设施的专业化运营方向由其所有者与居民卫生防疫授权管理机关协商一致后按哈萨克斯坦共和国相关法律予以确定。

5.属于内贸类型的包括批发贸易和零售贸易、社会餐饮及本法规定的其他贸易类型。

6.批发贸易、零售贸易和社会餐饮业的运营程序和要求按哈萨克斯坦共和国相关法律确定。

第 11 条　批发贸易

1.批发贸易在固定型商业设施和交易市场内进行。

2.在进行批发贸易的过程中,贸易活动主体应执行哈萨克斯坦共和国标准法律条例和规范性文件的相关要求,并为商品的运输、储存和销售提供必要的条件。

第 12 条　零售贸易

1.零售贸易通过固定型、流动型商业设施以及交易市场来进行。

2.零售过程中,每个商品均应进行包装、分装,除非哈萨克斯坦共和国法律或协议另有规定,每个商品不得脱离商品本身的自然属性。

3.无论是否标价或说明买卖合同的其他实质性条款,在产品销售地点展出商品、陈列商品样品或提供待售商品相关资料(说明书、产品目录、产品图片及类似资料)的行为视为一种公开报价的行为,卖方明确表示相关商品不予出售的情况除外。

4.交易市场以外通过网络营销、社会推销的方式而进行的零售贸易、邮递销售及其他形式的销售活动按哈萨克斯坦共和国政府规定的相关程序进行管理。

5.禁止在地方执行机关规定以外的地方从事零售贸易活动。

6.抛售及削价商品的销售程序按内贸管理规范确定。

第 13 条 社会餐饮

1.社会餐饮设施可生产、加工、销售本身固有产品及其他食品,并组织这些产品和食品的消费。

2.在社会餐饮设施内向顾客提供菜单的行为视为一种(公开)报价以针对菜单上的商品签订零售买卖协议的行为。

3.按本法第 10 条第 3 款划分的类型对各类社会餐饮设施经营活动的要求由哈萨克斯坦共和国政府规定。

第 14 条 贸易活动中的买卖合同

1.买卖合同的签订程序和条件、买卖双方的权利与义务按照哈萨克斯坦《民法典》及其他法律条例,并结合本法规定的相关特点予以确定。

2.销售某种商品时,如果哈萨克斯坦共和国相关法律条例对该类商品消费者的年龄做了限制,且消费者在购买该商品时未出示能够证明其年龄的证件,则卖方应拒绝向其销售该商品。

3.批发购销合同是供货合同的变种合同,在该合同框架下,贸易活动主体从商业设施内将商品销售出去。

第 3-1 章　促进内贸发展

第 14-1 条 各个州、共和国级市、首都、地区和州级市的地方执行机关对贸易活动的鼓励

1.各个州、共和国级市、首都、地区和州级市的地方执行机关鼓励发展贸易活动的形式为:

1)规划商业基础设施建设投资项目并予以实施。

2)扩充和完善商业人员的专业培训、再培训和职业技能提升培训体系,在专业基础上建立劳动市场。

3)采取经济调控措施对包括国产食品销售从业者在内的贸易活动主体进行管理。

4)发展电子商务。

5)发展边境贸易。

6)扩展国内商业网。

2.内贸发展措施需结合授权机关批准的居民商业面积最低保障标准来制定。

第 14-2 条 居民商业面积保障定额标准

1.编制区域综合城建规划方案(区域规划设计)和居民点规划总图时,应考虑到授权机关批准规定的居民商业面积最低保障标准。

2.授权机关制定居民商业面积最低保障标准时,应考虑各州、共和国级市、首都、地区和州级市各个地方执行机关的提案和建议。

3.制定居民商业面积最低保障标准时,应考虑居民点的类型、居民结构组成和居住人

口密度。

第4章　外贸活动

第15条　(已废除)

第16条　外贸活动关税调节

1.对外贸活动实施的关税措施包括:

1)征收关税。

2)采取普通税收优惠政策。

3)采取税收特惠政策。

4)采取关税配额。

2.对外贸活动实施关税措施的主要目的:

1)使入境哈萨克斯坦共和国的进口商品结构更为合理。

2)将哈萨克斯坦共和国进出口商品的比例维持在一个合理的状态。

3)为逐步升级哈萨克斯坦共和国国内的商品生产消费结构创造有利条件。

4)保护哈萨克斯坦共和国经济免受进口商品带来的不利影响。

5)为哈萨克斯坦共和国有效融入全球经济一体化创造条件。

6)保障国家食品安全。

第16-1条　关税配额

1.为了给哈萨克斯坦共和国国内商品生产和消费结构的逐步升级创造条件,授权机关:

1)为个别商品制定进出口关税配额。

2)制定关税配额分配方法和程序、范围及有效期限。

授权机关及其他国家机关在自身职权范围内按照关税配额分配程序在对外贸易经营者之间对关税配额进行分配。

2.对于采用进口或出口关税配额的商品,关税配额内税率和关税配额外税率由授权机关按照哈萨克斯坦共和国批准的国际条约来确定。

3.在哈萨克斯坦共和国关税配额限定条件下从事商品进出口时,需提供授权机关发放的进出口许可证。

进出口许可证发放程序和条件按哈萨克斯坦共和国批准的国际条约确定。

第17条　外贸活动非关税调节

外贸活动非税率调节的方式包括:

1)禁止个别类型的商品进出口。

2)对个别类型的商品进出口数量进行限制。

3)对个别类型的商品赋予进出口特权。

4)设立商品进出口许可证制度。

5)对个别类型的商品实施自动化许可证制度(监督)。

第18条　禁止个别商品进出口和个别商品进出口数量限制

1.经授权机关同意后,由相应国家中央机关在自身职权范围内对个别类型的商品采取进出口禁止措施,采取措施时,应遵循以下原则:

1)遵守法律程序。

2)保护人员健康和安全,保护环境。

3)对黄金或白银的进出口调控管理。

4)防止文化珍品和国民文化财富非法进出口。

5)防止耗尽不可再生的自然资源,同时限制国内生产和消费。

6)保障国家安全。

7)履行国际义务。

7-1)限制国产商品出口,以保证国内加工业的国产商品数量充足。

7-2)商品供应总体不足或地区性供应不足时,购买或分配该类商品。

7-3)为逐步升级哈萨克斯坦共和国生产消费结构创造条件。

7-4)保证遵守国际义务相应的、涉及关税同盟和(或)哈萨克斯坦共和国海关法的采用、知识产权保护的标准法律条例,以及其他法律规定。

2.经授权机关同意后,由相应的中央国家机关在自身职权范围内对个别商品的进出口数量进行限制,目的是:

1)保障国家安全。

2)履行国际义务。

3)保护国内市场。

3.通过依照哈萨克斯坦共和国《许可证法》设立许可证制度的方式,按哈萨克斯坦共和国相关法律对个别商品的进出口数量进行限制。

4.为了防止或减少国内市场上的食品或其他重要商品目录中的其他重要商品发生严重短缺,经授权机关同意后,国家中央机关可在自身职权范围内采取措施禁止个别类型的商品出口,并对这些商品的出口数量进行限制。重要商品目录由授权机关负责编制。

5.经授权机构同意后,由相应国家中央机关在自身职权范围内对个别商品的进出口数量限制实行配额管理,配额在对外贸易经营者之间进行分配。

经授权机关批准后,相应的中央国家机关负责在自身职权范围内确定配额大小和有效期。

第 18-1 条　许可证发放条件和程序

1.许可证可对任何申请者进行发放。

2.办理许可证时,申请者需向授权机关提交以下材料:书面申请;一份纸质与电子版本的标准格式的批准预备案.

3.许可证在提交申请后 3 个工作日内发放。

4.许可证在发放的日历年内有效。

5.已发放的许可证不得进行更改。

6.已发放的许可证不得重新进行信息变更以供其他申请人使用。

7.如果许可证遗失,接到申请人诉求后,授权机关在 3 个工作日内向其发放许可证副本。

第 18-2 条 应对措施

1.如果其他国家做出以下行为,则哈萨克斯坦共和国政府有权采取相应的应对措施:

1)没有履行国际条约中约定的需对哈萨克斯坦共和国承担的义务。

2)采取了有损哈萨克斯坦共和国经济利益的措施,包括毫无根据地禁止哈萨克斯坦商品进入该国市场,或以其他方式对哈萨克斯坦商品采取毫无根据的歧视态度。

2.按照国际法公开的原则和规定,哈萨克斯坦有权采取本条第 1 款所述措施,以保护哈萨克斯坦共和国的利益。

第 18-3 条 特殊的禁止和限制方式

1.根据联合国章程对参与国际制裁的规定,外贸活动可能受到与本法第 18 条相悖的措施的限制。

2.本法第 18 条规定以外的外贸活动限制措施可以被实施以用以保护国家对外经济地位和维持收支平衡。

第 19 条 (已废除)

第 20 条 个别商品的出口和(或)进口特权

1.个别商品出口和(或)进口特权在许可证制度的基础上予以实施。

2.享有出口和(或)进口特权的商品清单,以及被赋予个别商品出口和(或)进口特权的对外贸易经营者,由授权机关按照相关国家中央机关的意见予以批准确认。

第 21 条 个别商品的自动化许可证制度(监督)

通过发放许可证的方式实施个别商品的自动化许可证制度(监督)。

第 22 条 特殊保护措施、反倾销措施和补偿措施的实施

实施特殊保护措施、反倾销措施和补偿措施的条件和程序按照《哈萨克斯坦共和国针对第三方实施的特殊保护措施、反倾销措施和补偿措施法》的规定确定。

第 5 章 其他贸易类型

第 23 条 竞卖贸易

1.商品竞卖贸易通过公开竞标的方式进行。

初始价格可根据经营者开展竞标时的商品市场价格确定,最终价格由顾客根据竞标结果确定。

2.开展竞卖贸易的程序由《哈萨克斯坦共和国民法》进行规范管理。

第 24 条 委托贸易

委托贸易的开展需符合《哈萨克斯坦共和国民法》的相关规定。

第 25 条 订单交易

1.订单交易是一种由销售者以广告的方式,和其他传播与商品有关的信息的方式开展的贸易类型。

订单式销售还可通过组合式(标准)包裹的方式来进行,组合式(标准)包裹可以容纳一整套不同用途的商品。

2.贸易活动主体可通过电话或邮政订购的方式直接在顾客处和流动交易地点转发和(或)接收订单,以此方式开展订单交易。

3.订单服务费的价格、付款程序和供货期限按合同规定。

4.居民点区域内可以通过快递的方式供货,如果从其他地方供货,则可通过与交通运输机构或邮递机构签订运输合同的方式来供货。

如果从其他居民点供货,则由销售代理负责商品结算,并支付运费或邮费。

5.如果在没有违反合同规定的情况下,客户拒收其订购的商品,则客户应向销售者赔偿该商品往返运费。

第 26 条 边境贸易

1.边境贸易是一种由自然人和法人在哈萨克斯坦共和国边境地区和邻国边境周边地区开展的贸易类型。

2.开展边境贸易的程序按照哈萨克斯坦共和国政府批准的标准规范、国际条约的规定,与邻国协同制定。

第 27 条 流动摊贩贸易

1.流动摊贩贸易是为了满足相应地区所匮乏的商品消费需求,或在该地区缺乏商业设施的情况下而开展的一种贸易类型。

2.贸易活动主体在共和国级市、首都、地区、州级市的地方执行机关专门划定的区域内开展流动摊贩贸易。

3.流动摊贩贸易所采用的交易设施有流动售货汽车和(或)售货摊(亭)。

第 28 条 展会交易

1.展会交易的形式主要是举办展览会和展销会,目的是为了了解市场情况,促进商品买卖的发展,签订合同,建立新的商业联系。交易会上展出的一般均为产品样品。

2.如果地方执行机关、自然人或法人举办国际性以及共和国级别的展览会和交易会,则该展览会和交易会的举办方案和理念应征得授权机关的批准。展览会和交易会举办方案和理念应包含计划安排的组织资源、财力资源和潜在参展人员与单位的相关信息和资料。

3.本条第 2 款规定的要求不适用于国际专业展览会。

4.为了达到自身的活动目的,在哈萨克斯坦共和国境内组织举办国际专业展览会的单位(本条第 6 款规定的单位除外)应履行以下职能:

1)在组织和举办国际专业展览会的过程中,保证与国家机关协同合作、相互配合。

2)为直接涉及国际专业展览会的开办而举行的相关活动,以及哈萨克斯坦共和国境内国际专业展览设施的建设提供经费支持。

3)哈萨克斯坦共和国境内国际专业展览会举办单位规范章程中规定的其他职能。

5.在哈萨克斯坦共和国境内组织举办国际专业展览会的单位(本条第 6 款规定的单位除外)有权:

1)向中央、地方代表和执行机关咨询举办国际专业展览会所必要的信息,构成国家机密和其他受法律保护的机密信息除外。

2)参与国际专业展览会举办事宜的决策。

3)以哈萨克斯坦共和国公民、外国人员以及在哈萨克斯坦共和国境内合法居住的无国籍人员为对象,招募展览会志愿者,与其签订志愿者无偿服务协议书,志愿者依照此协议书在哈萨克斯坦共和国境内参与组织和举办国际专业展览会。

6.在哈萨克斯坦共和国境内组织举办国际专业展览会的单位为哈萨克斯坦共和国境内国际专业展览会规划设计和(或)展览设施建设单位名录在列的法人。

7.在哈萨克斯坦共和国境内组织举办国际专业展览会的单位需缴纳的税款按《哈萨克斯坦共和国税法》的规定征收。

第 29 条 电子商务

1.电子商务的组织和开展,应当遵守授权机关批准的法律法规的规定。

2.电子商务参与者的权利与合法利益受哈萨克斯坦共和国法律条例的保护。

第 29-1 条 电子商务的组织与开展

1.以自己的名义发送电子版报价单的经营者在开展电子商务的过程中,应履行的义务包括:

1)将重要的合同条款写入报价单内,或说明确定合同条款内容的程序,此外,还应将哈萨克斯坦共和国法律条例规定的其他条款写入报价单内。

2)提交与合同签订程序有关的信息。

3)按《哈萨克斯坦共和国税款及其他强制性缴纳财政款项法》(税法)的规定开具发票,并按《哈萨克斯坦共和国会计与财务报表法》的规定提交原始核算材料复印件。

2.电子商务交易的付款和(或)汇款方式按《哈萨克斯坦共和国支付和支付制度法》规定。

3.电商中介应保证信息资源内各类信息的完整性和保密性。

4.电商中介无权:

1)泄露电子文件或电子邮件内的信息。

2)将电子文件、电子邮件或其副本,包括其中包含的信息泄露给第三方,电商中介与其他电子商务参与者签订的合同及哈萨克斯坦共和国法律另行说明的情况除外。

3)更改电子文件或电子邮件的内容或其使用程序,电商中介与其他电子商务参与者签订的合同及哈萨克斯坦共和国法律另行说明的情况除外。

5.在开展电商经营活动时,由经营者负责保存电子信息资源,其中包括通过电商中介获得的信息。

第 30 条 交易所商品贸易

交易所商品贸易的组织和开展,应当遵守《哈萨克斯坦共和国商品交易所法》的规定。

第 6 章 对贸易主体和商品的要求

第 31 条 对贸易主体的要求

1.贸易活动主体在开展自身经营活动的过程中,应履行以下义务:

1)销售质量合格、符合安全要求的商品。

2)按照公开报价、合同或其他协议中相应条款规定的数据销售商品。

3)向消费者提供有关商品质量和产地、消费特点、担保责任及索赔程序、产品使用及保存方法等必要且可靠的信息。出现消费者向法院提起诉讼并需要办理诉讼相关材料的情况时,贸易活动主体还应将经营者和制造商(经销商)的地址及其他关键信息告知消费者。

4)按照国家测量统一保证体系的要求,在商业设施公共场所内安设检测用具。

5)如果消费者对商品的重量和长度存在疑虑,应准许消费者使用检测用具自行测量商品的重量和长度。

6)对于要求必须按哈萨克斯坦共和国相关技术法律规范的规定程序进行合格认证的商品,在销售该类商品时,贸易活动主体应向消费者出示合格证(规定格式的合格证复印件)或符合性声明。

6-1)对于要求必须按哈萨克斯坦共和国相关技术法律规范的规定程序进行合格认证的商品,在批发该类商品时,应向消费者出示合格证,或经法人领导,或签字授权代理人,或负责商品供货的个体经营者签字并盖章确认后的合格证复印件(向消费者说明合格证复印件的发放日期),或者也可向消费者出示符合性声明。

7)按《哈萨克斯坦共和国税法》规定的程序和情况使用带“记忆”功能的点钞机。

8)按哈萨克斯坦共和国相关法律召回不符合安全要求及本法第 32 条规定要求的商品,包括已经向消费者销售的商品,并按商品价格对消费者进行赔偿。

9)执行国家机关依法出台的规章制度和指令。

10)遵守哈萨克斯坦共和国法律的其他规定。

2.通过商业网或大型商业设施从事商品销售经营活动的贸易主体不得无根据地以拒绝签订合同的方式或者以签订带有明显区分对待性质及以下条款的合同阻碍商品进入商业网或大型商业设施:

1)禁止贸易主体与其他从事类似经营活动的贸易主体,以及在类似条件或其他条件下从事经营活动的贸易主体签订供货合同。

2)要求从事商品供应的贸易主体提供即将与其他从事类似经营活动的贸易主体签订的合同有关的信息。

3.贸易主体不得违规破坏法律条例所规定的、本法第 9 条第 2 款所述具有社会价值的食品最高容许零售价格原则。

4.如果违反本条第 2 款和第 3 款的规定,则贸易主体按哈萨克斯坦共和国相关法律承担相应法律责任。

5.如果通过商业网或大型商业设施从事商品销售经营活动的贸易主体与供应商签订的供货合同中规定,从事商品销售经营活动的贸易主体在供应商交货完成一段时间之后再行支付。

1)如果是保质期短于 10 个日历日的食品,则应自其交货之日起 10 个工作日之内支付货款。

2)如果是哈萨克斯坦共和国境内生产的、保质期超过 10 个日历日的食品,则应自其交货之日起 30 个工作日之内支付货款。

6.对于按照本条第 5 款规定的期限付款的商品,从事商品供应的贸易主体必须按哈萨克斯坦共和国相关法律条例的规定提交了商品随附资料之后，收货方再行付款。

第31-1条 对纳税人——出租（提供）商业设施，以及商业设施（包括交易市场）内商铺的个体经营者和法人的要求

如果商业设施，以及商业设施（包括交易市场）内的商铺租赁期限为三个日历日以上一个月以内，则个体经营者或法人应签订书面租赁（使用）合同，合同内应包含以下内容：

1）承租人的姓、名、父称（如果有）或全名。

2）自然人，即承租人的身份证号码和有效期。

3）（已失效）

4）租赁合同号（如果有）及合同签订日期。

5）商铺用途、在商业设施（包括交易市场）内的具体位置。

6）租赁期限。

7）租金和（或）赔偿费用。

8）出租人签字和盖章（如果有）。

第32条 对商品的要求

1.进入哈萨克斯坦共和国国内市场的商品质量应可靠，符合安全要求和相应的规范性标准文件的要求。

2.通过以下信息来确认商品质量：

1）制造商标。

2）商品生产国。

3）商品成分。

4）对于食品，则需考虑其营养价值。

5）生产日期。

6）保质期。

7）对标准化规范性文件的说明。

8）标准化规范性文件规定的其他信息。

有关上述商品质量要求的信息标注在标牌、货签和产品插页上，语言文字为哈萨克语和俄语。

商品的储存和运输应保证其质量的完整性，在此过程中需执行对用户的安全要求，包括在配有特殊装备的室内储存商品，以及使用特殊用途车辆运输商品的要求，并在特定情况下，将这些要求的执行情况记录在相应的文件资料内。

3.禁止销售以下商品：

1）明令禁止销售的商品。

2）流通能力有限且没有取得特殊销售许可证的商品。

3）原本应按规定程序贴上商标和标记，却没有贴上消费税标签或登记检查标记的应征消费税商品。

4）不符合本条第1款规定的商品。

4-1）经相关国家机关同意，由授权机构批准的清单规定的，属于军服或特种服、制服，用于区分武装部队、其他部队和军事组织内各现役军人身份以及国防机构和国家专门机

关工作人员身份的徽章这一类的商品，因国防订单需要并在《哈萨克斯坦共和国国家采购法》规定条件内销售的商品除外。

4-2)属于国家预算收入征收机关的制服这一类的商品，按《哈萨克斯坦共和国国家采购法》的规定购买该类商品除外。

5)其他哈萨克斯坦共和国法律禁止销售的商品。

第 32-1 条 贸易活动主体的权利

1.贸易活动主体有权按照本法及哈萨克斯坦共和国相关法律开展贸易活动。

2.贸易活动主体可自行确定：

1)贸易经营的主要范围和方向[普通贸易和(或)专业型贸易]。

2)所售商品种类。

3)经营制度。

4)所售商品价格(本法第 9 条规定的情况除外)。

3.贸易活动主体有权针对涉及自身利益的法律条例进行修改和完善，并将完善提案提交至国家机关进行审议。

第 7 章　终章

第 33 条 (已废除)

第 33-1 条 商品进入商业网及大型商业设施的渠道控制

由反垄断机构按《哈萨克斯坦共和国企业法》的规定程序对商品进入商业网及大型商业设施的渠道进行管理和控制。

第 33-2 条 国家对具有社会价值的食品最高容许零售价格执行情况的监督

1.国家对具有社会价值的食品最高容许零售价格执行情况的监督以检查或其他形式进行。

2.对最高容许零售价格的检查按《哈萨克斯坦共和国企业法》的相关规定进行，国家监督的其他形式依照本法规定。

3.其他监督形式通过实地参观商业设施来进行，主要是为了对具有社会价值的食品最高容许零售价格的执行情况进行检查。

4.其他监督形式应自然人、法人诉求或受州长、共和国级市市长、首都领地行政长官的委托来实施。

5.通过实施其他形式的监督后，如果发现具有社会价值的食品最高容许零售价格存在超标的现象，则应按授权机关规定的方式出台相应规章制度，责成相关单位立即排除价格超标现象。

6.发现具有社会价值的食品最高容许零售价格超标，并针对此现象出台相应规章制度后，按照《哈萨克斯坦共和国企业法》的相关规定进行非计划性不定时检查，以对该规章制度的执行情况进行监督。

第 34 条 争议的解决

在国家对贸易活动进行调控的过程中产生的所有争议，均按照哈萨克斯坦共和国法律的规定予以解决。

第 35 条　哈萨克斯坦共和国贸易活动调节法违法责任

哈萨克斯坦共和国法律违法者按哈萨克斯坦共和国相关法律承担相应的法律责任。

第 36 条　本法实施程序

本法自其正式发布之日起施行。

哈萨克斯坦共和国企业法*

(2016年7月26日修正和补充后的最新版本)

《哈萨克斯坦共和国企业法》中涉及投资内容的章节翻译如下：

第13章 国家检查与监督

第3节 对投资协议条款遵守情况的检查

第158条 对投资协议条款遵守情况的检查

第159条 组织对投资协议条款的遵守情况进行检查的程序

第24章 国家对工业创新活动的鼓励

第1节 工业创新活动

第242条 工业创新活动的概念和内容

第243条 工业创新主体

第244条 国家鼓励开展工业创新活动的目的、任务和基础条件

第2节 哈萨克斯坦共和国工业创新体系

第245条 建立哈萨克斯坦共和国工业创新体系的目的

第246条 参与实施国家工业创新鼓励政策的工业创新体系主体

第247条 工业创新基础设施

第248条 特别经济区

第249条 工业区

第250条 科技园

第251条 股票型投资基金会

第252条 技术商业化中心

第253条 设计局

第254条 国际技术转让中心

第255条 创新集群

第256条 工业创新体系规划手段和工具

第3节 国家对工业创新主体的扶持

第257条 国家对工业创新主体采取的扶持措施

第258条 融资(包括项目资金众筹、融资租赁)

第259条 提供责任担保和贷款保证担保

---

* 系重庆国际战略研究院国别投资法律项目："哈萨克斯坦共和国投资贸易法译丛"。项目负责人：蒲公英，四川外国语大学副教授。

第 260 条　金融机构贷款

第 261 条　金融机构贷款利率补助和债券息票率补助

第 262 条　注册资本出资

第 263 条　担保订单

第 264 条　提供创新补贴

第 265 条　高级专业人才资源保障

第 266 条　工程网络基础设施保障

第 267 条　提供土地和矿藏使用权

第 268 条　国内市场上的支持

第 269 条　吸引外资

第 270 条　推动国产商品和服务出口

第 271 条　鼓励提高劳动生产率和发展区域集群

第 272 条　债务重组

第 25 章　国家对投资活动的鼓励

第 1 节　投资法律制度

第 273 条　投资关系

第 274 条　投入资本的概念,投资者,大型投资者和投资活动

第 275 条　投资活动客体

第 276 条　哈萨克斯坦共和国境内投资者活动的法律保护保障

第 277 条　收入使用保障

第 278 条　国家机关针对投资者开展活动的公开性和保证投资者能够接触到涉及投资活动的相关信息

第 279 条　国有化和收归国有时投资者的权利保障

第 280 条　投资者权利的转让

第 2 节　国家对投资的鼓励

第 281 条　国家鼓励投资的目的

第 282 条　投资授权机关

第 283 条　投资优惠的概念和形式

第 284 条　投资项目

第 285 条　申领投资优惠的程序

第 286 条　给予投资优惠的条件

第 287 条　关税免除

第 288 条　国家实物补贴

第 289 条　保证哈萨克斯坦共和国法律变更中的稳定性

第 290 条　税收优惠

第 291 条　投资补助

第 292 条　投资优惠申请条件

第 293 条　投资优惠申请的审查期限

第 13 章　国家检查与监督

第 3 节　对投资协议条款遵守情况的检查

第 158 条　对投资协议条款遵守情况的检查

由投资授权机关通过以下形式对投资协议条款的遵守情况进行检查：

1)对按照本法第 159 条第 1 款的规定提交的报告进行研究和分析，在此基础上开展内业检查。

2)参观了解投资客体，并对工作计划和投资协议条款有关的文件资料进行审查。

第 159 条　组织对投资协议条款的遵守情况进行检查的程序

1.投资协议签订后，哈萨克斯坦共和国法人按投资授权机关规定的方式，于 7 月 25 日和 1 月 25 日之前(含)提交投资协议履行情况半年度报告，对工作计划所列出的各项费用逐条进行说明，在报告中附上能够证实各项固定资产已经投用，工艺设备备件、原料和(或)材料的供应和投用已经完成的文件资料。

2.工作计划可由双方协商进行变更，一年变更一次。

3.参观检查投资客体的条件：

1)在完成了工作计划的前提下，参观检查投资客体的时间期限为6个月，投资协议到期前3个月之内终止。

2)从进口工艺设备各类备件、免税原料和(或)材料当年的第二年开始，每年对投资客体进行参观检查。

4.根据检查结果，投资授权机关和签订投资协议的法人领导按照投资授权机关规定的形式签署投资协议工作计划执行现况报告。

5.如果未执行或未按规定方式执行投资协议工作计划，则投资授权机关向签订投资协议的哈萨克斯坦共和国法人发送书面通知，在通知中说明违法情况，并规定在3个月的期限内消除违法行为。

6.如果投资授权机关检查后发现，为实施投资项目所进口的免税工艺设备及其配备件、原料和(或)材料没有投用或无法正常使用，且哈萨克斯坦共和国法人因投资协议提供投资优惠而没有支付这些设备及其配备件、原料和(或)材料的费用，应予以补交，并按哈萨克斯坦共和国法律规定的程序计算相应的罚金。

7.工作计划完成后，签订投资协议的哈萨克斯坦共和国法人向投资授权机关提交审计报告，报告中应包含以下内容：

1)有关工作计划中投资承诺履行情况的信息和资料。

2)按照工作计划所获取的固定资产的说明。

3)工作计划落实完成的证明性文件总清单。

4)投资协议条款执行情况的相关资料。

8.为保障国家的经济利益，向以下机关单位提交有关终止投资协议的信息：

1)国家预算收入征收机关，必要时提交至其他国家机关以采取相应措施。

2)按照国家提供实物补贴的依据——投资协议的规定，向国家预算收入征收机关、国家财产授权管理机关和(或)中央授权土地资源管理机关，以及地方执行机关提交该信息。

9.签订投资协议的哈萨克斯坦共和国法人在投资协议有效期内无权实施以下行为：

1)改变国家实物补贴以及按照工作计划所获财产的指定用途。

2)将已经发出的国家实物补贴以及按照工作计划所获得的财产收归国有。

10.按照关税同盟委员会规定的程序对各关税免征对象的定向使用情况进行检查。

第24章　国家对工业创新活动的鼓励

第1节　工业创新活动

第242条　工业创新活动的概念和内容

1.工业创新活动是自然人或法人开展的，与实施工业创新项目有关的活动，在保证生态安全的情况下，提高劳动生产率，促进优先重点经济产业的发展，或大力推动国产商品、工程和服务向国内和(或)海外市场发展。

优先重点经济产业，是指可对国家经济的发展进程和发展质量产生重大影响的国民经济领域。

2.工业创新项目,是指针对技术引进、创造新产业或对特定时期内现有的产业、技术、商品、工程和服务进行升级改造而实施的全套综合设施。

创新,是指一种投用某种新的或全新升级后的产品(商品或服务)或工艺规程、新的市场营销方法或新的业务实践方法、工作岗位安排方法或对外联络方法的行为。

技术,是指一种工艺规程和(或)同一条生产流水线上使用的,用于生产新产品或对产品、工程和服务进行升级的全套设备。

第 243 条 工业创新主体

工业创新主体是在优先重点经济产业内实施工业创新项目,或从事推动国产商品、工程和服务向国内和(或)海外市场发展相关工作的自然人和(或)法人。

第 244 条 国家鼓励开展工业创新活动的目的、任务和基础条件

1.国家鼓励开展工业创新活动的目的是在推动优先重点经济产业(由哈萨克斯坦共和国总统确定)发展的基础上,进一步提高国民经济的竞争力。

2.国家鼓励开展工业创新活动的任务有:

1)为优先重点经济产业的发展创造有利条件。

2)为开发具有竞争力的新产业提供条件。

3)为现代化改造(技术革新)、整顿财经秩序、增强和(或)恢复生产项目的投资吸引力创造有利条件,目的是为了提高劳动生产率,延长产业链,扩大市场,创造和恢复生产力,并保留相应的工作岗位,启动有可能重新恢复的产业。

4)鼓励积极创新,发展高新技术产业。

5)提升工业创新主体的投资吸引力和出口潜力。

6)协助工业创新主体对技术进行商品化改造。

7)协助工业创新主体开发出口潜力。

8)大力建设优先重点经济产业内的科研基地,并促进科研基地与生产一体化。

9)协助工业创新主体参与国际上的工业创新合作,包括工业创新型高端专业人才储备上的合作。

10)协助工业创新主体提高劳动生产率,促进区域集群。

3.国家鼓励在哈萨克斯坦共和国内开展工业创新活动的基本原则:

1)保证各工业创新主体均有平等的机会按照本法的规定获取国家的鼓励与扶持。

2)国家对工业创新主体的扶持措施需公开、透明、有针对性。

3)保证国家利益与工业创新主体的利益处于平衡状态。

4)采取最佳的国家扶持措施,以保证工业创新主体能够结合自身特点成功实施工业创新项目。

5)国家和工业创新主体能长期保持全面且系统的联系与配合。

第 2 节 哈萨克斯坦共和国工业创新体系

第 245 条 建立哈萨克斯坦共和国工业创新体系的目的

在哈萨克斯坦共和国内建立工业创新体系的目的是促进优先重点经济产业的发展,

推动实施国家对工业创新活动的鼓励政策。工业创新体系由接受国家鼓励扶持的工业创新主体、基础设施和各类器具设备构成。

第 246 条 参与实施国家工业创新鼓励政策的工业创新体系主体

1.参与实施国家工业创新鼓励政策的工业创新体系主体包括:在发展研究院及金融组织管理体系和国民经济发展体系优化措施框架下成立的国家管理控股公司、各个国家发展研究院(包括地区性的),以及其50%及以上的股份(注册资本出资份额)直接或间接归国家所有、被授权执行工业创新活动国家扶持措施的其他法人。

2.负责工业创新扶持工作的国家发展研究院:

1)为工业创新主体的注册资本出资,通过设立其他法人的方式建立新的工业创新项目、现代化改造(技术革新)工业创新项目和以扩大现有产业为目标的工业创新项目。

2)向国家发展研究院、二级银行和50%及以上的股份(注册资本出资份额)直接或间接归[实施和(或)参与实施工业创新项目的]国家管理控股公司所有的其他法人获取贷款(借款)权利(或提出贷款申请)。

3)采取全套措施整顿工业创新主体的财经秩序、维持并恢复经济活力和优先重点经济产业的投资吸引力:

债务重组;

为注册资本出资;

寻找和吸引战略投资者和机构投资者;

其他支持工业创新主体整顿财经秩序的方式由哈萨克斯坦共和国法律规定。

3.负责工业发展事业的国家发展研究院:

1)为优先重点经济产业的发展,包括区域工业创新发展提供数据分析和咨询服务。

2)为国家工业创新鼓励政策授权执行机关提供相关服务,协助其针对优先重点发展的商品和服务编制和实施统一的发展计划。

3)全程协助国家工业创新鼓励政策授权执行机关实施工业化发展计划。

4)在国家为了提高工业创新主体的劳动生产率而实行鼓励政策的过程中提供相关服务。

5)在国家为了发展区域集群而实行鼓励政策的过程中提供相关服务。

6)在区域集群的发展过程中提供全程服务。

7)在哈萨克斯坦共和国政府支持下发展工业的过程中,为咨议机关开展的各类活动提供鉴定分析服务。

8)对国家工业创新发展计划进行管理,在国家机关和法人实施国家性、行业性工业创新计划的过程中,对各类统计数据和资料进行分析,同时,协助编制提案和撰写鉴定结论。

4.负责技术发展事业的国家发展研究院:

1)参与技术预测工作。

2)在创新发展过程中提供数据分析和咨询服务。

3)通过向工业创新主体注册资本出资,设立合资法人,设立投资基金会或基金会参股,以及哈萨克斯坦共和国法律规定的其他手段,对工业创新项目进行投资。

4)参与技术商品化中心、技术园区、设计局和国际技术促进转让中心的设立、管理和协调工作。

5)与国际组织合作,引进信息、教育和财力资源,以促进优先重点经济产业的技术发展。

6)提供渠道了解工业创新项目、所采取的技术、技术预测分析研究结果等相关情况。

7)参与实施国家针对技术商业孵化、技术商业化和技术转让,为了扩充工业创新主体的人力资源、增强其管理能力、提升其生产能力而采取的鼓励机制。

8)向国家工业创新鼓励政策授权执行机关提供鉴定结论和(或)建议。

9)协助国家工业创新鼓励政策授权执行机关完成创新补贴的办理和发放等相关事宜。

10)收集信息并分析工业技术开发创新机制的实施效果。

11)协助发展风险投资基金会。

5.负责本地含量提升工作的国家发展研究院:

1)建立和管理商品、工程、服务及其供应商的数据资料库。

2)针对区域的发展提供信息分析和咨询服务。

3)协助国家工业创新鼓励政策授权执行机关分析国家对国内市场的本土商品、工程和服务供应商所采取的扶持措施的实施效果。

4)协助国家工业创新鼓励政策授权执行机关采取措施对国内市场的工业创新主体的商品、工程和服务推介发展费用进行补偿。

5)进行本地份额鉴定。

本地份额鉴定,是指针对工业创新主体期望将自身的工业创新项目纳入工业创新计划的情况,而对该工业创新主体的工业创新项目的本地含量进行鉴定。

本地份额是指参与实施工业创新主体的工业创新项目的哈萨克斯坦籍员工工资成本占该项目工资总额的百分比含量,和(或)本土商品、工程和服务的成本占该工业创新项目实施过程中商品、工程和服务总成本的百分比含量。

6.负责招商引资的国家发展研究院:

1)针对如何提升哈萨克斯坦共和国投资吸引力的相关问题开展分析性研究。

2)为外国投资者提供全程的信息服务,包括安排投资者与国家机关、工业创新主体以及各私营主体联合组织进行会谈,举办商业论坛、协商会、投资研讨会,建立外国投资者数据库,并负责管理。

3)提升哈萨克斯坦共和国正面、积极的投资形象,包括提供涉及各类投资机会的相关信息。

4)对外国投资者洽谈后形成的官方委托书的执行情况进行监督。

5)对外国投资者参与的工业创新项目进行监督。

7.负责出口发展事业的国家发展研究院:

1)对海外市场进行分析。

2)协助推动国产商品、国内服务走向海外市场。

3)就如何提高海外市场竞争力、寻找潜在出口市场和推动商品和服务走向海外市场等问题为本国出口商提供相关的信息与咨询服务。

4)采取措施推动国产商品和本土服务出口。

5)在如何推动国产商品和本土服务出口等相关问题上,与本国、外国和国际单位组织保持密切交流与合作。

6)协助国家工业创新鼓励政策授权执行机关对工业创新主体因推动国产商品发展而产生的成本和费用进行补偿。

7)成立海外办事处,以推动国产商品和本土服务的出口。

8.在发展研究院及金融组织管理体系和国民经济发展体系优化措施的框架下成立的国家管理控股公司:

1)参与实施国家对工业创新活动的鼓励扶持计划。

2)为执行国家工业创新鼓励政策的工业创新体系主体提供方法上的建议和咨询帮助。

3)行使本法、哈萨克斯坦共和国相关法律、哈萨克斯坦共和国总统令及政府令规定的其他职能。

第 247 条　工业创新基础设施

工业创新基础设施的组成部分包括:

1)特别经济区,包括独立的集群基金会。

2)工业区。

3)科技园。

4)股票型风险投资基金会。

5)技术商业化中心。

6)设计局。

7)国际技术转让中心。

8)创新集群。

第 248 条　特别经济区

1.特别经济区是哈萨克斯坦共和国国土的一部分区域,划有准确的标志性界限,在该区域内实行特殊的法律制度,以便于开展优先重点发展的经济活动。

特别经济区内为该区参与者实行本法、《哈萨克斯坦共和国特别经济区法》《“创新技术园区”创新集群法》《哈萨克斯坦共和国税法》《哈萨克斯坦共和国海关法》《哈萨克斯坦共和国土地法》以及《哈萨克斯坦共和国居民就业法》规定的特殊法律制度。

2.特别经济区全区或其部分区域内实行自由关税区的海关程序。特别经济区内实行自由关税区海关程序的区域界限按照“哈萨克斯坦共和国总统关于建立特别经济区的命令”来划定。

整个特别经济区为关税同盟关境的一部分。

自由关税区的海关程序按照《关税同盟海关法》和(或)《哈萨克斯坦共和国海关法》的相关规定来确定。特别经济区内实行自由关税区海关程序的区域属于海关检查的范围。

3.特别经济区参与者的合法权益受本法、《哈萨克斯坦共和国宪法》、哈萨克斯坦共和国其他标准法律条例和哈萨克斯坦共和国批准的国际条约的保护。

在特殊情况下,允许按照哈萨克斯坦共和国法律的规定强制没收特别经济区参与者的财产用作国家公用(国有化,收归国有)。

按照《哈萨克斯坦共和国税法》的规定缴纳税款及其他强制性应缴款项后,特别经济区参与者可自行支配因在特别经济区开展活动所获得的收入。

第 249 条　工业区

1.工业区属于国家为各私营主体提供的非农用地,区内设有各类工程网络设施,私营主体在该区内按照《哈萨克斯坦共和国土地法》及其他法律条例的规定布置和运营各类工业项目和设施。

2.建立工业区的目的是给企业经营活动的发展提供良好的经济条件和有序的组织环境。

3.工业区的任务:

1)促进工业企业经营活动的加速发展。

2)优化新型产业基础设施的建设和拓展费用。

3)提高生产率。

4)为居民就业提供保障。

第 250 条　科技园

1.科技园是负责技术发展事业的国家发展研究院针对技术发展或自行组织教育活动而建立的法人,在所有权或其他法律依据的基础上,拥有一定的区域范围,设有统一的物资技术综合体,综合体为工业创新活动的开展提供了有利条件。

2.科技园开展的主要活动类型为技术商业孵化,主要是在工业创新主体业务经营的初期,为其提供房屋和设备,协助其进行会计核算、招商引资、项目管理,全程提供法律、信息和咨询服务,以及工业创新项目所需要的其他服务。

第 251 条　股票型投资基金会

1.股票型投资基金会的属性为股份公司,其专有业务类型是按照《哈萨克斯坦共和国投资基金法》的相关规定及其投资宣言,对该公司股东参投的股金以及其他因此项投资而获得的财产进行累积和投资。

2.股票型风险投资基金会的业务受《哈萨克斯坦共和国投资基金法》的规范和管理。

第 252 条　技术商业化中心

1.技术商业化中心的属性为法人,一般为科研单位、高校或自主教育组织的某一个分支部门或独立的分支机构,主要开展与科学和(或)科技成果的实际应用的相关业务,目的是为了向市场投放新产品或改进型产品、工艺流程和服务,以获取正面的经济效益(技术商业化)。

2.技术商业化中心的主营业务方向主要是为技术商业化提供全套服务,包括但不限于:挖掘可商业化的技术并对其进行评价,开展市场营销研究,提供自主知识产权保护方面的咨询服务,编制技术商业化方案,协调科学和(或)科技业务主体和私营业务主体的关系,协助其签订技术商业化合作协议。

国家在方法、协商咨询上,以及哈萨克斯坦共和国法律规定的、其他类型的对技术商业化中心的鼓励与扶持工作由负责技术发展事业的国家发展研究院予以实施。

第 253 条　设计局

1.设计局的属性为法人,拥有完善的物资技术综合体,用以协助工业创新主体组织生产新产品或改进型产品。

2.设计局的主要任务是通过技术转让,购买、改编和编制设计技术资料,并在做出相应补偿的前提条件下,将该设计技术资料移交给工业创新主体,在该资料的基础上为其提供商品生产方面的服务,以此来协助工业创新主体组织生产新产品或改进型产品。

第 254 条　国际技术转让中心

国际技术转让中心由负责技术发展事业的国家发展研究院成立,目的是为了协助工业创新主体连同海外合作伙伴的各个项目的实施。

技术转让,是指工业创新主体通过哈萨克斯坦共和国允许的方式获取新技术或改进型技术的所有权和(或)支配权,并加以使用的过程。

第 255 条　创新集群

创新集群是各科研单位、教育组织、股票型风险投资基金会以及其他符合哈萨克斯坦共和国规定的自然人和(或)法人形成的联合体,要求该联合体通过协同合作、现有机会和资源共享、知识与经验交流、有效的技术转让、建立稳定的伙伴关系和信息传播来推动工业创新活动的发展。

第 256 条　工业创新体系规划手段和工具

1.工业创新体系规划手段和工具包括技术预测和优先重点商品及服务统一发展计划。

技术预测,是指为了探索国家工业创新稳步发展所需要的技术而实施的综合分析性研究。

技术预测由国家工业创新鼓励政策授权执行机关持续实施,至少每 5 年做一次总结。

技术预测的方法由国家工业创新鼓励政策授权执行机关制定和批准。

负责技术发展事业的国家发展研究院通过吸引外国和本国投资者,开展调查和分析性研究,对所获得的数据资料进行总结整理,并为技术预测总结工作提供建议以完成整个技术预测的过程。

选择创新补贴优先拨付方向,包括在实施专项技术计划的过程中,可适当参考技术预测汇总成果。

专项技术计划,是指在国家、企业经营主体和科技主体协同合作的基础上,为解决企业(行业)技术任务而采取的一整套措施。

优先重点商品和服务统一发展计划是一种从每个优先重点经济产业选出的商品群、商品和服务清单,清单上的商品群、商品和服务在哈萨克斯坦共和国具有战略性生产竞争优势,是国家工业创新鼓励政策的优先扶持对象。

2.工业化发展计划是共和国级别的工业创新体系监督(实施)手段,是工业创新主体准备在国家工业创新发展计划框架下实施的优先产业工业创新项目的总和,这些项目可催生新工业,促进国家所鼓励的集群化发展。

地区企业经营扶持计划是区域级别的工业创新体系监督(实施)手段,是工业创新主体准备在国家工业创新发展计划框架下实施的优先加工产业工业创新项目的总和,这些项目是国家鼓励政策的重点扶持对象。

3.激发创新活力和推动创新大众化发展的手段主要是为创新提供信息宣传上的支持，并普及包括技术商业化在内的相关信息和知识。

创新宣传扶持政策由负责技术发展事业的国家研究院予以实施，扶持政策内容包括采取措施激发创新活力，提供信息支持，促进创新大众化和普及化。

促进(鼓励)技术商业化的方式：

1)制定和(或)采取措施建立并扩大科技创业的范围。

2)建立并扩展技术探索机制，对技术进行鉴定，推动技术市场化应用。

3)发展项目经理制度。

4)哈萨克斯坦共和国法律规定的其他方法。

由负责技术发展事业的国家发展研究院按照本法第 264 条的规定协助工业创新主体开展技术商业化工作。

4.对工业创新体系进行分析的手段主要是对国家机关、州级地方执行机关、共和国级市地方执行机关、首都地方执行机关，以及负责实施工业创新鼓励政策的工业创新体系主体执行国家工业创新扶持措施的效果进行评价。

对国家机关、州级地方执行机关、共和国级市地方执行机关、首都地方执行机关，以及负责实施工业创新鼓励政策的工业创新体系主体执行国家工业创新扶持措施的效果进行评价时，所采取的方法由国家规划中央授权机关批准确定。

第 3 节　国家对工业创新主体的扶持

第 257 条　国家对工业创新主体采取的扶持措施

1.结合哈萨克斯坦共和国其他法律规定的特点，由本法制定国家对工业创新主体的扶持措施。

国家扶持政策的类型和扶持力度受哈萨克斯坦共和国法律约束和管理。

2.国家对工业创新主体的扶持措施包括：

1)融资(包括项目资金众筹、融资租赁)。

2)提供责任担保和贷款保证担保。

3)金融机构贷款。

4)金融机构贷款利率补助和债券息票率补助。

5)注册资本出资。

6)担保订单。

7)提供创新补贴。

8)提供高级专业的人才资源。

9)提供工程网络基础设施。

10)提供土地和矿藏开发权。

11)国内市场上的扶持政策。

12)吸引外国投资。

13)推动国产商品和服务的出口。

14)鼓励提高劳动生产率和发展区域集群。

15)财经秩序整顿框架下进行债务重组。

3.对于从事农工综合经营活动的工业创新主体,则按照本法和《哈萨克斯坦共和国农工综合体和农业区发展管理法》的相关规定对其实施国家扶持政策。

4.对于在特别经济区开展经营活动的工业创新主体,采取措施协助其发展时,需符合《哈萨克斯坦共和国特别经济区法》的规定。

5.推动工业创新主体在哈萨克斯坦共和国内开展投资活动时,需符合本法的相关规定。

6.国家工业创新鼓励政策授权执行机关、其他国家机关,以及州、共和国级市、首都地方执行机关在审议、商讨并实施国家对工业创新主体采取的鼓励政策时,应遵守以下原则:

1)创新——在保证生态安全的情况下,通过发展新产业或改进型产业、技术、商品、工程和服务,有针对性地提高经营活动的经济效率。

2)竞争力——同类似的工业创新项目相比,在经济和社会效益水平(所获效益与获取该效益所付出的成本之比)上的优势更为明显。

3)大范围——实施工业创新项目对哈萨克斯坦共和国工业创新的发展具有重大意义。

第 258 条　融资(包括项目资金众筹、融资租赁)

1.工业创新主体的中长期融资(包括项目资金众筹、融资租赁)由哈萨克斯坦开发银行以及哈萨克斯坦共和国政府指定的其他国家发展研究院负责统筹实施。

2.进行融资(包括资金众筹)的目的是为了创建新的和以现代化改造(技术革新)及扩大再生产为主题的工业创新项目。

3.工业创新主体的融资租赁期不超过 10 年。

4.融资(包括项目资金众筹、融资租赁)条件和机制由哈萨克斯坦共和国政府规定。

第 259 条　提供责任担保和贷款保证担保

1.责任担保和贷款保证担保由哈萨克斯坦共和国政府指定的、为工业创新主体提供贷款用以实施工业创新计划的二级银行金融贷款代理机构负责提供。

2.提供责任担保和贷款保证担保的条件和实施制度由哈萨克斯坦共和国政府规定。

第 260 条　金融机构贷款

1.工业创新主体贷款的方式:由哈萨克斯坦共和国政府指定的金融代理机构在各金融机构之间对资金进行配置。

2.工业创新主体贷款的目的是创建新的和以现代化改造(技术革新)及扩大再生产为主题的工业创新项目,整顿财经秩序,增强和(或)恢复现有产业的投资吸引力[此处所指需要增强和(或)恢复投资吸引力的现有产业是指工业创新主体以自身动产或不动产,包括资金参与生产的产业]。

3.金融机构贷款的条件和制度由哈萨克斯坦共和国政府规定。

第 261 条　金融机构贷款利率补助和债券息票率补助

1.金融机构对工业创新主体提供贷款利率补助和债券息票率补助的目的是为了创建新的和以现代化改造(技术革新)及扩大再生产为主题的工业创新项目,整顿财经秩序,增强和(或)恢复现有产业的投资吸引力[此处所指需要增强和(或)恢复投资吸引力的现有产业是指工业创新主体以自身动产或不动产,包括资金参与生产的产业]。

以补充流动资金为目的向金融机构贷款和发行债券时,不给予利率补助。

2.金融机构贷款利率补助和工业创新主体发行的债券息票率补助工作具体由哈萨克斯坦共和国政府制定的金融代理机构负责实施,目的是协助开展各类工业创新项目。

3.金融机构贷款利率补助和债券息票率补助的条件和制度由哈萨克斯坦共和国政府规定。

第 262 条 注册资本出资

执行国家工业创新鼓励政策的国家发展研究院以及各个州、共和国级市、首都的地方执行机关均可为工业创新主体的注册资本出资,但所出资的工业创新项目必须符合以下条件:

1)需提高劳动生产率,推动优先重点经济产业的发展。

2)执行国家工业创新鼓励政策的国家发展研究院在制定投资政策时所使用的内部资料中的经济和金融预测数据显示,该项目具有一定的投资吸引力。

3)能够有针对性地提升技术能力,提高生产和服务质量,扩大生产和服务范围,深化原材料加工,生产高科技产品。

执行国家工业创新鼓励政策的国家发展研究院所取得的投资成果大小以所有工业创新项目的投资收益来衡量。

在下列情况下,负责执行国家工业创新鼓励政策的国家发展研究院可以为工业创新主体的注册资本出资:

1)该工业创新项目为资本密集型项目,且(或)投资回报期较长,且(或)对于私营主体来说利润率较低。

2)该工业创新项目为优先重点经济产业,具有重大的社会意义。

第 263 条 担保订单

1.国家工业创新鼓励政策授权执行机关与国家管理控股公司、国家控股公司、国有公司及其关联人士签订技术备忘录,根据该技术备忘录来制定所要采购的商品、工程和服务清单。

2.国家管理控股公司、国家控股公司、国有公司及其关联人士根据技术备忘录,通过与工业创新主体签订商品、工程和服务合同的方式发起担保订单。上述合同的条款应符合国家管理控股公司、国家控股公司、国有公司及其关联人士的商业利益,包括价格、质量、可利用性、运输条件,且不得违背哈萨克斯坦共和国的国际义务。

3.按照哈萨克斯坦共和国政府批准的通用标准以及《哈萨克斯坦共和国股份公司法》的规定,通过对采购流程进行相应安排,向商品、工程、服务及其供应商数据库在列的潜在供应商发起担保订单。

商品、工程、服务及其供应商数据库本质上即国产商品、工程、服务及其供应商清单。

第 264 条 提供创新补贴

1.创新补贴,是指无偿提供给工业创新主体,用于开展优先工业创新项目的预算资金。

由国家工业创新鼓励政策授权执行机关负责提供创新补贴，并吸引负责技术发展事业的国家发展研究院参与创新补贴的相关工作。

2.以工业创新项目资金众筹的方式向工业创新主体提供创新补贴。

3.创新补贴范围：

1）技术商业化。

2）行业技术发展。

3）企业的技术发展。

4.办理创新补贴时，应按照国家工业创新鼓励政策授权执行机关批准的《创新补贴办理条例》进行审核和鉴定。

《创新补贴办理条例》规定了创新补贴的发放标准。

5.为了对享受了创新补贴的工业创新项目规划目标的完成情况进行分析，由负责技术发展事业的国家发展研究院对所发放的创新补贴进行监督。

6.负责技术发展事业的国家研究院在常驻哈萨克斯坦共和国的二级银行开立活期存款账户，按照其与国家工业创新鼓励政策授权执行机关签订的协议，利用该活期存款账户对创新补贴资金进行管理。

一个财政年度结束时，活期存款账户内的余额不应退还给国家工业创新政策授权执行机关，而应纳入国家预算，用作下一个财政年度的创新补贴金。创新补贴金总额在所有创新补贴项目之间进行分配。

第 265 条 高级专业人才资源保障

1.通过发起国家性质的优先重点经济产业适用专业人才培养订单，来为工业创新主体提供充足的高级专业人才资源。

2.国家工业创新政策授权执行机关根据工业创新主体所提供的相关专业人才的需求情况，为优先重点经济产业适用专业人才培养计划实施的依据——学科专业清单的拟订提供建议。

授权教育执行机关应根据国家工业创新政策授权执行机关提供的信息和资料，制定学科专业清单，按该清单培养优先重点经济产业适用的专业人才，并以该清单为依据制定国家培养订单。

第 266 条 工程网络基础设施保障

1.为工业创新主体提供工程网络基础设施保障的目的：

1）打造具有竞争力的新型产业。

2）对现有产业进行现代化改造（技术革新）和扩大再生产。

2.工业创新主体在实施以本条第 1 款所述目标为发展方向的工业创新项目时，通过向其划拨工程网络基础设施建设（改造）预算资金的方式，为其提供充足的工程网络基础设施保障。

3.用于工程网络基础设施建设（改造）的预算资金按照《哈萨克斯坦共和国预算法》予以拨付。

第 267 条 提供土地和矿藏使用权

向工业创新主体提供土地和矿藏使用权的方式：

1)在临时土地使用权的基础上,按照《哈萨克斯坦共和国土地法》的规定划拨土地。

2)经直接对话协商后,按照《哈萨克斯坦共和国矿藏和矿藏利用法》的相关规定,提供矿藏使用权,用于开展各项与(工艺)生产活动相关的勘探、开采、联合踏勘及可利用矿藏资源开采作业。

第 268 条　国内市场上的支持

1.为了推动国内市场上国产商品、服务和工程的发展,由国家工业创新鼓励政策授权执行机关为工业创新主体提供服务上的支持,并对其部分费用进行补偿,同时吸引负责本地含量提升工作的国家发展研究院参与对工业创新主体的协助和扶持工作。

2.为工业创新主体提供服务支持的方式:

1)免费将自然人和法人的信息登记,录入商品、工程、服务及其供应商数据库;

2)将潜在业主、国内本土商品生产者及国内本土工程和服务供应商的相关信息发布到负责本地含量提升工作的国家发展研究院的网站上。

商品、工程、服务及其供应商数据库的构建和管理程序由国家工业创新政策授权执行机关批准规定。

3.对工业创新主体的部分费用进行补偿的方式:

1)向参与全套工业创新项目计划方案的编制或鉴定工作的咨询单位支付的服务费;

2)为推动国内市场上国产商品、工程和服务的发展而付出的成本费用。

对工业创新主体因推动国内市场上国产商品、工程和服务的发展而产生的部分成本费用进行补偿时,所采用的补偿标准和规范由国家工业创新鼓励政策授权执行机关批准。

4.负责本地含量提升工作的国家研究院在常驻哈萨克斯坦共和国的二级银行开立活期存款账户,按照其与国家工业创新政策授权执行机关签订的协议,利用该存款账户对创新主体因推动国内市场上国产商品、工程和服务的发展而产生的成本费用补偿金进行管理。

一个财政年度结束时,活期存款账户内的余额不应退还给国家工业创新政策授权执行机关,而应纳入国家预算,用作下一个财政年度的国产商品、工程和服务发展成本费用补贴金。

第 269 条　吸引外资

通过吸引外资对工业创新主体提供服务上的支持,具体措施包括:

1)寻找潜在外国投资者,与其进行商谈,吸引其参与工业创新项目的实施。

2)吸引工业创新主体参与商业论坛、协商会和投资研讨会。

3)通过哈萨克斯坦共和国驻外机构、哈萨克斯坦共和国境内的其他外国政治办事处及其同等地位的办事处、领事机关,以国外大众媒体为手段,广泛发布和传播与工业创新有关的信息和情况。

第 270 条　推动国产商品和服务出口

1.国家工业创新鼓励政策授权执行机关采取措施为工业创新主体提供服务上的支持,并对工业创新主体因推动国产商品、服务走向海外而产生的部分成本费用进行补偿,同时,吸引负责出口发展事业的国家发展研究院和国家议会参与协助相关工作的开展。

2.针对推动国产商品、服务走向海外的相关问题而向工业创新主体提供服务上的支持所采取的方式有：

1)鉴定国产商品和服务的出口潜力。

2)组织建立贸易代表团，举办交易会，向海外推广国内本土制造商商标，为海外的哈萨克斯坦共和国制造商安排国家展台。

3)通过在海外持续发布与国内本土制造商及其商品、服务相关的信息，来增加潜在外国顾客对国内本土制造商及其商品和服务的认知和了解。

4)针对推动国产商品和服务出口的相关问题，提供信息上的支持，并协助进行分析。

5)推动国产商品和服务走向国际市场的过程中提供人道主义援助。

6)采用出口贸易融资、贷款和保险制度。

第 271 条 鼓励提高劳动生产率和发展区域集群

1.国家工业创新鼓励政策授权执行机关以国家的名义采取措施扶持工业创新主体提高劳动生产率，促进区域集群的发展，并吸引负责工业发展事业的国家研究院参与相关工作的开展。

2.国家通过费用补偿的方式协助工业创新主体提高劳动生产率时，被补偿的费用类型包括：

1)用于提升企业业务能力的费用。

2)工业创新项目综合计划编制和(或)鉴定费。

3)工艺技术升级费。

4)用于提高生产组织效率的费用。

3.针对区域集群而对工业创新主体采取的扶持措施包括费用补偿和其他以区域集群发展为目的而采取的措施。

4.负责工业发展事业的国家研究院在常驻哈萨克斯坦共和国的二级银行开立活期存款账户，按照其与国家工业创新鼓励政策授权执行机关签订的协议，利用该活期存款账户对用于提高劳动生产率和发展区域集群的国家扶持资金进行管理。

第 272 条 债务重组

1.进行债务重组的目的是扩大工业创新主体财经秩序整顿手段的使用范围，增强和(或)恢复现有产业的投资吸引力，在以实施工业创新项目为由已向第三方额外引资，和(或)已经有个人动产和(或)不动产(包括资金)的形式作为相应保障的情况下，开展生产。

2.债务重组的方式包括：修改付款进度表，终止全部或部分权利(要求)，免除违约金(罚金)、补偿金(包括已经资本化后划入主要债务的补偿金)，改变投资和(或)贷款，和(或)融资、将债务转化为注册资本的期限和条件，以及哈萨克斯坦共和国法律规定的其他方式。

第 25 章 国家对投资活动的鼓励

第 1 节 投资法律制度

第 273 条 投资关系

1.本法调节哈萨克斯坦共和国内的投资关系，为推动投资的发展建立法律和经济基础，保护投资者在哈萨克斯坦共和国境内从事投资活动过程中的合法权益，制定国家投资扶持措施，确立与投资者相关的争议的解决程序。

2.本法不调节以下投资关系：

采用国家预算资金而开展的投资。

向非商业性组织投资，包括用于教育、慈善、科学或宗教目的的投资。

3.本章规定不适用于在投资过程中发生的，属于哈萨克斯坦共和国其他法律适用范围的关系，这些法律另有规定的除外。

4.按照已签订的投资协议吸引外资时，涉及该等事宜的各类关系由《哈萨克斯坦共和国居民就业法》规范管理。

第 274 条 投入资本的概念，投资者、大型投资者和投资活动

1.投入资本是指各种类型的资产（用于个人消费的商品除外），包括租赁合同签订后形成的金融租赁物件和涉及该物件、已被投资者纳入法人注册资本的相关权利，以及扩大用于开展经营活动和公私合营项目（包括租赁项目）的固定资产规模的权利。

2.投资者是指在哈萨克斯坦共和国境内开展投资活动的自然人和法人。

3.自然人和法人为商业组织的注册资本出资，或建造固定资产，用于开展经营活动和公私合营项目（包括租赁项目），或扩大该类固定资产规模的行为，均视为投资活动。

4.大型投资者是指在哈萨克斯坦共和国从事投资活动，投资额不小于月度核算指标两百万倍的自然人或法人。

第 275 条 投资活动客体

1.除哈萨克斯坦共和国法律另有规定外，投资者有权从事任何项目和经营活动。投资者对其所投资开展的项目和经营活动所享有的权利和应履行的义务由本法、哈萨克斯坦共和国其他法律及相关协议确定。

2.基于保障国家安全的需要，哈萨克斯坦共和国法律可规定限制或禁止进行投资的活动种类和（或）地区。

第 276 条 哈萨克斯坦共和国境内投资者活动的法律保护保障

1.投资者享有哈萨克斯坦共和国宪法、本法和其他哈萨克斯坦共和国法律条例，以及哈萨克斯坦共和国批准的国际条约保障下的完全的、无条件的权益保护。

2.投资者有权享有因国家机关颁布不符合哈萨克斯坦共和国法律，或国家机关工作人员违反《哈萨克斯坦共和国民法》的行为（不作为）造成的损害赔偿。

3.哈萨克斯坦共和国保障投资者与哈萨克斯坦共和国国家机关间签署合同条件的稳定性，在合同中根据合同签订双方协商做出改变的情况除外。

此种保障不包括：

1）根据哈萨克斯坦共和国法律和（或）哈萨克斯坦共和国国际条约的生效和（或）改变做出的关于进口顺序、条件、特税商品的生产和销售内容的合同更改。

2）根据哈萨克斯坦共和国法律做出的为保障国家安全、社会秩序和居民精神身体健康的合同内容更改与补充。

第 277 条 收入使用保障

投资者有权：

1)在根据哈萨克斯坦共和国法律纳税和缴纳其他强制性财政应缴款项后,自行支配自己的活动收入。

2)根据哈萨克斯坦共和国银行和货币法律的规定,在哈萨克斯坦共和国境内银行开立本币和(或)外币账户。

第 278 条 国家机关针对投资者开展活动的公开性和保证投资者能够接触到涉及投资活动的相关信息

1.哈萨克斯坦共和国国家机关根据哈萨克斯坦共和国法律的规定,公布触及投资者利益的正式通告和法律文件。

2.保障投入资本额不小于全部股票的10%(股东表决权不小于总表决权的10%)的投资者能够自由接触有关法人登记、法人章程、不动产交易登记、许可证发放以及哈萨克斯坦共和国法律规定的,涉及投资活动的相关信息,含有商业机密和其他受法律保护机密的信息除外。

第 279 条 国有化和收归国有时投资者的权利保障

1.只有在哈萨克斯坦共和国法律规定的特殊情况下,才允许对投资者的财产进行强制性没收(国有化和收归国有)。

2.在国有化的过程中,投资者因哈萨克斯坦共和国出台国有化相关法律条例而造成的损失,哈萨克斯坦共和国对其予以全部赔偿。

3.将投资者财产收归国有时,向其支付财产的市场价值。

财产的市场价值根据哈萨克斯坦共和国法律规定程序确定。

4.关于收归国有的财产所有者已经获得等价赔偿的争议可以通过司法程序解决。

5.当收归国有义务行为停止时,投资者有权要求返还保留下来的财产,但应返还其取得的赔偿金额,并扣除因财产市场价值下降造成的损失。

第 280 条 投资者权利的转让

如果其他国家或该国家授权的国家机关针对投资者在哈萨克斯坦共和国境内开展的投资活动,为投资者购买投资保险(保险合同),则投资者的权利可转让给该国家或该国家授权的国家机关,只有投资者在哈萨克斯坦共和国境内完成投资,和(或)履约完成的情况下,该权利转让的行为(债权转让)才能视为合法行为。

第 2 节 国家对投资的鼓励

第 281 条 国家鼓励投资的目的

1.国家鼓励并扶持投资发展主要是为经济的发展创造良好的投资环境,以投资的方式推动新产业的建立,扩大现有产业规模,采用现代化技术对现有产业进行革新升级,提高哈萨克斯坦人才专业水平,保护周边环境。

2.国家鼓励并扶持投资发展的形式主要是给予投资优惠。

第 282 条 投资授权机关

1.投资授权机关由哈萨克斯坦共和国政府批准确立,负责协助投资协议的签订并对其后续的执行情况进行监督,以此方式来执行国家的投资扶持政策。

2.投资授权机关有权在自身职权范围内,为完成所责成任务,有权按照哈萨克斯坦共和国政府的相关规定，吸收有关国家机关的专家、哈萨克斯坦共和国法人和自然人顾问和专家。

3.通过为投资者建立“一个窗口”的方式，在保证“一个窗口”发挥正常功能的情况下，投资授权机关可与投资者保持密切的联系和互动。

“一个窗口”原则，是指投资授权机关统一为投资者提供国家服务的方式，可将投资者参与材料整理和准备的机会降到最小，限制投资者与国家机关产生直接的接触。

4.为了给投资者建立“一个窗口”并方便该窗口的实施，投资授权机关需专门安排一个固定的地点，用于受理国家服务申请，并在该地点向投资者或其法定代表人发放申请结果，同时，以信息系统为渠道，按照哈萨克斯坦共和国相关法律的规定，向投资者提供电子形式的国家服务。

此外，投资授权机关还为投资者或其法定代表提供以下服务：

1)接待投资者或其法定代表人，并就其针对现有国家服务而提出的相关问题进行解答。

2)协助投资者或其法定代表人准备和办理获取国家服务所需要的材料。

3)协助投资者或其法定代表人编制数字签名，编写电子申请及办理其他材料。

4)陪同投资者前往中央和地方执行机关按本条规定程序获取国家服务。

5.为投资者开放的“一个窗口”业务办理的规范准则由哈萨克斯坦共和国政府批准，且该规范准则所规定的范围应包括：

1)接待并为其答疑的程序。

2)受理国家服务申请程序以及申请结果发放程序。

3)投资授权机关和国家机关在国家服务的相关问题上开展协同合作的有关程序。

4)陪同投资者前往国家机关办理相关事宜的程序。

5)向投资者提供国家服务时，对服务流程进行监督的程序。

投资授权机关与提供国家服务的国家机关协同做出指示，任命责任人，国家机关向投资者提供服务并陪同其前往国家机关办理相关业务时，由该责任人负责此过程的全部协调工作。

6.在为投资者设立的“一个窗口”的框架下，投资授权机关有权向中央和地方执行机关提出申请，要求其审议投资者的诉求，并将投资者的材料提交国家机关。

7.投资授权机关负责为常驻哈萨克斯坦，并在哈萨克斯坦共和国境内按投资授权机关规定程序从事投资活动的自然人申请办理投资签证。

8.投资授权机关按照其与投资者签订的投资协议，为投资者提供充足的法人担保订单。

9.投资授权机关的活动受哈萨克斯坦共和国核准条例的规范和约束。

第 283 条 投资优惠的概念和形式

1.投资优惠是一种具有明显针对性，依照哈萨克斯坦共和国法律给予哈萨克斯坦共和国法人用于开展投资项目的资产。

哈萨克斯坦共和国法人包括按哈萨克斯坦共和国法律规定程序成立的合资法人。

2.向投资项目(包括优先投资项目)提供投资优惠的形式有：

1)免征进口增值税。

2)国家实物补贴。

3.向优先投资项目提供投资优惠的形式(以下称“优先投资项目投资优惠”)有：

1)税收优惠。

2)投资补助。

4.向战略性投资项目提供投资优惠的形式主要是税收优惠(以下称“战略性投资项目投资优惠”)。

第 284 条 投资项目

投资项目是一整套为了打造新产业、对现有产业规模进行扩充和革新升级而采取的投资性措施,现有产业包括在实施公私合营项目的过程中扩大和升级后的产业。

优先投资项目,是指由新成立的法人按照哈萨克斯坦共和国政府批准的优先经营活动种类清单开展经营活动的投资性项目,其投资规模不小于《哈萨克斯坦共和国预算法》规定的,截至投资优惠申请递交之日仍有效的月度核算指标的两百万倍。

战略性投资项目,是哈萨克斯坦共和国政府批准的清单在列的,能够在哈萨克斯坦共和国经济的发展过程中发挥战略性影响力的投资项目。

第 285 条 申领投资优惠的程序

1.申领投资优惠时,哈萨克斯坦共和国法人需按投资授权机关规定的格式向其提交投资优惠申请和能够证明申请人符合本法规定条件的证明材料。

2.在投资授权机关和开展投资项目的哈萨克斯坦共和国法人签订的投资协议的框架下给予投资优惠。

投资授权机关在“一个窗口”的原则上向实施投资项目的投资者给予投资优惠时,所采取的优惠标准和规则需由哈萨克斯坦共和国政府批准。

3.针对战略性投资项目在公司所得税上提供相应的投资优惠时,需要在 2015 年 1 月 1 日之前签订投资协议之补充协议。

第 286 条 给予投资优惠的条件

1.给予投资优惠的条件有：

1)一般投资项目——给予对象为哈萨克斯坦共和国法人。

2)优先投资项目——给予对象为哈萨克斯坦共和国新成立的法人。

3)战略性投资项目——给予对象为按照 2015 年 1 月 1 日与投资授权机关签订的投资协议实施战略性投资项目的法人。

2.新成立的,为优先投资项目申请投资优惠的法人应符合以下条件：

1)该法人的登记注册时间不早于投资优惠申请日前 24 个日历月。

2)该法人所从事的经营活动在优先投资项目优先经营活动种类清单所列范围之内。

3)优先投资项目只能在同一份投资协议下实施。

3.为战略性投资项目而申请投资优惠的法人应符合以下条件：

1)该法人所从事的经营活动在哈萨克斯坦共和国政府批准的优先投资项目优先经营活动种类清单所列范围之内。

2)该战略性投资项目需按照 2015 年 1 月 1 日签订的投资协议来实施。

4.法人按照哈萨克斯坦共和国政府批准的优先投资项目优先经营活动种类清单开展投资项目时,给予其投资优惠。

按照技术规范授权管理机关批准的经济活动分类总表来划定优先经营活动的范围。

优先投资项目优先经营活动种类清单内不应包含以下类型的经营活动:

1)与博彩业相关的活动。

2)与矿藏利用相关的活动,煤层甲烷开采除外。

3)涉及应征税商品的生产经营活动,《哈萨克斯坦共和国税收及其他强制性缴纳财政款项法》(《税法典》)第 279 条第 1 款第 6)分项规定的应征税商品的生产和组装(配套)除外。

对优先经营活动种类清单,包括优先投资项目的优先经营活动种类清单进行重审,一年不超过一次。

5.向优先投资项目给予投资优惠时,需遵守以下条件:

1)投资优惠给予对象应为哈萨克斯坦共和国新成立的法人,且截至投资优惠申请递交之日,该法人仍然存在且有效,其投资额不小于《哈萨克斯坦共和国预算法》规定的,截至投资优惠申请递交之日仍有效的月度核算指标的两百万倍,以下对象除外:

符合《哈萨克斯坦共和国税法》和《哈萨克斯坦共和国教育法》规定的独立教育单位和组织。

在特别经济区内按照《哈萨克斯坦共和国特别经济区法》的相关规定从事经营活动的单位和组织。

2)国有股份和(或)准国有产业主体以法人创办者和(或)成员(股东)的身份所持有的股份不超过 26%。

自投资协议登记之日起,国家和(或)准国有产业主体以法人创办者和(或)成员(股东)的身份参与哈萨克斯坦共和国法人经营活动的时间不得超过 5 年,国家和(或)准国有产业主体应在 5 年内退出法人组织。如果没有执行该条要求,则在国家和准国有产业主体退出该法人组织之前,将暂停投资优惠的发放,暂停时间不超过 1 年。

如果投资优惠暂停期间,国家和准国有产业主体仍未退出法人组织,将导致投资协议提前终止,同时还需要将之前发放的投资优惠全数返还。

如果国家和(或)准国有产业主体以法人创办者和(或)成员(股东)的身份在准国有产业内所持有的股份小于 50%,且该准国有产业主体所从事的活动为优先投资项目框架范围内的煤层甲烷开采活动,则本分项的规定不适用。

3)实施优先投资项目时,没有使用预算资金作为融资来源或将预算资金作为融资的保障性手段;

4)投资活动必须在公私合营协议,包括租赁合同的框架下实施。

6.投资优惠的享受期限由本法及哈萨克斯坦共和国其他法律条例规定,投资协议中需说明每种投资优惠形式的享受期限。

7.向投资者提供投资优惠的条件是必须提供本法第 292 条规定的用以证明投资者符合优惠给予条件的文件资料。

8.投资优惠的采用必须符合本法及哈萨克斯坦共和国其他法律条例的规定。

第287条 关税免除

1.在投资协议的框架下开展投资项目的哈萨克斯坦共和国法人在进口工艺设备及其配备件、原材料时，可按照关税同盟及哈萨克斯坦共和国相关法律规定对其免征关税。

工艺设备，是指投资项目工艺流程中所使用的商品。

配件，是指构成一个完整的工艺设备的组成部件，被包含在关税同盟委员会编制的商品清单内。

原材料，是指哈萨克斯坦共和国内没有的，任意一种具有可利用价值的矿产、配料、零件或投资项目凭借自身生产工艺开展成品生产所需要的其他商品。

2.工业设备及其配件进口关税免除的适用期为投资协议的有效期，但自投资协议登记之日起，不得超过5年。

3.哈萨克斯坦共和国法人在进口工艺设备的备件时，如果投资协议符合哈萨克斯坦共和国政府批准的优先经营活动种类清单的情况下，可按照固定资产投资额对其免征关税，免征期限在5年以内。

自固定资产按计划投产之日起，开始对原材料进口实行关税免征，免征期限为5年。

进口关税免征期限为投资协议的有效期，但自固定资产按计划投产之日起，不得超过5年。

工作计划是包含在投资协议内的附录，该计划内制定了截至投资项目投产日期的日历进度计划表，以及项目投产后的基本生产指标。

如果工作计划中，预计投用两处及以上的固定资产，则工艺设备备件和原材料进口关税免征期从第一处资产按计划投用的日期开始计算。

第288条 国家实物补贴

1.国家实物补贴，是指哈萨克斯坦共和国所有，为了协助投资项目的开展，供哈萨克斯坦共和国法人临时无偿使用，或在临时土地无偿使用权的基础上免费使用的资产，该资产后续可划转为个人所有，或可将该资产的土地所有权进行转让。

2.经国有资产授权管理机关和(或)土地资源授权管理机关，以及地方执行机关同意后，由投资授权机关按本法规定程序将国家实物补贴发放给法人供其免费使用，或在临时土地无偿使用权的基础上免费使用，投资协议规定的投资义务履行完毕后，将该补贴无偿划转个人所有或将该补贴的土地所有权进行转让。

如果投资者已将其和投资授权机关所签投资协议上的投资义务履行完毕，则该投资协议终止时，由受投资授权机关采取相关决议，按照该决议将国家实物补贴无偿划转个人所有，或将其土地所有权进行转让。

3.国家实物补贴的形式包括：土地、建筑物、机器设备、计算技术、测量控制仪表仪器、运输工具(小轿车除外)、生产工具与家具。

4.国家实物补贴的市场价值按哈萨克斯坦共和国法律规定程序来评估。

5.国家实物补贴的最大额度不超过哈萨克斯坦共和国法人固定资产投资总额的30%。

如果所申请的国家实物补贴预估价值超过规定的最大额度，则哈萨克斯坦共和国法人仍有权申领该项补贴，但申领该补贴时，需要支付国家实物补贴预估价值和最大额度的差额。

第 289 条 保证哈萨克斯坦共和国法律变更中的稳定性

1.对实施优先重点投资项目及实施本法第 286 条第 2 款、第 3 款所规定的战略性投资项目的法人在法律变更中保障以下稳定性：

1)《哈萨克斯坦共和国税法》[按照《哈萨克斯坦共和国税收及其他强制性缴纳财政款项法》(《税法典》)的规定变更]。

2)《哈萨克斯坦共和国外国劳务输入居民就业法》。

2.如果投资协议按规定程序终止，则撤销对哈萨克斯坦共和国法律稳定性的担保事项。

第 290 条 税收优惠

1.税收优惠由实施投资项目(包括优先重点投资项目)和战略性投资项目的哈萨克斯坦共和国法人按照《哈萨克斯坦共和国税法》的相关规定来提供。

2.税收优惠的形式：

1)对于优先重点投资项目：

将计算出的公司所得税税额减少 100%；

采取 0%的土地税税率；

按税基的 0%征收财产税。

2)对于除优先重点投资项目和战略性投资项目以外的投资项目，在投资协议框架内，给予原材料进口免增值税的优惠政策。(此条 2017 年 1 月 1 日起生效)

3)对于战略性投资项目：

将公司因实施战略性投资项目而征收的公司所得税税额减少 100%；

采取 0%的土地税税率；

按税基的 0%征收财产税。

3.由投资协议规定每种税收优惠形式的有效期限，但不得超过《哈萨克斯坦共和国税收及其他强制性缴纳财政款项法》(《税法典》)规定的最大期限。

4.如果按本法规定程序提前终止投资协议，税收优惠也将取消。

第 291 条 投资补助

1.投资补贴是一项在免费和无须偿还的基础上，以投资优惠的形式，专项对签订优先重点投资项目投资协议的法人提供的财政补贴。

2.按照哈萨克斯坦共和国政府决议的规定，向从事优先投资项目的投资者发放投资补助，以促进区域的发展。

3.发放投资补助的方式主要是根据证明文件对实际建安工程造价费和设备购置费实施 30%以下的补偿(增值税和消费税不计)，作为被补偿对象的建安工程造价费和设备购置费不得超过经哈萨克斯坦共和国法律正式鉴定后的初步设计文件中所规定的费用。

4.能够说明投资者各项实际费用的证明性文件包括：

1)按哈萨克斯坦共和国法律规定编制的原始会计凭证和财务报表的相关材料。

2)按《哈萨克斯坦共和国税法》开具的发票。

3)按照《哈萨克斯坦共和国海关法》办理的海关申报单。

5.在投资协议的框架内,对投资补助进行等额分配,在此基础上编制投资补助的发放计划安排表,确定投资补助的发放额度。原则上补助年限取决于优先重点投资项目的投资范围和利润率,补助不得少于投产后3年,执行到投资协议失效为止。

6.投资协议所规划的整个投资项目全部投产,且投资者已经履行了与投资相关的所有义务,即可发放投资补助。

7.提供投资补助的规范准则由哈萨克斯坦共和国政府批准确立。

第292条 投资优惠申请条件

1.在具备以下材料的情况下,可按照投资授权机关规定的形式对投资优惠申请予以接收和登记:

1)国家法人登记(再登记)证。

2)经法人领导签字确认和加盖法人公章(如果有)的法人章程复印件。

3)按投资授权机关的规定编制的投资项目投资计划。

4)建安工程预算造价和固定资产购置费、项目实施所需要的原材料购置费说明性文件复印件,文件目录由哈萨克斯坦共和国法律规定,文件需由法人领导签字,并加盖法人公章(如果有)。

5)能够说明哈萨克斯坦共和国法人申请的国家实物补贴额度,并证明补贴发放已初步获批的文件。

2.如果投资优惠申请中的申请内容包含投资补助,则投资者应在优先重点投资项目实施期间按哈萨克斯坦共和国法律的规定程序提交设计文件草案和(或)设计文件,设计文件草案和(或)设计需经法人领导签字,并加盖法人公章(如果有)。

第293条 投资优惠申请的审查期限

1.投资优惠申请需提交投资授权机关审查,由投资授权机关采取决议给予投资优惠,并于申请登记之日起20个工作日内给予申请人书面答复。

2.投资优惠申请的接收、登记和审查程序由投资授权机关规定。

第294条 投资协议的签订

1.投资协议是一种为实施某个投资项目而签订的协议书,所涉及的内容主要是开展投资和提供投资优惠。

2.投资授权机关应自投资优惠的决议通过之日起10个工作日内,参考协议模板内的条款筹备投资协议的签署工作。

协议模板,是指哈萨克斯坦共和国政府批准通过的,在投资协议的签订过程中使用的通用标准协议。

3.投资协议自其签署之日起5个工作日内,由投资授权机关对其进行登记,登记之日起开始生效。

投资协议的签订日期为投资授权机关对其进行注册的日期。

4.投资协议的有效期以投资优惠的有效期为准,工作计划应在投资协议过期前的9个月内完成实施。

第295条 投资协议的终止条件

1.投资协议到期后,即终止投资优惠,或在投资协议到期前按本条规定程序终止投资优惠。

2.可提前终止投资协议的方式有：

1)双方协商终止。

2)单方面终止。

3.投资者未履行或未按规定履行投资协议的相关义务时，投资授权机关可向投资者致函，提醒投资者需提交投资项目后续实施的可行性证明性文件，用以投资协议变更。

如果投资者自收到信函之日起3个月内未提交上述文件，则投资授权机关可向投资者发送通知，表示将于通知发送之日起2个月后，单方面提前终止投资协议。

如果投资协议已经解除，则上述法人需补缴因之前投资协议提供投资优惠而未缴纳的一般税款和关税。

4.如果由签订投资协议的哈萨克斯坦共和国法人首先发起倡议提前终止投资协议，则该法人需单方面补缴因之前投资协议提供投资优惠而未缴纳的一般税款和关税。

5.如果双方协商同意提前终止投资协议，则签订投资协议的哈萨克斯坦共和国法人仍需补缴因之前投资协议提供投资优惠而未缴纳的一般税款和关税。

6.提前中止投资协议时，签订投资协议的哈萨克斯坦共和国法人以实物的形式归还其因国家实物补贴所获得的财产，或者返还协议条件确定的国家实物补贴交付之日的最初价值。

7.国家实物补贴由签订投资协议的哈萨克斯坦共和国法人负责退还，退还期限为投资授权机关通过提前终止投资协议的决议后30个日历日内。

第296条 投资争议的解决

1.投资争议是投资者，包括大型投资者和国家机关在投资活动中因彼此之间的合同义务而产生的争议。

2.投资争议通过对话协商或按照双方事先约定的争议解决程序来解决。

3.本条第2款规定无法解决的投资争议，按照国际条约和哈萨克斯坦共和国法院相关法律条例的规定，交由哈萨克斯坦共和国法院及双方协定的仲裁机构解决。

4.投资争议以外的争议，按哈萨克斯坦共和国相关法律解决。

第28章 哈萨克斯坦经营者权利保护授权代表、政府投资监察人员

第1节 哈萨克斯坦经营者权利保护授权代表的法律地位

第307条 哈萨克斯坦经营者权利保护授权代表的概念

1.哈萨克斯坦经营者权利保护授权代表，是哈萨克斯坦共和国总统为了展示、保障和维护经营主体在国家机关内的合法权益，并保护企业家协会而委任的工作人员。

哈萨克斯坦经营者权利保护授权代表应向哈萨克斯坦共和国总统汇报工作。

2.任何人均无权向哈萨克斯坦经营者权利保护授权代表委托行使本法规定以外的职能。禁止非法干涉哈萨克斯坦经营者权利保护授权代表开展自身工作。

3.行使自身职权期间，哈萨克斯坦经营者权利保护授权代表中止自身的党员资格和其他社会组织的成员资格。

4.哈萨克斯坦经营者权利保护授权代表无权从事政治活动。

5.哈萨克斯坦经营者权利保护授权代表任职后1个月内，在任职期间，将自身所持有的份额、股票、各商业组织的法定资本份额，以及其他可获取收益的财产实施信托管理，法律规定属于该授权代表的财产和租赁出去的财产除外。哈萨克斯坦经营者权利保护授权代表不得对其持有的债券、开放式及间隔式投资基金的份额实施信托管理，同时有权通过信托计划获取相应收益，有权将住房用于财产租赁。

第308条　哈萨克斯坦经营者权利保护授权代表的活动基础

哈萨克斯坦经营者权利保护授权代表的行为必须以下列条件为基础：

1)合法。

2)经营主体合法权益优先保护。

3)客观。

4)公开。

第309条　哈萨克斯坦经营者权利保护授权代表的职能

为了展示、保障和维护经营主体的合法权益，同时保护企业家协会的利益，哈萨克斯坦经营者权利保护授权代表行使以下职能：

1)展示、保障和维护经营主体在哈萨克斯坦共和国国家机关及其他单位、国际组织和其他国家内的合法权益。

2)对经营主体的诉求申请进行审查。

3)向国家机关提议对经营主体实施权利保护，并建议暂停实施相关合法法规。

4)向侵犯经营者合法权益的国家机关(工作人员)提议采取措施恢复经营者被侵犯的权利，包括要求侵犯经营主体合法权益的相关人员承担相应责任的权利。

5)在后续恢复经营者被侵犯权利的问题上与国家机关存在意见分歧时，向检查机关申诉。

6)如果出现系统性侵犯经营者权利的情况，且国家机关无法解决该问题，则由哈萨克斯坦经营者权利保护授权代表将诉求申请提交哈萨克斯坦共和国总统审查。

7)向国家机关(工作人员)咨询、获取有关经营主体权利与义务的信息、资料和材料，构成国家机密、商业机密、银行机密及其他受法律保护机密的资料除外。

8)按哈萨克斯坦共和国法律规定程序向法院提起诉讼(申请)。

9)采取其他合法措施恢复经营主体被侵犯的合法权益。

第310条　哈萨克斯坦经营者权利保护授权代表的义务

1.哈萨克斯坦经营者权利保护授权代表在开展工作的过程中需承担的义务有：

1)遵守哈萨克斯坦共和国宪法和法律。

2)采取措施保证尊重并维护经营主体的合法权益。

3)诉求申请的审查做到客观和公正。

4)不妨碍寻求保护的投资者行使自身各项权利。

2.哈萨克斯坦经营者权利保护授权代表每年向哈萨克斯坦共和国总统提交延期后的

经营者权利保护工作成果报告，并通过大众传媒予以发布。

第 311 条 哈萨克斯坦经营者权利保护授权代表审查诉求申请的程序

1.哈萨克斯坦经营者权利保护授权代表在自身的职权范围内，可：

1)审查经营主体(以下称“申请人”)的各项诉求申请，下列诉求申请除外：

国家机关还未在自身职权范围内对该诉求申请进行初步审查；

该项诉求申请的内容与其他私营主体对申请人实施侵权行为有关。

2)告知申请人将其诉求申请递交至授权国家机关及单位的情况。

3)告知申请人其诉求申请的审查结果和采取的措施。

2.哈萨克斯坦经营者权利保护授权代表在 10 个日历日内审查申请人的诉求申请是否符合本条第 1 款第 1)分项规定的要求，如若不符，则停止审查，并以书面形式将此情况告知申请人。

3.申请人寄送至哈萨克斯坦经营者权利保护授权代表的诉求申请在 30 个日历日内进行审查。

4.对于寄送至哈萨克斯坦经营者权利保护授权代表的诉求申请，必要时，可延长其审查期限，并告知申请人审查工作的开展情况。

5.审查结束后，哈萨克斯坦经营者权利保护授权代表在自身职权范围内，就诉求申请的实质性问题对申请人给予回复。

6.诉求申请的审查延期程序、提交至授权国家机构及单位的程序、告知申请人其诉求申请审查的相关情况的程序由哈萨克斯坦经营者权利保护授权代表确定。

第 312 条 哈萨克斯坦经营者权利保护授权代表的委任与免职

1.被委任哈萨克斯坦经营者权利保护授权代表的人员应符合以下要求：

1)具有哈萨克斯坦共和国国籍。

2)受过高等教育。

3)从事经营者合法权益保护工作的年限不少于 5 年。

2.哈萨克斯坦经营者权利保护授权代表由哈萨克斯坦共和国总统令委任，任期 4 年。

3.在下列前提下，哈萨克斯坦经营者权利保护授权代表可按照哈萨克斯坦共和国总统令提前卸任：

1)出于自愿。

2)医疗鉴定结论显示健康状况不良，会影响后续职业责任的履行。

3)未遵守本法规定的相关义务和限制。

4)破坏职业权限，做出自身职务范围内无法姑息的行为。

5)到哈萨克斯坦共和国境外定居。

4.在以下情况下，哈萨克斯坦经营者权利保护授权代表授权终止：

1)哈萨克斯坦经营者权利保护授权代表终止了哈萨克斯坦共和国国籍。

2)法院关于认定哈萨克斯坦经营者权利保护授权代表无民事行为能力或限制民事行为能力的判决书，或对其采取强制性医疗措施的判决书生效。

3)法院关于哈萨克斯坦经营者权利保护授权代表的有罪判决书生效。

4)哈萨克斯坦经营者权利保护授权代表死亡，或法院宣告哈萨克斯坦经营者权利保护授权代表死亡的判决书生效。

5.同一个人连续担任哈萨克斯坦经营者权利保护授权代表的次数不得超过2次。

第313条 授权代表对哈萨克斯坦经营者的权利实施保护

授权代表对哈萨克斯坦经营者实施权利保护时,哈萨克斯坦议会为其提供相应保障。

第2节 政府投资监察人员的法律地位

第314条 政府投资监察人员

1.政府投资监察人员,是指哈萨克斯坦共和国政府委任(确立)的公职人员,其职能是协助保护投资者的合法权益。

2.政府投资监察人员的行为受哈萨克斯坦共和国宪法、哈萨克斯坦共和国其他法律、哈萨克斯坦共和国总统令和政府令、其他标准法律条令的规范和管理。

第315条 政府投资监察人员的职能

1.为了保障并保护投资者的合法权益,政府投资监察人员:

1)对投资者在哈萨克斯坦共和国内开展投资活动的过程中提出的各类申诉事项进行审查,并针对这些申诉事项提出解决建议,在此过程中,与国家机关保持密切联系与配合。

2)按非诉讼程序和审前准备程序协助投资者解决各类问题。

3)针对哈萨克斯坦共和国有关投资活动的相关法律提出完善建议,并提交哈萨克斯坦共和国政府审议。

2.政府投资监察人员以信函和政府投资监察人员的各类会议纪要的形式提供建议。

3.政府投资监察人员与国家机关及各单位进行磋商,并开会讨论如何调解在非诉讼程序和审前准备程序过程中发生的各类问题。

4.如果按照哈萨克斯坦共和国法律无法解决投资者的问题,政府投资监察人员可针对该法律提出完善建议,并提交哈萨克斯坦共和国政府审议。

第316条 政府投资监察人员的权利与义务

1.政府监察人员的权利:

1)无论为何种所有制,均可向国家机关和各单位咨询并获取审查各项诉求所必要的信息,构成商业机密的信息除外。

2)接受国家机关及各单位领导和其他工作人员的即时接待。

3)听取国家机关及各单位领导和其他工作人员的意见和建议。

4)因实施自身职能需要而赋予政府投资监察人员的其他权利。

2.在开展自身各项工作的过程中,政府投资监察人员的义务有:

1)采取措施保证尊重并维护投资者的合法权益。

2)按哈萨克斯坦共和国法律规定的程序和期限对有关国家机关工作人员各类行为(不作为)、国家机关和其他单位及其工作人员各项决议的申诉事项进行审查,同时,针对这些申诉事项采取相应措施。

3)审查申诉事项的过程中,保持客观和公正。

4)不妨碍寻求保护的投资者行使自身各项权利。

第317条 政府投资监察人员各项工作的开展

由投资授权机关负责为政府投资监察人员各项工作的开展提供保障。

有关政府投资监察人员各项工作的规范性条款由哈萨克斯坦共和国政府批准。

第30章 哈萨克斯坦共和国企业法违法责任

第320条 哈萨克斯坦共和国企业法违法责任

1.任何违反哈萨克斯坦共和国企业法的行为均应承担哈萨克斯坦共和国法律相应的法律责任。

2.如果国家机关和国家机关工作人员非法传播和(或)使用可构成商业机密的信息,应按哈萨克斯坦共和国相关法律承担相应的法律责任,而因此为经营主体造成的损失,则应按哈萨克斯坦共和国相关法律的规定予以赔偿。

4.所有因妨碍经营活动给经营者造成的损失,均应按《哈萨克斯坦共和国民法》的规定予以赔偿。

第321条 国家机关及国家机关工作人员未履行或未按规定履行自身职责需要承担的责任

1.国家机关及国家工作人员在协调处理经营主体与国家之间的各项事宜,包括对经营活动进行管理并给予鼓励的过程中,以及做出违法行为(不作为)时,均应承担哈萨克斯坦共和国法律相应的法律责任。

2.针对国家机关工作人员违反哈萨克斯坦共和国相关法律的行为,国家机关应在一个月内将对此采取的措施书面告知权利及合法权益受到损害的经营主体。

第322条 违反经营主体规定检查程序需要承担的责任

1.如果国家机关工作人员在执行检查的过程中做出违法行为,则应按哈萨克斯坦共和国法律规定承担相应法律责任。

2.如果国家机关工作人员在实施检查和监督的过程中,对经营主体造成了损害,则应按《哈萨克斯坦共和国民法》规定对其进行相应赔偿。纳入可赔偿范围的损失包括:经营主体向负责准备检查期间材料的人员支付的酬劳、被迫停工期间的人员工资,以及经营主体原本可以在没有被迫停工的情况下,通过销售相关商品、开展各类工作、提供各类服务而获取的收益。

几内亚共和国投资法*

国民议会　　　　　　　　　　　　　　　　　　　　　　　　几内亚共和国

2015 年第 L/2015/8 号法令　　　　　　　　　　　　　　　勤劳—正义—团结

参照宪法第 72 条；此条款审议通过后，几内亚共和国总统颁布了相关法律，其内容如下：

第一编　一般条款

第一章　目标和定义

第 1 条　目标

现行投资法针对在几内亚共和国进行的私人投资，国内投资或者国外投资制定了法律和体制框架，以促进：

a)企业和（或）基础设施的新建，扩建，多样化和现代化；服务业和手工业的发展。

b)设立体面持久的工作岗位，培养国内职员和合格的国家劳动力。

c)外国资本流入以及国民储蓄动员。

d)优先加工增值当地原材料。

e)对出口行业、自然资源开发行业、本地产品开发行业等蕴含巨大劳动力的行业进行投资。

f)新建和发展新企业，尤其是中小型企业。

g)企业的重组、优化、整合与发展。

h)适应国家发展需求的技术转让。

i)对农村地区以及全国所有地区进行投资，以改善当地居民的生活水平。

j)新投资者对企业的修复或扩建。

k)促进公私合作伙伴关系的发展，建成高效互补的经济结构。

l)采用当地技术，注重研究开发。

m)促进绿色产业的发展和出口产品多样化的形成。

---

* 系重庆国际战略研究院国别投资法律项目：“西非四国投资法译丛”。项目负责人：刘帅锋，四川外国语大学讲师。项目成员：况璐琳，四川外国语大学讲师，负责本文翻译。

n)保护环境,促进次区域和区域的经济一体化。

第2条 定义

依照现行投资法,下列术语是指:

"法律":现行投资法。

"企业的新建与运行":一切有关收集各种生产要素,以销售为目的生产商品和(或)提供服务,按生产要素分配收入,保持正常的财务记录的活动。

"企业":是指以营利为目的而生产、加工、销售产品或提供服务的单位。无论这种单位以何种法律形式存在,无论组织和消费材料、人力、金融、非物质和信息资源的行为主体是自然人或是法人,必须遵循几内亚现行的法律法规,尤其是遵循固定营业税和会计的相关规则。

"新企业":一切新创建的经济实体投入运营,其合格的投资项目处于实施阶段。

"国家机关":所有由几内亚共和国宪法计划和建立的国家公共机构和地方公共机构。

"设备、器材和工具":用来加工或塑形的物体和器械,尤其是工业器材和工具,农业器材和工具,搬运设备,包装材料。诸如未交付给客户的包装,回收和再利用的包装,扳手之类的维修工具及其他工具。

"扩建":现有企业基于提高产能,优化生产或促进生产多样化而制定的投资项目或方案。

"投资":自然人或法人为了获取动产、有形资产和无形资产,确保支付初次创建企业的费用,以及为筹集创建、扩建企业的流动资本而投入使用资金。

"投资者":在现行投资法规定的情形中,在几内亚共和国领土内开展投资业务的几内亚籍或外籍的所有自然人或法人。

"原材料或原始投入":经过充分加工,增值至少30%,再直接进入成品制作的产品。

"重组":为了确保企业活力,恢复财务平衡和结构平衡,以及达到升级标准而进行的运作。

"私营企业":所有属于自然人或法人的,遵循私法,生产商品、提供服务或创造财富,以增加国家收入的公司。

第二章 适用范围

第3条 覆盖的部门及业务

现行投资法适用于在以下任一领域开展业务的自然人或法人投资者:

a)农业,渔业,畜牧业,伐木业,以及植物产品、牲畜产品或者鱼类产品的储存。

b)产品制造业或加工业。

c)旅游业、酒店业及其他相关产业。

d)信息通信新技术。

e)社会住房。

f)涉及环卫、道路,以及城市垃圾和工业垃圾处理的业务及工程。

g)文化产业:书籍、唱片、电影、资料中心和音像制品中心。

h)以下分部门提供的服务:

—健康。

—教育和培训。

—工业设备的安装与维护。

—电视服务。

—陆运、空运和海运。

i)公路、港口、机场和铁路的基础设施。

j)商业中心、工业园区、网络村和手工业中心的建立。

由负责促进私营企业发展的部长提议，征求投资监管技术委员会的意见，再由部长会议颁布总统法令，即可修改以上罗列业务领域的名单。

第4条 不涉及的部门

从企业外部购买商品，并将商品进行转卖的交易活动不适用于现行投资法。

现行投资法不适用于矿产法和石油法所规定的业务，以及从税法和特殊法规的特别扶助政策中获益的投资。

第5条 受技术监管的部门

属于私法范畴的自然人或法人，无论国籍，未经许可均不能在几内亚领土内开展以下领域的业务：

—发电和供电(除了满足私人需求)。

—供应自来水(除了满足私人需求)。

—银行和保险公司。

—邮电部门。

—制造和买卖炸药、武器和弹药。

—卫生、教育和培训。

—制造、进口和分配药品以及有毒危险品。

第6条 保留领域

在以下领域中，针对几内亚境内的企业，外籍的自然人或者法人不能直接持有，或者通过依据几内亚法律成立的公司持有超过40%的股份：

—日报、普通信息期刊或者政治期刊的出版。

—电视节目或者无线电广播的播送。

对以上条款涉及企业的有效管理权由拥有几内亚国籍的几内亚居民所有。

第二编 投资者的权利与义务

第一章 投资者的保障与权利

第7条 在几内亚共和国合法居住的投资者，无论国籍，在上述第3条、第5条和第6条规定的领域开展或者准备开展业务时，视各条款与他们相关，均可获得现行投资法、税法和海关法所对应的相关保障和利益。

第8条 在满足上述第6条规定的前提下，外籍的私人投资者可以自由持有在几内亚所建企业的全额股份或股票。

投资者可以对现行投资法规定的任一领域进行自由投资。

第9条 在几内亚共和国合法居住的投资者享有完全的经济自由和竞争自由。

投资者尤其在以下方面享有自由：

一获得开展业务所需的一切资产、权利和特许，例如土地资产、不动产、商业资产、工业资产或林业资产。

一享有权利和所获财产。

一成为其所选专业组织的成员。

一依照现行的法律法规，选择关于技术、产业、贸易、法律、社会和金融方面的管理模式。

一选择供货商、服务提供商和合作伙伴。

一参与几内亚共和国领土内的公开招标。

一在严格遵照现行条例与协议的前提下，自主选择人力资源管理政策和自主招聘工作人员。

第10条 在几内亚共和国，外籍投资者跟本国投资者享有同等待遇。但是，若旨在推动国家企业发展的国家措施，可能会冲击这一宗旨。基于对投资者平等对待的原则，几内亚共和国将尽量不有损承诺。

第11条 无论哪国的投资者，其经营的企业将受保护，不以任何形式被国有化、征收或征用，除了被正式建成公共设施，并且提前获得适当的赔偿金。

第12条 针对项目符合现行投资法的投资者，国家将积极为其营造良好的投资环境。

第13条 从现行投资法、税法和海关法中受惠的投资者将按其所需，从之后新出台的，更加优惠的政策中受惠。

第14条 在不违反以下第31条、第37条、第38条和第43条的前提下，投资者可以从现行投资法、税法和海关法中受惠。尽管之后出台的政策不比之前的优惠，但是投资者仍将继续从中获益。

第15条 投资者可以自由获取在几内亚共和国领土内出产的原材料、半加工原料。

依照几内亚法律，任何违反竞争法规的协定或者操作将会被禁止和制裁。

第16条 在几内亚共和国现行法律所规定的情形中，外籍的自然人或者法人可以获取地产。

属于国家或其机构专用的土地和建筑物，可以出售、租赁或者以资本的形式入股。

第17条 在符合税法的前提下，投资者可以自由地转移资产。

无须预先申请核准，外籍投资者有权按所选货币向国外转移下列资产：经常性开支资金、税后利润、清算盈余的股份、驻外职员的存款、驻外职工的工资和津贴。

在提前向财政部做出声明后，投资者有权转让其股票、贸易基金或资产基金、部分清算性股利和征用补偿。

只要遵守外汇管理条例，投资者就可以自由而且不受限地获取外汇。

第18条 依照几内亚共和国现行法律，所有的投资者都可以自由地聘用或解雇外籍员工以确保企业的良好运转。

在以下情形中，外籍员工的劳动合同可以有效背离劳动法和相关社会规范：

—外籍员工加入几内亚批准的社会保障机构。

—外籍员工加入企业间医疗服务。

—基于定期合同的期限和动机。

—有关雇用的适用规则。

以上预计的特殊情况不能损害员工的权利，例如几内亚共和国签署的公约以及国际协定中所核准的内容。

以上提及的例外条款的实施办法将由相关法规确定。

国家向满足各项条件的外籍职员承诺，在合同存续期间，向外籍职员签发居民签证和工作许可证。

第 19 条 如果几内亚今后确立的特殊法规，或者几内亚和别国已经确立或准备确立的条约或协定给投资者带来更大的保障和利益，现行投资法不妨碍相关保障和利益的实现。

第二章 投资者的义务

第 20 条 投资者必须遵守几内亚共和国现行的法律法规。

第 21 条 投资者应该遵照适用于其产品、服务和工作环境的国际准则，以此来完善几内亚法律对这些方面的规定。

第 22 条 投资者应遵守有关劳工法和人权法的国际准则，以及出自 ISO26000 的相关规定。

第 23 条 投资者助力培养合格的国家工作人员，促进技术转让，优先寻求国内的供应商和分包商。

第 24 条 投资者协助提高其企业所在社区的生活水平，并协助培训当地合作伙伴的职业资格。

第 25 条 对于不要求特定资格的工作，投资者只雇用当地的劳动力。

对于要求特定资格的工作，同等条件下，投资者优先雇用几内亚的劳动力。

第 26 条 在创办企业当中及其之后，投资者要杜绝贪污、不正当竞争以及其他类似行为。

第三编 制度框架

第一章 私人投资促进局

第 27 条 私人投资促进局（APIP）致力于支持投资和实施政府有关促进和发展国内外私人投资的相关政策。

第 28 条 在为投资者提供帮助和服务的方面，私人投资促进局将与公共服务部门一起简化相关行政手续。

第 29 条 私人投资促进局的职权、构成、组织和运作由相关法令确定。

第二章 投资监管技术委员会

第 30 条 投资监管技术委员会(CTSI)由私营行业促进部的部长授权建立。

第 31 条 在实施现行投资法时,投资监管技术委员会负责监督相关程序的恰当执行以及税收和海关优惠的赋予条件,同时监督投资者履行各项义务和承诺。由此,投资监管技术委员会每年都会制定一份关于企业享受相关优惠的汇编。如有必要,投资监管技术委员将会采取包括制裁在内的一切有效措施以确保现行投资法相关条款的顺利实施。

投资监管技术委员会由政府部门代表组成,其中包括分管经济、财政、规划、促进私营行业、就业和几内亚共和国中央银行的部长。投资监管技术委员会的构成应该扩大到涉及相关投资部门的部长。

投资监管技术委员会的秘书处由私人投资促进局确立。

投资监管技术委员会组织与运作的技术层面由相关法规确定。

第四编 优惠政策

第 32 条 特殊优惠的种类

依照现行投资法,已经创建或扩建企业的投资者可以从几内亚共和国现行有关税收和关税的法律中获得相关优惠。

第 33 条 获得优惠的条件

在不影响现行投资法第 3 条、第 20 条和第 26 条实施的情况下,凡是满足以下条件的企业可以从投资法的优惠政策中受惠:

—在商业和动产信用管理局(RCCM)办理登记。

—至今按时缴纳税款。

—对于新成立的企业,投资者的规划累积投资总额需等同于或者超过 2 亿几内亚法郎,同时,企业至少设立五个长期的国家工作岗位。

—对于现有企业的扩建,投资方案需要确保产量的提高,或者服务质量的提升,或者几内亚工人的数量至少达到 35%。

重大投资需要签订协议,在这种情况下,对其税收可以采用特殊处理,用以在磋商期间确保投资商的利益。在磋商投资的摊还期间,必须保证制度的稳定性。

第 34 条 经济区

为了确定税务例外法规的实施期限和执行机制,几内亚领土被分为 A 区和 B 区,两个区划分了界线,如下所示:

A 区:科纳克里地区、科亚省、弗雷卡里亚省、杜布雷卡省、博法省、弗里亚省、博凯省和金迪亚省；

B 区：几内亚领土的其他地区。

第 35 条 根据投资监管技术委员会的意见，私营行业促进部部长进行提议，再由部长理事会颁布有关法令，即可修改两个区的界限和数量。

第五编 申请或享受投资法中税务激励政策时应履行的义务

第一章 申请税务激励政策时应履行的义务

第 36 条 申请从投资法税务激励政策的例外法规中获益的自然人或法人需要履行以下义务：

—在劳务市场上，优先聘用几内亚本国的闲置劳动力。

—优先使用几内亚本地出产的材料、原料、产品和服务。

—其业务或者是业务范围之内所提供的产品或服务应符合几内亚国家质量标准或者适用于几内亚的国际质量标准。

—在被考察是否达到优惠政策的授予条件时，提供所有相关信息。

—依据海关法的相关规定，针对剩余价值，诸如设备、器材、材料、工具，支付税款；若是出现放弃或转让的情况，可以要求免除税款。

—结清手续费，手续费的总额和支付方式由负责经济、财政和私营行业促进部的部长们共同制定。

第二章 享受税务激励政策时应履行的义务

第 37 条 从税收及关税的优惠政策中获益的投资者应履行的义务

除了履行现行投资法中上述条例所规定的一般义务，所有从现行投资法的税收及关税的优惠政策中获益的投资者必须履行以下义务：

—最迟在每个财政年度年末，向投资监管技术委员会汇报其项目的实施进度。

—最迟每年的 12 月 31 日，向投资监管技术委员会传递一份报告，并在报告中提供所有相关信息，以便投资监管技术委员会检查企业当年是否履行了其承诺和义务。截至每年 12 月 31 日，成立不到 3 个月的企业无须履行此项义务。

—配合投资监管技术委员会进行生产达标的检查。

—依照法律规定，所有企业必须依法向国家统计局提交统计数据，同时，向投资监管技术委员会提交统计数据的副本。

—依照几内亚共和国现行的会计科目表做会计账目。

第 38 条 所有从例外法规中获益的企业，在相关法规实施中或实施末停业，如果其停业是由于欺诈，在未受到法律诉讼影响的情况下，该企业应偿清所有未缴纳的税款。

第 39 条 从投资法的优惠政策中获益的企业进行部分转让或全部转让时，应提前告知私营行业促进部部长和财政部部长，否则，将受到几内亚现行法规的处罚。然而，其既得利益不得转让。

第 40 条 从投资法获益的企业因特殊情况停业，如果是由于不可抗力因素，可以申请一年内不再享受相关优惠政策。由此，例外法规的执行期限将做相应调整。

第六编 获得税收和关税相关优惠的程序及实施机制

第 41 条 现行投资法规定获得税收和关税相关优惠的程序

第 42 条 税收和关税相关优惠政策的到期时间、撤销条件及惩罚措施

税收和关税的优惠待遇，应当依据财政法确立有效期。若是出现投资者无法履行相关的义务和承诺，即使是部分不履行，那么在截止日期之前，这些优惠待遇可以部分或全部取消。取消优惠待遇之前，我们会发出正式通知，即要求投资者对现状进行整改。从收到整改令开始，投资者有至多 90 日的时间整改企业。一旦超时，撤销令可以随时执行。

如果投资者无法履行其义务和承诺，那么在不违背其他法律和司法行为的前提下，我们会要求投资者支付之前其所被豁免的关税和税收。

第七编 争端的解决措施

第 43 条 在执行现行投资法时，外籍的自然人或法人与几内亚共和国之间的任何争议或纠纷都进行和解，如果仍不能解决，则移交几内亚相关司法机关。

但是，双方可以协商将争议或纠纷提交给仲裁庭，在这种情况下，诉诸仲裁将执行以下某种程序：

—由下列合约产生调节和仲裁程序：双方签署的联合协定，或者出于保护投资的协议和条约。条约由几内亚共和国与外籍自然人或法人所属国达成共识。

—1999 年 3 月 11 日，非洲商法统一组织通过了司法和仲裁共同法院的仲裁规则。在实施统一法时，需参照司法和仲裁共同法院的仲裁规则。

—实施 1965 年 3 月 18 日签署的公约草案，用以解决国家与他国侨民间的投资争端。本公约在国际复兴开发银行的支持下起草，并于 1966 年 11 月 4 日被几内亚共和国批准，或者

—如果相关人士不满足以上公约第 25 条所规定的国籍条件，则按照国际投资争端解决中心的董事会通过的附加便利规则来处理。

第八编　过渡条款和最终条款

第 44 条　根据投资法 1995 年 6 月 30 日 L/95/029/CTRN 条例及实施细则，享有优惠待遇的投资者继续受惠，直至相关优惠政策终止生效。

从针对投资的税务援助特殊制度中获益的企业，在相关优惠政策终止生效前均可从中受惠。

第 45 条　在颁布现行投资法时，根据投资法案 1995 年 6 月 30 日 L/95/029/CTRN 条例或税法通则，尚未获批受惠的公司，若是其资质符合标准，可以享受本投资法、税法及海关法的相关优惠待遇。

第 46 条　必要时，相关政令和法令将进一步明确现行投资法的实施机制。

第 47 条　废除之前跟现行投资法相悖的所有条款。

第 48 条　现行法律将在几内亚共和国公报中发布，并按照国家法律来执行。

附录　有关税收和关税的激励政策

（摘自 2013 年 12 月 31 日 L/2013/CNT 条例暨 2014 年财政法）

第 16 条　在容易鼓励自然人和法人到几内亚投资税收和关税领域，现行条款将相关例外条款纳入普通法。

第 17 条　只要业务符合现行法律法规以及投资法的投资者均可以从相关条款所规定的优惠政策中受惠。

Ⅰ-1 可以从优惠政策中受惠的领域和业务

第 18 条　可以不受限制地从优惠政策中受惠的领域：

a)农业、畜牧业、渔业及相关业务。

b)负责生产或加工的制造业。

c)旅游业和旅馆业。

d)促进社会住房的发展。

e)陆运、海运、内河航运、空运的业务。

f)文化产业：书籍、唱片、电影和音像制品。

g)涉及环卫、道路以及城市垃圾和工业垃圾处理的业务及工程。

第 19 条　受技术监管的领域

a)卫生、教育和培训领域。

b)日报和期刊的出版。

c)无线电广播或者电视节目的播送。

d)发电或生产商业用水。

e)邮政和电信。

f)制造药品以及有毒物品。

第20条 不能从税收和关税的优惠政策中受惠的业务

a)以商品的形式进行转卖。

b)采矿业和石油业的公司。

c)生产、销售爆炸物、武器和弹药。

d)银行和金融业。

Ⅰ-2 税收制度和关税制度

A-成立阶段

第21条 在成立不超过三年的时间内,从进口项目设备的第一天算起,所有享有投资法特权的企业均可享受以下各项优惠:

a)根据关税法:

—免除进口税,其中包括进口设备和器材的增值税(TVA)。但进口民用汽车需要缴税,注册税以0.5%结算,海关手续费按货物到岸价的2%结算。

b)根据国内税制:

—免营业税。

—免单一土地税。

—免工资税。

—免学徒税,这里不包括职业培训方面的财政捐款1.5%。

这些免税政策只针对跟批准项目的开发直接相关的业务和工资。

B-生产阶段

第22条 减免关税

a)在方案实施当中,生产周期中进口的原材料或原始投入所获的收益,应缴纳2%的海关手续费,6%的国税,18%的增值税。

b)但是,如果关税条款对投资者更有利,则参照关税条款。

第23条 在现行法律中,对"原材料或原始投入"的理解如下:直接进入成品加工的产品。

第24条 减免税

在企业的运营阶段,投资者可享受税收优惠制度,即从生产作业活动开始,根据公司所在地的不同,享受最长八年到十年的减税政策。

第25条 为了实施税务例外法规,几内亚领土被分为A和B两个区。

第26条 在A区实施的税务减免政策和适用税务如下所示:

最低定额税(IMF)—工商利润税(BIC)—公司税(IS)—营业税和单一地产税(CFU);

—第一年和第二年享受100%的折扣。

—第三年和第四年享受50%的折扣。

一第五年和第六年享受25%的折扣。

工资税(VF)一学徒税(TA)一注册税(DE)

一第一年和第二年享受100%的折扣。

一第三年和第四年享受50%的折扣。

一第五年、第六年、第七年和第八年享受25%的折扣。

第27条 在B区实施的税务减免政策和适用税务如下所示:

最低定额税(IMF)一工商利润税(BIC)一公司税(IS)一营业税和单一地产税(CFU);

一第一年、第二年和第三年享受100%的折扣。

一第四年、第五年和第六年享受50%的折扣。

一第七年和第八年享受25%的折扣。

工资税(VF)一学徒税(TA)一注册税(DE)

一第一年、第二年和第三年享受100%的折扣。

一第四年、第五年和第六年享受50%的折扣。

一第七年、第八年、第九年和第十年享受25%的折扣。

Ⅰ-3 特殊措施

第28条 出于战略考虑和经济政策导向,对于在以下领域进行的投资,政府有权将税务激励政策的期限延长八年到十年。

一高强度劳动力(超过500个岗位)。

一对高强度体力劳动进行资本密集型投资(投资额超过一亿美元)。

一政府特别申明的战略性业务。

一特别申明的优先投资的区域或地点。

第29条 所有计划对引进新技术、扩大产能、更新资产或提高业绩进行投资的现存企业,只要其投资计划能确保产量的提高,服务质量的提升,或者几内亚工人的数量至少达到35%,企业便可以享受现行法规的激励政策。

第30条 自公布之日正式生效的现行法律将被载入文献,在几内亚共和国公报中发布,并按照国家法律来执行。

2015年5月25日于科纳克里

阿尔法·孔戴(亲笔签名)

科特迪瓦投资法*

2012 年 6 月 7 日第 2012—487 号法令

共和国总统府　科特迪瓦共和国
团结—纪律—劳动

根据《宪法》
根据 2011 年 10 月 3 日关于共和国总统法令的总统府第 001 号决定
根据《税法总则》

内阁会议达成一致意见
颁布法令

第一编　总则

第 1 条　在本法中,对下述词语的理解如下:
a)公务员:所有被指派、任命、选举长期或暂时行使公共职权的人员。
b)法律:本投资法。
c)创立经营活动:新公司实施一个项目或现有公司在其他领域投资。
d)工程建设初期:土建工程,购买占投资总额至少 66%的机械设备。
e)发展经营活动:公司在下列条件下实施扩大规模、多样化、合并或现代化相关项目:
—拓展即公司增加生产能力,与经营业务的性质无关。
—多样化即现有公司生产新产品或创立新的分支业务,公司须购置新设备。
—现代化即更新生产设备,以期进行技术升级或达到质量要求和市场要求。
以上业务须提供独立账目,颁发许可证时将明确独立账目类型。
f)长久就业:就业符合长期工作岗位。
g)体面就业:享有自由、平等,有安全保障、有尊严感的工作。
h)工业:开采、生产及加工性质的经济活动。
i)投资:自然人或法人为获取固定资产、金融资产或无形资产,为保证公司初步建立

* 系重庆国际战略研究院国别投资法律项目:"西非四国投资法译丛"。项目负责人:刘帅锋,四川外国语大学讲师,负责本文翻译。项目成员:况璐琳,四川外国语大学讲师。

所需资金而投入的资本,以及公司创立、拓展必需的运营资本。

j)环保投资:促进环境保护和可持续发展的投资。

k)投资者:依据本法规定条件,在科特迪瓦共和国境内进行投资活动的所有科特迪瓦籍或外籍自然人或法人。

l)人民运动:科特迪瓦严重政治和社会危机时激发的群体运动。

m)国家投资促进机构:国家为促进在科特迪瓦投资组建的机构。

n)中小企业:固定职员少于 200 人且年营业额低于 10 亿西非法郎的公司。

o)公司责任:投资者在决策和经营活动中在对社会和环境造成的影响方面所担负的责任。

p)产品:经过工业、手工业、农业、渔业或其他服务活动获得的所有物品。

q)支持工业企业服务:由评估是否符合规范的机构和公司所提供的服务。

r)管理记录簿:享有特殊扶持政策的投资者所做的进口跟踪记录。

s)投资区域:分为三个区域,由法令确定每个区域范围。

第 2 条 本法确立国内和国外投资者在科特迪瓦境内进行直接投资的条件、优惠及总体规则。

第 3 条 本投资法旨在:

a)促进和推动在科特迪瓦的生产性投资、为社会负责的环保投资。

b)鼓励创建和发展以下方面的经营活动:

—当地原材料加工。

—创造永久就业和体面就业。

—生产在国内外市场具有竞争力的产品。

—科技、研究和创新。

—环境保护与改善生活水平。

—提升产品质量。

—农业领域创业。

—食品安全。

—原料来自农业或产品销往农业的工业。

—推动地区经济。

—大型基础设施建设。

—发展旅游业及酒店产业。

—手工业。

—农林牧结合产业。

—所有教育项目。

—社会住房。

—属于绿色投资的绿色行业。

第 4 条 本法适用于自然人或法人在科特迪瓦进行的所有私人投资,不包括按《税法总则》或特别法律规定享有特殊扶持政策的投资。

第二编　投资者的保障

第 5 条　在遵守科特迪瓦现行法律、法规的前提下，投资者可在本法规定的每个领域自由投资。

第 6 条　在不影响国家推动民族创业政策的情况下，外籍自然人或法人与科特迪瓦籍自然人或法人享有平等待遇。

执行平等待遇原则需遵守科特迪瓦共和国和其他国家签订的条约及协议。

第 7 条　必要时，国家制定帮扶机制帮助在人民运动中遭受损失的公司。

第 8 条　获取外汇不受限制，投资者获取开展经营活动所需外汇不受任何限制。

投资者在遵守汇兑条例的条件下可自由换汇，特别是为了：

一保证日常支付。

一向境外自然人或法人支付各种服务费。

第 9 条　按照科特迪瓦批准的国际协定与条约，国家保护知识产权，尤其是专利、商标和商号。

第 10 条　投资者享有本法规定的优惠，即便新的法律条款有相反规定，也将继续享有这些优惠。

第 11 条　所有私人财产，包括动产、不动产、有形及无形资产，全面受到保护，包括公司所有权的组成和拆分，所有权的转让以及公司签订的合同。

尽管有上文条款规定，但属于农村土地的土地转让须按照 1998 年 12 月 23 日关于农村土地保有权的第 1998－555 号法律的条款执行，该法律由 2004 年 8 月 14 日的 2004－412 号法律修订。

第 12 条　投资者可根据法令确定的程序申请享有本法中更有利的条款。

第 13 条　投资者在科特迪瓦领土上拥有获取原材料或半成品的自由。必要情况下，国家采取措施以保障投资者自由获取原材料。

自由获取原材料的前提是相关投资者须按照购买政策保障生产者的正当收益。

必要情况下，国家采取措施保障生产者的利益。

第 14 条　科特迪瓦保障投资者任命董事会成员、总经理或经理的自由。

第 15 条　国家投资促进局采取一切措施为获得工作签证和居留签证提供便利。

在本法的适用范围内，工作签证和居留签证仅向公司领导、股东及负有公司任务的员工提供。

第 16 条　除非出于公益性原因而且事先提供公正补偿，不得剥夺任何投资人的投资财产。

第 17 条　按期纳税的情况下，国家准许转移与投资相关的资产。

但是，国家可以禁止资产转移，本着公正、非歧视性和诚信的原则执行与以下情形相关的法律：

—保护债权人的权利。

—保护环境。

—触犯刑法。

—外汇或其他货币工具的转移。

—执行执行令。

—执行司法程序之后的判决结果。

—执行仲裁裁决。

第 18 条 适用本法的公司,其外籍员工可以按照换汇条例把自己的全部或部分酬金自由转账,无论酬金性质以及具体金额(按本币或外币计算)。

第 19 条 科特迪瓦建设道路并为投资者进入规划工业区、农业地区及旅游业地区提供便利。国家采取必要安全措施保护建立在上述地区的公司,但并不由此构成义务。

第 20 条 国家保障投资者有权对本法执行过程中出现的纠纷提起诉讼。

外籍自然人或法人与科特迪瓦政府之间因本法的解释出现纠纷时,如果不能友好协商解决,则交由科特迪瓦主管司法机构或仲裁法庭解决。仲裁法庭的权限由以下条件确定:

—1267562887—科特迪瓦共和国与外籍自然人或法人所属国家之间签订的保护投资相关协议和条约。

—1267562888—双方同意确定的调解和仲裁程序。

—1267562889—按照 1965 年 3 月 18 日在世界银行支持下确立的《解决国家与他国国民间投资争端公约》的规定进行,科特迪瓦共和国 1965 年 6 月 26 日第 1965—238 号法令批准该公约。

—1267562890—按照国际投资争端解决中心行政理事会(简称 CIRDI)批准的补充机制条例的条款进行。如果涉及的个人不满足上述公约第 25 条规定的国籍条件,如果双方同意按照 CIRDI 的补充机制解决纠纷,科特迪瓦共和国根据本条款承认其法律效力。上述内容在相关个人的许可证申请中有特别表述。

第三编 投资者的义务

第 21 条 投资者必须遵守科特迪瓦的法律、法规。

第 22 条 投资自由的原则不应妨碍实施国家推动国内外投资者合作的政策。

第 23 条 投资者优先与当地供应商和分包商合作,保持互惠关系。

投资者应提高当地员工的能力,尤其是通过技术培训。

第 24 条 享有本法规定优惠的投资者在产品、服务和工作环境方面须执行技术、社会、健康和环境的国家标准,如果没有国家标准,则代之以国际标准。此外,还须执行质量管理体系相关标准。

第 25 条 投资者执行国际认可的标准,尤其是 ISO26000 标准,积极推行个人权利和劳动权利方面的规范。

投资者按照当地法规为员工提供卫生和安全条件，积极参与公司责任相关的活动，建设公益项目，使公司所在地群众受益。

第 26 条 投资者优先招收科特迪瓦劳动力，特别是通过继续教育提升当地员工的素质，通过进修实习发展其能力。

第 27 条 投资者须遵守国家关于环境保护的法律。

第 28 条 投资者在公司建立之前或之后应避免任何行贿行为或与之相关的违法行为。

如有与投资相关的行贿，将按照现行法律进行处罚，并丧失所获优惠。

在科特迪瓦共和国进行投资所用资金不得来源于非法活动，特别是来自洗钱和恐怖主义活动。

第四编　激励机制

第一分编　申报制度

第一章　程序

第 29 条 投资项目须向国家投资促进局提交申报，该机构须在收到申报两天内发给申报提交证明。

该机构向投资者提供本法规定的各种投资类型相应的表格。

第 30 条 申报者持有第 29 条所列申报提交证明可以享有下文第 36 条、第 37 条确定的优惠。

但是，实际投资是享有这些优惠的先决条件，由工业与私营产业促进部、国家投资促进局、国家税务总局及国家海关总署确定是否实际投资。

第二章　申报制度适用范围

第 31 条 凡是在下文第 33 条所列产业范围内开展经营的公司均适用于申报制度。

第 32 条 创建经营活动相关的投资也适用于申报制度，下文第 38 条确定实施申报制度的条件。

第 33 条 本法规定的申报制度适用于下列业务活动领域：

一农业、农工结合产业、林业、畜牧业、渔业及鱼类养殖，包括存贮及贮藏业务。

一采掘工业。

—生产、运输及能源供应。
—能源生产。
—制造工业与冶金工业。
—文化产业。
—卫生。
—旅游。
—支持工业企业服务。
—新科技。
—公共工程。
—纺织业。
—木材加工工业。
—安装与装配。
—交通。
—环境安全与保护。
—教育及学前教育。
—手工业。
—住房及不动产。
—工业用途建筑。
—其他政令规定的产业及领域，不包括商业、银行业及金融业等非工业用途建筑。
法令将明确规定可以在上述领域开展经营活动的投资种类。

第三章　优惠政策

第 34 条　申报制度规定的优惠将视实际投资区域有所差别。
为此，根据内阁会议通过的法令，科特迪瓦领土被分为 A、B、C 三个区域。
第 35 条　给予优惠的期限：
—在 A 区域进行的投资为五(5)年。
—在 B 区域进行的投资为八(8)年。
—在 C 区域进行的投资为十五(15)年。
上述期限可根据投资项目的实施期限提高。
根据法令确定的程序，投资项目被确定实际投资后即享有优惠。
第 36 条　仅在经营阶段享有申报制度给予的优惠。
第 37 条　申报通过后，公司在实施与创建经营活动相关的投资项目时享有以下优惠：
在 A 区域进行的投资：
—免除工商所得税、非商业利润税及农业利润税。
—免除营业税和许可证税。
在 B 区域进行的投资：

—免除工商所得税、非商业利润税及农业利润税。

—免除营业税和许可证税。

—雇主缴纳税项减少80%，不包括职业培训税和职业继续教育附加税。

在C区域进行的投资：

—免除工商所得税、非商业利润税及农业利润税。

—免除营业税和许可证税。

—雇主负担税项总额减少80%，不包括职业培训税和职业继续教育附加税。

—免除不动产遗产税。

—追加投资资本时免除注册税。

优惠到期的倒数第二年及最后一年，工业及商业利润税、非商业利润税、农业利润税、营业税和许可证税的免除额度分别降低至应缴总额的50%和25%。

第38条 享有申报制度相关优惠的前提条件如下：

—无论是公司还是从事商业活动或非商业活动的自然人，必须按照非洲商法协调组织会计法的规定制定合法账目，《税法总则》对此也有规定。

—切实遵守纳税制度(简化执行或正常执行)。

—按照现行法令遵守环境保护标准。

—按照森林资源管理规定，投入新工具加工可利用资源。

在进行混合经营或多种经营时，只有获批经营享有本法规定的优惠。为此，公司需对享有优惠的经营独立做账。

第二分编　投资许可证制度

第一章　申请规程与许可证发放

第39条 国家投资促进局对每个投资项目和建立在特别经济地区的项目提供技术意见。

发给申报提交证明后19个工作日内，国家投资促进局决定是否发放投资许可证。

材料审查的最高期限为21个工作日，如果国家投资促进局未能在此期限内予以答复，投资者可以向作为政府首脑的总理提出申请，总理将在5个工作日内采取适当措施。

对投资者所提交资料的分析基于投资在科特迪瓦经济和社会发展方面是否具有战略重要性，是否为经济带来附加值。

第40条 所有希望享有本法规定的特别优惠的投资者，须向第39条提及的国家投资促进局提交许可证申请资料。

上文提及的资料须注明投资者的详细信息与项目的具体情况，尤其是项目的性质、投资总额及许可证发放与后续跟踪所必需的信息。

项目拓展情况下，除了上述材料，公司还需提交一份税收清楚交割证明。

申报资料提交后 2 个工作日内发给申报提交证明。

第 41 条 根据准入标准，投资许可制度适用于在第 43 条所列领域开展经营的所有公司。

准入标准包括低标准和高标准，其额度将由内阁会议通过的法令决定。

第二章 许可证制度的适用范围

第 42 条 许可证制度适用于创建或发展经营活动相关的投资。

本制度的使用条件由上文第 40 条、第 41 条的规定。

第 43 条 投资许可证制度适用于所有业务领域，商业、银行及金融服务等非工业用途的建筑除外。

第三章 公司享有的优惠

第 44 条 享有的优惠根据投资额度和投资地点的不同而变化。

第 45 条 获批公司在实施投资计划创建和发展经营时享有以下优惠，不分投资区域：

a)低于高标准的投资额度，设备、机械及其第一批配件入关时应付税款总额减少 50%，不包括西非国家经济共同体提留税(译者注：0.5%)。

b)达到或超过高标准的投资额度，设备、机械及其第一批配件入关时应付税款总额减少 40%，不包括西非国家经济共同体提留税(译者注：0.5%)。

c)增值税全免。

进口所购设备金额 10%以内的配件免除关税。

第 46 条 在许可证有效期内，获批公司根据投资总额创建经营活动时享有下列优惠：

1.投资额度低于高标准：

a)在 A 区域进行投资：

—免除工商业所得税、非商业利润税及农业利润税。

—免除营业税和许可证税。

—雇主所负担税项总额减少 50%，不包括职业培训税和职业继续教育附加税。

b)在 B 区域进行投资：

—免除工商所得税、非商业利润税及农业利润税。

—免除营业税和许可证税。

—雇主所负担税项总额减少 75%，不包括职业培训税和职业继续教育附加税。

c)在 C 区域进行投资：

—免除工商所得税、非商业利润税及农业利润税。

—免除营业税和许可证税。

—雇主所负担税项总额减少 90%，不包括职业培训税和职业继续教育附加税。

—免除员工住房的不动产收入税。

—免除不动产遗产税。

2.投资额度到达或超过高标准：

a)在A区域进行投资：

—免除工商所得税、非商业利润税及农业利润税。

—免除营业税和许可证税。

—免除不动产遗产税。

—雇主所负担税项总额减少50%，不包括职业培训税和职业继续教育附加税。

b)在B区域进行投资：

—免除工商所得税、非商业利润税及农业利润税。

—免除营业税和许可证税。

—免除不动产遗产税。

—雇主所负担税项总额减少75%，不包括职业培训税和职业继续教育附加税。

c)在C区域进行投资：

—免除工商所得税、非商业利润税及农业利润税。

—免除营业税和许可证税。

—免除不动产遗产税。

—雇主所负担税项总额减少90%，不包括职业培训税和职业继续教育附加税。

—免除员工住房的不动产收入税。

优惠期限的倒数第二年及最后一年，工商所得税、非商业利润税、农业利润税、营业税和许可证税的免除额度分别降低至应缴总额的50%和25%。

第五编　中小企业特别条款

第47条　按照第42条的规定，法令确定中小企业的特别额度标准。

中小企业投资达到相关标准时，与其他企业享有同等优惠。

2012年1月11日2012—05号有关中小企业定义的法令规定了中小企业的不同等级。

第48条　中小企业享有的优惠期限不受第34条、第45条规定限制，优惠期限如下：

—在A区域进行的投资为7年。

—在B区域进行的投资为11年。

—在C区域进行的投资为15年。

上述期限可根据投资项目的实施期限提高。

第49条　中小企业根据投资所在区域享有申报制度和许可制度规定的优惠。

此外，中小企业还享有以下额外优惠：

—免除所有登记、注册税。

—由国家提供实施投资项目所必需的场地。

—在用电、用水及使用新技术服务方面享有优惠价格，投资加工原材料的公司除外。

第 50 条 中小企业通过融资租赁方式从国外或当地购买机械、工具、设备时，本法给予中小企业的优惠转移至融资租赁公司。

第六编 其他条例

第 51 条 投资期间，投资者实际补充的投资和承担的新增成本，证明材料提交国家投资促进局，许可证投资额度可以增加相应资本。

申报补充投资需遵守与初始投资同样的程序。

许可证根据所增加投资额更换后发放给投资者。

第 52 条 若上一条中的补充投资使投资额度达到新的标准，则按新标准给予投资者优惠。

国家投资促进局将根据收到的新的许可申请资料重新确定投资者所属的类型。对新申请材料的分析同样依据许可证制度规定的条件。

许可证仅发给仍处于投资阶段的投资者。特许优惠不具有追溯效力。

第 53 条 工业与私营产业促进部部长享有被告知权。为此，在需要时，部长为顺利执行任务可以要求任何享有本法优惠的公司提供认为有必要提供的信息，依法律享有信息保密的除外。

第 54 条 工业与私营产业促进部部长负责跟踪并评估享有本法优惠的所有投资项目。

第 55 条 为了保障申报制度和许可证制度有良好的行政管理，海关总署为每个投资者建立物资进口管理和跟踪记录簿。

第 56 条 享受税费减免优惠的物资、机械和设备清单由工业与私营产业促进部部长、经济财政部部长和管理该经营产业的技术部部长根据国家投资促进局的提议共同确定。

第 57 条 不符合条件的公司不享有投资激励制度给予的优惠。

在发放许可证时和优惠期满后，公司在经营阶段享有的优惠都不能延期。

第 58 条 享受本法优惠的公司实施投资的期限为两年，如果投资项目在规定期限内没有开始建设，则投资者自动丧失享有许可证规定的优惠。

但是，如果投资者证明项目已经开始实施，可以获得自许可证期满之日起最多一年的延期。

在确定的投资期限到期之前 3 个月内，投资者可向国家投资促进局提请延长期限。

国家投资促进局决定是否批准延期申请。

第 59 条 若投资者在投资或运营阶段未履行义务或违反现行法律条文，如有下列情形，该投资者所享有的优惠将被收回：

—国家投资促进局向许可证受益人书面下达整改命令 3 个月后，公司仍未履行应尽义务。

—国家投资促进局查实公司有偷税漏税或者严重不履行义务的情况。

许可证撤销决定一旦做出立即生效，投资者须补缴因持有许可证而减免的关税和各种税费。

撤销之前有最多 3 个月的宽限期，要求投资者在此期限内履行未尽义务。

下达整改命令后最多 6 个月的期限内，公司仍没有整改，则执行许可证撤销，撤销与发放许可证遵循同样的规则。

撤销决定应陈述理由并确定撤销生效日期。

第 60 条 投资者应自工程完工之日起 30 日内通知国家投资促进局。

如果在上述期限内未进行通知，优惠的期限则从许可证规定的日期开始计算。

第 61 条 如本法条款需要解释，经由国家投资促进局提议，由工业与私营产业促进部部长和经济财政部部长以指令或通报的形式做出。

第七编 过渡条款和最终条款

第 62 条 在本法颁布之前，享有原投资法所规定优惠待遇的公司，将继续适用原投资法，直至上述优惠有效期满。

享有特别扶持优惠待遇的公司，仍受原规定该扶持优惠的法律约束，直至上述优惠有效期满。

本法经科特迪瓦共和国官方报纸公布实施，未享有原投资法或者《税务总则》所规定优惠待遇的公司，如果满足法律条件，可以享有本法规定的优惠。

享有原投资法所规定优惠待遇的投资者应在 24 个月内调整适用本法条款。

本法不适用于免税公司、适用特别条款的公司以及享有特殊待遇的公司。

第 63 条 如有需要，将发布本法的具体实施细则。

第 64 条 本法实施后，先前与本法规定相悖的所有法律条文一并废止，上述条款中明确继续有效的条文除外。

第 65 条 本法将在科特迪瓦共和国官方报纸发布，作为国家法律执行。

2012 年 6 月 7 日，阿比让

阿拉萨纳 · 瓦塔拉

马里投资法*

2012年2月27日第2012—016号法律

本法由2012年1月26日召开的国民议会讨论并通过
由共和国总统颁布,内容如下:

第一章 目标和定义

第1条 本法旨在通过以下措施促进在马里境内的投资:

a)促进国内储蓄流通,吸引外国资本。

b)创造就业岗位,培养技术干部和熟练劳动力。

c)开发当地原材料。

d)鼓励出口。

e)新建、扩建工业、农林牧业、服务业和手工业的基础设施并使之多样化、现代化。

f)鼓励投资出口工业、投资利用当地原材料和当地其他产品的经济行业。

g)创立和发展企业。

h)技术转让。

i)在全国所有地区吸引投资。

j)促进经济的竞争力和互补性。

k)国内技术的使用与研发。

l)企业的结构调整、竞争力、合并和发展。

m)由新的投资者接管改造企业。

第2条 在本法中,对下述词语的理解如下:

公司:所有以盈利为目的生产、加工、销售产品或供给服务的单位,无论其法律形式,无论其主体是自然人或是法人。

公司拓展:现有公司申请后获批并带来生产增长和(或)投资增加的所有投资项目,生产增长或投资增加的程度将由促进投资部部长的法令确定。

投资:以获取固定资产、金融资产或无形资产为目的,自然人或法人在公司创立、拓展或改造时投入的资本。

投资者:在马里共和国境内依据本法规定进行投资活动的所有马里籍或外籍的自然

* 系重庆国际战略研究院国别投资法律项目:“西非四国投资法译丛”。项目负责人:刘帅锋,四川外国语大学讲师,负责本文翻译。项目成员:况璐琳,四川外国语大学讲师。

人或法人。

公司升级：公司升级涉及对公司的各种业务和生产体系进行质的改进，使公司逐渐具备符合国际标准的生产能力。

获批项目：获批项目指已收到本投资法许可证的投资项目。

结构调整：公司的结构调整力求确保公司活力，达到资金和结构平衡，从而满足公司升级标准。

特别经济区域：地理、气候和经济上落后、交通困难的区域被视为马里的特别经济区域，国家决定特别推动这些区域的发展，维护民族团结。

第二章　适用范围

第 3 条　相关业务领域

本法适用于有最低直接附加值率的公司，直接附加值是评价公司项目的基本要素。

许可证程序、最低附加值率及附加值组成要素由内阁会议通过的法令确定。

本法的适用范围不包括公司转卖所购产品的交易活动。

本法的适用范围也不包括适用于特别法律的经营活动以及银行、金融服务和电信业务。

本投资法许可的投资项目中不带有适用于特殊技术条款的设备。

第 4 条　在上文第 3 条定义的实施范围内开展或有意开展经营活动，合法定居马里的自然人或法人，无论其国籍，都享有本法规定的保障和优惠。

第 5 条　本法适用范围内的公司可分为以下四种类型：

A 类：除去税费和运营资本需求，投资等于或多于一千二百五十万并少于或等于二亿五千万西非法郎的公司。

B 类：除去税费和运营资本需求，投资多于二亿五千万并少于十亿西非法郎的公司。

C 类：除去税费和运营资本需求，投资等于或多于十亿西非法郎的公司。

D 类：除去税费和运营资本需求，投资必须超过一千二百五十万西非法郎且 80%或以上的生产用于出口的公司。

第三章　公司保障、权利和自由

第 6 条　待遇平等

本法第 4 条所述的自然人或法人同等资格条件下享受同样待遇。

外籍投资者与马里籍投资者享有同等待遇，但外籍投资者所在国家与马里共和国签订的法律、条约、协定有相反规定的情况除外。

新创立的公司，投资者最多可持有 100%的股份或股票，特别法规另有规定的经营领域除外。

第 7 条　知识产权保护

国家保障尊重个人或集体的知识产权。

国家保证投资者的公司不被任何形式的国有化、征收或者征用，除非出于公益性目的，这种情况下，公司将按照相关法律、法规享有补偿。

第 8 条 稳定性

国家承诺为投资者创造并维护有利于本法许可项目实施的环境。

本法实施后通过的法律、法规如规定有更为优惠的措施，已享有本法规定优惠待遇的投资者将继续享有新法所规定的优惠待遇，但也应受到新法所有条款的约束。

享有本法优惠的投资者将继续享有本法规定的优惠，不受本法实施后颁布的法律或法规的限制，即使新法律或法规有取消或者减弱这些优惠的条款。

第 9 条 获取原材料的自由

保障公司在马里全境获取原材料、半加工材料和产品的自由。串通或违反竞争规则的行为将受到法律的制裁。

第 10 条 外国投资者获得不动产

外籍自然人或法人可以依照现行相关法律、法规获得不动产。

第 11 条 公司的权利和自由

公司须履行本法第 28 条所规定的义务，除此之外，公司享有完全的经济活动自由和竞争自由。尤其可自由：

·获取开展业务所必需的各种性质的财产、权利和特许权，例如地产、不动产、商业资产、工业资产或者林业资产。

·享有获得的上述权利和财产。

·选择加入任何行业组织。

·按照现行法律、法规，选择公司在技术、工业、商业、财务、法律和社会事务等方面的管理模式。

·选择供应商、服务提供商和合作伙伴。

·参加马里境内的公共项目招标。

·按照现行法律条文，选择人力资源管理政策，自由招聘人员。

第 12 条 转账自由

外国投资者可自由向国外转账支付所有普通款项，无须事先得到准许，其中包括税后利润、股息、工资收入和外籍雇员的积蓄和津贴。

资本交易或金融交易可自由进行，诸如股票、公司股份、商业资本或资产的出售、清算股票收益、征用补偿，但需向财政部申报。

这些转账只能通过政府认可的中介机构进行。

第 13 条 自由招聘和解雇外籍员工

根据马里共和国现行法律条款规定，所有公司根据运营状况可自由招聘或解雇外籍专业员工。

外籍员工的劳动合同在以下方面可以不受《劳动法》和《公司法》的某些条款约束：

·加入在马里获得批准的社会保障机构。

·加入公司间医疗服务。

·定期合同期限与签订定期合同的动机。

·招聘相关规定。

上述情况的实施方式将通过法规形式确定。

上述不受约束的做法不能损害马里加入的国际公约和协定所承认的员工权利。

外籍专业员工将自动获得工作居留签证。

第四章　优惠类型

第 14 条　A 类

公司创建新业务或发展已有业务,除去税费和运营资本需求,投资等于或多于一千二百五千万并少于或等于二亿五千万西非法郎。

公司切实依法纳税才可自动享有以下优惠:

1.创建新业务

·在规定的三年建设时期(投资阶段),获批项目进口马里境外生产或制造的机械、机器、工具及配件专用于获批项目建设免除关税。

·进口所购设备金额 10%以内的配件免除关税。

·在规定的三年投资阶段,获批项目从马里国内购买必需物品、获取服务免除增值税。

·在规定的三年投资阶段,获批项目免除工商所得税及技术援助和咨询服务的增值税。

·七年内,工商所得税和企业税减少至 25%,不可延期;

·投产后前五年内免除所有亏损经营的最低包干税。

2.业务拓展或结构调整与公司升级:

·在规定的两年建设时期(投资阶段),公司进口马里境外生产或制造的机械、机器、工具及配件专用于获批项目建设免除关税。

·进口所购设备金额 10%以内的配件免除关税。

·在规定的两年投资阶段,获批项目从马里国内购买必需物品、获取服务免除增值税。

·在规定的两年投资阶段,获批项目免除工商所得税及技术援助和咨询服务的增值税。

第 15 条　B 类

公司创建新业务或发展已有业务,除去税费和运营资本需求外投资多于二亿五千万且少于十亿西非法郎。

公司可自动享有以下优惠:

1.创建新业务

·在规定的三年建设时期(投资阶段),获批项目进口马里境外生产或制造的机械、机器、工具及配件专用于获批项目建设免除关税。

·进口所购设备金额 10%以内的配件免除关税。

·在规定的三年投资阶段,获批项目从马里国内购买必需物品、获取服务免除增值税。

·在规定的三年投资阶段,获批项目免除工商所得税及技术援助和咨询服务的增值税。

·十年内,工商所得税和企业税减少至25%,不可延期。

·投产后前八年内免除所有亏损经营的年包税。

2.扩大规模或结构调整与企业升级

·在规定的两年建设时期(投资阶段),公司进口马里境外生产或制造的机械、机器、工具及配件专用于获批项目建设免除关税。

·进口所购设备金额10%以内的配件免除关税。

·在规定的两年投资阶段,获批项目从马里国内购买必需物品、获取服务免除增值税;

·在规定的两年投资阶段,获批项目免除工商所得税及技术援助和咨询服务的增值税。

第16条 C类

公司创建新业务或发展已有业务,除去税费和运营资本需求外投资等于或多于十亿西非法郎。

公司可自动享有以下优惠:

1.创建新业务:

·在规定的三年建设时期(投资阶段),获批项目进口马里境外生产或制造的机械、机器、工具及配件专用于获批项目建设免除关税。

·进口所购设备金额10%以内的配件免除关税。

·在规定的三年投资阶段,获批项目从马里国内购买必需物品、获取服务免除增值税。

·在规定的三年投资阶段,获批项目免除工商所得税及技术援助和咨询服务的增值税。

·十五年内,工商所得税和企业税减少至25%,不可延期。

·投产后前十年内免除所有亏损经营的年包税。

2.扩大规模或结构调整与企业升级:

·在规定的三年建设时期(投资阶段),公司进口马里境外生产或制造的机械、机器、工具及配件专用于获批项目建设免除关税。

·进口所购设备金额10%以内的配件免除关税。

·在规定的两年投资阶段,获批项目从马里国内购买必需物品、获取服务免除增值税。

·在规定的两年投资阶段,获批项目免除工商所得税及技术援助和咨询服务的增值税。

第17条 D类

除去税费和运营资本需求,投资超过一千二百五十万西非法郎且公司生产专用于出口或公司在马里提供马里境外使用的服务。

这些公司享有如下优惠:

a)关税

·机械、机器、工具及其配件三十年内免除关税。

·进口所购设备金额10%以内的配件免除关税。

b)国内税

三十年内全部免除与生产活动和推广产品相关的税费,但以下税种除外:

·在国内市场销售商品的增值税。

·机动车购置税。

·包括外籍员工在内的工资津贴税。

·雇主缴纳的工资税。

·居住税。

·青年就业税。

·职业培训税。

·社会保障分摊金。

D类企业如果愿意,可以在马里国内市场销售最多20%的产品,并与同类进口产品交纳同等税费。

第18条 新投资者接管重新运营的公司可根据投资总额享受A、B、C、D四种类型的优惠。

第19条 通过融资租赁公司融资的情况,免税器械相关的财政和海关优惠转移至融资租赁公司。

第五章 特殊条款

第20条 特殊经济区域

内阁会议颁布法令确定特殊经济区域的范围。

位于马里特殊经济区域内的公司须在该地区纳税且开展主要业务才能享受下列优惠,期限为十年:

a)关税

·进口马里境外生产或制造的机械、机器、工具及配件专用于获批项目建设免除关税。

·进口马里境外生产或制造的机械、机器、工具及配件专用于获批项目建设免除增值税。

·进口所购设备金额10%以内的配件免除关税。

b)国内税

·项目在马里国内购买必需物品、获取服务免除增值税。

·在为期三年的投资阶段,获批项目免除工商所得税及技术援助和咨询服务的增值税。

·免除以下各种税费:

①工商所得税和企业税。

②营业税。

③工资津贴税。

④雇主缴纳的工资税。

⑤居住税。

⑥青年就业税。

⑦职业培训税。

⑧金融业务税,无论哪种类型的投资者,在特别经济区域使用银行和金融机构贷款开展业务免征金融业务税。

第 21 条 利用当地原材料的公司

利用当地原材料的公司使用的原材料须有至少 60%来自当地。除了 A、B、C 类型规定的优惠之外,这些公司可享有如下优惠:

·额外 3 年工商所得税和企业税减少至 25%。

第 22 条 使用发明或技术创新的公司

使用发明或技术创新的公司需要至少满足下列条件之一:

·营业额至少 5%用于科研或公司内部研发。

·提交马里科研机构或独立研究员研究成果开发的投资计划。

除了 A、B、C 类型规定的优惠之外,这些公司可享有如下优惠:

·额外两年工商所得税和企业税减少至 25%。

第 23 条 建立在工业区的公司

建立在工业区的公司享有如下优惠:

·额外一年工商所得税和企业税减少至 25%。

第 24 条 出口公司

除了 A、B、C 类型中规定的优惠之外,超过 50%少于 80%的生产用于出口的公司享有如下优惠:

·额外两年工商所得税和企业税减少至 25%。

第六章 特别条款

第 25 条 除非另有说明,产品第一次交货或出售即为初次使用本法规定的相应优惠,试生产除外。

获批公司必须以挂号信的形式将投产日期通知本法的实施法令确定的主管部门。

第 26 条 受本法约束的公司在运营之前必须符合现行法律、法规中有关贸易和公司法律地位的规定。

第 27 条 施工之前,获批公司必须提交项目资料进行环境和社会影响审查,否则按照现行法律、法规,所获许可证无效。

第 28 条 获批公司的义务:

公司建设须符合所在地的城市化规划,还须承担如下义务:

·遵守马里法律,特别是关于公司运营的条文和规定,遵守公共秩序,保护消费者,保护环境。

·根据现行法律、法规批准的会计规划用正确格式制定合法账目。

·1267562889·按税法规定向主管部门提供会计和财务资料，以及投资、就业、国内和国外融资执行情况报告。

此外，获批公司在享有相应类型的优惠期间还应：

·严格遵守获批的投资和生产项目。

·1267562887·获批的投资和生产项目的任何修改都须事先得到许可证发放机构的准许。

·1267562888·执行本行业设备和生产相关的技术规则和质量规范。

·1267562889·按照法规和合法程序创造就业。

·在同等能力下优先聘用马里人，并对公司内部的马里人员组织教育和培训。

·1267562890·按照合法公司的道德准则实施健康透明的管理制度。

·1267562891·购买火灾和恶劣天气损失保险，签订保险合同时明确告知本公司的经营活动（包括主营业务的附属业务）。

第七章　纠纷处理

第 29 条　外籍自然人或法人与马里政府之间因本法的解释出现纠纷时，应首先友好协商解决。

如果不能友好协商解决，则交由马里主管司法机构根据马里共和国现行的法律和法规解决或者通过仲裁解决。调解或仲裁将按下列程序之一进行：

·按照双方达成的协议或者马里共和国与投资者所属国家之间签订的双边协议进行。

·按照 1965 年 3 月 18 日在世界银行支持下确立的《解决国家与他国国民间投资争端公约》的规定进行，根据该公约成立了国际投资争端解决中心，马里共和国于 1978 年 1 月 3 日批准该公约。

·按照非洲商法协调组织于 1999 年 3 月 11 日通过的关于仲裁法的统一法进行。

·按照关于创立多边投资担保机构的公约进行。

第八章　过渡条款和最终条款

第 30 条　优惠的不可延展

未获得本法规定条件许可的公司，不得主张享有一种或数种类型相关的优惠，未实际满足许可条件的公司，也不能主张落实这些优惠。

在发放许可证时和优惠期满后，公司获批的一种或多种类型优惠期限都不能延期。

第 31 条　有效期

本法许可的公司创办期限为 3 年。如果投资者在规定期限内没有开始项目建设（土建、购买设备），则投资者自动丧失享有许可证规定的优惠。

但是,如果投资者证明项目已经开始实施,可以获得自许可证期满之日起最多两年的延期。

第 32 条 许可证撤销条件

许可证及按照许可证享有的优惠的有效期在本法第 14 条、第 15 条、第 16 条和第 17 条规定的期限到期时期满。投资者没有履行全部或部分应尽义务将导致许可证被撤销。撤销之前有最多 90 日的宽限期,要求投资者在此期限内履行未尽义务。

许可证撤销一经宣布,立即生效,投资者须补缴因持有许可证而减免的关税和各种税费,但不追究法律责任和处罚。

本法规定的许可证的发放机关责令公司采取必要措施履行未尽义务。

下达整改命令之日起 90 日内,公司仍未履行应尽义务,主管部门将开展调查并通知调查结果,然后做出撤销全部或部分优惠的决定。

许可证发放部门将通过决议做出撤销决定并确定撤销生效日期。

第 33 条 对撤销决定不服可以上诉,但不能中止撤销决定的执行。上诉需在发布撤销决定之日起 60 日内提起,逾期则丧失上诉权。

第 34 条 专门委员会将负责投资法批准项目的后续跟踪、监督财政和关税优惠的执行及投资者履行承诺。

该监督委员会的运转方式由内阁会议通过法令确定。

第 35 条 过渡条款

根据 1991 年 2 月 26 日第 91－048/AN－RM 号关于投资的法律和 2002 年 7 月第 2002－015 号法律已获颁发的许可证在本法实施后继续有效,不会被明文规定取消,但后期有补充协议和修改协议的许可证除外。第 1991－048/AN－RM 号关于投资的法律由 2005 年 8 月 19 日第 2005－050 号法律修订,第 2002－015 号法律规定了给予旅游公司的特殊优惠。拥有上述许可证的公司可以通过申请享有本法的优惠,但需在本法生效后 6 个月内提交申请。

第 36 条 本法生效后,1991 年 2 月 26 日第 1991－048/AN－RM 号关于投资的法律以及 2005 年 8 月 19 日第 2005－050 号法律的有关修订和 2002 年 7 月有关旅游公司享有特殊优惠的第 2002－015 号法律将同时废止。

2012 年 2 月 27 日于巴马科

共和国总统

阿马杜·图马尼·杜尔

塞内加尔投资法*

2004 年 2 月 6 日 2004—06 号法律

第一章　定义与适用范围

第 1 条　定义

在本法律中,对下述词语的理解如下:

1.公司:所有以盈利为目的生产、加工、销售产品或供给服务的单位,无论其法律形式,无论其主体是自然人或是法人。

2.新公司:所有为展开经营活动而处于计划投资阶段的新建经济实体。

3.公司拓展:现有公司申请后获批的所有符合以下要求的投资项目:

·生产能力提高至少 25%或固定资产价值增加至少 25%。

·或者投资至少 1 亿西非法郎采购生产设备。

4.投资:以获取动产、物质性或非物质性财产为目的,自然人或法人为保证运营资本需求在公司创立或拓展时投入的必须资本。

5.运营资本需求:确保公司日常开支的必须投资部分。

6.投资者:在塞内加尔国内依据本法规定进行投资活动的所有塞内加尔籍或外籍的自然人或法人。

第 2 条　业务范围:本法适用于在以下某一领域开展业务活动的所有公司:

·农业、渔业、养殖业及动植物或鱼类产品仓储。

·产品制造及加工。

·矿产开采及加工。

·旅游,旅游规划与旅游产业,酒店业务。

·文化产业(书籍、唱片、电影、文献中心、音像制作中心等)。

·以下相关领域的服务业:

1.医疗卫生。

2.教育、培训。

3.工业设备安装与维护。

4.远程服务。

---

* 系重庆国际战略研究院国别投资法律项目:“西非四国投资法译丛”。项目负责人:刘帅锋,四川外国语大学讲师,负责本文翻译。项目成员:况璐琳,四川外国语大学讲师。

5.空运和海运。

·港口、机场、铁路基础设施建设。

·建设综合商业楼、工业园区、旅游区、网际村和手工业中心。本法的适用范围不包括公司转卖所购产品的交易活动。

本法的适用范围也不包括适用于特别法律的经营活动或有出口免税资质的企业的经营活动。本投资法许可的投资项目中不带有适用于特殊技术条款的设备。

另外,本投资法给予的税收优惠不包括在塞内加尔国内购买的二手设备。

第 3 条 与其他国家签订的条约和协议

本法的条款不妨碍塞内加尔共和国与其他国已达成或将来达成的条约或协议中规定有更广泛的优惠和保障。

第二章 公司的保障、权利、自由和义务

第 4 条 财产保障与保护

在现行法律、法规规定的范围内,所有动产或不动产、物质性或非物质性的私有财产都受到保护,包括公司所有权的组成和拆分,所有权的转让以及公司签订的合同。

国家尤其保证投资者的公司不被任何形式的国有化、征收或者征用,除非出于公益性目的,这种情况下,公司将事先得到公正补偿。

第 5 条 外汇自由保障

公司经营活动所必需的外汇,公司可在塞内加尔境外获得。因此,保障公司获取外汇不受任何限制,特别是为了:

·确保正常支付和日常支付。

·支付所使用的各种服务,尤其是塞内加尔以外的自然人或法人提供的服务。但是,根据塞内加尔现行外汇管理条例,这些支付与下文第 7 条、第 8 条所列内容的转账都需要提供相关凭证。

第 6 条 资金转账保障

根据现行法律规定,保障公司自由经营、商业资本出售或公司清算带来的各种性质的收入或产品。

外籍投资者、企业家或者股东、自然人或法人在利润收益、股权转让收益、实物股回收、股金分红方面享有同样的保障。

第 7 条 收入转账保障

法律保障公司所雇用的第三国员工以当地货币或外汇的形式,将全部或部分各种合法收入自由转账,如有必要,须出示在塞内加尔合法居住的证明。

第 8 条 获取原材料的保障

法律保障公司在塞内加尔境内获取原材料、半加工材料以及成品的自由。违反竞争规则的协议或行为将受到法律的制裁。

第 9 条 待遇平等

本法第 1 条所指的自然人或法人,在所有权、特许权和行政许可方面,可以获得现行

法律所赋予的各种权利，参加公共项目投标。

第 10 条　本法第 1 条所指的自然人或法人，无论其国籍，凡开展第 2 条所列经营活动的，在塞内加尔法律规定的权利和义务方面均享有平等待遇，第三章另有规定的情况除外。在互惠原则下，塞内加尔国籍和外国国籍的自然人或法人享有相同待遇，但不得违背有关外国侨民的政策或塞内加尔共和国与他国签订的条约与协定的相关规定。

第 11 条　外籍自然人或法人享有同等待遇，塞内加尔共和国与其他国家达成的条约与协定另有规定的除外。

第 12 条　纠纷处理

由本法实施或解释引起的纠纷，在不能友好协商解决的情况下，交由塞内加尔主管司法机构根据塞内加尔共和国的法律和法规解决。

本法实施过程中，外籍自然人或法人与塞内加尔政府之间产生的纠纷将通过调解和仲裁程序解决，但需满足以下条件：

· 双方对纠纷解决达成一致。

· 塞内加尔共和国和投资方所属国之间签订有与保护投资相关的条约和协定。

第 13 条　公司权利和自由

公司须履行第 14 条中所规定的义务，除此之外，公司享有完全的经济活动自由和竞争自由。尤其可自由：

· 获取开展业务所必需的各种性质的财产、权利和特许权，例如地产、动产、不动产、工业资产、商业资产或者林业资源。

· 支配获得的上述权利和财产。

· 选择加入任何行业组织。

· 选择技术、工业、商业、财务、法律和社会事务等方面的管理模式。

· 选择供应商、服务提供商和合作伙伴。

· 参加塞内加尔国内的公共项目招标。

· 选择人力资源管理政策和自由招聘企业领导部门人员。

第 14 条　公司义务

在塞内加尔国内，所有公司必须履行以下总体义务：

· 遵守塞内加尔法律，特别是关于公司创立和运营的条文和规定，遵守公共秩序，保护消费者，保护环境。

· 遵守原产国有关产品的规则和标准，这些规则和标准是对上述塞内加尔规则的补充。

· 提供所有被认为必需的信息，以便对本法规定的义务的履行情况进行监督。

第三章　优惠制度

第 15 条　优先对象

优先对象为：

a）创立新公司。

b）创造就业。

c)在内陆地区建立公司。

d)发展现有公司。

第 16 条 本法范围内给予特别优惠的性质

在投资和经营阶段,公司只享有下文第 18 条、第 19 条中明确规定的关于海关、税收和公司事务方面的优惠。

第 17 条 享受特别优惠的条件

所有投资者都可申请本法给予的特别优惠,但需满足以下条件:

1.本法范围内,公司对生产或服务类经营活动的项目总投资额等于或多于一亿西非法郎,法令对项目投资额另有规定的除外。

2.关于对新设公司的投资,需能够创建新的经营活动而不是对一个已开展经营活动的实体的一种或多种法律形式变更,否则无法获得投资许可证申请中列明的专用资产。

第 18 条 项目投资阶段给予投资者的特别优惠

优惠为期 3 年,内容如下:

·公司进口塞内加尔境外生产或制造的机械和物资专用于获批项目的生产或经营免除关税。

获批项目特需的配件、旅游车辆和实用车辆的免税方式将由法令确定。

·公司进口塞内加尔境外生产或制造的、专用于获批项目的生产或经营的机械和物资入境时免除增值税,免除办法将由法令明确规定。

·境内供货商给获批项目实施所必需的财物、服务和施工所开具的发票免除增值税,免除办法将由法令明确规定。

第 19 条 项目运营阶段给予的优惠

a)税收优惠

优惠分为以下几种类型:

* 新建公司

5 年内免除雇主税。如果获批的投资项目能够创造超过 200 个就业岗位或者创造的就业岗位 90%以上的在达喀尔以外地区,免除期限延长至 8 年。

利润税优惠:利润税方面,准许新设公司在应纳税所得额中减除用于投资的部分金额,该部分性质将由法令确定。

新建公司的减免额度为预计总投资额的 40%。每个财政年度,减免额度不得超过应征税利润总额的 50%。

上述税收减免可分连续 5 个财政年度进行,期满后,未使用的税收减免余额既不累计也不返还。

* 拓展项目

5 年免除雇主税。如果获批投资项目创造就业岗位超过 100 个或者 90%以上的岗位在达喀尔以外地区,免除期限延长至 8 年。

利润税方面,准许获批的拓展项目应征税利润总额中减除用于投资的部分金额,该部分性质将由法令确定。

获批的拓展项目的减免额度为预计总投资额的 40%。

每个财政年中,减免额度不得超过应征税利润总额的25%。减免可分连续5个财政年度进行,期满后,未使用的税收减免余额既不累计也不返还。对于自然人而言,本条规定的减免不可与《税法总则》关于利润用于投资减免税收的规定同时适用。

b)其他优惠

根据劳动法,对于新建公司和拓展项目来说,投资者通知项目启动后开始享受运营阶段优惠之日起,公司为实施新增工程招聘的员工与其他员工被视为同等对待。

因此,自取得许可证之日起,公司可与雇员签订一份为期5年的定期劳动合同。

第四章　许可证发放方式和相关执行程序

第20条　许可证申请材料

希望享有本法规定优惠的任何投资者都需向塞内加尔投资促进与重大工程局或为此特别指定的主管机关递交许可证申请材料。

材料须注明投资者的详细信息与项目的具体情况,尤其是项目的性质、投资总额及发放许可证与后续跟踪所必需的信息。

项目拓展情况下,除了上述材料,公司还需提交一份税收缴纳证明。

第21条　审核与发放许可证

许可证申请提交给塞内加尔投资促进与重大工程局或特别指定的主管机关之日起,投资者会在10个工作日内收到书面答复。如果10个工作日后,投资者没有收到任何回复,则视为获得了许可证。这种情况下,递交申请的收据可以作为证明代替许可证。主管机关必须发放许可证。

许可证上必须标注项目名称,由相关主管机关签署并标明日期。许可证应详尽、完整、明确,特别要指出同意享有的优惠。

许可证分两个阶段发放:

·施工阶段享有优惠的许可证。

·运营阶段享有优惠的许可证。

因此,塞内加尔投资促进与重大工程局或特别指定的主管机关的批复通知应再次明确投资者在施工阶段和运行阶段分别享有的总体优惠。拒绝发放许可证应以书面形式阐明申请被驳回的原因,并特别指出与本法特殊优惠所要求的条件不符合之处。

第22条　许可证持有者的义务

除了上文第14条中规定的总体义务,持有优惠许可证的投资者还必须履行以下义务:

·每年年底向塞内加尔投资促进与重大工程局或主管机关汇报项目实施进度。

·必须向塞内加尔投资促进与重大工程局或主管机关汇报获批项目的开工日期并递交实际投资一览表。

·允许主管行政部门监督公司活动符合优惠规定。

·向国家统计局提交项目统计信息,并抄送塞内加尔投资促进与重大工程局或主管机关。

·按照西非会计体系所采用的会计制度做好公司账目。

第 23 条 许可证期满与撤销条件

许可证及其给予的特别优惠在本法第 18 条、第 19 条规定的期限期满，投资者没有履行全部或部分应尽义务将导致许可证被撤销。撤销之前有最多 90 日的宽限期，要求投资者在此期限内履行未尽义务。许可证撤销一经宣布，立即生效，投资者须补缴因持有许可证而减免的关税和各种税费，但不追究法律责任和处罚。

第 24 条 违背许可证规定条件的处罚

违背给予特别优惠的任一条件都会导致中止享有相应财政年度的优惠。

如果新建公司没有遵守许可条件，将根据下文明文规定的程序启动撤销许可证程序。

第 25 条 许可证获得公司的义务

公司应遵守公司业务相关的法律或法规条款，满足许可证中明确规定的条件，履行许可证规定的义务。在享有相应优惠期间，公司还须：

·严格准守批准的投资项目和经营活动；投资项目的任何实质变动都需提前得到许可证发放机构的准许，

·符合马里国家和国际上关于本行业设备和生产质量的标准。

·经营活动符合马里国家环境标准。

·每预算年度年底向国家信息收集中心报告财务状况。

·在同等能力下优先聘用塞内加尔人，并对公司内部的塞内加尔人员组织教育和培训。

第五章　最终条款

第 26 条 优惠的不可延展

未获得本法规定条件许可的公司，不得主张享有一种或数种类型相关的优惠，未实际满足许可条件的公司，也不能主张落实这些优惠。

在发放许可证时和优惠期满后，公司获批的一种或多种类型优惠期限都不能延期。

第 27 条 期满与许可证撤销条件

许可证及按照许可证享有的优惠在本法第 23 条规定的期限期满，投资者没有履行全部或部分应尽义务将导致许可证被撤销。撤销之前有最多 90 日的宽限期，要求投资者在此期限内履行未尽义务。许可证撤销一经宣布，立即生效，投资者须补缴因持有许可证而减免的关税和各种税费，但不追究法律责任和处罚。

本法许可证的发放机关责令公司采取必要措施履行未尽义务。

下达整改命令之日起 90 日内，公司仍未履行未尽义务，主管部门进行调查并通知公司调查结果，然后做出撤销全部或部分优惠的决定。撤销决定以书面形式做出并确定撤销生效日期。

第 28 条 反对撤销决定可以上诉，塞内加尔主管司法机关对上诉予以采纳后方可中止撤销的执行。上诉需在发布撤销通知之日起 60 日内提起。

第29条 修订本法

本法的修订程序与通过本法的程序一样。

第30条 过渡条款

本法实施后，废除1987年4月28日的1987－25号关于投资法的法律、实施条文及所有条款。但是，本法生效之前已经颁发的许可证继续有效，直至执行期限期满。拥有上述许可证的公司也可通过申请享有本法规定的优惠，需在本法生效后6个月内提交申请。

第31条 如有需要，将发布政令和通报明确本法的执行方式。本法将作为国家法律执行，将刊登在官方报纸上。

2004年2月6日于达喀尔

韩国促进外国人投资法*

该法制定于1998年9月16日，编号为：法律 第5559号，同年11月17日实行。

2000年12月修改后更改编号为6317号；

2001年4月7日修改后更改编号为6460号；

2007年7月27日修改后更改编号为8566号。

第一章　总则

第1条　目的

本法通过向外国人投资提供支持与便利，推动外国人投资从而促进国民经济的健康发展。

第2条　定义

本法使用的用语定义如下：

1.“外国人”，指具有外国国籍的自然人和按外国法律设立的法人（以下称“外国法人”）以及《总统令》规定的国际经济合作机构。

2.“大韩民国国民”，指具有大韩民国国籍的自然人。

3.“大韩民国法人”，指根据大韩民国法律设立的法人。

4.“外国人投资”，指属下列之一者：

A.外国人依据本法，参与大韩民国法人（包括正在设立中的法人）或大韩民国国民所拥有的企业的经营活动，旨在与该法人或企业建立长期的经济关系，根据《总统令》的规定，持有该法人或企业的股票或股份（以下称“股票等”）。

B.属下列之一者，给予该外国人投资企业偿还期限为5年以上的贷款（自首次贷款之日算起）：

1）外国人投资企业的海外母企业。

2）该母企业与总统令规定的资本出资相关的企业。

3）外国投资者。

4）外国投资者与《总统令》规定的资本出资相关的企业。

C.外国人依据本法，在科学技术领域具有大韩民国法人（包括设立中的法人）资格，以符合《总统令》规定的研究人力、设备等标准的非营利法人建立长期合作关系为目的，向该

---

* 系重庆国际战略研究院国别投资法律项目：“韩国促进外国人投资法译丛”。项目负责人：黄进财，四川外国语大学副教授。

非营利法人出资的。

D.此外，具有对非营利法人出资资格，按照《总统令》对非营利法人规定的从业内容等标准经营，并根据第27条规定经外国人投资委员会认可的外国人投资者。

5."外国投资者"，指依据本法持有股份等的外国人。

6."外国人投资企业"，指外国投资者出资的企业或出资的非营利企业；"外国人投资环境改善设施运营者"指由总统令规定、运营，为改善外国人投资环境而建立的学校和医疗机构等设施的人。

7."出资目的物"，指外国投资者根据本法为持有股票等而出资的物品，应属下列之一：

A.《外汇管理法》规定的对外支付手段或者将前者兑换而成的国内支付手段。

B.资本品。

C.根据本法取得的股票等所产生的收益。

D.工业产权及《总统令》规定的知识产权及相当于前两者的其他技术和该技术的使用权。

E.外国人关闭韩国国内支店（分公司）或事务所（办事处）将其转为韩国国内法人，或外国人持有股票等的国内法人解散时，根据该支店、事务所或法人的清算程序，分配给该外国人的剩余财产。

F.本条第4项B目所规定的借款等从海外借入款项的偿还金额。

G.《总统令》规定的股票。

H.位于韩国国内的不动产。

I.其他《总统令》规定的国内支付手段。

8."资本品"，指作为产业设施（包括船舶、车辆、飞机等）的机械、器材、设备、器具、部件、零配件及农、林、水产业发展所需的家畜、种子、树木、鱼贝类，主管部的长官（指掌管该产业的中央行政机关之首长，下同）认为在有关设施最初试运营时（包括试验工作在内）所必需的原料、备件及其进口时所发生的运费、保险费和安装设备或提供咨询时发生的技术指导或劳务。

9."技术引进合同"，指大韩民国国民或大韩民国法人从外国引进工业产权或受让技术及其使用权利时签订的合同。

持有大韩民国国籍且在国外永久定居的自然人，同样适用于本法对外国人的规定。（本法对外国人的规定，适用于保有大韩民国国籍定居于国外者）

第3条　对外国人投资的保护等

外国投资者向海外汇出所持股票等所产生的股利或卖掉股票的收益、根据本法第2条第4项B目规定——借款合同约定偿付的本金、利息和手续费、技术引进合同所约定支付的代价时，（韩国政府）根据汇款当时外国人投资及技术引进合同的许可内容或申报内容，保障该对外汇款。

除法律有特别规定外，外国投资者和外国人投资企业在经营方面与大韩民国国民或大韩民国法人享受同等待遇。

除法律有特别规定外，适用于大韩民国国民或大韩民国法人的法律当中关于租税减免的规定,同样对外国投资者、外国人投资企业、本法第 2 条第 4 项 B 目规定的借款的贷方及第 25 条规定的技术提供者适用。

第 4 条　外国人投资自由化等

除法律有特别规定外,外国人可以不受限制地在国内进行外国人投资业务。

属于下列各项之一的情况外,依本法进行的外国人投资不受限制。

1.对维护国家安全和公共秩序造成阻碍。

2.有害国民健康卫生和环境保护,或明显违反良好的社会风俗。

3.违反大韩民国法令。

外国人投资因属于上述第 2 条各项之一而受到限制的业种及该限制的具体内容由《总统令》另行规定。

有关行政机关首长除本法之外在其他法令或告示中对外国人和外国人投资企业给予较大韩民国国民或大韩民国法人更为不利的待遇或要求外国人和外国人投资企业追加履行新的义务,从而限制外国人投资时,产业资源部长官应根据《总统令》的规定每年将上述内容汇总公告。有关行政机关的首长在做上述法令的修改和补充时,应事先与产业资源部长官协商。(2000.12.29 修改)

第 4 条之二　制定外国人投资促进措施

1.依据本法第 27 条,产业资源部长官每年通过召开外国人投资委员会会议,审议制定外国人投资促进措施。(2008.2.29 修改)

2.促进措施应包括如下各项内容:

A.外国人投资促进基本方向。

B.国内企业海外投资动向与国内产业结构等外国人投资环境分析。

C.吸引外国人投资方案。

D.对从事吸引外国人投资活动的机构提供支援的方案。

3.产业资源部长官为制定外国人投资促进措施,可要求市、道首长及大韩贸易投资振兴公社负责人和金融机构负责提供制定措施的相关资料。(2008.2.29 修改)

4.对前项产业资源部长官提出的要求,各市、道首长和相关部门负责人无特殊原因不应拒绝。

第二章　外国人投资程序

第 5 条　获得新股的外国人投资

外国人通过获得大韩民国法人(包括正在设立中的法人)或大韩民国国民经营的企业新发行的股票等进行外国人投资时,应根据《产业资源部令》的规定事先向产业资源部长官申报。申报内容中,外国人投资金额和外国人投资比率(指外国投资者所持股票占外国人投资企业股票等的总数的比率,下同)等《总统令》规定的有关事项发生变更时,也要进行上述申报。(1999.5.24,2008.2.29 修改)

产业资源部长官接到第 1 项规定的有关申报后应不延误地向申报人开具申报完毕证明。(1999.5.24,2008.2.29 修改)

第 6 条 获得“既存股票等”的外国人投资

1.外国人(包括《总统令》规定的特殊关系人,本条中下同)通过获得大韩民国国民或大韩民国法人所拥有的企业已发行的股票或股份(以下称“既存股票等”),进行外国人投资时,应根据《产业资源部》令的规定事先向产业资源部长官申报。申报内容中外国人投资金额和外国人投资比率等《总统令》规定的事项发生变更时,亦须进行同样的申报。只是除《证券交易法》第 199 条第 2 款规定的公共法人及个别法律限制获得股票的企业外,在取得上市法人发行的既存股票等的情况下,在 30 日内可以进行申报或申请变更。(1999.5.24,2007.4.27,2008.2.29 修改)

2.产业资源部长官接到第 1 项规定的有关申报后应不延误地向申报人开具申报完毕证明。(1999.5.24,2008.2.29 修改)

3.外国人通过获得《总统令》规定的国防产业类企业的既存股票等进行外国人投资时,不适用上述第 1 项的规定,应按《产业资源部令》的规定事先征得产业资源部长官的批准,获得批准的内容中外国人投资金额和外国人投资比率等《总统令》规定的事项发生变更时亦同。(1999.5.24,2008.2.29 修改)

4.产业资源部长官接到上述第 3 项规定的批准申请后,应在《总统令》规定的期限内决定是否给予批准,并将结果通知申请人。(1999.5.24,2008.2.29 修改)

5.产业资源部长官决定上述第 4 项规定的批准与否之前,应与主管部门长官事先协商。(1999.5.24,2008.2.29 修改)

6.产业资源部长官决定上述第 4 项规定的批准事项时,如认为必要,可提出附加一定的先决条件。(1999.5.24,2008.2.29 修改)

7.违反上述第 3～6 项规定获得既存股票等者,不能行使相应的股东投票权,产业资源部长官可根据《总统令》的相关规定要求其转让已获得的上述股票等。(1999.5.24,2008.2.29 修改)

8.上述第 1～7 项规定之外,《总统令》可就外国人获得既存股票的有关事宜做出必要的规定。

第 7 条 通过合并等手段获得股票等

1.外国人通过下列各项之一的方式进行外国人投资时,应向产业资源部长官申报。(1999.5.24,2000.12.29,2003.12.31,2008.2.29 修改)

1)某外国人投资企业以准备金或再评价积累金(assets revaluation reserve)等其他法定的储备金(accumulation)中而获得股票时。

2)在某外国人投资企业与其他企业合并时,外国投资者欲通过原持有的该企业股票等获得合并后的该企业或新设法人发行的股票等时。

3)外国人从外国投资者处通过购入、继承、遗赠或赠与等手段获得按本法第 21 条规定注册的外国人投资企业的股票等时。

4)外国投资者以依法持得的股票的红利出资,获得股票等时。

5)外国人将持有的可转换(conversion bond)、可交换(exchangeable bond)公司债券或股票预托凭证(DR,depository receipt)等类的可以转为股票的公司债券或证券,分别以债权变股权、兑换成另一公司股票、认购等方式转成股票等时。

2.产业资源部长官接到根据第1项规定进行的申报后,应不延误地向申报人开具申报完毕证明。(1999.5.24,2008.2.29修改)

第8条 长期借款方式的外国人投资

1.外国人欲进行第2条第4项B目规定的外国人投资时,应根据《产业资源部令》的规定事先向产业资源部长官申报。申报内容中借款金额、条件等《总统令》规定的事项发生变更时亦同。(1999.5.24,2000.12.29,2008.2.29修改)

2.产业资源部长官接到根据第1项规定提出的申报后,应不延误地向申报人开具申报完毕证明。(1999.5.24,2008.2.29修改)

第8条之二 出资方式的外国人投资

1.外国人欲进行第2条第4项C目和D目规定的外国人投资时,应根据《产业资源部令》规定,事先向产业资源部长官申报。申报内容中借款金额、条件等《总统令》规定的事项发生变更时,亦须进行同样的申报。(2008.2.29修改)

2.产业资源部长官接到根据第1项规定提出的申报后,应不迟延地向申报人开具申报完毕证明。(2008.2.29修改)

第三章 对外国人投资的支援

第9条 对外国人投资的租税减免(2007.4.27修改)

对于外国人投资,根据《租税特例限制法》的相关规定,可减免法人税、所得税、取得税、登录税、财产税、综合土地税等租税。

第10条至第12条 (1999.5.24删除)

第13条 国、公有财产的租赁及出售(2003.12.31修改)

1.财政经济部长官、国有资产的管理厅或地方自治团体(注:相当于地方政府)之首长可以不执行《国有财产法》和《公有财产及物资管理法》以及《政府投资机关管理基本法》的有关规定,直接与外国投资者签订合同将国家或地方自治团体所拥有的土地、工厂及其他国、公有资产(以下称“土地等”)提供给外国人投资企业任其使用或租赁(以下称“出租”)或出售给该外资企业。(2003.12.31,2007.4.27,2008.2.29修改)

2.根据上述第1项规定,国家或地方自治团体出租其拥有的土地时,在租赁期限50年内,不受《国有财产法》第27条第1项、第36条第1项及《公有财产和物资管理法》第21条第1项、第31条第1项的规定限制。(2007.4.27修改)

3.根据上述第1项规定,国家或地方自治团体出租其所拥有的土地时,可不执行《国有财产法》第24条第3项及《公有财产和物资管理法》第13条的规定,允许外商投资企业在该土地上建造工厂等其他永久设施物。在这种情况下,可考虑该设施物的种类,以在租赁期限结束时将其捐赠给国家或地方自治团体或(拆除该设施物)恢复土地原貌作为租赁条件。(2007.4.27修改)

4.根据第1项规定,租赁土地等的租赁费可不按《国有财产法》第25条第1项、第38条及《公有财产和物资管理法》第22条、第32条、第35条的规定而依据《总统令》的规定收取,必要时可以外国货币表示。(2007.4.27修改)

5.根据第1项规定向外国人投资企业出售土地时，买方如被认定一次性付款有困难时，可不按《国有财产法》第40条第1项及《公有财产和物资管理法》第37条和《政府投资机关管理基本法》第20条第3项的规定而依据《总统令》的规定，可延期或分期付款。(2003.12.31，2007.4.27 修改)

6.财政经济部长官、国有资产管理厅在属于下列之一的情况下，将国有土地租赁给经营《总统令》规定的有关业务的外国人投资企业时，与产业资源部长官协商后可不按《工业配置及工场设立法》第36条和《产业地区选定及开发法》第38条的规定，而依据《总统令》的规定对该土地等的租赁费予以减免。(2002.12.30，2003.12.31，2004.12.31，2007.4.6，2007.4.27，2008.2.29 修改)

1)第18条规定的“外国人投资区域”内的土地等。

2)(2004.12.31 删除)

3)《产业地区选定及开发法》第6条规定的“国家产业团地”(以下称“国家产业团地”)内的土地等。

4)《产业地区选定及开发法》第7条、第7条第2项、第8条规定的一般产业团地、城市尖端产业团地及农工团地内的土地等。

7.财政经济部长官、国有资产管理厅将国家所有的土地等，向改善运营外国投资环境设施的投资者出租时，可不按《国有财产法》第25条第1项、第38条第1项的规定而依据《总统令》的规定，可减免当年土地等的租赁费。(2003.12.31，2007.4.27，2008.2.29 修改)

8.地方自治团体之首长将地方自治团体所拥有的土地等租赁给外国人投资企业时，可不按《公有财产和物资管理法》第22条、第32条、第34条的规定而依据《总统令》的规定对该土地等的租赁费进行减免。(2003.12.31，2007.4.27 修改)

9.根据第6项和第8项的规定，在减免租赁费的情况下向外国人投资企业出租的土地，如是《产业地区选定及开发法》第2条第5项规定的产业团地内的土地，其租赁期限可定在50年以内，不适用该法第38条的规定。(2003.12.31，2007.4.27 修改)

10.第2项及第9项规定的租赁期限可进行变更。每次变更时，新的租赁期限不可超过第2项及第9项规定的期限上限。(2003.12.31 修改)

第14条　对地方自治团体吸引外国投资活动的支持

1.地方自治团体如向国家提出支援以下各种吸引外国人投资业务所需资金时，如按本法第18条规定的外国人投资区域的建设费用、购置拟出租给外国人投资企业的土地时的融资、土地等租赁费减免及土地出售价格折扣(包括：《总统令》规定的公共机关将其持有土地减免租赁费向外国人投资企业出租或低于造价出售时，地方自治团体对该减免部分或出售价格与造价间的差额进行补偿性支援)、教育培训补贴金等各种补贴金的支付等，国家应给予最大限度的资金支持。(2003.12.31 修改)

2.根据第1条规定国家对地方自治团体进行资金支援的标准及程序，由按《总统令》的规定、根据本法第27条规定成立的外国人投资委员会决定。此时，资金支持的标准应考虑到各地方自治团体吸引外国人投资的努力及实绩等因素。

3.国家每年事先测算第1项规定的支援资金的规模并将其列入预算中。

4.为促进外国人投资，地方自治团体必要时可根据相关条例的规定向外国人投资企业支付《总统令》规定的雇用补助金等。

第 14 条之二　对外国投资者的现金支援

1.对于符合下列各项之一的外国人投资，国家和地方政府根据外国人投资项目是否具有高新技术、其技术转移效果、扩大雇用规模，以及是否与国内投资重复、项目布设区域是否适当等因素，对该项目新建工厂设施等，按照《总统令》规定的使用用途所需资金，以现金方式予以支援。(2004.12.31，2007.4.27 修改)

1)外国人投资金额在 1000 万美元以上，为从事《租税特例限制法》第 121 条之二第 1 项第 1 款规定的业种，而新建或增建工厂设施(非制造业项目指新增建营业场所)的。

2)外国人投资在 1000 万美元以上，属于《培育零部件、原材料专门企业特别组织法》第 2 条第 1 款规定的零部件、原材料，并为从事《总统令》规定的生产零部件、原材料而新建或增建工厂设施的。

3)雇用在从事与《租税特例限制法》第 121 条之二第 1 项第 1 款规定的事业(以下本款中称"事业")相关联的领域中，具有 3 年以上研究经历的硕士学位持有者，平时雇用规模 10 人以上，并具备下列条件之一的项目：

A.为从事事业进行研究开发活动而新建或增建研究设施的。

B.根据第 2 条第 4 项 C 目规定，非营利法人新建或增建研究设施的。

4)此外，与投资金额相比对国内经济带来效果更大的投资项目，其外国人投资条件符合《总统令》规定的基准，并根据第 27 条规定由外国人投资委员会认定为有必要的项目。

2.第 1 项规定的现金支援金额，需与外国人协商并根据第 27 条规定由外国人投资委员会审议决定。

3.第 1 项规定的现金支援方式和程序等必要事项由总统令进行规定。

4.地方政府按本条第 1 项规定提供现金支援的，除本条第 3 项规定的事项外，现金支援的决定、现金支援幅度算定方法及与外国人进行投资支援协商的程序等，以及相关的必要事项，可以条例形式进行规定。(2004.12.31 修改)

第 14 条之三　对吸引外国人投资的奖励

1.地方自治团体的首长，对认定在吸引外国人投资方面做出较大贡献的人，可根据条例规定，按照吸引外资的实际业绩予以资金奖励。

2.政府投资促进机构的首长，对认定在吸引外资中有较大贡献的人，通过第 27 条规定的外国人投资委员会审议，按照产业资源部长官所规定的标准和引资实际成绩予以资金奖励。但，不得与第 1 项规定的奖金重复进行奖励。(2008.2.29 修改)

第 15 条　设置"外国人投资支援中心"等(2000.12.29 修改)

1.为"一揽子"提供与外国人投资相关的洽谈、咨询、宣传、调查及民愿(市民向政府机关提出的各种申请、要求进行行政处理)事务的处理和代办等各类针对外国投资者和外国人投资企业的服务，在依照《大韩贸易投资振兴公社法》设立的大韩贸易投资振兴公社(即 KOTRA，以下称"大韩贸易投资振兴公社")内设立外国人投资支援中心(即 KISC，以下称"投资支援中心")。(2003.12.31，2007.4.27 修改)

2.大韩贸易投资振兴公社之首长为履行与外国人投资相关的业务，必要时可要求相关行政机关及与外国人投资有关的法人或团体(以下称"有关机关")将公务员或有关机关的管理人员、职员借调到投资支援中心工作。但,借调公务员时应事先与其主管部长官协商。

3.大韩贸易投资振兴公社首长为高效率处理与外国人投资相关的事务,必要时,可向相关事务的主管行政机关首长提出在该机关内设立投资支援中心办事处的请求,相关机关首长接到请求后如无特殊原因不应拒绝。(2007.4.27 修改)

4.投资支援中心以在外国人投资相关业务方面具有相当知识和经验的大韩贸易投资振兴公社所属的管理人员、职员为核心运营,按第 2 项规定借调到投资支援中心的公务员或相关机关的管理人员及职员(以下称"派遣官")配合该中心的业务。(2007.4.27 修改)

5.根据第 2 项规定接到借调公务员或管理人员、职员请求的相关行政机关或有关机关之首长如无特别事由应选拔、派遣适合履行该业务的人员,在借调期间欲中止借调时应事先与大韩贸易投资振兴公社之首长协商。(2007.4.27 修改)

6.根据第 2 项规定接到借调公务员或管理人员、职员要求的相关行政机关和有关机关之首长对其派遣官在升职、平调、嘉奖、福利待遇等方面应给予优越的待遇。(2007.4.27 修改)

7.大韩贸易投资振兴公社之首长为履行第 1 条规定的业务,必要时可向相关行政机关或有关机关之首长请求帮助,接到协助要求的机关之首长如无特殊事由应予以配合。(2007.4.27 修改)

8.大韩贸易投资振兴公社之首长为处理外国投资者投诉的困难问题,根据《总统令》的规定在大韩贸易投资振兴公社内设置"困难问题处理机构"。(2000.12.29,2007.4.27 修改)

9.有关投资支援中心、困难问题处理机构的组织和运营的相关事项,如有必要,可由《总统令》给予规定。(2000.12.29,2007.4.27 修改)

第 15 条之二 外国人投资行政监察官(即 Ombudsman)

1.为协助解决外国人投资企业遇到的困难,国家可聘请在外国人投资方面学识渊博、经验丰富的有关人士担任外国人投资行政监察官(即 Ombudsman)。

2.按上述第 1 项规定受聘的行政监察官需经产业资源部长官提名,经依据本法第 27 条规定成立的"外国人投资委员会"审议通过后,由总统任命。(2008.2.29 修改)

第 16 条 市、道的"外国人投资振兴官"

1.为督促圆满地处理与外国人投资相关的"许可、认可、免许(即批准并颁发执照等行政文件)、承认、指定、解除、申报、推荐、协议"等(以下称"许可等")各种民愿事务,建立相关机关间的协调机制,更有效地支持外国人投资,在特别市(相当于我国的"直辖市")、广域市(相当于"计划单列市")或道(相当于我国的"省")可设置"外国人投资振兴官室"。(2003.12.31 修改)

2.外国人投资振兴官在相关行政机关或投资支援中心提出协助处理关于外国人投资的民愿事务的要求时,应积极予以协助。

3.第 1 项和第 2 项以外的与外国人投资振兴官室的职能及业务有关的必要事项,由《总统令》规定。

第 17 条　与外国投资者等的民愿事务处理有关的特例

1.外国投资者或外国人投资企业，如获得附表 1 的左栏内列举的各类批准(注：共 5 大项)，视作同时获得该表右栏列举的各项批准。

2.与外国投资者或外国人投资企业的外国人投资有关的民愿事务中，如有属《总统令》认可的民愿事务(以下称"直接处理民愿事务"，注：海关通关、移民局入境管理、税务登记等 7 项业务)时，派遣官可直接处理。这种情况下派遣官所属相关行政机关之首长应授权该派遣官全权处理。

3.外国投资者或外国人投资企业可将民愿申请文件的填写、提交等民愿代理事务委托给投资支援中心，接受该委托的投资支援中心之首长应将其中与附表 1 列举的批准事项有关的民愿事务(以下称"一揽子处理民愿事务"，译者注：由投资中心牵头一揽子予以批准)、与附表 2 列举的与外国人投资有关的个案处理的民愿事务(以下称"个案处理民愿事务"，译者注：企业分头向有关机关提出个别申请，共 14 类，主要是环境保护、产业安全等事项)转呈给民愿处理机关之首长(如系总括处理民愿事务，则指主管附表 1 左栏的需批准的民愿事务的受理机关之首长，下同)请求处理，并向有关外国人投资振兴官通报该事。

4.收到第 3 项规定转呈的民愿申请文件或者从外国投资者或外国人投资企业处收到民愿申请文件的民愿受理机关之首长应不延误地征求有关机关之首长的意见，后者必须在本条第 5 项规定的处理期限内提出意见。此时，相关机关之首长如不同意批准应说明其事由，若在第 5 项规定的处理期限内未提出意见则可视为无意见。

5.民愿处理机关之首长或派遣官必须在《总统令》规定处理期限内处理完毕"一揽子处理民愿事务"(指其个别受理的附表 1 右栏所列的需批准的民愿事务)、"个案处理民愿事务"及"直接处理民愿事务"(可不执行其他法令规定的时限要求)。在上述处理期限内如没有通知不予批准时，从处理期限完结日的次日起视为已批准该申请。在处理期限内如通知不予批准时，应根据《总统令》的规定向外国人投资振兴官和外国投资者或外国人投资企业书面通报其理由。

6.依据第 5 条前半段规定该企业的申请被视为获得同意时，民愿处理机关之首长和派遣官应根据外国投资者或外国人投资企业提出的该申请，不延误地向外国投资者或外国人投资企业发送可证明其已批准该申请的文件。

7.收到依据第 5 条后半段规定关于否决其申请的通知的外国投资者或外国人投资企业，如提交了可以证明造成该否决的有关事由已经消失，该企业并已满足了相关法令规定的批准条件的文件时，有关民愿处理机关之首长或派遣官应在《总统令》规定的期限内批准原申请。此时，该审批人不能再列举当初否决申请的理由之外的其他理由再次否决其申请。

8.第 7 项的规定对于上述第 4 项规定中的(与相关机关首长)协商程序同样适用。

9.外国投资者或外国人投资企业根据第 2 项至第 8 项的规定欲获得一揽子处理民愿事务、个案处理民愿事务及直接处理民愿事务的许可等时，只需提交《产业资源部令》规定的申请文件(可不执行其他法令关于应提交申请文件的规定)。(1999.5.24，2008.2.29 修正)

10.民愿处理机关之首长根据《总统令》的规定，在受理一揽子民愿事务的审批业务时，即使有关的附件等部分要素不合格，也可以在补足有关内容的前提下予以“许可”(即批准)。

11.有关法令规定的从外国投资申报到开始营业间外国人投资企业必须应获得批准的有关民愿事务如不属下列各项之一者，外国投资者或外国人投资企业从事外国人投资业务可不适用上述法令的有关规定。

1)一揽子处理民愿事务。

2)个案处理民愿事务。

3)直接处理民愿事务。

4)除上述第1)款至第3)款外，本法规定的与“许可等”相关的民愿事务。

12.(2003.12.31 删除)

13.第1项至第10项以外的，与外国人投资相关的民愿事务处理有关的必要事项由《总统令》规定。

第四章 外国人投资区

第18条 外国人投资区的确定、开发

1.特别市长、直辖市长及道知事(相当于我国的省长)(以下称“市、道知事”)，在下述各项规定的区域，为吸引符合《总统令》规定的基准的外国人投资，可将该区域在经过依据第27条规定成立的“外国人投资委员会”的审议后指定为外国人投资区(以下称“外国人投资区”)。在此种情况下，欲将与本条第2项类似的外国人投资区，开发成《产业地区及开发法》规定的第7条和第7条之二规定的地方产业团地或城市尖端产业团地时，应制订开发计划。(2001.1.29，2004.12.31，2007.4.6，2007.4.27 修改)

1)根据《产业地区及开发法》第6条规定的国家产业团地和同法第7条规定地方产业团地，在其中，为作为外国人投资企业专用区域进行租赁或转让而指定的地域。

2)符合《总统令》规定基准的外国人投资，该外国投资者希望投资的地域。

2.两个以上外国投资者按上述第1项前半段规定，欲从市、道知事处获得外国人投资区的确定时，上述投资者欲投资的行业和地区须符合《总统令》规定的基准。(2000.12.29，2004.12.31 新设)

3.市、道知事在确定按第1项、第2项规定设立的外国人投资区时，应公示以下各款事项。(2000.12.29，2001.1.29，2007.4.6，2007.4.27 修改)

1)外国人投资区的名称、位置及面积。

2)开发和管理办法。

3)《产业地区选定及开发法》第7条之三规定的公示事项(限定将该外国人投资区开发成为地方产业团地或城市尖端产业团地)。

4)入驻外国投资区的外国投资企业的投资清单、雇用规模及从事的业种内容。

4.根据《总统令》的规定，外国人投资区由所属的市、道知事开发、管理。但，国家产业团地的一部分或全部被确定为外国人投资区时，如已有负责管理的机关，则由该机关管理。(2000.12.29，2004.12.31 修改)

5.被确定为外国人投资区的地域,如为工厂等的设立需开发新的场地时,可将该外国人投资区开发为地方产业团地。(2000.12.29,2007.4.6 修改)

6.将外国人投资区按第 5 项的规定开发为地方产业团地或城市尖端产业团地时,按第 1 项、第 2 项规定设立的外国人投资区视作已被指定为地方产业团地或城市尖端产业团地。此种情况下,第 1 项后段规定的开发计划可视为《产业地区选定及开发法》第 7 条第 2 项规定的开发计划,本条第 3 项规定的公示视为《产业地区选定及开发法》第 7 条之四规定的公示。(2007.4.6 修改)

7.将外国人投资区按第 5 项的规定开发为地方产业团地或城市尖端产业团地时,按第 1 项、第 3 项规定设立的外国人投资区视作已被指定为地方产业团地或城市尖端产业团地。此种情况下,按《产业地区选定及开发法》第 12 条第 2 项规定,将“产业团地”即视作“外国人投资区”,按本法第 22 条第 2 项规定在已进行“产业团地的指定并发布告示”的,即视为已进行外国人投资区的指定和告示。(2007.4.6 修改)

8.已结束开发的国家产业团地、地方产业团地及城市尖端产业团地的一部分或全部被确定为外国人投资区时,不适用本法第 19 条第 1 项的规定。(2000.12.29,2007.4.6 修改)

9.市、道知事如欲变更已按照本条第 3 项规定发布的告示内容,按照本法第 27 条规定,须经由外国人投资委员会审议。如为总统令确定的细微变更,则无须经过审议。(2007.4.27 新设)

10.有关外国人投资区的确定程序和方法的必要事项由《总统令》进行规定。(2000.12.29,2007.4.27 修改)

11.与本条第 4 项规定的有关开发和管理的必要事项由《总统令》进行规定。(2004.12.31,2007.4.27 新设)

第 18 条之二　外国人投资区的撤销

1.如外国人投资企业不再符合本法第 18 条第 1 项、第 2 项规定的《总统令》所核定的基准,市、道知事必须报请按本法第 27 条规定成立的“外国人投资委员会”审议通过后,撤销该外国人投资区的资格。

2.根据上述第 1 项的规定撤销外国人投资区的程序等事宜中的必要事项,由《总统令》进行规定。

第 19 条　对外国人投资区的支援

1.依据《产业地区选定及开发法》第 28 条及第 29 条的规定,国家补助开发外国人投资区所必要的费用支出,并支持顺利建成外国人投资区所需的港湾、道路、自来水设施、铁路、通信、电力设施等基础设施的建设。(2007.4.27 修改)

2.根据《都市交通整备促进法》第 18 条的规定,国家免征建设外国人投资区内的设施物等时的“交通增容费”。(2002.1.26,2007.4.27,2008.3.28 修改)

3.删除(2003.12.31 修改)

第 20 条　其他法律的特例

1.在外国人投资区内划分土地时,不适用下列各款法律。(2000.12.29,2003.12.31,2007.4.27 修改)

1)《国土利用管理法》第 56 条第 1 项第 4 款。

2)删除(2003.12.31)

3)删除(2000.12.29)

4)删除(2000.12.29)

5)《临时行政水道(上水)建设特别措施法》第 5 条第 1 项第 4 款。

2.入驻外国人投资区内的外国人投资企业,不适用《对外贸易法》第 11 条的规定,根据产业资源部长官的决定,可放宽对其进口或出口的限制。(2000.12.29,2007.4.11,2007.4.27,2008.2.29 修改)

3.入驻外国人投资区内的外国人投资企业不适用下列各款的法律规定。(2003.12.31,2004.12.31,2006.3.3,2007.4.27,2007.7.27 修改)

1)《大、中小企业事业领域保护及企业间合作增进法》第 30 条。

2)《对国家有功者等的礼遇及支援法》第 33 条之二中第 1 项。

第五章　外国人投资的事后管理

第 21 条　外国人投资的事后管理

1.外国投资者属下列各项情况之一时(包括因增资而符合下列各项之一的情况),必须根据《总统令》的规定进行外国人投资企业登记。(2000.12.29,2003.12.31,2007.4.27 修改)

1)缴纳完毕出资目的物时。

2)按照本法第 6 条规定,取得既存股票等时(指缴付了购买该既存股票等的款项时)。

3)按本法第 7 条第 1 项第 5 款规定,购得有关股票时。

2.外国投资者在按本条第 1 项第 1 款的规定缴纳完毕出资目的物之前,如进行了相当于本法第 2 条第 4 项 A 目的外国人投资,也可以进行外国人投资企业登记。(2000.12.29,2003.12.31 新设)

3.产业资源部长官在外国投资者或外国人投资企业属于以下各款情况之一时,可取消对其的批准或吊销其登记。(1999.5.24,2000.12.29,2007.4.27,2008.2.29 修改)

1)根据第 1 项规定登记过的外国人投资企业停业关闭或 2 年以上不从事经营活动时。

2)根据第 1 项规定登记过的外国人投资企业或根据第 6 条第 3 项规定获得许可的外国投资者拒不执行第 28 条第 5 项规定的"整改命令"等各项必要的措施时。

3)根据第 1 项规定登记的外国人投资企业出现解散事由时。

4)外国投资者根据《总统令》的规定申请取消登记时。

5)外国投资企业将登记证转让或借给他人时。

6)通过伪装缴纳出资目的物的手段获得外国人投资企业登记时。

第 22 条　资本品处分权的限制等

1.外国投资者或外国人投资企业要将根据第 9 条的规定免缴关税进口的资本品进行转让、出租或用作在申报用途以外用途时,除《总统令》规定的特殊情况外,须事先向产业

资源部长官申报。(1999.5.24,2008.2.29 修改)

2.产业资源部长官收到第 1 项规定的申报后应不延误地向申报人发放申报完毕证明。(1999.5.24,2008.2.29 修改)

3.已登记的外国人投资企业,除符合《总统令》规定的标准的情况外,不得有属如下各款之一的行为。

1)超过允许标准地从事本法第 4 条第 3 项规定的外国人投资受限业种。

2)超过允许标准地获取从事本法第 4 条第 3 项规定的外国人投资受限业种的其他内资企业的股票等。

4.外国投资者或外国人投资企业不得在申报目的或许可目的之外使用投资的资金。

第 23 条　股票等的转让等

1.外国投资者欲向他人转让根据第 5 条至第 7 条规定取得的股票,或因资本减少欲减少自己所持股票等时,应根据《总统令》的规定提前向产业资源部长官申报。(1999.5.24,2003.12.31,2008.2.29 修改)

2.外国投资者在根据第 21 条第 3 项各款规定被取消许可或吊销登记时,须从许可被取消日或登记被吊销日起计算 6 个月内将自己所持股票等转让给大韩民国国民或大韩民国法人。但,有不得已理由的情况下在得到产业资源部长官的同意后,可延长该转让期限(最长 6 个月)。(1999.5.24,2007.4.27,2008.2.29 修改)

3.未按第 21 条第 1 项的规定登记的外国投资者在接到根据第 28 条第 5 项规定下达的“整改命令”后仍拒不改正时,须将自己所持股票等从该改正命令执行期限结束日起的 6 个月内转让给大韩民国国民或大韩民国法人。但,有不得已理由的情况下在得到产业资源部长官的同意后可延长该转让期限(最长 6 个月)。(1999.5.24,2007.4.27,2008.2.29 修改)

第 24 条　有关外国人投资的统计资料的收集、制作

1.为分析外国人投资对经济增长、国际收支、雇用等国民经济所产生的影响,产业资源部长官可以要求市、道知事、大韩贸易投资振兴公社之首长及外国人投资企业提供必要的资料、统计等。(1999.5.24,2008.2.29 修改)

2.接到第 1 项规定的“提供资料、统计等”的要求时,市、道知事、大韩贸易投资振兴公社之首长及外国人投资企业如无特别事由应予同意并提供有关资料。

3.按第 1 项及第 2 项的规定,负责收集、制作有关外国人投资的资料、统计等工作的公务员不得泄露该企业的经营秘密和有关信息。

第六章　技术引进合同

第 25 条　技术引进合同的申报

1.大韩民国国民或大韩民国法人在与外国人签订《总统令》所规定的技术引进合同时,应根据《产业资源部令》的规定向产业资源部长官申报。如要修改已申报的技术引进合同内容时亦需要同样的申报。(1999.5.24,2008.2.29 修改)

2.产业资源部长官接到第 1 项规定的申报后应在《总统令》规定的期限内向申报人发

放申报完毕证明。(1999.5.24,2008.2.29 修改)

3.按第 1 项规定申报的技术引进合同须应从申报日起 6 个月内开始执行,如已申报完毕的技术引进合同在此期限内未启动,则应视其申报作废。但,如提前征得产业资源部长官同意(延长)该合同生效期限的情况下例外。(1999.5.24,2008.2.29 修改)

4.如属第 4 条第 2 项各款规定之一时,不能进行该技术引进。

第 26 条 对技术引进合同的租税减免

对于技术引进合同,可按《租税特例限制法》的有关规定减免法人税和所得税等税赋。(2007.4.24 修改)

第七章 补则

第 27 条 外国人投资委员会

1.为审议下列各事项在财政经济部内设立外国人投资委员会(以下称“委员会”)。(2007.4.27,2008.2.29 修改)

1)关于外国人投资基本政策和制度的重要事项。

2)综合、协调与改善外国人投资环境有关的各主管部门的措施。

3)针对外国人投资企业的租税减免标准的有关事项。

4)协调中央行政机关和特别市、广域市和各道之间关于外国人投资意见的有关事项。

5)与促进措施相关的事项。

6)第 2 条第 4 项 D 目中与对非营利法人出资的相关事项。

7)第 14 条中关于对地方政府支持的相关事项。

8)第 14 条之二中的关于现金支援的相关事项。

9)第 14 条之三第 2 项中的关于吸引外资奖金发放的相关事项。

10)第 18 条和第 19 条中关于外国人投资区域指定、支援相关的事项。

11)其他关于吸引外国人投资的重要事项。

2.该委员会的委员长由财政经济部长官担任,委员为下列人员:(1999.5.24,2003.12.31,2008.2.29 修改)

1)外交通商部长官、行政自治部长官、科学技术部长官、文化观光部长官、农林部长官、产业资源部长官、情报通信部长官、环境部长官、劳动部长官、建设交通部长官及海洋水产部长官和企划预算处长官。

2)与商定议案相关的市、道知事。

3)删除(2003.12.31)

3.为研究、调整该委员会拟审议的议题,处理委员会委任的事项,设立外国人投资实务委员会(以下称“实务委员会”)。

4.产业资源部长官须向委员会汇报根据第 1 项第 2 款规定,为改善外国人投资环境所开展的工作状况等的情况。(2000.12.29,2008.2.29 新设)

5.除第 1 项至第 3 项规定以外,与委员会和实务委员会的构成、运行有关的必要事项由《总统令》进行规定。(2000.12.29 修改)

第 28 条　报告、调查及“整改”等

1.与依据本法推进的外国人投资和技术引进有关，对认为必要的相关事项，产业资源部长官及分管部长官可令外国投资者、外国人投资企业、技术引进者、大韩贸易投资振兴公社之首长、相关金融机构之首长及其他利害关系人报告有关事宜。(1999.5.24，2008.2.29 修改)

2.产业资源部长官与本法的执行相关，如认为有必要时，可令下属公务员或相关行政机关之首长调查下列各事项。(1999.5.24，2008.2.29 修改)

1)外国人投资的资金(包含出资目的物，在本条中下同)及资本品的引进、使用、处分的有关情况。

2)技术引进的有关情况。

3)依据本法获得许可的内容或已申报内容的执行情况。

3.根据本条第 2 项规定进行的调查，应在 7 日前将包括调查时间、调查理由、调查内容等的调查计划通报被调查者。但在紧急必要的情况下，或认为事前通知会导致证据灭失无法达到调查目的时例外。(2005.12.23 新设)

4.根据本条第 2 项规定进行调查者，应携带标明其权限的证明并向相关人员出示该证明。在离开时应将记载有调查者姓名、调查目的、进出时间等的书面文件交付给(被调查方)相关人员。(2005.12.23 修改)

5.产业资源部长官对属下列之一的情况可命令外国人投资的资金及资本品的引进或使用者、技术引进者及其他利害关系人予以改正或采取其他必要措施。(1999.5.24，2005.12.23，2008.2.29 修改)

1)不履行依本法获得许可或不履行申报的事项或该操作中有违法或不当的行为。

2)发现有属于第 4 条第 2 项各款之一事实的情况。

6.为进行外国人投资而引进资金和资本品者，在《关税法》规定的置放期限内未将资本品通关、领取时，海关的首长可按《总统令》的规定将其出售。(2005.12.23，2007.4.27 修改)

第 29 条　引进资本品的审查、确认

1.外国投资者或外国人投资企业如引进依本法属租税减免对象、符合总统令规定的标准的资本品时，取得分管部长官的审查、确认(证明)。

2.对获得第 1 项规定的主管部长官审查、确认的资本品，该审查、确认(证明)被视为《对外贸易法》规定的进口许可。(2007.4.27 修改)

第 30 条　与其他法律及国际条约的关系

1.本法中涉及外汇及对外贸易的事项，除本法中有特殊规定的情况外，适用《外汇管理法》的规定。(1999.5.24，2007.4.27 修改)

2.外国人投资企业可以不按《商法》第 462 条之二第 1 项例外规定的规定，在有《商法》第 434 条规定的特别(董事会或股东大会)决议时，以发行相当于利润分配总额的新股票的形式(配股)进行利益分配。(2007.4.27 修改)

3.外国投资者以本法第 2 条第 7 项 B 目规定的资本品进行实物出资时，可不按《商法》第 299 条的规定，而将关税厅厅长确认其实物出资的履行和该目的物的种类、数量、价

格等后出具的“实物出资完毕确认书”视为《非诉讼事件程序法》第203条规定的检察官的调查报告书。公司设立后，将资本品作为实物出资时亦同样须经确认。(2000.12.29，2007.4.27修改)

4.《总统令》规定的技术评价机关如对(外资企业出资的)第2条第7项D目规定的工业财产权等的价格做出评价，则该评价内容可视为《商法》第299条之二规定的注册鉴定师的鉴定结果。(2007.4.27修改)

5.欲与依第5条第1项规定申报完毕的外国投资者进行合作的大韩民国国民或大韩民国法人，对(外方的)出资目的物可不按《资产再评价法》第4条的规定，而可以每月1日作为再评价日进行《资产再评价法》规定的再评价。(2007.4.27修改)

6.本法不可被解释为是对大韩民国缔结公布的国际条约内容的修正或限制。

第31条　权限的委任等

产业资源部长官或主管部长官根据总统令的规定可将本法规定的部分权限委任或委托给国税厅厅长、关税厅厅长、大韩贸易投资振兴公社之首长及其他《总统令》规定的与外国人投资有关的机关之首长。(1999.5.24，2004.12.31，2008.2.29修改)

第八章　罚则

第32条　罚则

对依本法对外汇款、引进外资或引进技术时，将外汇资金非法转移至国外者(企业则包括其代表者)处以一年以上有期徒刑或相当于转移资金金额2倍以上10倍以下的罚金。这种情况下，将没收已转移的外汇资金，无法没收时要追征与其相当的金额的财物。

第33条　罚则

对违反第22条的规定对资本品的处分情况不进行申报者处以5年以下徒刑或5000万(韩)元以下的罚金。

第34条　罚则

对在进行本法规定的相关许可申请或申报时，提供虚假文件者，判处3年以下徒刑或3000万(韩)元以下的罚金。

第35条　罚则

对属下列各项之一者(企业则包括其代表者)处以1年以下徒刑或1000万(韩)元以下罚金。(2005.12.23修改)

1.删除(2004.12.31)

2.违反第6条第3项的规定未获许可而取得经营国防产业企业的既存股票等者。

3.删除(2004.12.31)

4.不执行第28条第5项的规定的改正命令等措施者。

第36条　两罚规定

法人代表，法人或自然人的代理人、受雇人员等从业人员，在从事其法人或自然人的有关业务时，如违反本法第32条至第35条规定，除惩罚当事者外，对该法人或自然人也要依照相应条款处以罚金。

第 37 条　罚款

1.违反下列各项之一者处以 1000 万(韩)元罚款：

1)违反第 6 条第 1 项规定不进行申报取得既存股票等。

2)违反第 28 条第 2 项规定不配合调查,加以拒绝、妨碍或回避的。

2.本条第 1 项规定的罚款依据《总统令》规定由产业资源部长官处罚并征收。(2008.2.29 修改)

3.如不服根据第 2 项规定处分的罚款者,可在接到通知后 30 日内向产业资源长官提出异议。(2008.2.29 修改)

4.不服根据第 2 项规定处以的罚款并按照第 3 项规定提出异议时,产业资源部长官应立即向辖区法院通报,接到通报的辖区法院按照“非诉讼事件程序法”对罚款事项进行审判。(2007.4.27,2008.2.29 修改)

5.在第 3 项规定的期限内不提出异议亦不缴纳罚款时,国税厅按滞纳处分条例加以征收。

附表 1　外国投资者等的民愿事务处理(第 17 条第 1 项相关)

类别	各类许可
1.《关于产业集成化及工厂设立相关法律》第 13 条第 1 项规定的工厂设立的等批准	1.《关于产业集成化及工厂设立相关法律》第 13 条之二第 1 项规定的认可、许可等及同条第 3 项规定的许可及申报等 2.《河川法》第 50 条规定的河川水的使用许可 3.《水道法》第 52 条和第 54 条规定的专用自来水及专用工业用自来水管道设立的认可 4.《道路法》第 36 条和第 52 条规定的非道路管理厅的道路施工许可及道路连接许可
2.《中小企业创业支援法》第 33 条规定的事业计划的批准	1.《中小企业创业支援法》第 35 条第 1 项规定的许可等 2.《河川法》第 50 条规定的河川水的使用许可 3.《道路法》第 36 条和第 52 条规定的非道路管理厅的道路施工许可及道路连接许可 4.《建筑法》第 19 条第 2 项规定的建筑物用途变更许可及申报
3.《建筑法》第 11 条规定的建筑许可或该法第 14 条规定的建筑申报	1.《建筑法》第 11 条第 5 项规定的许可等 2.《关于产业集成化及工厂设立相关法律》第 13 条之二第 1 项及同条第 3 项、该法第 14 条第 1 项规定的许可等(只包括工厂建筑物的情况) 3.《农地法》第 40 条第 1 项规定的用途变更的批准 4.《河川法》第 50 条规定的河川水的使用许可 5.《公用水面管理及填埋相关法律》第 8 条规定的公用水面占用、使用的许可,该法第 17 条规定的公用水面占用、使用实施计划的批准 6.《防沙事业法》第 14 条规定的采伐等的许可及该法第 20 条规定的防沙地指定的解除 7.《水道法》第 54 条规定的专用工业用自来水管道设置的认可

续表

类别	各类许可
4.《大气环境保全法》第23条规定的大气污染物质排出设施的许可及申报	1.《大气环境保全法》第24条第1项规定的许可等 2《废弃物管理法》第29条第2项规定的废弃物处理设施的设置批准及申报 3.《化学物质管理法》第28条规定的有害化学物质营业许可 4.《土壤环境保全法》第12条第1项规定的特定土壤污染管理设施设置的申报
5.《建筑法》第22条规定的建筑物的使用批准	1.《建筑法》第22条第4项规定的检查等 2.《关于产业集成化及工厂设立相关法律》第14条之二第1项规定的检查等(仅限于工厂建筑物) 3.《水道法》第19条第1项规定的水质检查
6.《观光振兴法》第54条规定的观光园区建设计划的批准	1.《观光振兴法》第58条第1项规定的许可等 2.《草地法》第21条之二规定的土地性质变更等的许可 3.《农渔村治理法》第23条规定的农业生产基础设施或者或用水的目的之外的使用批准,该法第82条规定的农渔村观光休养园区开发事业计划的批准,该法第83条规定的观光农园开发事业计划的批准 4.《河川法》第50条规定的河川水的使用许可 5.《山林保护法》第9条第1项及该条第2项第1、2号规定的在山林保护区域(山林流转资源保护区除外)中的行为的许可和申报,以及该法第11条第1项第1号规定的山林保护区域的制定接触 6.《农地法》第31条规定的农业振兴地区等的变更、解除 7.《下水道法》第11条规定的公共下水道(仅限于粪尿处理设施)的设置认可,以及该法第24条规定的公共下水道的占用许可 8.《道路法》第107条规定的道路管理厅的协议及批准 9.《宅地开发促进法》第9条规定的宅地开发事业实施计划的批准 10.《防沙事业法》第14条规定的采伐等的许可 11.《小河川治理法》第6条规定的小河川治理综合计划的批准,该法第10条规定的小河川等的治理许可及该法第14条规定的小河川等占用许可 12.《国有财产法》第30条规定的国有财产的使用许可 13.《公有财产及物品管理法》第20条固定的使用、收益的许可 14.《博物馆及美术馆振兴法》第18条规定的博物馆及美术馆的设立计划批准
7.《观光振兴法》第4条第1项规定的观光事业的注册	1.《观光振兴法》第18条第1项规定的认可、许可等 2.《农渔村治理法》第85条规定的农渔村观光休养地事业者申报 3.《公演法》第9条规定的公演场地的注册 4.《室外广告物等的管理和室外广告产业振兴相关法律》第3条规定的广告物及展示设施的许可及申报 5.《自然公园法》第20条规定的公园事业的实行及公园设施的管理许可,该法第23条规定的公园区域内行为许可及申报

续表

类别	各类许可
8.《体育设施的设置、利用相关法律》第12条规定的对注册体育设施业事业计划的批准	1.《体育设施的设置、利用相关法律》第28条第1项规定的认可、许可、解除等 2.《河川法》第30条第1项规定的河川施工许可及该法第50条规定的河川水的使用许可 3.《公用水面管理及填埋相关法律》第8条规定的公用水面占用、使用的许可 4.《国土计划及利用相关法律》第56条第1项规定的开发行为的许可，该法第118条规定的土地交易合同的许可 5.《下水道法》第27条规定的排水设备的设置申报 6.《道路法》第36条和第52条规定的非道路管理厅的道路施工许可及道路连接许可 7.《防沙事业法》第14条规定的采伐等的许可 8.《国有财产法》第30条规定的国有财产的使用许可，以及该法第40条第1项规定的行政财产的用途废止 9.《公有财产及物品管理法》第11条规定的行政财产的用途变更及废止，该法第20条固定的使用、收益的许可 10.《自然公园法》第23条规定的公园区域内行为许可及申报
9.《济州特别自治道设置及国际自由城市建设特别法》第147条规定的开发事业实行的批准	1.《济州特别自治道设置及国际自由城市建设特别法》第148条第1项规定的许可等 2.《草地法》第5条第1项规定的草地建设许可 3.《农地法》第35条第1项及该法第43条规定的农地专用申报 4.《住宅法》第15条规定的事业计划的批准 5.《水产业法》第41条规定的渔业许可
10.《关于产业集成化及工厂设立相关法律》第16条规定的工厂的注册	1.《关于产业集成化及工厂设立相关法律》第16条第6项规定的注册等 2.《出版文化产业振兴法》第9条第1项规定的出版社的申报 3.《下水道法》第27条第5项规定的排水设施和竣工检查，该法第44条第1项规定的粪尿活用的申报 4.《道路法》第62条第2项规定的道路占用工程的竣工确认

附表2　与外国人投资有关的个案处理的民愿事务(第17条第1项相关)

1.《建筑法》第19条规定的用途变更的许可及申报
2.《产业安全保全法》第40条第1项规定的有害性调查之外的化学物质的确认
3.《外国人土地法》第4条规定的外国人土地取得的许可及申报
4.《有害化学物质管理法》第11条规定的化学物质的有害性检查
5.《有害化学物质管理法》第33条和第34条规定的取得限制、禁止物质的入境许可及取得限制、禁止物质营业的许可
6.《水质及水生态系统保全有关法律》第60条规定的其他水质污染源的设置申报
7.《噪音、震动规制法》第13条规定的噪音、震动排除设施的开工启动申报
8.《环境影响评价法》第27条规定的环境影响评价书的协议
9.《水道法》第7条第4项规定的饮用水源保护区内的行为许可及申报
10.《自然公园法》第23条规定的行为许可
11.《反垄断及反不正当竞争法》第12条规定的企业合并申报
12. 对外国投资者想要通过外国人投资企业进行经营的企业的许可等
13. 其他通过总统令确定的许可等

巴西联邦共和国贸易法*

第一部分

根据10406号法律的第1012002条条例，该贸易法已废除第一部分相关法律。

第二部分　海上贸易

第一章　船舶

第457条　有且仅有完全隶属于巴西联邦共和国的船舶才能享有特权和优惠待遇，其他任何外国船舶皆不能享受同等特惠优待。

若经核查，某船舶以巴西公民的名字进行登记注册，船舶的所有权实则全部属于或部分属于外国人，又或者该名外国人与船舶有利益牵扯，此船舶将以“失踪”进行查获，船舶上的货物一半归属于检举人，另一半则收归相关贸易法院。

现居国外的巴西人不能拥有隶属于巴西的船舶，除非拥有或共有巴西本国的商业住宅。

第458条　如若某一巴西船舶经转让，部分或全部属于外国人，则该船舶不能以巴西船舶的身份进行航行，因为该船舶并未转让给巴西联邦共和国。

第459条　可以按照最为便利的方式和模式来建造船舶，但是任何未提前经政府验收而自认为可以出海航行的船舶禁止出海航行。

须经验收的船舶将交付给相关的贸易法庭秘书处，在此验收前禁止任何船舶进行登记和出海航行。

第460条　一切用于在公海出海航行的船舶，应该由其合法的船舶所有者前往本国的贸易法庭进行登记注册，专门进行附近海域捕鱼作业的船舶不属于此法令包括的范畴，

* 系重庆国际战略研究院国别投资法律项目：“巴西贸易法译丛”。项目负责人：唐思娟，四川外国语大学讲师。

未提前进行登记注册的船舶将不被法律承认并禁止出海航行。

第 461 条 注册应该包括如下内容：

1.声明内容应涵盖船舶建造地点、造船人姓名以及主要木材的质地。

2.船舶以英寸计和英尺计的体积大小，以及每吨的容积和测量容积的证书，并附上测试的相关日期。

3.装备状况以及甲板数量。

4.下海日期。

5.船舶所有人或者共有人名字信息以及他们各自的居住地址。

6.关于船舶共有者的股份，如果船舶有多位共有者，且获取各船舶的股份时间不同，须在注册船舶时同时提交申请，申请上注明船舶共有者的姓名以及取得股份的时间。

第 462 条 如果船舶在国外生产建造，除了以上提及的法令以外，在注册时应该声明船舶的所属国，船舶名字以及船舶变更所属人后巴西船东的名字，在该文件中船舶建造者的名字可以省略。

第 463 条 船东在法院主席的面前，船东本人或者由船东的委托人起誓并保证这份声明的真实性，以及船舶的共有者们都是真正的巴西联邦共和国公民，法令规定船东不能使用船舶从事任何非法经营活动。如若注册船舶发生出售、丢失或者无法出海航行等情况，船东将按照声明和法院的规定接受相应的处罚。

在没有商业法院的地区，所有上述的步骤都将由具备贸易执法资质的法官代为执行，他们将和相关的文件一起被派驻到当地的法院。

在没有商业法庭的地区，以上涉及的所有行为都应该在有商业权利的法官处进行公证，并附上所有相关证明。

第 464 条 发生任何船东更改的情况，需要前往商业法庭做好相关的备注。

第 465 条 船长的更改也应该要记录在注册登记里。

第 466 条 任何在航行的巴西船舶须携带以下证件：

1.登记注册证明(参见第 460 条)。

2.船舶的护照。

3.船员或者登记清单。

4.根据法律、法规以及税务部门规定而出具的海关离港指南。

5.如果船上托运了货物，应该备有与托运相关的信函以及船上现有货物的相关信息。

6.离港费用相关收据，并且理解关于出海航行的驾驶、抛锚停泊以及税务等常识。

7.《巴西贸易法》副本。

第 467 条 船舶的注册应该在船舶出海航行的港口完成，且包括以下信息：

1.船舶、船长、随行员工、船员的名字，并且对登船人员的年龄、婚姻状况、国籍、居住地址和职业做出声明。

2.离港、到港、回程(如果已确定)等信息。

3.薪金的调整发放标准，例如按照某一次行程、一个月、一定数量的货物、股份或者航行利润等前提来发放。

4.预付金，已经支付或者承诺支付的薪金。

5.船长、所有船上负责人员以及具备识字能力的船员们的签名(参见第 511 条和第 512 条)。

第 468 条 如若巴西进行公海航行的船舶进行转让或者抵押,只能够通过公证书的形式进行,须在公证的内容里写明注册、各种备注等信息(参见第 472 条和第 474 条);在船舶进行出售时,应该知悉船舶上包含的所有装备、配件以及其他所有物品都归船东所有,除非船东在订立合同时对此处有特别的说明。

第 469 条 出售正在出海航行的船舶,如果船舶未到达目的地,船上的所有货物归买方所有;如果订立合同之日船舶已经到达目的地,船上货物归卖方所有,特别说明除外。

第 470 条 船东在自愿出售船舶的情况下,船舶的所有权连同船上所有的财物归属买家,但是这并不包括已有的优先债权人权利。

例如:

1.因船舶打捞、救援以及引港服务等拖欠的薪资。

2.所有的港口费和航海税。

3.船舶保管人员以及船舶看管到期应付的薪资,以及因该船舶各装备及配备存放所产生的租金。

4.在最后一次航行后,船舶及其附带所属物所产生的一切开支都应该在其停靠港口待售时清算完毕。

5.在最后一次航行后,船长、负责人员和其他船员的薪资。

6.关于船舶最后一次航行,船长对船体本身、船上的装备、装载货物(参见第 651 条)所承担的风险和航行结束后应得的报酬奖励应当在船舶离港前签署对相关义务规定的协议。

7.对于船舶船体本身、设备、装载货物应承担的风险和报酬,应该在最后一次航行开始之前,也就是装载港口订立相关的协议(参见第 515 条)。

8.借给船长的费用,或者由于最后一次航行所产生的船舶维修等开支,以及相关的薪酬奖励和保险,因为这些而产生的借贷,船长应该谨慎对待以免承担风险。

9.未交货,船舶和货物运输的奖励和保险以及常规故障问题,一切由于最后一次航行产生的问题。

第 471 条 以下情况双方同时享有优先权,即便是在最后一次航行前就已经签订合同:

1.因船舶建造所产生的 3 年内的债务,时间从完成造船的那一天算起。

2.最近两年因为船舶和船上设备维修所产生的费用及其利息,时间从维修结束那一天算起。

第 472 条 由前文中提到的第 470 条第 4、6、7、8 项的债权,只有在有效时间内进行商业登记后以及它的重要性在航海注册(第 468 条)当中进行备注后才被视作拥有优先权(第 10 条和第 2 条)。同样的债务如果发生在境外,需要到各自的使领馆进行签证认证。

第 473 条 第 470 条和第 471 条设定的债权人按照他们排序决定优先权;同一个港口的同笔债务按照排序顺序决定优先;如果债务的港口不一样,后面的港口优先于前面。

第 474 条 在第 470 条和第 471 条中所提到的优先债权人，也同样适用于购买船舶未支付的费用以及相关的利息，时间从合同生效日开始计算；但是这类债权应该在有效时期内在商务注册时记录在案，并在航行记录中备注其重要性。

第 475 条 在船东破产或无力偿还清债务的情况下，船舶的所有债务，在考虑到第 471 条和第 474 条的前提下，由其他所有债权人承担。

第 476 条 船舶卖方有义务向买房澄清所有的优先债务权（参见第 470 条、第 471 条和第 474 条），且须以书面形式出现在出售协议里。未对优先债务权做说明的船舶卖方，买方有权因支付未提前声明的债务而揣测卖方可能有的犯罪行为。

第 477 条 在法律拍卖中，所有和任何债权人对船舶的责任自拍卖协议生效之日起也随之解除，在拍卖所得未被提取的情况下有且只有此价格存续。

第 478 条 尽管船舶是拥有良好声誉的动产，依然保留法律对于不动产拍卖的规定，对于上述提到的拍卖，除了需在公众场合发出公告以外，尤其是在一些商业广场，还需要在当地的报纸广告位，刊登 8 日拍卖广告。

第 479 条 由于船舶的优先义务责任一直持续，当债权人以一些法律条例为由（第 470 条、第 471 条和第 474 条），船舶可以在其被发现的任何巴西的港口，在没有装载货物或者船上的货物未达到其装载量的四分之一的情况下进行拦截或者阻止；但是，如果船舶具备反拦截公函，则可不接受拦截。

第 480 条 任何船舶都不会因为非特权债务而受到拦截或阻止，除非是在船舶注册登记的港口；即便是在船舶注册登记的港口，债务人也必须在法庭上提供抵押担保。

第 481 条 任何船舶在装载货物超过其载货量四分之一后都不得因为船东个人债务原因被拦截或阻止，除非这些债务在本船舶此次航行时就已经欠下，并且欠债人也没有其他财产可以对债务进行偿还；尽管这样，如果要进行船舶拦截，应该提供与追债人所占股份金额尽可能相当的资金担保，船长签署返程协议，以便船舶返回过程中不会遭遇任何意外。如果船长不按上述说明履行职责，将因个人过失而承担此次债务。

第 482 条 不得对停靠在巴西港口的外国船只进行拦截或拘捕，尽管该船只未装载任何货物，因为船舶涉及的债务并未在巴西境内发生；除非债务出现风险或者涉及外国的外汇贸易（参见第 651 条）。

第 483 条 因为船舶某一位合伙人债务问题纠纷发生时，不能对任何船舶进行拦截或者拘捕。

第二章　船东、合伙人和财务处

第 484 条 所有巴西公民都可以拥有或者获得巴西船只，但是船只的配备和运输必须以具备成为商户资格的所有人和合伙人或者船东和信贷所的名义进行。

第 485 条 当合伙人也参与到船舶的事务中时，该企业或者海事伙伴关系就应该接受商业公司条例的管理。

第 486 条 对于船舶合伙公司，占股份比例最多的股东享有优先权，尽管其他的股东股份之和远远大于股份最多的股东。投票比例也与股东所占比例相匹配；在投票平局的情况下,如果股东们不愿意做出决策,可以交由第三方处理。

第 487 条 当船舶需要进行必要的维修时,如果一部分股东持有不同意见,不愿意接受维修提议,则这些股东所占有的股份须出让给其他股东;如果其他股东不愿意购入,可以向公众出售。

第 488 条 如果只有小部分股东理解船舶须进行维修,而大部分股东反对维修,那这一小部分股东可以申请司法验收,以此决定船舶是否需要维修。所有的股东都需要对可能产生的费用负责。

第 489 条 如果有股东想要出售自己的股份,须和其他股东进行沟通交涉,其他股东有权利以平等条件购入股份。

第 490 条 所有的股东都有权利选择将船舶租赁给其更愿意合作的第三方,所有股东享有同等的竞争机会,船舶最后的租赁权给赞成股东人数较多的乙方;如果投票人数相等,则抽签决定。

第 491 条 所有的船舶企业或者合伙企业都由一家或者多家信贷机构管理,它的登记注册受到了其利益相关方、负责人等的见证。

第 492 条 财务处应该由船舶所有人任命产生,除非所有船舶所有人同意让陌生的第三方介入。在任何情况下,财务处需要具备第 484 条提到的所有特质。

第 493 条 股东大会有权履行对船长和船上其他人员进行任命、调换和结束聘用的职责,为船上的管理制定办法,并且处理一切关于管理、租赁、船舶出海工作的合同事宜;按照任命他的大部分的股东们的意志履行职责。

第 494 条 所有的股东和船东必须对船长因为准备、维修、供给等事项产生的债务负责,该责任不会因为借口船长超出其对船舶的管理权限而驳回(参见第 517 条)。所有的船东和船舶所有人都需要对因船长造成的第三方损失负责(参见第 519 条)。船长和船舶所有人不得同时放弃船舶。

第 495 条 财务处在每次出海航行后需要向所有船东和股东提交一份管理报告,关于船舶的状态和航行表现,并且附上相关的文件,并且即时清算每个人相应的余额;每一位船东或者股东都必须在其提交报告后查验财务处的账户,并且即时支付和其股份相匹配的份额。通过财务处提交的报告由大多数的股东决定,小部分的股东如果有不同意见不影响大部分股东的决策。

第三章 船长

第 496 条 要成为巴西船舶的船长(此法典中通用此名词),申请人须为居住在巴西的巴西公民,具有签订劳工合同的民事行为能力。

第 497 条 船长是船舶的指挥官,所有的船上人员都须服从船长对于船上事务安排的命令。

第 498 条 船长有权对船上不服从其命令和相关规定的船员进行处罚,或者终止其正在进行的服务和工作;甚至可以因为他们不守纪律而提交监狱,即便犯罪的人员是乘客,船长只要按照相关的法律程序,依然可以将犯罪人员提交进港当局。

第 499 条 船长有权对船组人员的调整和离职做出处置;不得强迫船长接收他不愿意接收的船组人员上船工作。

第 500 条 船长诱导或者误导其他船舶的船员将被处以 10 万雷亚尔的罚款,并且须交出船上被误导的船员;因为这一失职而耽搁行程造成的损失由船长承担。

第 501 条 船长须对船舶日常事务管理以及航行做常规的书面记录;由于船长失责未记录而造成的损失和危害由船长承担。

第 502 条 首先,《货运记录》应该每天记载货物装载的进出,并且对于品牌数量、发货人和收货人姓名、装载和卸货港口、运费等事项做出特别声明。还应该记录乘客姓名、目的地、船票价格、行程条件以及行李等相关信息。

第 503 条 第二本记录册应该是关于船舶收支状况的;用往来账户的形式,一切船长与船舶收支相关的信息都应该被记录在册;同时每一位船员的薪资发放状况也必须包括在册。

第 504 条 第三本记录册,命名为“航海日志”,记录一切关于港口、船上实务、船舶修补、维护等事项。同时还须记录旅途当中的一些状况,这些备注每天都应该由船长和引航员完成,包括任何航行中有趣的发现、不合乎常理的事件,尤其是船舶可能遭遇的损害或者障碍,以及船上人员的会议讨论等。

第 505 条 一切在船舶上的证据和抗议行为,旨在证明索赔、损害以及其他损失,都应该在第一个到达地的当局的见证下得到船长的保证;同时也应该向船上的船长、船员、乘客等询问事情的真实状况,并且与当时的航海日志记录做对比。

第 506 条 在离港运输的前夜,船长应该在引航员和水手长的面前对锚链、锚、船帆、桅杆等运转状况做出说明;船长、引航员和水手长需要做出声明,同时对该声明签字,而以上提到的设备状态如若发生改变,都应该被记录在航海日志里,并且附上签名。

第 507 条 一旦航行开始,船长必须在船上行使其职责,指导船只安全到港,按照规章制度执法。如果由于船长不在岗或者失职导致船只或者船上物品遭受损失,船长应该接受相应处罚。

第 508 条 禁止船长在任何情况下弃船,沉船事故除外。船长应该尽一切努力保护或者抢救船上的财物,优先抢救船上的书本资料、钱财和贵重物品。在船长尽到应尽职责的前提下,发生的任何损失不由船长承担责任。

第 509 条 船长私自改变既定航线,或者船长在未同船上其他官员讨论协商的前提下,对船舶或者船上所载货物采取不符合常规操作的措施,是不被任何借口允许的;在船舶的讨论会上,船长有优先投票权,甚至可以对投票结果进行否决,船长有权力根据实际情况判断应该采取的措施。

第 510 条 禁止船长驶入陌生港口,如果由不可抗力带入,船长应该寻找机会回到既定航线;如果因此造成船舶或者货物损失,船长应该接受相应处罚。

第 511 条 驶入外国港口的船舶,船长必须在第一个有效的 24 小时内向巴西的使馆提交海关指南,并且在同一使馆做出声明和备注,连同在离开该港口前船舶上发生的任何货物和人员的变动情况。

第 512 条 在船舶返回出发地之际,船长必须在第一个工作日的 24 小时之内对注册机构提交原始的注册,并且根据规定做出声明。超过规定时间8日,船长将承担失职责任。

第513条 如果无法联系船东、受托人或者收货人,将由船长根据说明指示调整租金。

第514条 船长在船东、受托人或者代理人所在的港口,不能在没有特殊授权的情况下,做出超常规的开支。

第515条 在船舶航行途中,因缺乏资金,且找不到船东、受托人,抑或船东、受托人都陷入债务危机,船长有权对船上的商品或者货物进行变卖以便能对船舶进行常规的修理和维护。

第516条 为了能够对上文所述情况得到授权,应该具备:

1.船长可以证明确实缺乏资金。

2.无法联系船东、受托人和代理人,即使联系上了,相关人士也没有采取相应措施。

3.由船舶上工作的各负责人讨论后做决策。

如果上述情况发生在国内港口,应该向当地贸易法庭陈述该情况,由法官进行裁决;如果发生在国外,则由使领馆代为行使这一权利。

第517条 船长有义务对船舶进港的维修原因做出说明;如果没有对相关原因做出说明,船长有义务对船东负责。

第518条 在非上述法典条例描述的情况下,由船长擅自出售船上物品而造成的损失,将被视为诈骗行为,不仅要承担经济赔偿,还将受到刑事追责。

第519条 船长被认为是真正负责保管货物或者保管船上接收的其他物件的人,并且船长有义务将这些货物完好地交付给收货方。

船长的这一职责在承运货物的即日起生效,并一直持续到港卸货后才能得以免除。

第520条 船长有权利接受船舶所有人对其在船只使用过程中的支出补偿,前提是船长严格遵守各项规定指示并且没有违反其作为船长应该遵守的基本义务。

第521条 船长在没有得到托运人书面指示的前提下不得将任何货物放置在船舶甲板上,由此所造成的损失由船长承担。

第522条 船舶是作为整体承运货物的,如果船长接受第三方的托运请求,租赁者有权要求船长离开船舶。

第523条 船长或者船舶上的其他船员,借口以私人的名义承运个人或他人的商品货物,将承担双倍货运费用。

第524条 以利润为前提进行合伙航行的船长不得以私人的名义和其他人进行贸易往来,如果因此发生任何风险和损失,该趟航行的利润归其他合伙人所有。

第525条 禁止船长和托运人谋取私利,无论任何理由,由船长和托运人承担风险和损失,利润全部归船东所有。

第526条 船长有义务谨慎对待并且坚决抵制任何针对船舶以及船上货物的暴力行为,应该在事件发生的同一港口或者第一个到达的港口进行解释说明。

第527条 船长不得因货物安全原由扣留船舶运输货品;但是船长有权要求收货人在交付货物时,对货物的重要性、海损做出担保;如果收货人没有进行及时的支付或者担保,可以要求对货物进行扣押;扣押规定的计算日期是从最后一次卸货起30日内。

第528条 在无法与收货人取得联系时，又或者收货人无法提供提货单证，船长应该放弃交付，并且向当地有关当局或者贸易法庭提出申请，委任保管人来接收货物并且支付相应的运输和租赁费用。

第529条 因船长渎职或者不作为，对船舶或者船上货物造成丢失或者损害，将受到刑事责任的追究。

同时对于船上船员对船上装载货物的盗窃、损害行为，船长也负有民事责任。

第530条 由于船长本人不熟悉相关海关对船舶港口管理的法律、政策，将由船长本人承担所有的罚金；如果由于船上船员分歧导致了不按上述法令规章航行的情况，且船长无法提供其尽力阻止过的证据，同样由船长接受处罚。

第531条 除了在有法律证明该船舶不适航的前提下，如果船长在没有得到船东特别授权的情况下出售船舶，船舶出售无效，将由其本人承担所有的丢失和损失，并且有可能面临刑事诉讼。

第532条 船长签订船舶出海航行的合同后，在没有任何正当理由的情况下，放弃履行合同，必须因为自己的失职对货物丢失和损失向船东、承租人和托运人负责。相应的，如果在航行结束以前，船长无故被解除合同，将获得之前订立合同时协定的全部薪资。

第533条 由于船舶是向既定港口航行，只有船长有权因为战争、合法的封锁和阻止而放弃航行且不受时间限制。

第534条 如若在船舶航行过程中发生乘客或者船员死亡的事故，船长应该即刻保存好逝者的遗物并且做好清单。这一处理须在船舶上至少两名及以上的其他人员的见证下完成，最好是由其他乘客见证。在船舶到港后，船长须将所有遗物和清单交给有关当局。

第535条 结束航行后，船长必须立即将此次航行的管理账目交给船东或者船舶财务处；如果有剩余的现金，也应该一并交付。船东和船舶财务处在收到管理账目后也应该立即对账目进行清算，并且支付欠款。如果对账目有争议，船长有权要求支付逾期的薪资。

第536条 如果船长作为船舶唯一的所有人，将同时肩负船长和船东对承租人和托运人的所有义务。

第537条 船长作为船舶共有人，对合伙人有相应的义务，也对船舶以及货物享有相应的股份和利润。

第四章　领航员和水手长

第538条 领航员和水手长的权利和义务都由海洋法规定。

第539条 当领航员做出有必要改变航线的判断时，应该与船长进行交涉；如果船长反对，不认可领航员的观察结果，那么根据第504条，航海日志应该得到船长、领航员和其他人员共同签名的条例，领航员可以在航海日志上记录抗议，但是最终遵循船长的命令，因为船长会对最后的结果负责。

第 540 条 由于领航员操作不熟练、疏忽或者恶意而造成的船舶的丢失或者损失，领航员必须对船舶和货物的损失进行赔偿，并且有可能面临刑事责任。第 529 条所规定的对船长的责任的界定也同样适用于领航员。

第 541 条 由于船长的死亡或者其他障碍，对船舶的支配权利随即落到领航员和水手长的身上，一并赋予他们的还有船长所享有的特权以及承担的职责、义务。

第 542 条 负责接收和交付货物的水手长，如果没有交给船长收据，以及关于他接收和交付货物的相关证明文件，他需要对可能引起的损失负责。

第五章 船舶工作人员的合约和薪资以及他们的权利和义务

第 543 条 船长有义务向船组人员提供一份由其本人亲笔签名的账单，并且在账单中清楚地声明薪资明细和合约。在这份账单中也需要注明已经支付的金额。

第 544 条 船舶账簿与注册时一致(参见第 467 条)，按照规章记录入册，诚实公正地为薪资合同的任何疑问提供解决办法。

第 545 条 以下是船组人员需要承担的义务：

1.按照规定的时间登船航行，否则将面临被解雇的风险。

2.在未取得船长许可的情况下不得离开船舶在外过夜，违者扣除一个月的薪水。

3.在没有得到船长许可的前提下，不得将自己的物品搬离出船舶。

4.服从船长和其他船舶官员的命令，避免争端，否则将按相关条例进行处罚。

5.在船舶受到攻击或者遭遇灾难时，积极地协助船长，否则将处以扣除薪资的处罚。

6.航行结束时，抛锚靠岸卸载船上设备，将船舶驾驶到停泊处，并且系好船舶，按照船长的要求履行自己的责任义务，失职者将被扣除工资。

7.对船舶上发生的抗议活动提供证词和陈述，将按逾期发放工资的天数获得赔偿；如果没有提供证词和陈述，无权要求返还逾期薪资。

第 546 条 船员以及其他任何船组成员，在船舶登记注册以后，如果在航行开始前或者在航行未结束时弃船离开，根据合同规定，可以判禁闭，提前支付给他的酬金也可以追回，并且 1 个月不能领取薪资。

第 547 条 如果在船舶登记注册以后，船员因为船东、船长、托运人的原因而解除航行，应该向所有签订月合同的船组成员垫付 1 个月的薪金，无论逾期与否；而对于签订整个航行合同的船员则支付一半薪资。如果航行受阻发生在注册船舶离港后，那么按月签订合同的个人有权获得薪资补偿，但是同时也要求船员们即刻返回离港港口，或者到达最近的目的地；如果船员签订的是整个航行的合同，那么他们将在航行结束的时候获得薪资。

第 548 条 因为不可抗的外力导致航行受阻，有权利要求逾期的薪资，不可抗力包括：

1.宣战或者航行离港处和到港处发出禁令；

2.宣布港口封锁或者瘟疫；

3.船舶运输的货物出现在港口禁止进入的名单上；

4.扣押船舶超过90日；

5.由于灾祸而导致的船舶不适航。

第549条 如果航行受阻是因为某些不可抗因素，导致船舶被迫进港，那么和船舶签订月合同的船员仅仅有权利要求领取离港那天直到离职那天的薪资；如果船员签订的是整个航程的合同，则无权要求逾期薪资直到航程结束。

第550条 在扣押和拘留的情况下，签订月合同的船员在航行受阻的情况下会出现薪资逾期发放的情况，但是不得超过90日；超过此期限，合同作废。如果签订的是整个航程的合同，船员需要一直履行合同直到整个航程结束。但是，如果船东获得了由于船舶扣押或者拘留的相关赔偿，就必须向签订月合同和整个航程合同的船员支付他们应得的薪资。

第551条 如果船东在航行开始之前，更改了原合同里声明的目的地，那么薪资的订立也应该做相应调整；没有进行重新签订的只有权利获得逾期薪资或者保留他们已经获得的那部分。

第552条 如果船舶到达目的地港口，且卸货结束，船长在返航的时候，承运货物前往其他目的地，对于船员个人来说可以自由地选择继续签订合同或者离开。

第553条 由于船组成员享有对运费的分红，如果因为不可抗力导致的航行受阻、耽搁或者延长所获得的赔偿，船组成员无权享有；但是如果这种航行受阻、耽搁或者延长由托运人造成，则船组成员可以和船东根据运费分成的方式享有船舶所获赔偿。

第554条 在船舶完成注册后，船员因不公正的原因被解雇，如果他签订的是月合同，那他将获得整个月的薪资；如果他签订的是整个航程的合同，则按照航行时间的一半来支付工资，这个时间长短按照常规航行所耗时间来估算。

第555条 以下列举的原因属于合法解雇原由：

1.犯罪或者严重违抗命令，扰乱船舶秩序，不服从管理，不履行应尽义务（参见第498条）；

2.经常性酗酒；

3.玩忽职守；

4.任何事件使得船员不适合或不能够履行其义务，参见第560条。

第556条 以下情况，船组人员可以提出辞职：

1.船长更改航程目的地（参见第511条）；

2.航行途经地有战争发生或者瘟疫发生的可能；

3.船舶位置不够；

4.船长死亡或被解雇。

第557条 任何船员不得在航行之时对船舶或者船长提起诉讼，船舶一旦靠岸，觉得自身受到不公正待遇的船员可以选择终止合同。

第558条 如果船舶被缉拿或者沉没，船员无权在船舶发生此类事故后获得逾期薪资，船东也无权对提前垫付的薪资提出异议。

第559条 如果被困船舶得以释放，那么将支付给船员全部的逾期薪资。如果沉船事故中船舶的某一部分或者某些货物得以救援，那么船员有权在最后一次航行中要求支付逾期薪资，优先支付其他之前的债务，按照船舶抢救后可以折算的现金来进行补偿；如果船舶没有任何部分得以救援，那么就按照打捞的货物来折算。

第 560 条 如果在航行过程中，有船员感染疾病，因此导致的逾期工资应该被支付，包括治疗费用；如果他的疾病不是在提供航行服务中感染的，那么他的逾期工资和治疗费用将不被补偿。

第 561 条 如果旅途中有船员死亡，那么船舶将负责支付其安葬费用；死亡船员的继承人也有权要求支付直到船员死亡那天为止的薪资，这里指的是签订月合同的船员；对于签订整次航行合同的船员，如果船员在返航中死亡，则薪资要按整个航程协定的薪资发放。

第 562 条 无论薪资如何调整设置，因为保卫船舶而死亡的船员都应该被视为同其他船员一样，享有所有合法的逾期薪资以及船舶的分成。

第 563 条 航程结束，船员有权要求在最后一次卸货 3 日之内支付薪资，并且要求支付延期发放所产生的利息。（第 449 条）

每次航行，船员的薪资都会进行调整，船员可以在每次行程结束要求支付逾期薪资。

第 564 条 所有船员都有对船舶和货物的隐形质押权，以便在最后一次航行中，能够以此来支付逾期薪资。如果被告没有预存同等价值的保证金或财产，被告的意见将不被听取和采纳。

第 565 条 船员和船长须对船舶和运输物品的安全和完好负责，不得在航行过程中渎职甚至犯罪，船长和船员的薪资也是避免他们犯下这些错误的特殊质押。

第六章 租用

第一节 航次租船合同的性质与形式

第 566 条 航次租船合同指的是租用整艘船舶或船舶的部分仓位，用于单航次或多航次的装货、卸货或存货的合同。船长收取货物时须经书面文件查验。涉及两份文件：文件一指的是航次单或运输单，须由承运人、托运人以及合同所涉及的任何其他方签字，各方均持有一份文件；文件二指的是详细信息单，由船长与承运人签字。由出租人提供，由承租人决定所要出租的船舶。

第 567 条 航次单须告知下列信息：

1.船长姓名、船名、容积、船籍、船舶登记港（参见第 460 条）。

2.出租人与承租人名称、其相应地址；若为第三人租用，则同样需要告知其名称与地址。

3.航次名称，反复航行或按月单次或多次航行，往返航线或仅去程或仅返程航线，以及最终决定租用整艘船舶或船舶的部分仓位。

4.船舶接收货物的种类与数量，以编号形式标记种类、吨为单位计数量，含重量或尺寸信息，由托运人与承运人负责。

5.装货与卸货时间、装货港与卸货港、受载期限、滞期，以及受载与滞期形式。

6.租用费、船长运费补贴、滞期与超期滞留费,以及付费方式、时间与地点。

7.除了运货人员工作安置与材料存放地点之外,是否有船舶停放点。

8.各方达成约定的其他事项。

第568条 租船单须在商业登记局中公开,自船舶离港之日算起15日的期限内在商业法院所在地公布,其他地区按照指定的期限发布(参见第31条)。

第569条 租船单为公开文件,由某船舶经纪人参与并签字,在无船舶经纪人的情形下由公证人出席,在两位见证人在场的情形下签字。非上述两种方式签字认证的租船单在签字双方之间有效,但不得对抗第三人。

即便船长已行使其命令权,其签字的租船单仍然有效;但因其不当使用而对船舶持有人的权利造成损失与损害的情形除外。

第570条 对于租用整艘船舶的情形,仅保留船长室、船员装备及必要的装货材料扣留在仓库。

第571条 若一方对于另一方存在下列情形,则解除租用合同:

1.货物出港出现阻碍,在开航前发生无法预计持续时间的不可抗力情形。

2.在开航前宣告战事,或颁布与货运目的港所在国家贸易往来的禁令,则对于船舶与货物双方互相不负责任。

3.在离港所在地的租船单中所涵盖的所有或大部分地区出现禁止货物出口,或在其货运目的港禁止货物入口。

4.在船舶开航前,装货港或卸货港发布禁令。

在所有上述情形下,卸货所需支出费用将由承租人或托运人负责。

第572条 若在船舶航行期间发布与货运目的港所在国家贸易往来的禁令,而迫使运输船舶返回,则认为虽然船舶未完成往返航线的租用,但去程租用仍然发生。

第573条 压舱租用船舶前往须装货的另一港时,解除合同,若到达港口发生第571条与第572条中指定的阻碍时,无论是对船舶的禁令,还是对船舶与运输的禁令,任何一方均不承担赔偿责任。若禁令是因运输而非船舶的原因发出,则承租人须支付调整后的一半运费。

第574条 若船长隐藏真实船旗,按照承租人的要求,同样可以解除租用合同,则由其自身负责向承租人承担装货与卸货的全部费用;若船舶租用费用无法满足损害赔偿时,则负责所造成的损失与损害。

第二节　单证

第575条 单证须注明日期,声明内容如下:

1.船长姓名、托运人与收货人名称(若为订货单,可省略收货人名称),船名与容积。

2.运输货物的质量与数量、其品牌与编号,在货物边缘处标记。

3.出货港与目的港位置,注明规模大小(如有)。

4.租船价与船长运费补贴(如有规定),以及付款地点与方式。

5.船长(第577条)与托运人签字。

第576条 依据租船单选择货物,若单证不具备“按照租船单”这一条款,则单证持有人不负责租船单中所包含的特殊条件或义务。

第 577 条 船长必须签署托运人要求的同一单证的所有复件，复件中的内容与日期均应相同，并将其进行编号。一份由船长持有，其他归托运人持有。

若船长与托运人为同一人，则对应的单证将由两位船员及时在船舶控制室签字，其中一份由船舶所有人或收货人扣留。

第 578 条 单证将在确定运输货物后的 24 小时之内签字并提交，附临时收据；但在单证提交中存在疏忽的船长与托运人，他们对于因此造成的船舶延误而产生的所有损失承担责任。

第 579 条 无论是何种性质的单证，托运人均不得通过新单证的方式变更收货信息，但单证所有复件均签字且事先提交予船长的情形除外。

在未收取原单证全部复件的情形下在新单证上签字的船长，将向复件合法持有人承担责任。

第 580 条 若声称原发单证丢失，只要托运人担保单证中声明的货物价值，则船长无须签署补发单证。

第 581 条 船长在开航前死亡或者因故不能执行职务时，托运人有权要求其继任人重新确认由船长之前签署的单证，通过相应单证查验货物；在单证上签字但未经后续确认的，船长对此负全责，但托运人同意船长已在单证中声称不查验货物的情形除外。

若发生船长死亡或无故解雇的情形，则船舶持有人将支付查验费用；但若因船长自身原因导致解雇，则由其本人承担费用。

第 582 条 若载货集装箱未按照编号、重量或装货量交货，又或者在清查数量时存有疑问，则船长可在单证中声明其相应的编号、重量或装货量；但对于承运人在声明中不同意的情形，则须重新进行清查，由此所产生的费用将由有责一方负责承担。

对于承运人在上述声明中同意的情形，除非有权要求增加货物，否则在卸货港船长仅需对船舶运载的属于同一承运人的货物进行交货；但经证实船长或船员一方存在差错的情形除外。

第 583 条 由船长证实同批集装箱单证的不同复本持有人，或当发生劫持、扣押或抵押集装箱的情况时，需向所属司法机构申请司法留置。

第 584 条 任何第三人的抵押或禁运，无论其是否是单证复本的持有人，按照本法典(第 874 条第 2 款)的规定，在权利要求的范围外，可剥夺同单证持有人在上述情形下申请对集装箱进行司法留置或拍卖的权利；但判定债权人或赢得拍卖价的第三人的权利除外。

第 585 条 对于卸货后单证持有人立即接收货物时不出示单证，或收货人缺席或死亡的所有情形，船长均可申请司法留置。

第 586 条 第 575 条所述条款中发放的单证，在货物与租船涉及的有关各方之间，在有关各方与保险公司之间均作为充分证明文件；除非保险公司与船舶持有人提出反驳证据。

第 587 条 定期单证(第 575 条)作为公开可补充文件发生效力。

定期通过背书的方式可转让单证或对其中内容进行协商。

第 588 条 对于内容虚假、债务偿还、禁令、扣押或抵押与司法留置，或因正当理由没收载货货物的,可对提单提出反对意见。

第 589 条 船长与托运人或保险公司之间的任何行为,若未附有原始单证,均不再予以法庭采纳;若缺失原始单证,不可通过货物临时收据代替。但下述情形除外:经证实托运人进行尽职调查,且在船长未取得单证的情形下船舶启航;托运人在自船舶离港算起为期 3 个工作日内提请相关异议,并附船舶所有人、收货人或其他任何相关人说明。若缺少这些官方文件,或涉及装货港上所发生的保险索赔问题,则须证实保险索赔事项发生在可签署单证之前。

第三节 出租人与承租人的权利与义务

第 590 条 出租人须准备好船舶以接收货物,且承租人须在合同约定时间内装货。

第 591 条 在租船单中未确定应装货起始时间,则原则上理解为自船长声明准备好接收货物之日算起;若装货与卸货的持续时间未固定,或船长运费补贴、滞期费与超期滞留费,以及支付时间与方式未确定,则均由有关某一运输港口进行调整规范。

第 592 条 运期、经调整的滞留与超期滞留期限截止且未对装货港的使用滞留期限做出调整时,除非承租人承担责任,否则船长将选择,或废除合同,由承租人承担调整后租用费用的一半及滞留费、超期滞留费,或无货航次,要求承担全部租用费与船长运费补贴,应付海损、滞留费与超期滞留费。

第 593 条 若承租人在约定时间内仅装载部分货物,则在滞留与超期滞留期截止时,船长有权选择,或由承租人负责卸货,并要求承担一半租用费,或运输已装货物,对已装货货物运输至其目的港承担全部租用费,附前款中声明的其他费用。

第 594 条 在开始计算运货补充日之前承租人撤销合同的,则须支付租用费与船长运费补贴的一半。

第 595 条 若船舶为整艘租用,则承租人在将足够的货物装船后可要求出租人船离港,以支付租用费与船长运费补贴、滞期费与超期滞留费,或提供款项保证金。在这种情形下,船长不可在未经承租人书面同意的情形下允许第三方载货,也不得拒绝离港;但船舶未准备好的情形除外,对于这种情况,可按照租用条款,不归责于出租人。

第 596 条 出租人有权让船舶无货离港,或仅载部分货物离港(参见第 592 条与第 593 条),还可以出于对租用及其他权利要求安全性的考虑,无须征求承租人的同意,由其他托运人完成装货;但新租用所产生的利益将归承租人。

第 597 条 若出租人在航次单中声明的容量比船舶的实际容量要大,不超过容量的十分之一,则承租人可选择取消合同,或要求减少租用费,并有权要求赔偿损失与损害;但声明符合船舶装载量的除外。

第 598 条 对于除了在租船单上调整的货物外承租人还将其他货物装船的情形,则出租人可对其进行卸货处理,并由承租人承担费用;但在船舶接收货物能力范围内,且提供相应附加租金的情形除外。

第 599 条 对于未经船长同意将集装箱装船,且禁止其下船或上船的情形,或装货或卸货时实施的任何非法行为,托运人或承租人对所产生的损害承担责任;即便是出现没收集装箱的情形,也需全额支付租用费与船长运费补贴,以及共同海损。

第600条 经证实船长同意将禁运集装箱装船，或及时提供单证，则不对集装箱进行卸货，或在开航后告知海关首次查验时未确认在其目的港接收装船集装箱，则所有相关方须对船舶或货物的损失与损害承担连带责任；无租用费，即使有所规定，也无须对托运人做出任何补偿。

第601条 对于普通货物租赁的船舶而言，在船长收取部分货物后，若无法安排其他更适用船舶承载，否则不可拒收同批其他货物；承运人对于收取货物可能对开船产生的影响，以及因这种原因赔偿损失与损害的款项出现延付的情形承担责任。

第602条 将租用船舶用于收货或将货物装上舱面时，若船长在船舶载货期间对时间有所规定，则自首次起航起，须在约定的时间截止；对航行延误所造成的损失与损害承担责任；但在延误期间大多数承运人就船舶租赁价有关事项达成一致意见的除外。

第603条 船长无须固定开航时间，但必须在收取超过与船舶载货量相对应的三分之二的货物后，在首次利风下离港，除此之外，则要求大多数托运人就船舶租赁价有关事项达成一致意见，且任何其他方不得将装船的集装箱卸下。

第604条 对于前款的情形，当船舶处于普通货运状态下，若船长在为期1个月的期限内无法取得超过三分之二的货物，则可安排另一船舶用于装船货物的运输，前提是另为安排的船舶同样适用于航次运输，并支付货运转付费用、增加的租用费与保险费用；而对于托运人依法将其装货集装箱卸下的情形，则由其自身负责承担整理与卸货的费用，归还临时收据或单证，并认为所提供的收据与单证真实可信。若船长安排合适的船舶，且托运人不愿卸货，则须在船舶用于装货且货物装船后的60日内离港。

第605条 对于船舶无法收取与各托运人或承租人合同约定的所有货物的情形，则优先考虑安排装船的货物，之后按照合同日期的先后顺序安排货物装船；若所有合同均为同一日期，则均摊载货货物，且由船长负责赔偿因此造成的损失。

第606条 对于租赁船舶用于另一港口收取货物的情形，一旦到港，船长应立即与收货人取得联系，要求向其通过书面文件在租船单中声明到港的日期；对在其到港之前未开始计算租船时间的情形承担责任。

若收货人拒绝在租船单中做出上述声明，须提请异议，要求其做出回应，并告知承租人。若应装货时间、延迟时间或滞留与超期滞留时间已过，收货人仍未装货上船，船长则通过重新提请异议的方式告知在调整后的时间内进行交货；若未按此履行，且未收到承租人的指令，则由其负责对运至目的港的货物进行尽职调查。无论有无货物，承租人均需向其支付到期延迟的全额租赁费，对某些已承担的货物运输船舶租赁费做出赔偿（参见第596条）。

第607条 因承租人或任何托运人的实际情况或疏忽而导致船舶在起航点或卸货地点被禁运，则有责一方须向出租人或船长及其他托运人，就因这一事实情况而对船舶或集装箱造成的损害与损失承担责任。

第608条 船长向船东、承租人与托运人，就因其过错而导致航行期间在开航点或其目的地出现船舶禁运或延迟的损失与损害承担责任。

第609条 若在航行开始前或在航行途中，船舶出港因禁运或不可抗力受到临时阻碍，则视为履行合同，无须对因延迟而导致的损失与损害做出赔偿。这种情况下，托运人可在延迟期间进行卸货处理，支付费用，一旦阻碍终止后确保装货，或全额支付租赁费与滞留费、超期滞留费，不重新将其装船。

第 610 条 若因战事、贸易禁令或封锁而导致船舶无法进入目的港，则船长须立即遵守其提单中的预防措施。若未见预防措施，则前往无阻碍的最近港口，并将有关通知告知出租人与承租人，须尽可能等到接收指令的回应；未收到回应的，船长须将货物运返至起运港。

第 611 条 因某权利指令扣留航行途中的船舶，则扣留期间无须支付租赁费，费用按月计算，不增加各航次的租赁费。若船舶在两个或超过两个港口租用，且其中一个港口已宣告战事对抗船舶或货物所属权力机构，船长无法自由行动，无法乘坐火车或通过任何安全的方式离开时，须在信息港停留直至收到船东或承租人的指令。若船舶无法自由行动，则出租人可废除合同，有权到期租赁、滞留或超期滞留，承担共同海损，支付卸货费用。否则，若货物受到阻碍，则承租人有权终止合同，支付卸货费用，且船长依据第 592 条与第 596 条的内容执行。

第 612 条 若船舶必须回到起始港，或因海盗或敌人的危险转至任何另一港口时，托运人或收货人可就其全部卸货达成一致意见，支付卸货的相应费用，并全额支付去程租赁费用，提供第 609 条中的规定担保。若租船按月计算，则仅涉及使用船舶期间的费用。

第 613 条 若在航行期间船长必须对船舶进行维修，承租人、托运人或收货人不愿等待，可卸下其货物集装箱，并支付所有租赁费、滞留费与超期滞留费及共同海损，除此之外，还包括卸货与下船费用。

第 614 条 若维修船舶不被准许，则船长须负责租用一艘或多艘船只，将其用于运输货物或在目的地的操作，无权要求增加租用费。若在确定船舶无法继续航行后，船长在为期 60 日的期限内无法租用另一艘或多艘船舶，且无法对船舶进行维修时，则须申请货物司法保管，附上其申请保管的相关证明文件；这一情形下，可终止合同，仅须结束租用。而若承租人或托运人证实扬帆时有责船舶无法航行，则不必承担任何租船费，无须对出租人就损失与损害承担责任。这一证明不得有违离港检查证明文件中的内容。

第 615 条 按照重量调整租用费，若未指明是净重或毛重，则须理解为毛重，即为适合集装箱适用的任何覆盖物、箱体或容器均考虑在内。

第 616 条 对于租船费按照数量、重量或尺寸计算，且货物有条件在船舶舷梯上交货的情形，船长有权要求在卸货前对同艘船上装船的货物进行数量核算、尺寸测量或称重，且不对地面上可能会出现的故障承担责任的情况执行尽职调查；而若集装箱在未经数量核算、尺寸测量或称重行为时卸货，则收货人有权在地面上对其识别信息、数量、尺寸或重量进行检查，且船长须确保检查结果符合要求。

第 617 条 对于因其性质而可能增加或减少的类别，无论是存储不合适或是缺乏港口装卸，或是装货容器中存在缺陷，如盐，则将由船东负责船舶内同一类别的任何减少与增加；对于这种情形，须在卸货行为中按照编号数量、测量尺寸或称重计算租船费。

第 618 条 假定集装箱被损坏、被盗或装入货物数量有所减少，则船长有义务，且收货人与其他任何关联人有权申请司法现场核查，而对于在卸货前估计的装船损失，或在之后的

24 小时内进行。尽管这项程序通过船长提出申请,但不得影响其辩护的权利。

若在未进行上述检查时对集装箱进行交货,则收货人有权按照规定所述在卸货后的 48 小时内进行司法审查;超过这一期限不再提出任何申诉。

而对于非外部可见的故障或货物损失,司法审查可将集装箱交货予收货人后为期 10 日内有效,按照第 211 条的规定内容执行。

第 619 条 对于未能支付租船费、共同海损或支出费用的情形,船长或出租人可不对船舶上的集装箱进行保管;可提出有关异议,要求对等量集装箱进行存放,而对托运人剩余的集装箱,在存放空间不足时,有权申请对其进行出售。

当收货人拒绝接收货物时,也适用此项规定。

对于上述两种情形,若无法立即对共同海损进行调整,则船长可依法要求对做出判定的总量进行司法保管。

第 620 条 在收取租船费、共同海损与支出费用前就集装箱进行交货的船长,且未通过前款中的方式实施,或违背卸货地的法律或使用规定,则无权要求托运人或承租人付款,并证明由第三方负责承担集装箱运载款项。

第 621 条 因故障发生劣化的集装箱,或因装货容器、箱体、盖板或其他任何装货携带的覆盖物条件不当而造成的货物减少,均全额支付租用费,船长证实损害并非由缺乏保管或港口装卸而导致的(参见第 624 条)。

对于在第 515 条规定情况下船长必须出售的集装箱,同样支付全额租用费。

船舶与货物因一般救援而废弃的集装箱,全部租用费则视为共同海损(参见第 764 条)。

第 622 条 若因船舶失事或通过陆地区段的船舶运输、海盗偷盗或敌人劫取而导致的货物灭失,已提前支付的,重复进行;但另有约定的除外。

而营救船舶与集装箱或失事救援时,应为至劫取或失事点的相应租船费;且若船长将营救集装箱运至目的地,须全额支付,向出租人承担损害或营救过程中的共同海损。

第 623 条 海上或海滩上在无船组人员配合下,对作为货物部分的集装箱进行营救的,在由其他人提供营救之后,不应由其承担任何租船费。

第 624 条 托运人不可将集装箱留置在租用船上,但可留置空的或几乎空的液体装货容器。

第 625 条 租船到期前的航次,若无其他事项做出调整,则自货物归由船长责任下开始。

第 626 条 在交货后为期 30 日的期限内,可抵押所载货物以承担租船费和共同海损,但前提条件是在此期限之前并未将货物交与第三方持有。

第 627 条 租船费、运费、滞留与超期滞留费、故障费与货物支出费用的债款优先于任何其他涉及运载货物的款项,但第 470 条第 1 款中提到的情形除外。

第 628 条 对于巴西境内强制执行的外籍船舶租用合同,无论是涉及国内还是国外的调整,均须在此项法典中规定下确定并做出判断。

第四节　旅客运输

第 629 条　无论是在起始港或是在其他任何中转港或到达港，乘船旅客都须在船长指定的日期与时间登船；若船舶起航时乘客未登船，仍须承担支付全额票价的责任。

第 630 条　在未经船长同意的情形下，任何旅客无权向第三方转让其船票。

对于旅客起航前终止运输合同的情形，船长有权收取一半票价；若在起航后终止运输合同的，则收取全额票价。

若旅客在起航前死亡，则仅为票价的一半。

第 631 条　若在起始港因不可抗力原因暂停或中断航行，则合同终止，船长与乘客均无须做出任何赔偿；其他任何中转港或到达港发生的暂停或中断，须支付相应的航程费用。

因船舶维修延误而造成的航程中断，旅客可选择其他船舶，支付已发生的航程相应价款。若计划等候船舶维修，则船长无须为其等待费用负责；但若旅客无法通过其他适当的运输船，或所选船舶的运输票价在已发生的旅程比例中超过先前票价的情形除外。

第 632 条　船长对于所有旅客装船行李的票款具有优先抵押权，且在未支付时有权留置行李。船长仅对旅客在适当保管下，因船舶实际情况或船组人员的原因而造成装船行李的损害承担责任。

第七章　海上风险资金或海事担保合同

第 633 条　海上风险或海事担保的借款合同，是出借人向借款人就海事风险的保费做出规定的一项合同，附借款对象的特殊抵押，且若约定时间与地点发生的风险导致资产与保费损失，仅可通过公开或特别文件证实，自注册文件或单证日起为期 8 日的期限内将在商业法院登记。若涉及巴西国籍当事人的合同在境外发生，则文件须通过国家领事馆签证处验证，一经验证，在船舶登记文件的背面备注有关船舶或租船费的所有事项。对于合同文件中缺少任何上述一项手续，则合同涉及各方之间可更换合同，但无权对抗第三方。

不仅允许资金方式的借款，也准许通过船运业务，或将其作为商业对象的方式；但这些情形下，应估计借出物件的确定价格，使用现金支付。

第 634 条　风险资金合同的文件应声明：

1.借款发生的日期与地点。

2.借出资金、风险价格分别做出规范。

3.出借人与借款人的姓名、船舶名称与船长姓名。

4.借款涉及的对象或货物。

5.所考虑的风险，以及每项风险的具体事项。

6.若借款涉及单航次或多航次，则指明所涉及的具体航次。

7.付款期及付款地点。

8.双方达成一致意见的其他条款，但不得涉及有违合同性质或法律明令禁止的内容。

文件若缺少列出声明的任何一项，则视为保费贷款资金简单信贷，不抵押任何涉及的物品，无任何特权。

第 635 条 风险文件或担保单证作为对借款人的有效合同担保函，可通过背书方式转让，与合同担保函具有同样效力。

对涉及资本事项或风险保费事项，受让人可代替背书人，但借款人解决担保金受资本限制；就涉及保费事项另有规定的除外。

第 636 条 非指令性风险文件或保单的，只能通过分配的方式转让，手续与效力与民事分配相同，转让方无任何其他责任，不承担查实存在债务的责任。

第 637 条 若合同文件中未涉及风险备用金的具体内容，或未对期限做出规定，则理解为资金出借人承担所有海上风险，且在此期间一般接收保险公司提供的资金。

第 638 条 若在风险文件或保单中未声明借款是仅针对去程或仅针对返程、单航次或多航次，则涉及集装箱的借款在集装箱目的地切实可行，在单证或租船单中声明；若涉及的是船舶，则截止至到达目的港后为期 2 个月，不涉及返程。

第 639 条 风险借款涉及下列方面：

1.有关船体、租船费与船舶构件。

2.有关货物。

3.有关物品总量，整体考虑或分开考虑，或每件物品的指定部分。

第 640 条 有关船体与船舶构件的风险借款，包含在其责任下对应的航次租船费中。

制定有关船舶与货物的合同时，出借人对有关一项与其他事项具有优先支持权。

若借款涉及货物或船舶或货物的指定对象，则对除该对象或货物的其他部分不具效力。

第 641 条 为使合同具有法律效力，则对在索赔期间船舶范围内的集装箱或其等价物的风险借款总计金额做出规定。

第 642 条 对于风险资金对象因未成行而导致实际上风险未生效的情形，则终止合同；且在这一情形下，自向借款人提供资金之日起，出借人有权将法定利息作为资本，无其他保费，对净资本享有优先特权。

第 643 条 未将所有款项用于风险承担的借款人，在船舶起航后，须向出借人归还剩余款项，若未使用，须归还全部款项；未归还的，即使覆盖部分或使用部分有所损失，因未归还未使用部分，视为借款方的个人违约行为(参见第 655 条)。风险资金用于启用船舶时，若发生借款人未全部或部分使用船舶或预估物件的情形，则也视为违约行为。

第 644 条 当有关集装箱的风险文件中说明有权中转货物时，合同规定不仅将资金用于航行中所使用的物件，以及起始点处的装货集装箱，也用于借款人负责的返航载货，视为往返合同；且借款人在此情形下有权交换货物或出售货物，并证实其他中转港口的货物。

第 645 条 若索赔时风险对象部分作用于陆地运输，则船舶范围内出借人的损失将有所减少；若通过另一船舶进行救援，运输至原目的地港口(参见第 614 条)，仍视为出借人的风险范围。

第 646 条 对于合同中指定名称的船舶，若将货物转运或装上另一船舶，即便是因海上危险造成损失，有关运载货物的风险出借人也不对此负责；但依法证实因发生不可抗力而导致的转运除外。

第647条 对于索赔的情形，除了风险对象货物的某些作用之外，风险资金款项通过第694条中的规定方式随同一对象的估价有所减少。在这一情形下，出借人有权从本金与保费中支付，扣除本航次中的救援费用与到期补贴。

向船舶提供资金，出借人的特权不仅包括同艘船舶的失事部分，也包括用于救援集装箱的租船费，扣除救援支出费用以及相应航次中的到期补贴费用，但不含有关该租船费用的风险资金或特殊保险。

第648条 有关同艘船舶或同货物，存在一项风险合同与另一份保险合同（参见第650条），则救援事项在保险公司与风险资金出借人之间，按照其相应的利益比例承担。

第649条 尽管风险对象事物的损失或损害是因第711条中所列原因而导致的，但对于调整不存在异议的，出借人向借款人保留完整权利。

第650条 当认为某些但并非所有风险，或仅部分船舶或货物安全时，可缩小风险借款涉及的范围，将其集中针对其他风险或不安全部分，直至资金覆盖全部风险（参见第682条）。

第651条 对于船长收到的涉及第515条与第516条中规定的船舶或货物必要支出费用的资金及相应保费的商事保单，当其金额实际上在保险范围内，对风险借款保单具有特权。若具有明确声明将资金用于上述支出费用，且尽管因任何后续事件的发生而导致对象有所损失，仍然切实可行，出借人证实资金有效地用于船舶或货物的有利部分（参见第515条与第517条）。

第652条 对于未经船东书面许可，船长在其住所取用船舶的有关风险资金贷款，仅对船长在船舶与租船费方面产生效力与享有特权；即使是证实资金用于船舶利益，船东也不对此承担责任。

第653条 在起航前，针对集装箱的有关风险借款，须在货物单证与提单中说明，指定船长到达目的地后须参与交涉的人员。遗漏该声明的，则已接受合同担保函或已交付验收单证预付款的收货人，优先作为风险保单持有人。对于未指定到货交涉人员的，船长可对集装箱进行卸货处理，不对风险保单持有人承担任何责任。

第654条 若风险借款人与船长之间达成一致意见的某种方式对船舶所有人与托运人产生影响，则将由借款人与船长分别做出赔偿，否则可提请有关刑事诉讼。

第655条 在欺诈犯罪中导致借款人收取的风险资金多于风险对象价值，或风险对象实际上并未有效装船（参见第643条），在这一情形无法忽略的情况下，出借人未向查验风险保单的人员做出声明的，同样属于欺诈罪的范围。对于第一种情形的借款人、第二种情形的出借人，分别对保单中涉及风险对象货物灭失的金额承担责任。

第656条 下列情形下，海事交换合同无效：

1.由船组人员进行借款。

2.即将到期的租用对象，或某些交易预期利润，或同期一项与另一项专项借款。

3.当出借人未发生与其提供资金对象有关的风险时。

4.当风险发生在其全额由其他方做出考虑的对象上（参见第650条）。

5.缺少处理事项的记录或第 516 条中所要求的手续。

在所有上述情形下，即使合同不违背其法律效力，借款人个人对借出本金与法定利息承担责任，且要求合同对象事物须处在风险期限与地点内。

第 657 条 风险出借人有关船舶的特权按照比例，不仅包括同艘船舶的失事部分，同样包含救援集装箱的船舶租用，扣除救援人员的支出费用及该航次的应付保费，有关该船舶租用无保险或特殊风险。

第 658 条 若风险合同覆盖船舶与货物，即使发生船舶灭亡，但保管的集装箱则作为出借人的抵押物；或反之，若集装箱货物灭亡，则获救船舶作为其抵押物。

第 659 条 合同各方可自由规定保费覆盖的货物量，提出支付方式的建议，一旦达成一致意见，风险发生时无权增加或减少保费；但在合同中有其他约定的事项除外。

第 660 条 未固定付款期限的，则风险停止后视为付款期限截止。自此日后出现延迟的，则向出借人支付资本与保费上所产生的法定利息；所发生的延迟仅可通过所提出的异议证实。

第 661 条 发生应付款项未支付的情形，持有人须提出异议，履行利息到期的情况下合同担保函持有人的所有职责义务，保留风险文件担保金减值的相关权利。

第 662 条 风险资金出借人对发生借款的对象物具有抵押权，但因合同约定风险在规定时间与地点出现抵押物灭亡的，对借款抵押物失去一切权利；仅在救援抵达后对已付全额本金与保费享有权利。

第 663 条 借款人须证实借款对象物的损失，说明赔偿事故发生期间船舶上发生的行为。

第 664 条 风险借款涉及的船舶或集装箱被扣留或遭遇海难的，借款人有义务将发生事件告知出借人，使其在单证中重新做出考虑。这一情形下，对于借款涉及的船舶或对象物，借款人须在申诉与救援方面安排符合资格的管理负责人进行尽职调查；对因缺乏管理负责人而造成的损失与损害承担责任。

第 665 条 有关风险资金合同，对于发生非本节内做出预防的情形时，可参考海上保险中的内容做出适当决议，或反之，对于海上保险中未涉及的情形，可参考本节中的相关内容。

第八章　海上保险

第一节　海上保险合同的性质与形式

第 666 条 海上保险合同指的是，保险人对海上财产与风险做出考虑，向被保险人对保险标的可能发生的损失或损害，须通过确定保费或保险金的方式做出赔偿，与所发生的风险等值，仅可通过书面方式证实，书面文件称为保险单据；且自双方约定的时间开始，保险人与被保险人之间相互履行职责义务，共同签署合同草案，合同中应包含保险单据的全部声明、章节条款与条件。

第 667 条 保险人签署的保险单据中，包含下列内容：

1.保险人与被保险人的姓名与住址;声明保险由其本人或第三人负责,可省略姓名;省略被保险人姓名的,第三人以其名义投保,个人或共同承担责任。不允许在任何情形下将保险单据授予持有人。

2.船舶名称、船级与船旗,以及船长姓名;但被保险人对船舶信息不确定的除外(参见第670条)。

3.保险标的的性质与质量,以及其确定或预估价值。

4.货物已装船、正在装船或计划装船的地点。

5.船舶需要装货或卸货,以及需要中转交换货物的港口或停泊位。

6.船舶已离开、正在离开或计划离开的港口,以及积极做出调整时的离港时间。

7.保险人做出考虑的全部风险的特殊记录。

8.风险可能开始与结束的时间与地点。

9.保险费,付款地点、时间与方式。

10.索赔情形下的付款时间、地点与方式。

11.发生纠纷时,双方达成一致意见通过仲裁决议解决的声明。

12.合同完成的日期声明,注明在中午十二点之前或之后。

13.通常情况下双方认为合适的其他所有条件。

一份保险单据可包含一个或多个不同保险项。

第668条 对于不同保险人的情形,各保险人须声明其责任义务下的保险金额,在声明中注明日期并签字。不具有该声明的,则视为对所签订的保险单据的全部保险金额承担连带责任。

若某一保险人承担某部分保险金额的责任义务,则在其之后签订保险单据的保险人,若对其责任义务下的保险金额无相关声明,则视为对保险金彼此相等。

第669条 保险可涉及全部或部分对象;可在航行开始前或航行过程中投保,覆盖往返行程、仅去程或仅返程,整个航行期间或其中某段时间,仅对海运风险,或也包含河运风险。

第670条 被保险人忽略装载集装箱种类的,或不确定被保险船舶的,可按照下列通用名称有效投保,即为,对于忽略集装箱种类的,称之为集装箱,对于不确定被保险船舶的,称之为一艘或多艘船舶;只要被保险人在保险单据中声明忽略,则无须指定船名,注明已收到的上一份通知或指令单的签字日期。

第671条 在通用名称——集装箱下的实际投保,被保险人在发生索赔事件时,须证实集装箱按照保险单据中的声明价值实际装船;在通用名称——一艘或多艘船舶下的实际投保,有责任证实涉及保险索赔事项的被保险集装箱已有效装船(参见第716条)。

第672条 通用名称——集装箱不含任何货币、珠宝、黄金或银、珍珠或宝石,或军事弹药;对于这一性质的保险,有必要声明保险标的的种类。

第673条 有关保险单据的某一或某些条件与条款章节的情况存在疑问的,则通过下列标准做出决定:

1.手写的书面章节条款优先于打印的章节条款。

2.明确说明保险性质、保险标的与保险用途的,作为澄清模糊部分的标准,确定合同制定中的各方意图。

3.参考订立合同所在领域类似情形的普遍习惯，对于任何存在不同含义的表达，优先考虑其常用含义。

4.对于要求对含糊不清的内容做出解释的，按照第131条中规定的标准进行。

第674条 有关中转规定的章节条款，尽管在保险单据中未明确说明这一情形，也包含在中转地对集装箱装货与卸货的权利(参见第667条第5款)。

第675条 保险单据可通过背书的方式实际转让，向被保险人更替背书中的全部职责义务、权利与行为(参见第363条)。

第676条 在合同期限内，所有人保险效力发生变化的，无论保险单据是否转让，保险均转至变更后的所有人，另有约定的情形除外。

第677条 发生下列情形时，保险合同无效：

1.不涉及保险标的的人进行投保。

2.涉及第686条中禁止的对象。

3.经证实存在部分欺诈行为或虚假信息。

4.保险标的实际上并不处于风险状态。

5.经证实在保险单据中指定期限之前船舶已离港，或超出指定期限仍未离港，但并非因不可抗力的原因所导致。

6.相同风险下全部价值已参保的保险标的。但若首份保险未包含全部价值的，或将某一或某些风险排除在外的，保险优先考虑风险部分。

7.未确定保险标的价值有关保险金的预期利润保险。

8.装上甲板货物的保险，但此前在保险单中并未对此情形明确做出声明。

9.合同日期已灭失或救援的有关物件，对此被保险人或保险人在投保时已知悉相关事件且经证实。通过某种方式证实被保险人在投保或保险人在发出保险单时已知悉这一情况。而保险单中包括条款“灭失或未灭失”“损害或未损害”“保险终止”；但经证实存在欺诈行为的除外。

第678条 出现下列情形时，也可取消保险：

1.当被保险人隐瞒事实或所述与事实不符。

2.当信息错报、保持沉默、伪造或篡改事实或情况，或编造不存在的事实或情况这一性质，及保险人隐瞒、伪造或编造金额的，或不承认保险，或低于最高保费且附严格条件的情形。

第679条 若被保险人一方发生欺诈行为时，除了保险失效之外，有责任向保险人支付双倍的规定保费。若保险人一方发生欺诈行为，则须归还收取的保费，并向被保险人支付等额赔偿。

在这两种情况下可向欺诈行为方提请刑事诉讼。

第680条 非因紧急需求或不可抗力而自愿放弃航行、变更中转顺序的，保险对未发生的剩余行程不具效力(参见第509条)。

第681条 若在保险单中指定船舶有多个中转点，被保险人变更中转顺序视为合法；但这种情形下，仅可在同一保险单明确规定的港口中选择其中一个中转港。

第 682 条 当保险涉及风险资金，则在保险单中不仅需要声明船名、船长姓名与资金借款人姓名，还包括要投保的出借人排除在外的风险记录，或保险许可的有关未保价值(参见第 650 条)。除了此项声明之外，还需在保险单据中提及资金债务原因。

第 683 条 无欺诈行为下，有关同一保险标的超过一份保险的，按日期优先考虑先开具的保险单据。后开具保险单据的保险人须退还收取的保费，保留保险价值的 0.5%作为赔偿。

第 684 条 对于非不可抗力的直接影响而造成保险无效的全部情形，若保险标的处于风险状态，则保险人取得全额保险费；若保险标的并非出于风险状态，则保留保险价值的 0.5%。

而往返航次溢价的部分保险无效，保险人取调整后保险费的(仅)一半。

第二节 可作为海上保险标的的事物

第 685 条 任何处于海上风险或有可能处于海上风险的，可通过金钱评估利益的事物，均可作为海上保险标的，无其他限制条件。

第 686 条 对下列各项禁止保险：

1.巴西法律禁止贸易的领域所涉及的事物，以及用于这类贸易的国内或国外船舶。

2.涉及任何自由人的生活。

3.涉及任何船组个人的到期应付薪酬。

第 687 条 保险人可通过其他保险人对其已投保的同事物进行再保险，条件可相同或不同，保险费相同、高于或低于已投保的保险费。

当保险人出现资不抵债的情形时，被保险人可在风险终止消息之前对投保做出变更，向法庭申请取消第一份保险单；若届时已发生风险，且对于该风险须支付予被保险人一定赔偿时，则赔偿金额由破产保险人承担。

第 688 条 对于保险是否含本金与保险费在风险资金保险单中未做出声明的，理解为仅含本金，在索偿情形下，将通过第 647 条中规定的方式做出赔偿。

第 689 条 可对船舶、其租用费与集装箱在同一份保险单上投保，但这一情形下须确定各保险标的的不同价值；缺少这一规范的，保险将降低至仅保险单中定义的标的价值。

第 690 条 通常情况下在保险单中声明船舶投保不涉及其他规范，理解为保险涉及船体及所有船舶属具、配置、装备、船梁与船帆、小型船舶、大型船艇、快艇、器具与杂货或预备金；但尽管由船长、船东或船舶所有人负责，任何情形下租用费与装货也均不含在内。

第 691 条 尽管在保险单中无相关条款做出说明，但往返程保险单还是覆盖途中滞留期间存在的保险风险。

第三节 保险标的的评估

第 692 条 被保险人在确切单证中提到的，保险标的的价值须在保险单中以确定的金额做出声明。

在船舶保险中，这项声明必须存在，缺少该声明的，则拒绝参保。有关集装箱的保险，由于被保险人未取得上岸集装箱的确切提单，仅须通过估算的方式声明价值。

第 693 条 在保险单中声明的价值，无论是否有价多或价少的相关条款，法庭均视为在保险有关各方之间已协调许可。且若保险人声称在合同期限对保险物件的价值，与被保险人估计价值相比少四分之一，或比此更多，则允许申请评估；负责通过举出商业可予受理的证据，以说明申请理由。对此，在其他证据的协助下，保险人可要求被保险人出具保险单给出的评估计算有关的依据文件或理由；拒绝出具的，视为被保险人一方涉及欺诈行为。

第 694 条 如果没有保险单声明货物确切的保险价值，该价值则由同一类货物的购买价格确定，加上其直到装船所产生的费用，以及货物保险与手续费所产生的费用，如果这些费用都已付清，且万一所有货物损失，保险则可以保证所有可发风险带来的损失。所以，在全部损失的情况下，被保险人将被涉及危及所有价值。货运保险单上没有固定值，这将由租约、货单、载货清单、装载手册共同确定。

第 695 条 旅途过程中装载所产生的保费（第 515 条、第 651 条）及其相对应的合法化账户，以及风险的保险价值根据原合同实施。

第 696 条 货物的价值来源于其生产、制造或者货物的报价，并不根据政策制定，按照其他货物在卸载地的价格确定，在卸载地售卖，其价格按照第 694 条增加。

第 697 条 货物的估价根据卸载地的市场价格确定，其价格按照第 694 条增加。

第 698 条 保险价值的估价如果是按照外币执行的，减去保险单之日与现行所在国汇率的差价。

第 699 条 被保险人在任何情况下不得强迫保险人卖掉保险对象来决定其价值。

第 700 条 只要证明投保人在价格申报单中有欺骗行为，或者没有实行合同中（第 692 条和第 694 条）行为，法官将减少投保人对价值对象的真实估价，并谴责投保人向保人支付双倍罚金。

第 701 条 保险单中的条款“价值多或少”，不包括欺诈的罪行，也不得低于保险单中规定的货物价值的四分之一。

第四节　风险因素的自始至终

第 702 条 在保险单中没有指明风险时间的起始时间时，航船的风险时间应该从保人的悬挂其第一锚出航开始算起，并将其捆绑在目的地的地方结束，该目的地也是指定卸载地，或者带着压载物船入港，并捆绑。

第 703 条 航船从出发到返回，或者多于一次旅行，风险无中断由投保人负责，从第一次航行的开始到最后一次的结束为止。（第 691 条）

第 704 条 航船在某一个港口停泊时，风险从该船捆绑至港口开始，从其悬挂它的第一锚开始下一段航行结束。

第 705 条 作为货物的保险，风险从货物装载至码头或者水域装载地开始，仅在运送至卸载地结束为止，即便船长被迫在码头港口卸载货物，或者被迫进港。

第 706 条 在海上和陆地上、河里、运河，在船舰、小船、汽车或者被动物运输保证货物安全，风险时间生效，直到将货物装载，并且到货物抵达目的地结束。

第 707 条 关于运费的保险，只要货物已装载在交通工具上就付出运费，由此开始，结束于货物出船的舷门，伴随其出舱开始。除非为了调整或者使用港口船被迫在水域边卸载货物或出于其他缘由将货物上岸。

运费的风险，此时，伴随货物风险产生。

第 708 条 风险财富的总额对于保人同期的起始时间一致，对于风险出资人也同样适用。因此，如果没有合同提到确切的风险因素，或者没有规定时间，扩充保人所有风险的范围，至少延长通常收到风险出资人赔付的时间。

第五节 保险人与被保险人的义务

第 709 条 为保证所预计的利润，风险伴随着相应货物的状况产生。

第 710 条 保险人的义务是赔付保险单中指明保险对象所承受一切风险造成的损失。

第 711 条 保人不承担由于失事导致货物损害的责任，或有如下原因之一发生的情况。

自愿偏离日常航线或者旅途中对货物的使用。

自愿改变保单中的指明港口，除过第 680 条所涉及的情况。

自愿延长旅途的时间，除了对保单中规定的最后一个港口的更换。如果旅途时间缩短了，保险生效。如果港口是在保单中规定的最后目的地靠岸，如果最终不是，投保人则可要求减少赔付费用。

自愿从火车或者从另一个转载轮船上卸载，需同当事人商议。

运输过程中液体的减少和溢出。

缺乏配载或者货物故障存储。

货物自然属性的减少，如其质量易于消耗，在装船与卸船时重量与方式的减少与破损。

除了船舶已经被搁浅或者由于不可抗力卸货，应该在此类情况下减去其日常损耗的部分。（第 617 条）

当这类自然损耗发生在谷物、糖类、咖啡、面粉、香烟、大米、奶酪、坚果或者绿植、书本或者这类的其他种类物品时，如果损坏超过保险价值的百分之十，除非该船只搁浅，或者同类的货物已经由于不可抗力卸载，或者在保单规定的其他情况下卸载。

锚链、桅杆、帆或者任何船体部分的损伤，属于该船舶的任何物品，在到达目的地之前的日常用途中所具有的损害。

因其保险对象的固有缺陷，差质量以及包装不良的情况。

日常或者特定的海损，包括辩护文件的花销，不得超过保险价值的百分之三。

船长或船员的叛乱，除非与保单中的声明相反。该规定是由船长投保，为其自身或者其他人投保，或者为船长的第三方账户投保。

第 712 条 所有任何在船长行驶工作过程中的由船长参与的自然犯罪行为，或者由一人或多人一同参与，因此而导致的货物或者船体严重损伤，而非在船东假定合理意愿范围内发生的行为就是叛乱。

第 713 条 承保人负责由船长或者船员反叛所导致的损失，不论是及时后果还是日常损失，一旦在风险时间内或者旅途过程甚至保单所提到的港口中产生损失或者损害，承保人都要负责。

第 714 条 条款：海损免责。承保人对于普通或者特别的损害免除赔偿。

条款：主体损害的免除。

以上这些条款，如果发生遗弃的情况，均无效。

第 715 条 保险中的条款：免除敌对——如果被保险的目标损伤或者由于敌意效果阻止。保险，此时，由于行程被推迟，或者由于敌对行为而改变或者失败。

第 716 条 合同条款包含货物的保险：被一只或者多只船只运输，保险对于所有的结果奏效，适用于货物由一只或者很多其他船只运输。

第 717 条 如果货物需要换乘，在旅行开始之前，与保单中指明的装载不同，由于不可抗力或者无法航行造成的，风险继续诉诸投保人直到船只补给到达目的地，即便该船只是由不同旗帜引导的，不属于敌对行为。

第 718 条 即便承保人不为由于缺少港口海关的惯例与法律证明而产生的损害负责（第 530 条），该缺失不能免除其对于货物的责任。

第 719 条 保险人应该无延迟地与投保人一起参与，只有先按照认购的顺序，接收到的关于船只或者货物发生的事故的消息，被保险人在这方面的不作为可以被归为恶意推定。

第 720 条 如果从船只离开算起到美洲的另外任何一个港口一年，或者到世界的任何另一个港口两年，并且超过了保单的时间期限，没有该船只的任何消息，假定为丢失，此时保险人可以遗弃投保人并且要求保单中的支付，如果船只没有丢失或者在风险期之后遭遇事故，该部分是要求被偿还的。

第 721 条 如果在海难或者船只搁浅的情况下，被敌人获取或者查封，被保险人需要使用一切可能的努力，以保存或回收查封对象，如果没有此类行为，承保人应该行使代理权，被保人要求提前支付必要的资金为投诉以及提起诉讼，如果没有该项发生的损失会危及被保人的收账。

第 722 条 当被保人无法实行合法的控告时，由于在国外或者在其原籍之外时，应告知当地有管辖权的受托人，并且以此为名义告知承保人。（第 719 条）在任命权与通告对方后，停止一切其义务，不为其受托人的行为负责，对承保人的竞争行为叫停的行为是必需的，当对方要求之时。

第 723 条 被保人，如若实在被敌人扣留或扣押的情况下，只需要根据权利要求的条款或者一审颁布要求实施。

第 724 条 在前述的三条法律中，被保险人必须根据承保人的要求实施。没有咨询的时间，以理解的最佳程度实施。由承保人承担费用。如果有承保人允许的遗弃船只的情况，而这些都在获救者自身实施步骤或者实施要求中，停止一切船长和被投保人所要求的上述义务。

第 725 条 外国法院的判决，即便建立在不公正的基础上，或者故意伪造或者毁坏事实，此时被保险人可以利用其尽可能提供的证据阻止审判的不公。

第 726 条 保险对象被稽查员退回时,则回到其损害赔付范围。即便此时的归还有利于船长或者其他任何人。

第 727 条 所有关于稽查员在公海进行的保险物品的调价都是无用的,除非在保单中有批准。

第 728 条 为投保物品的损害支付的承保人行为,应以对第三方保险人竞争的所有权利和行为代为行使,该投保人不该参与伤害承保人应获得权利的行为。

第 729 条 保费内部实施,只要保险人受到事故造成的损失。

第 730 条 保险人有义务支付保险赔偿,在 15 日内必须出现在账户里。包括相对应的文件,除非付款期限已在保险合同中规定。

第九章 海难与生还者

(略)

第十章 被迫进港

第 740 条 当一艘船必须驶入与旅行规定不同的港口时,被称为被迫进港。(参见第 510 条)

第 741 条 被迫进港的合理原因:

缺乏粮食或水源。

船员发生任何事故,从而导致无法继续航行。

由于对敌人或者海盗的恐惧。

第 742 条 然而,以下理由不得作为被迫进港的合理原因:

如果粮食的缺乏和水源的缺乏是因为没有根据航行的习惯消费供应,或者由于不小心和不善储存而变质,或者由于船长卖掉了部分的粮食和水源。

船体由于修理不善而无法航行,缺乏对船体的了解或者装备,或者货物存储较差。

如果对敌人或者强盗的恐惧不建立在不可置疑的事实基础上。

第 743 条 在进港的前 24 个小时内,船长可以向当局表示对进港的抗议,对当局阐明理由。(参见第 505 条和第 512 条)

第 744 条 被迫进港的花销根据其原因和可追溯的权利从而推断出义务人,从而决定由承租人或者租用者承担,或者两人均承担。

第 745 条 作为合法进港,船主与船长都不为可能对货物造成的损害负责,如果是不合法的,个人或者连带他人将对船只和运费一起负责。

第 746 条 如果被许可在进港时卸货,必须要对船体进行维护修缮,或者重新准备坏掉的货物(第 614 条)。船长此时对存货的保存和储存负责,除非不可抗力,或者无法预防的自然原因。

被商业法律陪审团授权许可,可以被认为是合法卸货。在国外,一些地区国家领事需要开出许可证明,另一些地区不需要当地管辖的许可。

第 747 条 货物有损坏应该根据其情况被修缮或者贩卖，但是任何情况都首先要获得所属管辖的许可。

第 748 条 船长不允许，以某些借口或由于推迟进港，由于自愿延迟造成的损害和丢失需由船长负责并受处罚。

第十一章 撞击造成的损害

第 749 条 若是一只船被另一只船撞击，被撞击船只的所有损失都由实施撞击的船只赔偿，如果是由于港口没有例行日常侦察，由于船长或者船员的疏忽或者无经验，由仲裁人估算。

第 750 条 所有情况的撞击，在尽可能最短的期限内，由专家决定，哪一只船是肇事者，哪一只船是受害者，根据港口的条例规定和地点用途与惯例。如果仲裁人申明无法裁决哪只船是过错方，那每只船都要遭受损失。

第 751 条 如果在公海发生碰撞，被撞击的船只则必须寻找进港港口来修缮，如果迷失了航线，船只的失踪推定由碰撞引起。

第 752 条 所有由碰撞引起的海损都可归结为特定损坏或者个别故障，除去船只为了避免即将来临的撞击造成更大的损伤，扎住锚链，并且撞在另一船只上以求自保(第 764 条)。此时当船只的损伤或者货物的损伤发生时，视为船只、航运和装载物受到的严重损伤。

第十二章 遗弃

第 753 条 被保险人放弃保险对象是合法的，在如下情况可向承保人要求保险和全部损失：

被外国势力逮捕或者抓获，在其传票 6 个月后，如果逮捕时间比该段时间更长。

海难、搁浅或者任何保单上包含的海上不测情况发生，导致船只无法航行，或者其修缮价值是船的保险价值三倍到四倍。

所有保险对象的丢失，或者其损害至少是保险对象价格的三倍到四倍。

关于该船只是否投保的消息不足，或其货物是否投保不足。

第 754 条 被保险人不需要做出遗弃，但是如果是该条款不允许的情况下，如发生全损的情况下，不得要求承保人赔偿多于规定的价值，除非船长使用汇票的情况下(第 515 条)，海难、囚禁或者被敌人逮捕，或者碰撞的情况下。

第 755 条 在旅行开始之后出现损失，放弃船体才是被允许的。

不能只是部分，而是保单上涉及的所有物品。如果保单上包含船只和货物的两种保险，可以针对这两项分别遗弃。

第 756 条 以不适航名义舍弃船只是不允许的，如果该船只无法航行，但被修复之后，应该准备继续航行直至目的地。除非，可预见的合法修缮花销是保单价格担保的三倍到四倍。

第 757 条 如果船体出现不适航的情况，船长或者发货人或者船只代表人无法在 60 日内租用另一船只来把货物送到目的地，在船只不能航行被评估之后(参见第 614 条)，被保险人可以遗弃船只。

第 758 条 在船只被重新占领的情况下，船只在通告遗弃之前就被占领，是不被允许的，除非船主自身受到囚禁，而重新占领与救援的花销是保险价值的三倍到四倍，或者从敌人手中缴获船只的花销超出原保险价格的三倍。

第 759 条 船只的遗弃包括货物装载，如果货物可以被保存，节省出的费用属于承保人，其节约的费用可以归旅途中获得胜利的士兵管辖(第 564 条)，或者优先债权人管辖(第 738 条)。

第 760 条 如果装载安全，可以归结于货物被挽救，这些运费属于该运费承保人负担，减去被挽救的货物费用，且薪金属于航行的船员。

第十三章　海损

第一节　海损及其等级

第 761 条 从出发到卸货返回期间，对于货物或者船体的特殊开销，一起或者分开，和所有对于此发生的海损，都被视为损坏。

第 762 条 双方若是没有特别约定，海损将被定性，并按照本规则处理。

第 763 条 故障有两种，正常故障或者严重故障，简单故障或者正常故障，简单故障或者特殊故障。第一种的价格按比例在船体费用和货物中平分，而第二种则被船体承担或者由受到损害的物品或者损害原油负担费用。

第 764 条 以下属于严重海损：

以船体或者货物分开或者共同赎买的名义下，所有由敌人造成的损害，掠夺者或者有组织的海盗。

为了自救而抛弃的物品：

电缆、桅杆、帆、任何其他决定被切断的工具，或者为了营救船只和货物必须将弄坏船帆。

锚、链条或者任何为了普遍利益和自救所遗弃的东西。

由于把剩余货物抛弃而造成的损害。

为了把水排出船体而决定造成的损害，以及因此抛弃装载物造成的损害。

船员为了保护船体造成的残疾治疗，包扎，食物。

在海上或者陆地被困住或者扣留船体和装载物的情况。

船员或者船员的粮食在被迫进港期间。

驾驶指责，或者被迫进港或者出港的指责。

仓库的租金存在被迫进港的港口，这些货物在船只修理期间不得上船。

在紧急情况下由船长做出对装载物和船体抗议的费用，水手和粮食在反抗期间的花销。一旦船体和装载物被代替或者收回。

卸货的费用，为了减轻船体使得进入港口或者浅滩所用的花销，当船体遭到风暴驱逐，或者遭到敌人的追捕，在危险之中由于装货卸货产生的费用。

对于船体或者船身龙骨造成的损害，经过考虑而决定靠岸防止全损或者防止敌人捕获。

船体搁浅时漂浮的花销，所有为了预防船体被捕或者全损所做的特殊服务。

作为遇到危险时带来的情况，为了挽救船上的装载货物。

如若船体在航行开始后由于外国势力或者战争来临的下令被强制停止，包括所有船体与运载所花费的时间。

贷款的风险溢价，作为花销的一部分应该属于严重海损的条款部分。

严重海损险的报酬，以及被迫进港时售卖部分货物造成的损失。

用于维护海损的司法费用，以及严重海损费用的分摊。

对于特别的停船检疫隔离期(40 日)费用，以及一般情况下，由于危险和不可预见的灾难经审查所造成的损失，以及由于这些事件导致的直接结果，以及同等情况下造成的损失，从装货启程到返港卸货过程，在对船体和货物经过动机审查之后(第 509 条)。

第 765 条　如果船体和货物是出自自愿以及有缘由的动机造成的损害，该严重海损不得估价，由于船内部人员的不良行为导致的花销，或者由于船员和船长的疏忽而导致的损失。所有这些费用该由船长承担。(第 565 条)

第 766 条　普遍故障和特殊故障：

1.由于旅途过程中遇到风暴、掠夺、海难，或者偶然的触礁，为了营救而产生的费用。

2.由于风暴或者其他海上意外事故导致的线缆、链条、锚、帆和桅杆的丢失。

3.抗议的花销，船与货物分开计算。

4.对于船体的特殊修复以及保持维修效果的费用。

5.运费的增长和装货卸货的花销，当航船在声明不适航时，货物被一艘或者多艘船只运往目的地。(第 614 条)

在危险时期内，一般情况下，其花销，仅被船只承担，或者仅被货物承担。

第 767 条　如果由于在可知的浅滩或者沙滩中船无法带着所有货物扬帆起航也无法到达目的地，或者无法卸下船载的部分货物，为了减轻船体而造成的损失不被看作是损坏，并且由船体自身承担，否则不包括在租船合同以及规定中。

第 768 条　并不是所有的情况都能被认定为海损，但船体的装货正常开销，海岸以浅滩的领港以及河口出入的费用，以及许可证的权利、访问、吨位、品牌、锚固及其他航行产生的税费。

第 769 条　当不得不将部分装载物投入海中时，应该从甲板上的物品入手，之后抛弃更重的或者价值较轻的物品，对于甲板上唾手可得的物品同等对待。尽最大努力注意抛弃物品的体积。

第 770 条　在采取倾倒行为决定(第 509 条)后如果对于抛入水中的货物做出详细的说明，且由于倾倒行为对剩余货物造成的损失，如果也提到了这次事故。

第 771 条　由于日常行为对船上所放货物造成的损失，或者由于危险而减轻船体所造成的损失，根据各种原因引起的损害的结果，将按照本章所阐述的规定执行。

第二节　严重海损的清算、重组和税收

第 772 条　若船体和货物被认作是承保人的责任,必须经过两位专家评审申明。

损失是如何产生的。

被认作损坏的货物,以及其损坏原因,说出其品牌、数量和体积。

被认为是船或其所属物,受损对象的价值,以及需要多少花销对其进行维护或者还原。所有这些步骤,测试和调查将由法院法官根据法律决定,并且传票至有关各方本人或者其律师,如果一方缺席,法官以公文形式任命合适的人选作为该方代表。

所有对船体和所属物的步骤,测试和调查原则上应该在修缮开始之前,如果需要修缮的话。

第 773 条　损坏的物品必须在公共场合拍卖,并在拍卖时付账。在这种情况下,如果有人表现出有倾向或者有兴趣要求一些物品时,法官可以确定船体或者船上物品各个单独出售。

第 774 条　对于损坏价格的估计可以根据正常货物的纯收益和交货时卖出损坏货物的价格差额计算。在任何情况下不得因为获取其净收益率,拖延售卖期限。

第 775 条　如果船主和收货人不想出售部分货物,不得强迫其出售,且对价格的估算应该和同等货物的价格相似,如果出售是在交货时间,可以取得对当地该货物现行价格的价格证明,若缺少该项文件,需要在该项下方附上有信誉的 2 位同类行业商人的证词。

第 776 条　承保人不必要为在海上由于不幸对被保险的船只偿付多于损害花销的三分之二负责,只要船只在条款中按照其真正的价格估算,根据鉴别专家鉴定,其修缮费用不超过该项价值的四分之三,因此,从这些情况来看,只要其修缮的费用不超过其价格的三分之一,承保人支付修缮费用,并且降低该船只超出规定应该支付的费用。

第 777 条　若花销超过船只价格的四分之三,对于承保人来说将被认定为该船只不适航,该类情况下以下条款将强制实施。若没有被抛弃,承保人支付保险金额,如果根据鉴别专家鉴定该船只有海损或者碎片有损坏的情况。

第 778 条　被认作是货物的特别海损却在保单中有对其价值的确定估算,对于损害的估价将取决于交货港口损坏物品的价格,以及同期同地未损坏货物的出售价格,如果是同一类统一质量状况的商品,若全部受损,则取决于其他同类未损坏商品能卖出的价格,而其差异的比例则取决于被保险人。

第 779 条　如果货物的价值在保单中没有规定,则根据之前条款来估算,只要首先确定未损坏货物的价格,对于最初发票上的金额加上后续支出。并且计算出售卖有损坏货物和无损坏货物的比例,根据初始价格和花销对于部分损坏货物是否适用于相对应的比例。

第 780 条　保单中包含条款是否按照损坏物品的品牌、体积、盒子、物种或者袋子,每个指定的部分都被认作是故障清算分别的保险形式,虽然这部分包含在保险金额内。(第 689 条与第 692 条)

第 781 条　任何货物的一部分,作为分开的被评估的对象,如果全部损失,或由任何保单所覆盖的风险所造成的,被损坏哪怕不值任何价值,则由承包人赔偿所有损失。尽管

对于所有货物来说属于部分货物，但是损失的部分或者由保单包括的损害而导致的，即便价格不明，合计为保险价值。

第 782 条 如果保单包括条款说明为损害付账作为补救损失，低于保单价格的差异，由对损坏物品的在卖出地的净销售额导致，在没有注意到该产品在其目的地港口市场的纯销售额，则根据此估算损坏赔偿。

第 783 条 严重损害的调整、分配、摊派由仲裁人执行，船长的审级由双方分别命名。

如果不想分开估价，仲裁人可以通过相应的商业法院执行命名，或者在远离该法庭的地方，由商业权利所属的法官进行。

如果船长由于疏忽对严重损害的摊派的实施，可以由任何一个利益相关的人去提起公诉要求调查。

第 784 条 船长有权利要求，在打开船舱口之前，货物受托人应对严重损害支付信誉保证金。相对应的货物应该被强制性共同分担。

第 785 条 若货物受托人拒绝付给所要求的保证金，船长可以诉诸司法权利，要求其支付共同分担部分，当分摊发生之时，相对货物的代理价格从而支付严重损害的费用。

第 786 条 严重损害的调配和分摊应该在装载货物交接的港口进行，然而，如果是在离开之后发生的损失，船只必须返回装载港口，为了修复严重损失所必要的花销可以调整。

第 787 条 如果在交货港口的严重海损或者共同损失要清算，应这样分配：

装载的货物，包括金钱、金、银、宝石以及所有船上被认为交友价值的物品。

船体及其所属物，无论其状态如何，根据卸货港口价值估算。

运费，作为其价值的一半计算。不包括船上为了维护船上船长、船员和旅客行李个人运费，也不包括潜水员从海里获得的物品。

第 788 条 如果清算在装载港口实行，其价值将根据相对应的发票进行估算，在装载之前将花销加入价格之中，对于船体来说，运费根据既定先前额规定来清算。

第 789 条 无论是在装载港口实施清算还是在卸载货物地实施清算，严重损害的分配金额将由相对应的分配方式进行补偿。

第 790 条 甲板上装载的物品(第 521 条和第 677 条)，而那些被船载却没有被船长签署知晓额物品(第 588 条)，以及私人所属物品或者代表物，在海难过程中已从被认作没有船长许可相对应的价值地点转移至安全地点时，但是其主人，在这种情况下，没有权利要求相对应的补偿，即便该类物品被损坏或者已被抛弃其共同利益。

第 791 条 任何物品，由于人为故意行为导致严重损坏，由于该行为受到损害的一方不得要求对抢救对象的赔偿分配。如果该损害由于承货人或者主人能力达到范围外所造成的事故，或者是其能力范围内，但是该物品没有任何价值，除第 651 条、第 764 条，第 12 条和第 19 条的情况之外。

第 792 条 如果在抛弃的情况下，如果船只得以在危险中被救援，但是继续航行，如果此时需要丢失物品，在第二次危险时这些被援救的货物必须归为对于在第一种情况中丢失物品造成严重损害的赔偿。

如果船体在第一次危险时丢失部分货物并且被挽救，这些货物不被用作对被丢弃物品的赔偿，在由灾难导致海难的过程中。

第793条 审判批准严重损害的分配，对于每一个纳税人其审判都有决定性力量，如果有什么需要执行，尽管可以提出上诉。

第794条 如果在付了分摊的费用后，主人依然因为严重损害结果征收补偿费用，则应该强制重新分摊所有应该被重新征收的净价值。如果未被列入重新分摊的赔偿范围之内，在第一次分配后不必要作为对严重损害的重新征收价值范围内。

第795条 如果承保人已经支付了损失的全部费用，此后又证明该费用确实是全部费用的一部分，并不完全，保险人不必要归还收到的钱财，但是这种情况下，保险人可以要求承保人所有行为和保险人权利的实施，尽可能实现所有被挽救物品效力带来的优势。

第796条 如果取决于任何测试或者形式的清算，承保人调整损害的价格至定值，必须在保单中写出，或者以任何方式在某种期限内偿清，在拒绝付账之后可要求被保险人让人信服地证明实际损失的真实价格，不必要做测试，除非是在承保人一直反抗同一个被保险人表现出欺诈调整情况。

第三部分 破产

第一章 自然破产与破产声明，以及其效用

第797条 所有停止支付的商人，了解其是否破产。（1945年第7661号法令）

第798条 破产或者倒闭可能是偶然的、有过错的或者是欺诈性的。（1945年第7661号法令）

第799条 当无清偿能力源自偶然事件或者不可抗力（第898条）。（1945年第7661号法令）

第800条 破产可被鉴定为过错，当无清偿能力归因于以下情况：（1945年第7661号法令）

个人花销超支，相对于其财产以及家庭的人数。

在游戏中损失巨额财产，或者在高利贷和下注，参加投机行为。

破产者在破产之前的6个月内购买的物品，以低于现行价格售出，必须得找回。

若破产发生在最近的结账日（第10条和第4条）和破产日（第806条）之前，则被认作具有为了结清账目从而双重罚款其财产的义务。

第801条 以下情况下破产被认作是有过错的：（1945年第7661号法令）

1.当破产人没有按照本守则规定的条款进行簿记和商业通信时（第13条和第14条）；

2.未在适当时间及未以适当形式提出（第805条）；

3.逃避或藏匿。

第802条 若发生如下情况，破产属于欺骗行为：（1945年第7661号法令）

虚假的损失或者花销，或者破产所有的产值缺少理由。

在结账过程中隐藏任何数目的钱数，或者以任何名义隐藏财产（第 80 条）。

资金或者破产金额的偏差，此时破产者已经是该资金的受托人和代理人。

以模拟和佯装的售卖、交易、捐赠或者收缩债务。

以第三方名义购买财产。

破产者没有应该具有的账本（第 11 条）或者出现被去掉核心部分，或者被伪造。

第 803 条　以下情况视为欺诈的从犯：（1945 年第 7661 号法令）

以任何方式勾结破产人欺骗债权人，以及那些帮助转移和隐藏财产的帮凶，不论是何种类型，在破产前还是后。

那些隐藏或者拒绝向管理员交出破产人的财产、债权（经费）、证券。

在宣布破产之后仍然允许转让或者破产人背书转让的所有权，或者破产人仍然实行某种交易或者合同。

在钱财损失方面合法的债权人与破产人串通。

在破产声明之后代理人（矫正人）干预破产人任何商业操作。

第 804 条　经纪人的破产和拍卖行代理人被推定为欺诈的行为。（1945 年第 7661 号法令）

第 805 条　任何已经转让其支付的商人都必须在三天期限内，在商业法庭登记处呈递一份标明日期的声明指出他的地址，并且由他本人或者由委托人签字，说明其破产的原因以及房子的状态，包含其现在和以前债务偿还的精确情况，附含用于鉴别财产（认为合适的）证据的文件，或者指导性的文件。该声明，其代表应该由法庭秘书处核实日期和时间，如果对介绍人传票，将会提到所有连带合伙人，指明每一个合伙人的法定住所，当破产涉及集体性团体时。（第 311 条、第 316 和第 811 条）（1945 年第 7661 号法令）

第 806 条　由破产声明呈现，商业法庭应该无延迟地开放破产，定在合法的期限内，破产人的声明需说明日期，或者自从关闭其仓库、商店或者办公室，在之前的某段时间是不是有对付款的转移，审判确定的破产时间的开始不得有回溯超过现今日期的 40 日。（1945 年第 7661 号法令）

第 807 条　破产也可应一位或者几位破产人的合法债权人要求声明，在该付款停止之后，商业法庭也可以声明，当其具有公共知名度时，且建立在真实的无偿还能力状态指出的事实上（第 806 条）。然而不允许儿子对于父亲，父亲对于儿子，也不允许妻子对于丈夫或者反之，为对方声明破产。（1945 年第 7661 号法令）

附带事实：破产人的死亡，在他一生中如若有停止付款的行为，并不妨碍宣布违约以及后续和相应程序的进展，被认定是先前声明的。

第 808 条　在前面所述的情况下，破产人可以中断对破产文件的声明，证明其没有中断付账。查封没有中止实行的效果，但是如果一旦被接受并且被判别证实，从其发布之日算起不可超过 20 日，所以若破产声明的文件被撤销，则一切回到先前状态，受害者商人可以针对其丢失和损失向伤害者提起诉讼，表现行为具有欺诈、虚假或者明显的不公正。（1945 年第 7661 号法令）

第 809 条　对于破产开始的审判，商业法庭责令对所有的破产财务、书籍、文件封条，任命商业代表中的其中一名成员作为陪审团委员会的成员之一或者破产程序的审理人员，一名秘书处官员作为相同程序的书记官，并且证明债权人一人或者多人作为临时税收保护人，或者说，如果没有这些人，则可以让有该职务必要能力的人担任这项指责，被指名的托管人向主席起誓，并且委托人很快将相对应的破产开始审判的证明复印件递交至调停员，有委托保护人的参与，从而实行加封。

如果有可能某一天找到所有的破产者的财务，立即着手这项工作，拆去封条。(1945年第7661号法令)

第810条 包括一些商业债务人，已经停止其支付，并且企图不到场，或者准备转移其部分资产，商业法庭的主席可以要求税收或者任何一位债权人可以要求监察人员，命令临时固定密封条，作为对债权人的保护措施。法院立即召开关于破产声明的会议。(第807条)(1945年第7661号法令)

第811条 在收到调停员对破产声明的审判之后，立即对所有的财务、书籍和破产文件进行封条，这些是受影响接受的物品，无论这些货物属于建立者或是社会家庭，还是属于破产公司的每一个合伙人。(1945年第7661号法令)

不得在破产者个人或者多人及其家人必须使用的衣物和家具上印上印章，但并不因此就不在财产清单中写出。

那些不得印章的财产，首先暂时交于信任的人手中。

第812条 封条或者印章之后，由评审委员会开庭公布破产判决，一旦公布，收到在商业广场、法院大门口及其秘书处，破产人的仓库及其商店，张贴公告之后的3日内，该法官用同样的公告形式告知破产者的债权人具体的日期和时间，不得超过6日的期限，在此6日内实施对一个保管人或者多个托管人命名，暂时接收破产者的房子。(1945年第7661号法令)

第813条 以上述方式税收保护人指名一个或者多个托管人，税收保护人要求调停员撤销封条并且实行对破产者所有财务的描述与破产清单时，该清单由评审委员会、保管人或者多个被指名的托管人、破产者及其起诉人当面进行并且需要许可，并且召开之时不得有任何一人缺席。(第822条)(1945年第7661号法令)

如果有距离当地较远的财产，则属于评审委员会的职权，由相对应的评审员或者调停员实施。

第814条 如果封条被撤销并且对其财产进行了描述与清单统计，将交由一个或者多个托管人，这些人作为忠诚的保管人和受托人有义务看管好、保存好并且交付这些物品，直至结束。(1945年第7661号法令)

陪审团委员命令登记在法律文书上破产者所被认定的状态，并且在被认为适合的情况下公布文章和更多的文件，结束对破产者或其受托代表人的清单声明，并要求其宣誓，若还有其他财产应写入清单之中。

第815条 总结清单，财政看管人面对陪审团委员安置两名或者多名人员来估算清单中的财产，陪审团委员可以拒绝第一个提议而下令实施第二个提议并且不需要根据其要求，本身委托评估人恰当估算相同的书目来开展评估，并且根据税款受托人的第二次提议进行。(1945年第7661号法令)

第 816 条 货物或者商品是轻微损害的,或者没有严重损失和危险地保存了下来,可以根据评审委员会的决定和听取税款保护人的意见来拍卖,其他的所有商品在没有法律命令或者批示文件下不得售卖。(1945 年第 7661 号法令)

第 817 条 当破产者没有将其房产(第 805 条)归入破产的账目,或者在被传讯的 3 日内没有出现,税款保护人可以依据破产者的文件和文书实行并且组织,可以从破产者那里获得其员工、文件管理者或者任何其生意的代理人等有关信息。(1945 年第 7661 号法令)

在账目中写着破产者所有的财产,无论其性质和种类,他们如今和以前的债务(第 10 条和第 4 条),以及其损失和赚取的费用,要附加其必要的意见和澄清。

第 818 条 账目关闭后,如果是陪审委员会实行的未完成的活动,与税款保护人一起,对破产声明进行调查,从而了解是否处于合法的形式(第 13 条),以及记账是否周期性记账并且没有缺点(第 14 条)。同样地查询破产的真实原因,如果认为必要和应该了解时可以为此询问证人,可以询问他们关于破产者的出现或者询问其代理人,或者税收保管人。任何一个人都允许对其行为有异议。并且还可以要求任何有利于发现事实的差遣。然而法官判定拒绝该差遣,认为其应为不合适的或者多余的。从对文件的检测、对证人的询问和辩护以及任何已经实施的差遣,都要登记在有关条款之内,但是都属于同一程序。(1945 年第 7661 号法令)

第 819 条 审理的最后程序,陪审委员将其委托至上级法庭,参照一份综合报告,该报告将所有审理程序的文件作为参考,总结关于破产原因和定性的法官意见,以它的结论作为既定规则。(第 799 条、第 800 条、第 801 条、第 802 条、第 803 条与第 804 条)(1945 年第 7661 号法令)

第 820 条 为法庭提供程序,可以在第一次会议上提出并且决定。(1945 年第 7661 号法令)

在第二或者第三次会议中对破产定性,破产人将在合适的时候宣告破产,如果有同伙则与其一起(第 803 条):所有的囚犯将与抄件一起被交于主观刑事程序的法官,由评审团进行评判,否则对于被起诉人承认判决书的内容。(1945 年第 7661 号法令)

无论最终评审团由谁判决,商业法庭的民事效力都不是无效的。

第 821 条 当刑事法典上处分并不决定破产带有犯罪性质时,则将处以一年到八年罪行。(1945 年第 7661 号法令)

第 822 条 一旦开始破产的审理,破产者签署案卷条款并且自身出庭或者由代理人出庭对于所有司法文件的差遣和案卷进行签署,对于缺席则有相应的惩罚。(1945 年第 7661 号法令)

第 823 条 债务人在相应的时间内呈现其声明(第 805 条),并且亲自出席所有的后续调查工作,不得在判决书之前逮捕。(1945 年第 7661 号法令)

第 824 条 对于所有期限外现身的人,或者放弃参与最后结果的调查工作的人,如果在过程期间认识到债务人确定有欺诈性破产或者有罪破产,或者不露面,法院可以责令其处于看守之中。(1945 年第 7661 号法令)

第 825 条 在破产人没有犯罪或走私,且未进行隐瞒的情况下,且已在所有文书和诉讼审理过程中阐述的情况下(第 822 条),破产人有权利以紧急情况的名义,申请减少其资产的总和,由管理人员提议,由法院判定,审判委员会听证,且需要考虑到破产人的需求和家庭,其好的意图和在破产中最大和最小的损失将会给债权人带来的后果。(1945 年第 7661 号法令)

第 826 条 破产人从宣布破产之日始,即被剥夺对其资产的管理和处置的权利。(1945 年第 7661 号法令)

第 827 条 仅从集体的利益出发,以下项目是无效的:(1945 年第 7661 号法令)

1.在破产人最后一次账目清算之前所进行的免费捐赠活动,总是表明其在该时期的资产少于其债务;

2.在登记日期之前所欠下债款的抵押,在破产的合法时期前 40 日。(第 806 条)

破产人为在破产的合法时期前 40 日内未获得的债务所偿还的款项,将重新纳入资金中。

第 828 条 破产人所有关于不动产、动产或活动财产,以及其他所有文件和债务,即便是商业行为方面的,都可以被判无效,无论是在何时期欠下的,若不失效,则证明当中有存在损害债权人利益的欺瞒。(1945 年第 7661 号法令)

第 829 条 相对于破产人来说,如没有承担利息,即使已经规定,在破产集体无能力支付资金时有盈余的情况下,将按照比例对所规定的利息进行支付,根据第 880 条中的规定,按照有优先权和抵押权的债权人优先的原则进行分配。(1945 年第 7661 号法令)

第 830 条 如对破产人在宣布破产时的判决有所改变,将在债权人确认之前中止该判决,为时不超过 30 日;不能损害有优先权和抵押权的债权人的权利和诉讼中的任何保全措施。(1945 年第 7661 号法令)

如果判决重新起用(第 874 条),将由财政监护人继续执行,不得中止。

即便如此,如果判决中包含的资产在拍卖中,但已经通过公告确定其开投的日期,则财政监护人在审判委员会的许可下,将有权利同意其继续进行。

第 831 条 对破产的定性应当要求明确破产人的所有债务,以及仍未过期的,无论是商业还是民事范畴的,减少对于在到期日之前的时间相对应的法定利息。

第 832 条 在到期日仍未偿清的与破产人的共同债务,必须交纳保证金,不需要立即交纳。(第 379 条)(1945 年第 7661 号法令)

本条规定只适用于共同债务是同时的而非连续的情况。作为连带责任,如背书中所示,前面的带背书的破产无权利在到期日之前添加受让人。(第 390 条)

第 833 条 由财政监护人负责向审判委员会申请批准所有的必要措施,以保护集体利益:在债权人讨论其权利和诉讼的过程中必须提供所有必要的文件,特别是谨防第 277 条和第 387 条中的规定,要求处于此目的,立即开放和去除破产人的书籍和文件上的封条。(1945 年第 7661 号法令)

所产生的花销将由受托人进行偿还,由同一名法官授权。(第 876 条第 2 项)

第 834 条 财政监护人必须努力实现对票据的兑付和偿还,以及破产人的所有债权,上交有效的偿还证明,由受托人签名,由审判委员会批准。(1945 年第 7661 号法令)

第 835 条 在不同本籍的债权可以由受任人在经过上述法官的有效许可后代为征收。(1945 年第 7661 号法令)

第 836 条 票据和收账出售的总和，除去花销和成本，将被登记在一个带两支钥匙的保险箱中，一支钥匙由财政监护人保管，另一支由受托人保管；除非债权人同意由某一商业银行或公共存放室保管。(1945 年第 7661 号法令)

第 837 条 在该保险箱中撤出资金只能在审判委员会批准的情况下进行。(1945 年第 7661 号法令)

第 838 条 从财政监护人任职之时始，所有关于破产债务的待解决事项，以及在破产前应提前规划好的事项，只能够在财政监护人允许的情况下继续进行。但财政监护人不得在未得到审判委员会批准的情况下，以集体的名义企图延续或抵抗任何行动。(1945 年第 7661 号法令)

第 839 条 财政监护人和受托人将由商业法庭批准，被委以集体、措施、工作以及责任。(1945 年第 7661 号法令)

第 840 条 法庭在审判委员会之上，通过财政监护人的庭讯，将给予在处理破产账目记录和其他相关的行为和从属物时需要聘请的文书管理员和出纳员报酬。(1945 年第 7661 号法令)

第 841 条 所有由于采取在应有的许可下的相关措施产生的花销和成本，都将由破产资产的集体进行支付。(第 876 条第 2 项)(1945 年第 7661 号法令)

第二章　债权人会议及协议

第 842 条 如果破产人提议，或自行撰写联合协议，或对管理人进行命名，在破产诉讼文件完成后，法官委员将在 8 日内召集破产债权人在确定的日期和时间开会，审判委员会也需出席，以确定债权，商讨协议内容。(1945 年第 7661 号法令)

对于身份明确的债权人，将以书记员的信函的形式通知，而对于身份不明确的债权人，将通过公告和期刊上的通知进行通知：在信函、公告和通知中将明确，如果没有符合文件(第 145 条)中的规定的特殊权利，任何债权人都不会被代理人承认，且告示不得发送给破产债务人，也不能给由两位债权人组成的代理人。(第 822 条)

第 843 条 财政监护人、管理人和全体债权人本人或其代理人将在破产诉讼文件上签署条款，且需要商业法庭的所有批示，当中不得有公众部门干涉，需要审判委员会的决议，该决议由诉讼书记员亲手公布。(1945 年第 7661 号法令)

第 844 条 被合法召集的债权人如果没有出席当中的某一场会议，将默认其同意由与会的大部分债权人投票通过的决议；为了批准或否决协议，第 848 条中对出席的债权人的人数进行了规定。(1945 年第 7661 号法令)

第 845 条 债权人在审判委员会和债权人的出席下召开集会，破产人本人或其代理人出席或缺席(第 822 条)，法官将针对破产情况及其情节做一份准确的报告，载明于诉讼中；随后提交一份由财政监护人事先准备好的明确的债权人的名单，名单中载明出席者的名字、住址、各自债权的数量和性质(第 837 条)，如在文件中重新登记的债权人同意继续，上述法官将提议成立一个委员会，如果在会议上无法立即确定登记的债权人名单，该委员会将完成此项工作。(1945 年第 7661 号法令)

该委员会将由三名债权人组成，检查办公室内的文书和资料，且必须在第一天开始的八天内，在其他会议上发表其意见。

委员会成员的债权将由财政监护人进行审查。

第 846 条 在债权人的第二次会议上，将发表委员会和财政监护人的意见，不提及关于名单上所包含的债权确认问题，只是为了授予债权人投票和被投的资格，如果破产人出席，审判委员会将提议在会议上商议一份协议计划。(1945 年第 7661 号法令)

如果关于某些债权存在异议，且审判委员会无法调解各方意见，则将请两位法官仲裁人在同一份文件中对其进行评判，这两位法官仲裁人将在五日内向法官传达其意见。如果两位法官仲裁人的意见无法达成一致，审判委员会将把支持票投给其赞同的一方，以避免本仲裁决定无效而被起诉。

第 847 条 在新举行的会议上宣读仲裁判决后，将进入商议制定协议或者会议协议的流程。(第 755 条)(1945 年第 7661 号法令)

如果在该新举行的会议上还出现了新的债权人，在没有危害的情况下可以将其纳入已登记和已明确的债权人名单中。(第 888 条)

为了协议的有效性，要求协议必须是由占大多数债权人一定比例的人数通过的，占债权人主体的三分之二。

第 848 条 在完成本章内规定的所有程序前协议是不合法的。如在两项规定的某一项中允许使用提示省略法，可以在任何时间废除。(1945 年第 7661 号法令)

在破产人被判定为有罪或欺诈时不能制定此协议，如之前已制定完成，则将作废。

第 849 条 在一定情况下协议可以因为废除延付而重复；在其他情况下也可以第 902 条中规定的方式废除。(1945 年第 7661 号法令)

第 850 条 协议应在提出的会议上被否决或批准，并签字。如果没有人提出异议，审判委员会将立即通过该协议；反之，有异议者需在 8 日内联合提交他们的不同意见，发送给财政监护人和破产人，并在 5 日内进行辩护。带辩护的异议将由审判委员会在辩护之日后提前 3 日提交给商业法庭。(1945 年第 7661 号法令)

第 851 条 在展示和审阅异议后，法庭将宣布其判决，将其驳回或者接受，并进行评定。如法庭认为异议的资料是重要的但是并未能充分证明观点，可以授予 10 日时间进行做证，在此阶段过后将最终被判定。(1945 年第 7661 号法令)

如审判委员会批准该协议，则将不能有上诉的情况，除非异议处在以上述方式的审查过程中；如果法庭忽略了债权人提出的反对意见，债权人可以向审判区提出上诉。

在本章和前章中规定的期限不得延期。

第 852 条 协议必须涉及所有的债权人，仅排除有控制权的债权人、有优先权的债权人和有抵押权的债权人。(第 879 条)(1945 年第 7661 号法令)

第 853 条 有控制权、优先权和抵押权的债权人不能参与和协议有关的商讨，但是必须作为商讨决定的主体。(1945 年第 7661 号法令)

第 854 条 在向财政监护人、受托人和代理人通知该协议内容后，上述人员必须要向债务人声明对其所有资产的权利，并说明将代审判委员会对其进行管理，并负责解决关于提交资产的疑问或责任；在双方都如此要求时，可以向仲裁人进行陈述。(1945 年第 7661

号法令）

第三章　会议协议，管理人，偿付和分配金

第一节　会议协议

第 855 条　在没有协议的情况下，如果破产人没有展示过其方案，则将在上述会议中在债权人之间形成协议（第 846 条），如果破产人将其方案展示过，则审判委员会将在法庭宣判驳回之后的 8 日内召开会议。（1945 年第 7661 号法令）

第 856 条　在会议协议的有效期内，出席的债权人将在其中间选出两位或以上管理人以管理破产人的房产，赋予其完全的主动或被动偿还、征收、支付和起诉的权利，并从集体利益出发，在法庭内外采取任何必要的行动。（1945 年第 7661 号法令）

推选优先考虑商业债权人，以及债务已经确认了的人员，由获得出席的债权人的多数票者担任，如果没有获得的选票没有多于请求选举的管理人的人数，则将进行第二次点票；如果仍未能获得多数票，则将采取抽签的方式，在获得相同票数的候选人中选出最终人选。

在选出多于一名管理人的情况下，当选的管理人将共同承担相同的责任。

第 857 条　做出违背集体利益的行为，或反对法庭在债权人会议上做出的判决的管理人，将因此被免去继续进行管理的权利，并将进行新的选举。（1945 年第 7661 号法令）

第 858 条　允许债权人直接向商业法庭请求辞退管理人，无须陈述正当理由，该请求需由大多数债权人分批签字。如果提交了正当理由，可以由任何一位债权人提出辞退要求，甚至使用依职权。（1945 年第 7661 号法令）

第二节　管理人，偿付和分配金

第 859 条　管理人开始履行职责后，就要对破产人或财政监护人提供的结算账目进行检查（第 817 条），当认为结算账目不准确时将进行第二次检查。此外将查看各债权人之间的关系，债权人的身份将在 8 日内交送给管理人；如果有人提议对破产人的文书和资料进行核对，如果认为该意见是公证的，则分别注明确认破产债务为某金额或因某原因而不通过，将在标注中注明日期，并由管理人签名。（1945 年第 7661 号法令）

第 860 条　如果有人对债权的有效性或者定级提出反对（第 873 条），审判委员会将下令各方在不超过 5 日的时间内简短且概括地进行论证；如果拒绝商业法庭的起诉却被认为原因可能是由所知的事实决定的，并载明辩护证据上，将进行明确的判定；如果提起上诉，在被请求的情况下，且有必要进行更高层次的调查，或将重新审查各方惯用的途径。（1945 年第 7661 号法令）

在第二种情况中，总是会有上诉的情节发生，法庭可能会命令有争议的债权的持有人暂时地考虑做担保债权人或无担保债权人，在集体的分配金中分到被认为合适的金额。（第 888 条）（1945 年第 7661 号法令）

如果管理人一方提出反对且败诉,诉讼的费用将由集体承担,但是由第三方完成,但支付的是集体。

第 861 条 如果破产人的文书和记录或某些可接纳的文件表明存在缺席的债权人,商业法庭将对管理人的代表性和审判委员会的信息进行决定,根据金额决定是否需要重新考虑将集体遣返。(第 886 条)(1945 年第 7661 号法令)

第 862 条 破产的管理人不需要高于会议协议的名义,也不需要进行破产人的听证,就可以出售其所有的财产、票据和货物等在其名下的物品,以及偿还其债权和债务的金额。出售将在获得审判委员会的支持和法律的许可后,以公共拍卖的方式进行。(1945 年第 7661 号法令)

第 863 条 审判委员会及其书记员、管理人或财政监护人都不得为自己或他人购买集体财产中的任何部分;即使是索要物品或以对全部财产来说优异的价格。(1945 年第 7661 号法令)

第 864 条 允许管理人出售难以偿还或收回的债权,并将其投入任何有用的行为和契约中,以加快偿还的程序,并需取得债权人的同意和审判委员会的许可。(1945 年第 7661 号法令)

第 865 条 管理人可以以集体管理服务的名义申请必需的图书管理人、保险箱或其他雇员。(第 840 条)(1945 年第 7661 号法令)

第 866 条 所有收取到的款项都经保存在带两把钥匙的保险箱中,一支钥匙将保留在审判委员会手中,另一支在管理人之一手中;除非债权人同意将其存放在商业银行或公共库房中。(1945 年第 7661 号法令)

第 867 条 管理人将在一个月内向审判委员会提交一个关于破产情况和保险箱中款项的确切情况的账单;法官将下令进行分配或按比例分配,最高可达五个百分点。支付的金额将记录在相应的债权或证明中,并发表在一份由债权人签名的册子中。集体余额将作为决定分配比例的决定因素。(1945 年第 7661 号法令)

第 868 条 完成偿付之后,审判委员会将召集债权人参加管理人的账目的分期付款,管理人的职权将在分期付款完成后结束。(1945 年第 7661 号法令)

第 869 条 如果所有债权人都支付后仍有剩余,剩余部分将归还给破产人,或者其继承人和继任者;如果这些人员没有出现,则将通过公告和在期刊上重复三次的通知的方式通知,存放在公共库房。(1945 年第 7661 号法令)

第 870 条 如果财产不足以完全支付债权人的所有债务,在第 868 条中所阐述的会议上审判委员会将裁定足够偿还破产人与否。如果占三分之二,代表三分之二需要偿付的债务的债权人,一致认为即使存在持不同意见的债权人,偿付也是必须进行的;破产人将无须对未来产生的任何责任负责。(1945 年第 7661 号法令)

第 871 条 如果在此后三年内证明破产人与某债权人进行秘密调整或交易,达成协议或实行某金额的分期以减少偿付金额,偿付将失去其效力。在此情况下,破产人以及涉及的人员都将以押卖行为上的欺诈的罪名被起诉。(1945 年第 7661 号法令)

第 872 条 如果破产人在将来没有得到债权人的偿付,将成为其在破产前承担的债务的主体。(1945 年第 7661 号法令)

第四章　各种债权的特殊贷款及其分类

第 873 条　破产人的债权人将依据其性质和称号登记在四本不同的名册中：在第一册中登记为有产权的债权人；在第二册中登记为优先债权人；第三册中登记为有抵押权的债权人；第四册中登记为单纯债权人或无担保债权人。（1945 年第 7661 号法令）

第 874 条　有产权的债权人的等级分为：（1945 年第 7661 号法令）

1.破产人以储蓄、抵押品、经营管理、租金、出租、借用和用益权的名义拥有的财产的债权人。

2.购买或出售、转运或交货的货物的债权人。

3.汇票或其他任何带背书但是没有转移所有权的商业名义的物品的债权人。

4.破产人以特定目的进行的汇款的债权人。

5.拥有军队或外来财产的儿女；拥有继承或遗赠财产的继承人或遗产继承人；有监护权或监护人职责的被监护人。

6.已婚女性：如果相应的称号确定在婚礼后的 15 日内登记于商业记录中，拥有嫁妆和结婚前拥有的除嫁妆之外的可支配财产；拥有在婚姻期间以捐赠、遗产或遗赠的名义获得的财产，当有效文件证明了该财产属于其丈夫，且相关的文件在婚姻开始后的 15 日内登记在商业记录中（第 31 条）。

7.有争议的被偷物品的主人。

8.出售物品在被出售前的卖家，且该销售是非赊售的形式（第 198 条）。

第 875 条　没有指定种类的存款和税后的钱款，不属于债权范围内的类别。（1945 年第 7661 号法令）

第 876 条　债权产生的原因归结于以下情况的债权人属于优先债权人：

1.不铺张奢侈的殡葬花费，与破产人的社会身份有关，且是因为疾病而去世的。（1945 年第 7661 号法令）

2.到必需的许可的由于管理破产人房产而产生的花费。（第 833 条和第 841 条）

3.破产人的保理人、图书管理人、保险箱、代理人以及佣人的薪水和佣金，在宣告破产之日前的一年内获得的财产。（第 806 条）

4.未作废的海事代理人的佣金。（第 449 条第 4 项）

5.特殊的不明确的抵押。

6.普通的不明确的抵押。

第 877 条　存在未知的特殊有抵押权的债权人的情况：（1945 年第 7661 号法令）

1.在房产证中发现的动产，用以支付到期的租金，以及关于乡村房产的租金或地租的有待解决的未知情况。

2.在修缮工作中雇用的工人所需的材料和薪酬。

3.没有任何物品作为抵押的有抵押权的债权人。

4.在节省下来的物品中。（第 738 条）

5.船只水手在最后一次航行中的装船和运费。（第 564 条）

6.在船只上参与购物、核对、装备和备用金等方面的金钱行为的人员。(第 475 条)

7.在装载的货物、租金或运费、花费以及严重故障。(第 117 条、第 626 和第 627 条)

8.关于恢复海运贷款的内容,承担风险给予款项者。(第 633 条和第 662 条)

9.其他包含在本法典的各项规定中的情况。(第 108 条、第 156 条、第 189 条、第 537 条、第 565 条和第 632 条)

第 878 条 在破产人的所有财产中存在一般的未知抵押的情况:

1.债权人为了达到破产人已经尽到的监护人职责时。

2.获得遗产或遗赠的债权人。

3.债权人或根据破产人的命令,在破产前的 6 个月内给予破产人或其家庭以生活费。(第 806 条)

第 879 条 以特殊抵押的名义拥有担保过的债权的属于有抵押权的债权人。(第 806 条)(1945 年第 7661 号法令)

其余的所有情况属于单纯债权人或无担保债权人。

第五章 优先权及分配

第 880 条 债权人依据其分级享有优先权,在同一等级中的债权人根据其账目进行排列。(1945 年第 7661 号法令)

第 881 条 不对债权人的产权提出质疑(第 874 条),也不对有优先权的债权人提出质疑(第 876 条),审判委员会可立即要求前者上交物品,以及要求后者提供其要求的数目。

上交的物品必须和所收的种类一致,或采用已经存在的用以代替的种类;缺少该种类的情况下可以支付其对应价值的金额。(1945 年第 7661 号法令)

第 882 条 在第 876 条中第 1、2、3、4 项中列举的有优先权的债权将由集团支付,第 5 项情况只能在存在特殊的未知抵押的情况下由财产的收入支付,第 6 项情况将由集团在支付有优先权的债权后进行偿还;按比例分配,并享有平等的权利,且没有足够的财产。(1945 年第 7661 号法令)

第 883 条 管理者可以以集团的利益的名义赎回抵押品;如果没有将其赎回的可能性,审判委员会将传讯抵押债权人以进行拍卖。剩余部分将归入集团名下;反之,如果收入不足以支付,差额将按比例归入抵押债权人和无担保债权人名下。(1945 年第 7661 号法令)

第 884 条 如果有两个或以上的债权人拥有特殊抵押,在其中间按照以下顺序进行排列:(1945 年第 7661 号法令)

1.在第 877 条中规定的以特定名义而存在了特殊未知抵押或一般未知抵押的特殊抵押中的一种。

2.在抵押记录的优先权中更早的一个。

第 885 条 出现两个在同一日期等级的有抵押权的债权人时,在协约成立时便在文书中声明过的一方优先。如果双方同时在记录中出现过,文书持有人将按照比例在其中间进行分配。(1945 年第 7661 号法令)

第 886 条 没有提出反对或已经得出审判结果的有抵押权的债权人,将由出售抵押财产的收入来偿付:如果有剩余,将归入集团名下;如果有不足或者差额,将按比例由无担保债权人承担。(1945 年第 7661 号法令)

第 887 条 如果有抵押权的债权人因为另一个优先的债权人分尽了而没有得到任何抵押的财产,将作为无担保债权人按比例分配。(1945 年第 7661 号法令)

第 888 条 如果在按照权利优先顺序得出最终清算结果前有某位优先债权人或有抵押权的债权人按照比例分配,则将按照无担保债权人的标准给予待遇;属于他的配额将存储在保险箱中,等待诉讼最终结果决定给予他的配额。其余任一债权人的配额也将暂时按比例或分摊保管。(第 860 条和第 861 条)(1945 年第 7661 号法令)

第 889 条 有财政保证的债权人将按照无担保债权人的标准给予待遇,减少从担保人手中得到的份额;所得到的金额将被排除在破产人为恢复名誉而支付的总额之外。(第 260 条)(1945 年第 7661 号法令)

第 890 条 第四等级的债权人享有在满足其他等级的债权人后由余额按比例支付的所有权利。(1945 年第 7661 号法令)

第 891 条 任何在宣告破产前的审判中被认为有资格的无担保债权人有权利按比例得到待遇。(1945 年第 7661 号法令)

第 892 条 作为由破产人和其他同样破产的共同债务人共同承担的保证金的持有人的债权人,将被允许在所有集团中出示证明其债权的票面金额;且参与分摊,直至对其所有的支付完成为止。(第 391 条)(1945 年第 7661 号法令)

第六章 破产人恢复名誉

第 893 条 获得其完全偿还证明的破产人可以向宣告其破产的商业法庭申请恢复名誉。(1945 年第 7661 号法令)

第 894 条 申请时必须附有债务金额的文件,在被判有罪的情况中需提供服刑证明。如果破产仍在审判中,则将由法庭进行仲裁,进行相关的调查,以破准或拒绝其恢复名誉的请求。(1945 年第 7661 号法令)

第 895 条 因欺诈破产的破产人永远不能申请恢复名誉。(1945 年第 7661 号法令)

第 896 条 不得对恢复名誉的批准或拒绝进行上诉。但是可以重新对拒绝的情况进行审判,最多为时 6 个月,并出示能够担保其行为的合法性的新文件。

第 897 条 在由有效力的法庭宣布恢复破产人的名誉后,中止所有因为宣告破产而实行的法律禁令。(1945 年第 7661 号法令)

第七章 延期偿付

第 898 条 只有在证明由于不可预测的事故或更为严重的原因而导致其无法承担应有责任时,商人才可以申请延期偿付(第 799 条),同时需要提交一份准确的账目和文件,以证明拥有完全偿付所有债权人的能力,但是某些需要等待。(1945 年第 7661 号法令)

第 899 条 当申请被认定属于前面的条款所述的情况,申请人所在审判区的商业法庭可以立即宣布一项命令，停止所有未进行的程序，或在未来视图进行时提出反对，知道延期偿付最终完成。无论此项命令宣布与否，法庭将立即命名两名其认为最合适的申请人的债权人，以检查提交的账目的准确性，且申请人需允许其进入办公室；命名结果将在特定的日子提交至其所属的商业法律陪审团处，不得延期，同时发送给所在审判区的所有债权人以审查延期偿付的申请；通过书记员的书信、公告或期刊上的通知的方式进行。(1945 年第 7661 号法令)

第 900 条 债权人在规定的日子里举行会议，日期在法庭向陪审团提交之日的 10 日后、20 日内，联系调查员债权人已提前发送的信息，将由申请人或其代理人进行口头阐述，债权人及申请人听证；陪审团将把所有的资料及其意见归还给法庭。(1945 年第 7661 号法令)

在听完财政代表的发言后，法庭将对延期偿付的申请进行批准或拒绝的审判；在得出最终决定前，可以要求进行为获得行为的真实情况的必需的测试或调查；要获得批准需要得到债权人中的多数票，同时其债权需代表总数的三分之二。

第 901 条 任何情况下延期偿付的期限不得超过 3 年。(1945 年第 7661 号法令)

该期限包括批准延期偿付的日子。

第 902 条 在批准延期偿付后，法庭将命名被告的两名债权人以监督其在该时期内的行为；将废止检察官的请求，甚至某些其他债权人的请求，只要能够证明申请人是出于不当的意图或为了损害债权人利益而提出申请的，或者证明其行为状况将由此被损害，即便自身没有责任，但是财产不足以完全偿清其承担的债务。

第 903 条 延期偿付的效力将完全被中止，但是延期偿付的中止并不阻碍已规定或重新规划的诉讼的日常行为；除非是为了其执行。(1945 年第 7661 号法令)

第 904 条 获得延期偿付的债务人不得在没有财政债务人的辅助或许可的情况下进行扩张，或以任何方式记录其不动产、动产或生物财产。如果违反此项规定，不但将使文件作废，而且将中止延期偿付，如果法庭承认该情况的严重性。(1945 年第 7661 号法令)

第 905 条 在延期偿付期间如果违反了本法典中规定的任何程序，可以随时废除延期偿付。(1945 年第 7661 号法令)

第 906 条 当商业法庭拒绝延期偿付的申请，只能对禁止令进行申诉，按照第 851 条中规定的特定方式进行：在可恢复的效力下，可以向审判区的机关对批准的情况进行上诉。(1945 年第 7661 号法令)

第八章 总规定

第 907 条 在审判委员会的决定中，可以向商业法庭提起上诉，且应在 5 日内进行，法庭会议在其提出上诉后的第一天内作出审判。(1945 年第 7661 号法令)

第 908 条 本法典中针对破产的规定仅对已注册的商人的债务人有效。(1945 年第 7661 号法令)

第 909 条 当已注册的商人的破产被认定属于本法典规定的情况，常设法庭将保留对已注册的破产人的财产的征收、管理和分配的权利。(1945 年第 7661 号法令)

第 910 条 破产债权人的权利和责任转交其继承人或接任人,直至其资产足够偿付。(1945 年第 7661 号法令)

第 911 条 未成年的破产人继承人,由其监护人或受托人合法代理,在破产案件中不享有任何特权,该情况适用于第 353 条规定。(1945 年第 7661 号法令)

第 912 条 本法典只有在议会发表之日后的 6 个月才开始生效并执行。(1945 年第 7661 号法令)

第 913 条 如果在上述时期内提起上诉,将废除所有与商业资料相关的法律和规定,以及其余对本法典规定的异议。(1945 年第 7661 号法令)

独立章

(1939 年第 1608 号法令)和(1973 年 1 月 11 日第 5869 号法令)

在贸易和商业案件中的司法管理

第一册 法院和商业法庭

第一节 商业法庭

第 1 条 在国家首都、巴伊亚州和伯南布哥州的首府以及未来将成立的州里将设立商业法庭,各州都设有相应的审判区。

在没有设立商业法庭的州,其职能将由机关部门履行;如果没有机关部门,在管理方面将由管理机关履行,在司法方面则由政府任命的司法机关履行。(第 27 条)

第 2 条 在国家首都设立的商业法庭将由一名专业主席和六名商人议员(其中一名在秘书处服务)和三名商人候补人员组成;还将设一名财政助理,由里约热内卢州机关的高级法院院长担任。

各州的法庭将由一名专业主席、四名商人议员(其中一名在秘书处服务),以及两名商人候补人员组成;还将设一名财政助理,由各州机关的高级法院院长担任。

第 3 条 主席和检察官由国家元首任命,可以因其要求的服务而被废除。

议员和候补人员将由商人选举人选举。

第 4 条 商人议员和候补人员任期为 4 年,每两年更新一次。

在第一次重新选举时要排除已经被选上的人员;票数相同时采用抽签的方式决定。

商人议员或候补人员的位置空缺时,将举行新的选举;但是只有在缺乏代任人的情况下才可以举行新的选举。

第 5 条 任何商人都不得免除商业法庭的议员或候补人员的职务;除了由于年龄过大、患有严重且持续的疾病而造成绝对不可能任职的情况。其他没有正当理由的命名将不被接受,且废除其在商业选举中的选举权和被选举权。

在先前的职务和新的命名之间无须间隔四年。

第 6 条 在同一法庭中不得有二级姻亲关系的亲属同时任职,或者四级血亲关系的亲属,也不得存在相互间有社会交往的两名或以上议员。

第7条　在各个商业法庭中都将为最高官员、书记员和其他必需的雇员设立办公室，以共同处理事务。

首次对最高官员、书记员和其他雇员的任命将由国家元首实行，优先考虑当前在商业法庭任职的合适人选。随后对最高官员、书记员和其他雇员的任命和解雇将参考各法庭的意见；在将来各法庭将有自由任命和解雇所有雇员和附属的代理人的权力。

第8条　除了在本商业法典中规定的机关职能，各商业法庭的管辖范围将包括在行政机关规则中明确的其体制内的范围。（第27条）

第9条　设立在国家首都的商业法庭将特别负责国家商业、农业、工业和航海业的年度数据统计；为了使其组织和各州法庭、其他机关相协调，必须遵循其要求。

第10条　纯文书事务可以由法庭的三名成员处理，其中一名必须是主席。其他事务需由一半成员，加上包括主席在内的一名成员来处理。只能排除在商业法典的第806条、第820条和第894条中规定的情况，以使法庭认为完整的决定是不可违背的。所有通过的案件必须获得多数票。

第11条　在商业法庭的办公室中将有一本商业公共记录，由法庭主席签字，在当中记录商人（商业法典第4条）和所有商业法典规定必须登记的文书资料。（商业法典第10条第2段）

第12条　各州商业法庭的主席必须每年完成贸易报告，记录其采取的决定，并要求向国家首都的法庭主席提供副本。

第13条　国家首都商业法庭的主席也必须完成相关的报告，记录政府的所有审理及其观察，以在其职能范围内采取有效措施，以及向立法机关提出建议，设疑其措施所需的规定。

第二节　商人议员的选举

第14条　所有审判区内的商人在商业选举人团中都有选举权和被选举权（第4条），要求是巴西公民，并有行使其公民权和政治权利的自由，即使已经不再从事商业。

在首次选举中，在商业法庭中至少有20名注册商人，以组成商业选举人团，拥有或估计拥有四十康托的商人将被认定为有选举权和被选举权。

在某时期被定罪为伪誓、诈骗、借口或欺骗性破产的商人将没有选举权和被选举权，尽管已经遵循对其的审判或已经恢复名誉。

第15条　没有达到30周岁的，或从商不足5年的商人不能够成为议员或候补人员。达到30周岁的人员也不能被任命为主席。

第16条　商业法庭将规定举行商业选举的会议的时间，并由法庭主席主持。

首次选举的时间将由国家法庭的部长和各州主席决定。

第三节　商业法庭

第17条　除了在商业法典中规定的破产案件以外，商业法庭授予商业法官的案件只能将由常设司法机关履行；此外还有第一审级的商业案件审理，以及对上述法院的申诉。

第18条　所有起因为商业法典中规定的权利和义务的案件都被认定为商业案件。

第19条　同样将在符合商业选举人团规定的情况下，以同样的诉讼方式进行，即使没有商界人士介入：

Ⅰ.个人之间关于公共债务和政府债权的其他任何文书资料的分歧。

Ⅱ.企业或商业机构之间的分歧，无论为何性质和内容。

Ⅲ.对于包含在商业法典第十章的规定中的地点协议所产生的分歧，仅除了乡村房产有关的内容以外。

第 20 条 当商业法典规定了这种决定的方式，必须由仲裁人来决定这些分歧和争议。

第 21 条 受理贸易或商业案件的法庭或法院中，必须对内容、文书或商业义务进行做出决定的所有仲裁人和经验丰富的内行人都必须在案件中应用商业法。

第二册 法院在商业案件中的命令

第 22 条 所有的商业案件都必须由所有法院和审级简短且概括地、全面且根据所知的事实受审，不需严格地遵循所有民事诉讼规定的日常模式；只有在为了各方可以为其权利辩护和制造证据时，才需要遵循基本的程序。

第 23 条 在债权文件已被批准的商业案件中调解各方的分歧并非必要的，即使各方无法和解。

第 24 条 在商业案件中仅要求首次传讯是个人的，并须按照实行原则来进行。

第 25 条 如果罪犯身处义务所在地之外，在行为是由受托人、管理人、经纪人或代理人实施的案件中，可以引证其受托人、管理人、经纪人或代理人。同样，如果行为实施者是船只的船长、船舶代理人和商船贸易经纪人，不认为债务人包含在该原则中。

第 26 条 在涉案金额未超过两万雷亚尔的商业案件中不得提出上诉，在涉案金额未超过两康托雷亚尔的复审案件中同理。

第 27 条 除了为了更好地执行商业法典的权利规定以外，政府有权利在一项合适的规定下，确定商业诉讼中法院的优先顺序；特别是为了第 1 条和第 8 条中阐述的第二个时期，见本章的规定；其他为了建立在对放弃偿付商业债务的债务人进行扣押财产和拘留人员时需要遵循的规则和模式的情况同理。

第 28 条 商业法庭的主席、议员和财政顾问的职位是荣誉性的，并由此将收到相应的报酬。如果任命主席为高级法院院长，则他将身兼二职，但是只会收到真正在机关中履职对应的薪酬。

其他的法庭雇员将收到政府批准的奖金，由酬金处支付。

第 29 条 政府将在商业法庭之下设立酬金处。所有在商业法典中规定的罚款将归入相应商业法庭的酬金处名下。

第 30 条 废除商业法庭委员会。该法庭的成员将离休，享有其荣誉和特权，以及与其服务时间对应的工资。

该法庭没有被商业法庭秘书处登记在册的其余成员将继续享受其完整的工资待遇，但是不会再重新被雇用。

由此我们命令所有进行审理、执行法律相关的上诉的机关遵守本法典中的规定。国家商业部秘书长会将其印制、发表及流通。由里约热内卢州政府于一八五〇年六月二十五日共和国第二十九年发布。

阿根廷共和国商法典*

前　编

Ⅰ.民法典的规定将适用于不受本法典约束的情况。

Ⅱ.在特定的惯例可以废除法律的事件中，根据各方假定的意志，行为的性质允许法官调查习惯行为的本质，以使契约和行为具有应有的效应。

Ⅲ.禁止法官发布一般性的或者规定性的命令，法官通常仅处理其了解的具体案例。

Ⅳ.只有立法机构有权解释法律，以对所有人产生约束力。这类解释自解释之日起有效，但是不能被用于已经完全终结的案例。

Ⅴ.商业惯例可以被用作规则，以确定商业专业词汇或表达的含义，以及用来解释商事行为或者商事惯例。

第一卷　从事商业的人

第一编　商人

第一章　商人和商行为

第 1 条　本法典所谓的商人是指，所有具有订立契约和独立从事商行为的法律能力，并且以此为习惯性职业的所有个人。

第 2 条　所有职业从事商品买卖的个人被称作商人，尤其是指购买和定做商品以用来零售或批发的个人。书商、小百货商、商店店主等所有不生产但是从事贩卖的个人也都是商人。

第 3 条　零售商是指其所售商品通常按米或升计算，商品重量小于 10 公斤，或者以

* 系重庆国际战略研究院国别投资法律项目："阿根廷投资贸易法译丛"。项目负责人：杨晓畅，四川外国语大学讲师。

散装的形式销售。

第4条 商人还指在国外进行交易,或者仅在国内从事买卖的,可在一个或同时在多个商业领域活动的商人。

第5条 根据法律,所有商人都必须要遵守商事管辖,以及商业规章和法规。商人的行为都被认为是商事行为,除非有相反的证据。

第6条 偶然从事商事行为的个人不被认为是商人。但是,对那些存在争议的行为,仍然要服从商事管辖,以及遵守商事法律。

第7条 如果合作各方中一方的行为属于商事行为,所有参与方都要服从于商事法律,但不需要服从有关商人的法规,除非此法中的规定仅针对使该行为具有商业性质的契约方。

第8条 本法典规定的商事行为有:

1.为了转让获利,以互换为名义购买可移动的东西或者获得其所有权,无论是保留其购买时的价值,还是购买后价值增加或减少。

2.前一条中所指的转让。

3.所有有关交换、银行、代理或者拍卖的经营。

4.所有关于汇票、支票或其他任何可转让的纸票的经营或持有。

5.从事制造、代理、商业委托、储存或者水陆运输货物或人员的公司。

6.无论以何为目的的保险公司以及有限公司。

7.租赁船只、建造、买卖船只、索具桅杆、物资供应等一切与海上贸易有关的。

8.商人的代理人、会计以及其他员工的行为,当其行为与该商人的商事行为有关时。

9.商人的店员和其他员工关于工资的协议。

10.信用证、担保书、抵押契约以及其他与商业运作有关的。

11.特别是本法典中所规定的其他行为。

第二章　从事商业的法律能力

第9条 根据普通法,所有可以自由支配其财产的个人都有资格从事商业活动;不受协议和合同约束的人不能有商事行为,除在之后条款中的修改以外。

第10条 所有已满18周岁的个人,只要能够证明合法不受制约或者已合法得到授权,都有资格从事商业活动。

第11条 合法不受制约的情况有:

1.拥有其父母明确的授权。

2.在相应的商事法庭备案以及公示。满足这些条件后,未满18周岁的未成年人在所有商业活动和商业责任中将被认为是成年人。

第12条 与父亲、母亲或者父母双方的商业活动联系在一起的18周岁的子女,在企业的商业行为中,都被认为是已获得授权从事所有法律行为的成年人。只有法官根据具体情况和对原因的事先了解,应其父、其母、其监护人,或未成年人保护机构的要求,被赋予的授权才能被撤回。此外,为了对第三方生效,此类撤回必须在相应的商事法庭备案以及公示。

第 13 条 女性商人的婚姻不能改变其在商业上的权利和责任。如果其丈夫没有在相应的商业登记处以及在当地报纸上,向与其妻子有商业关系的人,发布没有向其妻子授权的公告,那么女性商人将被认为已得到其丈夫的授权。

第 14 条 已成年的已婚女性,只要拥有其成年丈夫在公证书上的授权,并且该公证书必须按照规定登记,或者双方合法地分割财产后,都可以从事商业活动。第一种情况,夫妻双方公司的所有财产都取决于商业活动的结果。第二种情况,只有妻子自己的财产、所获得的利润,以及之后所获得的一切才由商业活动的结果决定。

第 15 条 授权可以是默许的,只要妻子当着其配偶的面进行商业活动,而其配偶也没有提出反对的声明,并且,这类声明必须符合规定登记以及公示。

第 16 条 女性不能违背其配偶的意志由法官授权从事商业活动。

第 17 条 得到从事商业的授权后,女性可以开展与其业务有关的所有活动,而不需要得到特别授权。

第 18 条 妻子只能从事丈夫授权同意的商业活动。得到授权的妻子可以将与其商业有关的事件或合同诉诸法律。如果遭到丈夫的无理反对,法官可以授权。

第 19 条 未成年商人和女性已婚商人都可以抵押属于自己的不动产,以确保其作为商人的责任。证明协议与商业行为有关是债权人的责任。

第 20 条 已婚女性,即使已经得到其丈夫的授权,也抵押其丈夫的个人财产以及双方共有财产,除非在公证书上明确注明。

第 21 条 在第 18 条的条款中,丈夫对妻子授权的撤销,只有经过公证,并且符合规定登记和公示后才有效。该撤销只有在商业登记处登记,并且以公告的形式发布在报纸上后,才能对第三方产生效力。

第 22 条 以下几类人,由于其与商业活动有悖的身份禁止从事商业:

1.教会公司。

2.任何级别的教士,只要其穿着教士服。

3.拥有永久头衔的民事审判官和法官在行使其职权的地方。

第 23 条 在前一条的禁止中,不包括有息借贷,只要前一条中所提到的几类人,在担任行政管理职务以后,不从事商业方面的职业,也不担任任何商业公司的股东。

第 24 条 以下两类人因为缺乏法律行为能力而禁止从事商业活动:

1.被剥夺公民权利的人。

2.除第 1575 条中所规定的限制以外,还没有解除破产令的人。

第三章 商业登记

第 25 条 为了得到本法典对商业活动和商人的保护,需要在所在地区的商事法庭注册。如果没有商事法庭,可以在相应的治安法庭注册。

第 26 条 登记的商人享有以下的优势:

1.根据第 63 条的账簿证明。

2.申请协议的权利。

3.商业延期偿付。

4.(依据 11719 号法令已废除)

5.(依据 11719 号法令已废除)

为了使登记具有法律效应,应该在开始商业活动的时候,或者不需要上述特权的时候就完成注册。

第 27 条 商人在商业登记处注册,需提供以下信息:

1.姓名、婚姻状况和国籍,如果是公司的话,还需要合伙人的名字以及已被采用的企业签名。

2.商业活动的名称。

3.商业地点的地址。

4.商业地点的经理、代理人或者主管雇员的名字。

第 28 条 未成年人、家庭的子女和已婚妇女还必须加上民事行为能力的证明。

第 29 条 只要没有理由怀疑申请人不具备商人应该拥有的信誉和诚信,在商业登记处的登记由商事法庭或治安法庭授予。治安法官每月向相应的商事法庭递交登记名单,由商事法庭将其加入登记当中。

第 30 条 如果商事法庭发现申请人不具备从事商业的法律能力,将会拒绝其登记。如果申请人不服,可向高等法院提起上诉。如果是治安法官拒绝其登记,应上诉到商事法庭。

第 31 条 第 27 条中所有信息的改变,都必须重新以同样的程序提交到商事法庭。

第 32 条 自登记之日起,登记人即具有商人身份,所有的法律效力开始生效。

第二编 从商者的义务

第一章 总则

第 33 条 从商者有义务接受商法所规定的所有行为和形式,包括:

1.在公共登记处登记注册以及法律所要求的文件。

2.为遵循统一的会计秩序,拥有必要的账簿。

3.保留所有与商业活动和账簿有关的信函。

4.法律所规定的会计责任。

第二章 商业公共登记处

第 34 条 在每个正常的商事法庭都有一个商业公共登记处,由相应的秘书负责,他将对其记录的合法性以及准确性负责。

第 35 条 在法庭获得的商人注册应在特别登记处登记,将按编号和日期的顺序,登记所有递交的文件。每一个特殊的案例,都要单独成卷。

第 36 条 以下的文件要在商业公共登记处登记：

1.商人签署同意的，或者在从商时签署的夫妻协议，以及取回嫁妆的公证和获得嫁妆的凭证。

2.离婚或者财产分割的判决，以及决定丈夫应支付给已离婚或已分开的妻子的财产种类和数量的清算。

3.商业公司所有的公证书，合资企业的除外。

4.商人授予其代理人或雇员领导或管理其商业活动的权力，以及该权力的撤销。

5.授予已婚女性和未成年人的授权以及授权的撤销。通常，包括所有本法典特别规定要求登记的文件。

第 37 条 给所有需要登记的文件做一个总目录，并按字母顺序排序，在每一条款的边缘注明编码、页码和登记册。

第 38 条 所有的登记簿都需要编页。在每一次开始新的登记的时候，每一页都要由商事法庭的负责人签署。

第 39 条 授予之日起 15 日之内，必须把所有需要登记的文件递交到总登记处。夫妻协议以及其他与非商人有关的文件，要求在登记之日起 15 日之内递交。过了此期限之后，只有当有关方不反对的情况下才能进行登记，从登记之日起有效。

第 40 条 对于居住在商业登记处所在地以外的地区的人，上一条中所说的 15 日，从所有文件登记之后，自此人的地址发出的第二封邮件到达之日的第二日算起。

第 41 条 依据 19550 号法令已废除。

第 42 条 授予给代理人和雇员管理商业活动的权力，如果没有登记，将不能在委托人和受托人之间产生任何效力。代理人需要承担的责任在本法典中关于代理人或负责人，以及商业雇员一节中有所规定。

第三章 账簿

第 43 条 所有商人必须把所有的企业活动都记入账簿中，该商业账簿必须有一致的会计基础，以真实反映所有交易，以及为所有交易和每一项可进行会计记录的活动提供明确的凭证。所有的会计记录必须有相应的补充文件。

第 44 条 与本法典和其他法律所特别规定的公民一样，所有商人都必须拥有以下账簿：①日记账；②资产清单和资产负债表。商人都必须拥有记录簿和会计资料，并且这些文件必须基于一套会计体系的适当整合，要求记录下所有活动的性质以及重要性，以使其账目和文件能够清楚地反映所有经营活动和财产状况。

第 45 条 在日记账中，以每日记账的方式，根据时间先后的顺序，记录下商人的所有业务，以及其发出、收到、担保或者支票背书的票据和任何其他的信贷票据；通常情况下，无论任何名目，所有从其账户或他人账户收到或转出的任何票据都需要入账，以使每项款项都清楚表明谁是买卖中的债权方和负债方。总体而言，内部支出的款项只需要记在出账当日的日期下即可。

第 46 条 如果有现金日记账，则不需要在日记账中记录现金的支出和入账。在这种情况下，现金日记账将被视为日记账的一部分。

第 47 条 零售商必须每日在日记账中分别记录现金支付的销售总额，以及赊销总额。

第 48 条 资产清单中要详细记载现金、财产、动产、不动产、贷款和所有在商业活动时所产生的收益。商人在每年的前 3 个月制作完账簿后，在同一本账簿中，记录下业务运转的资产负债表，所有记录必须毫无保留并且无任何省略，包括所有的财产、贷款、股票，以及所有在资产负债表日的欠款和未偿还的债务。所有相关方需要同时在场并在资产清单和资产负债表上签字。

第 49 条 公司的资产清单和资产负债表，只需要记载共有的财务和债务，而不用记录每个合伙人各自的情况。

第 50 条 零售商只需要三年做一次资产负债表。

第 51 条 所有的资产负债表必须真实准确地反映财务状况。除了法律规范或者监管规范规定的例外，所有的款项必须根据统一的估价标准，建立在往来账户的基础之上。

第 52 条 在每一个财政年度结算日，除了资产清单和资产负债表以外，所有商人还必须拥有会计图表，以真实明显地显示其盈亏。

第 53 条 本法典规定的必备的账簿，都需要装订并编好页码，然后提交到所在地的商事法庭，按照其对应的高等法院所规定的方式进行单独存档，写上注解，并且标注日期以及签名，这些注解包括账簿的用途、所属人的姓名以及页数。在没有商事法庭的地方，所有这些手续在治安法庭完成。

第 54 条 在第 44 条中规定的账簿，以及法律没有要求的辅助性的账簿中，禁止下列记账方式：

1.在记录中改变日期递进的顺序，以及根据第 45 条中的规定所应该做的记录。

2.留空白。所有的款项必须依次记录，款项之间不能留下可以插入或者添加补充的空白。

3.留下行间、刮痕和涂改的痕迹。所有错误和遗漏都必须记在发现错误或遗漏的日期下的新记录中。

4.删除任何记录。

5.删除账目的某部分，撕掉某页或者改变装订或页码。

第 55 条 商业账簿如果缺少了第 53 条中所规定的某个要求，或者存在前一条中所阐述的缺陷，则失去了有利于所属商人的法律效力。

第 56 条 如果商人在其账目中删除或者隐藏第 44 条中所规定的不可缺少的部分，则会因为其反对者账簿中的记录，在争议中被判定要求出示账簿等。

第 57 条 任何当局、法官或者法庭，无论以什么样的借口，都没有权力调查商人是否根据要求记账。

第 58 条 只能在倒闭清点或者破产时，应继承、团体或者公司一方的审判请求，或者以其他人的名义进行商业管理时，才能要求商人出示其所有账簿。

第 59 条 除了前一条中指出的情况以外，只能当商人与相关纠纷有关的时候，应当事人或者官方要求，可以违背其意愿要求出示账簿。在这种情况下，账簿拥有者或其代理人必须在场验证账簿，并且仅限于与纠纷相关的内容。

第 60 条 如果账簿不在发布出示法令的法院所在的地区，则在存放这些账簿的地方进行验证，任何情况下都无须把账簿转移到审理案件的地方。

第 61 条 如果商人有其他辅助性的账簿，可以以同样的方式以及在前三条所规定的情况下，要求其出示。

第 62 条 所有商人可以自己记账并且签署其商业活动的文件，也可以是其他人。如果不是本人记账，其他记账人将被认为已得到了授权。

第 63 条 按照规定的形式和要求记录的账簿，将会被法庭认可，作为商人间的证据，以证明其商业运作和运作的方式，以及本法典中所说明的情况。如果账簿的形式不正确，也没有可被接受的相反证据，账簿中的记录将对账簿的所属人或其继任者不利。但是持异议者不能接受对其自身有利的记录，也不能拒绝接受对其不利的记录。既然已经采纳这样的证据形式，持异议者就必须同意所有与争议相关的记录所呈现出的最后结果。如果持异议者不能在依照法律或与其他充分确凿的证据相一致的账簿中提供相反的记录，那么有利于账簿所属人的账簿也可以成为证据。但是，在此情况下，法官拥有权力去鉴定这些证据，如果需要的话，也有权力要求补充证据。最后，如果与提出诉讼方的账簿中的证据是矛盾的，即使符合要求没有任何毛病，法庭也将放弃此证据方式，而参考其他所提交的证据，依据本法典中的规定对其进行鉴定。

第 64 条 如果不是商业行为，账簿将被仅仅作为初步证据。

第 65 条 如果缺少了法律要求的必需的商业账簿，那么法律没有要求的账簿将不能作为有利于商人的证据，除非这些必需的账簿不是由于商人本人的原因而丢失。

第 66 条 账簿中应该使用本国的语言才能被法庭接受。如果因为涉及外国商人而使用了其他语言，则需要把与纠纷相关的部分事先请官方认可的翻译人员翻译好。

第 67 条 商人必须将其账簿和第 44 条中规定的文件一直保存到商业活动结束十年为止。其继承者被认为拥有这些账簿，并且有义务以其前任所承诺的形式和条件出示所有账簿和文件。

第四章　会计责任

第 68 条 每一笔交易都要有账目。所有账目要与出账人的账簿中的记录一致，还必须附有相应的证明。

第 69 条 在每笔交易结束时，或者在商业交易过程中，代理人必须各自提交已结束交易的账目，或者在每年年末提交已结账的往来账户。

第 70 条 所有以他人账户签订合同的商人，必须提交其代理或管理的账目，这些账目必须经过整理并附有文件证明。

第 71 条 在会计责任中，每个人为其管理的部分负责。费用由被管理的资产支付。

第 72 条 当所有有关的运作都结束以后，账目才被认为完成。

第 73 条 自收到账目当日算起，一个月内都没有任何意见的人，将被认为其默认了账目的准确性，除非有相反的证据以及针对某些情况的特别规定。此类要求可以是通过司法途径,也可以是司法途径之外的。

第74条 账目的公布必须在其公司所在地,而不能通过另外的说明。

第三编 股票和贸易市场

第75条 依据17811号法令已废除。

第76条 依据17811号法令已废除。

第77条 依据17811号法令已废除。

第78条 依据17811号法令已废除。

第79条 依据17811号法令已废除。

第80条 依据17811号法令已废除。

第81条 依据17811号法令已废除。

第82条 依据17811号法令已废除。

第83条 依据17811号法令已废除。

第84条 依据17811号法令已废除。

第85条 依据17811号法令已废除。

第86条 依据17811号法令已废除。

第四编 商业助理代理

第87条 以下几类人被认为是商业辅助性代理,在有关商业运作中受法律约束:

1.经纪人。

2.拍卖商。

3.仓库主和仓库管理人。

4.代理人或负责人,以及商业雇员。

5.搬运工、运输人员或者运输企业主。

第一章 经纪人

第88条 经纪人需要满足以下条件:

1.成年人。

2.依据有效规定拥有在共和国内颁发的或者批准的中学学历。

3.通过所从事活动的能力考试,并且该考试在共和国内任何一个在贸易方面有资质的上诉法庭都能够被承认,无论该上诉法庭是属于联邦政府的还是省级的,只要能在全国范围内颁发有效证书。为使能力考试有效,在现存司法内,具有公法法律资质的非国家的职业机构的代表要加入评审委员会。该考试应该涉及关于国内买卖和商业买卖的基本概念。

第88条(附加) 以下几类人无资格成为经纪人:

1.不能从事贸易的人。

2.其行为已被认定是诈骗或者有罪的破产者,一直到其解除破产五年之后。

3.被禁止拥有其财产者。

4.被判定犯有与本法所规定的职能不相符的诈骗罪的人,一直到判决满十年以后。

5.因行政处罚暂时或者终身不能从事该行业的人。

6.民法第152条的附加条中的所包含的人。

第89条 所有经纪人都必须在其所在地的商事法庭注册。注册申请需提供以下证明:

1.已满规定年纪。

2.在申请成为经纪人的所在地居住已至少一年。

3.自身从事过贸易,或者在经纪公司或批发商的公司担任过合伙人或经理,或者至少担任过会计,并且很有能力且诚实。不满足以上条件或者不具备前一条中的要求而从事经纪活动的人,没有资格收取任何形式的佣金。

第90条 在从事经纪活动之前,需要给所在地的商事法庭递交诚实写有其应当承担的责任的誓言。

第91条 经纪人必须准确并有条理地记录其参与的所有交易,每一笔交易完成,就必须立刻记录在编好页码的手写记录本上。在每一条中,需要记录合同各方的姓名和住址、性质、交易物品的数量和价格、付款的期限和条件等一切信息,以尽可能清楚地记录整笔交易。所有的条款必须严格按照日期的顺序,依次往后从第1条开始,在每一年年末结束。

第92条 在票据交易中,需要记录日期、条件、到期日期、开票地点、开票人、转让人和付款人的姓名,如果有的话,还需要记录与兑换有关的要求。在保险中,关于保险单,要清楚记录保险人和被保人的姓名、保险的物品及其价值,根据各方协议确定的装载和卸载的地点,以及负责运输的货船,包括其名字、注册、国籍、容量和船长的姓名。

第93条 每天都需要把手写笔记本中的所有记录转移到记录簿中,需要逐字誊抄,没有任何的涂改和简写,也没有任何的插入,并且要与手写本中的编码一致。记录簿要符合第53条中对商业账簿的规定,否则将会被处以相应的罚款。该记录簿可以应有关当事人的要求出示给法庭,以进行必要的调查;由公家起诉的案件,可根据法官和商事法庭的命令出示记录簿。

第94条 经纪人只能出具关于他自己和其记录的证明。只有在主管部门的要求下,才可以为其在从事经纪工作中的所见所闻做证。

第95条 如果经纪人出具的证明与其记录不相符,将会被取消执业资格,并且将会被判伪证罪。

第96条 经纪人首先必须确保参与交易各方的身份,以及从事交易的法律资格。如果故意或者因为疏忽,参与法律不允许的人所签订的合同中,经纪人将会为因合同方的资格而产生的直接或间接的影响所带来的损害负责。

第97条 经纪人不对合同方的支付能力负责,也不能是负责人。但是,在票据和可转让票据的交易中,应该作为契据实际交易到付款人手中的担保人,以及把收益交给转让方的担保人;并且应该对最后一个转让方签名的真实性负责,除非在合同中已经明确商定有关各方进行直接交付。

第 98 条 经纪人应该准确、简练、清楚地提出商业计划,避免合同各方因做出可能导致错误的假设。如果通过这样使商人同意了一份有损其利益的合同,经纪人将要对可能引发的损失负责。

第 99 条 因为错误的假设,经纪人有可能在不同的条件下提出一种商品,以及对于谈判所涉及商品的最新的市场价格,提供错误的消息。

第 100 条 经纪人要对其负责的谈判严格保密,否则,要对其造成的损失负责。

第 101 条 在经纪人所参与的买卖中,如果有关方或者其中一方要求,则必须要参与所卖商品的交付。此外,除非合同方明确免除其该责任,否则一直到商品交付成功为止,经纪人有责任保存所有其参与买卖的商品的样品,以采取必要措施验明商品的真伪。

第 102 条 合同完成的 24 小时之内,经纪人必须交给合同各方关于已完成交易的记录簿中的记录复本,并且都需要签名。这份复本应该是记录簿的复本而不是手写记录本的。如果经纪人没有在 24 小时之内递交复本,将会失去获得佣金的权利,还要为其带来的损失和损害赔偿。

第 103 条 如果因为各方协议或者因为法律规定必须增加书面合同,当合同各方签字时经纪人必须在场,并且需要保留一份合同并负责保管,以证明其参与了整个过程。

第 104 条 如果经纪人去世或者离职,其本人或者其继任者必须向相应的商事法庭呈交所有记录。

第 105 条 经纪人禁止从事以下行为:

1.以自己的或者以他人名义进行间接或直接的谈判和交易;与无论任何名称的公司产生关系;拥有商船或者其货物的股份,否则将会失去从业资格,合同也将被认为无效。

2.从他人账户收付款,否则将会失去从业资格。

3.为自己或者为其直系亲属谋取其负责买卖的商品,或者将商品卖给其他的经纪人,即使宣称购买这些商品只是因为自需,否则,根据其严重性,将会被法院暂停或者取消从业资格。

第 106 条 在前一条的规定中,不包括获得公共债券和有限公司的股份,但是不能是有限公司的负责人、管理者、经理或者拥有其他头衔。

第 107 条 关于经纪人参与的谈判或者合同,其出示的保单、担保或者保证金,如果包含在同一个合同中或者分开证明,都是无效的,不能产生任何的法律效应。

第 108 条 经纪人被禁止从事以下行为:

1.参与违法的或者不被法律允许的合同,无论是因为合同方的身份、合同所涉及商品的种类,还是因为其中的协议或者条件。

2.建议其他种类的票据和来自于市场上不明身份商人的商品,除非至少有一个商人能够为这个人的身份担保。

3.参与已经被暂停支付的个人所进行的证券买卖和票据交易的合同当中。

4.除了佣金以外,还拥有在交易中获得的最大价值的利息,或者要求比法律规定的或之后各自立法机构规定的更高的佣金,除非有协议。

第 109 条 如果经纪人的记录簿被发现没有遵守第 93 条中的规定，或者缺少第 91 条和第 92 条中提到的情况的说明，则要对带来的损失进行赔偿，以及会被停止从业 3 个月到 6 个月。如果再犯，则将会被取消从业资格。

第 110 条 如果经纪人在从业过程中，使用了欺诈或者营私舞弊，将会被取消从业资格，并且将会承担相应的法律后果。根据情节和法庭判决，违反本章规定但没有被指出明确罪行的经纪人，将会被处以同样的惩罚和罚款。

第 111 条 依据 1991 年第 2284 号法令已废除。

第 112 条 破产的经纪人将会被法庭取消从业资格，根据第 1150 条，其破产将会被认为是欺诈行为。

第二章 拍卖商

第 113 条 依据 20266 号法令已废除。

第 114 条 依据 20266 号法令已废除。

第 115 条 依据 20266 号法令已废除。

第 116 条 依据 20266 号法令已废除。

第 117 条 依据 20266 号法令已废除。

第 118 条 依据 20266 号法令已废除。

第 119 条 依据 20266 号法令已废除。

第 120 条 依据 20266 号法令已废除。

第 121 条 依据 20266 号法令已废除。

第 122 条 依据 20266 号法令已废除。

第三章 仓库主和仓库管理人

第 123 条 仓库主和仓库管理人的责任：

1.根据第 53 条中的规定制作记录簿，不能留下任何空白，不能有任何行间，不能有任何刮痕和删除。

2.在已经编好页码的记录簿中，按照天、月和年的时间顺序记录所有收到的商品，发货人和收货人的姓名，商品的品牌和编号，以及出库的信息。

3.出具相应的收据，注明种类、数量、编号和品牌；如果货物是可以被称重、被量尺寸或者被清点数量的话，在收货的时候，应该给货物称重、量尺寸以及清点数量。

4.小心保存收到的货物，注意不要有任何损坏，货物归属人应该为此支付费用。

5.按照货物主人和存放物品的顺序，展示给买家。

第 124 条 仓库主和仓库管理人要负责迅速而诚实地交付之前收到的货物。如果在凭借收据要求提货的 24 小时之内都没有交货，仓库主和仓库管理人将会被监禁。

第 125 条 在出库的时候，可以合法要求买方或者卖方重新称重或清点存放在仓库中的货物，而不需要支付任何的费用。

第126条 仓库主和仓库管理人要对仓库中发生的偷窃行为负责,除非是因为不可抗拒的力量,对于此类事件,必须在发生后立即提交说明,并且附上有关方或者其代理人的传讯。

第127条 如果代理人、负责人或者雇员发生了侵吞盗用或者失误马虎,以及由于没有完成第123条第4项中的规定而带来了损失,同样需要对有关方负责。

第128条 如果因为缺少商品或者因为其他任何损害而需要赔付,则必须由专业的仲裁人定价。

第129条 仓库主和管理者有权要求商定的报酬,在没有商定的情况下,可要求惯常的报酬。如果对方不支付,可以拒绝交付其商品。但是如果发生了任何有关他们的投诉,他们仅仅有权要求存货的报酬或者薪水。

第130条 在商品所有人发生破产期间,仓库主和仓库管理者有权保留其保存在仓库中的货物,以用来支付报酬和保存费用,享有在第四卷第九编中规定的优先权。

第131条 第二卷第八编中所有的规定都适用于仓库主和仓库管理者。

第四章 代理人或负责人,以及商业雇员

第132条 商人把生意或者具体店铺的管理托付给另外一个人,这个人就是代理人。代理人必须具有从事商业的法律能力。

第133条 所有代理人必须有推荐人,也就是以其名义开展买卖活动的人所授予的特殊授权。该授权自在商业登记处登记之日起有效。

第134条 缺少前一条中规定的程序,仅会影响委托人和其代理人,与其他已经订立合同的第三方没有关系。

第135条 由一般条款任命的代理人,被认为已被授权处理所有需要企业管理权的事务。如果企业所有者试图限制其职权,必须在限制其代理人的授权书中说明。

第136条 代理人以其委托人的名义处理商业事务。在签名的商业文件中,应该说明以其所代表的人或公司的名义签名。

第137条 由于前一条中的规定,代理人因此所需要承担的义务将由其委托人承担。所有试图强迫其履行的行为,将由企业资产支付,而不是由代理人的私人财产支付,除非两类财产被混淆以至于无法区分。

第138条 众所周知属于某知名人士或知名企业的商业公司或制造企业,其代理人所签订的合同,被认为是以企业所属人的名义签订的,即使在签订合同时代理人没有做有关声明,只要这些合同涉及的商品包含在企业的业务或者买卖中;或者,即使是另外种类的商品,只要代理人是受其委托人的命令,或委托人明确说明,或由法律推定而得出肯定结果。

第139条 除前一条中的情况以外,所有代理人以自己的名义签订的合同,都直接约束其本人和与其签订合同的人。但是,如果谈判以其委托人的名义进行,而合同另一方也证实这一情况的话,可以选择其行为针对代理人或者其委托人,但是不能同时针对两者。

第140条 企业的共同拥有者,即使不是合伙人,以及委托人的继承者,当他同意继

承之后，也同样要对代理人所承担的责任负责。

第 141 条 在委托其经营的商业事务中，代理人不得以自身名义经营，或者以自身名义或以他人的名义收受利益，除非有委托人明确的授权。否则，所有利益将属于委托人，而委托人不对任何的损失负责。

第 142 条 委托人不能免除其代理人以其名义所承担的责任，即使证实在某项具体的商业行为中，代理人没有得到委托人的指令，只要代理人被授权处理其商业事务，根据授权处理委托人企业的业务。委托人不能以代理人滥用其信任或滥用被授予的权力为借口，或者以代理人为其私利而消费了为委托人所购得的商品为借口，而逃避代理人为其带来的责任，除非针对其代理人提出诉讼，要求其赔偿。

第 143 条 在委托给代理人的商业管理中，代理人因为违反法律或者财政规定而遭受的罚款，由其管理的资产支付，除非委托人反对，并且如果代理人对受到罚款的行为负责。

第 144 条 除非公司被转让，只要代理人的代理权不被撤销，其代理资格不会因委托人的死亡而停止。但是在撤销或转让通过合法方式传达之前，所签订的合同仍然有效。

第 145 条 关于代理人管理的企业，代理人也必须同样遵守商人需要遵守的会计规则。

第 146 条 由他人出资的商业公司或者制造企业的经理，仅拥有代理人的法律性质，他被授权管理和领导这家公司，以及被授权可以针对与企业有关的事务订立合同，根据委托人的意愿，拥有或多或少的权力。其他员工，是商人通常在其商业活动中聘请的助理人员，拥有固定的工资，但是没有订立合同的权力，也不受上级的束缚，除非在特殊情况下，在其负责的商业行为中获得明确的授权，并且拥有可以签订有效合同的必要的法律能力。

第 147 条 商人如果需要把一部分的管理权力授予给企业中的雇员，比如开汇票、集资和收取资金等，这些文件都需要商人签名以产生责任和效力，则商人必须授予该员工特别的授权，以使其能够处理这些事务。该授权也必须按照第 133 条中的规定登记。因此，商业雇员的以下行为都是不合法的：开汇票、接收或者背书汇票、开收据、在有关其委托人的商业业务的文件上签名，除非被授权，拥有合法的并且已经登记过的权力。

第 148 条 除了前一条的规定以外，所有持有声明收到欠款的人被认为已授权收取这笔款项。

第 149 条 商人应该告知代理人授予了企业中某雇员处理某些商业业务的权限，与商人告知过的人签订合同是有效的，也是必需的。为了使雇员签署的商业往来文件，在其所带来的责任上产生效应，该通知也同样是有必要的。

第 150 条 第 136 条、第 137 条、第 139 条、第 142 条、第 143 条、第 144 条和第 145 条中的规定同样适用于被授权处理某商业业务或其中一部分，或委托人的商业买卖的雇员。

第 151 条 负责在商店或者百货商店销售零售商品的雇员，被认为已授权收取所卖货物的价钱，他们以商人的名义开具的收据是有效的。只要是在批发店中立即付款，在批发店中卖批发商品的雇员同样拥有上述的权力；但是当付款发生在批发店外的地方或者是分期付款时，收据必须有商人、其代理人或者合法授权人的签字才能收钱。

第152条　由会计或者负责会计的雇员记在账簿上的记录,与商人亲自所做的记录具有相同的效应。

第153条　只要商人让某雇员负责接收所购买的货物,或者其他的商品,则这些商品由该雇员负责,该雇员必须接收这些商品,不能反对也不能拒付;如果没有向商人提出任何反对,则交付被认为完成,除非发生了在第二卷第四编中和第三卷第六编第二章(第472条,第473条,第1078条和第1079条)中所描述的情况。

第154条　依据20744号法令已废除。

第155条　依据20744号法令已废除。

第156条　依据20744号法令已废除。

第157条　依据20744号法令已废除。

第158条　依据20744号法令已废除。

第159条　依据20744号法令已废除。

第160条　依据20744号法令已废除。

第161条　没有商人书面授权,代理人和商业雇员都不能把自己收到的命令或者职责授权给其他人。一旦被发现,将要对其替代者的行为,以及替代者所带来的责任,负直接的责任。

第五章　关于货运、承运及交通运输代理

第162条　铁路运输、牲畜运输、人力运输等一切收取佣金、运费等从事负责货物运输的公司或个人,应当严格按照协议规定的时间和地点交付货物;承运方的执行人应尽职尽责、采取合理方式,保证商品或货物不受损害。由此产生的必要费用由相应人员负责。除非协议中专门商定,若因操作不当或货物运输执行人及其经理人、销售者或其他任何代理人的疏忽造成的货物遗失或损坏,应由相应人员承担责任。

第163条　当运输者不是由本人而是通过其他公司进行运输时,仍保留其对于托运方的承运方身份,同时又对实际运输公司具有托运方身份。

第164条　除了履行商品受托人的义务之外,运输公司或运输中介还应按照第53条和第54条的内容专门登记,按条目和日期顺序澄清所负责的所有货物,包括其种类、数量、托运人、目的地、收货人和运输者的姓名和地址以及运费。

第165条　托运人和承运人应相互要求出具署有日期和姓名的运单,其内容包括:

1.货物持有人或托运人的姓名和地址,承运人或运输中介方的姓名和地址,收货人的姓名和地址。若运单不能直接出具给持有人,则应注明交付地点。

2.货物名称、种类、重量、体积或尺寸、品牌或外在标记、等级;若有包装,注明包装类型。

3.协议规定的运费,以及是否已付费。

4.规定交货期限。

5.协议中规定的其他内容。

第166条　运单可记名。代理人、受让人或持票人取代托运人的所有权利和义务。

第 167 条 运单是托运人和承运人之间合同的合法证明,其条款应包含货物运输中的所有内容,若非起草中非人为因素的疏漏或错误,不得更改。若没有运单或运单遭受损害,则应按各方分别出示的证据开展索赔。若运单持有人拒绝,则托运人应当出示已经提交货物的证据。对货品价值的验收只可根据其外观进行。

第 168 条 任何没有记录在运单中的专项内容,对第三方收货人或法定所有人都不具备效力。

第 169 条 若承运人接收了需要运输的货物,则视为货物无外观上的瑕疵。

第 170 条 承运人的职责自(本人或指定人选)接收货物起开始履行,至确认交付后结束。

第 171 条 承运人应对其后负责完成运输的其他承运人进行担保。后续承运人有权利在运单复件中澄清被运输货物的状态。收货时若没有进行澄清,则视为货物状态良好,符合运单的描述。后续承运人取代上一位承运人的权利和义务。

第 172 条 若无专门的相反说明,则货运过程中由于货物自身缺陷、不可抗力或偶发事件造成的货物损坏,由托运人自行承担损失。证明上述事件属实的工作由运输承运人或中介方承担。

第 173 条 若交付货物时托运方没有澄清托付品内容、双方没有对运输条件达成协议,则承运方不对现金、珠宝等贵重物品和信用文件负责。若有遗失或损坏,最高赔付额为事先保价的数额。

第 174 条 若被运输物品由于其自身属性在运输过程中发生重量或体积上的减损,货物持有人可事先澄清可能发生缩减的百分比,以此明确责任;若货物可以拆分为单个个体,则应逐个说明。若发货人或收货人能够证实减损并非由于货物自身属性造成,或由于其自身属性造成的减损超过了事先规定的百分比者的情况除外。

第 175 条 若非发生第 172 条中所述的情况,承运人交货时的货物状态应当与其收货时运单中规定的内容保持一致,若运单中没有特别说明,则视为货物状态正常,包装外观无破损。

第 176 条 即使遗失或损坏来自于偶发事件或由于货物自身缺陷,但若证实遗失或损坏是由于运输工人的疏忽或过失造成,证实运输工人没有采取在相同偶发事件情况下应当采取的合理措施,则运输工人应对损失负责。

第 177 条 在运输某些特定种类的易碎品、易损坏物品、动物时以及以特殊方式运送时,铁路管理部门可以规定:若不能证实己方过错,则视为遗失或损坏是由被运输物品的自身缺陷、自身属性或发件人或收件人的行为造成的。

第 178 条 承运人可以拒绝接收条件不适合运输的货物。若发货人坚持,承运人亦有义务接收和运输,且只要在运单上注明其反对接收的状况,则无须承担任何责任。

第 179 条 若运输者应当对遗失或损坏进行赔偿,赔偿数额应由专业鉴定人员综合交付货物的时间、地点,货物的状态和运单中注明的货物情况考虑得出。任何情况下都不能对托运方证实有高于运单中注明的货物的价值或现金赔偿。

第 180 条 若货物的损毁只限于价值上的削减,则运输人员只需偿付减损部分的金额,数额如上一条所规定,由专业鉴定人员裁定。

第 181 条 若货物因损毁而无法使用或无法达到其应有的销售或使用条件,收货人有权拒收,并按照交货当日、当地的时令价格要求运输者承担损失。若损坏的货物中有若干状况良好或完好的部分,上述关于损坏情况的规定依然有效。若可以拆分,则收货人可以在不拆散货物或不拆散构成一套的部件的前提下,仅接收完好部件。

第 182 条 若收货人和运输者在交货时对于货物状态有异议,则由仲裁检定员鉴定,并出具书面鉴定结果。

第 183 条 针对打开包装时存在的货物损坏情况而对运输者所要求的赔偿,应当在接收货物后 24 小时之内提出,且必须是在仅凭外观无法看出损坏的情况下进行;超过这一期限,不能再对被运输物品的状况提出任何索赔。

第 184 条 在铁路运输过程中,运输者若有死亡或受伤,公司应全权负责赔偿,以下情况例外:事先有相反的协议;能证实事故是由不可抗力或受害者自身原因造成,或是由公司在民事上不对其具备法律责任的第三方造成。

第 185 条 牲畜、人力车、船只、轭具等运输过程中的一切主要或附属工具都应考虑到托运人为被运输货物支付的费用。

第 186 条 在对运输路线有明确协定的情况下,除非路线无法通行或呈现巨大风险,运输者不得更改路线,否则将承担一切遗失及损坏责任,即使这些遗失或损坏是由第 172 条中阐明的情况造成的也不例外。若对路线没有协定,则由运输者慎重考虑选择最为适合的,并应直接前往交货地点。

第 187 条 货物应在协议和法律法规规定的期限内进行交货验证,若无相应协议或法律法规,则按一般商业条例执行。铁道部门运输商品时,平均每十千米或管理部门规定的每段最小距离单位内的延迟时间不得超过一小时。计时从接收货物当晚十二时开始。

第 188 条 若运输时间超过了上一条中规定的时限,将按照延迟时间相应扣除运输者的一部分酬金,若延迟时间达到规定时间的两倍,则扣除全部酬金;除此之外,只要能够证实损失,运输者还应补偿因延迟造成的最大损失。若延迟是因偶发事件、不可抗力或收货人或发货人自身原因造成,运输者不承担责任。运输资源不足所造成的延迟不在豁免范围之列。

第 189 条 若运输合同中包含对于不执行或延迟交货进行处罚的条款,则在处罚同时依然可以要求执行运输。执行处罚无须提供损失证明,若提供,可将损失归结为协定价格,若货物遭受的直接损失大于罚金,可要求增加罚金。若按照第 172 条和第 188 条的规定,运输者免除责任,则无须支付罚金。

第 190 条 如果对于交货期限没有规定,运输者有义务在第一次前往目的地时将货物运输前往。如果是中介运输,则有义务按照收货顺序发货,不得优先发送新收到的货物。不按此办理造成的延误中的损失由运输者或中介商承担。

第 191 条 托运人或运单的合法持有者可以更改交货条件,只要运输尚未开展或尚未交货,运输者或中介商有义务按照新运单执行运输,同时有权要求退回原运单和起草新运单。但如果交货地点的改变涉及了运输路线的改变,或位于原运单中规定的交货地点的更远方,双方应针对新的运费达成协议。若无法达成协议,运输者应当证实将货物交付到了原运单中规定的地点。

第 192 条 若运输因偶发事件或不可抗力无法进行或无限期延迟，运输者应当在第一时间告知托运人，托运人有权废除合同，同时偿付运输者已经产生的费用并交还运单。若事故发生在运输途中，运输者有权根据已经完成的路途获取部分运费。

第 193 条 若合同规定车辆空载专程前往接收货物再将其运往指定目的地，则在以下情况下，即使没有实行运输，运输者也有权要求获取规定的运费：

1.托运人或其代理人没有交付货物。

2.运输人履行了义务并做出努力但仍未取得返回其发出点的别的货运业务。若回程中运送了别的货物，运输者只能向原托运人要求支付不足原规定金额的部分。

第 194 条 若收货人不在运单上指定的地址或拒绝收货，在不损害第三方利益的前提下，运输者可要求受托运人或寄件人支配司法存款。

第 195 条 运输人无权调查托运人或发货人对于货物的所有权凭证；运输人应当按时、完好地将货物交付于运单上的指定人员。不按此行事而因延迟造成的损害由运输人负责。

第 196 条 除非收货人没有履行相应义务，否则运输者没有义务一定要对收货行为进行证实。当双方意见出现分歧时，只要收货人支付了其认为合理的费用，在恰当时间内支付了余下费用，则运输人应当交付被运输物品。

第 197 条 若无法联系到收货人、收货人不在收货地或收货人拒绝收货的情况，运输人应将货物存放于商业裁定员或治安法官指定的地点，费用由收货人承担。商品的状况将由裁定员或法官指定的一至二位鉴定员承认和证明。

第 198 条 即使被运输物品外观并无被损害特征，收货人亦有权在交货时自行验证被运输物品的状况。运输人则可以要求收货人当场开封承认每个个体货物的状态。若收货人拒绝或省略这一行为，则运输人可因此免除除欺诈或隐瞒之外的一切责任。

第 199 条 在执行财政法律法规方面手续的过程中，以及整个运输过程中和到达目的地时，运输人和中介商将对因其本人或下属的疏忽造成的损坏负责；若有托运人或货物持有者的指令，上述人员可免除承担这一责任，但这一免责不对任何一方因违反其他法规所获得的处罚构成影响。

第 200 条 被托运的货物受运费和运输过程中各项开支和关税的密切制约。获取相应费用的权利随运输人的变化而转移，直至最后一位交付货物的运输人，此人承担来自运输过程中的各项收益。这一权利在以下情况下消除：被运输的货物交付到除托运人和运输者之外的所有者手中，或收货后一个月后运输者仍未行使其权利。在以上两种情况下，运输者都只针对收货人具有个人普通债权人的身份。

第 201 条 上一条中所提到的费用包含运输人为了抗衡不可抗力或某种故障的损害而使用的花费，这一项即使没有规定在合同条款中也依然成立。

第 202 条 收货人对其所收货物的费用的交付时间不得超过收货后 24 小时。若收货人在没有对损坏或故障进行索赔的情况下延迟付款，运输人可以要求对所运输货物的司法转让，转让数量以能补偿运费和其他相应费用为准。

第 203 条 即使收货人财政危机或破产，若运输人希望，则从交货之日起一个月后其依然具备起诉权利。

第 204 条 铁路公司有义务将其接收的货物运送至相应站点或相关路线。提供公共服务的公司的规章制度中若有排除或限制了本条款中的义务和责任的内容,则内容完全无效。

第 205 条 运输合同产生的诉讼可由运输人代表所在地法官裁决,若是铁路运输,则由始发站或到达站法官裁决。若无法寻求法官,则采用本规定第 35 条的内容。

第 206 条 本章内容适用于独木舟、捕鱼船、舢板等各类类似性质的小型船只。

第二卷 关于商业合同

第一编 商业合同及义务总则

独立章节 合同与义务总则

第 207 条 本规定中没有涉及的民事权利适用于商业内容和事务。

第 208 条 证实商业合同的合法性可通过以下形式进行:

1.公共手段。

2.经纪人照会和账簿取证。

3.合同各方和证明人应邀或以自身名义签署的私人文书。

4.书信或邮件。

5.商业人员账簿和所接收的发票。

6.相应人员的陈述和誓言。

7.证人。根据本部分规定,各类推论判断亦可得到承认。

第 209 条 除非在本法典中有明文规定的情况,否则证人的供词只适用于金额不高于 200 阿根廷比索的合同。若高于此数额,证人证据必须伴有书面证明原则才可被采用。可作为书面证明原则的有:任何出自对手方、出自对方发起人或利害关系人的公、私文件。

第 210 条 若本法典中对某些类型的合同有专门的形式或程序上的规定,则若没有体现相关形式或程序的合同不具备法律效力。

第 211 条 商业合同文件中不允许出现未填写的空白、擦除或涂改,若出现上述情形,均需经签署人在下方签字证明,否则合同无效。但若能证实擦除或涂改是当事人为了废除合同刻意而为,则合同继续有效。

第 212 条 通过背书进行的可转让义务中若没有注明原因或原因虚假,不对信誉良好的第三方产生作用。

第 213 条 合同若经过协调者,则在合同各方无条件接受协调者的提议后,合同正常生效。一旦表达接受则不允许各方反悔。

第 214 条 行使合同或其他法律效力时，电信方式和书信方式一样受相关条款约束。

第 215 条 若针对商业行为向代理人或委托人表达认同，则即使在消息传达之前，也对表达主体具有义务约束力。

第 216 条 若合同中存在相互义务的情况，则视为：当合同某方不遵循义务时，合同具备解除义务的职能。若合同中的部分义务得以履行，则已经履行的义务不受影响并产生相应效力。对于未得以履行的义务，债权人可以要求未履行者在不超过 15 日的期限内完成义务，若有明确协议或延误会导致损害时，期限可以缩小。若到期后义务仍未得以履行，则合同中规定的义务全部解除，债权人保留就损害要求赔偿的权利。合同各方亦可明确协商，阐明在某义务未以规定方式履行的情况下，亦可解除义务。在此种假设中，自利益关系方明确告知不履行义务方其希望解除义务的诉求之时起，解除义务即完全生效。完成义务方亦可选择要求未履行方在造成损害的情况下继续履行义务。即使被要求执行合同，亦可提出解除义务；但在解除义务的情况下则不能要求履行合同。

第 217 条 合同或协议中的文字意义应按照其通常普遍含义理解，不得被其执行对象刻意曲解。

第 218 条 当需要对合同中的条款进行解读时，解读应基于以下基础上进行：

1.若文本存在歧义、含糊，相对仅从字面上进行理解，更应当从各方意愿出发进行解读。

2.有错误或含糊的条款应当根据同一份文件中其他内容里采用的清楚、准确的措辞进行解读，不只是考虑措辞的普遍含义，更应考虑其内容与文件总体内容一致。

3.若条款可能有两种解读方式，其中第一种有效，另一种导致文件无效，则按第一种理解。若两种均有效，应采用更符合合同本质、更符合公平原则的一项理解。

4.合同各方在签订合同后与争议内容有关的任何行为都将被视为执行合同时各方意愿的最权威体现。

5.商人的行为在任何时候都不应当被视为无偿的或无牟利企图的。

6.在活动性质相同的前提下，商业活动中的普遍规范和行为准则，尤其是履行合同所在地的习俗均优于任何对文本试图进行的与上述方面相悖的解读。

7.在有争议且无法通过上述方式得以解决的情况下，含义模糊的条款应当以有利于欠款人的方式进行理解，即尽可能免除债务的方式理解。

第 219 条 若合同中遗漏了执行合同的必要条款，且各当事人未对协定的真实含义达成一致，则视为各当事人遵循在同等情况下商人在执行合同时的方式和行为。

第 220 条 当合同用于指定货币、重量或度量衡时，若采用了适用于不同价值或数量的概括性语言，则理解为使用同种性质的合同所采用的货币、重量或度量衡。

第二编 关于代理、中介和委托

第 221 条 总的来说，商业代理是指通过合同，某人对他人托付的一个或多个合法业务进行管理。商业代理默认为有偿服务。

第 222 条 若管理者以其委托人的名义管理业务时,则称为代理。若以自身名义或其代表的贸易公司名义对不同的业务进行操作,则称为中介或委托。

第一章 关于商业代理

第 223 条 商业代理只应以商业行为为目的。若权限范围内无明确阐述,不应将活动延伸到商业之外的领域。

第 224 条 在告知委托人的情况下,代理人可在任何时候辞去代理任务。但若辞职对委托人构成损害,除下列情况外,代理人应向委托人做出补偿:

1.继续行使代理职责需要增补资金,而代理人并未收到该资金或收到的金额不足。

2.代理人继续行使代理职责会对其自身构成严重损害。

第 225 条 若职责范围涉及特殊的规则或指令,则这些规则指令构成其职责的一部分。

第 226 条 若代理的行使需要代理人进行裁决,则委托人有义务等候,直至代理人谨慎完成其任务。

第 227 条 即使代理人忽略,若代理人在代理职务中承受所涉及事物的缺陷或不足而导致的损害,则委托人应对其进行补偿。

第 228 条 若代理人掌握有委托人的可支配资金且委托人的指令与该职务或资金相关法规吻合,则代理人不得拒绝执行其指令,否则承担由此造成的损害。

第 229 条 代理人有义务告知委托人所有有可能导致代理职务废除的事实。

第 230 条 若商人对第三方行为做出承诺的,有义务自行执行承诺,或当第三方没有实现承诺的事实或行为时,支付相应的补偿。

第 231 条 若承诺内容为实行转让义务,则除非转让不可能进行,承诺人在任何情况下都应兑现承诺,不得要求赔偿。代接受方行事的第三方应当按如同自己是合同方一样履行相应义务。在任何情况下,第三方同意代为行事都可视为该行为成为具备一切法律效力的委托行为。

第二章 关于中介或委托

第 232 条 在委托人和中介间存在的权利和义务与委托人和代理人之间的权利和义务相同,本章中制定的其延伸和限制内容也相同。

第 233 条 在互无损害行为的前提下,或在损害行为发生时中介对其自身权利做出让步以成全其中一方时,中介对与其签订合同者有直接义务。

第 234 条 中介通过转让提出的一切抗辩都在委托人的管辖范围内,但即使无相应能力这一事实成立,中介也不能以委托人无相应能力为由要求废除中介义务中的各项效力。

第 235 条 中介可自行决定接受或拒绝他人的托付。若拒绝,应当在 24 小时内回复委托人信函通知委托人,否则承担委托人因没有收到通知而引发的损失和伤害。若某商人已被另一具有行为能力的商人托付而保存信用或法律认可的股份,且在拒绝代理会损失信用或损失应当被保障的各项权利时,则不得拒绝代理。

第 236 条 若中介拒绝接受某项托付,在收到委托人的指令前,中介有义务保存货物,并规避各种短期风险。若托付人的指令没有到达指定地址,中介可以申请对相应效力进行司法存放,亦可申请售卖相应货物,以足够支付中介在接收和保存相应货物时填补的费用。

第 237 条 当寄发的货物的设定价值未超过运费和酬金时,中介亦应行使上述职责。若有必要,法官在听取债权人关于费用的汇报和代理人关于货物损害的汇报后,应协定押金和做好变卖商品的准备。

第 238 条 一旦中介以任何方式接受了委托,则应当按照委托人的指令将其完成。为此,或在货物难以按时接受的情况下,或在委托人授权中介自行处理的情况下,或在发生意外的情况下,中介可以操作酬金,方式可参考当委托业务为自己的业务时或在类似情况下对一般商业行为的处理方式进行。

第 239 条 酬金不可分割,部分接受视同于全部接受,效力持续到被委托业务完全完成。

第 240 条 无论委托人采用何种言辞表示,但凡其在业务信函或文件中对中介发出要求或命令,则视为委托人赋予了被要求者足够的权力来处理与其要求或命令相关联的事务。

第 241 条 当中介承诺垫付相应的资金来维持其管理的业务并通过一定的方式收回时,中介有义务关注和填充资金,除非委托人突然信誉严重下降,否则中介不得以金额不足等理由拒绝。

第 242 条 中介违背接收到的指令行事,或在业务进行过程中未遵循正常的处理办法而对委托人造成的损害,由中介自行负责。但在下列情况下可以要求增加中介费:

1.对委托人造成了有利后果。

2.若被委托业务不允许延迟,或有可能因延迟造成损害,而中介一直按照此类业务中的准则和惯例行事。

3.若委托人知晓全部事宜并表示同意。

第 243 条 因中介不按合同行事或滥用职权导致的一切不良后果均由中介承担,且不得损害合同效力。按此规定,若中介将业务低价转让给他人,应向委托人担保承担因价格差异带来的不良后果,同时,原中介与委托人的交易依然有效。若中介被委托进行采购业务时,采购价格高于委托人指定价格,且中介要求补偿高于指定价格的费用,则委托人有权选择接受中介的价格或要求中介自行承担。若中介并不要求补偿高于指定价格的费用,委托人则不能废除中介签订的高于指定价格的合同。若中介高价进行的采购不符合委托人事先提出的要求,委托人可不接纳采购。

第 244 条 在执行委托业务的过程中,中介有义务遵循财政相关的法律法规。若违法行事,即使中介提前告知了委托人,也由中介自行承担责任。

第 245 条 中介应当及时告知委托人业务进展情况,以便委托人能够确认或修改指定;若业务完成,中介必须在 24 小时之内或在业务完成当日通过最快的邮件告知委托人。

若不及时告知，除承担例行责任外，委托人因需要修改指令而造成的一切不良后果亦由中介承担。

第 246 条 委托人若在 24 小时之内没有回复或没有答复中介告知业务结果的通知邮件，则即使中介有越权行为，也视为委托人承认了中介的行为。

第 247 条 不管是存放的还是购买、接收到的作为抵押的货物，或是有待寄发的货物，若并非遭遇偶发事件或不可抗力，或因货物自身原因有所损坏，中介都有义务对其进行合理的保管。

第 248 条 对于业务范围内货物的任何损坏，中介都有义务在 24 小时之内通过确认邮件告知委托人，并通过法律手段证明损害的真正原因。

第 249 条 上述义务同样适用于当中介收到货物后，发现货物有所损坏、减少，或跟运单、契约、发票或通知上注明的状态不符时。若中介失职，委托人应要求中介确保货物跟货单、运单、发票或通知上指明的状况相符，除非中介证明其已经履行了上述义务，否则不得有所豁免。

第 250 条 若突发情况，迫使货物需要紧急出售以尽可能减少损失，中介应当以公开拍卖的方式对损坏的货物进行出卖，拍卖所得为货物主人所有。

第 251 条 若业务性质要求，或因突发状况导致，则中介可以将委托业务转让给另一中介，使其继续委托业务。委托可以以第一中介或委托人的名义进行，若是前者，则与委托人的业务通过这一第二中介继续进行；若是后者，则视为中介委托业务完全转让给新中介。

第 252 条 因资质要求、业务性质或突发状况等原因进行了业务转让的中介，只要能够证明已忠实转达委托人的指令，且新中介具备商业信用，则原中介不对新中介的行为负责。若转让是在毫无必要的情况下或未经许可而进行，则委托人可要求原中介和新中介同时对此负责。

第 253 条 任何情况下，针对同一项业务，委托人都只需支付一份酬金，除非是开展于不同市场的同一项业务。

第 254 条 除非获得委托人的明确指令，否则中介不得随意更改以第三方名义购买或销售的货物的标牌。

第 255 条 中介从以第三方名义签订的合同中产生的经济利益或其他好处都归其委托人享有。

第 256 条 若中介在正常中介费用之外还收取了称为"保证金"的费用，则中介承担相应风险，并有直接义务向委托人按照规定的期限支付款项差额。在此情形下，中介本人的身份相当于买方。在保证金没有经书面规定的情形下，委托人若接受或认同其支付，但在金额上有所分歧，则按照中介所在地的程序规定进行处理，若无此程序规定，则由专业人员裁定。

第 257 条 中介在未经委托人授权下进行的借贷、透支或赊购，应自行承担相应的风险，且委托人可以随时索要其收入，将未经授权部分所得的利息或其他收益转让给中介。但只要委托人没有专门做出相反指令，则视为中介有权同意按市场需求进行的分期付款。

第 258 条 在合同期内，若按照合同规定应当支付中介费用的人员丧失支付能力，中介无须对此负责。涉及第256条规定的内容或中介有过失、欺骗行为除外。

第259条 若中介进行了分期付款的交易,则应当在提交给委托人的账单和通知上清楚注明购方姓名、地址和分期付款的期限和款额。若没有明确注明,则视为交易为现货当场交易。

第260条 在每笔业务规定的付款期限内,若中介没有确认委托人支付的款项,后果自负。

第261条 若是汇票或可背书信用证的中介,则视为中介应当保障以他人名义购买或协商的汇票等。在委托人和中介有明确免责协议的情况下,可酌情免除对汇票进行背书,但应当开具汇票或以委托人名义开具背书。

第262条 对于被托付转让的货物,除非有委托人的明确同意,否则中介不得自行购买或通过他人购买。

第263条 若中介要以自己负责的货物去完成委托人托付的购买行为,则无论货物是否属于中介,也需征得委托人的明确同意。

第264条 在上述两条涉及的情况中,中介只能按规定收费,而无权接收惯例中介费。若无协议或规定进行单独阐述,则按惯例中介费一般支付给中介。

第265条 若没有通过税标进行标记和区别并指定各自的所有人,则中介不得同时操作属于不同委托人的同类、同品牌货物。

第266条 当同一笔业务中有不同委托人的货物,或同一个中介操作了某个委托人的不同货物,应当在发票上对货物进行应有的区别,指明品牌、税标以明确货物来源,并在登记册上按照货物所有人分别注明。若货物在种类、质量上仅有细微差别难以分辨,则合同只能按价格进行区别。

第267条 无论是因来自不同委托人的业务或以自身及他人名义向他人贷款,应当在每一笔交付的款项中注明收款方当事人;同样,在借贷方向欠债人出具的文件中也应注明相同内容。

第268条 若收据或账簿中没有记录欠债人在不同业务中和向不同债权人执行还款的记录,按照上一条规定,则按照每笔贷款要求的相应比例执行还款。

第269条 若中介没有按照委托人的指令而将贷款用于其他目的,则应从其将资金用作其他目的之日起负责偿还利息,并对没有执行指令造成的后果负责。若资金他用涉及欺诈、欺骗,还应按相应法律处理。

第270条 若没有提前在合同中明确规定,或没有出于特殊情况的例外发生,则中介管理的属于委托人的金属基金或流通货币若有因遗失或挪用而造成的损失,后果由中介负责,即使损失来自偶发事件或暴力事件亦不例外。是否属于上文中提到的特殊情况由法院裁决。

第271条 中介向委托人偿还基金的过程中可能存在的风险由委托人自行负责,除非中介在归还的过程中没有按收到的指令行事,或在没有指令的情况下,违背了当地的通行惯例。

第272条 若中介在没有得到委托人授权的情况下,以高于同期市场价格的金额确认了业务,则应当对损失负责,且即使中介本人曾以自身名义进行过同等业务也不例外。

第 273 条 当中介收到委托人指令购买保险,且在有充足资金进行支付的情况下,或中介没有及时向委托人汇报无法购买的原因的情况下,如果中介没有实施购买行为,则中介对不良后果负责。若风险导致承保人破产,则中介有义务更换保险。本条所指保险仅限于与第 512 条中的规定相吻合的情况。

第 274 条 中介有向委托人索要酬金的权利,若没有提前明确规定酬金,则酬金按中介行为发生地的商业惯例支付。

第 275 条 若交易或指令完成,则应支付全部酬金。若中介失踪或死亡,则只支付已经完成的行为部分的酬金。若委托人在结束前撤销了指令,且撤销行为不是由于中介的过失引起,则即使完成的业务不到一半,也应支付至少规定金额一半的酬金。

第 276 条 若无明确的相反规定,则委托人应当按其支付在中介行为中经过确认的各项开支,并按照支出费用时间和偿还时间支付相应的利息。

第 277 条 中介在完成中介行为后,有义务向委托人递交详细账目,说明每笔业务和款项,按照委托人提前规定的方式偿还剩余金额。若有延误,则中介从委托人提出之日起偿还利息。

第 278 条 若中介被证实其账簿上记录的内容与事实票据不符,或夸大或篡改了已经确认的价格或费用,将作为犯罪嫌疑人按照刑事法律被提出控告。

第 279 条 托运或以委托人名义购买的货物都应当理清预付款、交通费、保管费和其他合法费用,自己相应的中介费和利息。在此情况下:

1.在没有收回(若存在的)垫付款或各项支出、酬金、利息等的情况下,任何中介不得被迫交出用作中介费的货物。

2.破产的情况下可用同类货物支付中介,可按第 1500 条的内容执行。

第 280 条 享受上一条中所述待遇的前提是:货物必须处于受托人掌控或支配之下,或受托人至少能够对货物已经发往其收货地的运单进行确认,且受托人已经收到相应证明或运单的附件。同时受托人在下列情况下也具有扣留货物的权利:货物正在发往无支付能力的地址,且能够通过运单等文件证明发货日期早于宣布破产日期。

第 281 条 第 279 条中所规定的内容不适用于如下预支款项:跟中介住在同一处地址的人员用于运送货物的预支款。此类款项若能证实符合"关于抵押契约"部分规定的情况,则可以视作抵押贷款。

第三编 关于公司和企业

第一章 总则

第 282 条至第 300 条 (依据 19550 号法令已废除)

第二章　关于合名公司

第 301 条至第 312 条　（依据 19550 号法令已废除）

第三章　关于股份公司

第一部分　性质

第 313 条至第 317 条　（依据 19550 号法令已废除）

第二部分　股份公司的构成

第 318 条至第 325 条　（依据 19550 号法令已废除）

第三部分　股份

第 326 条至第 334 条　（依据 19550 号法令已废除）

第四部分　管理和监督

第 335 条至第 346 条　（依据 19550 号法令已废除）

第五部分　董事会

第 347 条至第 359 条　（依据 19550 号法令已废除）

第六部分　账目

第 360 条至第 364 条　（依据 19550 号法令已废除）

第七部分　债券发行

第 365 条至第 368 条　（依据 19550 号法令已废除）

第八部分　债务化解

第 369 条至第 371 条　（依据 19550 号法令已废除）

第四章　关于合股公司

第 372 条至第 382 条　（依据 19550 号法令已废除）

第五章　关于资产及行业投资或投资公司

第 383 条至第 391 条　（依据 19550 号法令已废除）

第六章 关于合作社

第 392 条至第 394 条 （依据 19550 号法令已废除）

第七章 关于临时公司或入股公司

第 395 条至第 402 条 （依据 19550 号法令已废除）

第八章 关于合作伙伴的权利和义务

第 403 条至第 418 条 （依据 19550 号法令已废除）

第九章 关于公司解散

第 419 条至第 433 条 （依据 19550 号法令已废除）

第十章 关于债务清算

第 434 条至第 447 条 （依据 19550 号法令已废除）

第十一章 关于如何调停合作伙伴间的分歧

第 448 条至第 449 条 （依据 19550 号法令已废除）

第四编 关于商业买卖合同

第 450 条 商业买卖合同是合同中的一种，通过该合同，某人（不管其是否是合同涉及物品的物主）有义务通过另一人的资产交付或购买该物品，而另一人则有义务支付协定的费用或购买该物品以便进行再次出售或用于出租。

第 451 条 商业合同仅限于动产买卖，将动产以与购买方式相同或不同的方式进行批发或零售，或用于出租，出售或出租方式包括货币、公共资金、公司债券及商业贷款等。

第 452 条 以下情况不属于商业买卖：

1.购买房地产及附属动产。但若是购买附属动产用于进行商用，以便准备或方便商业活动，则即使是房地产的附属动产，也可视为商业买卖。

2.购买者或购买行为负责者用于自行消费的物品。

3.农民或地主对其自身庄稼或牲畜的出售。

4.资产所有人或任何其他身份的人员对以捐税、捐赠、工资、酬金或其他任何报酬性质或免费所获的物品进行的买卖。

5.任何人对其为了个人消费而获取的物品的剩余或多余部分进行的转售。但若转售的数量大于自身消费的数量,则视为其购买的目的就是出售,故可视其为商业买卖。

第 453 条 对他人物品的买卖是有效的。只要买方对于物品不属于卖方这一事实不知情,卖方即有义务交付货物,若不能交付,则赔偿相关损失。若买方在执行合同过程中得知了货品不属于卖方,则买卖无效。承诺出售他人的物品同样有效,卖方有义务获得并交付货物,否则应赔偿相应损失。

第 454 条 尚未确定的、以通告等形式发出的新报价,对已经执行的报价无约束力。

第 455 条 货物买卖中,若买卖行为不是在可视范围内进行,或无法通过商业行为中通用的、明确的方法确定其质量,则视为买方在认为商品不佳的情况下,保有检查货物和放弃合同的权利。若事先明文规定了合同中的货物可以被检验,买方亦同样享有检验权利。在任何情况下,若买方的检查、检验在卖方提出问询后 3 日仍未施行的,视为无检查、检验。

第 456 条 当买卖对象为样品或商业行为中可以确定其质量的货物时,只要货物符合合同中预先的规定或与样品一致,则买方不能拒绝接收货物。若买方因认为货物与合同不符而坚持拒收,则货物由专业人员进行检验,专业人员应根据合同条款,对比规定的内容和实际物品,进而宣布货物是否应当被拒收。若不应拒收,则视为买卖行为完成,货物属于买方;若应当拒收,则合同中止,买方事先在合同上与卖方商定的赔偿内容不受影响。

第 457 条 若货物是远程买卖,需由卖方发送给买方,则默认为以下条款成立:货物质量不符合规定时可以解除合约。

第 458 条 当在合同中没有规定货物的具体价格、购买的货物已经交付时,视为货物按交货之日、交货之地的时价进行买卖。若事先无明确协议,交货之日之地对同一货物存在多种价格,则取中间价。

第 459 条 交易价格亦可由第三方裁定。若第三方无法或不愿裁定,则除非事先规定此种情况该做何处理,否则合同无效。

第 460 条 若无明文做出相反规定,则从发送货物到按照买方要求对其进行合理组装的费用由卖方承担。货物的接收和交通运输过程的费用由买方承担。

第 461 条 若无明文规定,则货物的交付应当在货物出售所在地按时进行,并可以通过实物或虚拟交货的方式进行交货验证,亦可通过相关凭证进行验证,或通过买卖行为所在地的指定地点验证。

第 462 条 若应当接收货物的买方没有指明代收货地址或代收人,则发送到其所在地的货物视为已经接收。以下情况例外:卖方未支付相应费用就将货物交付给托运人,并收取押金,致使买方无法正常收货。

第 463 条 除非能够证实存在失误或欺诈,则以下行为视为形式上已完成交易:①交付储存有出售货物的仓库、商店或货柜的钥匙;②买方在卖方在场或卖方承认的情况下将己方标识安置于所购货物上;③交接发票且买方没有当场提出异议;④买方没有在 24 小时内或通过回复卖方邮件的方式对运单或货单等凭据条款提出任何质疑;⑤买方通过账簿或在公共事务办公室承认双方达成的协议。

第464条 若合同方对于交货期限和付款期限没有明确规定,则在合同签订后24小时之内,卖方有义务确保货物处于买方的调度下。买方有10日的期限支付货款,但不能在未付款的情况下,在确认收货的当场要求卖方交货。

第465条 从卖方将货物置于买方权限范围内、买方对货物质量表示满意之时起,买方即有义务立即付款或按照规定期限付款,同时卖方作为货物保管人有义务按照法律规定妥善保存货物。

第466条 货物在卖方控制范围之内时(包括卖方对其保管时),卖方对货物比买方的任何其他债权人都有优先处置权,相关规定参考第1500条第2项。

第467条 若卖方没有按照合同规定或第464条中的规定交付货物,则执行第216条的规定,同时买方继续享有要求以卖方名义购买同数量、同种类货物的权利。但若未能如期交货是因为不该由卖方承担责任的意外原因导致货物受损,卖方则不承担相应责任,合同中止,货款退还给买方。

第468条 买方通过同一合同购买不同货物时,即使货物价格不同,但若并没有按照货物批次或种类分期交货,则不承担分期收货的义务。但若买方自愿分批收货,除非事先有明确协议,则即使卖方尚未全部交货,买方亦不能退换、撤销已收货物,已收部分的交易视为已经完成。

第469条 若以单一价格购买了两件或两件以上物品,而其中一件并不能出售,则在买方知情的情况下,整个买卖无效;若买方对不能出售的货物并不知情,则可要求废除合同并提出索赔;亦可要求出售可售卖部分,通过对不可售卖部分的评估将可售卖物品的价格缩减至合适水平。

第470条 若买方退还已购货物且卖方接受,或卖方虽然不愿接受,但没有将货物依法存放于其所有者名下,并将存放通知交于买方时,视为买方同意中止合同。

第471条 若卖方在买卖结束后将出售货物转让、自行消耗或损毁,则有义务补偿买方同种类、质量和数量的货物,若无法做到,则应按裁决支付出售货物的价值并附加其可能产生的营利价格。若买方尚未支付,则卖方只需支付后者价值。

第472条 若货物是以大件包装形式交付,难以检查或辨认,买方可以在收货3日之内就数量缺乏或质量问题提出索赔。若是数量不足,需要保证产品内包装等部分完好;若是质量问题,应只针对不是偶发情况或买方刻意欺骗的问题。卖方享有要求买方在收货时就数量和质量进行当场验货的权利,在这种情况下,买方不再享有上述收货后3日内索赔的权利。

第473条 出售的货物的内部缺陷导致的问题,即在交货当场无法识别出的缺陷或问题,在一定期限内由卖方承担责任,期限由法院裁决,但在任何情况下都不可超过交货期6个月。超过该期限,卖方不承担任何相关责任。

第474条 任何卖方都不得拒绝买方要求与出售货物的价格收据一起出具货物种类的清单的要求。若清单上没有指明付款期限,则默认为是现金购买。相关票据若在交货10日内没有买方提出索赔等,则视为钱货两讫。若付款期限大于30日,应遵守第二卷第十编第十五章的规定。

第 475 条 有信号名称或抵押金的款项通常应当场交付，并总是视为抵押金可作为价格款项的一部分用于支付，且该行为是对合同的默认通过，即使抵押金丢失，双方也不能撤销合同。若买卖双方达成协议，抵押金或预付款丢失时双方的反悔和停止执行合同是合法行为，则应事先在合同上通过特别条款明确指出。

第 476 条 若无特别条款专门指出，则针对出售货物提出的缺陷或质量差异由专业鉴定人员裁定。

第 477 条 在三年内信誉良好地持有动产、赃物或遗失物品者，法律上视为获得了合法持有权，而不再考虑其原主人是否出现。

第五编　关于保证金和信用证

第一章　关于保证金

第 478 条 确认抵押金是商业抵押只需保证执行一项商业合同或商业行为即可，跟赊购者是否是商人无关。

第 479 条 当被债权人承认的赊销人自发宣告或从法律意义上被判定无支付能力，且赊购者并未过世的情况下，除非债权人通过协议要求他人支付保证金，否则不得要求另外的支付者出现。

第 480 条 赊购者自动作为主要债务人，不得对非商业性质的分割或扣押的利润提出申诉。可以只要求债权人证明已司法询问过债务人。

第 481 条 若赊购者被作为主要债务人强制偿付债务，在其财产自由的情况下，可以提供财产进行扣押，若已执行其他扣押或自由财产不足，则对赊购者的私人财产进行扣押，直到付款。

第 482 条 担保人即使在付款前亦可在下列情况下要求清偿债务：

1.法律上对债务进行了驳回。

2.债务人开始转移财产，或已需要援助。

3.债务在规定期限内可以付清。

4.协定为无限期的保证金支付已超过五年。

第 483 条 若赊购者因出具保证金而收取报酬，则不能执行上一条中的第 4 项。

第二章　关于信用证

第 484 条 信用证的固定金额最大值不得大于卖方交付货物的价值。无固定金额的信用证只能视为简单的推荐文件。

第 485 条 信用证不能随意调遣，必须由特定人员处理。使用信用证时，若付款人不了解相关人员身份,则持证人有义务向其证明身份。

第486条 信用证开证行有义务向收证方支付不超过信用证规定的金额及相关利息。

第487条 在任何情况下信用证都不得拒付,持有人亦不得通过信用证购买开证方的股份,但可以用股份进行支付。

第488条 信用证开证行若未收到相应资金,有权不执行支付方指令,宣布信用证无效。但若无法提供相应证据,则需对所有损失负责。

第489条 信用证持证人应当按时向开证行支付相应金额及可能产生的相应利息。若不按时支付,开证行可要求支付所有金额、利息,按支付地和应当归还地之间的现行汇率计算。

第490条 当信用证持有方没有按照与开证行的协定在规定期限内使用信用证,或双方没有协定,则商业法院可根据实际情况,将信用证归还开证方,或保障其资金,直至信用证失效。

第491条 就信用证或推荐文书的内容产生的问题以及相应的义务,均由仲裁裁定。

第六编　关于保险

第一章　保险总则

第492条至第528条 (依据17418号法令已废除)

第二章　不同种类的陆地保险

第一部分　火险

第529条至第548条 (依据17418号法令已废除)

第二部分　人身保险

第549条至第557条 (依据17418号法令已废除)

第七编　关于贷款和利息

第558条 若出借物可被视为商业性质或用于商业用途,且发生在商人之间或至少债务人具有商人身份时,则出借或贷款受商业法律管辖。

第559条 若对于交付地点和期限没有进行规定,则应当在合同执行10日后在债务人所在地证实出借人进行了交付。

第 560 条 若在法律或合同中没有明确规定利息的计算的情况下,不按时履行义务的利息从应当付款之日算起,无关款项是否高于利息、无关债权人是否声明了损失或损害,也无关义务履行者是否信誉良好。

第 561 条 清偿债务的利息从法律质询之日算起,包含清偿产生的全部费用。

第 562 条 若借贷涉及不同种类物品,则需评估其价值,以便计算利息。计算通过义务到期之日不同种类物品应当进行归还之地的价格进行。

第 563 条 商人之间借贷的利息总是以金钱计算,即使借贷对象是物品也不例外。利息以与计算主要金额相同的货币进行支付。

第 564 条 惩罚利息根据出借物在应当归还之日和应当归还之地的价值来计算。若归还的日期和地点并未明确规定,则按照出借之日和出借所在地的价格进行计算。

第 565 条 规定实行的利息若并未指明应当上升到何种程度,或并未指明从何时开始计算,则视为双方同意公立银行的利息政策,且利息从延迟还款之日算起。“欠款人在被合法讨债的情况下仍提出无效上诉的,将会被收取最高达到公立银行利息二点五倍的利息,同时法官会考虑根据欠债人的恶意程度评估其利率上升程度”。只要法律或协议中涉及定期利息或活期利息,则视为按国家银行办法收取。

第 566 条 欠债人自愿偿还利息的,则既不可要求收回利息,也不可将利息纳入借贷金额。

第 567 条 对即将到期的、无条件支付的利息的收取视为已收取了前期的所有利息。

第 568 条 若无专门的相反规定或说明,则为了让欠债人享有所借贷之物而制定的在预定时期内归还利息的协定可在到期后延长期限,直至归还之日。

第 569 条 按照法定程序声明或特别协定,到期未还的利息可产生新的利息。若延迟归还,则利息至少延迟一年。每年年末完成的业务的余额也同样产生利息。

第 570 条 若对资本或利息进行法定程序声明,不得把已经或正在归还的款项计算在内,从而达到增加产生利息的总额的目的。

第 571 条 本章各项规定的执行不得有损活期账户的特别政策规定。

第八编　关于押金

第 572 条 与商人进行的或通过商人的账户进行,且以商业活动为目的或因商业活动产生的押金才被视为商业性质。

第 573 条 保管人可按照合同规定或保管期限对抵押物品的保管索要酬金。若未对酬金有所规定,则由仲裁裁定。无偿免费保管不视为商业合同的内容。

第 574 条 押金的交付和接收与劳务费和委托书等受同样的条款管辖,托付者和保管者的相互义务与委托人、被委托人和中介相同。参考“关于代理、中介或委托”。

第 575 条 金钱的保管人不可使用该金钱。若违反,则产生的一切后果自负,即使不良后果来自偶发事件也不例外,同时还应向托付人支付活期利息。

第 576 条 若交给保管人的押金宣告是以某种货币进行的，则货币面值的涨跌由托付人自行承担。

第 577 条 若抵押品是可产生利息的信用文件，则由保管人负责收取并履行所有必要职责以保存其法律价值和效力，否则自行承担不良后果。

第 578 条 若保管人被强制以金钱或另一等价物交换了其所保管的物品，保管人有义务向托付人交付其所得。

第 579 条 在公共银行进行的抵押受所在机构的相关法律法规管辖，若所在机构无相关规定，则执行本章规定。

第九编 关于抵押物

第 580 条 商业抵押合同是指通过该文件，债务人或以债务人名义活动的第三方向债权人交付动产，以作为某项商业活动的保障。

第 581 条 若无文件说明抵押物的构成且财产交付已经或正在进行，则债务人不能提出反对，但债权人有此权利。

第 582 条 抵押财产给予了债权人有优先于其他债权人将所抵押物按照本章的规定用于支付的权利。

第 583 条 各种动产、商品、公共债券证书、公司股票以及原则上任何在商业活动中可协商的信用文件等均可作为抵押物。

第 584 条 抵押物的交付可以根据所出售物品的传统交付方式而选择真实或虚拟进行。若抵押物是债权证明、公司股票或信用文件，则一旦交付则视为交付完成，而无须通知相应的债务人。

第 585 条 若到期未进行支付，且未协定好专门的转让方式，则债权人在提前 10 日通知的情况下，可以着手以拍卖方式出售抵押物。若抵押物是公共债券证明、公司股票或其他可用于公共市场或交易所的商业文件，债权人亦可通过经纪人在到期后第二天按照报价进行出售。

第 586 条 若以可背书文件作为抵押物，应当指明该文件是作为保障价值交付。但即使背书以转移财产的方式进行，背书人亦可指明该背书仅用于抵押或保障部分信用的转让。

第 587 条 若债权人所收抵押物为信用文件，则视为债权人代替了债务人来履行维持文件效力的各项行为和享有各项权利。债权人同样对相应的抵押信用文件享有收取本金和利息的权利，且无须具备原债务人的各项资质。

第 588 条 抵押债权人在未遵守第 585 条规定的情况下以任何形式转让或经营抵押物，不仅需赔偿相关损失，也触犯了隐瞒税情罪。

第十编　关于可更改证书:更改票据和抵扣发票

第一章　关于更改合同

第589条至第597条　(依据5965/63号法令已废除)

第二章　关于更改票据及其基本形式

第598条至第608条　(依据5965/63号法令已废除)

第三章　关于票据条款及其废除

第609条至第615条　(依据5965/63号法令已废除)

第四章　关于出票人义务

第616条至第623条　(依据5965/63号法令已废除)

第五章　关于背书

第624条至第635条　(依据5965/63号法令已废除)

第六章　关于票据负责人及票据接收

第636条至第651条　(依据5965/63号法令已废除)

第七章　关于票据持有者的权利和义务

第652条至第678条　(依据5965/63号法令已废除)

第八章　关于担保

第679条至第684条　(依据5965/63号法令已废除)

第九章　关于支付

第685条至第706条　(依据5965/63号法令已废除)

第十一章[①]　关于遗失和废弃的更改票据

第707条至第711条　(依据5965/63号法令已废除)

第十二章　关于拒付

第712条至第725条　(依据5965/63号法令已废除)

第十三章　关于新汇票和反汇票

第726条至第734条　(依据5965/63号法令已废除)

第十四章　总则

第735条至第738条　(依据5965/63号法令已废除)

第十五章　抵扣发票

第一部分　抵扣发票的建立和形式

第1条　在合同某一方需出具发票或同等效力文件的合同中,以及在满足下列条件的合同中,可以开具发票或者同等效力的文件,根据具体情况,还可以开具一种被称为"抵扣发票"的有价债券。

1.涉及动产的买卖、租赁,以及工程服务的合同。

2.合同双方均居住在阿根廷国内;如果是国际合约,则需要符合现行法律。合同任何一方不得是国有企业、(省、市)地方企业,但是已经采取了公司制形式的企业除外。

3.约定付款的期限在货物交付、工程结束或者服务完成之后。

4.买方或承租方在对物品、服务或者工程进行生产、加工、买卖或者提供给第三方的过程中,为了直接或间接地把它们整合在一起,以通常或者特别的方式对其进行购买、贮藏、使用或消耗。

如果双方进行远距离交易,应该同时出具抵扣发票与出货单,除非合同各方同意把几

① 原文序号如此,应为第十章。——译者注

个出货单合成一张抵扣发票出具。

第 2 条 抵扣发票应具备下列要求：

1.在票面上注明"抵扣发票"字样。

2.出票地点和日期。

3.连续的票据号码。

4.支付的确定日期。

5.付款地点。如果未记载，以买方或承租方的常住地址为付款地。

6.合同各方的信息以及各自的住址。

7.付款金额应包含具体数额、票据类型以及币种。如未明确指出币种，则以开票地的币种为准。若需分期付款，则须按期开具抵扣发票以及注明每期的数额。每一张发票都可以独立交易，因此都必须签名。这种情况下，每一张票据的承兑也应该是独立的。

8.如有提前支付，需出示相关的证明，并且从应支付的总额中扣除，另外，也需要确定净余额，并且以数字和文字两种形式注明该金额，这也是抵扣发票上的金额。

9.卖方或出租方的签名。

10.买方或承租方的签名。

11.在发票上应该注明：买方或承租方的签字意味着接受该发票且不得撤销，并且承认支付的义务。

卖方或出租方接收抵扣发票后，应开具收条。

第 3 条 遗漏上文第 2 条中记载的规定任意事项，抵扣发票将失去其法律效力。

第二部分 承兑

第 4 条 买方或承租方必须接受抵扣发票，除遇以下情况：

1.在发货前或者不是卖方或出租方亲自交货时，货物发生了损坏。

2.货物质量或数量被证实与规定的不一致，存在缺失、瑕疵问题。

3.交货日期或价格与商定的不符。

4.实际劳务服务、工程项目与合同不符。

5.抵扣发票如欠缺上述第 3 条中的任意事项，将失去法律效力。

第 5 条 单纯承兑；买方或承租方在前述条款假设的第 1、2、3、4 项情况下可部分承兑。

第 6 条 收到购买或租赁的货物后，在相应的出货单或者其他证明收货或服务完成的单据上签字后的 15 日以内，可以因第 4 条中的任何原因拒绝抵扣发票。

除第 10 条第二段中所规定的以外，如对被合法接收的抵扣发票没有提出异议或者没有退还，则被认为没有承兑。

如果接收了购买或租赁的东西，以及签署了相应的出货单或者其他可以替代的文件，买主或承租方的员工签署的抵扣发票则可以约束买主或承租方，即使该员工不具有足够的权力，除非买方或承租方在规定期限内以及因为规定的原因拒绝承认该抵扣发票。

第三部分　转让

第 7 条　买方或承租方可在接收抵扣发票后将其以背书的形式转让。

背书必须完整，不能只有签字，而没有持票人的转让背书。

接票者或后手背书人可以禁止背书，这种情形下，票据只能通过应收款转让的形式转让，为金融机构背书或为了参与证券市场的交易除外。

除非有相反的条款，否则背书人是承兑抵扣发票的担保人。

晚于付款的背书只有应收款转让的效力。若背书没有日期，则将被认为是在收款前或在约定收款期限前完成。

第四部分　拒绝承兑和拒付款的追索权

第 8 条　根据本商法规定，开具抵扣发票的条件是没有因拒不付款产生的拒付证书以及无任何成本退还。相关规定记载于由第 16478 号法令批准的第 5965/63 号法规中的第 50 条和第 57 条。

第 9 条　根据下一条的规定，卖方或出租方可以因为没有承兑或者因为没有退还该抵扣发票而拒绝支付该发票。

第 10 条　因为没有承兑或者因为没有退还抵扣发票而引起的拒绝支付，卖方或出租方可以选择通过下列程序来证明：

1.根据《商法》第 63 条以及第二卷第十编第七章（第 16478 号法令批准的第 5965/63 号法规）的规定，出具公证书。

2.根据《商法》第 63 条以及第二卷第十编第七章（第 16478 号法令批准的第 5965/63 号法规）的规定，由银行发出邮政通知。

3.官方通知。

4.拥有货物交付、工程或劳务服务完成的证明或者出货单，并且说明拥有相应的抵扣发票，以及该发票没有按第 6 条中的规定被接收或者被拒绝。

第 11 条　卖方或出租方，作为背书人，是支付抵扣发票的担保人。担保失效的规定被认为不用书面记载。如果没有支付，持票人，即使是卖方或出租方，根据第 16478 号法令批准的第 5965/63 号法规的第 52 条和第 53 条，可以向承认抵扣发票的买方或承租方要求收取票面上要求的款项。

第 12 条　如因上述第 4 条中提到的情况没有承兑抵扣发票，卖方或出租方可立即启动相应的民事和刑事诉讼，包括对不剥夺财产或妨碍有利于出租方置留权的诉讼。

第 13 条　如果票据到期而未部分或全部支付，持票人可向买方或承租方、背书人及相关的担保人要求收款。甚至，在买方或承租人破产或无力承担债务时，或者查封其财产的要求无果时，可以要求在到期前收款，为此，需要提供以下材料：

1.当买方或承租人破产或无力承担债务时，开启破产程序的判决。

2.查封买方或承租人的财产无果时，能够证明这种情况的法庭记录。

第 14 条　根据第 16478 号法令批准的第 5965/63 法规的第 52 条和第 53 条的规定，在之前各条款中规定的情况下，抵扣发票或者同等效力的发票可用来承兑。如果符合以下要求,与发票收据或者银行出具的关于资产、担保或者管理的收据一起,卖方或者出租方递交的抵扣发票或者等同文件也可被合法承兑:

1.银行通知买方或承租方应付的金额。

2.在第 6 条规定的期限内或者收到通知的 5 日内,即使买方或者出租方没有参与债务,或者没有拒绝第 4 条中提到的有关情况的通知,也可以通过第 10 条中所规定的方式进行快速承兑。

3.银行明确或者默认出具给买方或承租人收到抵扣发票的收据或者其他相应的收据。

4.忽略出租方或承租方关于到期的义务,以及出具关于所涉及文件中提到的内容的银行证明。

第五部分　总则

第 15 条　承兑的时候,买方或承租人可以指定一家银行并在此付款。在这种情况下,支付应该在银行进行,并且根据阿根廷共和国中央银行的规定,支付必须通过银行结算系统。

第 16 条　第 16478 号法令批准通过的第 5965/63 号法规是对抵扣发票的补充规定,与本商法并不矛盾。为此,"开票人"或"受票人"应该理解为"卖方"或"出租人","受票人"就是"买方"或"承租人"。所有由抵扣发票引起的针对买方或承租人的行为,自到期日算起,限制于三年之内。持票人针对背书人、卖方或者出租人的行为被限制在自同一天起的一年内。超过期限,已经偿还了抵扣发票金额或者一直被要求偿还的卖方或出租人,或者背书人,其针对买方或承租人、卖方或出租人,或前手背书人的行为被限制在自支付期起的 6 个月内。自收款失败当日算起,补偿行为被限制在一年内。

第十一编

第一章　有价证券、票据或期票

第 739 条至第 741 条　(依据 5965/63 号法令已废除)

第二章　其他商业票据

第 742 条　如果票据以个人名义开具,可通过简单的交付进行转让,持有人可以行使其相应的权利。

第 743 条　由国家、省或市发行的公债,当专项法律没有做出规定的时候,将遵循建立公债的法律以及本商法本编的规定。

第 744 条　由政府部门、公司或私人企业发行或授权发行的证券,应根据相关的法律、法令、条例或章程进行制定、编号或印制。发行人规定的义务和付款条件,都应明确记载在相关法律文本、法令、条例或发行人规定的规章的背面。否则,发行人应当承担由此造成的损失及利息。

第 745 条 上述证券上还应当有编号以及相关法律、法令、条例或规章中最基本的规定,以保证持有人的权利。否则,将由发行人承担前一条中所规定的责任。

第三章 证券和票证的被盗、遗失或损毁

第 746 条 证券的持有人有义务遵守所有保管的注意事项,如被证明未遵循这一规定,将自行承担其遗失、被盗、诈骗、信任滥用以及部分或全部损毁所导致的后果。

第 747 条 证券的任何拥有人,如因被盗、信任滥用、诈骗、遗失或损毁已失去证券,将拥有以下权利和义务。

第 748 条 如果证券价值小于 1000 阿根廷比索,或者票证金额不超过 1000 阿根廷比索,无论以哪种形式遗失,失主应当以书面方式通知相应的政府部门或发行公司,说明事实情况并提供所有关于证券的必要信息。另外也要通知阿根廷所有证券交易所和市场,并在此公示一个月。

第 749 条 上一条中的通知将告知有关方停止新持有人(如果有的话)的证券或票证的正常效力。

第 750 条 发行人应随即核实申报人对证券或票证的所有权,一经证实,将在两份当地报纸上发布通知,临时宣布上述证券无效;并向有关方出具临时证明,如果两年内没有第三方反对,该证明可换成正式证券,具备与原始证券同等的法律和商业效力。如果证券的资金已可被赎回,将被存放至到期或者法院判决为止。

第 751 条 一旦出现第三方反对,以下规定适用于涉及金额更大的情况。

第 752 条 如果证券或票据的金额大于第 748 条中规定的数额,申请人应亲自到公证员面前提交相关材料,内容包含:

1.证券的名称、性质、面值、编号和批次,如果票面上有的话,或者票面上有的内容。

2.此前购买证券的方式,如果可能的话,还有购买日期或时期。

3.最近领取分红或利息的时间。

4.失去证券的具体方式。

5.法定地址。

第 753 条 材料签字后 24 小时之内,将通知到相应的政府机构或者发行公司,并向相关人员提供所要求的证据。

第 754 条 根据以下条款的规定,上述通知将暂停新持有人对证券或票据的权利,发行方将在两份本地报纸上刊登公示一个月,并提供已提交的报失的摘要,同时将相应信息提供给证券交易所和市场,以便按照第 748 条的规定发布相应的消息。

第 755 条 自那时起,到期未付以及提前到期的分红或利息,应在确定的付款期存入相应的国有银行。如果两年后未出现该证券或票据新的持有人,当事人可向发行方提出要求支付已存放的和提前到期的分红和利息,以及本金。

第756条 发行人按要求支付,但是要求足够的抵押,如未出现反对者,抵押期为两年。

第757条 如果之前的条款中确定的四年时间内,未出现证券或票据的新持有人,即认定不存在新持有人,并且也不再接受针对其原始所有人的反对,另外,发行方应该提供证券副本,同时发布通知申明原始本已失效。副本具备应有的所有法律和商业效力。

第758条 发行方如果已按照该证券的规定进行了支付,应该免除其所有与可能出现的第三方持有人有关的责任。如果该支付行为损害了第三方持有人的利益,该持有人可以提起诉讼,要求恢复自己对这些证券的合法所有权以及拒绝抵押。

第759条 如果在上述第750条和第757条中分别规定的两年和四年之内,出现了第三方持有人,发行方应立即以书面形式将这一情况知会反对者,同时如果第748条和第753条中的程序未完成或抵押被扣留,则一切暂停,直至相关法院裁定。

第760条 在公布第748条和第754条中提到的通知后,遗失的或被盗的证券或票据将不能再流通。

第761条 所有在公示所在市场以及在公示最后一天之后进行的交易,或在其他国内市场进行的以及发生在自公示最后一日算起的15日之后进行的交易,都将是无效的。但是买方可以因为退款、损失或利息而针对卖方以及相关的经纪人或拍卖商要求应有的权利。买方拥有可以向发行方要求成为证券第一拥有人的权利。

第762条 因处理该证券有关事宜而产生的一切费用,均由对其保留权利的相关方承担;如果发生法律纠纷,则遵循相关行政程序法的规定。

第763条 在任何情况下,如有充足证据向发行方证明证券已被损毁,发行方则有义务发行副本并发布通知。

第764条 无论以何种原因丧失了对银行票据的所有权,都不意味着可以重新要求新的票据。遭到部分损毁的票据可以按照法律和发行银行的规定进行更换。

第765条 在第750条和第757条分别规定的两年和四年的期限内,所有者可以向恶意的第三方持有人提出归还其证券的要求。

第四章 总则

第766条 如发现伪造情况,依据《刑法》和其他法律、法令、条例或规定中涉及伪造的相关要求,银行、公共机构和私有发行公司必须发布通知,公布所有必要信息,以提醒公众,并在发生犯罪事实的情况下提起诉讼。

第767条 只要与有关的专项法律不冲突,针对银行票据的问题,适用本法典的通则。如果两个法律冲突,则应遵循专项法律。

第768条 如果本编中没有相关明确规定,汇票票据上的规定也同样适用于持有人的票据。

第769条 根据本编规定,对被质疑的权利拥有所有权的真实所有人,将获得由有必要存放起来的分红、利息和本金所产生的利益。

第770条 银行操作本编法条中所涉及的票据时,需遵循本编规定。

第十二编　往来账户

第一章　商业往来账户

第 771 条　往来账户是一种双务合同，也是一种可替换合同，因此，一方可以发给另一方，或者也可以收到另一方发过来的往来账户，注明钱或其他票据的金额和所有权，不能有特定用途，也没有为一定金额或同等价值的票据背书的义务。但是往来账户需要把汇款方的汇款"入账"，在约定时间进行结算，一次性补偿直至"借债"和"信贷"金额对等，以及清偿债务。

第 772 条　前一条中的所有条件，只要不符合其中一条，就不是往来账户，而是简单账户或预算账户，不遵循本编规定。

第 773 条　定居在同一地点的商人之间、没有定居在同一地点的商人之间，或者在商人与其他人之间的所有交易，以及拥有的可转让的票据，都应记录在往来账户中。

第 774 条　在关闭往来账户之前，任何当事方都不会被认为是债务人或债权人。

第 775 条　在往来账户中，一旦接受先前合法的票据从合同一方转移到另一方，即产生更新。此外产生更新的还有一方对另一方的贷款，无论以何种票据或在什么时间，只要贷款经过往来账户。为了防止更新，需要所有相关方或者其中一方进行特别保留。如果没有明确保留，往来账户中资产的接受被认为是单纯简单的操作。

第 776 条　往来账户中汇出和接收的票据不用于其包含商品的部分支付，在账户运行期间也不能要求赎回。

第 777 条　往来账户的性质为：

1.把汇出票据和汇出商品的所有权转移给接收者。

2.汇出商品、证券或商业票据意味着必须接受其到期支付的条件。

3.账户中支出栏和收入栏的账目必须对等。

4.借债和贷款的价值都会产生合法利息，或者相关方另明确规定。

5.自承兑之日起最后结余可赎回，除非临时需要汇出等同于结余或更多的金额，或者当事人约定把结余转到新账户上。

第 778 条　往来账户的存在，并不排除收取和偿还由与其有关的业务产生的费用的权利。

第 779 条　如果第 777 条第 2 款的条件不成立，除非另有明确约定，交易被认为是暂时的，直至有新账进入。如果汇出方在往来账户中汇出资产之前就被宣布破产，接收方可取消已开始的"信贷"，以及将入账资产、合法费用和已强迫执行的拒付证书的费用"入账"，关闭往来账户，以在债务人和债权人之间建立法律关系。

第 780 条　用于特定用途或者汇出方可以背书转让的资金或票据与往来账户不相干，因此不受单纯商业补偿的影响。

第 781 条　往来账户中的债务人被查封或扣留，因其原因导致账户而产终止生债务，该查封或扣留仅对往来账户中这部分资产有效。

第782条 终止往来账户：

1.当事各方同意。

2.之前确定的期限已到。

3.死亡、被剥夺公民权利、丧失智力、破产或其他导致其失去可以签订合同以及自由管理其财产的权利的法定事件。

第783条 只有在所有与其有关的商业交易全部结束后，往来账户才能被最终终止，否则，只能被部分关闭。

第784条 往来账户的最终终止决定了相关方之间的无法改变的法律关系，无论账户还是否存在，都必须全部补偿借债和信贷，直至两个金额对等。往来账户的最终终止也决定了债权人和债权人的身份。

第785条 最终的部分债务将被视为可以产生利息的本金。

第786条 根据相关方的协商结果，可以采用抵押、担保或典当的形式对债务清偿进行担保。

第787条 往来账户中的债权人，可以向债务人开具汇票支付单据要求其结清债务。如果债务人拒不接收该支付单据，可以申请行政执法要求还债，但上一条提及的情况除外。

第788条 相关各方可以在不少于3个月的时间内变息为本，确认部分结算的时间、利息率和佣金，并对法律未禁止的其他附加条款达成一致。

第789条 往来账户合同的存续，可以通过本法典认可的任何一种方式确定。

第790条 申请整理往来账户、支付法律或法外认可的债务，或者纠正账户中的错误，包括计算错误、遗漏、不相关的商品、非法导致借债或贷款的商品，或者账目款项重复，以上行为的限定期限为五年。该期限内，按年或者按更短的时间支付债务的利息。

第二章 银行往来账户

第791条 银行往来账户分为两种方式：第一，银行进行提前预付，则账户可透支；第二，客户在银行提前有存款，则可以使用已有的资金。

第792条 在银行或客户的要求下，往来账户可以关闭，但需提前10日予以通知，除非另有协议。

第793条 每一季度或协定好的清算期结束至少8日后，银行将往来账户发给客户并取得其书面同意，该签字或可能提出的意见应当在5日内提交。

如逾期客户并未回复，上交账户的余额、借方或贷方信息，都会在结算时视为最终确认的信息。

往来账户中的借方余额记录由该银行经理及会计共同签名确认，且将被视作进行正常的交易行为的凭证，其收款行为需遵守执行地程序法律规定的相关手续，合法执行。

对于开具支票直接或间接产生的账户变动，将计入银行往来账户。如果在上述情况中，存在明确协议并且该协议已通过阿根廷共和国中央银行提前批准的凭据而合法化，将承认与客户和受票人之间的其他法律关系相符的借贷。

第 794 条 凡在银行拥有往来账户的客户,都将收到一本账户折子,该银行将记录存款总额及其日期,以及所有汇款和取款总额及其相应的日期。

第 795 条 往来账户内产生的利息将按季度变成本金,除非另有协议说明。

第 796 条 账户相关方应该确定利率、手续费及所有其他确定客户与银行之间的法律关系的条款。

第 797 条 所有银行都必须更新往来账户,以便确定客户的相关情况。

第十三编 支票

第一章 普通支票

第 798 条至第 818 条 (依据 4776/63 号法令已废除)

第二章 划线支票

第 819 条至第 833 条 (依据 4776/63 号法令已废除)

第三章 票据交换所

第 834 条 根据此前的规定,银行可以采取双方达成一致的方式对其支票进行抵销,就此,在我国市场上形成票据交换所,是得到准许的。

第 835 条 票据交换所只有在获得授权和国家行政权力机构批准之后才能开始运转。

第四章 总则

第 836 条至第 843 条 (依据 4776/63 号法令已废除)

第十四编 解除时效

第 844 条 商业时效需遵循《民法典》以及以下条款的规定。

第 845 条 为实施某些行为或参与任何其他行为设置的期限都是不可拖延和无法延长的,且无差别对任何人均有效,除无民事行为能力人对其必要代理人的上诉以及《民法典》第 3980 条的规定以外。

第 846 条 只要在本法和各专项法律中未规定更短的时效,则商业领域的一般规定时效为十年,无须区别现行年份或过去年份。

第 847 条 以下情形规定为四年:

1.根据第 73 条和第 474 条规定,经被认可、被清算或被假定清算的销售行为的账户产生的债务。时效期限从相应账户提交时开始计算;若对时间存疑,则视为从账户日期之日算起。

2.相互的资金利息,以及所有年付或以更短的周期形式支付的金额。时效自提出要求之时起算。

3.无效行为或商业法律行为的终止,只要在本法典或各专项法律中未规定更短时效。

第 848 条 以下情形规定为三年:

1.由公司合同或公司业务所衍生出来的行为,只要条款中的相关公告是按日常方式进行。若义务尚未到期,则时效期限自义务到期之日,或公司解体决议或清算声明公布之日起计算。关于因公司清算所产生的义务,其结束从各清算人批准最终余额之日算起。

2.源自针对任何可背书文件或未记名文件,且文件不属于银行票据的操作,某些规定的文件除外。

时效期限从义务到期之日起计算。

但是,分别自授予文件之日起和自债务人作为接收人或担保人背书或签字之日起,一旦过了四年,则时效期满。

对上述期限的理解应当在不损害法律规定的情况的前提下进行。

如果源自可背书文件或无记名文件的债务已经由单独的文件进行认可以便更替,则将不再适用本条第 1 款规定。

破坏本文件中规定的义务之一的时效的行为,将不再针对其他相关行为产生效力。

第 849 条 要求支付赊购的商品的行为,若没有书面文件,则时效规定为两年。

第 850 条 源自借贷合同或船只抵押的行为,从义务到期之日算起,时效亦为两年。

第 851 条 中间商因调解权利而产生的支付行为,从业务结束之日算起,时效亦为两年。破产协议的废除行为的期限也为两年,该期限开始于欺诈行为被发现之日起。

第 852 条 因船舶碰撞造成损失而产生的赔偿行为,从抗辩之日起或从相关条款说明的声明之日起,期限为一年。一般故障、海损等费用的行为,从完全卸货之日算起,时效为一年。

第 853 条 源自运输合同的各项行为,由从旅程完成之日起计算,时效为一年;源自海员雇用合同的各行为,从条约终止算起,或——若合同有延长——从最后一趟旅程结束时算起,时效为一年。源自保险合同的各行为,时效为一年。

关于海上保险,保险期限从被保险的旅程开始实行时算起。若为有限期保险,则从参保完成之日算起。若发生船只损毁且失去消息,期限自关于假定损毁的条款结束之日算起。海上保险各条款中关于失职行为的内容不在此列。

在其他的保险中,期限从事件发生当日起计算。

第 854 条 以下情形规定为一年:

1.与木材、燃料或其他用于在航海中修理船只或船上设备的物品的储备及供应的相关行为,或需要用到上述物品的工作产生的行为。

2.船长命令的与海员及船上其他人员补给相关的工作产生的行为。

若无设定期限,则从供应日或工作实行之日起开始计算。在这种情况下,时效将在约定的期限内被暂停。

如果供应或者工作持续了数日,则期限从最后一日起计算。

第 855 条 人员或物品的运输合同所产生的行为,如果在本法典中未规定更短时效,则规定如下:

1.在阿根廷国内进行的运输业务,时效为一年。

2.目的地为其他任何地点,时效为两年。在全部或部分损失的情况下,时效应从货物交付起计算,或从根据运输条件应当交货之日起计算。若发生故障或延迟,则从交付运输货物的日期起计算。若是旅客运输,期限从旅行结束之日或应该结束之日算起。任何减少本条款时效期限的协议将视为无效。

第三卷 航海的权利与义务

第一编 船舶

第 856 条至第 874 条 (依据 20094 号法令已废除)

第二编 船舶所有人和船主

(第 875 条至第 903 条)

第 875 条至第 890 条 (依据 20094 号法令已废除)

第 891 条 船主可任命、雇用或辞退船长。若工作需要,船主也可将船长由某船调往他船工作。如果船长因为正当理由被辞退,无论是发生在起航前还是航行中,都没有申请赔偿的权利。如因非正当理由或无故被辞退,可依照第 993 条条款申请赔偿。除了第 991 条中所涉及的正当理由外,违反法定义务也是合法开除船长的原因。

第 892 条 若被辞退的船长也是船舶共同所有人,可放弃共同所有权并要求获得其所属部分的价值,该价值由专业人员裁定。若作为船舶所有人之一的船长是依据公司章程特殊条款获得指挥权的,则没有重大原因,不得剥夺其职权。

第 893 条至第 903 条 (依据 20094 号法令已废除)

第三编　船长

第 904 条至第 906 条　(依据 20094 号法令已废除)

第 907 条　船长代表船主负责挑选、雇用船舶的船员及在航行中从事其他活动的工作人员。任何情况下都不能强制船长雇用其不满意的员工。

第 908 条至第 918 条　(依据 20094 号法令已废除)

第 919 条　如受雇船长在航行中有放弃履行职责、未指挥航行或弃船等行为,除为造成的损失或损害对船主或货主履行相应职责外,还将由法官视情节严重程度剥夺其五年到十五年的船舶指挥权。若因身体或道德原因阻碍其履行职责的,可被原谅。

第 920 条至第 925 条　(依据 20094 号法令已废除)

第 926 条　船员名册需在装备港完成:

1.船舶的名称及编号。

2.船长及各船员的姓名、国籍、年龄、婚姻状况、住址,并说明登船时的资质及职务。

3.雇用合同的如下信息:

a)合同签订的地点和日期。

b)登船时的职务;若在签订合同时确定,则也说明即将实行的旅程。

c)工资报酬等根据下述第 984 条中提及的规定日基本工资、基本工作时间价值等的内容。

d)合同终止:

①若是限期合同,则需说明结束日期。

②若是按行程签订的合同,需说明目的港口和到港后船员的解散时间。

③若是没有确定期限的合同,需说明可以由任何一方提出的可以结束合同的各类条件。

e)船舶航行区域。

f)指明船只所有者及其因合同而对船只具有的支配力。

g)船员签字;若不会签字,则需用其右手拇指摁下指纹。在后一种情况下,上述手续需在阿根廷港口的有关人员,或外籍港口的阿根廷领事见证下进行。若无法实施,则需在当地或船队中两位法定证人的见证下进行。

h)若工作需要,船主具有分配船员到舰队的其他船只工作的权利。

4.船舶上其他工作人员的姓名、国籍、年龄、婚姻状况、住址及其职务。

第 927 条至第 983 条　(依据 20094 号法令已废除)

第六编[①] 职员以及海员的雇用和工资,其权利和义务

第 984 条 船主单独与船长、职员或其他船上人员之间签订的合同被称为雇用合同。该合同约定所有这些人员在一段确定或不确定的时间内,在一次或者多次航行中提供服务,为此,船主将支付薪水或者报酬。当事各方可以自由地协商同意附加条件。船主有义务配给给这些人员依据规定和法律应该拥有的一切。该雇用合同证明协议的条件,如果没有该雇佣合同,则花名册和登船证将可以作为证明。

支付可以商定为一笔整体结算,每月结算或按行程结算;另外,报酬可以是一笔固定的数目,或根据在运费、盈利或不同形式收益中所占的份额获得相应数目的报酬。

如果雇用合同规定按行程支付工资,应规定在行程明显延长的情况下,增加工资;如果行程缩短,也不能减少已经商定好的工资。

在按一次行程或多次行程以及按一段确定时间签订的雇用合同中,合同一旦到期,不需要任何通知,各方再无任何关系,也没有更多的义务。

按一段确定时间签订的雇用合同,如果在航行中到期,则延长至在剩下航行中第一个停靠港口卸货完成时。如果在非注册港口或回程港口发生这种情况,就必须根据其级别支付相关的返程、行李运输、食品和住宿费用。

在按一段不确定的时间签订的雇佣合同中,应该规定合同各方均可终止合同,但是必须提前 48 小时提出书面通知;这个期限不能在船离开港口后到期。但是,在第一次航行后或任意一次航行后,只要在注册港口或回程港口卸货完成后,合同的任何一方都可以在不需要任何通知的情况下终止合同。

第 985 条 若具体的雇用期未在注册文件或其他书面文件中说明,即使约定按月雇用,该期限也应被认为是一趟完整的行程,即往返注册地的一趟行程。

第 986 条 如果职员和其他船上人员要求,船长有义务提供雇用合同的副本。同样,如果上述人员要求,在相应的雇用合同的终止后,船长也有义务提供证明其工作质量的文件,或者一份至少可以证明已经履行了所有义务的文件。

第 987 条 只要按照第 927 条规定的形式定期记账,即使没有第 984 条中所要求的文件或者证明,也可以清楚说明关于合同的任何问题。但是,若对账本金额存疑,以前一条款中提到的证明为准。

第 988 条 船主和船员各自的权利与义务,从注册之日起开始生效。如果适当,注册之前就已经向船主提供劳动的船上人员,仅拥有索取已得报酬和回程费用的权利。如果人员在注册地以外的地方,不得不从其他地方转移到船舶的注册港口,该人员拥有自雇用之日起开始收取报酬的权利。同时,根据其级别,船主应该支付其所有的旅费、行李运输和食宿费用。船主有义务为在船上的所有人员提供合适的食物。

第 989 条 职员和船上工作人员的义务:

---

① 原文这里是"第六编",按照文本应该是第四编。——译者注

1.携行李提前登船以在约定之日出发，或者，如果没有约定日期，则由该船长指定日期，以帮助船队和货物装载，否则，可以被辞退而不影响下一条的规定。

2.没有船长的许可，不得离开船舶，或者在船舶以外的地方过夜，否则将被扣一个月的工资。

3.未经船长或水手长检查，不得自船上取走行李，否则将被扣一个月的工资。

4.无条件服从船长和其他各级别的工作人员，不争吵、不醉酒以及不发生其他扰乱秩序的行为，具体可以参见第 906 条和第 991 条。

5.船舶遇袭，或者船舶或货物发生任何情况的时候，都必须辅助船长，否则扣除已经挣得的工资。

6.航行结束的时候，只要船长要求，必须帮助其安置船舶，将船舶驶到安全的地方并且固定船锚。

7.如果因为延误得到了工资赔偿，则必须提供在船上所做的相关记录的必要证明，否则，将没有权利要求应得的工资。

第 990 条 职员和其他船上工作人员一旦登记注册，如果在船舶出海前或者在航行结束前离开，可被强制要求履行合同，归还已经提前支付的一切，并且无薪工作一个月，否则可能会被判刑。在这种情况下所产生的费用，将从其工资中扣除，并且为所有可能产生的损失负责。

第 991 条 水手注册后，如果做出威胁安全，或者损害船主或其代表的声誉或利益的行为，可以被合法解雇。尤其是以下行为：

1.从事扰乱船舶上秩序的行为或犯罪活动，不服从命令和纪律或不完成被分配到的工作任务。

2.习惯性酒醉。

3.对雇用时商定的工作一无所知。

4.除了第 1010 条规定的情况外，发生了让海员无法继续履行义务的事件。

5.在约定日期和时间未登船开始履行义务的行为。。

6.未经许可离开船只 24 小时以上。

7.在约定的起航时间未在船舶上。

8.违反税法携带货物，或携带在出发地或目的地被禁止进口的货物。

第 992 条 因合法原因被解雇的职员或其他船上人员，有权获得直到被解雇当天的按行程比例应该支付的薪水。在航行前因合法原因被解雇的，有权获得已工作天数的酬金。

第 993 条 没有合法理由而被解雇的船员，有权获得赔偿。

如果船舶被用于港口运输或者沿海岸线或河道航行，补偿 10 日的基本工资。

如果船舶用于海外航运，同时合同规定按行程计算工资，以及在离开注册港口前被辞退，则赔偿金为整个航行应该得到的基本工资的三分之一。如果在航行途中辞退，赔偿金应该是剩下行程中所有的基本工资。若按一段确定的时间计算工资，如果在离开注册港口前辞退，赔偿仅限于接下来的一段行程；如果在航行中辞退，赔偿金是从辞退起到当前的一段行程结束时应该得到的基本工资。

在所有与海外航行有关的情况中，赔偿金不得少于一个月的基本工资。

在沿岸航运或海外航运的情况中，如果在运费或者在收入盈利中占有一定股份，这部分的赔偿按照以行程结算工资的合同中的标准来计算。

在本条所涉及的在注册港口外解雇的情况中，根据其级别支付返回费用，包括旅费、住宿费和食品费用。

第994条 船上所有工作人员在任何时候都有终止合同的权利，但前提是船只还停留在港口时并发生以下情况：

1.船主明显改变已约定的航线。

2.主管部门认定船只不具备航行条件。

3.船舶变更旗帜。

4.船长或船主在履行义务时发生严重过失。

在所有这些情况中，船上所有工作人员都有权获得第993条中规定的赔偿。

第995条 如果船主在启程时，要求去和合同中或者注册证中的目的地不一样的地方，则必须制定新的雇用合同。

拒绝去新目的地的船员，只有权要求支付已得的工资，或保留提前支付给他们的报酬。

第996条 当船只抵达目的港，并完成货物卸载后，如果船长要求去另外的目的地，而不是返程或按计划航行，只要在合同中没有相关明确的规定，此时船员可自由选择达成协议或者辞职。

但是，如果在阿根廷以外的地方，船长需要启程至另一个自由港去装载或卸载货物，即使行程持续时间超过规定，船员亦不能离开；但按行程聘用的船员将获得按延长时间比例应得的加薪。

如果航程因任何其他原因更改到最近的港口或缩短，按行程计算工资的海员都应获得合同商定的全部工资；按月计算的海员，只获得应该领取的工资。

第997条至第998条 （依据17371号法令已废除）

第999条 对于上述两条款规定，无论是按行程还是按月计算工资的人员，都有权要求支付从起运港到目的地港或注册港的交通费用。

第1000条 如果航行在注册港口因不可抗力被取消，船上人员只有权要求劳动已得的工资。尤其是以下原因被认定为不可抗力：

1.与船舶要去的目的地所在国宣布战争或者禁止贸易。

2.目的地港口处于被封锁或者被隔离的状态。

3.在签订合同之前，不知道船舶所装货物是目的地港口禁止的。

4.因非船主的原因，船只被扣留或禁运而不被允许离港。

5.船上发生了绝对不适合航行的灾难。

6.征收或查抄。

第1001条 如果在起航后发生上述条款中列出的前三种情况中的任何一种，船长为了保护船舶和货物，将船舶停靠于他认为适合的港口，则应根据船员的工作时间支付在港口期间的工资；船舶如果继续航行，船长和船员均可相互要求按约定时间履行合同。

在第四种情形中，只要扣留或禁运不超过 3 个月，要向按月计算工资的船员继续支付一半的工资。若超过 3 个月，应解除与员工的雇用合同，无须任何赔偿。

按行程签订的合同，必须履行合同规定的义务，直到行程结束。

但是，如果船舶所有人来领取扣留或禁运的赔偿，则有义务向按月支付工资的人员全额支付其报酬；对按行程支付的员工，则是按比例支付。

在第五种情形中，船员仅有权要求船主支付已经劳动所得的工资。但是因船长或船舶驾驶员欺诈或疏忽造成船舶无法行驶的，责任人应该负责向船员支付赔偿。

第 1001 条/1 款 在海难、火灾或其他事故中，船只遭受全部或部分损失时，在不损害赔偿的条件下，在适当时船员将获得一个月的工资，作为其在事故当中损失的个人财物的补偿。

第 1002 条 占有份额的海员或者与运费相关的各方不能得到因不可抗拒因素而导致取消、推迟或行程延长时享有的赔偿；但如果是因装船工的过失导致以上情况，将可获得赔偿，赔偿金将按船主和船员在运费中所占比例来分配。

如果取消、推迟或延长的原因出自船长或船主，他们应当按照各自的比例进行赔偿。

第 1003 条 如果职员或者船员是按不同的行程支付报酬，可在每一个行程结束时要求支付相应的工资。

第 1004 条至第 1005 条 （依据 17371 号法令已废除）

第 1006 条 如果船舶部分幸免，那么优先支付任何之前的债务后，船员有权获得在最后一趟航行中已经挣得的工资，数额不得大于船舶幸存部分的价值。如果未达到该价值或者没有任何一部分船体幸免，船员对于被救起的货物所获得的运费同样拥有权利。

在这两种情况中，船长也将按照其报酬比例分得部分补偿。

第 1007 条 占有股份的船员对从船上救出的东西没有任何权利，但是对被救出的货物所赚得的运费拥有权利，船长收到的运费按比例分配。

第 1008 条 无论合同是哪一种形式，船员为搜救遇险船舶残骸付出的工作，都应获得相应的酬金。如果在搜救过程中，展示出出色的业务能力并且取得成功，可因搜救行动获得额外的报酬。

第 1009 条 职员或海员做出的额外工作都将记录在日记账里，并可能获得特殊的酬劳。

第 1010 条 船舶从始发港出发后，船员如果在合同有效期内受伤或生病，由船主承担救助的费用。

如果受伤或生病发生在登船后和起航前这段时间，或者发生在航行结束时，在到达起始港口后和下船前这段时间，只要受伤或生病发生在船员的服务期内，那么按照有关劳动事故法律的规定，船主的义务依旧存在。

第 1010 条/1 款 船主有义务提供的医疗援助包括内科、外科、医药，以及住院或者在疗养院或暂住地修养，但是必须符合疗养的要求和船员的级别。如果船上无法提供治疗条件，必要时应该让伤员或病员下船进行治疗。

第 1010 条/2 款 航行中，即使因为受伤或生病被迫上岸，直到返回签订合同的港口前，船主都有义务提供前一条中规定的援助；之后，船主将按照有关劳动事故的法律履行相关义务。

第 1010 条/3 款 在第 1010 条提及的情况下生病或受伤的船员，有权在接受救助期间继续领取工资，除非发生了第 1013 条提及的情况。

当船员返回到登船港口后，应停止支付上述工资，如果尚未痊愈，船主将按照有关劳动事故的法律履行相关义务。

同样，如果船员没有能够返回登船港口，在上岸四个月之后，也将失去领取工资的权利。

第 1010 条/4 款 船员如果由于事故或疾病造成残疾，其补偿应遵循相关法律的规定。

第 1010 条/5 款 在合同有效期内如果船员因为受伤或疾病造成死亡，他们的合法索赔将受到有关劳动事故法律的保护。船主必须承担丧葬费，除非发生第 1013 条中提到的情况，在那种情况中，丧葬费可以从拖欠死者的工资中扣除。

第 1011 条 起航后，如果病员和伤残人员无法继续安全航行，救助和供养要一直持续到航行结束。船长在离开之前，有义务支付这些费用，并提供供给。

第 1012 条 病员和伤残人员不仅拥有在完全康复之前获得工资的权利，并且在返回注册港口后，还将获得返港的费用补偿。

第 1013 条 在下列情况中，船主没有义务支付船员的工资：

1.损伤或疾病是有意造成或者由个别船员的严重失误造成。

2.在合同期间，船员一次或多次故意伪装。

3.未经船长或其代表的允许私自下船期间发生的疾病和伤残。但是船主应该垫付治疗费用，之后从船员的工资中扣除。

第 1014 条 船员如果在合同有效期内死亡，并且合同约定的是周期性的报酬，其工资将计算到死亡当天。

如果约定支付的方式是按整个航行得到一笔金额，那么，如果在去程死亡，将支付一半的报酬；如果是在回程死亡，则应支付全部报酬。

如果死者在运费或者收益中占有份额，那么如果在船离开起始港口后死亡，其合法索赔人将有权得到应得的一切。如果在离开起始港口之前死亡，只能根据同级别船员的工资得到相应的工作天数的报酬。

第 1014 条/1 款 船员如果不是死于传染性疾病，船主应该竭尽全力将其遗体运回注册港口，但是必须符合中转港口的特别规定，也应当取决于死者家属的意愿。

在遇到灾难的情况下，只要船长或其代替者判断搜救行动不会给航行带来巨大风险，那么应该竭尽全力寻找失踪者。

第 1015 条 无论签订的是哪一种合同，船员如果因为保卫船舶而牺牲自己，他将被认为仍然在世，获得在到达目的港口以前应得的报酬和根据级别应得的收益。

第 1015 条/1 款 幸存的配偶、已故船员的子女和父母可以向船主要求支付船员去世时被拖欠的工资，继承顺序及比例应根据《民法》的规定为准。为此，他们必须在民事登记处开具相应的证明，并且宣誓在已故者没有得到全部补偿前，不会开启继承程序。

只要金额不超过适用的遗产税规定的免税额，船主应当支付这笔金额。但是为了放心,船主可以要求一笔保证金以确保其对优先继承人的责任,以及支付可能会承担的税收。

第 1016 条 航行结束前,任何船员都不能针对船舶或船长提出申辩,否则将失去已挣得的报酬。但是,如果受到虐待或者船长没有提供相应的食物,当船舶停靠在优良港口时,船员可寻求解除合同。

第 1017 条 船长、职工和船上其他人员的工资包括基本工资、加班工资以及约定好的收益份额。

特殊的报酬不包括在工资之内,比如第 1008 条和第 1009 条规定的情况,以及因为海上作业的特殊性而应当提供的食物和住宿。

在基本工资和协议好的所占份额的基础上计算病假、事假和加班工资,以及因解雇而造成的赔偿。

在任何情况下都不能对工资减少的金额提出申辩、扣留或补偿,以下情况除外:

1.由船员自己负责的遣返费用。

2.用于船员的退休金和医疗金的纳税以及现行法律规定的情况。

3.在合同有效期期间提前支付给船员的报酬,以及按其要求转交给第三方的报酬。任何情况下,提前支付和转交的报酬都不得超过约定工资的三分之一。

4.船员故意损害船只、船只部件或货物,由此造成损失,船主可以合法扣除部分工资,但不超过工资总额的 30%。

5.船员的行为或疏忽导致船主收到海关的罚款。

第 1017 条/1 款 必须准时给船长和船员支付工资。按月支付工资的,每月将在每个月底的 3 日内支付;按行程支付的,应在行程结束后在卸载完成后的 3 日内支付。

如果约定了股份,则在结算后的 3 日内支付。

一旦拖延支付,将要支付活期利息。

第 1017 条/2 款 可以在阿根廷国内港口用阿根廷货币支付,也可以在外国港口用另一种货币支付。

第 1017 条/3 款 年终奖将在自然年的年底或者在合同结束或终止时结算,包括与第十二个月相同的工资、假期的工资以及用现金结算的补偿。

第 1017 条/4 款 如果有三个或以上船员书面抗议缺少食物或饮水、仓库管理以及食品的制作和准备,并且没有获得满意的回复,他们可以投诉到阿根廷港口的港长办公室。如在外国港口,可向阿根廷领事投诉,如果领事认为有必要,可以指派专家调查。如果投诉被证实,船主应当对不足之处进行纠正。

如果投诉的真实性得到证实,行政部门应下达行政当局对船主进行的惩罚;如果投诉被证实是虚假的,投诉人同样要收到处罚。

第 1017 条/5 款 如果船员出于工作原因必须在船上睡觉休息,船主必须根据条件和级别,提供合适的单人或多人共住的住处。此外,发放床上用品,并由每个船员自行照料。住宿条件应允许存放每一位船员的衣服和私人物品。船主将指派工作人员负责打扫和照看职工的住处。船员应该在工作时间以外时自行负责其住房区域和个人物品的清洁,这些工作不会获得任何报酬。

第一章 船舶租用合同的形式与性质

第1018条至第1019条 (依据20094号法令已废除)

第一部分 船舶租用保险单

第1020条至第1027条 (依据20094号法令已废除)

第二部分 提单

第1028条至第1046条 (依据20094号法令已废除)

第二章 出租人和承租人的权利与义务

第1047条至第1091条 (依据20094号法令已废除)

第三章 船舶租用合同决议

第1092条至第1102条 (依据20094号法令已废除)

第四章 海上旅行的乘客

第1103条至第1119条 (依据20094号法令已废除)

第八编 船舶押船借款契约或押船冒险贷款[①]

第1120条至第1154条 (依据20094号法令已废除)

第九编 海运担保[②]

第一章 保险合同的客体及形式

第1150条至第1188条 (依据20094号法令已废除)

① 原文这里是"第八编",按照文本应该是第五编。——译者注

② 原文这里是"第九编",按照文本应该是第六编。——译者注

第二章 可投保的标的及其估价

第 1189 条至第 1197 条 （依据 20094 号法令已废除）

第三章 风险的始末

第 1198 条至第 1205 条 （依据 20094 号法令已废除）

第四章 保险人和投保人的权利与义务

第 1206 条至第 1231 条 （依据 20094 号法令已废除）

第五章 保险标的委弃

第 1232 条至第 1250 条 （依据 20094 号法令已废除）

第十编 陆地、河流或水域运输风险的保险[①]

第 1251 条至第 1260 条 （依据 17418 号法令已废除）

第十一编 撞船[②]

第 1261 条至第 1273 条 （依据 20094 号法令已废除）

第十二编 强制靠港[③]

第 1274 条至第 1282 条 （依据 20094 号法令已废除）

① 原文这里是“第十编”，按照文本应该是第七编。——译者注

② 原文这里是“第十一编”，按照文本应该是第八编。——译者注

③ 原文这里是“第十二编”，按照文本应该是第九编。——译者注

第十三编　海难[1]

第 1283 条至第 1311 条　（依据 20094 号法令已废除）

第十四编　海损[2]

第一章　海损的分类与性质

第 1312 条至第 1334 条　（依据 20094 号法令已废除）

第二章　共同海损理算

第 1335 条至第 1350 条　（依据 20094 号法令已废除）

第十五编　船舶抵押权[3]

第 1351 条至第 1367 条　（依据 20094 号法令已废除）

第十六编　船舶优先权[4]

第一章　总则

第 1168 条至第 1372 条　（依据 20094 号法令已废除）

① 原文这里是“第十三编”，按照文本应该是第十编。——译者注
② 原文这里是“第十四编”，按照文本应该是第十一编。——译者注
③ 原文这里是“第十五编”，按照文本应该是第十二编。——译者注
④ 原文这里是“第十六编”，按照文本应该是第十三编。——译者注

第二章　承载货物的软贷款

第 1373 条至第 1374 条　（依据 20094 号法令已废除）

第三章　运费的软贷款

第 1375 条　（依据 20094 号法令已废除）

第四章　船只的软贷款

第 1376 条至第 1378 条　（依据 20094 号法令已废除）

第四卷　破产

第一编　总则

第 1379 条至第 1387 条　（依据 4156 号法令已废除）

第二编　破产宣告

第 1388 条至第 1401 条　（依据 4156 号法令已废除）

第三编　破产的法律效力

第 1402 条至第 1418 条　（依据 4156 号法令已废除）

第四编　破产案资产债务清算人委任

第 1419 条至第 1429 条　（依据 4156 号法令已废除）

第五编　破产程序的相应措施

第 1430 条至第 1442 条　（依据 4156 号法令已废除）

第六编　申请信贷优先权

第 1443 条至第 1462 条　（依据 4156 号法令已废除）

第七编　协议

第 1463 条至第 1491 条　（依据 4156 号法令已废除）

第八编　破产程序终结

第 1492 条至第 1493 条　（依据 4156 号法令已废除）

第九编　不同种类的信贷及分级

第 1494 条至第 1502 条　（依据 4156 号法令已废除）

第十编　破产后重新获得经营权

第 1503 条至第 1518 条　（依据 4156 号法令已废除）

第十一编　清算和分配

第 1519 条至第 1539 条　（依据 4156 号法令已废除）

第十二编　因欺诈性破产无效

第 1540 条至第 1554 条　（依据 4156 号法令已废除）

第十三编　破产财产的分配

第 1555 条至第 1566 条　（依据 4156 号法令已废除）

第十四编　破产清算员工的报酬

第 1567 条至第 1571 条　（依据 20094 号法令已废除）

第十五编　重整

第 1572 条至第 1583 条　（依据 4156 号法令已废除）

第十六编　延期偿付

第 1584 条至第 1604 条　（依据 4156 号法令已废除）

第十七编　公司特殊细则

第 1605 条至第 1611 条　（依据 4156 号法令已废除）

阿根廷外国投资法*

1993 年 1853 号法令

第 1 条 根据第 23696 号和第 23760 号法案,通过第 21382 号外国投资法,作为本法令的附件一。

第 2 条 外国投资者,不需要事先许可就可以在阿根廷国内进行投资,与本国投资者拥有同等的权利。

第 3 条 外国投资者包括居住在国外的阿根廷自然人或者法人。

第 4 条 根据本法令,经济行为或者生产行为包括所有的工业、矿业、农业、商业、金融业、服务业,和其他与商品和服务的生产或者交换有关的行为。

第 5 条 外国投资者有权在任何时候将投资和净利润撤回海外。

第 6 条 除了法律规定的储备金以外,外国投资者在法律上或自愿在当地企业中所占的份额,以及因其价值提高或者任何形式的会计更新所带来的新的份额,都不被视作外资的再投资。

第 7 条 技术转让法所要求的事先许可在这里被删除。

第 8 条 根据第 22426 号技术转让法第 3 条的规定,任何两家独立的公司之间,以及外资公司与其直接或间接控股的公司之间发生的任何法律文件,都必须在国家工业技术研究所登记。

第 9 条 经济与产业部下属的工业贸易与中小企业秘书处是本法令的执行部门。

第 10 条 执行机构的职责有:

a)统计外资的相关信息。

b)发布解释性规则,以及拟定其他必要的法令,以执行第 21382 号法令和本法令。

第 11 条 执行机构有权发布相关规定,以及对本法令做出解释,以清楚确定本法令所确定的规定。

第 12 条 废除 1989 年 11 月 14 日的 1225 号法令。

第 13 条 由国家官方登记办公室发布、保存。

附件一:

外国投资法(1993 年)

第 1 条 无论以第 3 条中规定的哪种形式在阿根廷国内进行投资,只要是为了开拓

---

* 系重庆国际战略研究院国别投资法律项目:“阿根廷投资贸易法译丛”。项目负责人:杨晓畅,四川外国语大学讲师。

经济业务,或者扩大和完善现有业务,与国内投资者一样,都拥有宪法和其他法律赋予的权利,以及都必须履行这些法律规定的义务,此外,也必须遵守本法令,以及其他特别的法令或者本法令的新版。

第2条 以下是本法令中所使用的定义:

1.外国资本投资:

a)所有的资本投入都来自于外国投资者,并且在阿根廷国内从事经济活动。

b)外国投资者获得国内现有企业中的股份。

2.外国投资者:所有地址在阿根廷国外的自然人或者法人;外国资本投资的所有者;以及在其他国内企业投资的外资本地企业(定义见下一条)。

3.外资本地企业:公司地址在阿根廷国内,但其自然人或者法人在国外,并且直接或者间接拥有的股份超过49%,又或者,直接或者间接拥有足够的票数在股东大会或者合伙人会议上获胜。

4.内资本地企业:公司地址在阿根廷国内,其自然人或者法人的住址也在国内,并且其直接或者间接拥有的股份不少于51%,又或者,直接或者间接拥有足够的票数在股东大会或者合伙人会议上获胜。

5.地址:《民法》第89条和第90条规定。

第3条 外资包括以下形式:

1.可自由兑换的外国货币。

2.资本货物,其零件和配件。

3.只要是可以合法转移到国外的,属于外国投资者的利润或者本国货币资本。

4.可自由兑换的外币的国外信贷的资本化。

5.其他具体法律规定的无形资产。

6.特殊法案或者推广法案中其他任何形式的出资。

第4条 本法令中的规章条例由经济与产业部(原经济与公共工程和服务部)管辖下的行政机构发布,该机构的等级不低于副秘书处,将充当执法机构,确定其结构、职能及其权力。

第5条 外国投资者可以向国外汇出其投资的流动收益以及已实现的利润,也可以将其投资撤回其本国。

第6条 外国投资者可以使用任何阿根廷法律承认的组织结构。

第7条 外资本地企业和内资本地企业一样,在国内信贷方面享有同样的权利和条件。

第8条 在执行有关货物、工程、服务或其他方面的租赁合同时,所产生的外资临时性的出资不包含在本法令中。而是根据适用法律,受各自合同的条款约束。但是,这些出资的所有者也可以选择在本法令所规定的条款下进行投资。

第9条 外资本地企业与其直接或间接所属的公司,或者与其分公司之间的所有法律行为,只要其条款和条件符合独立实体间通常的市场惯例,都将被视作独立各方之间的行为。

第10条 废除第20557、20575和21037号法令,以及413/74和414/74号法令,因此,有关外国投资的一般法律和根据其颁布的一般规则都被废除。本法适用于所有在这里被废除的法律所未决的诉讼程序。

日本外汇管理及对外贸易法*

第一章　总则

（目的）

第1条　本法是以能够让外汇、外贸及其他对外交易自由地开展为基础，通过对对外交易进行最小限度的必要管理和调整，期望能够促进对外贸易顺利发展和维护我国以及国际社会的和平与安定，在谋求国际收支平衡及货币稳健的同时，促进本国经济持续健康发展为目的。

第2条　删除。

第3条　删除。

第4条　删除。

（适用范围）

第5条　本法主要也适用于在境内具有事务所的法人代表、代理人、雇员方及其他工作人员，对其在境外的法人财产及业务相关所实施的行为。同样也适用于在境内具有住所的人及其代理人、雇用人及其他工作人员，对其在境外的个人财产及业务相关所实施的行为。

（定义）

第6条　1.关于本法以及以本法为基准的命令，下列各条所列举的法律术语的意思根据如下各条的定义作为解释。

（1）境内指本州、北海道、四国、九州以及根据财政省和经济产业省所规定的附属岛屿。

（2）境外指日本以外的所有地区。

（3）本国货币指以日元为货币单位。

（4）外国货币指日元以外的货币。

（5）居民指在境内有住所和有居住场所的自然人及在境内具有主要事务机构的法人。关于非居民的在境内的支店、办事处以及其他的事务所，无论在法律上是否拥有代理权资格，其主要的事务所即便在国外也视为居民。

（6）指常住者以外的自然人和法人。

（7）支付方法按如下确定：

①银行债券、政府纸币、小额纸币及硬币。

---

* 系重庆国际战略研究院国别投资法律项目："中国企业对日投资方面的法律法规指南"。项目负责人：王宗瑜，四川外国语大学副教授。

②支票(包括旅行支票)、汇票、邮政汇票、信用证。

③证票、电子机器及其他物品(第 19 条第 1 项中称为的“证票等”)利用电磁技术(电子技术、磁场技术以及其他,他人无法用知觉感知的方法)输入财产价值的金额,在不特定以及许多交易者之间能够支付使用的东西(其使用情况与货币基本相似,仅限于政府规定的范围内予以认可)。

④达到以①、②所述的标准的也可作为政府所规定支付方法。

(8)对外支付方法是无论外国货币及其货币单位如何,一律以外国货币表示,并且能在境外完成交易支付使用的支付手段(日本货币除外)。

(9)删除。

(10)贵金属指金锭、金的合金锭、不流通的金币及其他以金为主要材料的物品。

(11)“证券”指政令指定的不管票面是否发行的政府债券、公司债券、股票、出资份额、具有与政府债券和股票同等权利相关的证书、债券、国库债券、抵押债券、利润证书、息票、红利所得证、息票凭证及其他类似于诸类的证券及证书。

(12)外币证券指在国外具有支付功能并且标有外国货币票面金额的证券。

(13)债权指定期存款、活期存款、特殊存款、预知存款、保险证券和当前账户结算余额及其贷款和借款、招标以及其他因素产生的在之前各条中未列举的债权。

(14)《金融指数期货合约》指的是与以下的交易以及与其相关的交易的合同。证券交易法(1948 年法律第 25 号)第 2 条第 21 项规定有价证券指数等期货交易,该条第 22 项规定有价证券期权交易(该项第 2 号所列交易中,仅限于政府规定的内容。以下该项同解),该条第 23 项规定的国外市场证券期货交易(仅限于该条第 21 项规定有价证券指数等期货交易借该条第 22 项规定有价证券期权交易的类似交易),该条第 25 项规定有价证券场外交易指数等先期交易,该条第 26 项规定有价证券场外期权交易(仅限于该项第 2 号所列交易及与此类似的交易)及仅限于该条第 27 项规定有价证券场外指数等掉期交易及金融期货交易法律(1988 年法律第 77 号)第 2 条第 2 项规定交易所金融期货交易[该项第 2 号所列举交易和该项第 3 号所列举交易(该号②所列举相关交易,仅限于政府规定的内容)以下该号同解],该条第 4 项规定场外金融期货交易[仅限于该项第 2 号所列交易和该项第 3 号所列举交易(仅限于政府规定内容)类似交易]及该条第 3 项规定在海外金融期货市场进行属于该条第 2 项规定的类型在交易所进行的金融期货交易,视为政令所规定的与交易相关的合同。

(15)货物指贵重金属、支付手段及有价证券等其他债权证书以外的动产。

(16)财产指包含第 7 号、第 10 号、第 11 号、第 13 号及前项所规定的财产。

2.居民和非居民在无法明确区分时,由财政大臣的规定作为依据。

(外汇市场行情)

第 7 条 1.财务大臣规定并告知日本货币的基准外汇市场行情及外国货币的日元的交易定价汇率。

2.财政大臣如前项规定决定日元基准外汇市场行情时,必须获得内阁政府认可。

3.财政大臣通过采取对买卖的支付方法等必要的措施,来努力稳定日元的外汇市场行情。

（货币的指定）

第 8 条 本法所适用的收款交易及行为相关的货币支付等（支付或收款。以下同解）必须按财政大臣所指定的货币进行。

（在特别情况下停止交易等）

第 9 条 1.主管大臣在国际经济形势急剧变化的情况下，认为非常紧急且必要时，依据政令在政令规定时期内，可以下令停止本法适用的交易、行为以及支付等。

2.依据前项规定命令的停止，并不意味着停止为止法律所认可的支付不可能进行支付，由于停止所造成的支付的延迟只限于在政令规定的期限内。

第二章 为维护日本和平安全所采取的措施

第 10 条 1.有必要为维护日本国内和平安全时，内阁会议可以决定应采取的必要措施（根据本项规定在内阁会议基础上由总理大臣行使第 16 条第 1 项、第 21 条第 1 项、第 23 条第 4 项、第 24 条第 1 项、第 25 条第 4 项、第 48 条第 3 项及第 52 条规定的相关措施）。

2.政府在依据前项内阁决议采取对应措施时，对该对应措施自实施日起 20 日内由国会复议，关于该项对应措施的实施必须请求国会许可。但是，如果是在国会闭会期间和众议院解散期间，在其后初次召集国会时，应迅速请求国会的许可。

3.政府在前项有未通过决议时，必须迅速终止其条款所对应的措施。

第 11 条 删除。

第 12 条 删除。

第 13 条 删除。

第 14 条 删除。

第 15 条 删除。

第三章 支付等

（支付等）

第 16 条 1.主务大臣认为日本所签署的条约及其他国际承诺有必要切实履行时，认为作为日本特别有必要为国际和平做出的国际努力贡献时，和第 10 条第 1 项举行内阁决议时，该支付等，排除以及同视为有义务接受许可和获得批准的交易，依据政令，要从日本向国外付款的居民或非居民以及对于在非居民间进行支付的居民来说，规定可以对该项支付和关于付款等要求履行批报义务。

2.前项规定之外，主管大臣认为有必要维护日本的国际收支平衡时，该项支付，依据下章到第六章的规定能够获得的批准，或者有义务进行申报，以及有义务履行获得批准或者批准的交易及行为相关的支付的情况除外，根据政府规定，对从日本向国外付款的居民或非居民，以及对非居民进行付款的居民，可对其支付要求履行批报义务。

3.前两项所规定的情况除外，主管大臣认为本法及依据本法的相关规定有必要贯彻实施时,该项的支付等依据下章到第六章的规定需获得批准,或者有义务进行申报的,以及能够获得批准的交易和行为相关的支付等情形除外,根据政府规定,从日本向国外支付的居民或者非居民,以及对于非居民或在非居民之间进行支付的居民,可要求其支付履行批报义务。

4.关于根据前三项规定能够对其加以需获得批准义务的支付等,依据本条第 2 项中,加以需获得批准义务的情形,其支付者可依据本条第 2 项的规定并同申请。这种情况,主管大臣可并同考虑其关于该项申请支付相关的该支付被要求履行获得批准义务的理由,做出是否许可的判断决定。

5.根据本法及依据本法所产生的相关规定,关于在交易及其行为需履行获得批准义务和有义务申报通知的时候,政令规定的情况除外,未获批准和承认,也未做出该项申报通知,禁止该项交易和行为相关的支付。

(支付的限制)

主管大臣认为依据上一条第 1 项规定需履行批准义务的情况时,有义务履行获得批准的支付,在未获得该支付批准而进行交易,并再次有可能在未获得批准进行收付款等交易嫌疑的时候,对其当事人,一年内,从日本向国外支付{银行[银行法(1981 年法律第 59 号)第 2 条第 1 项规定的银行。以下同解]及其他政府规定的金融机构(以下称为“银行等”)进行外汇交易者除外}及关于居民和非居民之间的付款等(根据银行等进行外汇贸易和政府另有规定的除外)禁止其全部或一部分,和依据政府规定可以要求履行批报义务。

(银行等相关的确认义务)

第 17 条 银行等在其客户支付时,不符合以下各项所列支付等任何一项,和认为符合以下各项所列的支付,在未确认该各项支付规定要求的,不允许进行该顾客和该项支付相关的外汇交易。

(1)根据从第 16 条第 1 项至第 3 项规定,有义务需要获得批准的支付等,需要有该项的许可。

(2)根据第 21 条第 1 项和第 2 项规定有义务需要获得批准的,据第 20 条规定资本交易等相关的支付,需要有该项批准。

(3)其他根据本法和以本法为基础相关的规定,有义务需要获得批准或承认,和申报义务的交易、行为中有牵涉到政令关于支付规定的,需获得该项批准或承认,和该项申请通知,已完备所要求的手续。

(为确认而采取的修正措施)

第 17 条之二 1.财政大臣认为银行等违反前条规定,进行了对其客户支付和与交易相关的外汇交易,以及有可能进行交易时,为确保确认该条款顺利实施,可以命令对该银行采取相关适当的措施。

2.财务大臣认为根据前项规定,有必要对银行等采取措施的情形,在采取该项措施之前的一段时期,可以命令该银行等的外国外汇交易相关业务全部或一部分停止,还可以进行限制该银行等的该项业务内容。

(银行等的本人确认义务)

第 18 条 1.银行等进行下列各项所列客户和从日本向国外支付和非居民之间进行

的支付等(该顾客为非居民的情况除外)相关外汇交易(政府规定的小规模支付和支付等相关的除外。以下称为“特定外汇交易”)时,要求出示该顾客驾驶证,或依照其他由财务部条例指定的方法,各项所规定的事项(以下称为“个人特定事项”)确认(以下称为“本人确认”)。

(1)自然人姓名、户籍地和居住地及出生年月日。

(2)法人名称及主要事务机构所在地。

2.银行等在客户进行本人确认时,作为公司的法人代表进行该公司的特定外汇交易时,以及其他与银行等之间被授权于负责特定外汇交易的自然人,如果出现和该客户不是同一人时(后项规定的情况除外),不仅该客户要本人确认,负责该项特定外汇交易的自然人(本条及后条称为“代表者等”)也必须要进行本人确认。

3.当客户为国家、地方公共团体、非法人社团或者财团及其他政令所规定的组织时,考虑到其是国家、地方公共团体、非法人社团或者财团及其他政令所规定的组织,把将其与该银行之间实际承担特定外汇交易的自然人视为客户,适用于第1款的规定。

4.客户(根据前款规定包括被视为客户的自然人,以下同)或代表人等,在银行等进行本人确认时,客户或代表人等不得对该银行虚假伪造本人特定事项。

(银行等的免责)

第18条之二 银行等的免责:

若客户或代表人等进行特定外汇交易时不配合本人确认情况,银行等在该客户或代表人等不配合期间,可以拒绝履行义务处理该特定外汇交易。

(制作本人确认记录的义务)

第18条之三 1.在进行本人确认时,银行等必须立即根据财务省令所规定的方法,作为本人特定事项及其他与本人确认相关的事项。制作财务省政令所规定的事项的相关记录(以下称为“本人确认记录”)。

2.银行等必须从特定外汇交易结束日或其他由财务省令规定之日起七年内保存好本人确认记录。

(本人确认及本人确认记录制定的必要纠正措施)

第18条之四 财政大臣应当认为,银行等承认违反与特定外汇交易相关的从第18条第1款至第3款或前条第1款或第2款的规定时,可以命令该银行等采取必要措施纠正该违反行为。

(邮政部门的准适用)

第18条之五 从第18条至第18条之三的规定,适用于邮政部门在邮政外汇业务或邮政转账业务中进行特定外汇交易。

(支付手段等的进出口)

第19条 1.为确保本法及基于本法的命令规定的实施,在财政大臣认为必要的情况下,对进行进出口支付手段(包括第6条第1款第7项所列举的已输入支付手段的票证等)及证券的居民或非居民,根据政令的规定,可以要求其履行批准的义务。

2.为准保实施本法及基于本法的命令规定,以及维持国际收支平衡或通货稳定,财政大臣认为必要的情况下,对进出口贵金属的居民或非居民,根据政令的规定,可以要求其履行批准的义务。

3.居民或非居民进出口按第1款所规定的支付手段或证券以及贵金属时，除依据前两款命令的规定，已经财政大臣许可及其他政令规定的进出口该支付手段或证券以及贵金属之外，根据政令的规定，必须预先向财务大臣呈报该项进出口业务的内容、实施期间及其他政令所规定的事项。

第四章　资本交易等

（资本交易的定义）

第20条　资本交易系指下列交易或行为（第26条第1项各项所列举的，该条第2项所规定的相当于对内直接投资等的行为除外）：

（1）居民与非居民之间的存款合同（包括政令所规定的定期储蓄合同、分期付款合同、存款合同及其他与此类似的合同。第4项、下一条第3款及第55条之三第1款亦同）或基于信托合同的有关债权发生、变更及注销相关的交易（以下本条、下一条第3款及第55条之三第1款称为“有关债权发生等的交易”）。

（2）居民与非居民之间的金钱借贷合同，或基于债务保证合同的有关债权发生等的交易。

（3）居民与非居民之间的对外支付手段，或基于债权买卖合同的有关债权发生等的交易。

（4）居民与其他居民之间的存款合同、信托合同、金钱借贷合同、债务保证合同以及对外支付手段或债权及其他基于买卖合同，并能够用外币支付的有关债权发生等所关联的交易。

（5）居民从非居民处取得证券（包括当事的一方依据其表明的意思，居民从非居民处取得证券的权利），或者居民向非居民转让证券（包括当事的一方依据其表明的意思，取得居民向非居民转让证券的权利）。

（6）居民在外国发行、募集证券，或在日本境内发行、募集外币证券；或者非居民在日本境内发行、募集证券。

（7）非居民在外国发行或募集用日本国货币表示或支付的证券。

（8）居民与非居民之间基于金融指标等期货合同的有关债权发生等相关的交易。

（9）居民与其他居民之间的基于金融指标等期货合同、能用外币支付的有关债权发生等的交易，或者基于金融指标等期货合同[仅限于与外币的金融指标（即《金融期货交易法》第2条第9款所规定的金融指标）有关的]、能用日本货币支付的有关债权发生等的交易。

（10）居民取得外国的不动产或与此相关的权利，或者非居民取得日本国境内的不动产或与此相关的权利。

（11）除第1项及第2项所列的之外，法人在日本国境内的事务所与该法人在外国的事务所之间的资金授受（政令所规定的该事务所在经营上所需的常用经费及有关经常性交易的资金的授受除外）。

(12)政令所规定的适用于以上任何一项交易或行为。

(需履行获取财务大臣批准义务的资本交易等)

第 21 条 1.财务大臣认为,当居民或非居民从事无任何限制的资本交易(符合第 24 条第 1 项规定的特定资本交易除外)时,该资本交易会妨碍我国诚实履行所缔结的条约及其他国际承诺,造成妨碍我国为国际和平做出国际性贡献的事态发生,以致难以达到本法的目的,或在执行第 10 条第 1 项的内阁会议决定时,财政大臣可依据政令的规定,要求进行该资本交易的常住者或非常住者,对其资本交易要求履行报批的义务。

2.除前款规定的情况外,居民或非居民从事无任何限制同项规定的资本交易(属于特别国际金融交易账户报表除外),财政大臣认为该资本交易会造成下列任何一项事态发生,以致难以达到本法目的时,可依据政令的规定,可以要求对进行该资本交易的居住者或非居住者,对其资本交易要求履行报批义务。

(1)难以维持日本国的国际收支平衡。

(2)对日本货币的外汇市场造成急剧的变动。

(3)由于日本国与外国之间大量资金的移动,给日本国金融市场和资本市场造成不利影响。

3.前款所述的"特别国际金融交易账户报表",是指银行及其他政令规定的金融机构为了将从非居民(仅限基于外国法令建立的法人或其他政令规定的人,以下本款及下一款亦同)接收的存款,以及从其他非居民筹措的资金用于向非居民贷款、从非居民处取得证券及与其他非居民之间的资金理财而进行的下列交易,以及与行为相关的资金的理财或筹措相关的财务会计作为区分与其他交易或行为相关的资金的理财或筹措的财务会计,对其进行整理而设置的须经财务大臣报批而开设的结算报表。

(1)前条第 1 项所列举的资本交易中,属于非常住者之间的存款合同,基于合同的政令所规定的有关债权发生等的交易。

(2)前条第 2 项所列举的资本交易中,基于非居民之间的金钱借贷合同的有关债权发生等的交易。

(3)前条第 5 项所列举的资本交易中,属于非居民发行的证券(仅限于政令所规定的),从非居民处取得或转让给非居民。

(4)其他政令所规定的交易或行为。

4.前项所规定的特别国际金融交易结算账户(以下本项及下一条第 2 项中称为"特别国际金融交易结算账户")与其他结算账户间进行资金的转账、与其他特别国际金融交易结算账户的财务会计相关的事项,以及已确认对方为非常居民的该交易或行为,关于其他的必要事项按政令规定。

5.第 2 项所规定的资本交易,根据第 1 项及第 2 项的规定有义务需要接受批准时,对于进行该资本交易者可以根据政令的规定一并提出规定的批准的申请。在这种情况时,财务大臣可综合考虑与该资本交易相关的不发生需附加获得批准义务事态的情况下,判断是否给予批准。

6.财政大臣对进行根据第 23 条第 1 款规定必须呈报的该款所规定的对外直接投资时,根据第 1 款及第 2 款的规定有义务需获得批准时,在不发生要求要求履行报批义务的第 1 款所规定的事态或第 2 款各项所列举的事态，和该条第 4 款各项所列举的事态的情况下，判断对该申请的有关对外直接投资是否给予批准。

（资本交易等的限制）

第 22 条 1.财政大臣在处理根据前条第 1 款的规定要求履行报批义务的情况时，对于同项规定的要求履行报批义务的该资本交易，在未经许可就进行的交易的，如果认为其有可能会再次不经批准就进行该款所规定的须有义务获得批准的资本交易时，可禁止其在一年之内进行该项所规定的全部或部分资本交易，或根据政令的规定对其要求履行报批义务。

2.财政大臣如认为在前条第 3 项各号所列举的交易，以及行为以外的交易（以下本款称"对象外交易等"），在特别国际金融交易结算账户报表中财务会计处理，违反在和同条第 4 项规定命令的违反者，如果其有可能再次把对象外的交易在特别国际金融交易结算账户报表中财务会计处理，或在违反该命令规定的情况下，可全部或部分禁止其在一年之内，在第 3 项各号所列举的交易或行为在特别国际金融交易结算账户进行财务会计的处理。

（金融机构等的本人确认义务等）

第 22 条之二 1.银行等、信托公司[指《信托行业法》（2004 年法律第 154 号）第 2 条第 2 项中所规定的信托公司以及该条第 6 款所规定的外国信托公司，以下亦同]、证券公司[指《证券交易法》第 2 条第 9 项所规定的与证券公司及外国证券公司有关的法律（1971 年法律第五号）第 2 条第 2 号所规定的外国证券公司，以下亦同]，以及金融期货交易业者（指《金融期货交易法》第 2 条第 12 项所规定的金融期货交易业者，以下亦同）（以下称"金融机构"）与客户，或政令所规定的与此类似者（以下本款称"客户等"）之间进行有关资本交易的合同签订或其他政令所规定的行为时，必须对该客户等进行本人确认。

2.第 18 条第 2 款至第 4 款以及第 18 条之二至第 18 条之四的规定准适用于金融机构等进行与资本交易有关的合同签订等的场合。在这种情况下，第 18 条之三第 2 款中所述的"特定外汇交易"将解读为"第 22 条之二第 1 款所规定的有关资本交易的合同"。

（关于准适用于从事兑换业务者）

第 22 条之三 第 18 条第 2 款至第 4 款、第 18 条之二至第 18 条之四以及前条第 1 款的规定准适用于在日本境内从事兑换业务（指买卖外币或旅行支票的业务）者跟客户进行兑换时的场合。

（对外直接投资）

第 23 条 1.居民对外直接投资中，有可能造成第 4 项各号所列举的某种事态发生，进行政令所规定的行为时，根据政令规定必须预先向财政大臣呈报该对外直接投资的内容、实施的时间及其他政令所规定的事项。

2.前项所述的"对外直接投资"，系指居民取得基于外国法令所设立的法人所发行的证券或向该法人贷款、与该法人之间建立永久性的经济关系而进行的，在政令所规定的或在外国设立或扩张的其分店、工厂及其他办公单位（以下称"分店等"）所关联的资金支付的活动。

3.依据第 1 款内容所规定呈报的居民，从财务大臣受理该呈报之日起至 20 日之内，不能进行与该呈报有关的对外直接投资。但是,财政大臣根据与该呈报有关的对外直接投资的内容等判断,认为没有特别的障碍时,可缩短该期限。

4.涉及前项申报的对外直接投资已进行的情况下,发生以下列举的事态,并被认定对本法律目的的达成造成困难时,或者第 10 条第 1 项的内阁会议决定已被执行时,根据政令规定,财务大臣可劝告该对外直接投资的申报者变更该对外直接投资的内容或者中止该对外直接投资。但是,劝告变更或者终止的期限为受理该申报之日起 20 日以内。

(1)对我国经济的顺利运行造成显著的恶劣影响的。

(2)破坏国际和平与安全,或者妨碍维护公共秩序的。

5.已收到根据前项规定而进行的劝告的居民,可不受第 3 项规定的限制,从收到该劝告之日起直到第二十日结束都不得进行涉及同项申报的对外直接投资。

6.已收到根据第 4 项规定而进行劝告的居民,在收到该劝告之日起 10 日以内必须通知财务大臣是否接受劝告。

7.已按前项规定,通知接受劝告的居民,必须按照该劝告来执行涉及该劝告的对外直接投资。

8.已按第 6 项规定通知接受劝告的居民,可不受第 3 项或者第 5 项规定的限制,即便从收到该劝告之日起未满 20 日也可以进行涉及该劝告的对外直接投资。

9.已收到根据第 4 项而进行的劝告的居民,若未按第 6 项规定进行通知或者通知不接受该劝告,财务大臣可命令受到该劝告者变更该对外直接投资的内容或者中止该项投资。但是,命令其变更或中止的期限为收到根据第 4 项而进行的劝告之日起 20 日以内。

10.除了前几项所规定的内容,对于对外直接投资(指第 2 项所规定的对外直接投资。下同)的内容变更及中止相关的劝告,其手续以及其他与这些劝告相关的必要事项都按政令来办。

11.关于根据第 1 项规定必须进行申报的对外直接投资,根据第 21 条第 1 项或者第 2 项规定有义务获得财务大臣的许可的情况下,进行该项对外直接投资的居民无须遵守第 1 项规定,无须申报。在这种情况下,关于该项对外直接投资,如果已在按同项规定进行申报,那么该项申报(仅限于根据同条第 1 项或者第 2 项规定有义务获得许可且当前尚未进行的对外直接投资,不包括已根据第 6 项规定通知接受中止劝告的对外直接投资项目和已根据第 9 项规定被命令中止的对外直接投资项目)当被视为申报当日根据同条第 1 项或者第 2 项的规定为了履行接受批准的义务而进行的申请,关于该申报所涉及的对外直接投资,如果存在第 4 项所规定的劝告、第 6 项所规定的通知(仅限于承诺进行内容变更者)或者第 9 项所规定的命令,则该劝告、通知以及命令被视为未曾发生。

(需要履行接受经济产业大臣批准这项义务的特定资本交易)

第 24 条 1.在居民已经毫无限制地进行了特定资本交易[指第 20 条第 2 项所列举的资本交易,作为根据同条第 12 项的规定以同条第 2 项为基准并由政令所规定的交易也包括在内]当中,政令所规定的与从事进出口货物者所进行的货物的进出口直接相关的交易或者行为,以及政令规定的涉及矿业权、工业所有权及其他类似权利的转让或者与上述权利的使用权的设定相关的交易或行为(不包括政令规定的用于短期国际商业交易结算的资本交易。下同)的情况下,若发生妨碍诚实地履行我国缔结的条约及其他国际公约的事态或者妨碍我国为致力于维护国际和平做出贡献的事态,认定给本法目的的达成带来困难时,或者第1条第1项所规定的内阁会议决定已被执行时,根据政令规定,经济产业大臣有权让欲进行该特定资本交易者履行办理交易许可的义务。

2.除前项规定情况以外,在居民已经毫无限制地进行了特定资本交易的情况下,若发生第21条第2项各号所列举的任何事态,并被认定为对本法目的的达成造成困难时,根据政令规定,经济产业大臣有权让欲进行该特定资本交易者履行办理交易许可的义务。

3.关于特定资本交易,已被要求按照第1项和前项规定履行办理许可的义务的情况下,欲进行该特定资本交易者可根据政令规定一并办理基于这些规定的许可申请。在这种情况下,经济产业大臣须在综合考虑会否引发所列举的任何事态之后,决定是否批准。

(特定资本交易的限制)

第24条之二 对于在已根据前条第1项规定要求履行办理许可义务的情况下,依然在未取得许可的情况下进行被要求办理许可的特定资本交易并有再次出现相同行为之虞者,经济产业大臣有权以一年以内为期限禁止其在特定资本交易方面的全部或者部分交易,或者按政令规定要求其履行办理许可的义务。

(劳务交易等)

第25条 1.居民欲与非居民进行以下列举的交易时,根据政令规定,须获得经济产业大臣的对该交易的批准。

(1)被认定为会妨碍维护国际和平与安全的、在特定地区以提供政令规定的涉及特定种类的货物的设计、制造或者使用的技术(以下称“特定技术”)为目的的交易。

(2)被认定为会妨碍维护国际和平与安全的、与政令规定的伴随外国之间货物移动的货物买卖相关的交易。

2.经济产业大臣为了切实实施前项规定,必要时有权根据政令规定,要求在同项(1)所规定的特定地区以外的地区与非居民进行以提供特定技术为目的的交易的居民履行办理许可的义务。

3.居民和非居民欲进行劳务交易(指以提供劳务或者便利为目的的交易。下同),且是属于矿物加工或者其他类似的由政令规定的(不包括符合第30条第1项所规定的技术引进合同签订的劳务)劳务时,必须获得主务大臣的许可才能进行。符合已经按下一项规定被要求办理许可的劳务交易不在此限。

4.居民和非居民之间进行的劳务交易[第1项(1)所规定的涉及特定技术的劳务交易以及符合第30条第1项规定的签订技术引进合同者除外]或者伴随外国之间货物移动的货物买卖相关的交易[第1项(2)规定者除外](以下称“劳务交易等”)已经毫无限制地进行的情况下,若发生妨碍我国所缔结条约及其他国际公约的履行的事态,或发生妨碍我国为维护国际和平而做出国际贡献的事态,并被认定为给本法律目的的达成带来困难时,或者已做出第10条第1项规定的内阁会议决定时,根据政令规定,主务大臣有权要求欲进行该劳务交易的居民履行办理进行该劳务交易的相关许可的义务。

(制裁等)

第25条之二 1.对于尚未获得前条第1项规定的许可就已经进行同项(1)规定的交

易的居民,经济产业大臣有权以三年以内为期限,禁止其与非居民进行以提供涉及货物的设计、制造或者使用的技术为目的的交易,或者禁止其出口涉及特定技术的特定种类的货物。

2.对于尚未获得前条第1项规定的许可就已经进行同项(2)规定的交易的居民,经济产业大臣有权以三年以内为期限禁止其与非居民进行伴随外国之间货物移动的货物买卖,或者出口货物。

3.对于在已经按前条第2项规定被要求获得经济产业大臣的许可的情况下,尚未获得该许可就进行同项规定的交易的居民,经济产业大臣有权以一年以内为期限,禁止其与非居民进行以提供涉及货物的设计、制造或者使用的技术为目的的交易,或者禁止其出口涉及特定技术的特定种类的货物。

4.对于在主务大臣已经根据前条第4项规定要求履行义务办理劳务交易等许可的情况下,依然在没有取得许可的情况下进行被要求办理许可的劳务交易并有再次出现相同行为之虞者,主务大臣有权以一年以内为期限禁止其全部或者部分劳务交易,或者根据政令规定要求其履行办理许可的义务。

第五章　对内直接投资等

(对内直接投资等的定义)

第26条　1.外国投资者是指下面所举的,进行下一项各号所列举的对内直接投资等的个人和团体。

(1)作为非居民的个人。

(2)基于外国法令设立的法人及其他团体或者主要办事处在国外的法人及其他团体。

(3)在公司里,根据本项(1)或者本项(2)中所列举的人直接持有的表决权[在股东大会上不能对可表决的全部事项行使表决权的股票相关的表决权除外,但根据《公司法》(2005年法律第86号)第879条第3项的规定被视为具有表决权的股票相关的表决权则包括在内。以下在此号以及次项(4)中同样]数以及通过其他公司间持有的依据政令规定的表决权数加起来,占该公司股东总数或者职员总数的表决权数的比例超过百分之五十以上的。

(4)除了本项(1)(2)所列举的个人和团体之外,在法人或者其他团体中,第一号所列举者在董事(指董事或者其他与此相当者。以下在本号中相同)或者具有董事代表权的人两者的任一者中占半数以上的。

2.对内直接投资等是指符合如下任意一项的行为:

(1)获得公司的股份或者控股份额{通过让渡的方式从前项各号所列举的股东那里得到的股份,以及在《证券交易法》第2条第16项所规定的在证券交易所上市的股票或者发行有政令规定的相当于前者的股票的公司[在本项(2)(3)中称为"上市公司等"]的股票除外}。

(2)成为非居民以前就开始持有并一直持有的上市公司等以外的公司股票或者让渡控股份额(仅限于作为非居民的个人对前项各号所列者进行的让渡)。

(3)上市公司等的股票的获得[仅限于涉及该项获得的该上市公司等的股票数在该上市公司等已发行股票总数中所占的比例或者该项获得的当事人在获得之后所持有的该上市公司等的股票数,以及政令规定的,与该项获得的当事人具有股票持有关系等永久性的经济关系、亲属关系或者其他与此相当的特别关系的作为非居民的个人或者法人及其他团体(仅限于前项(2)至(4)所列举的个人和团体)所持有的该上市公司等的股票数的总和在该上市公司已发行的股票的总数中所占的比例不低于百分之十,在政令规定的比例以上的情况]。

(4)同意公司事业目的的实质性变更(在股份公司中,仅限于拥有该股份公司全部股东三分之一以上表决权者所进行的同意)。

(5)在境内设立分公司等或者对境内分公司等的种类或事业目的进行实质性变更(仅限于前项(1)或者(2)所列举者所进行的由政令规定的设立或者变更)。

(6)对在境内有主要办事处的法人进行金钱信贷,放款数额超过法令规定的金额[从事银行业者及其他政令规定的金融机构当作业务进行的信贷以及前项(3)或者(4)所列举者用本国货币进行的信贷除外]且时间超过一年者。

(7)政令规定的相当于前面各号任何一项的行为。

(对内直接投资等的申报以及变更劝告等)

第 27 条 1.外国投资者欲进行的对内直接投资等(考虑到继承、遗赠、法人的合并以及其他情况而有政令规定者除外。以下在本条内相同)当中,有符合或者可能符合需要根据第 3 项规定需进行审查的对内直接投资等时,根据政令规定必须事先向财务大臣以及相关事务主管大臣申报该项对内直接投资等相关的事业目的、金额、实行时间以及其他政令规定的事项。

2.外国投资者根据前项规定就对内直接投资等进行申报后,自财务大臣及其相关事务主管大臣受理该申报起 30 日内,不得进行该申报相关的对内直接投资等行为。若财务大臣及其相关事务主管大臣在其期满前认定该申报相关的直接对内投资等在其事业目的等多方面不需要接受此项规定的审查,则可缩短该期限。

3.关于第 1 项所规定的申报,若财务大臣及相关事务主管大臣认定有必要就该申报相关的直接对内投资等行为是否符合以下列举的若干对内直接投资等(于次项、第 5 项及第 11 项中称为“关于国家安全等的直接对内投资”)进行审查,则禁止进行该申报相关的对内直接投资等行为的期限自受理该申报之日起,可延长至四个月。

(1)可能会发生①或②中所列举的任一事态的对内直接投资等[仅限于我国所加盟的有关对内直接投资等的多国间条约及其他国际规则中政令所规定(本号中称为“条约等”)的加盟国家的外国投资者所进行的对内直接投资等行为,且在取消与对内直接投资等相关的限制方面并无基于该条约等的义务的行为,以及该条约等加盟国家以外的外国投资者所进行的对内直接投资等行为且该国作为该条约等的加盟国的这种情况下并无该义务的行为]。

①危害国家安全、妨碍公共秩序、阻碍维护公众安全的行为。

②对我国经济顺利发展造成显著恶劣影响的行为。

(2)来自于我国之间并无直接对内投资等相关条约或国际规则的国家的投资者进行

对内直接投资等行为时，为使对其投资行为同我国投资者在该国进行的直接投资等行为(指上条第 2 项各号所列举的相当于对内直接投资等行为者)的处理方式在实质上受到同等对待，而被认定有必要变更或中止其内容的。

(3)从资金用途等方面看，该直接对内投资等全部或部分行为属于须根据第 21 条第 1 项或第 2 项规定获得许可的资本交易行为，且被认定有必要变更其内容或加以中止的。

4.财务大臣及相关事务主管大臣依据前项规定延长对内直接投资等行为的禁止时间之际，根据同项规定审查后，若在该延长期满前认定基于第 1 项规定所申报的对内直接投资等行为不属于关于国家安全等的行为，可缩短该延长期限。

5.财务大臣及相关事务主管大臣根据第 3 项规定延长对内直接投资等行为的禁止时间之际，根据同项规定审查后，若认定根据第 1 项规定所申报的对内直接投资等行为属于关于国家安全等的行为，可在听取关税、外汇等审议会的意见后，依据政令劝告该对内直接投资等行为的申报者变更或中止该直接对内投资等行为的内容。可劝告变更或中止的期限自该申报受理之日起，至第 3 项或次项所规定的延长期满结束。

6.根据前项规定听取关税、外汇等审议会意见时，若关税、外汇等审议会鉴于该问题的性质，提出难以在第 3 项所规定的四个月内陈述意见，则该项所规定的不得进行对内直接投资等行为的期限不受该项限制改为五个月。

7.收到第 5 项规定中的劝告，须自接收该劝告之日起 10 日内，告知财务大臣及其相关事务主管大臣是否接受。

8.已答复接受前项所规定的劝告者，须遵照该劝告的内容进行与该劝告相关的对内直接投资等行为。

9.已答复接受第 7 项所规定的劝告者，则不必遵从第 3 项或第 6 项的规定，自做出关于该对内直接投资等行为的申报之日起，未满四个月(根据同项规定出现被延长的情况则为五个月)也可进行该劝告相关的对内直接投资等行为。

10.收到第 5 项规定中的劝告时，若出现未按第 7 项规定进行告知或是表示不接受该劝告的情况，财务大臣及其相关事务主管大臣可命令其变更或中止被劝告对象关于该对内直接投资等行为的内容。变更或中止的命令期限自受理该申报之日起，至第 3 项或第 6 项所规定的延长期满为止。

11.财务大臣及其相关事务主管大臣若出于经济情况发生变化或其他事由，认定根据第 1 项规定的申报，其相关对内直接投资等行为不属于关系国家安全等的对内直接投资，对于根据第 7 项规定已答复接受对关于对内直接投资等行为的内容进行变更的劝告者，或是根据前项规定被命令对与对内直接投资等行为相关的内容加以变更者，可全部或部分撤销该劝告。

12.除第 5 项至前项规定外，关于对内直接投资等行为的内容，其变更或中止的劝告程序以及其他劝告相关的必要事项均由政令规定。

13.关于非外国投资者(包括法人和其他团体)为了外国投资者且不以该外国投资者名义进行的相当于对内直接投资等行为，将其视为外国投资者的行为，前各项规定同样适用。

第 28 条 删除。

第 29 条 删除。

（关于签订引进技术合同等的申报及变更劝告等）

第 30 条 1.居民与非居民（包括非居民在境内的分店等。本条内均为此意）之间进行该非居民的工业所有权及其他技术相关的权利的转让，与此相关的使用权的设定，事业经营方面技术指导合同的签订、续约以及该合同条款的变更（在本条、第 55 条之六及第 70 条中称为“技术引进合同的签订等”），其中可能存在需要根据第 3 项规定进行审查的技术引进合同签订等内容，要从事这些政令规定的内容时，根据政令规定，须事先就该技术引进合同的签订等向财务大臣及相关事务主管大臣申报合同条款及其他政令所规定的事项。

2.依据前项规定就技术引进合同的签订等进行申报的非居民，自财务大臣及相关事务主管大臣受理该申报之日起 30 日内，不能进行该申报相关的技术引进合同的签订等行为。若财务大臣及相关事务主管大臣在其期满前认定该申报相关的技术引进合同的签订等行为从其技术种类及其他方面来看不需要接受此项规定的审查，可缩短该期限。

3.根据第 1 项规定进行了申报的情况下，若财务大臣及相关事务主管大臣认定有必要就该申报相关的技术引进合同的签订等是否属于可能会产生以下所列举的任一事态的技术引进合同的签订等[仅限于与我国所加入的关于技术引进合同的签订等问题的多国条约及其他国际公约且为政令所规定的（本项中称为“条约等”）加盟国家的非居民之间所进行的技术引进合同的签订等行为中，并不存在与技术引进合同的签订等有关的基于该条约等的义务的，以及与该条约等的加盟国家以外的国家的非居民之间进行的技术引进合同的签订等行为且将该国视为该条约等的加盟国家时并不负有该义务的。在此项及第 5 项中称为“关系国家安全等的技术引进合同的签订等”]进行审查，则可将禁止进行该申报相关的技术引进合同的签订等的期限自受理该申报之日起延长至四个月。

（1）危害国家安全，妨碍公共秩序，阻碍维护公众安全的行为。

（2）对我国经济顺利发展造成显著恶劣影响的行为。

4.财务大臣及相关事务主管大臣依据前项规定延长技术引进合同的签订等的禁止时间时，根据同项规定审查后，若在该延长期满前认定根据第 1 项规定所申报的技术引进合同的签订等不属于关系国家安全等的行为，可缩短该延长期限。

5.财务大臣及相关事务主管大臣根据第 3 项规定延长技术引进合同的签订等的禁止时间时，根据同项规定审查后，若认定分局第 1 项规定所申报的技术引进合同的签订等属于关系国家安全等的行为，可于听取关税、外汇等审议会的意见后，对于该技术引进合同的签订等进行申报者，依据政令劝告其对该技术引进合同的签订等相关的全部或部分条款进行变更或中止。可劝告变更或中止的期限自该申报受理之日起，至第 2 项或次项所规定的延长期满为止。

6.根据前项规定听取关税、外汇等审议会意见时，若关税、外汇等审议会鉴于该问题的性质，提出难以在第 3 项所规定的四个月内陈述意见，则该项所规定的不得进行技术引进合同的签订等的期限不受该项限制，改为五个月。

7.第 27 条第 7 项至第 12 项的规定，适用于根据第 5 项进行劝告的情况下。此种情况下必要的技术性条件替换由政令规定。

8.前述各项规定不适用于与非居民在境内的分店等独立开发的技术相关的技术引进合同的签订等及其他政令规定的技术引进合同的签订等。

第 31 条 删除。

第 32 条 删除。

第 33 条 删除。

第 34 条 删除。

第 35 条 删除。

第 36 条 删除。

第 37 条 删除。

第 38 条 删除。

第 39 条 删除。

第 40 条 删除。

第 41 条 删除。

第 42 条 删除。

第 43 条 删除。

第 44 条 删除。

第 45 条 删除。

第 46 条 删除。

第六章 外贸

(出口原则)

第 47 条 在合乎本法目的的前提下,允许最低限度的货物出口。

(出口许可等)

第 48 条 1.被认为是妨碍维护国际和平与安全的、以政令所规定的特定地区为销售地欲进行特定种类货物的出口的,须依据政令规定获得经济产业大臣的许可。

2.经济产业大臣可在认定为确保前项规定的切实实施而有必要之时,对以同项特定地区以外的区域进行同项特定种类货物出口者,根据政令规定要求其履行报批义务。

3.经济产业大臣为维持国际收支平衡,保持外贸和国民经济的健康发展,诚实履行我国所签订的条约和国际公约,在维护世界和平中做出我国的国际贡献,或者为了实施第 10 条第 1 项的内阁决定,对于除前两项规定之外的、进行特定种类或以特定地区为销售地的货物出口的对象,或是根据特定交易进行货物出口的对象,可在必要范围之内根据政令规定要求其履行报批义务。

第 49 条 删除。

第 50 条 删除。

(紧急禁止装船)

第 51 条 经济产业大臣可依据经济产业省令的规定,在认定有特别紧急的必要时,禁止指定品种或销售地的货物进行装船,最长期限为一个月。

（进口批准）

第52条 为促进外贸和国民经济的健康发展，诚实履行我国所签订的条约和国际公约，在维护世界和平中做出我国的国际贡献，或者为了实施第10条第1项的内阁决定，依据政令规定，进口货物者有可能被要求履行进口报批义务。

（制裁）

第53条 1.对于未获得第48条第1项所规定的许可便进行同项所规定的货物出口者，经济产业大臣可禁止其进行出口，或禁止其与非居民之间进行的以提供特定技术的交易，最长期限为三年。

2.对于违反本法、基于本法的命令或是基于上述两者的处分者（前项规定的对象除外），经济产业大臣可禁止其在一年以内进行进出口行为。

（对海关关长的指挥监督等）

第54条 1.经济产业大臣依据政令规定，就其所掌的货物进出口相关事宜对海关关长进行指挥监督。

2.经济产业大臣依据政令规定，可将基于本法的部分权限委任给海关关长。

第六章之二 报告等

（付款等事项的报告）

第55条 1.居民或非居民从日本向外国付款或领受来自国外的付款时；又或居民在日本国内或境外与非居民之间进行付款之时，除政令规定情况外，前者之当事居民或非居民，后者之当事居民须就付款内容、实行日期以及政令所规定的其他事项向主管大臣报告。

2.依据前项规定所做报告，如该报告涉及付款通过银行的外汇交易来处理，应按政令规定，须经由当事银行提交报告。但根据《行政手续中利用信息通信技术的相关法》（2002年法律第151号）第3条第1项的规定，以及使用该项所规定的电子信息处理机构进行报告时，可不经由当事银行、邮政官署直接报告。

第55条之二 删除

（资本交易报告）

第55条之三 1.居民或非居民为以下各项规定的资本交易（本条各项中，符合特定资本交易条件者均除外）当事者时，除政令限定情况外，当事居民或非居民根据以下的各类别区分规定，须按政令，就该资本交易内容、实行时期以及其他相关政令所规定的事项向财务大臣报告。但本项(6)中规定的资本交易，按第23条第1项规定必须提交报告者，不在此限。

(1)第20条第1项规定的资本交易居民。

(2)第20条第2项规定的资本交易[属本项(6)规定的资本交易者除外]居民。

(3)第20条第3项规定的资本交易居民。

(4)第20条第4项规定的资本交易中，与居民同其他居民间的存款契约、委托契约、金钱借贷契约、债务担保契约，以及基于对外支付手段或债权买卖契约所发生的可接受外币支付的债权等相关交易居民。

(5)第 20 条第 5 项规定的资本交易[本项(6)规定的资本交易除外]居民。

(6)第 20 条第 2 项、第 5 项及第 11 项规定的资本交易中,与居民的直接对外投资相关的交易居民。

(7)第 20 条第 6 项规定的资本交易中,由居民发行、募集外国证券或是发行、募集日本国内的外币证券居民。

(8)第 20 条第 6 项规定的资本交易中,由非居民发行、募集日本国内证券非居民。

(9)第 20 条第 7 项规定的资本交易非居民。

(10)第 20 条第 8 项规定的资本交易居民。

(11)第 20 条第 9 项规定的资本交易居民。

(12)第 20 条第 10 项规定的资本交易中,非居民取得日本国内不动产或者与此相关的非居民。

(13)第 20 条第 12 项规定的资本交易中的政令所规定情形,政令规定的居民或非居民。

2.银行、证券公司及金融期货交易业者,从事前项(5)、(10)、(11)规定的资本交易的中介及代办代理时,应依照政令规定,就该资本交易内容、实行时期及其他政令所定事项向财务大臣报告。

3.银行、证券公司及申报人[即第 1 项(4)、(11)规定的资本交易之当事居民,应据财务省令规定,将本人的资本交易对象无须提交本项规定报告的意愿、其姓名或名称、住所以及其他财务省令规定的事项向财务大臣报告。本解释适用于本条以下内容]以外的居民为第 1 项(4)、(11)所规定的资本交易当事者时,该资本交易对象为银行、证券公司或申报人时,则当事居民不受本项规定的约束,无须提交本项要求的、与该资本交易相关的报告。

4.除前项规定情况外,若居民为第 1 项(5)、(10)、(11)规定的资本交易当事者,且该项资本交易的中介、代办代理者为银行、证券公司、申报人以及金融期货交易业者时,则该居民不受第 1 项规定限制,无须按第 1 项规定提交与该项资本交易相关的报告。

5.银行、证券公司、申报人以及金融期货交易业者中,银行、证券公司可不受第 1 项、第 2 项规定限制;申报人不受第 1 项规定限制;金融期货交易业者可不受第 2 项规定限制,且依据政令规定,在一定期间内作为当事人,或者作为中介、代办代理的资本交易,可将财务省令规定的事项一并上报。此类情况下,报告者须依据政令规定,将该报告所涉资本交易相关的财务省令中规定的事项记载成册,妥善保管。

6.申报人变更第 3 项规定的申报事项后,须及时就其宗旨及所变更事项向财务大臣报告。

7.与第 3 项申报相关的公告、申报人名册的阅览以及其他与第 3 项申报相关的必要事项,由财务省令规定。

第 55 条之四 居民为下列特定资本交易当事人时,除政令规定情况外,该居民应依据政令规定,就该特定资本交易的内容、实行时期以及其他政令规定事项向经济产业大臣报告。

(1)与第 20 条第 2 项所列资本交易相关的特定资本交易。

(2)与第 20 条第 12 项所列资本交易相关的特定资本交易中，政令规定的交易。

(对内直接投资等的报告)

第 55 条之五 1.外国投资者在进行对内直接投资等(继承、遗赠、法人合并及其他政令规定需考量的情况除外。本条以下内容均含此例外条件)时，应依照政令规定，就该对内直接投资的内容、实行时期以及其他政令规定事项向财务大臣、行业主管大臣报告。但按第 27 条第 1 项规定必须上报的对内直接投资等，不在此限。

2.外国投资者以外的人(包括法人及其他团体)，为外国投资者但不以该外国投资者名义进行的与对内直接投资相当的投资行为，可将该投资者视为外国投资者，适用于前项之规定。

(技术引进合同签订等的报告)

第 55 条之六 1.居民同非居民(包括非居民所属的在日本国内的分公司)签订技术引进合同时，应据政令就该技术引进合同的签订等向财务大臣、行业主管大臣报告。但据第 30 条第 1 项规定必须报告的技术引进合同的签订等，不在此限。

2.前项规定不适用于非居民在日本境内开设的分公司所独立开发的技术相关的技术引进合同的签订及其他政令规定的技术引进合同的签订等。

(外汇业务相关事项的报告)

第 55 条之七 为达到立法目的，财务大臣可在必要限度内，依照政令规定，对开展外汇业务(即外汇交易及其他交易行为，其与我国国际收支、对外借贷动向密切相关，开展政令规定的某一业务。同于第 68 条第 1 项)者中政令所认定的规模较大者，可要求其报告该外汇业务相关的事项(第 55 条第 3 项规定的报告事项除外)。

(其他报告)

第 55 条之八 除本法个别规定事项之外，为达到立法目的，主管大臣可在必要限度内，依照政令规定，要求适用于本法的拟开展或已经开展的交易、支付等行为的当事人、相关人员就该交易、支付等行为的内容或其他相关交易、支付等行为所涉及的事项进行报告。

(关于对外借贷及国际收支的统计)

第 55 条之九 1.财务大臣须据政令规定统计对外借款及国际收支，定期向内阁报告。

2.为制作前项规定的统计内容，必要时财政大臣可依据政令规定要求相关行政机关及其他人员提交资料。

第六章之三　删除

第 55 条之十 删除。

第 55 条之十一 删除。

第七章 与行政手续法的关系

（行政手续法适用除外）

第 55 条之十二 依据第 25 条第 1 项或第 2 项、第 48 条第 1 项或第 2 项规定做出的许可或撤销内容，不适用于行政手续法（1993 年法律第 88 号）第二章及第三章的规定。

第七章之二 申诉

（申诉手续中的意见听取）

第 56 条 1.主管大臣在受理对依据本法律或基于本法的命令规定而做出的处分提出异议申诉或审查请求时，须事先给予其较长准备时间并告知后再公开听取其意见。

2.前项告知须明示日期、地点及事件内容。

3.进行第 1 项的意见听取时，须给予异议申诉人、审查请求人及利害关系人就该事件出示证据、陈述意见的机会。

4.除前三项中规定的内容外，有关第 1 项意见听取手续的必要事项，由政令规定。

（申诉与诉讼的关系）

第 57 条 1.针对取消上一条第 1 项规定的处分的诉讼，须经过对该处分的异议申诉、审查请求做出决定或裁决后方可提起。

2.上条第 1 项规定的处分，不适用于《行政手续法》第 27 条第 2 项规定。

第 58 条 删除。

第 59 条 删除。

第 60 条 删除。

第 61 条 删除。

第 62 条 删除。

第 63 条 删除。

第 64 条 删除。

第八章 细则

（公平交易委员会的权力）

第 65 条 本法所有条项都不得解释为排除、变更和影响《关于禁止私人垄断及确保公平交易的法律》（1947 年法律第 54 号）的适用，或公平交易委员会基于该法律在任何立场上的权限行使。

（政府机关的行为）

第 66 条 本法或基于本法所做的命令规定，其中需要主管大臣下达许可、批准或其他处罚的内容，由政府机关来行使上述行为时，依照政令规定，此种情况不适用于本条。

（许可等条件）

第 67 条 1.主管大臣，可为于本法或基于本法规定的命令而做出的许可、批准附加条件，也可变更附件条件。

2.为了前项许可、批准的有关事项有效地实施，前项条件设定须为必要最低限度。

（实地检查）

第 68 条 1.本法施行时，主管大臣可在需要的限度内，派其职员进入从事外汇业务，以及其他适用于本法的交易或行为人的营业、办公场所、工厂及其他设施内，检查账簿文件及其他物品，或询问相关人员。

2.依前项规定，当事职员进入检查时须携带身份证明并向相关人员出示。

3.第 1 项规定的实地检查、询问的权限，不得解释为犯罪搜查权限。

（权限的委托）

第 68 条之二 主管大臣可依据政令，将本法权限的一部分委与地方支部分局长。

（事务的部分委托）

第 69 条 1.主管大臣可以依政令规定，将执行本法时的相关部分事务交由日本银行办理。

2.前项规定将部分事务交与日本银行办理时，此部分事务不适用于日本银行法（1997 年法律第 89 号）第 43 条第 1 项的规定。

3.依本条第 1 项的规定将部分事务交由日本银行办理时，在办理该部分事务的过程中所需要的经费，可由日本银行负担。

第 69 条之二 删除。

（主管大臣等）

第 69 条之三 1.本法中的主管大臣，由政令规定。

2.政令规定，本法中的事业事务管理大臣，除了另有规定的情况，管辖对内直接投资或是签订技术引进合同等事务。

第 69 条之四 1.以下各项的主管大臣，涉及该项规定的运用，特别有必要之时，可向外务大臣等其他相关行政机构的负责人要求提供资料、信息、明确意见以及其他必要协助。

（1）主管大臣　第 16 条第 1 项与第 25 条第 4 项

（2）财务大臣　第 21 条第 1 项

（3）经济产业大臣　第 24 条第 1 项、第 25 条第 1 项与第 2 项、第 48 条、第 52 条

2.外务大臣等相关行政机关的负责人，出于认真履行我国缔结的条约与其他国际条约，或者为了国际和平而贡献国际性努力等特别需要，涉及下列第 1 项至第 3 项规定的运用时，可向对应各号规定的主管大臣陈述意见；出于维护国际和平与安全的特别需要，涉及第 4 项规定的运用时，可向该号规定的主管大臣陈述意见。

（1）第 16 条第 1 项与第 25 条第 4 项　主管大臣

（2）第 21 条第 1 项　财务大臣

（3）第 24 条第 1 项、第 48 条第 3 项、第 52 条　经济产业大臣

（4）第 25 条第 1 项与第 2 项、第 48 条第 1 项与第 2 项　经济产业大臣

（过渡措施）

第 69 条之五　当制定或修正、废除基于本法的命令时，在合理判断其必要性的范围内，可在命令中规定所需的过渡措施（含罚规的相关过渡措施）。

第九章　罚规

第 69 条之六　1.符合以下各项之一者，处以五年以下有期徒刑或两百万日元以下罚款，或二者并罚。但当其违法行为所涉物价格的五倍超过了两百万日元之时，罚款应低于其价格的五倍。

（1）未取得第 25 条第 1 项规定的许可，而进行了基于同项条款制定的命令中规定的交易者。

（2）未取得第 48 条第 1 项规定的许可，进行了基于同项条款制定的命令中规定的相关货品出口者。

2.触犯前项（2）未遂罪者，同样施与惩罚。

第 70 条　符合以下各项之一者，处以三年以下有期徒刑或一百万日元以下罚款，或二者并罚。但当其违法行为所涉物价格的三倍超过了一百万日元之时，罚款应低于其价格的三倍。

（1）违反第 8 条规定进行支付等行为者。

（2）违反基于第 9 条第 1 项规定的命令进行交易、支付等行为者。

（3）未取得基于第 16 条第 1 项至第 3 项条款内容所制定的命令中规定的许可，或违反同条款第 5 项规定进行支付者。

（4）违反第 16 条之二中禁止支付的规定，或未取得基于同条款内容而制定的命令所规定的许可手续进行支付者。

（5）违反第 17 条之二第 2 项有关停止、限制外汇交易的规定，进行外汇交易相关业务者。

（6）未取得基于第 19 条第 1 项或第 2 项规定制定的命令条文中的许可手续，进行同条款第 1 项规定的支付手段或证券、贵金属的出口或进口者。

（7）未取得基于第 21 条第 1 项或第 2 项规定所制定的命令条文中的许可手续，进行资本交易者。

（8）违反第 22 条第 1 项规定，进行其所禁止的资本交易者，或未取得基于同项规定的命令所要求的许可，进行资本交易者。

（9）违反第 22 条第 2 项规定进行会计事务者。

（10）未依照第 23 条第 1 项的要求进行申报，或以虚假申报进行对外直接投资者。

（11）违反第 23 条第 3 项或第 5 项规定，在同项条款所规定的期间内进行对外直接投资者。

（12）违反第 23 条第 7 项的规定进行了对外直接投资者。

（13）违反依据第 23 条第 9 项规定的要求变更或中止的命令，进行对外直接投资者。

（14）未取得基于第 24 条第 1 项或第 2 项规定而制定的命令条文中的许可手续，进行了特定资本交易者。

(15)违反第24条之二关于禁止特定资本交易的规定，或是未取得基于同条规定所制定的命令条文要求的许可手续，进行了特定资本交易者。

(16)未取得基于第25条第2项规定而制定的命令条文所要求的许可手续，进行以提供特定技术为目的的交易者。

(17)未取得第25条第3项规定所要求的许可，进行了基于同项规定所制定的命令条文中规定的劳务交易者。

(18)未取得基于第25条第4项规定制定的命令条文所要求的许可手续，进行劳务交易者。

(19)违反第25条之二第1项或第3项关于禁止以提供技术为目的的交易或货物出口的规定者。

(20)违反第25条之二第2项规定中关于禁止与货物买卖相关的交易或出口的规定，进行货物的交易或出口者。

(21)违反第25条之二第4项禁止劳务交易的规定，或未取得基于同项规定所制定的命令条文所要求的许可手续进行劳务交易者。

(22)未按照第27条第1项规定进行申报，或以虚假申报进行对内直接投资者(包括根据同条第13项规定，被视作外国投资者)。

(23)违反第27条第2项规定，在同项规定的期间(即若按照同条第3项或第6项规定延长，或按照同条第4项规定缩短的场合下的延长或缩短时期)内进行对内直接投资者(含按同条第13项规定被视作外国投资者)。

(24)违反第27条第8项规定进行对内直接投资者(含按同条第13项规定被视作外国投资者)。

(25)违反按第27条第10项规定所做出的变更或中止命令，进行直接对内投资者(含按同条第13项规定被视作外国投资者)。

(26)未按照第30条第1项规定进行申报，或进行虚假申报，而签订技术引进合同者。

(27)违反第30条第2项规定，在同项所规定的期间(即若按照同条第3项或第6项规定延长，或按照同条第4项规定缩短的场合下的延长或缩短时期)内签订技术引进合同者。

(28)违反基于第30条第7项适用的第27条第8项规定，签订技术引进合同等行为者。

(29)违反基于第30条第7项适用的第27条第10项规定做出的变更或中止命令，签订技术引进合同等行为者。

(30)未取得基于第48条第2项规定所制定的命令所要求的许可手续，进行货物出口者。

(31)未取得基于第48条第3项规定所制定的命令所要求的批准手续，进行货物出口者。

(32)违反基于第51条规定所制定的命令，将货物装船者。

(33)未取得基于第52条规定所制定的命令条文中的许可手续，出口货物者。

(34)违反根据第 53 条第 1 项禁止货物出口,或以提供特定技术为目的交易的规定,进行交易或出口者。

(35)违反根据第 53 条第 2 项禁止货物进出口的规定,进行货物的进出口。

第 70 条之二 违反基于第 18 条之四(包括在第 22 条之二第 2 项与第 22 条之三中适用的情况)规定所制定的命令条文者,处以两年以下有期徒刑或三百万日元以下罚款,或二者并罚。

第 71 条 属以下各项情形之一者,处以 6 个月以下有期徒刑或二十万日元以下罚款。

(1)未按照第 19 条第 3 项规定进行申报,或以虚假申报,进口或出口同条第 1 项规定的支付手段、证券以及贵金属者。

(2)未按照第 55 条第 1 项规定进行报告,或进行了虚假报告者。

(3)未按照第 55 条之三第 1 项或第 2 项规定进行报告,或进行了虚假报告者。

(4)未按照第 55 条之三第 5 项规定制作账目文件,或未记载同项所规定事项,或做虚假记载,或未保存文件者。

(5)未按照第 55 条之四的规定进行报告,或进行虚假报告者。

(6)未按照第 55 条之五第 1 项规定进行报告,或进行虚假报告者(包含按照同条第 2 项规定被视作外国投资者)。

(7)未按照第 55 条之六第 1 项规定进行报告,或进行了虚假报告者。

(8)违反基于第 55 条之七规定所制定的命令条文,未进行报告,或进行虚假报告者。

(9)违反基于第 55 条之八规定所制定的命令条文,未进行报告,或进行了虚假报告者。

(10)拒绝、妨碍或逃避基于第 68 条第 1 项规定所进行的检查者。

(11)拒绝就基于第 68 条第 1 项规定所做的质问进行答辩,或做虚假答辩者。

第 71 条之二 对以隐藏本人特定事项为目的,违反第 18 条第 4 项(包括第 22 条之二第 2 项与第 22 条之三中适用的情形)规定者,处以 50 万日元以下罚款。

第 72 条 1.法人[包含符合第 26 条第 1 项(2)与(4)、第 27 条第 13 项、第 55 条之五第 2 项规定的团体。本项以下内容中本词定义相同]代表、法人或个人代理人、雇用人及其他工作人员,在关涉其法人或个人的业务或财产方面有自第 69 条之六至第 70 条(第 70 条之二除外)规定的违反行为时,除处罚其行为人之外,对其法人或个人,亦处以以上各条所规定的罚款。

2.法人代表、法人或个人代理人、雇用人及其他工作人员,其法人或个人的相关业务违反第 70 条之二规定之时,除处罚其行为人之外,对其法人处以三亿日元以下罚款,对其个人亦处以同条款规定的罚款。

3.对符合第 26 条第 1 项(2)及(4)、第 27 条第 13 项、第 55 条之五第 2 项规定的团体进行处罚时,其代表或管理者的诉讼行为除代表其所在团体之外,也适用于法人作为被告人的相关刑事诉讼法律条款的规定。

第 73 条 符合以下各项之一者,课以十万日元以下过失罚款。

(1)未按照第 55 条之三第 6 项规定进行申报,或进行虚假申报者。

(2)违反第 67 条第 1 项规定中所附加的条件者。

意大利外商投资环境与法律规则*

意大利是一个国土面积不大但备受世界瞩目的国家。

在地理上,其地处欧洲南端的半岛上,被称为意大利半岛。该半岛被地中海环绕,半岛及其周边岛屿几乎与非洲海岸相连接。国土面积是301278平方公里,占整个欧洲面积的三十五分之一。

在文化上,意大利不仅深汲古希腊－罗马文明的精髓,而且与阿拉伯－伊斯兰文化颇有沟通,同时受益于曾经辉煌于世的罗马帝国中亚洲文化的一定影响。故而形成了意大利文化中包容、兼蓄的特有品格。

一、意大利的基本经济环境

(一)"三权分立"的政体

意大利的全称是意大利共和国。在公元12～13世纪,神圣罗马帝国的统治结束,在意大利的地域上出现了许多王国、公国、自治城市和小封建领地。1861年3月意大利建立了王国。1870年完成了领土统一。1946年6月2日全民公投,废除君主立宪,同年7月12日组成意大利共和国第一届政府。

意大利首都位于罗马。意大利全国共分为20个大区(一级行政区),101个省,8001个市镇。其中包括15个普通自治行政区和5个因历史、地理和少数民族等原因而设立的特别自治行政区,这5个特别自治行政区有一些特殊法律的适用。

意大利是行政、立法、司法三权分立的议会共和制。国家元首为总统,对外代表国家,由参、众两院联席会议选出,任期7年。总理由总统任命,对议会负责,行使管理国家职责。目前的政府于2016年12月12日宣誓就职,由新任总理保罗·真蒂洛尼掌舵,系意战后第六十四届政府。意大利三权分立的各机构情况简述如下:

(1)议会

意大利议会实行两院制,由参议院和众议院组成。议会是国家最高立法和监督机构。参议院和众议院通过普选方式分别产生315名和630名议员,任期5年。但总统有权在任期内任命5名终身参议员。根据《意大利宪法》,参议院和众议院的权力是平等的,并非各自是不同社会利益的代表者。议会的典型职责就是立法。根据《意大利宪法》的规定,意大利的立法职责由参议院和众议院行使,任何一部法律草案必须以同样的方式分别得到参议院和众议院的批准。换言之,任何一部法律草案,必须在参议院和众议院分别进行讨论,一个议院提出的修正案,必须要经过另一个议院的讨论和表决通过。为此,一个法律

---

* 系重庆国际战略研究院国别投资法律项目:"意大利外商投资环境与法律规则"。项目负责人:费安玲,中国政法大学教授。项目成员:梁译方,中国政法大学硕士研究生。

草案往往会在参议院和众议院中反复讨论，直到形成一个完全一致的法律文本。大多数意大利的法律都是通过这样的方式制定出来。但是，根据宪法的规定，如果修改宪法，则相关程序比上述程序要复杂得多，甚至可以通过全民公决的方式要求全体公众做出最终决定。[①]

(2)政府

意大利政府由负责组成内阁的总理和各部部长组成。政府具有行使职权的资格。在政府中，内阁总理被称为"第一部长"，由其负责并行使行政执行权，其首要职责是协调各部长的活动并保持大的政治方向的一致。内阁负责制定管理国家的总政策并有权涉及各部的管理行政事务。

意大利的政府中主要包括如下机构：外交部、内政部、司法部、国防部、经济与财政部、经济发展部、基础设施与运输部，农业、食品和林业政策部，环境、国土与海洋保护部，劳动与社会政策部，教育、大学科研部，文化遗产活动和旅游部、卫生部、议会关系部、公共职能与简化部等。

意大利政府还有向总统提出法律议案的权力。总统必须批准这些分类议案并提交给议会。在宪法规定的紧急情况发生时，政府可以批准法律。此外，政府负有所有法律的实施及行政组织工作。

(3)司法机构

意大利的司法体制具有完全独立的性质。根据《意大利宪法》的规定，该司法体制的独立源自于如下两个方面：

第一，法官的独立性。这是保证司法裁判公正性的基本条件，也就是说，法官只接受法律的约束。法官根据案件事实和法律的规定，独立地做出自己的判断。

第二，公民为自己进行辩护的权利。根据《意大利宪法》的规定，任何公民均可以依宪法为自己进行辩护。在司法审判中，法官必须按照法定程序将相关规则以及审判的情况通知被告，让其有机会为自己辩护。只有在尊重被告辩护权利的前提下，法官才能够做出最终的裁判。

意大利的司法机构由最高司法委员会、宪法法院、最高法院、检察院、最高行政法院、上诉法院、初审法院、审计院(主管公共账目和养老金)等构成。

意大利最高司法委员会是最高司法权力机构，享有任免、晋升、调遣法官等权力。意大利最高司法委员会由 33 人组成，总统任该委员会主席，最高法院院长和总检察长为该委员会的当然成员，其他成员则由议会选举产生的 10 名委员(来源于律师和法学教授)和全体法官选举产生的 20 名法官组成。一届司法委员会的成员任期为 4 年，不得连任亦不得兼职。

意大利宪法法院由 15 名法官组成，任期 9 年，不得兼职，享有豁免权。宪法法院的职责主要包括：①专门负责有关法律法规的合宪性审查，废除与宪法相抵触的法律条款；②协调和解决意大利中央政府各部门、中央与地方、地方与地方之间权力划分的争议；③就针对意大利总统和内阁部长的指控依据意大利宪法做出裁判。[②]

意大利最高法院、最高行政法院、上诉法院、初审法院等司法审判机构负责民商事、刑

① 相关规则参见《意大利宪法》的相关规定。

② 参阅 http://www.cortecostituzionale.it/default.do。访问时间：2018 年 1 月 6 日。

事案件、行政案件的审理。

检察机关负责对刑事案件提起诉讼,并监督所有涉及公共利益的民事和刑事案件。

(二)徘徊慢行的经济现状

截至目前,意大利是欧洲欧元区位居第三、欧盟成员国中位居第四、在世界上位居第九的经济体,自工业革命之后一直属于世界发达工业国之一。意大利素有"中小企业王国"之称,其中小企业数量占全国企业总数的99.8%以上。意大利南北方经济发展极不平衡,北方工商业发达,南方以农业为主,工商业经济发展较为落后。

进入21世纪以来,意大利经济面临政治不稳定、经济疲软以及欠缺结构性改革等诸多问题。据意大利国家统计局统计,2001年至2007年间意大利经济平均增长率仅有1.2%。2015年主要经济指标状态是:国内生产总值(GDP)为1.63万亿欧元;人均国内生产总值为27000欧元;国内生产总值增长率为0.8%;出口总额增长率为-12.8%;进口总额增长率为-12.9%;财政赤字率为2.6%;失业率为11.5%。而2016年意大利经济增长率为0.9%。[①] 至今意大利经济依然处于低速增长的状态。不过,2017年6月国际货币基金组织(IMF)将意大利2017年经济增长预期从此前的0.8%上调至1.3%,可见IMF对意大利经济发展前景的预期良好。尽管IMF同时预测从2008年至2020年间该数字会回落至1%左右,但IMF依然坚信意大利经济呈现回暖趋势。即便如此,意大利经济依然存在着银行坏账等诸多风险问题。

二、意大利的企业法律规则

(一)意大利企业的主要形式——公司

根据《意大利民法典》第五编第五章的相关规定[②],意大利企业的主要形式如下:

1.股份公司

股份公司是以其资产为限对公司债务承担责任的公司。设立股份公司的最低注册资本为50000欧元[③],允许以实物出资,但需经过当地法院任命的独立专家的评估。股份公司设立的文件必须经过公证。

股份公司的设立程序主要包括:①以公证书的形式缔结设立公司的合同,其中包括公司组织章程和公司规章制度,由公证机构审查公司设立文件是否合乎规范;②全额认购资本金;③将其中四分之一的认购资本金存入银行(但单一股东的股份公司需要存入全额认购资本金);④如果法律法规对公司设立有特殊要求的,例如公司业务的主体资格需要获得政府批准等,则应当向政府报批以获得批准;⑤公证机构将设立人或发起人签署的公司文件整理后提交公司注册机构进行备案。

① 数据来源:意大利国家统计局信息公报(2017)。

② 参阅《意大利民法典》第五编第五章(第2247条至第2510条)的相关规定。

③ 需要说明的是,立法对公司的注册资本数额的规定不是永久不变的,例如2014年8月之前法律规定的注册资本是120000欧元,但根据修改的《意大利民法典》第2 327条的规定,自2014年8月14日股份公司注册资本改为50000欧元。故而,在申请设立公司时应当根据设立公司时法律对注册资本出资额的规定进行出资。

股份公司的董事会由股东大会选举产生的董事组成，或者股东大会也可以选举单独的执行董事，同时设有监督机构和注册审计师。其中监督机构亦称为法定审计委员会，根据《意大利民法典》中有关公司的规则及其单行法的相关规定，注册资本等于或超过 50000 欧元的公司应当设立监督机构，因此，意大利的股份公司都设有法定审计机构或审计师。

2.有限责任公司

设立有限责任公司的出资形式具有多样性：既可以现金形式出资，也可以在公司章程允许的前提下，以能够用货币形式估值依法可以转让的实物或非实物的形式出资，此外，在提供充分有效的担保前提下，股东还能够以劳务出资。

有限责任公司设立时，其首次出资额不得少于认缴资本的 25%，最低注册资本为10000欧元（根据社会经济发展的情况，法律法规可能对具体的出资数额有动态调整）。如果是一人公司，则注册资本应当在设立时一次性缴清。以实物出资的，其股东可以自行委托专家进行评估鉴定。

有限责任公司设立人需要以公证书的形式来确定公司组织章程和公司规章制度。有限责任公司没有营业期限的限制。

与股份公司相比较而言，有限责任公司更具有强调人合性的特点，故而其治理模式更加灵活自主，例如可在有限责任公司章程中自行规定公司的具体监督管理制度。如果有限责任公司的注册资本等于或超过 120000 欧元，则同样应当设立法定审计委员会。

如果出现收购或被收购情况，例如股东收购一个已设立的有限责任公司时，需要向公众披露股东变化的信息，并应当全额缴清未缴足的出资额。当发生公司清算时，股东应当对以下情况承担无限责任：①出资额未完全缴清；②没有满足信息披露要求。

需要注意的是，无论是股份公司还是有限责任公司，《意大利民法典》中的公司规制及单行法对股东的人数（最低为一人）、国籍、居住地均无限制，且在与其他国家互惠的基础上，还可以任命非欧盟国家的公民为该公司的董事，但需要经由股东大会产生。

（二）意大利的合伙企业

在意大利，合伙企业主要有两种类型：①一般合伙企业。即一般合伙企业的合伙人对该合伙企业的债务承担无限责任。②有限合伙企业。有限合伙企业中的普通合伙人对企业债务承担无限责任，有限合伙人则以自身的出资额承担有限责任。

合伙企业需要以缔结合伙合同为设立方式。在没有特别规定或明确约定的情况下，合伙合同仅在全体合伙人一致同意的情况下才能够进行变更。法律没有规定合伙企业注册资本的最低要求，出资形式较为多样，现金、实物或劳务均可，公司也可以作为合伙企业的合伙人。

每个合伙人必须要履行合伙合同中约定的出资义务。如果合伙合同中没有约定出资数额的，推定每个合伙人应当按照均等份额承担出资义务。未经其他合伙人的同意，任何合伙人均不得在与合伙利益无关的项目上使用合伙财产。

在没有其他约定的情况下，每个合伙人均享有独立于其他合伙人管理合伙的权利。由数名合伙人共同行使管理权的，合伙业务的开展必须经过全体合伙人的一致同意，除非合伙人约定一般管理行为或特定行为的决议有特别约定。不参加管理的合伙人，有权通过管理人了解合伙的经营情况、查阅与管理有关的文件；在涉及合伙设立目的的业务完成后,有权听取汇报。

每个合伙人均有权取得自己应当享有的利润,但有特别约定的应当按照约定。每个合伙人按照各自出资额的比例分享赢利、分担亏损。在合伙合同中未载明出资额的,推定合伙人按照相等的份额分享赢利和分担亏损。合伙合同未确定以劳务出资的合伙人应当分担的份额的,法官按照公平原则进行确定。合伙合同仅确定了合伙人分享赢利比例的,推定他们按照同样的比例分担亏损。有关一名或者数名合伙人不分享任何合伙利润或者不承担任何合伙亏损的约定均无效。

合伙因下列原因解散:①期限届满;②目的达到或者目的意外不能实现;③合伙人一致同意解散合伙;④缺少必要的合伙人并且在6个月以内未能重新增加新合伙人;⑤合伙契约规定的其他原因。

(三)外资企业

根据意大利有关法律法规的规定,外国投资者可以在意大利投资设立企业,主要类型为:股份公司、有限责任公司、分公司和代表处。除此之外,外国投资者也可以合资企业的形式在意大利进行投资。

意大利商会(Camera di Commercio)负责受理外商投资企业设立的相关事宜。

三、意大利吸引外资的优惠政策

如前述意大利的经济现状,意大利近年来经济持续低迷,因此意大利政府对外商在境内的投资普遍持欢迎态度,外国企业在意大利并购受阻的现象鲜有发生。不仅如此,外国企业在意大利投资还能享受诸多优惠鼓励政策。虽然意大利并无针对外商投资的专门优惠措施,但是在意大利投资的外国企业同样适用意大利境内企业的相关行业和地区的投资优惠政策。

意大利为企业投资与增资提供的优惠政策主要包括免税、低息贷款和政府信贷担保等,涉及的方面主要包括新建工厂、技术改造、扩大规模、增置新设备、研发、融资、培训、雇工等。

此外,在国家能源战略的角度,意大利提出了新的优惠政策[①],例如通过税收优惠等措施减少能源消耗,提高能源使用效率,通过上网电价补贴、新能源汽车的税收优惠等措施,至2020年将可再生能源占最终能源消费的比重由11%提升至23%,发展电力基础设施尤其是智能电网以推动电力市场转型等,这些政策对准备在意大利进行投资的外国企业而言是很重要的政策导向。

(一)全国性投资补贴

作为欧盟的成员国之一,意大利根据欧盟标准制定投资鼓励政策确立了自己的投资补贴规则。

1.补助的地区

一类地区:包括巴西里卡塔(BASILICATA)、卡拉布里亚(CALABRIA)、坎巴尼亚(CAMPANIA)、布里亚(PUGLIA)、撒丁岛(SARDEGNA)、西西里岛(SICILIA)在内的南部6个大区。

---

① 参阅孙彦红:《值得关注的意大利国家能源新战略》,载《光明日报》2015年11月9日12版。

二类地区：阿布鲁左（ABRUZZO）、摩里赛（MOLISE）大区内的大量地区，中北部大区内的部分地区，只要符合欧盟有关法令规定，就可以享有不超过一类地区和产业恢复地区的优惠待遇。

三类地区：中北部经济发展处于弱势的乡村地区。

2.补贴的行业限制

与意大利对外出口和生产过剩相关的行业如钢铁、造船、汽车制造、人造纤维等需要得到欧盟特别授权，否则无法获得补贴。而涉及意大利农业、渔业、食品生产业和交通运输业等同样存在着被限制甚至禁止的特殊规定。

（二）地区鼓励政策

作为发达的工业国家之一，意大利经济发展主要依靠其工业区。在意大利境内有着数量可观的且专业性很高的工业区，如意大利北方的米兰－威尼斯沿线的机械制造业工业区、意大利中部的托斯卡纳大区的农业及纺织业区及艾米利亚－罗马涅大区的汽车制造及农副食品加工业区等。除外，欧盟及意大利政府为了扶持意大利南部经济发展而给予了相当多的优惠。

1.意大利南方地区的鼓励政策

意大利政府对经济不甚发达的意大利南部给予较多的优惠政策。其主要包括：一般性的财政金融激励措施、雇工鼓励措施以及基础设施投资的融资扶助计划（适用地区主要是意大利南部和中北部具有经济发展潜力的未开发地区）。

根据意大利相关法律的规定，在采矿业、制造业、建筑业、能源开采和分配业、服务业、贸易和旅游业等领域内进行经营的各种类型的企业均可获得政府的经济支持。优惠政策给予经济支持的项目要求应当有利于新建或扩建工厂、技术革新、企业重组、生产复苏等。

为了鼓励意大利和外资企业在意大利南部进行投资，意大利法律法规规定了由引进外资及企业发展署负责落实的意大利“发展契约”基金补贴。但凡投资新建工厂和设备且在意大利拥有真实的投资实体的外资企业，倘若在坎巴尼亚（CAMPANIA）、布里亚（PUGLIA）、西西里岛（SICILIA）等大区投资超过3000万欧元以上项目的，即可申请该项补贴。意大利“发展契约”基金项目可以给外资企业的项目投资补贴最高可达30％。

2.经济特区的鼓励政策

坐落于意大利北部的特里亚斯特和威尼斯设有用于出口加工的保税区即我们通常所称的经济特区。凡进入该保税区的货物均享受零关税的待遇。保税区的主要优惠措施包括：①货物进行任何形式的深加工不受海关监管措施的限制；②出口欧盟其他国家的货物，其关税可在自该货物离开保税区之日起的180日内缴纳；③在遵守意大利的劳工法和社会安全法规范的前提下，保税区内可以雇用投资来源国的劳动者和技术人员。

（三）行业鼓励政策

1.可再生能源的发展补贴

自2005年开始，意大利政府为了降低能源对外依存度，促进可再生能源的发展，陆续出台了数部能源法案，对包括光伏发电在内的可再生能源发电项目给予上网电价、电价补贴等财政鼓励措施。[①] 根据负责意大利可再生能源发展计划的机构 GSE 的分析，2011 年意大利可再生能源补贴逾 80 亿欧元，对该行业发展起到了明显推动作用。2011 年意大利新增可再生能源装机容量 4100 万千瓦（41GW），折合总发电量 840 亿千瓦时（84000 GW·h），处于运营当中的发电厂约 36 万个。2011 年意大利可再生能源发电量占总发电量的比例已达到 24%。[②] 不过在意大利发生债务危机后，意大利政府逐步削减了补贴总规模，下调了补贴力度。

2.整体综合投资项目的优惠

当投资项目涉及研发、生产、培训等方面的内容时，企业可以获得“一揽子的优惠”，即可以获得包括技术创新“一揽子优惠”和培训的“一揽子优惠”等整体投资项目优惠。

3.对中小型企业的优惠政策[③]

鉴于意大利的中小企业占其企业总数的大约 98%，故而中小型企业实际上是意大利经济中的顶梁柱之一部分，其在国民经济中发挥着重要作用。故而，意大利政府对企业的补贴政策需要向中小企业倾斜，甚至为中小企业量身定制了多种优惠政策。

根据我国驻意大利大使馆的商务参处的调研，意大利政府对中小型企业量身定做的优惠政策涉及创建新工厂、设备采购、技术创新及改造、环保和融资等方面，并在相关立法中得到体现，其规则主要涉及：

（1）由欧洲投资银行为企业采购设备提供低息贷款。

（2）为企业进行技术创新和环保提供低息贷款。

（3）对旅游和商业领域的中小企业可以给予税收优惠。

（4）对中小企业的贷款设立由中期信贷银行总行以意大利经济发展部的名义管理的中央担保基金。

（5）对青年企业家创业提供低息贷款。

（6）对妇女企业家创业提供优惠赠款。

四、意大利外商投资监管

（一）意大利外商投资监管机构

1.商业登记机构

在意大利进行企业注册包括外资企业注册的受理机构是意大利商会，在意大利各城市中均有其办公机构。

2.对许可申请的审批机构

根据行业的性质的不同，行政机构进行审批的工作领域主要分工如下：

（1）意大利基础设施和运输部下属的公共合同事务局负责工程承包，负责接受承包商

---

① 谢旭轩、王仲颖、高虎：《先进国家可再生能源发展补贴政策动向及对我国的启示》，载《中国能源》2013 年第 8 期。

② 数据来源：http://www.chinaprice.gov.cn/sjzx/27687.html，访问时间：2017 年 11 月 26 日。

③ 中国驻意大利经商参处：《意大利外商投资优惠政策介绍》，载中华人民共和国商务部网站 http://www.mofcom.gov.cn/article/i/dxfw/jlyd/201409/20140900733111.shtml，访问时间：2017 年 11 月 26 日。

承包许可申请审批并审核承包商资质等工作。

(2)意大利经济发展部下属的贸易、保险业和服务业管理司负责批准许可在意大利设立人寿保险和财产保险企业。

(3)意大利中央银行、意大利财政部和意大利外交部共同负责审查欧盟外国家的银行有关进入意大利的申请,尤其是首家银行。两个国家之间的双边市场准入之对等条件是获得意大利主管部门批准的重要考量因素。

(4)全国证券交易委员会负责企业在意大利从事证券业务的申请审查。

(5)意大利药品监管局负责药品经营准入的规则制定与审查规则。

(6)意大利通信部和意大利通信保障局负责电信行业的审查与管理工作。

(二)外商投资法律体系

意大利并无专门针对外商投资企业的立法,《意大利民法典》、公司单行立法、《税法》、《劳动法》及相关的监管规则等共同构成了对在意大利境内设立和运营外商投资企业进行监管的法律体系。在1942年《意大利民法典》的序编"民法的一般原则"中的第16条明确规定了根据双边互惠条约,给予在意大利境内的外国人以民事权利方面的对等国民待遇。[①] 目前,意大利政府依然坚守该原则。当然,根据相关法律的规定,在外商投资方面,意大利政府将与外国政府缔结的双边投资协定视作互惠条约,并据此给予该国外资企业以国民待遇,且该双边投资协定作为外资企业适用的法律依据,具有特别法效力。该效力高于意大利国内的普通法的有关规定。

目前,意大利已与包括我国在内的大多数国家和地区签订了多达数百个的双边投资协定,给予缔约相对国家在意大利境内的企业以对等的国民待遇。

(三)外商并购的基本规则

根据意大利相关法律规定,外商可以在意大利进行并购活动,但需要注意如下规则:

其一,合意规则。为了谨慎选择并购对象,寻找、考察、接触性谈判、评估性谈判等是进行并购活动中必不可少的过程。在此基础上,双方就并购进行前期洽商,并对被并购的意大利企业进行初步估值,签署并购或投资合作意向协议。通过进一步细致的谈判,双方可达成正式的并购协议。在上述整个过程中,当事人对洽商的内容需要做出明确的意思表示,且彼此之间不得有欺骗、胁迫等行为。如果存在意思表示真实性的瑕疵,则将导致并购协议的无效。

其二,尽职调查规则。当初步确认适合进行并购的意向性意大利企业并与对方进行初步接洽后,需要对该意大利企业进行初步考察和评估,包括对其技术状态、市场地位、企业品牌、盈亏面等生产经营信息进行初步性质的尽职调查。在与有意向并购的意大利企业签署意向性协议后,为了排查潜在风险,投资方应当委托专业的财务顾问和税务顾问、专业会计和意大利律师等专业人员或团队对该企业进行详细性质的尽职调查。该尽职调查不应满足于相关信息的了解,还应当针对存在的问题提出相应的对策方案。

---

① 该条款的全文是:"第16条〔外国人的待遇〕在给予对等待遇的条件下,外国人享有法律赋予的公民民事权利,但特别法另有规定的除外。"参阅费安玲等译:《意大利民法典》,中国政法大学出版社2004年版。

其三,依规办理股权转让规则。当并购方与被并购方达成并购协议后,所涉股权的转让才是并购完成的标志。在办理股权转让手续时,应当遵循意大利相关的法律规定。

五、意大利的知识产权制度

意大利是一个极度注重知识产权保护的国家。根据本国经济发展的需要及对知识产权国际条约遵守的承诺,同时根据其作为欧盟成员国所需遵循的符合欧盟有关知识产权规定的要求,意大利的知识产权立法不断发生着修订,同时其司法实践也有不少值得关注的变化。自 21 世纪以来,意大利进一步加强了对知识产权的保护,例如在全国十多个城市设立由意大利专利与商标管理局主管的知识产权法庭,成立了专门负责协调处理有关反盗版和假冒商品案件的"反假冒委员会",并加大力度鼓励意大利企业采用统一的"意大利制造"标识等。意大利的知识产权制度的主要内容主要包括:

意大利知识产权法律制度体系可用图 1 表示。

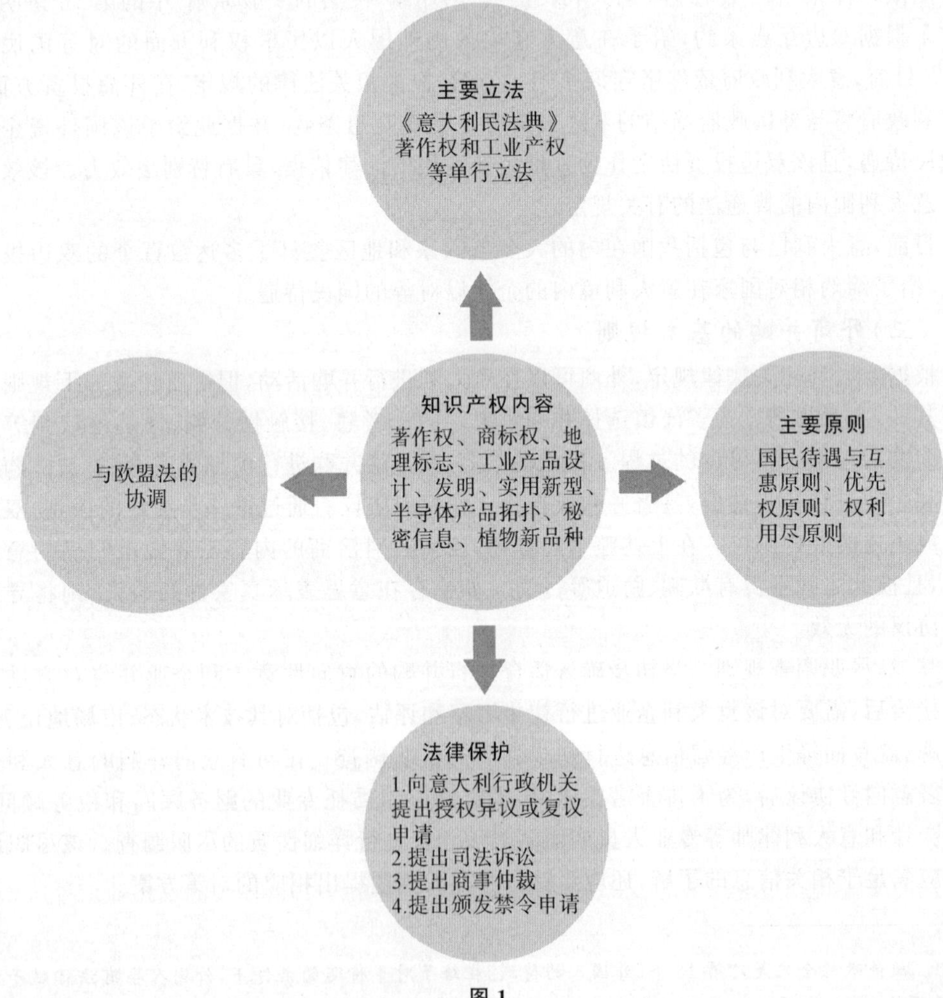

图 1

(一)意大利知识产权立法体系

1.立法构成

意大利知识产权立法体系主要由《意大利民法典》中有关知识产权的条款、作为单行法的《著作权法》《工业产权法》等构成。

2.著作权与工业产权规则之功能

意大利的著作权法规则专门解决作者和其他作品使用者权利的确认与保护。

意大利的工业产权规则专门解决与商标和其他特有标志、地理标志、原产地名称、设计和模型、发明、实用新型、半导体产品的拓扑、企业商业秘密和植物新品种等所产生的权利之确认和保护。

(二)知识产权的取得

著作权自完成创作行为并产生作品时起自动获得。

工业产权的权利通过被授予专利、通过注册或法律规定的其他方式取得。其中:①发明、实用新型、植物新品种是授予专利的对象;②商标、产品外观设计和模型、半导体产品的拓扑是进行注册的对象;③在法律有规定的情况下,注册商标之外的特有标志、企业的商业秘密、地理标志和原产地名称受保护。

授予专利和给予注册的行为是行政行为,该行政行为完成的法律效果是使得权利的产生得以确认。如果该行政行为存在合法性瑕疵,则根据该行政行为所颁发的权利证书将依法可以被宣布无效和被撤销。

(三)外国人及外国企业的待遇

根据意大利法律的规定,外国自然人与企业在意大利境内获得并享有知识产权应当遵循“国民待遇原则”或“互惠原则”,具体而言,在意大利境内的《保护工业产权的巴黎公约》(1967 年 7 月 14 日斯德哥尔摩文本,由 1976 年 4 月 18 日第 424 号法律批准在意大利实施)成员国公民或企业,或世界贸易组织的成员国的公民或企业,或者虽非上述公约成员国公民或企业但在上述公约成员国境内拥有主要活动场所或工业和贸易企业者,将依法享有与意大利公民和企业的同等待遇。

在意大利境内的既非《保护工业产权的巴黎公约》成员国公民或企业亦非世界贸易组织的成员国公民或企业,根据互惠原则,可以依法获得与意大利公民或企业的同等法律保护。此外,在商标注册申请中涉及该商标已在国外注册的权利人或其权利受让人有权根据国际公约获得视为该商标已在意大利注册的对待。

(四)工业产权的优先权

根据《保护工业产权的巴黎公约》第 4 条的规定,在意大利批准的承认其优先权的工业产权申请人或者其权利受让人均享有优先权。该优先权始于首次提交发明专利、实用新型专利、外观设计专利、植物新品种权申请及商标注册申请之日。

其中发明专利、实用新型专利和植物新品种专利的优先权期限为 12 个月;外观设计专利和商标的优先权期限为 6 个月。

(五)工业产权的权利用尽原则

根据意大利工业产权立法的相关规定,工业产权人依法享有的工业产权之专有权,当受工业产权保护的产品由权利人或经权利人同意而在意大利境内或在欧盟成员国境内投入市场时，该专有权即为权利用尽。

但是，当权利人基于正当理由不愿该产品进一步流通尤其是该产品进入市场后其状况被改变时，权利用尽原则对权利人的权利限制不适用于商标。

（六）工业产权制度的主要内容

1.商标权

（1）可以申请商标的标识

全部可用图形表现的标识均能够申请作为注册商标，尤其是文字（包括人名、图案、字母、数字）、声音、产品形状或其包装外观、上述若干要素的组合、颜色组合，只要该标识能使一个企业的产品或服务区别于其他企业的产品或服务。

但是，自然人肖像不能作为商标申请注册，除非获得其本人同意或该人去世获得其亲属的同意。

如果使用自然人名字注册商标，不得损害该自然人的声望、信用和名誉。

如果使用艺术、文学、科学、政治或体育领域的标志、该领域内组织的名称及其缩写，以及上述名称或标志的徽章，如果是众所周知的，则必须经过相关权利人同意才能作为商标进行注册。

（2）不能注册为商标的标识

缺乏独特性的标志不能成为商标注册的客体。

与此同时，下列标识不能注册为商标：违反法律、公共秩序或善良风俗的标志；容易误导公众尤其是在产品或服务的产地、性质或质量方面的易引发公众误解的标志；其使用将构成对他人著作权、工业产权或其他专有权侵犯的标志。

恶意申请商标注册者无权获得注册。

（3）商标注册的效力

商标专用权必须经注册方取得。

注册商标的保护期为10年，自提交申请之日起计算。有效期届满后，可以进行续展，但必须是在同类商品或服务上。每次续展注册的有效期为10年。

（4）商标权的限制

注册商标的权利人无权禁止他人在下列经济活动中使用其注册商标：

其一，他人的姓名和地址；其二，表示产品或服务的种类、质量、数量、用途、价值、产地、生产产品或提供服务的年份或其他特征；其三，为表示产品或服务的用途而必须使用商标时，尤其是在零件或备件上，只要这种使用符合行业正当性原则。

此外，商标权利人不得以下列方式使用商标：其一，以违反法律的方式使用商标；其二，以一种造成与市场上既有的企业标示、产品或服务标志相混淆的方式使用其商标；其三，由于其使用方式及使用的环境而误导公众，尤其是在产品或服务的性质、质量或产地方面；其四，侵犯第三人著作权、工业产权或其他专有权。

2.地理标志

意大利是一个具有历史厚重感、文化底蕴深厚、经济较为发达、富有创造力的国家。诸多商品与其地理名称紧密相连。故而，根据意大利有关工业产权的规定，如果产品的质量、名誉或特征完全或本质上归功于原产地的地理环境,包括自然、人力和传统等因素,则这些以国家、地区或地方命名的表示产品原产地的地理标志和原产地名称受到法律保护。

在反不正当竞争法、相关领域国际公约没有例外规定或者不是因善意而在先取得商标权的情况下,对地理标志的法律保护主要体现在:

①当地理标志或原产地名称容易误导公众时,禁止使用该标志或名称;②禁止以任何方式来表明其产品来源于与其真正的原产地不同的产地;③禁止表明其产品具有该地理标志所指示的地理环境生产的产品所具备的质量。

3.工业产品外观(设计和模型)

在意大利,工业产品外观(设计和模型)可以申请注册为工业产权的客体。

(1)工业产品的理解

所谓的产品是指任何工业或手工业物品,包括组装后构成完整产品的零部件以及包装、介绍、图形标志、印刷特色,但不包括数据处理程序。其中完整产品是指由多个可以替换的零部件组成并且可以拆卸并重新安装的产品。

(2)工业产品外观(设计和模型)申请注册工业产权的条件

可以通过注册获得工业产权的产品外观(设计和模型)应当具有新颖性、独特性特征(即该产品总体印象能够区别于此产品注册申请提交日以前公开过的任何工业产品)。

(3)保护期

工业品外观(设计或模型)注册的保护期限为 5 年,自提交申请之日起计算。保护期限届满后,权利人可以一次或者连续多次申请延长保护期限,每一次延长的期限均为 5 年,但是权利的保护期限最长为 25 年,自提交注册申请之日起计算。

(4)权利限制

工业品外观(设计或模型)注册后获得专有权。权利人享有专有使用权及他人未经许可加以使用的禁止权。

但工业品外观(设计或模型)的权利依法受到如下限制:

第一,工业品外观设计(设计或模型)注册所授予的权利不能扩展到以下方面:为个人目的或者非商业目的业已完成的行为;为实验目的业已完成的行为;为引用或教学目的进行的必要复制行为且该复制行为不违背职业正当性、为不适当地损害工业品外观(设计或模型)的正常使用并标明了该工业品外观(设计或模型)的出处。

第二,在以下情形下不得主张工业品外观(设计或模型)注册授予的专有权:

在其他国家登记的且暂时进入意大利领土的海洋或空中运输工具上的装饰和设备;为修理工业产品提及的交通工具而进口至意大利的备件和附件;修理上述交通工具。

此外,工业品外观(设计和模型)的商业利用权的期限是:作者终生及其逝世后 25 年,截止于作者逝世后第 25 年的 12 月 31 日;如果是合作作品,截止于最后离世作者逝世后的第 25 年的 12 月 31 日。

4.发明

作为创新力十分活跃的国家,意大利法律十分关注对发明的保护。

凡是可运用于工业领域的新发明均可申请授予发明专利。但下列情形不属于发明:①发现、科学理论和数学方法;②为智力活动、游戏、商业活动制定的计划、原则与方法，以及数据处理程序；③信息的提供；④手术处理的方法、人体或动物体的疾病治疗或诊断的方法不视为发明；⑤动物的品种以及获得这些品种的生物学方法不能授予专利。

获得专利权的发明应当具有新颖性、产业应用性、合法性(发明的实现不违反公共秩序或善良风俗)。

发明专利的保护期为20年，自提交申请之日起计算。

5.实用新型

凡是能够应用于机器、机器的一部分、仪器、器材或通常应用的客体上的且赋予其特殊功效或便利的新模型，均可以申请被授予实用新型专利。实用新型由构造、布局、形状、组合所组成。

实用新型专利权的保护期为10年，自提交申请之日起计算。

6.半导体产品的拓扑

半导体产品的拓扑在意大利受法律保护，但半导体产品拓扑的保护不延伸至对包含在该拓扑中的概念、程序、系统、密码化的技术或信息的保护，亦不适用于私人领域内、试验中，为教学、分析或评估的目的而对拓扑以及包含在该拓扑中的概念、程序、系统或技术进行的复制。

半导体产品的拓扑的保护期为10年，但起算时间需要根据法律的具体而定。

7.秘密信息

处于持有者合法控制下的企业信息和工业技术经验，包括商业信息和经验，只要符合下列条件，便构成被保护的秘密信息：①具有秘密性；②因秘密性而具有经济价值性；③采取了适当的保密措施。

8.植物新品种

当植物品种具有新颖性、可区别性、一致性和稳定性时，可以申请被授予育种者权利。

育种者权利的保护期为20年，自授予权利之日起计算。但树木和葡萄树的育种者权利保护期为30年，自授予权利之日起计算。

(七)知识产权的法律保护

1.提起司法诉讼

当知识产权人的权利受到侵害时，其有权提出：

(1)请求确认知识产权应当被撤销或宣告无效(包括部分撤销或无效)。

(2)请求确认存在侵犯知识产权的行为。

(3)请求发布保全性禁止令，即根据《民事诉讼法典》中关于保全措施的规定，知识产权人在涉及侵犯工业产权的范围内，可以请求法官颁发停止生产、销售或使用侵权产品等的命令。

(4)请求发布禁止令，即请求法官根据确认知识产权侵权的判决，可以颁发在构成侵权的范围内停止生产、销售和使用侵权产品的命令。

(5)要求侵权人赔偿损失。

(6)要求对盗版、仿造、假冒商品进行扣押，并给予销毁，由违法者支付相关费用。

(7)要求对侵权人进行刑事和行政制裁。

2.提起商事仲裁

当存在与知识产权的许可使用、转让等有关的合同时，如果就合同履行发生争议且双方之间有仲裁条款时，可以在商事仲裁委员会提出仲裁请求以解决双方之间的纠纷。仲裁裁决具有与法院判决同等效力。

3.向意大利专利与商标局提出工业产权授权异议和复议申请

当就商标注册、专利权授予存有异议时，异议者有权向意大利专利和商标局提出异议。对该机构做出的有关异议的决定不服的，可以再提出复议。